中原学术文库·文集

崔大华全集

（全七卷·第二卷）

崔大华　著

社会科学文献出版社
SOCIAL SCIENCES ACADEMIC PRESS (CHINA)

1986年12月，崔大华在河南省哲学学会年会上作《关于中国文化问题争论的历史和现状》的报告

1988年2月12日，河南省社会科学院表彰1987年优秀科研论著获奖者，崔大华（前排左四）与院领导和其他获奖者合影

1989年10月，崔大华在山东曲阜参加"孔子诞辰2540周年纪念与学术讨论会"

1993年10月，崔大华（右一）与王俊义（左一）、中国台湾学者唐亦男（左二，女）在太原合影

1994年4月,崔大华被评为河南省劳动模范,这是他与河南省社会科学院同事在图书馆前合影。
前排从左至右:侯彦彬、崔大华、傅贵林;后排从左至右:唐茂荣、杨海中、吴士英

1994年12月26日,崔大华与河南省社会科学院同事在成都参加"道家道教与中国文化学术研讨会"。从左至右:丁巍、王中江、崔大华、高秀昌

1988年12月，
《庄子歧解》由中州古籍出版社出版

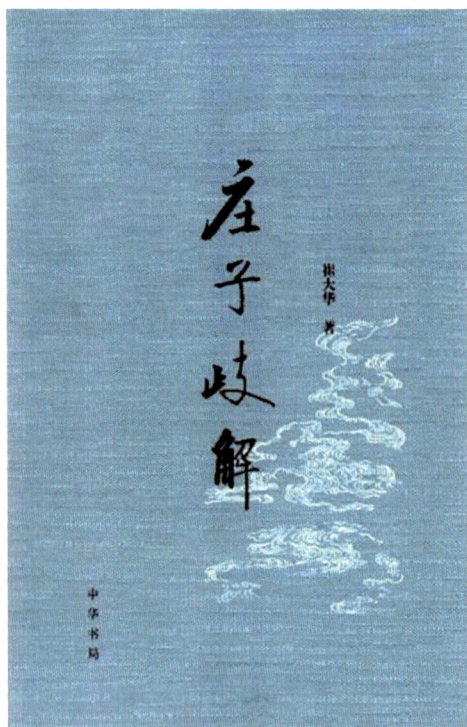

2011年12月，
《庄子歧解》由中华书局再版

出版说明

崔大华，字实之，1938 年 12 月 3 日（农历十月十二）① 出生于安徽省六安县南岳庙区分路口乡莲花庵村（今安徽省六安市裕安区分路口镇莲花庵村）。1961 年 8 月毕业于中国人民大学哲学系。1961 年 9 月至 1978 年 9 月，先后任教于河南省医学院、商丘第一高中、商丘师范学校、商丘大学、商丘师范学院。1978 年 10 月考入中国社会科学院研究生院攻读中国思想史专业硕士学位，师从我国著名马克思主义历史学家、思想家、教育家侯外庐先生（1903～1987）。1981 年 10 月分配到中国社会科学院历史研究所中国思想史研究室工作。1982 年 9 月调入河南省社会科学院哲学研究所，1983 年任副所长，1987 年晋升为副研究员，同年加入中国共产党，1992 年晋升为研究员，1993 年任所长，1998 年退休（随即返聘，2001 年 2 月正式退休）。2013 年 11 月 25 日于广州逝世，享年 75 岁。

崔大华先生曾被聘为河南大学中国哲学专业硕士研究生导师、南京大学中国思想家研究中心兼职教授，曾担任中国哲学史学会理事、国际儒学联合会顾问、河南省儒学文化促进会副会长兼学术顾问、《道家文化研究》编辑委员会编委、"元典文化丛书"编辑委员会编委、《中华道藏》顾问委员会学术顾问，是河南省优秀专家、河南省劳动模范、国家有突出贡献专家、享受国务院政府特殊津贴专家。

---

① 崔大华的出生日期有两种说法：1938 年农历十月十二（生母所说）和 1938 年农历十月十一（乳母所说）。他采用后一个说法，又向后推一个月，通常写为 1938 年 11 月 11 日。经崔大华夫人李正平老师确认，他的出生日期是 1938 年 12 月 3 日（农历十月十二）。

崔大华先生是当代中国著名哲学史家，其学术成果受到海内外学术界的充分重视与肯定。崔先生毕生从事中国哲学思想史研究，其代表性著作主要有：专著《南宋陆学》《庄子歧解》《庄学研究——中国哲学一个观念渊源的历史考察》《儒学引论》《儒学的现代命运——儒家传统的现代阐释》，合著《宋明理学史》《道家与中国文化精神》。此外，还在《中国社会科学》《哲学研究》《文史哲》《中国哲学史》《中州学刊》等刊物上发表学术论文 70 余篇。其中《宋明理学史》获第一届郭沫若中国历史学奖荣誉奖，《庄子歧解》获河南省社会科学优秀成果一等奖、全国首届古籍整理图书二等奖，《南宋陆学》《庄学研究——中国哲学一个观念渊源的历史考察》《儒学引论》《儒学的现代命运——儒家传统的现代阐释》四部专著及合著《道家与中国文化精神》获河南省社会科学优秀成果一等奖。

崔大华先生的学术成果具有很强的创新性，其理论深度为当代中国哲学界公认。崔先生读研究生前，学术兴趣主要集中在庄子道家；读研究生后，在指导老师的建议下，他把宋明理学特别是南宋陆学作为自己研究的重点。他的硕士学位论文《南宋陆学》将南宋陆学作为一个整体进行研究，资料翔实，论断新颖，拓展了中国思想史研究领域。为此，张岱年先生曾评价该成果"超过了近年来有关宋代思想论著的水平"，"是对于宋代思想史研究的一个重要贡献"。其后，崔先生又参与了集体项目《宋明理学史》的撰写，这为他后来系统的儒学研究奠定了坚实的基础。20 世纪 80 年代初至 90 年代初，崔先生回到庄子研究，先后出版《庄子歧解》和《庄学研究——中国哲学一个观念渊源的历史考察》两部大著。《庄子歧解》是他为撰写《庄学研究》所做文献准备的成果。以往注解《庄子》的方法大体有两种：集解法与孤解法。前者长于搜集，失之于冗；后者长于有见，失之于偏。崔先生兼取两者之长而避其短，在前人注释《庄子》的基础上活用歧解法，显化分歧产生的原因，从注解的分歧进入问题的研究。因此可以说，《庄子歧解》不是一般的《庄子》注释、集注性著作，而是以对中国哲学史历代思潮、学术派别的全面把握为基础进行的深入、系统解析的研究性专著。该书已成为学人读通和理解《庄子》的一部案头必备书。《庄学研究》在历史考证上系统地归纳并正确地解答了历史遗留的有关庄子其人其书及其与先秦诸子关系上的存疑问题，廓清了重重迷雾；在思想研究中视野广阔，在整个中国哲学和思想文化的发展背景下，系统地分析研究了庄学理论体系及其基本范畴，并在世界哲学背景下，彰显庄子哲学的特质与价值；具体考察了庄子思想在儒学理论更新和消化异质文化方面的突出作用。曾经被认为只有思维教训的庄子哲学，通过崔先生的研究，展现出了真实的面貌与可贵的价值。该书受到学术界的高度评价，称其为"道家思想研究方面的一流学术成果"（吴光先生语），"20世纪最有新意和理论深度的一部道家思想研究专著"（方克立先生语）。崔先生因《庄学研究》而成名，但鉴于中国传统思想文化的主流是儒学，自20世纪90年代起，他的研究重心逐步从庄学转向儒学，这反映了他终极的治学目标和学术旨趣。他先后主持两项国家社科基金项目，结项成果以《儒学引论》和《儒学的现代命运——儒家传统的现代阐释》为书名，由人民出版社列入"哲学史家文库"出版。《儒学引论》运用结构的方法，将孔子创立的儒学解析为三个理论层面，即心性的（仁）、社会的（礼）、超越的（命），表达自己对于孔子儒学的核心究竟是"仁"还是"礼"这类问题的回应，并以这个理论结构的稳定与更新，考察儒学理论形态的变化，将方法自觉与理论创新圆满结合起来；运用历史的方法呈现儒学的理论面貌，即以经学为基础的儒学形态，包括汉代天人之学、魏晋自然之学（玄学）、宋明性理之学（理学）；运用比较的方法突出儒学的伦理道德的理论特质，并在与古希腊和古印度思想的比较中彰显其特色。《儒学的现代命运——儒家传统的现代阐释》承续《儒学引论》而又高屋建瓴、视野宏阔，不仅有高度的方法自觉，还有明确的问题意识。针对儒学在现时代社会生活中究竟是已经退隐而成为一种历史记忆，还是仍在显现功能而仍然活跃的生命这一重大问题，他以翔实严密的论证，彰显了作为中国人的一种生活方式的儒学，在推进中国现代化进程和应对现代性问题中的积极作用和从容姿态，由此说明儒学具有超越具体历史情境的久远价值，古老的儒学并不是博物馆里的死物，它所蕴涵的对人类文明发展具有普适性价值的思想资源，在现代社会依然具有鲜活的生命力。这两部儒学专著，其理论创新所确立的全新视角与学术考察所拥有的开放内涵，为儒学的历史与现实的有效衔接提示了内在的逻辑理路，并为儒学未来的发扬光大和影响世界的命运进程提供了可能的范式。

崔大华先生一生淡泊名利，潜心治学，学养深厚，对于中国哲学、马克思主义哲学、西方哲学、印度哲学，皆精研有得。崔先生将学术研究与延续中华文化慧命结合起来，表现出高度的文化自觉与历史使命感。他在道家与儒学的学术研究中所取得的创新性成果，对于深化道家和儒学研究乃至中国传统文化研究，都有重要的学术价值；对于传承和弘扬中国优秀传统文化，增强中国人的文化自信，具有重要的理论价值和现实意义。

作为当代中国哲学界著名的哲学史家，崔大华先生是河南省社会科学院和河南哲学界的一面旗帜。如今先生虽已仙逝，但他高尚的学术品格和宝贵的思想遗产，永远值得后人学习、研究与传承。2019年3月，河南省社会科学院启动《崔大华全集》的编纂出版工作，并成立《崔大华全集》编纂委员会。《崔大华全集》不仅收录了崔先生已出版的全部论著，包括专著、合著、论文以及早年发表的哲理短文、崔大华先生学行简谱，还收录了他未发表的随笔、短文、日记、部分书信及不同时期照片。《崔大华全集》以保证论著的完整呈现为原则，按照时间与类别相结合的方式编排，共分为七卷：第一卷收录《南宋陆学》和《宋明理学史》《道家与中国文化精神》中崔先生撰写的章节，第二卷收录《庄子歧解》，第三卷收录《庄学研究——中国哲学一个观念渊源的历史考察》，第四卷收录《儒学引论》，第五卷收录《儒学的现代命运——儒家传统的现代阐释》，第六卷收录《中国传统社会思想的理路及当代价值》①，第七卷收录崔先生已发表但未收入《中国传统社会思想的理路及当代价值》的论文，以及随笔、短文、日记、书信、崔大华先生学行简谱。《崔大华全集》计400余万字。《庄子歧解》《庄学研究——中国哲学一个观念渊源的历史考察》经过崔先生修订后曾在中华书局和人民出版社再版和重印，《崔大华全集》根据再版和重印本校勘。其余发表过的作品根据原版原文校勘。未发表过的作品，在整理中尽量保留原貌，底稿中明显的讹误之处以"编者注"的形式予以说明。

---

① 崔大华先生仙逝后，河南省社会科学院哲学与宗教研究所曾组织科研人员搜集崔先生发表的学术论文，进行分类、校对，编成《中国传统社会思想的理路及当代价值》一书，于2016年10月由社会科学文献出版社出版。

《崔大华全集》由河南省社会科学院创新工程项目资助，作为河南省社会科学院创新工程成果出版发行。

　　以"全集"的形式为专家学者出版作品集，在河南省社会科学院尚属首次。我们在编纂过程中虽然尽心竭力，但是由于学术水平和编纂经验所限，难免会有不足之处，希望得到学界同仁与读者的批评指正。

《崔大华全集》编纂委员会

2021 年 7 月

编辑凡例

一、已发表作品的版本、出处见各卷"卷前说明"。

二、以繁体字发表的论文改为简体，竖排改为横排。

三、原印刷中的错误和作者行文中明显的文字、标点错误均予校改。异体字改动而无损原意者，一般改为通用字。

四、标点符号按照最新的标准执行。

五、原有随文注一般不改动，文末注释均改为页下注；注释中有明显错误的，予以订正。

六、编者注释均注明"编者注"字样。

卷前说明

本卷收录《庄子歧解》。该书 1988 年 12 月由中州古籍出版社出版，2012 年 3 月由中华书局再版。本卷根据中华书局再版版本校勘。

目录
CONTENTS

庄子歧解

杂篇

自　序

　　《庄子》一书是我国著名的先秦典籍，是中国哲学和文学的重要源头，对中国的古代文化和近代、现代文化都产生了深刻而广泛的影响。

　　《庄子》思想艰深，语言晦涩，也是一部比较难读的书。故魏晋以来，为之注疏、音义、校勘、评点者蜂起，迄今其述尚存者仍有一百数十家。由于《庄子》思想本身具有可容多种理解的宽广意境，加以在年代久远的版本流传中难免发生的文字讹误，和由社会生活变化而造成的词义变迁，在不同学术思潮影响下产生的历代《庄子》注解中出现了众多的分歧。

　　在百数十家的《庄子》注解中，按其诠释方法而言，大抵有两种。一是义解法，即着重发挥《庄子》的义旨，而于其字句、名物则不求甚解。分别在魏晋玄学、隋唐佛学和宋明理学理论背景下形成的《庄子》注解，如向秀、郭象的《庄子注》，成玄英的《庄子注疏》，林希逸的《庄子口义》，皆属此类。此类著作，善窥《庄子》之幽深高远；但失之疏阔，却是其所不能免。二是考据法，即援引先秦典籍和两汉注疏以考证《庄子》的名物，训诂、校勘其文字。此种方法在宋代罗勉道的《南华真经循本》中已见发端，至清代朴学兴起，王念孙的《庄子杂志》、俞樾的《庄子平议》和孙诒让的《庄子札迻》，踵继而出，方蔚为大观。晚近汉学家和治子学的学者承其绪，更有所发扬。章炳麟的《庄子解故》、奚侗的《庄子补注》、朱桂曜的《庄子内篇证补》，其成就亦极为可观。这类注解常于《庄子》之文字极难解处得易解，无可解处得可解；但于《庄子》义旨则未暇阐发。所以，疑难肯綮之疏通是其长，深旨宏义之发挥为其短。

在百数十家的《庄子》注解中，按其取舍方法而言，大抵亦有两种。一是孤解法，即在自己独立理解或选择前人观点的基础上，给出一种自己认为是最为确当的解释。如晋郭象的《庄子注》、宋林希逸的《庄子口义》、明陆长庚的《南华真经副墨》、清宣颖的《南华经解》，以及清代朴学家对《庄子》文字、名物的考证著作等皆属此类。在这些注解考释中，多有独到精辟之见，《庄子》思想的阐发和疑难的窥破，都是此类著作从不同角度作出的。但分别看来，其不足之处是失之于偏，难以从中见到《庄子》的全部的、可能有的意境。二是集解法，即同时采录多家的注解。如唐陆德明《经典释文·庄子音义》称引九家之言①，宋褚伯秀《南华真经义海纂微》纂集十三家注，明焦竑《庄子翼》采摭二十二家书，清郭庆藩《庄子集释》收录郭象《注》、成玄英《疏》、陆德明《音义》三书全文，并间引清代朴学家王念孙、俞樾等人的训诂、校勘，等等。这类集解荟萃了各自先前的《庄》注诸家旧义，某些散失的原著也得以见其梗概，故亦是有价值的。但这类著作，多缺乏洗淘工夫，失之于冗。

本书试图对前人在《庄子》注解的学术事业中所取得的成就作一全面而又简明扼要的总结。为达到这一目的，上述两种传统的解《庄》取舍方法，似乎难以奏效，于是采用歧解法。所谓"歧解法"，就是先寻见出崔譔②、向秀、司马彪、郭象以来历代《庄》注的分歧之处，并加以显化；然后进一步分析，指出导致这种分歧的不同的解《庄》角度或性质，诸如字读、句读的不同，词义理解的差异，思想派别或哲学立场的分歧，等等。运用这种歧解法解《庄子》，可以兼采义解、考据之长而避其短，从而能反映出《庄子》注解的历史状况和历史发展，揭示出《庄子》思想的宽广意境。这对于《庄子》或庄学的深入研究，可能会有所裨益；同时，有比较而后易见分晓，所以对于真正读懂《庄子》，也会有所帮助。

---

① 陆德明《庄子音义·序录》称引九家，其中孟氏《注》终书未见引其文；而《庄子音义》正文中又出现嵇康、潘尼、支遁、梁简文帝、张云、唐云六个有姓氏者和"或云""一曰"等多次无姓氏者。

② 崔譔生平史无记载，《隋书·经籍志》称之"东晋议郎"，但据《世说新语·文学》注谓"（向）秀游托数贤，萧屑卒岁，都无注述，唯好《庄子》，聊应崔譔所注"，则为西晋人。陆德明《庄子音义·序录》亦将其置向秀之前，本书从之。

为了运用这一方法达到这一目标，本书援依下列例则。

一、本书于前人《庄子》注解中，凡字读、句读、词义、句意等有歧义之处，均按时间先后，摘其观点明确者录之。同一观点只采录其一在最先者。观点基本相同，但所论别具特色者，则亦录之。《庄子》中文义、名物明白易晓，历代注解中无异议者，不再赘录。

二、本书主要采录前人注解中对《庄子》思想的阐发和文字考订、词义训解，以及能反映儒、道、佛三家在解《庄》中的不同立场的某些理论性的解释。对于从文学角度对《庄子》文章结构和写作技巧的分析评论，从道教、佛教、方术角度对《庄子》的独特阐释，则不予采录。

三、为能给读者提供了解《庄子》思想宽广意境及其确切含义的线索，同时鉴于在学术思想的历史研究中，即使是蔽囿失当的见解或观点也有其独特的价值，故本书对所录各家歧解异说，尽管其是非曲直、精粗深浅往往十分明显，亦不作评断，由读者揣摩自择。

四、为便于读者贯穿文义，本书录《庄子》全文，歧解次第胪列于文后。《庄子》本文大体依中华书局出版的郭庆藩《庄子集释》点校本，并据陆德明《庄子音义》、陈景元《庄子阙误》、王叔岷《庄子校释》等备录具有歧义的别本字句，附注于正文之下。

当然，学海无涯。本书运用歧解法采录、总结先前解《庄》诸作，凡所征引、归纳也只能是见其一般大概，不敢称囊括无遗，故于自己所企望达到的目标，恐怕还相距甚远，敬希读者学人批评指正。

1985 年 3 月于郑州

2010 年 6 月修订于郑州

内篇

【内篇与外篇、杂篇之差异】

《庄子》一书现存三十三篇，其篇目汉时已有内篇、外篇之分①。晋时更有杂篇之分②。唐以后，内、外、杂篇之分或时有不同③，但大体一仍郭象之旧而逐渐固定下来。此种划分的依据或内篇与外、杂篇的差异，亦为注《庄》家所属意，并提出不同的判定标准，概言之有三。

一、谓内容不同：内篇言理，是主；外篇、杂篇言事，为辅。

成玄英：内篇明于理本，外篇语其事迹，杂篇杂明于理事。内篇虽明理本，不无事迹；外篇虽明事迹，甚有妙理；但立教分篇，据多论耳。（《庄子注疏·序》。本书援引前人《庄》注，只在首次引证时标出书名。）宣颖：庄子真精神止作得内七篇文字，外篇为之羽翼，杂篇除《天下》一篇外，止是平日随手存记之文。（《南华经解·小言》）

二、谓标题不同：内篇标题有义；外篇、杂篇标题但取篇首字。林希逸：外篇杂篇即其篇首而名之，内篇则立为名字，各有意义，其文比之外篇杂篇尤为精，而立言之意则无彼此之异。（《南华真经口义·发题》）褚伯秀：内篇命题本于漆园，各有深意；外、杂篇则为郭象所删修，但取篇首名之，而大义亦存焉。（《南华真经义海纂微·骈拇》）

三、谓作者不同：内篇是庄子自作，外篇、杂篇是庄子后学所作。郑瑗：窃意但其内篇是庄氏本书，其外、杂等二十六篇，或是其徒所述，因以附之。（《井观琐言》卷之一）

---

① 《庄子·齐物论》"大道未始有封"句下，陆德明《经典释文·庄子音义》注："崔云：《齐物》七章，此连上章，而班固说在外篇。"

② 陆德明《经典释文·庄子音义序录》：司马彪注二十一卷，五十二篇（内篇七，外篇二十八，杂篇十四，解说三）；郭象注三十三卷，三十三篇（内篇七，外篇十五，杂篇十一）。

③ 隋吉藏《百论疏》卷上之上谓："庄子外篇，庖丁十二年不见全牛。"现郭象本，此故事见内篇《养生主》。唐湛然《辅行记》卷四十谓："庄子内篇，自然为本，如云‘雨为云乎，云为雨乎，孰降施是，皆其自然’。"此段大意见今本《庄子》外篇《天运》。若非记诵有误，则可为当时内、外篇之分或有不同之证。宋陈景元《南华真经章句余事》本，置《在宥》（今本属外篇）于《盗跖》（今本属杂篇）下、《天道》（今本属外篇）上，此则可为不囿束于外、杂篇界限之证。

逍遥遊①第一

【题意】

一、谓任性守分则无累而自得。郭象：夫小大虽殊，而放于自得之场，则物任其性，事称其能，各当其分，逍遥一也，岂容胜负于其间哉！（《庄子注》）顾桐柏：逍者，销也；遥者，远也。销尽有为累，远见无为理，以斯而遊，故曰逍遥。（成玄英《庄子注疏·序》引）

二、谓超越物我则狂放而自在。支遁：夫逍遥者，明至人之心也。庄生建言大道，而寄指鹏鷃。鹏以营生之路旷，故失适于体外，鷃以在近而笑远，有矜伐于心内。至人乘天正而高兴，遊无穷于放浪。物物而不物于物，则遥然不我得；玄感不为，不疾而速，则逍然靡不适。此所以为逍遥也。（《逍遥论》。《世说新语·文学》刘孝标注引）穆夜：逍遥者，盖是狂放自得之名也。至德内充，无时不适；忘怀应物，何往不通！以斯而遊天下，故曰逍遥遊。（成玄英《庄子注疏·序》引）

北冥②⊖有鱼，其名为鲲⊜。鲲之大，不知其几千里也。化而为鸟，其名为鹏⊜。鹏之背，不知其几千里也；怒而飞⊜，其翼若垂天之云。是鸟也，海运⊜则将徙于南冥⊜。南冥者，天池⊜也。

⊖北冥

　1. 谓北极。司马彪：溟，谓南北极也。去日月远，故以溟为名

---

① 陆德明：逍，亦作"消"；遥，亦作"摇"；遊，亦作"游"。郭庆藩：逍遥二字，《说文》不收，作"消摇"者是也。

② 陆德明：冥，本亦作"溟"。

也。（慧琳《一切经音义》三十一《大乘入楞伽经》卷二引）罗勉道：北冥、南冥非泛言北海、南海，乃海之南北极处，以其广远杳冥，故曰冥。（《南华真经循本》）

2. 谓北海。陆德明：北冥，本亦作"北溟"，北海也。东方朔《十洲记》云："水黑色谓之冥海，无风，洪波百丈。"（《经典释文·庄子音义》）成玄英：溟，犹海也，取其溟漠无涯，故谓之溟。

（二）鲲

1. 谓鲸，或大鱼之名。崔譔：鲲，当为"鲸"。（陆德明《经典释文·庄子音义》引）陆德明：鲲，大鱼名也。

2. 谓鱼子，或小鱼之名。陈景元：鲲，《尔雅》："鱼子也。"名鲲者，谓鱼卵初化，未辨鲸鳅，取其混同之义。（《南华真经章句音义》）罗勉道：鲲，《尔雅》云："凡鱼之子总名鲲。"故《内则》"卵酱"，"卵"读作"鲲"。《鲁语》亦曰："鱼禁鲲鲕。"皆以鲲为鱼子。庄子以至小为至大，此便是滑稽之开端。

（三）鹏

1. 谓实有其鸟，或即凤。崔譔：鹏即古"凤"字，非来仪之凤也。陆德明：《说文》云："朋及鹏，皆古文凤字也。"朋鸟象形。凤飞，群鸟从以万数，故以朋为朋党字。《字林》云："鹏，朋党也，古以为凤字。"罗勉道：鹏不载经传，《岛夷杂志》云："昆仑层期国常有大鹏，飞则遮日，能食骆驼，有人拾得鹏翅，截其管作水桶。"

2. 谓寓言虚构之名。郭象：鹏鲲之实，吾所未详也。林希逸：鲲鹏之名，亦寓言耳。

（四）怒而飞

1. 怒，勉力貌。成玄英：鼓努翅翼，奋迅毛衣。

阮毓崧：此"怒"犹"努"也。怒飞即奋飞之谓。《说文》无"努"字。《广雅·释诂》直云："怒，勉也。"（《庄子集注》）

2. 怒，不得已而动貌。褚伯秀：怒而飞者，不得已而后动之义。怒犹勇也，为气所使，勇动疾举，有若怒然，非愤激不平之谓也。凡物之潜久者必奋，屈久者必伸，岂厌常乐变而为此哉？《齐物论》"万窍怒呺"，《外物》"草木怒生"，亦此意。

⑤海运

1. 谓借海以运行。向秀：非海不行，故曰海运。（陆德明《经典释文·庄子音义》引）吴汝纶：运，行也。《淮南·原道篇》"天运地滞"，高诱注："运，行也。"海运犹言海行，言是鸟之行于海也。（《庄子点勘》）

2. 谓海风。林希逸：海运者，海动也。今海濒之俚歌犹有"六月海动"之语。海动必有大风，其水涌流，自海底而起，声闻数里。言必有此大风而后可以南徙也。胡文英：海运言其气之流转，或指为飓风。（《庄子独见》）

⑥北冥有鱼……海运将徙于南冥

1. 谓此段描写鲲鹏大物需凭海运而动。郭象：鹏鲲之实，吾所未详也……非冥海不足以运其身，非九万里不足以负其翼。此岂好奇哉？直以大物必自生于大处，大处亦必自生此大物，理固自然，不患其失，又何厝心于其间哉。

2. 谓此段寓意为道之径。成玄英：所以化鱼为鸟，自北徂南者，鸟是凌虚之物，南即启明之方；鱼乃滞溺之虫，北盖幽冥地；欲表向明背暗，舍滞求进，故举南北鸟鱼以示为道之径耳。

⑦天池

1. 专言水之大。成玄英：大海洪川，原夫造化，非人所作，故曰天池。

2. 泛言物之大。王先谦：天池，言物之大者，任天而遊。（《庄子集解》）

齐谐⊖者，志怪者也。谐之言曰："鹏之徙于南冥也，水击三千里，搏①⊝扶摇而上者九万里，去以六月息⊜者也。"野马也，尘埃也⊛，生物⊗之以息相吹也。天之苍苍，其正色邪？其远而无所至极邪？其视下也，亦若是则已矣。

⊖齐谐者

1. 谓人名。崔譔、司马彪：齐谐，人姓名。孙嘉淦：齐谐，周人。（《南华通》）俞樾：按下文"谐之言曰"，则当作人名为允。若是书名，不得但称"谐"。（《庄子人名考》）蒋锡昌：俞说是也。志，知也。《礼记·缁衣》"为下可述而志焉"，注："志犹知也。"又《哀公问》"子志之心也"，疏："志，知也。"并其证。此言齐谐之人能知怪事如下所言也。齐谐盖孟子所谓齐东野人之类。（《庄子哲学》）

2. 谓书名。梁简文帝：齐谐，书。（陆德明《经典释文·庄子音义》引）林纾：既名为"谐"，为"志"，则言书为当。（《庄子浅说》）朱桂曜："谐"即"隐"也，亦作"隐"。《文心雕龙》有《谐隐篇》，以为文辞之有谐隐，譬九流之有小说。《汉书·艺文志》杂赋末，列隐书十二，盖以其辞夸诞，于赋为近。齐谐者，盖即齐国谐隐之书。（《庄子内篇证补》）

⊝搏

1. 搏，当作"搏"，拍击。崔譔：拊翼徘徊而上也。章炳麟：《释文》："搏，徒端反。"一音博。崔云，拊翼徘徊而上也。崔说得之；字当从"搏"。《考工记》注："搏之言拍也。"作"搏"者形误，风不可搏。（《庄子解故》）

2. 搏，旋转，飞翔。司马彪：搏，圜也；扶摇，上行风也。圜飞而上行者若扶摇也。（《文选》江文通《杂体·诗》注引）罗勉道：搏，随风圜转也。

---

① 陆德明：搏，一音"博"。卢文弨：当云本一作"搏"，音"博"。（《庄子音义考证》）

3. 搏，擅也，聚也。郭庆藩：《说文》："搏，以手圜之也。"古借作"専"。《汉书·天文志》："骑气卑而布卒气搏。"如淳注："搏，専也。"《集韵》："搏，擅也。"又曰："聚也。"搏扶摇而上，言专聚风力而高举也。（《庄子集释》）

⊜去以六月息

1. 六月，半年也；息，止歇也。郭象：夫大鸟一去半岁，至天池而息。林希逸：此鸟之往来，必歇住半年方可动也。

2. 六月，盛夏时节也；息，气息，或风。陆长庚："息者也"与下文"以息相吹"之"息"，同谓气息也。人以一呼一吸为一息，造化则以四时为一息。周之六月，夏正之四月也，正气动风起之时，故大鹏乘此徙去。（《南华真经副墨》）释德清：周六月即夏之四月，谓盛阳开发，风始大而有力，乃能鼓其翼；息即风。（《庄子内篇注》）

3. 六月，半年也；息，呼吸。姚鼐：息者，一呼吸也。鹏乘气而往来，半年为一呼吸，故曰以六月息。（《庄子章义》）

⊜野马也，尘埃也

1. 解作两物：气与尘，成玄英：青春之时，阳气发动，遥望薮泽之中，犹如奔马，故谓之野马；扬土曰尘，尘之细者曰埃。陆长庚：野马，田间游气也；尘埃，日光中游尘也。

2. 解作一物：游气。崔譔：天地间气如野马驰也，天地间气蓊郁似尘埃扬也。罗勉道：野马、尘埃喻游气也。

3. 解作一物：尘土。闻一多：野马之"马"字，即沙漠之"漠"字，一作"幕"。《史记·匈奴传》"益北绝幕"，《集解》引傅瓒曰："沙土曰幕。"案：尘土亦曰"漠"，音存字变则为"马"，野马亦尘埃耳。庄子盖以野外者为野马，室中者为尘埃，故两称而不嫌。（《庄子内篇校释》）马叙伦：钱坫曰："'马'当作'塺'。《说文》：'塺，尘也。'"（《庄子义证》）

五生物之以息相吹也

1. 生物，谓有生命之物。林希逸：世间之生物，以其气息自相吹嘘。陆长庚：言生物无大无小，无巨无细，唯此气机吹嘘鼓舞，乘以出入，有莫知其然而然者。

2. 生物，谓生物者。罗勉道：太虚中如野马尘埃者，乃造化生物以此气相吹者也。王敔：生物犹言造化。（王夫之《庄子解》）王懋竑：生物犹言造物也。（《庄子存校》）

且夫水之积也不厚，则其负大舟也无力。覆杯水于坳堂○之上，则芥为之舟；置杯焉则胶。水浅而舟大也。风之积也不厚，则其负大翼也无力。故九万里，则风斯在下矣，而后乃今培风①○背负青天而莫之夭阏者。而后乃今将图南○。

一坳堂

1. 堂，如字。崔譔：堂道谓之坳。成玄英：坳，污陷也。谓堂庭坳陷之地也。

2. 堂，垤也。支遁：谓有坳垤形。（陆德明《经典释文·庄子音义》引）朱桂曜：崔云："堂道谓之坳。"其义未闻。当以支说为是。支以"坳垤"释"坳堂"，"垤"与"堂"声同义近。"坳垤"本当作"宵胅"；坳垤，《仓颉篇》作"窞窦"，葛洪《字苑》作"凹凸"。坳堂、坳垤、宵胅、窞窦、凹凸并同。支谓"有坳垤形"，犹言有凹凸形也。

二而后乃今培风背负青天而莫之夭阏者

〔句读1〕而后乃今培风背，负青天而莫之夭阏者。

成玄英：上负青天，下乘风脊，折塞之祸，于何而至！

〔句读2〕而后乃今培风，背负青天而莫之夭阏者。

1. 培，厚也，积也。林希逸：培，厚也。九万里之风乃可谓之厚风。陈寿昌：培，积也。培风犹积气。（《南华真经正义》）

---

① 陆德明：培，本或作"陪"。

2. 培，加也，乘也。陈治安：培，加也。大鹏以翼加风上也。（《南华本义》）王念孙：培之言冯也；冯，乘也。冯，音凭，与"培"声相近，故义亦相通。（《庄子杂志》）

3. 培，当作"㧓"。孙嘉淦：培，当作"㧓"，以翼击风而飞也。

（三）图南

1. 图，谋也。林希逸：图南，自北海而谋南徙也。图，谋也。

2. 图，"徙"之讹。刘师培：上文两言徙，此踵彼言，"图"疑"徙"之讹。《古文尚书》"图"作"圛"，或省作"𣎴"，"徙"讹为"𣎴"，因易为"图"矣。（《庄子斠补》）

蜩与学①鸠○笑之曰："我决起而飞，抢○榆枋②□，时则不至而控于地而已矣，奚以之九万里而南为？"适莽苍⊕者，三餐⊕而反，腹犹果③然○；适百里者，宿舂粮；适千里者，三月聚粮。之二虫又何知○！

（一）学鸠

1. 学，即鹘鸼，斑鸠也。崔譔：学读为滑，滑鸠，一名滑雕。李颐：学，鹘鸼也。《毛诗草木疏》云："鹘鸠也。"（陆德明《经典释文·庄子音义》引）

2. 学，"鷽"之误，"鷽"之借，鷽为山雀，鷽鸠为乌鸦。王懋竑：鷽乃刻本之误，据《释文》作鷽，鷽乃误文。鷽与鸠别。字书无"鷽"字。俞樾：《释文》曰："学，本或作鷽，音预。"据《文选》江文通《杂体诗》"鷽斯蒿下飞"，李善注即以《庄子》此文说之。又引司马云："鷽鸠，小鸟。"毛苌《诗传》曰："鷽斯，鹎居，鸦乌也，音豫。"然则李氏所据本固作鷽，不作"学"也。今案《释文》"学作鷽"，《说文》："鷽，鷽鷽，山雀，知来事鸟，或作雤。"《尔雅·释鸟》："鷽，山鹊。"作"学"者，盖"鷽"假借字。鸠为五鸠之总名。鷽、鸠当是两物。（《诸子平议·庄子》）

---

① 陆德明：学（繁体作"學"），本又作"鷽"，音同。本或作"鸒"，音预。
② 陈景元：文如海本、江南本作"抢榆枋而止"。（《庄子阙误》）
③ 陈景元：文如海本"果"作"颗"。

3. 学，如字，学习。林希逸：鸒鸠，学飞之小鸠也。"鸒"或作鷽，音预，亦小鸟而已，两字皆通。

㈡抢

1. 抢，栖止也。崔譔：抢，着也。司马彪、李颐：抢，犹集也。奚侗：《说文》："枪，歫也。""歫，止也，一曰枪也。"枪、歫互训，则枪亦训止。（《庄子补注》）

2. 抢，触也。支遁：抢，突也。

㈢榆枋

1. 枋，如字，檀木也。李颐：枋，檀木。

2. 枋，"枌"之误；枌，榆类。武延绪：枋疑"枌"之讹。《尔雅·释木》："榆，白枌。"又《说文》："榆，白枌。"《礼·内则》："菫荁枌榆免薧滫瀡以滑之。"《汉书·郊祀志》："高祖祷丰枌榆社。"枌、榆一类，古书多联用，故知此当为"枌"。"枋"与"枌"形近之误。（《庄子札记》）

㈣莽苍

1. 指郊野　成玄英：莽苍，郊野之色，遥望之不甚分明也。陆长庚：莽苍，近郊林木之色，一望可见者。

2. 谓一望之地。林希逸：莽苍者，一望之地莽苍然不见。浦起龙：目力望到之处。（《庄子钞》）

㈤三餐

1. 谓三顿饭。成玄英：来去三食，路既非遥，腹犹充饱。

2. 谓第三顿饭（晚饭）。陆长庚：三餐，夕饭也。言适至近之地者，朝往夕归，腹犹果然。

3. 谓三碗饭。宣颖：三餐，言饭三盂也。

（六）果然

1. 谓饱貌。陆德明：果然，众家皆云饱貌。

2. 谓兽名。姚宽：腹犹果然，犹，如也，言腹之饱如果然兽也。《吴录地理志》云："九真浦耳县有兽名果然，猨狖类也。"《南州异物志》云："交州南有果然兽，其鸣自呼，尾长腹圆，过其头，胁边斑文，皮集十余可得一蓐，繁文丽好，细厚温暖，魏钟毓有赋。"（《西溪丛语》）

（七）之二虫又何知

1. 二虫，指鹏、蜩；何知，谓此二虫不知适性自足即为逍遥之理。郭象：二虫，谓鹏、蜩也。对大于小，所以均异趣也。夫趣之所以异，岂知异而异哉？皆不知所以然而自然耳。自然耳，不为也。此逍遥之大意。成玄英：大鹏搏风九万，小鸟决起榆枋，虽复远近不同，适性均也。咸不知道里之远近，各取足而自胜，天机自张，不知所以。既无意于高卑，岂有情于优劣！逍遥之致，其在兹乎！

2. 二虫，指蜩、学鸠；何知，谓此二虫不识大鹏之志。

林希逸：二虫，蜩、鸠也，言彼何足以知此。陆长庚：彼二虫决起榆枋之下，不过如适莽苍者耳，岂知大鹏所积者厚，而所到者远哉！

小知不及大知，小年不及大年，奚以知其然也？朝菌○不知晦朔，蟪蛄○不知春秋，此小年也。楚之南有冥①灵○者，以五百岁为春，五百岁为秋；上古有大椿者，以八千岁为春，八千岁为秋②。而彭祖○乃今以久特闻③，众人匹之，不亦悲乎！

（一）朝菌

1. 谓植物（芝类）。崔譔：粪上芝，朝生暮死，晦者不及朔，朝

---

① 陆德明：冥，本或作"楧"。
② 陈景元：成玄英本"秋"下有"此大年也"。
③ 陆德明：特闻，崔（譔）本作"待问"。

者不及晦。支遁：舜英。潘尼：木槿也。（陆德明《经典释文·庄子音义》引）

2. 谓动物（虫类）。王念孙：引之曰：《淮南·道应篇》引此，"朝菌"作"朝秀"。高注曰：朝秀，朝生暮死之虫也，生水上，状似蚕蛾，一名孳母。据此，则朝秀与蟪蛄皆虫名也。朝菌、朝秀，语之转耳，非谓芝菌，亦非谓木槿也。虫者，微有知之物，故以知不知言之；若草木无知之物，何须言不知乎？郭庆藩：王说是，《广雅》正作"朝蟟"，以其为虫，故字从虫耳。

㈡蟪蛄

1. 谓寒蝉。司马彪：蟪蛄，寒蝉也，一名蜺蟧，春生夏死，夏生秋死。

2. 谓夏蝉。陈景元：一云夏蝉也，生于麦梗中，亦谓之麦节，夏生秋死，故不知春秋也。

㈢冥灵

1. 谓木名。司马彪：木生江南，千岁为一年。（《齐民要术》引，"灵"作"泠"）李颐：冥灵，木名也，江南生，以叶生为春，叶落为秋，此木以二千岁为一年。

2. 谓龟。罗勉道：灵，灵龟也。麟、凤、龟、龙，谓之四灵。冥灵者，冥海之灵龟也。

3. 谓人名。俞樾：彭祖，人名也。然则冥灵、大椿亦人名也。论小者则以虫言，朝菌也，蟪蛄也，虫之中尤为小年者也；论大则以人言，冥灵也，大椿也，彭祖也，人之中尤为大年者也。若杂以草木，则不伦矣。于鬯：楚人好巫，冥灵当是巫者，大椿盖如大挠之类。（《庄子校书》）

㈣彭祖

1. 尧之臣。李颐：名铿，尧臣，封于彭城，历虞、夏至商，年七百岁，故以久寿见闻。成玄英：彭祖者，姓篯，名铿，帝颛顼之玄孙也。善养性，能调鼎，进雉羹于尧，尧封于彭城，其道可祖，故谓之彭祖。

2. 即老子。陆德明：一云："即老子也。"

汤⊖之问⊜棘⊜也是已①。穷发之北有冥海者，天池也。有鱼焉，其广数千里，未有知其修者，其名为鲲。有鸟焉，其名为鹏，背若太山，翼若垂天之云，搏扶摇羊角⊜而上者九万里，绝云气，负青天，然后图南，且适南冥也。斥②鷃⊛笑之曰："彼且奚适也？我腾跃而上，不过数仞而下，翱翔蓬蒿之间，此亦飞之至也，而彼且奚适也？"此小大之辩也⊜。

（一）汤、棘

1. 谓汤、棘皆为真实人物。李颐：棘，汤时贤人。

成玄英：汤是帝喾之后，契之苗裔，姓子，名履，字天乙。棘者，汤时贤人，亦云汤之博士。《列子》谓之"夏革"，"革""棘"声类，盖字之误也。

2. 谓汤、棘皆为寓名。梁简文帝：一曰：汤，广大也；棘，狭小也。

（二）问

1. 如字，询问也。成玄英：棘既是贤人，汤师事之，故汤问于棘，询其至道。

2. 当读为"闻"。蒋锡昌："问"借作"闻"。上文"而彭祖乃今以久特闻"，《释文》谓崔本作"待问"，《庚桑楚》"因失吾问"。《释文》谓元嘉本作"闻"，皆古书"问""闻"通假之证。

① 闻一多说：此句与下文语意不属，当脱漏汤问棘事一段。唐僧神清《北山录》曰："汤问革曰：上下四方有极乎？革曰：无极之外，复无极也。"僧慧宝注曰："语在《庄子》，与《列子》小异。"按"革""棘"古字通。《列子·汤问篇》正作"革"。神清所引，其即此处佚文无疑。惜句多省略，无从补入。（《庄子内篇校释》）

② 陆德明：斥，本亦作"尺"，崔本同；简文云："作'尺'，非。"

㈢羊角

1. 状风形。司马彪：风曲上行若羊角。罗勉道：羊角者，搏扶摇之形。

2. 旋风名。陆长庚：羊角，风之旋者。马叙伦：按《御览》九引此文，注曰："扶摇，羊角风也，今旋风上如羖羊角也。"不知此是何家《庄子》注语，其义则以旋风释"羊角"，以"羊角"释"扶摇"，"扶摇"与"羊角"均为回旋之风。疑"羊角"是古注文，误入正文。

㈣斥鴳

1. 斥，小泽，池也。此指面积言。司马彪：斥，小泽也。蒋锡昌：《广雅·释地》："斥，池也。"

2. 斥，同"尺"。此指长度言。郭庆藩：斥鴳，《释文》引崔本作"尺鴳"，是也。斥、尺古字通。《文选》曹植《七启》注："鴳雀飞不过一尺，言其劣弱也。"正解"尺"字之义。《一切经音义》"尺鴳"下云："鴳长惟尺，即以尺名。"

㈤此小大之辩也

1. 谓此破小大之别，只要各安其性，则大小皆可逍遥。

郭象：各以得性为至，自尽为极也。向言二虫殊翼，故所至不同，或翱翔天池，或毕志榆枋，直各称体而足，不知所以然也。今言小大之辩，各有自然之素，既非跂慕之所及，亦各安其天性，不悲所以异，故再出之。王雱：鲲鹏之图南，斥鴳笑之；斥鴳之腾跃，自以为足矣，此小大之不同也，故曰此小大之辩也。然鲲鹏、斥鴳各有其体，所以不逍遥尔。夫逍遥者，岂复离乎本体哉，但能各冥其极，均为逍遥；累乎其体，均为困苦。故逍遥之与困苦，特在其了与不了之间尔。（《南华真经新传》）

2. 谓此破小立大，去除浅见，神游寥廓，方是逍遥。罗勉道：此一节说蜩鸠斥鴳变化之小，而反笑鹏之九万里，太虚寥廓，神游无碍；以破世俗浅陋之见，而豁其逍遥之胸次。

陆长庚：教人把胸襟识见扩充一步，不得以所知所历者而自足也。

　　故夫知效一官，行比^㊃一乡，德合一君，而征^㊄一国者，其自视也亦若此矣。而宋荣子犹然^㊅笑之。且举世而誉之而不加劝，举世而非之而不加沮，定乎内外之分^㊆，辩乎荣辱之境^㊇，斯已矣。彼其于世未数数^㊈然也。虽然，犹有未树也^㊉。夫列子御风而行，泠然[㊊]善也，旬有五日而后反。彼于致福[㊋]者，未数数然也。此虽免乎行，犹有所待者也。若夫乘天地之正[㊌]，而御六气[㊍]之辩，以遊无穷者，彼且恶乎待哉[㊎]！故曰，至人无己，神人无功，圣人[㊏]无名[㊐]。

㈠行比一乡

　　1. 比，比合也。李颐：比，合也。林希逸：行比一乡，言其德行可以比合一乡，而使人归向也。

　　2. 比，庇护也。吴汝纶：比犹庇也。

㈡而征一国者

　　1. 征，成也。崔譔、支遁：征，成也。成玄英：征成邦国，安育黎元。

　　2. 征，信也。司马彪：征，信也。林希逸：可以号召于一国，言主一国之事也。孙嘉淦：征，著闻也。

㈢犹然笑之

　　1. 犹，形容词，喜貌。崔譔、李颐：犹，笑貌。吴汝纶。犹然，笑貌，大戴《文王官人》云："喜色犹然而出。"蒋锡昌：《尔雅·释诂》一："繇，喜也。"郭注："《礼记》曰：'人喜则斯陶，陶斯咏，咏斯犹。'犹即繇也，古今字耳。"是"繇""犹"均为"愮"之假借，《说文》："愮，喜也。"

　　2. 犹，副词，还。陆德明：犹以为笑。朱桂曜：陆说是，犹然即犹若。《礼记·礼运》："其燔黍捭豚，污尊而杯饮，蒉桴而土鼓，犹若可以致其敬于鬼神。"王念孙注曰："言物虽质略，犹然可以致敬也。"

㈣定乎内外之分

1. 道家解：谓重内轻外。郭象：内我而外物。王雱：举世誉之而不加劝，举世非之而不加沮者，此《淮南》所谓"自信不为讪誉迁也"。夫自信者，重内而轻外。

2. 佛家解：谓内外双遣。成玄英：宋荣子知内既非我，外亦非物，内外双遣，物我两忘，故于内外之分定而不惑也。

㈤辩乎荣辱之境

1. 谓内荣外辱。郭象：荣己而辱人。宣颖：安内则荣，徇外则辱。

2. 谓内无荣辱，荣辱在外。林希逸：在外者则有荣辱，在内者则无荣辱。知有内外之分，则能辩荣辱皆外境矣。

㈥彼其于世未数数然也

1. 数数，急迫也。此就宋荣子言。司马彪：数数，犹汲汲也。成玄英：宋荣子率性虚淡，任理直前，未尝运智推求，役心为道，栖身物外，故不汲汲然者。

2. 数数，不可多得也。此就世人言。刘凤苞：数数，言不可多得。（《南华雪心编》）蒋锡昌：数数犹多数也。此言如宋子者，于世看来，未必多数能如此也。

㈦犹有未树也

1. 道家解：未达逍遥，即未能无所不可。郭象：唯能自是耳，未能无所不可也。成玄英：荣子舍有证无，溺在偏滞，故于无待之心，未立逍遥之趣，智尚亏也。释德清：言未有树立也，以但能忘名，未忘我。宣颖：能树则无所倚矣，今犹有所倚而未能卓然自树，谓犹着内外荣辱之见也。

2. 儒家解：未立至德，即未能至命。司马彪：树，立也，未立至德也。王雱：定乎内外之分，辩乎荣辱之境，斯已矣；斯已矣者，尽性之言也。尽性则人道毕，而未至命，故曰有未树。胡远濬：此即孔子所谓"可与适道，未可与立"。（《庄子诠诂》）

㈧冷然善也

1. 冷然，状飞行，轻快貌。郭象：冷然，轻妙之貌。林希逸：此形容其飘飘之貌也。冷然，飘然也。

2. 冷然，状处世，超脱貌。宣颖：冷然善也，在人世炎热之外矣。

3. "冷"同"令"，冷然，状"善"。蒋锡昌：《尔雅·释诂》一："令，善也。"上文"犹然笑之"，以与"笑"谊相近之"犹然"状"笑"，此文"冷然善也"，以与"善"谊相同之"冷然"状"善"，二例实同。

㈨彼于致福者，未数数然也

1. 致福，指得世俗福事。陆长庚：彼其乘虚驭气，视世之数数然修德之致福者，固有间矣。宣颖：致福者，修身福世之事。

2. 致福，指得顺风。罗勉道：致福者，待风而后能行，风起则是其福。未数数然者，不汲汲于得风以为福也。章炳麟：《说文》："福，备也。"《祭统》："福者，备也。"备者，百顺之名也。无所不顺之谓备，此"福"即谓无所不顺。御风者，当得顺风乃可行。

3. "福"当作"福"，致福，谓助己者。王闿运："福"当作"福"，随地球行，与世同运，故不求助。致福，谓助己者。（《庄子内篇注》）

㈩若夫乘天地之正

1. 正，谓理。成玄英：乘两仪之正理。

2. 正，谓气。罗勉道：天地之正气，即太极动而生阳，静而生阴，人所得以生者，道家谓之先天一气。陆长庚：乘阴阳二气之正。

㈪六气

1. 陆德明之归纳：六气。司马彪云："阴阳风雨晦明也。"李颐云："平旦为朝霞，日中为正阳，日入为飞泉，夜半为沆瀣，天玄地黄为六气。"王逸注《楚辞》云："陵阳子《明经》言，春食朝霞，朝霞者，日欲出时黄气也。秋食沦阴，沦阴者，日没已后赤黄气也。冬食沆瀣，沆瀣者，北方夜半气也。夏食正阳，正阳者，南方日中气也。并天玄地黄之气是为六气。"支道林云："天地四时之气。"

2. 郭庆藩之归纳：六气之说，聚讼纷如，莫衷一是。愚谓有二说焉：一，《洪范》雨旸燠寒风时为六气也。雨，木也；旸，金也；燠，火也；寒，水也；风，土也；是为五气。五气得时，是为五行之和气，合之则为六气。气有和有乖，乖则变也，变则宜有以御之，故曰御六气之变。二，六气即六情也。《汉书·翼奉传》："奉又引师说六情云：北方之情好也，好行贪狼，申子主之。东方之情怒也，怒行阴贼，亥卯主之。南方之恶情也，恶行廉贞，寅午主之。西方之情喜也，喜行宽大，已酉主之。上方之情乐也，乐行奸邪，辰未主之。下方之情，哀也，哀行公正，戌丑主之。"

⊕以遊无穷者，彼且恶乎待哉

1. 谓顺物应变，则无穷而逍遥。郭象：乘天地之正者，即是顺万物之性也；御六气之辩者，即是游变化之涂也。如斯以往，则何往而有穷哉！所遇斯乘，又将恶乎待哉！此乃至德之人玄同彼我者之逍遥也。王雱：夫乘天地之正，而御六气之辩以游无穷者，此圣人之所能也。夫圣人尽道之无，入神之妙，与物不迕，惟变所适，其所往则不疾而速，其所来则不行而至，圆通周流，无所滞碍，了然逍遥而岂有所待。王夫之："若夫乘天地之正"者，无非正也。天高地下，高者不忧其亢，下者不忧其污，含弘万有而不相悖者，皆可游也。"御六气之辩"，六气自辩，御者不变，寒而游于寒，暑而游于暑，大火大浸，无不可御而游焉；污隆治乱之无穷，与之为无穷，则大亦一无穷，小亦一无穷；乡国可游也，内外荣辱可游也，泠然之风可游也，疾雷迅飙、烈日冻雨可游也。己不立则物无不可用，功不居则道无不可安，名不显则实固无所丧。为蜩、学鸠，则眇乎小而自有余，不见为小也；为鲲、鹏，则警乎大而适如其小，不见为大也，是乃无游而不逍遥也。（《庄子解》）

2. 谓游神无极之先，则无待而逍遥。刘辰翁：乘天地之正者，立乎万物之初，一气之上，无阴无阳，无风雨，无晦明，虽天地与我并生，而万物惟我独立矣，而非以有形托于彼也。（《庄子点校》）罗勉道：乘车者主，御车者佐也。天地之正气，即人所得以生者；六气，散在天地间而具于人身者也。若乘天地之正而御六气之辩，以神游无极者，无非取之吾身，又何待于外？陆长庚：若夫乘阴阳二气之正，御六时消息之变，以游神于无极之先，则彼且恶乎待哉？

⑪**至人、神人、圣人**

1. 谓三者实无区别。成玄英："至"言其体，"神"言其用，"圣"言其名。故就体语"至"，就用语"神"，就名语"圣"，其实一也。诣于灵极，故谓之至；阴阳不测，故谓之神；正名百物，故谓之圣。一人之上，其有此三，欲显功用名殊，故有三人之别。

2. 谓三者有深浅之别。罗勉道：大而化之谓圣，圣而不可测之谓神，至者神之极。三等亦自有浅深。

⑫**无己、无功、无名**

1. 就入道状况解。王雱：至人知道，内冥诸心，泛然自得而不累于物，故曰无己。神人尽道，无有所屈，成遂万物而妙用深藏，故曰无功。圣人体道，寂寞无为，神化荡荡而了不可测，故曰无名。

2. 就处世态度解。陈寿昌：至人无己，不存我相；神人无功，不为世用；圣人无名，不求人知。

尧让天下于许由，曰："日月出矣而爝①火◎不息，其于光也，不亦难乎！时雨降矣而犹浸灌，其于泽也，不亦劳乎！夫子立而天下治，而我犹尸之，吾自视缺然，请致天下。"许由曰："子治天下，天下既已治也。而我犹代子，吾将为名乎？名者，实之宾也。吾将为宾◎乎？鹪鹩巢于深林，不过一枝；偃鼠饮河，不过满腹。归休◎乎君，予无所用天下为！庖人虽不治庖，尸祝⑭不越樽俎而代之矣。"

---

① 陆德明：爝，本亦作"燋"。

㈠爝火

1. 谓人点燃之火。向秀：爝火，人所然之火。司马彪：爝，然也。蒋锡昌：《说文》："爝，苣火祓也。"段注："苣，束苇烧之也；祓，除恶之祭也。"《吕览·本味篇》："汤得伊尹，祓之于庙，爝以爟火。"是爝即苇烛所燃之火，古时帝王用为除恶之祭者也。

2. 谓小火。陆德明：一云："爝火，谓小火也。"朱桂曜："爵"有小义，《说文》："爵，依人小鸟也。""爵"古通"爝"。《玉篇》："爝，小也。"《文选·上林赋》注："潏澉，小水声也，亦作爝。"故一说云："爝火谓小火也。"

㈡吾将为宾乎

1. 宾，如字，意谓不为宾。成玄英：舍主取宾，丧内求外，既非隐者所尚，故云吾将为宾也。林希逸：吾不为宾者，言吾不以外物自丧其身也。

2. 宾，当作"实"。俞樾：此本作"吾将为实乎"，与上"吾将为名乎"相对成文。"名者，实之宾也"，其意已足，"吾将为实乎"当连下文读之。"实"与"宾"形似，又涉上句"实之宾也"而误。

㈢归休乎君

1. 归，归返。成玄英：君宜速还黄屋，归返紫微。

2. 归，终止。朱桂曜：《吕氏春秋·求人篇》作"归已君乎，恶用天下"，高注："归，终也。"归已、归休，皆终止之辞。"归休乎君"，犹言"已乎吾君"。

3. 休，休歇。成玄英：禅让之辞，宜其休息。林希逸：归休乎君，言君且归去休，不必来访我也。

4. 休，美名。林云铭：休，美名。找上"为名"三句。（《庄子因》）藏云山房主人：休，美名。君，指尧。（《南华大义解悬参注》）

㈣庖人虽不治庖，尸祝不越樽俎而代之矣

1. 尸祝，指一件事。成玄英：庖人，谓掌庖厨之人。尸者，太

庙中神主也。祝者，则今太常太祝是也。执祭版对尸而祝之，故谓之尸祝。

2. 尸祝，指两个人。朱桂曜：《淮南·泰族训》："调平五味者，庖也；陈簠簋，列樽俎，设边豆者，祝也；齐明盛服，渊默不言，而神之所依者，尸也。宰祝虽不能，不越樽俎而代之。"可谓此处的解。

肩吾问于连叔曰："吾闻言于接舆，大而无当㊀，往而不返。吾惊怖其言，犹河汉而无极；大有迳庭①㊁，不近人情焉。"连叔曰："其言谓何哉？""曰：'藐姑射之山，有神人居焉，肌肤若冰雪，绰约若处子。不食五谷，吸风饮露。乘云气，御飞龙，而遊乎四海之外。其神凝，使物不疵疠而年谷熟㊂。'吾以是狂而不信也。"连叔曰："然。瞽者无以与乎文章之观，聋者无以与乎钟鼓之声。岂唯形骸有聋盲哉？夫知亦有。是其言也，犹时女㊃也。之人也之德也将旁礴万物以为一世蕲乎乱孰弊弊焉以天下为事㊄，之人也，物莫之伤，大浸稽㊅天而不溺，大旱金石流、土山焦而不热。是其尘垢秕糠，将犹陶铸尧舜者也，孰肯②以物为事㊆。"

㊀大而无当

1. 当，宜也。司马彪：言语宏大，无隐当也。成玄英：恢宏而无的当。

2. 当，底也。刘凤苞：当，底也。《韩非子》："玉卮无当。"

3. 当，实也。吴汝纶：《说林》"循其理若其当"，高注："当犹实也。"

㊁大有迳庭

1. 迳庭，谓过激。李颐：迳庭，谓激过也。成玄英：迳庭，犹过差，亦是直往不顾之貌也。谓接舆之言，不偶于俗，多有过差，不

---

① 陆德明：迳，司马（彪）本作"莖"。王叔岷：《文选》刘孝标《辨命论》注引"泰有径廷"。（《庄子校释》）
② 王叔岷：此与上文"孰弊弊焉以天下为事"对言。"孰肯"下疑有脱文。《淮南·俶真篇》"孰肯分分然以物为事"，即用此文，当补"分分然"三字与上文句法一致。

附世情，故大言不合于里耳也。朱桂曜：径，直也。《文选·上书谏吴王》"径而寡失"，注："径，直也。""庭"亦有"直"义，《后汉书》注引《仓颉篇》云："廷，直也。"《国语》"以待不庭不虞之患"，韦昭注："庭，直也。""径庭"连文，即有激直之义。《吕氏春秋·安死篇》"孔子径庭而趋，历级而上"，"径庭而趋"犹言激直而趋，由激直义引申而为激过义。

2. 迳庭，谓距离不远。罗勉道：径，门前路也；庭，堂外地也。径与庭相距本不远，今接舆之言比之寻常言语大异，如径庭之大远，不比寻常径庭也。

3. 迳庭，谓门户。刘辰翁：大有迳庭，不近人情，谓如虚高门户可畏，未知其中何如也。

4. 迳庭，谓势相远。王敔：迳外庭内，隔远之意。宣颖：迳，门外路也；庭，堂前地也。势相远隔，今言"大有迳庭"，则相远之甚也。于省吾："迳"应读作"楹"，"庭"应读作"莛"，"楹莛"乃叠韵连绵字，其义则谓大小之悬殊也。（《庄子新证》）

㈢其神凝，使物不疵疠而年谷熟

1. 神凝，以道家观点解：心如死灰。郭象：行若曳枯木，止若聚死灰，是以云其神凝也。其神凝，则不凝者自得矣。

成玄英：凝，静也；疵疠，疾病也。五谷熟，谓有年也。圣人形同枯木，心若死灰，本迹一时，动寂俱妙，凝照潜通，虚怀利物，遂使四时顺序，五谷丰登，人无夭害，物无夭枉。

2. 神凝，引儒家观点解：致中和。陆长庚：其神凝，则中致和亦致矣，故天地自位，万物自育。

㈣是其言也，犹时女也

1. 时女，谓处女也。向秀：时女虚静贞顺，和而不喧，未尝求人而为人所求。司马彪：时女，犹处女也。成玄英：时女，少年处室之女也，指此接舆之言，犹如窈窕之女，绰约凝洁，为君子所求，但知之聋盲者谓无此理也。

2. 时女，是汝也。赵以夫："时"训"是"，女音汝，《尚书》"时女功"义同。（褚伯秀《南华真经义海纂微》引）林希逸：时，是也；女同汝。前后解者皆以此"时女"为处子，故牵强不通，其意盖谓如此言语岂是汝一等人能之。奚侗："时"借作"之"，"女"读为"汝"，肩吾也。

3. 时女，犹持女。吴汝纶：某案，时女犹持女。《吕览·长见篇》"申侯伯善持养吾意"，又《荀子·荣辱》"父子相传以持王公"，皆与此"时女"同。盖连文则为"持养"，偏文则为"持"，其义一也。

㈤之人也之往也将旁礴万物以为一世蕲乎乱孰弊弊焉以天下为事

〔句读1〕之人也，之德也，将旁礴万物以为一，世蕲乎乱，孰弊弊焉以天下为事。

1. 之人、之德，指尧；世，人世间；乱，纷乱。成玄英：旁礴，犹混同也。蕲，求也。之人者，叹尧是圣人，之德者，叹尧之盛德，言圣人德合二仪，道齐群品，混同万物，制驭百灵。世道荒淫，苍生离乱，故求大圣君临安抚。而虚舟悬镜，应感无心，谁肯劳形弊智，经营区宇，以事为事。

2. 世，大也；乱，治也。于省吾：世、大古字通。《礼记·曲礼》"不敢与世子同名"，注："世或为大。"《公羊》文十三年传"世室屋坏"，昭二十五年传"宋乐世心"，《左》《穀》"世"并作"大"。世蕲乎治，即大蕲乎治。合万物以为一体，而大蕲乎治也。凡古言治天下者，皆以人民为限，此则并万物而治之，故云大蕲乎治也。

〔句读2〕之人也，之德也，将旁礴万物，以为一世蕲乎乱，孰弊弊焉以天下为事。

之人、之德，指彼神人；世，人世间；乱，治也。李桢：《汉书·司马相如传》"旁魄四塞"，注："旁魄，广被也。"魄与礴通。《扬雄传》"旁薄群生"，注："旁薄，犹言荡薄也。"荡薄即广被之意。旁礴万物承上文"之德也"三字，言其德将广被万物，以为一世蕲乎乱，乱，治也，犹《虞书》"乱而敬"之"乱"。举世望治，德握其符，神人无功，岂肯有劳天下之迹！（郭庆藩《庄子集释》引）

㈥大浸稽天而不溺

1. 稽，至也。司马彪：稽，至也。

2. 稽，合也。奚侗：《礼·儒行》"古人与稽"，郑注："稽，合也。"《广雅·释诂》："稽，合也。"此文"稽"字亦当训"合"。

㈦是其尘垢粃糠，将犹陶铸尧舜者也，孰肯以物为事

1. 尘垢粃糠陶铸尧舜，谓蔑"尧""舜"之名。郭象：尧舜者，世事之名耳，为名者，非名也。故夫尧舜者，岂直尧舜而已哉？必有神人之实焉。今所称尧舜者，徒名其尘垢粃糠耳。成玄英：散为尘，腻为垢，谷不熟为粃，谷皮曰糠，皆猥物也。镕金曰铸，范土曰陶。谥法：翼善传圣曰尧，仁圣盛明曰舜，夫尧至圣，妙绝形名，混迹同尘，物甘其德，故立名谥以彰圣体。然名者粗法，不异粃糠；谥者世事，何殊尘垢。

褚伯秀："尘垢粃糠，陶铸尧舜"之语若轻尧舜，然及考经旨所归，实尊之至也。谓世人所称尧舜，推之为圣人者，徒名其尘垢粃糠耳，尧舜之实，恶可得而名言耶？

2. 尘垢粃糠陶铸尧舜，谓贬唐虞之治。林希逸：尘垢粃糠，绪余也。谓此人推其余绪可以做成尧舜事业。罗勉道：尘垢粃糠犹将陶铸尧舜，尧舜所得者，神人之所弃也。

陆长庚：道以其真治身，而出其绪余亦足以理天下，故尘垢粃糠犹将陶铸尧舜。

宋人资㊀章甫而适㊁诸越，越人断发㊂文身，无所用之㊃。

㈠资章甫

1. 资，取也。司马彪：资，取也。章甫，冠名也。（《文选·张景阳杂诗》注引）

2. 资，货也。李颐：资，货也。章甫，殷冠也。以冠为货。

3. 资，赍也。朱得之：资，赍也。（《庄子通义》）马叙伦："资"借为"赍"。《说文》："赍，持遗也。"

（二）适诸越

1. 适，往也。李桢：诸越，犹云于越。《春秋》定五年《经》："于越入吴。"

2. 适，卖也。闻一多：《徐无鬼篇》"齐人蹢子于宋者"，孙诒让释为齐人鬻其子。今谓"适""蹢"并训作"卖"，即《周礼》之"侇"字。"适诸越"，即卖之于越耳。（《庄子义疏》）

（三）断发

1. 断，如字。成玄英：章甫本充首饰，必须云鬟承冠，越人断发文身，资货便成无用。章炳麟：《释文》："断，司马本作敦，云：敦，断也。"作"敦"者是故书，"敦""断"一声之转，作"断"者后人以训诂改之。

2. 断，短也。陈深："断，短也。"（《庄子品节》）

（四）无所用之

1. 谓此喻尧无所用天下。郭象：夫尧之无用天下为，亦犹越人无所用章甫耳。

2. 谓此喻神人无所用天下。罗勉道：越人断发文身，何用宋人之章甫；四子隐逸山林，何有尧之政治。

尧治天下之民，平海内之政。往见四子⊖藐姑射之山，汾水之阳，窅然丧其天下焉⊜。

（一）往见四子

1. 谓四子指四师。司马彪、李颐：四子：王倪，齧缺、被衣、许由。

2. 谓四子指四德、四大。成玄英：四子者，四德也：一本、二迹、三非本非迹、四非非本迹也。言尧反照心源，洞见道境，超兹四句，故言往见四子。范应元：四子喻四大，藐姑射言其幽渺，谓尧虽治天下、平海内，迹若有为而心不离道，能反观四大于幽渺之中。（褚伯秀《南华真经义海纂微》引）

3. 谓四子不必定指。林希逸：四子既无名，或以为许由、齧缺、王倪、被衣。或曰《山海经》云：藐姑射在寰海外；汾阳，尧都也。在尧之都，而见姑射之神，即尧心也。一本、二迹、三非本非迹、四非非本迹也，如此推寻，转见迂诞，不知此正庄子滑稽处，如此揣摩前后解者，正落其圈缋中，何足以读《庄子》？其实皆寓言也。

4. 谓四子指神人。浦起龙：无名子，即神人。高亨："四"疑原作"是"，声近而误。"是子"即前文藐姑射之山之神人也。（《庄子新笺》）

〇窅然丧其天下焉

1. 谓尧身在汾阳，而心往姑射，故若丧天下。郭象：天下虽宗尧，而尧未尝有天下也，故窅然丧之。而尝游心于绝冥之境，虽寄坐万物之上而未始不逍遥也。成玄英：圣人无心，有感斯应，故能缉理万邦，和平九土，虽复凝神四子，端拱而坐汾阳；统御万机，窅然而丧天下。是以姑射不异汾阳，山林岂殊黄屋！

2. 谓尧往姑射，归汾阳，而后有丧天下之感。林希逸：此章亦见广而后知自陋之意。以尧之治天下，古今第一人矣，而于汾水之南，见四子于藐姑射之山犹且恍然自失，况他人乎？罗勉道：汾阳，尧所都。尧见四子于藐姑射之山，归汾水之阳，而窅然若丧其天下，盖见四子而自失也。

惠子谓庄子曰："魏王贻我大瓠之种，我树之成而实〇五石，以盛水浆，其坚不能自举也。剖之以为瓢，则瓠落〇无所容。非不呺然大也，吾为其无用而掊之。"庄子曰："夫子固拙于用大矣。宋人有善为不龟手之药者，世世以洴澼絖〇为事。客闻之，请买其方①百金。聚族而谋曰：'我

---

① 陈景元：江南古藏本"方"下有"以"字。

世世为洴澼絖，不过数金；今一朝而鬻技百金，请与之。'客得之，以说吴王。越有难，吴王使之将，冬与越人水战，大败越人，裂地而封之。能不龟手，一也；或以封，或不免于洴澼絖，则所用之异也。今子有五石之瓠，何不虑^⑪以为大樽而浮乎江湖，而忧其瓠落无所容？则夫子犹有蓬之心^⑫也夫！"

㈠我树之成而实五石

1. 实，充实，谓瓠可容纳。司马彪：实中容五石。

2. 实，籽也，谓瓠之籽数。林希逸：实，瓠之子也。一瓠之大，其子五石。

㈡则瓠落无所容

1. 瓠落，犹廓落，平浅也。司马彪：瓠，布护也；落，零落也。言其形平而浅，受水则零落而不容也。梁简文帝：瓠落，犹廓落也。

2. 瓠落，犹华离，破碎也。朱桂曜：《礼记·郊特牲》"天子树瓜华，不敛藏之种也"，注云："华，果蓏也。"王念孙曰："华当读为瓠，瓠、华古同声。华之为瓠，犹华之为荂，瓠、荂皆以夸为声。"《尔雅》："华荂，荣也。"《说文》"华"或作"荂"，是其例也。"落"与"离"通。《文选·西京赋》"楷枕落"，注："落犹篱也。"《释名》："篱，离也。"《尔雅·释木》"瓜曰华之"，郝疏："华犹劙也，盖言析之而不绝也。"是"华"与"离"皆有分离之义；惟"华"又有污邪不正之义也。贾谊《新书·道德说》"通之以六德之华离状"，《鹖冠子·泰鸿篇》注："离，华离也。"华离即瓠落也。《庄》文盖言剖瓠为瓢，则又污邪不正，分离破碎，不能容物，故曰"瓠落无所容"也。

㈢世世以洴澼絖为事

1. 洴澼絖，谓漂絮。李颐：洴澼絖者，漂絮于水上。成玄英：洴，浮；澼，漂也；絖，絮也。

2. 洴澼絖，谓击絮。卢文弨：今本书作："澼，声。"疑"洴澼"是击絮之声。"洴澼"二字本双声，盖亦象其声也。（《庄子音义考证》）

㈣何不虑以为大樽而浮乎江湖

1. 虑，同摅、络，结缀。司马彪：樽如酒器，缚之于身，浮于江湖，可以自渡。虑，犹结缀也。朱桂曜：《天道篇》"知虽落天地，不自虑也"，"虑"亦"落"也，"落"同"络"也。王叔岷："虑"为"摅"。《文选》谢灵运《永初三年七月十六日之郡初发都诗》注引"虑"作"摅"，《大方广佛华严经随疏演义钞》六十引"虑"亦作"摅"。

2. 虑，思虑。林希逸：虑，思也。"何不虑"者，言子之思何不及此也。王敔：虑犹计也。

3. 虑，修治。奚侗："虑"与"治"通，言修治也。何不修治以为大樽，文义甚明。《易·萃》"君子以除戎器戒不虞"，《释文》："除本又作治。"荀本"除"作"虑"。是为"虑""治"通用之证。

㈤则夫子犹有蓬之心也夫

1. 蓬之心，言其心如短而乱之蓬蒿。向秀：蓬者，短不畅，曲士之谓。成玄英：蓬，草名，拳曲不直也。蓬心，未能直达玄理。林希逸：蓬心，犹茅塞其心也。

2. 蓬之心，言其行如跳跃蓬蒿间之斥鴳。罗勉道："蓬"字正与"江湖"字相对，言不浮游江湖而此犹局于山林草莱之中也。陈治安：斥鴳翱翔乎蓬蒿，小惠子为斥鴳也。

惠子谓庄子曰："吾有大树，人谓之樗。其大本拥肿而不中绳墨，其小枝卷曲而不中规矩。立之涂，匠者不顾。今子之言，大而无用，众所同去也。"庄子曰："子独不见狸狌乎？卑身而伏，以候敖〇者；东西跳梁〇，不避高下；中于机辟〇，死于罔罟。今夫斄牛，其大若乘天之云。此能为大矣，而不能执鼠。今子有大树，患其无用，何不树之于无何有之乡，广莫之野〇，彷徨①乎无为其侧，逍遥乎寝卧其下。不夭斤斧，物无害者，无所可用，安所困苦哉！

———————

① 陆德明：彷徨，崔本作"方羊"，简文同。

㈠以候敖者

1. 敖，同傲，懈怠也。支遁：伺彼怠敖，谓承夫闲殆也。

2. 敖，同遨，遨游也。陆德明：司马音遨，谓伺遨翔之物而食之，鸡鼠之属也。

㈡东西跳梁

1. 梁，如字。屋梁也。宣颖：跳则跨空，似梁之穹然，故曰"跳梁"。

2. 梁，"踉"字之借，跳跃也。阮毓崧：章先生《新方言》二谓，其"梁"字今作"踉"。《广韵》："踉，跳踉也。"今蕲州谓"跳"为"梁"。

㈢中于机辟

1. 机辟，网也。司马彪：机辟，罔也。

2. 机，辟翻车也。郭庆藩："辟"疑为"繴"之借字。《尔雅》："繴谓之罿，罿，罬也；罬谓之罦，罦，翻车也。"郭璞曰："今之翻车也，有两辕，中施璞以捕鸟。"司马曰辟罔也，误。"辟"若训"罔"，则下文"死于罔罟"为赘矣。

3. 机辟，弩也。闻一多："辟"读为"臂"。机臂谓弩也。《说文》："弩，弓有臂者。"《楚辞·哀时命》："外迫胁于机臂兮。"臂者，如人手臂之状，故名。《墨子·非儒篇》："盗贼将作，若机辟将发也。"与本书字并作"辟"，古文省借耳。诸家或读为"繴"，则与下文"罔罟"义复，失其旨矣。

㈣无何有之乡、广莫之野

1. 谓无物无人之地。成玄英：谓宽旷无人之处，不问何物，悉皆无有，故曰无何有之乡也。宣颖：无何有之乡，一物不留之处；广莫之野，一物不隔之宇。

2. 喻道或造化。林希逸：言造化自然至道之中，自有可乐之地也。陆长庚：寂寞虚旷之地，喻道之本乡也。

齐物论第二

【题意】

一、读为"齐物"之论。

1. 谓无我则物齐。王雱：万物受阴阳而生，我亦受阴阳而生，赋象虽殊，而所生同根。惟能知其同根则无我，无我则无物，无物则无累，此庄子所以有齐物之篇也。徐晓：篇名"齐物"，这一"物"字，已包括"天地万物"四字。篇首"吾丧我"这三字，亦包括一篇大指。夫言物，则有彼此、有是非、有大小、有寿夭、有利害、有死生，之数者何其不齐；而所以不齐，则皆从我起见者。"吾丧我"则一切从我起见者，无不一；一则齐矣。（《南华日抄》）

2. 谓物本自齐。陈继儒：欲齐一天下之物，必观诸未始有物之先。物本自齐，非吾能齐，若有可齐终非齐物，此是要论。（《庄子隽》）刘咸炘：此篇初明万物之自然，因明彼我皆是，故曰"齐物"。后人多误认为破是非，双遣两忘乃佛家所主。佛家主空，一切俱不要；道家主大，一切俱要，根本大异，岂可强同。（《庄子释滞》）

3. 谓物不能齐。胡文英："齐物论"是言物之不齐、不可齐、不当齐、不必齐。钱穆：孟子曰："物之不齐，物之情也。"《天下篇》彭蒙、田骈、慎到"齐万物以为首"，则旧读本"齐物"相连。（《庄子纂笺》）

二、读为齐一"物论"。

1. 谓齐一众论。林希逸："物论"者，人物之论也。犹言众论也。"齐"者，一也，欲合众论而为一也。战国之世学问不同，更相是非，故庄子以为不若是非两忘而归之自然，此其立名之意也。王应麟："齐物论"非欲齐物也,盖谓物论之难齐也。是非毁誉,一付于物,而我无与焉,则物论齐矣。邵子诗谓"齐物到头争",恐误。张文潜曰:"庄周患夫彼是之无穷,而物论之不齐也,而托之于天籁。"(《困学纪闻》)① 严复:物有本性,不可齐也;所可齐者,物论耳。(《庄子评点》)

2. 谓众论本齐。刘辰翁:或谓庄子欲齐物论,非也。欲齐则愈不齐矣,不是齐他物论,是自看得他物论原自齐。看得齐,则心平,心平则无物论矣。钱澄之:"齐物论"言物论之不可齐、不必齐、亦无不齐也。(《庄屈合诂》)

三、读为齐"物与论"。孙嘉淦:物者彼我,论者是非,丧我物化,道通为一,则皆齐矣。王先谦:天下之物、之言,皆可齐一视之,不必致辩,守道而已。

南郭子綦隐机②而坐,仰天而嘘⊖,荅⊜焉似丧其耦⊜。颜成子游立侍乎前,曰:"何居®乎?形固可使如槁木,而心固可使如死灰乎?今之隐机者,非昔之隐机者也®。"子綦曰:"偃,不亦善乎,而问之也!今者吾丧我®,汝知之乎?女闻人籁而未闻地籁,女闻地籁而未闻天籁夫!"

⊖仰天而嘘

1. 嘘,叹气。向秀:嘘,息也。陆德明:吐气为嘘。成玄英:嘘:叹也。

2. 嘘,笑,释德清:仰天而嘘,因忘身而自笑也。

⊜荅焉

1. 谓无心貌。陆德明:荅焉,解体貌。林希逸:嗒焉者,无心

---

① 钱大昕:王伯厚谓庄子"齐物论"非欲齐物也,盖谓物论难齐也。王伯厚前王安石、吕惠卿等已发其说。按:左思《蜀都赋》"万物可齐于一朝"。刘渊林注云:"庄子有齐物之论。"刘琨《答卢谌书》云:"远慕老庄之齐物。"《文心雕龙·论说篇》云:"庄周齐物,以论为名。"是六朝人已误以"齐物"两字连读。唐人多取"齐物"两字为名,其误不始于康节也。(《十驾斋养新录》卷十九)朱桂曜:马季长《长笛赋》"齐万物兮超自得",王康琚《反招隐》"与物齐终始",李善注并云:"庄子有齐物之论。"亦同误。

② 陆德明:李(颐)本"机"作"几"。

之貌。

2. 谓合口貌。罗勉道：嗒焉，合口也。方俯而凭几，俄仰而嘘气，忽嗒焉合其口，顷刻三变。

㈢丧其耦

1. 耦，匹也。丧其耦，忘物我对立也。郭象：同天人、均彼我，故外无与为欢，而答焉解体，若失其配匹。成玄英：身与神为匹，物与我为耦也。身心俱遣，物我兼忘，故若丧其匹耦也。林希逸：丧其耦者，人皆以物我对立，此忘之也。

2. 耦，寓也。丧其耦，忘己形也。司马彪：耦，身也。身与神为耦。陆长庚：盖神与形为耦，忘其形，是丧其耦也。俞樾：丧其耦，即下文所谓"吾丧我"也。郭注曰"若失其配匹"，未合"丧我"之义。司马云："耦，身也。"此说得之。然云"身与神为耦"则非也。"耦"当读为"寓"。寓，寄也。神寄于身，故谓身为寓。

㈣何居乎

1. 居，作实词解，犹故也，原因也。司马彪：居，犹故也。

2. 居，作实词解，安处、安排也。成玄英：居，安处也。如何安处，遂使形将槁木而不殊，心与死灰而无别。

3. 居，作虚词解，犹乎也。王引之："居"犹"乎"也。"居"下不当复有"乎"字，疑因下文而愆。《释文》出"何居"二字，无"乎"字。（《经传释词》）

4. 居，作虚词解，通"其"。朱桂曜："居"通"其"，读如"姬"，盖问词之语助也。《书·微子》曰："予颠隮若之何其。"郑注曰："其，语助也，齐鲁间声如姬。"《礼记·檀弓》曰："何居，我未之前闻也。"郑注曰："居读如姬，齐鲁之间语助也。"

㈤今之隐机者，非昔之隐机者也

1. 谓指不同人。郭象：子游尝见隐机者，而未见若子綦者。

2. 谓指同一人之不同时。吕惠卿：昔之隐机，应物时也；今之隐机，遗物时也。（《庄子义》）王夫之：昔者子綦之隐几，尝有以辨儒墨矣，至是而嗒焉忘言。

(六)今者吾丧我

1. 吾丧我，谓物我俱忘也。郭象：吾丧我，我自忘矣；我自忘矣，天下有何物足识哉！故都忘外内，然后超然俱得。

成玄英：丧，犹忘也。子綦境智两忘，物我双绝。

2. 吾丧我，谓忘己形也。王雱：生者天地之委和也，有生俱受委和也。惟子綦能知其所然，故绝累忘形而以吾丧我，物我所以俱齐也。陆长庚：丧耦即丧我，谓忘形也。人人皆自形骸躯壳上起念，而子綦不然，迥出常态，子游异而问之，子綦答言"今者吾丧我"。

3. 吾丧我，谓摒弃我见也。林希逸：吾即我也，不曰"我丧我"，而曰"吾丧我"，言人身中才有一毫私心未化，则吾、我之间亦有分别矣。释德请：此"齐物"以"丧我"发端，要显世人是非都是我见。

子游曰："敢问其方⊖。"子綦曰："夫大块⊜噫气，其名为风。是唯无作，作则万窍怒呺，而独不闻之翏翏乎？山林之畏佳⊜，大木百围之窍穴，似鼻，似口，似耳，似枅，似圈，似臼，似洼者，似污者⊛；激者⊜，謞者⊕，叱者⊕，吸者⊕，叫者⊕，譹者⊕，宎者⊕，咬者⊕，前者唱于而随者唱喁⊕。泠风则小和，飘风则大和，厉风济则众窍为虚，而独不见之调调，之刀刀①乎⊕？"

(一)敢问其方

1. 方，道术也。成玄英：方，道术也。虽闻其名，未解其意，故请三籁，其术如何。林希逸：方，道也。问此理果何如也。

2. 方，类，处所。林云铭：方，类也。宣颖：敢问其方，求指其处。

---

① 卢文弨："刀"旧俱作"刁"，俗。王叔岷：作"刁"者俗。赵谏议本、元纂图互注本、世德堂本皆作"刀刀"。

㈡大块噫气

1. 大块，天也。司马彪：大块，大朴之貌。大块，谓天也。

2. 大块，无物也。郭象：大块者，无物也。夫噫气者，岂有物哉，气块然而自噫耳。物之生也，莫不块然而自生，则块然之体大矣，故遂以大块为名。

3. 大块，造物也。成玄英：大块者，造物之名，亦自然之称。

4. 大块，天地也。林希逸：大块，天地也。天地之间因何有风，亦犹人之噫气也。褚伯秀：本经"大块载我以形"，《列子》云"地积块耳"，释之以"地"义或近之。详此所谓"大块"，似指天地之间；"噫气"即《道德经》所谓"其犹橐籥乎"是也。

5. 大块，地也。王懋竑：块然有形者，地也，风起溪谷间。俞樾：大块者，地也。司马云"大朴之貌"，郭注曰"大块者，无物也"，并失其义。此本说地籁，然则大块者，非地而何？

㈢山林之畏佳

1. 畏佳，谓风扇动树林之貌。郭象：山林之畏佳，大风之所扇动也。林希逸：畏佳者，林木摇动之貌。刘武：郭注"扇动"之训，虽不知其所本，然亦略可推得其义。"畏"古与"威"通，"佳"与"蕤"叠韵。故"畏佳"与"威蕤"义相近。《文选·景福殿赋》"流羽毛之威蕤"，寻"威蕤"之义，披垂流动貌。（《庄子集解内篇补正》）

2. 畏佳，谓山之高巍处。李颐：畏佳，山阜之貌。奚侗："林"当作"陵"，畏佳犹崔嵬。

3. 畏佳，谓山之曲凹处。宣颖："畏"字古通作"隈"，曲处也。"佳"一音"危"，《六书正讹》云隶作"惟"，"惟""维"俱同，则"佳"即古之"维"字矣。维，方隅也。此云"山林畏佳"，乃言树林在山曲之隅者。风声惟木易感，而木林之在山隈之维者，尤居含风之处，故将言大木窍穴，须于此处形容之。

㈣似鼻，似口，似耳，似枅，似圈，似臼，似洼者，似污者

1. 谓窍穴有各种形状。陆长庚：大木百围之窍穴，有两孔而似鼻者，有一口而似口者，有孔斜入而似耳者，有孔方而似枅者，有孔圆深而似圈者，有浅而似臼者，有曲而似洼者，有广而似污者。数句描写窍穴意态如画。

2. 谓窍穴有三种取象。宣颖：似鼻、似口、似耳，三者取象于身；似枅、似圈、似臼，三者取象于物；似洼者、似污者，二者取象于地。

㈤激者

1. 状风声之似若。成玄英：如水湍激声也。

2. 言风声之本色。林云铭：戛而声止。

㈥謞者

1. 状风声之似若。梁简文帝：若箭去之声。

2. 言风声之本色。林云铭：去而声疾。

㈦叱者

1. 状风声之似若。司马彪：若叱咄声。

2. 言风声之本色。林云铭：出而声粗。

㈧吸者

1. 状风声之似若。司马彪：若嘘吸声也。

2. 言风声之本色。林云铭：入而声细。

㈨叫者

1. 状风声之似若。司马彪：如叫呼声也。

2. 言风声之本色。林云铭：高而声扬。

⑨ 謞者

1. 状风声之似若。司马彪：若謞哭声。
2. 言风声之本色。林云铭：下而声浊。

⑩ 宎者

1. 宎，如字。状风声之似若。成玄英：宎者，深也，若深谷然。
2. 宎，如字。言风声之本色。林云铭：深而声留。
3. 宎，"笑"之讹。奚侗："宎"为"笑"之讹。

⑪ 咬者

1. 状风声之似若。司马彪：声哀切咬咬然。
2. 言风声之本色。陆长庚：鸣而声清。林云铭：吹而声续。

⑫ 前者唱于而随者唱喁

1. 谓声之轻重。林希逸：于之声轻，喁之声重。
2. 谓声之响应。王敔；唱于，相引也；唱喁，相应也。

⑬ 厉风济则众窍为虚，而独不见之调调，之刀刀乎

1. 如字。调调、刀刀，谓大小树木随风而摇动貌，喻物论同根。郭象：调调、刀刀，动摇貌也。言物形既异，而形之动摇亦又不同也。动虽不同，其得齐一耳，岂调调独是而刀刀独非乎！胡文英：调调是树枝大动，刀刀是树叶微动。

2. 如字。调调刀刀，谓草木摇动之余，喻是非之论，唱者已止，而和者不已。释德清：调调刀刀，乃草木摇动之余也。意谓风虽止，而草木尚摇动不止。此暗喻世人是非之言论，唱者已亡，而人人以绪论，各执为是非者。

3. "刁"为"匀"之坏字。调调匀匀，谓风止树静，喻物论之齐。朱桂曜："调调刁刁"，"刁"盖皆"匀"之坏字。《一切经音义》引《说文》："匀，调匀也。"此二句言地籁既止，众窍皆虚，万状调匀，止于天均，同于大齐，盖即所谓"天籁"，即以喻物论之齐也。

子游曰："地籁则众窍是已，人籁则比竹是已。敢问天籁。"子綦曰："夫吹万不同①，而使其自己②也，咸其自取，怒者其谁邪⊖！"

⊖使其自己也，咸其自取，怒者其谁邪

1. 就"自己"（或"自已"）、"自取"解，"天籁"即自然。

司马彪：吹万，言天气吹煦，生养万物，形气不同。已，止也，使各得其性而止。（《文选·江文通杂体诗》注引）郭象：此天籁也。夫天籁者，岂复别有一物哉，即众窍比竹之属，接乎有生之类，会而共成一天耳。无既无矣，则不能生有；有之未生，又不能为生。然则生生者谁哉，块然而自生耳。自生耳，非我生也。我既不能生物。物亦不能生我，则我自然矣。自己而然，则谓之天然。天然耳，非为也，故以天言之。以天言之，所以明其自然也，岂苍苍之谓哉？钱澄之：天籁即在地籁之中，"自己"谓各自成声，"自取"谓各因其窍。马其昶：万窍怒呺，非有怒之者，任其自然，即天籁也。（《庄子故》）

2. 就"使""怒者"解，"天籁"即造物、真宰。赵以夫：声出众窍，谁实怒之？盖有声声者存乎其中，不可得而闻见，此地籁中之天籁也。人籁亦犹是，而非比竹所能尽，故后章喻以知言梦觉、喜怒哀乐，日夜相代，不知所萌。萌者，生之始，旦暮得此所由以生，即籁之天也。所谓真宰、真君亦此意。

林希逸：言万物之有声者，皆造物吹之。吹之者，造物也，而皆使其若自己出。"吹"字、"使"字皆属造物。"咸其自取"，言万物皆以为我所自能，而不和一气之功，谁实使之气发于内而为，遂下一"怒"字，亦属造物。宣颖：众窍之鸣，"怒者其谁邪？"分明有个主宰。

大知闲闲，小知间间⊖；大言炎炎，小言詹詹③⊜。其寐也魂交，其觉也形开，与接为构，日以心斗。缦者、窖者、密者⊜。小恐惴惴，大恐缦

---

① 王叔岷：《世说新语·文学篇》注引"吹万不同"上，有"天籁者"三字，文意较明。

② 司马彪本"己"作"已"。

③ 陆德明：炎，李本作"淡"。詹，崔本作"阎"。

缦⑭。其发若机栝，其司⑮是非之谓也；其留如诅盟，其守胜⑯之谓也；其杀⑰若秋冬，以言其日消也；其溺⑱之所为之，不可使复之也；其厌⑲也如缄，以言其老洫①⑳也；近死之心，莫使复阳也。喜怒哀乐，虑叹变热，姚佚启态㉑；乐出虚，蒸成菌㉒。日夜相代㉓乎前，而莫知其所萌㉔。已乎，已乎！且暮得此㉕，其所由以生乎！

㈠**大知闲闲，小知间间**

1. 闲闲、间间，作一褒一贬解。成玄英：闲闲，宽裕也；间间，分别也。夫智惠宽大之人，率性虚淡，无是无非；小知狭劣之人，性灵褊促，有取有舍。王敔：闲闲，广博貌。间间，乘隙也。

2. 闲闲、间间，同作贬义解。王夫之：闲闲者亦间间耳。以闲闲陵小知而讥其隘，以间间伺大知而摘其所略。

㈡**大言炎炎，小言詹詹**

1. 炎炎、詹詹，作一褒一贬解。成玄英：炎炎，猛烈也。詹詹，词费也。夫诠理大言，犹猛火炎燎原野，清荡无遗。儒墨小言，滞于竞辩，徒有词费，无益教方。孙嘉淦：炎炎，光明之意，所谓"李杜文章在，光焰万丈长"。詹詹，辩给之意，所谓啬夫利口喋喋。

2. 炎炎、詹詹，同作贬义解。王夫之：炎炎者亦詹詹耳。以炎炎夺小言之未逮，以詹詹翘大言之无实。

㈢**缦者、窖者、密者**

1. 谓三种心态。林疑独：以至约之心，斗至多之物，终亦疲溃而后已。缦者蔽之浅，窖者蔽之深，密者尤深者也。（褚伯秀《南华真经义海纂微》引）陆树芝：缠绵于心、深藏于心、默运于心者也。（《庄子雪》）李勉：缦者、窖者、密者，皆喻致辩者所生三种不安之情态。"缦"与"茫"一音之转，可通借，谓茫然昏乱也。窖，郁也，谓郁于心也。《说文》及《月令》皆可伸解其义。密，默也，与"默"一音之转，可通借，谓闷于心也。有此三态，故大恐缦缦，小

---

① 陆德明：洫，本亦作"溢"。

恐惴惴。(《庄子总论及分篇评注》)

2. 谓三种人。林希逸，缦者，有一种人，做事缦怛怛地。又有一种人，出著言语，便有机窍，故曰"窖"。又有一种人，思前算后，不漏落一线路，故曰"密"。宣颖：缦者、窖者、密者，宽人也、险人也、谨人也。朱桂曜："曼"有"细"义。《淮南·修务训》"曼颊皓齿"，注："曼颊，细理也。"是其证。此三句犹言细者、深者、密者。

四小恐惴惴，大恐缦缦

1. 缦缦，宽深之意。李颐：惴惴，小心貌。缦缦，齐死生貌。成玄英：小恐惴傈而怵惕，大恐宽暇而沮丧也。

林希逸：事之小者，则惴惴然而惧，故曰"小恐惴惴"。事之大者，则忧深思远，若失若疑，故曰"大恐缦缦"。

2. 缦缦，迷漫之意。宣颖；小恐惴惴，忧惧也。大恐缦缦，迷漫失精。章炳麟：小恐神志尚定，故有战慄震怖诸相；大恐神志已夺，乃如昏醉也。朱桂曜：《尚书大传·虞夏传》"冬伯之乐舞齐落，歌曰缦缦"，又"纥缦缦兮"，注："缦缦，教化广远也。"是缦缦有广远漫灭之意，此犹言精神散漫也。

五其发若机栝，其司是非之谓也

1. 司，主也。喻发言中的。林希逸：其议论是非各有所主，若射者之谋中的然，故曰"其发若机栝"，谓一语不虚发也。司，主也。陆长庚：司是非者，主讼之辈，意在中人，寻其肯綮，若机栝习人也。

2. 司，伺也。喻发言尖刻。王闿运：司，察也。

章炳麟："司"即今"伺"字。阮毓崧：凡张弩发矢，以括入机，机动即发。此形容口给者发言尖巧，每伺隙以生起是非也。

六其留如诅盟，其守胜之谓也

1. 胜，如字。成玄英：坚守确乎，情在胜物。罗勉道：其留滞于中，如会盟诅祝，不可得渝。言其守好胜之私，有如此者。

2. 胜，即"司"，伺也。章炳麟："胜"亦"司"也。《潜夫论》说"胜屠"即"司徒"之蒸对转也。"司"即今"伺"字。

3. 胜，借为"静"。阮毓崧："胜"从"朕"声，以同声得借为"静"。"守胜"犹守静也。言或隐留不发，郑重若诅祝盟誓者，殆所谓大辩若讷，静待机宜也。

㈦其杀若秋冬，以言其日消也

1. 杀，肃杀之谓。罗勉道：其衰杀如秋冬肃杀，言其焦心劳思，日见销铄，有如此者。

2. 杀，差减之谓。胡文英：杀，读作等杀之"杀"，方与"日消"二字关照。

㈧其溺之所为之，不可使复之也

1. 溺，沉溺。罗勉道：此乃溺于物欲，所为不能使其自反也。

2. 溺，便溺。林云铭：既以心斗，则神明日劳而消丧，故杀如秋冬，若便溺之出，不可复返其初也。

㈨其厌也如缄

1. 厌，没溺也。郭象：其厌没于欲。成玄英：厌，没溺也。颠倒之流，厌没于欲；惑情坚固，有类缄绳。

2. 厌，闭塞也。陆长庚："厌"犹如《大学》"厌然"之"厌"，消阻闭藏之意。缄，闭藏也。故曰"其厌如缄"。朱桂曜：厌，塞也。《论语》"天厌之"，皇侃疏："厌，塞也。"《荀子·修身》"厌其源，开其渎"，杨倞注："厌，塞也。"

㈩以言其老洫也

1. 洫，同溢、逸，过度也。成玄英：岂唯壮年纵恣，抑乃老而愈洫。于省吾：《释文》"洫，本亦作溢"，按作"溢"者是也。溢、泆、佚、逸古字通。《书·禹贡》"溢为荥"，《史记》"溢"

作"泆"。《酒诰》"淫泆于非彝"，《释文》"泆"又作"逸"。《书》"无逸"，《论衡》作"毋佚"。然则"老溢"即"老佚""老逸"也。

2. 洫，沟壑。林希逸：至老而不可救拔，故曰"老洫"。洫者谓其如坠于沟壑也。胡文英：老洫犹旧洫，虽有水而不能流动也。

3. 洫，静也、慎也。章炳麟："洫"借为"恤"，《说文》"恤，静也"，《释文》："洫，本亦作溢。"作"溢"亦通，《释诂》："溢，慎也。"

4. 洫，虚也。阮毓崧：洫，虚也。《管子·小称篇》"满者洫之"是也。此言深藏不露者，以其长此若虚也。

5. 洫，败也。朱桂曜：洫，败也。《则阳篇》"世与偕行而不替，所行之备而不洫"，《释文》："洫，王云：败坏也。"《徐无鬼篇》"若邮若失，若丧其一"，《释文》谓"邮音洫"，《淮南·道应训》作"若灭若失，若亡其一"，《列子·说符篇》作"若灭若没，若亡其失"，是"洫"即"灭"，"灭"与"败坏"义亦近。"老洫"犹言老败也。

6. 洫，惑也。杨树达："老洫"义颇难明，"洫"疑当读为"或"。《说文》十二篇上门部："阌或作阔。"是"或""洫"字通之证，古"或""惑"字同。"老洫"即老惑，犹言老悖也。（《庄子拾遗》）

㈩喜怒哀乐，虑叹变慹，姚佚启态

1. 谓辩者之十二种（或八种）心理状态。成玄英：喜则心生欢悦，乐则形于舞忭，怒则当时嗔恨，哀则举体悲号，虑则抑度未来，叹则咨嗟已往，变则改易旧事，慹则屈服不伸，姚则轻浮躁动，佚则奢华纵放，启则开张情欲，态则娇淫妖冶。众生心识，变转无穷，略而言之，有此十二。罗勉道：儒书只言七情，庄子又增作十二般。王夫之：颠倒于八情之中。王敔：八者（按：喜怒哀乐、虑叹变慹）情动而其态百出矣。

2. 谓辩者之十二种表情状貌。林希逸：以上形容世俗之用心，

"喜怒"以下十二字又形容其状貌。谓其在内者如此，故其见于外也，或喜或怒，或哀或乐。时乎忧虑，时乎嗟叹，时乎变换意态，如此不得又欲如彼。怒者，忧疑而不动之貌。姚，央庠之貌。佚，纵逸也。启，开放不收敛之貌。态，做模打样也。陆长庚：以上备言小人心事，此又以十二字面摹写接物之情状。宣颖：喜、怒、哀、乐。虑，多思。叹，多悲。变，反复。怒，怖也。姚，美好。佚，纵逸。启，开放。态，修饰。又叠十二字以总摹其情。

⓬乐出虚，蒸成菌

1. 喻万事万物皆自无而生。成玄英：夫箫管内虚，故能出于雅乐；湿暑气蒸，故能生成朝菌。亦犹二仪万物，虚假不真，从无生有，例如菌乐。宣颖：二句收上，如此种种人情，皆是自无而有，偶与气会耳。

2. 喻十二情态自无而生。赵以夫：乐由虚出，菌由蒸成，成以明十二者之咸其自取也。罗勉道：此十二者如乐音之出于空虚，地气之蒸成朝菌。

⓭日夜相代乎前，而莫知其所萌

1. 日夜相代，指万物言。郭象：日夜相代，代故以新也。夫天地万物，变化日新，与时俱往，何物萌之哉？自然而然耳。

2. 日夜相代，指造物言。林希逸：日夜相代乎前，造物之往来者也。莫知所萌，言不见其所起之处也。

3. 日夜相代，指人之情态言。陈寿昌：日夜循环，一来一往，其往者又若预止于前，以俟更替，日日如此，究不知起于何日。人之扰扰于日夜间者，其情态之变，迭起环生，亦犹是也。朱桂曜：此言喜怒哀乐、虑叹变怒等变象更代乎前，忽喜忽怒，忽哀忽乐，己亦不自知其何为而喜，何为而怒，所谓"知不能规乎其始"，皆非生于自己明了之意识也。

㊉旦暮得此，其所由以生乎

1. 此，谓自生。郭象：言其自生。

2. 此，谓造物。林希逸：所萌之地虽不可知，然旦暮之间不过得此而已。此者，造物也。

3. 此，谓人心所由生之故。陈寿昌：谓此日月推移，必默有主张是者，人能于旦暮间求得其故，则知天之生人以此，人之生心亦以此也。

非彼㊀无我，非我无所取。是亦近矣，而不知其所为使。若有真宰㊁，而特不得其朕。可行己㊂信，而不见其形，有情㊃而无形。百骸、九窍、六藏㊄，赅而存焉，吾谁与为亲？汝皆说之乎？其有私焉？如是皆有为臣妾乎？其臣妾不足以相治乎？其递相为君臣乎？其有真君存焉㊅？如求得其情与不得，无益损乎其真㊆。一受其成形，不亡①㊇以待尽。与物相刃相靡㊈，其行尽㊉如驰，而莫之能止，不亦悲乎！终身役役而不见其成功，苶然疲役而不知其所归㊊，可不哀邪！人谓之不死，奚益！其形化，其心与之然，可不谓大哀㊋乎？人之生也，固若是芒㊌乎？其我独芒，而人亦有不芒者乎？

㊀非彼无我，非我无所取。是亦近矣，而不知其所为使

1. 彼，谓自然也。郭象：彼，自然也。自然生我，我自然生。故自然者，即我之自然，岂远之哉！凡物云云，皆自尔耳，非相为使也，故任之而理自至矣。成玄英：彼，自然也。取，禀受也。若非自然，谁能生我？若无有我，谁禀自然乎？然我则自然，自然则我，其理非远，故曰"是亦近矣"。我禀自然，其理已具，足行手捉，耳听目视，功能御用，各有司存，亭之毒之，非相为使，无劳措意，直任之耳。

2. 彼，谓真宰、造物。王雱：非真宰则我不生，非我则真宰无所著。我即真宰之所使，日用焉而不知自悟，岂有所分别乎？林希逸："非彼无我"，这"彼"字，却是上面"此"字。言非造物则我不能

---

① 郭庆藩《庄子集释》本"亡"作"忘"。

如此，然造物之所为必因人身而后见。然其所为见使于造物者，人实不知之，故曰"是亦近矣而不知其所为使"。

3. 彼，谓诸心理现象。朱桂曜：此言非诸心理现象则无我，非我则无诸心理现象，我与诸心理现象相依而存在，似亦近理。然此二者之关系，果谁使之然乎？意必我与心理现象之上，别有所谓真宰或真君者主持其间，此即西洋哲学所谓灵魂也。

㈡若有真宰，而特不得其朕

1. 若有真宰，谓似有而实无真宰。郭象：万物万情，趣舍不同，若有真宰使之然也。起索真宰之朕迹，而亦终不得，则明物皆自然，无使物然也。

2. 真宰，谓万物之主宰。王雱：真宰者，至道之妙，宰制造化者也。以其自然，故曰真，以其造制，故曰宰。其为物也不在乎阴阳之内，亦不在乎阴阳之外，可以神会而不可以象求，故曰若有而不得其朕也。

3. 真宰，谓人身之主宰。罗勉道：真宰者，即无极之真妙，合二气五行，而人所具以生者也。人身中有此真宰，故血气为之役使，而许多变态可收敛寂然，然而人莫得其朕兆，无可用工处。

㈢可行己信，而不见其形

1. 己，如字。谓万物自生自行，不假他物，故唯自信，不见所以得行（决定者）之形。郭象：今夫行者，信己可得行也。不见所以得行之形。成玄英：信己而用，可意而行，天机自张，率性而动，自济自足，岂假物哉！物皆信己而行，不见信可行之貌者也。

2. 己，读为"巳"。谓真宰之行已足信实，但不可形见。王雱：不疾而速，生物而著，不可见其朕兆者，真宰也。故曰"可行巳信而不可见其形"。林希逸：可行者，言天行之可见者也。巳信者，甚实也。造物之所行，信乎有之，而但不见其形，即莫知其所为使也。

④有情而无形

1. 情，情意之"情"。成玄英：有可行之情智，无信己之形质。王雱：可以意了，而不可以象求，故曰"有情而无形"。

2. 情，实也。林希逸：有情，言有实也，即"已信"也。无形，即"不见其形"也。朱桂曜：情，实也。《吕氏春秋·壅塞篇》"宣王之情所用不过三石"，又《侈乐篇》"则失宝之情矣"，高注并云："情，实也。"

⑤六藏

1. 谓即六腑五藏。成玄英：六藏：六，六腑也，谓大肠、小肠、膀胱、三焦也；藏，谓五藏，肝心脾肺肾也。

2. 谓即五藏。李桢：《释文》云"此云六藏，未见所出"，成《疏》遂穿凿以六为六腑，藏为五藏，致与上百官、九窍训不一例。按《难经》三十九难，五藏亦有六藏者，谓肾有两藏也，其左为肾，右为命门。命门者，谓精神之所舍也。其气与肾通，故言藏有六也。

⑥其有真君存焉

1. 谓百骸、九窍、六藏皆自生自存，无有宰使者。郭象：百骸、九窍、六藏，直自存耳，任之而自尔，则非伪也。成玄英：真君即前之真宰也。言取舍之心，青黄等色本无自性，缘合而成，不自不他，非有非无，故假设疑问，以明无有真君也。

2. 谓百骸、九窍、六藏，一身不能相统，必有真君。赵以夫：人之一身百骸、九窍、六藏，不能相统，"吾谁与亲，其有私焉"，言其中必有真君然后能统之。罗勉道：曲折疑难，却终之曰"其有真君存焉"，言百骸、九窍、六藏所以听命者真君也。

⑦如求得其情与不得，无益损乎其真

1. 真，指物性。谓物自生，知与不知物之情，皆无损益物之本性。郭象：凡得真性，用其自为者，虽复皂隶，犹不顾毁誉而自安其业，故知与不知，皆自若也。王夫之：天自定也，化自行也，气自动

也，知与不知无益损焉，而于其中求是非之所司，则愚甚矣。

2. 真，指真君。谓得与不得见真君之实，皆无损益于真君。林希逸：我虽如此推求，欲见到实处，然见得与见不得其所谓君者，初何加损乎。宣颖：真君所在，人知之不加益，人不知不加损。

(八)一受其成形，不亡以待尽

1. 不亡，如字。谓万物所禀之形、性不变。郭象：言性各有分，故知者守知以待终，而愚者抱愚以至死，岂能有中易其性者也。成玄英：夫禀受形性，各有涯量，不可改愚以为智，安得易丑以为妍。是故形性一成，终不中途亡失，适可守其分内，待尽天年矣。

2. 不亡，如字。谓真君或造物与我相守不去。林希逸：大抵人之形体，非我自有，必有所受者，既受此形于造物，则造物与我相守不亡，以待此形之归尽而后已。陆长庚：言此真君，旦暮未尝离人，一自受形以来，便与我相守，不忍亡去，直待此形之尽而后已。

3. 不亡，"不化"之讹。刘师培：《田子方篇》作"不化"。窃以"亡"即"化"讹，"不化"犹云弗变。下云"其形化"，即蒙此言。郭注以"中易其性"为诠，"易""化"义符，是郭本亦弗作"亡"也。盖"七""亡"形近，"七"讹为"亡"。俗本竟以"忘"易之。

(九)与物相刃相靡

1. 靡，顺也。成玄英：刃，逆也；靡，顺也。罗勉道：相刃，相杀伤；相靡，相服从。

2. 靡，磨也。王闿运：靡同礳。朱桂曜：靡，磨也。《马蹄篇》"喜则交颈相靡"，《释文》李云："摩也。"《荀子·性恶篇》"靡使然也"，杨注："或曰靡，磨切也。"《墨子·亲士》"错者必先靡"，孙诒让《闲诂》："靡，礳之假字，今省作'磨'，谓消磨也。"

(十)其行尽如驰

1. 尽，如字。林希逸：行尽其一生，如驹过隙。

2. 尽，衍字。马叙伦："尽"字涉上文而羡。

3. 尽，同"进"字。严灵峰："尽"字无义，《列子·天瑞篇》"终进乎不知也"，张湛注："进当为尽，此书'尽'字例多作'进'也。"又"进乎本不久"，注："无有故不尽。"《黄帝篇》"内外进矣"，注："故曰内外尽矣。"《列子》既有"进""尽"通用之例，则此"尽"字义当作"进"。"其行进如驰"，乃应上文"其发若机括"也。（《庄子新编》）

⑪茶然疲役而不知其所归，可不哀邪

1. 归，旨趣也，谓物性本如此，但不知其归趣何以如此。

郭象：凡物各以所好役其形骸，至于疲困茶然，不知所以好此之归趣云何也。

2. 归，归宿也。谓人生自劳如此，但不知其何时休止。

王雱：天下之人，不知物我同根，而不能齐；故外役于物，而内丧其真，质虽存而形神已亡，尚不知其所止矣，不亦哀乎！

⑫其形化，其心与之然，可不谓大哀乎

1. 大哀，谓形神俱丧。郭象：言其心形并驰，困而不反，比于凡人所哀，则此真哀之大也。成玄英：念念迁移，新新流谢，其化而为老，心识随而昏昧，形神俱变，故谓"与之然"。世之悲哀，莫此甚也。

2. 大哀，谓丧"真君"。王雱：夫形者天之委气，心者人之真君，心内形外，形万变而无常，心定而不灭，此达者之所以如是，世之迷者，役心于形而丧其真，此所以尤可哀也。

陆长庚：今却迷失真君，形化而心与之俱化，可不谓之大哀乎！大哀者，哀其丧君也。

⑬人之生也，固若是芒乎？其我独芒，而人亦有不芒者乎

1. 芒，昧也。谓万物皆不知其所由生。郭象：凡此上事，皆不知其所以然而然，故曰芒也。今未知者皆不知所以知而自知矣，生者皆不知所以生而自生矣。万物虽异，至于生不由知，则未有不同者也，故天下莫不芒也。

2. 芒，昧也。谓人皆不悟其丧真。王雱：芒者，昧也。人之生也，受形于真宰而岂曰无知，惟不能自悟，而愈迷愈惑，所以入于无知也。岂天下之人一如此乎？亦有达观者在其间尔。

夫随其成心[⊖]而师之，谁独且无师乎？奚必知代而心自取[⊜]者有之？愚者与有焉。未成乎心而有是非，是今日适越而昔至也[⊜]。是以无有为有。无有为有，虽有神禹，且不能知，吾独且奈何哉！

㈠夫随其成心而师之，谁独且无师乎

1. 成心，谓知觉之心。郭象：夫心之足以制一身之用者，谓之成心。人自师其成心，则人各自有师矣；人各自有师，故付之而自当。曹受坤：成心，包括一切心知言。《庚桑楚篇》"以生为本，以知为师，因以乘是非"云云，然则师成心者，即以知为师也，而是非亦由此生焉。（《庄子内篇解说》）

2. 成心，谓成见之心。成玄英：域情滞著，执一家之偏见者，谓之成心。陈景元：夫不师道法古，而自执己见，谓之成心。范应元：未成心则真性混融，太虚同量；成心则已离乎性，有善有恶矣。

3. 成心，谓义理之心、本然之心。赵以夫：成心即子思所谓"诚者自成"也，此本然之性，能尽其性，则无所不通。

林希逸：成心者，天理浑然而无不备。陈深：儒者以成心为私，释氏以成心为所，此所谓成心者，则天然自有，因是因非之心。

4. 成心，即真君。周拱辰：成心即真君，能治臣妾者全然成乎心，无完亏之谓也。（《南华真经影史》）孙嘉淦：成心，所以成吾心者，即所谓天君是也。

㈡奚必知代而心自取者有之？愚者与有焉

1. 知代，懂得变化也。心自取，心有所见识也。此皆贤智之表现。句谓义理之心，人皆有之，非必"知代""心自取"者方有之。林希逸：成心者，人人皆有此心，天理浑然而无不备者，非惟贤者有此，愚者亦有之。知代，古贤者之称也。代，变化也，言其知变化之理也。心自取者，言其心有所见也。

罗勉道："奚必知代而心自取者"，是从"日夜相代""咸其自取"来。成乎心者，心之主宰万事之名。学道者不必外求师，但返之吾心，自有余师，此真宰在人，无知愚者皆有之，不特晓得"日夜相代""咸其自取"之理者有之，虽愚昧不晓者亦与有焉。

2. 知代，意念迭起也。心自取，自是也。此皆妄之表现。句谓成见之心，人皆有之，非必"知代""心自取"者方有之。

姚鼐：万物相待乎前，知逐而生，是知代也；无端念动者，心自取也。二者皆妄耳。而人之言语，率出于此。郭嵩焘：《说文》："代，更也。"今日以为是，明日以为非，而一成乎心，是非迭出而不穷，故曰"知代"。心以为是，则取所谓是者而是之；心以为非，则取所谓非者而非之，故曰"心自取"。（郭庆藩《庄子集释》引）

〇未成乎心而有是非，是今日适越而昔至也

1. 谓没有成见之心（成心），而有是非之分别，如同"今日适越而昔至"，是不可能之事。成玄英：吴越路遥，必须积旬方达。今朝发途，昨日何由至哉？欲明是非彼我，生自妄心。言心必也未生，是非从何而有。故先分别而后是非，先造途而后至越。

2. 谓未有义理道妙之心（成心），则会生出是非之妄见，如"今日适越而昔至"之类即是。林希逸：若此心未能见此浑然之理而强立是非之论，是者自是而不知其理之本然，譬如今日方始适越，而谓昔日已至之矣，天下宁有是理哉？宣颖：未见妙道于心，而以意见妄生是非，如"今日适越而昔至"，未尝实到，愚为臆度耳。此句乃当时辩士话端，未见道而妄说者似之。

夫言非吹也，言者有言，其所言者特未定也。果有言邪？其未尝有言邪？其以为异于鷇音，亦有辩乎，其无辩乎〇？道恶乎隐〇而有真伪？言恶乎隐而有是非？道恶乎往而不存？言恶乎存而不可？道隐于小成，言隐于荣华。故有儒墨之是非，以是其所非而非其所是。欲是其所非而非其所是，则莫若以明〇。

齐物论第二

53

㈠果有言邪？其未尝有言邪？其以为异于鷇音，亦有辩乎，其无辩乎

1. 谓就人言之是非未定而论，其与鷇音无区别。成玄英：辩，别也。鸟子欲出卵中而鸣，谓之鷇音也。言亦带壳曰鷇。夫彼此偏执，不定是非，亦何异鷇鸟之音，有声无辩！故将言说异于鷇音者，恐未足以为别者也。罗勉道：夫人之言，非如天籁之吹万物一以无心也，乃言者之人有言耳。既出于人，则宁免无私，故其言特未定，不可为准。言既未定，则人视之亦如无有，故曰"果有言邪，其未尝有言"。鷇鸟初出卵者，人闻禽鸟之音，如鹊则报喜，鸦则报凶，鹳鸣知雨，布谷鸣催耕，可听之为准，鷇音未定，则不为准矣。人言之未定，亦犹是也。

2. 谓就人言之自然属性论，与鷇音无别，就其社会内容言，与鷇音有别。陆长庚：其果有心于司是非而言之耶？其亦任天之便，虽言之而未尝有言耶？夫初生之鷇，任天之便，愀然而鸣，非有心也。人之言以为异于鷇音者，其亦有说乎哉，其亦无说乎哉？盖有心言之，则与鷇异，无心而任天之便，则固与鷇等耳。

㈡道恶乎隐而有真伪？言恶乎隐而有是非

1. 隐，隐晦也。成玄英：恶乎，谓之何也。虚通至道，非真非伪，于何逃匿而真伪生焉？至教至言，非非非是，于何隐蔽而有是非者哉？

2. 隐，凭依也。章炳麟："隐"借为"䚌"，《说文》："䚌，所依据也。""隐几"亦即"据几"。此言道何所依据而有真伪，言何所依据而有是非。

㈢欲是其所非而非其所是，则莫若以明

1. 明，反复相明。谓是非对立，若反复相明，则无非无是。

郭象：今欲是儒墨之所非而非儒墨之所是者，乃欲明无是无非也。欲明无是无非，则莫若还以儒墨反复相明。反复相明，则所是者非是而所非者非非矣。非非则无非。非是则无是。郭嵩焘：莫若以明者，还以彼是之所明，互取以相证也。

2. 明，本然也。谓是非对立，若照之以本然，则是非可泯。

吕惠卿：明者，复命知常之验也。今儒墨之是非，不离乎智识，而未尝以明，故不足为是非之正。若释知回光以明观之，则物所谓彼是者果无定体，无定体则无非彼，无非是矣。

陆长庚：儒墨如此是非非是，两无定论。伊欲定之，则莫若以明。明者，明乎本然之未始有是非，而后是非可泯也。

3. 明，天理也。谓是非对立，若照之以天理，则是非可定。

林希逸：人之所非，我以为是，彼之所是，我以为非，安得而一定。若欲一定是非，则须是归之自然之天理方可。明者，天理也，故曰"莫若以明"。藏云山房主人：明者，真宰之自然明通也，释家之明心见性者即此明，吾儒之明明德者，亦此明也。

物无非彼，物无非是。自彼则不见，自知则知之。故曰彼出于是，是亦因彼，彼是方生⊖之说也。虽然，方生方死，方死方生；方可方不可，方不可方可；因是因非，因非因是⊜。是以圣人不由⊜，而照之于天，亦因是也⊕。是亦彼也，彼亦是也。彼亦一是非，此亦一是非。果且有彼是乎哉？果且无彼是乎哉？彼是莫得其偶，谓之道枢⊗。枢始得其环中⊘，以应无穷。是亦一无穷，非亦一无究也，故曰莫若以明。

㊀彼是方生之说也

1. 彼是，彼与此；方生，同时共起。刘辰翁：有彼方生得此，故曰"彼是方生之说"。

2. 彼是，彼人自以为是；方生，名家"方生方死"之辩题。

胡文英：彼辩之者自以为是，如"方生"之说非乎？盖"方生方死"本惠子语，而庄叟即因粮于敌，以破其说也。

3. 彼是，彼人自以为是；方生，将生也。陈寿昌：于无是无非中，彼忽创一说而自以为是，于是或谓之然，或不然，多少是非，皆由此起，故曰"方生之说"。

㊁方生方死，方死方生；方可方不可，方不可方可；因是因非，因非因是

1. 就对立事物各自本性言，无生无死，无是无非。郭象：死生之状虽异，其于各安所遇，一也。今生者方自谓生为生，而死者方自谓生为死，则无生矣。生者方自谓死为死，而死者方自谓死为生，则无死矣。无生无死，无可无不可，故儒墨之辩，吾所不能同也；至于各冥其分，吾所不能异也。

2. 就一事物含有对立方面言，亦生亦死，亦是亦非。

宣颖：随起亦随仆，随仆又随起，有是即有非，有非即有是。

〔三〕是以圣人不由，而照之于天

1. 由，从也。郭象：不由是非之途，而是非无患不当者。罗勉道：圣人不行是非之途，超然物外，或有是非，只照之于天。

2. 由，用也。林希逸：古之圣人不用一偏之见，而照之以天理。吴汝纶：由，用也，下文"不用而寓诸庸"即申释此文之恉。"寓诸庸"即"照之于天"之说也。

〔四〕亦因是也

1. 因是，作一概念或一范畴解：无是非也。郭象：因天下之是非而自无是非也。陆长庚：因是则自不生意见，不立人我，不起分别。林云铭：因其各自为是而不参之以己见也。"因是"两字是《齐物论》本旨，通篇俱发此义。

2. 因是，作一连词解：因此也。苏舆：因是，犹言职是故也。（王先谦《庄子集解》引）王先谦：是，此也。因此是非无穷，故不由之。

3. "因是"不构成一概念或一词，只是"因"字之义。

林希逸：前说"因是因非"，此又只言"因是"，省文也。焦竑："因是也，此句篇中数见，而解者不知'是也'二字为语词，而连'因'字读之，大误。"（《庄子翼》）宣颖：因则是非两化。

〔五〕彼是莫得其偶，谓之道枢

1. 谓彼此两顺之，则无对于天下。郭象：偶，对也。彼是相对，而圣人两顺之，故无心者与物冥，而未尝有对于天下也。此居其枢要而会其玄极，以应无方也。

2. 谓彼此俱忘之，则无对于天下。成玄英：偶，对也。枢，要也。体夫彼此俱空，是非两幻，凝神独见而无对天下者，可谓会其玄极，得道枢要也。赵以夫：莫得其偶者，离彼是、有无而独立，此乃道之枢要。

㈥枢始得其环中，以应无穷

1. 环中，从"空"的角度解：无是无非，故应物无穷。郭象：夫是非反复，相寻无穷，故谓之环；环中，空矣。今以是非为环，而得其中者，无是无非也。无是无非，故能应夫是非，是非无穷，故应亦无穷。郭嵩焘：握道之枢，以游乎环中。中，空也。是非反复，相寻无穷，若循环然。游乎空中，不为是非所役，而后可以应无穷。

2. 环中，从"圆"的角度解：无端，故可以应物，可以随成。

陆长庚：环者，圆而中虚，圆则无端，中又虚而无物，以此应物，安有穷极。陈寿昌：凡物奇圆而偶方。环者圆也，非执枢忘偶，不足体此圆相。若夫圆而又得其中，则空虚不倚，离种种边，以之应物，不为物所穷矣。

以指喻指之非指，不若以非指喻指之非指也；以马喻马之非马，不若以非马喻马之非马也⊖。天地一指也，万物一马也⊜。

㈠以指喻指之非指，不若以非指喻指之非指也；以马喻马之非马，不若以非马喻马之非马也

1. 指、非指，谓我之手指，彼之手指；马谓筹码。此论如何破人之各执是非。成玄英：指，手指也。马，戏筹也。喻，比也。言人是非各执，彼我异情，故用己指比他指，即用他指为非指；复将他指比汝指，汝指于他指为非指矣。指义既尔，马亦如之。

2. 指、非指，谓名指、食指；马，谓驰乘之马。此论如何定天下之是非。吕惠卿：以指喻指之非指，虽有名食小大之辩，不出于同体，曷足为非指乎？以马喻马之非马，虽有毛色驽良之辩，不离于同类，曷足为非马乎？唯能不由是非而照之于天，则出乎同体，离乎同

类，然后足以定天下之真是非。

3. 指、非指，谓有形、无形。此论万物各有主宰。赵以夫：知指之外别有运动之者，则知指之非指；知马之外别有驱驰之者，则知马之非马。指、马，有形者也；非指、非马，无形者也。以有形喻形之非形，不若以无形喻形之非形也。则知天地之运，万物之生，皆别有主宰之者，求之于天地万物之外可也。

4. 指、非指，谓概念、物体。此论破公孙龙"指物""白马"之论。陈景元："指马"之喻自司马彪、向秀、郭象，至有唐名士，皆谓漆园寓言构意而成，斯喻遂使解者归指不同。今阅公孙龙六论，内《白马》《指物》二论有"白马非马"而"指非指"之说，乃知漆园述作有自来也。章炳麟："指马"之义，乃破公孙龙说。《指物论》云"物莫非指而指非指"，上"指"谓所指，即境；下"指"谓能指者，即识。物皆有对，故莫非境，识则无对，故识非境。庄生则云，以境喻识之非境，不若以非境比喻识之非境也。盖为有对者但是俗论。方有所见，相见同生，故物亦非境也，两皆非境，则争自绝矣。《白马论》云："马者所以命形也，白者所以命色也，命色者非命形也，故曰白马非马。"庄生则云："以马喻马之非马，不若以非马喻马之非马。"盖马非以命形，专取现量，真马与石形如马者，等无差别。命马为马，亦且越出现量，两皆非马，则争自绝矣。

(二)天地一指也，万物一马也

1. 从认识论角度解：谓无是非。成玄英：天地虽大，一指可以蔽之；万物虽多，一马可以理尽。何以知其然邪？今以彼我是非反复相喻，则所是者非是，所非者非非，故知二仪万物，无是无非者也。林希逸：天职覆，地职载，亦皆可以一偏而相非矣；万物之不同，飞者，走者，动者，植者，亦若筹马之不同，亦可以一偏而相非矣。此盖言世间无是非也。

2. 从本体论角度解：谓无彼我。王雱：天地异而同出于道，万物虽殊而亦出于道。但天地殊高下之物，万物异小大之体，其所出同于本而已，安得有所不齐？故曰"天地一指，万物一马"。吕惠卿：

天地虽大，无异一指，以其与我并生而同体也；万物虽众，无异一马，以其与我为一而同类也。

可乎可，不可乎不可①。道㊀行之而成，物㊁谓之而然。恶乎然？然于然。恶乎不然？不然于不然。物固有所然，物固有所可㊂。无物不然，无物不可②。故为是举莛与楹㊃，厉与西施，恢恑憰怪，道通为一㊄。

㊀道行之而成

1. 道，作道德之"道"解。成玄英：大道旷荡，亭毒含灵，周行万物，无不成就。陈寿昌：道必躬行，而后有成。

2. 道，作道路之"道"解。罗勉道：道本无名，人行之而成道之名。宣颖：凡路，因所行。

㊁物谓之而然

1. 物，万物。罗勉道：物本无名，人谓之而立物之名。

2. 物，物论。陈寿昌：今之物论，不过虚说，而遽谓之实然。

㊂物固有所然，物固有所可

1. 此谓物情执滞。成玄英：物情执滞，触境皆迷，必固谓有然，必固谓有可，岂知可则不可，然则不然邪。

2. 此谓物性自有其是也。林希逸：固，本来也，言物物身上本来自有一个是底，故曰"固有所然，固有所可"。

㊃故为是举莛与楹

1. 莛与楹，谓横纵之不同。司马彪：莛，屋梁也；楹，屋柱也。郭象：夫莛横而楹纵。

2. 莛与楹，谓小大之不同。吴世尚：莛，草茎；楹，堂柱。

---

① 王闿运：以《寓言》篇证之，"不然于不然"下似应更有"恶乎可？可于可，恶乎不可？不可于不可"四句。而今本夺之。王叔岷："可乎可，不可乎不可"二句，与下文意不相属，疑当在下文"无物不然，无物不可"下。

② 陆德明：崔本此下更有："可于可，而不可于不可；不可于不可，而可于可也。"

（《庄子解》）俞樾：《说文》"莛，茎也"，屋梁之说，初非本义。《汉书·东方朔传》"以莛撞钟"，《文选·答客难篇》"莛"作"筳"，李注引《说苑》曰："建天下之鸣钟，撞之以筳，岂能发其音声哉!""筳"与"莛"通，是古书言"莛"者，谓其小也。莛与楹以大小言，厉西施以好丑言，旧说非是。朱桂曜："莛"与"筳"同，《玉篇》："筳，徒丁切，小簪也。"《淮南·齐俗篇》"柱不可以摘齿，筳不可以持屋"，注："筳，小簪也。"此文之以"莛"与"楹"对，犹《淮南》之以"筳"与"柱"对也。

⑤道通为一

1. 从主观角度解释：同于自得之谓。郭象：各然其所然，各可其所可，则形①虽万殊而性同得，故曰"道通为一"。成玄英：妍丑之状万殊，自得之情惟一，故曰"道通为一"也。

2. 从客观角度解释：统于道之谓。林希逸：以道观之，则横直者各当其用，美恶者各全其质，皆可通而为一矣，言皆归之造物也。林云铭：凡物之不同，在道则无不通。

其分也，成也；其成也，毁也。凡物无成与毁，复通为一⊖。唯达者知通为一，为是不用而寓诸庸⊜。庸也者，用也；用也者，通也；通也者，得也；适得而几矣②⊜。因是已。已而不知其然谓之道劳神明为一而不知其同也谓之朝三⊛。何谓朝三？狙公⊗赋芧，曰："朝三而暮四。"众狙皆怒。曰："然则朝四而暮三。"众狙皆悦。名实未亏而喜怒为用，亦因是也。是以圣人和之以是非而休乎天钧⊕，是之谓两行⊕。

㊀凡物无成与毁，复通为一

1. 谓成毁乃偏滞之见，本无成毁，故通而一之。郭象：夫成毁者，生于自见而不见彼也。故无成与毁，犹无是与非也。成玄英：夫成毁是非，生于偏滞者也。既成毁不定，是非无主，故无成毁，通而一之。

---

① 郭庆藩《庄子集释》本"形"作"理"。

② 严灵峰："庸也者……适得而几矣"二十字，疑此数句原系前人为"用"字作注，而误入正文者。

2. 谓成毁乃物之固有，但成毁相因，故合而一之。林希逸：成毁物之相庚者也。然无毁则无成，无成则无毁。譬如木之在山，伐而用之，毁也；以之作室，则为成物矣。有筋有角而后成弓，在弓则为成，在筋角则为毁。秦不亡则汉不兴，汉虽成而秦则毁，以此观之，初无成也，亦无毁也，故曰"复通为一"。陈寿昌：自物理观之，成毁相因，主名莫定，复通为一。

㈡为是不用而寓诸庸

1. 庸，用也。谓不为世用而寄之于自用也。郭象：夫达者无滞于一方，故忽然自忘，而寄当于自用。自用者，莫不条畅而自得也。陈景元：达者因道朴之不为世用，而寄诸自用。

2. 庸，常也、众也，谓不自用而从乎众也。陆长庚：是不用者，不用己是也；寓诸庸者，因人之是也。盖无物不可，无物不然，故庸众之中皆至理之所寓。宣颖：去私见而同于寻常。

㈢适得而几矣

1. 得，自得；几，尽也。谓达到"自得"，则于道为尽矣。

郭象：几，尽也。至理尽于自得。

2. 得，自得；几，近也。谓达到"自得"，只是近于道。

吕惠卿：唯达者知通为一，故我则不用，寄万物之自用。寄物则通，通则无入而不自得；适得而近道，未可以为道，以其犹知其然也。

3. 得，得到；几，尽也。谓适然无心而得之，则尽乎道。

成玄英：适然而得，盖无所由，与理相应，故能尽妙也。宣颖：无心于得而适然得之，尽乎道矣。

㈣已而不知其然谓之道劳神明为一而不知其同也谓之朝三

[句读1] 已而不知其然，谓之道。劳神明为一而不知其同也，谓之朝三。

1. 一，指至道。谓烦神去论证至道，必然落于偏颇，如同众狙之味。郭象：不知所以因而自因耳，故谓之道。夫达者之于一，岂劳神哉？若劳神明于为一，不足赖也，与彼不一者无以异矣。亦同众狙之惑，因所好而自是也。

2. 一，指一偏之说。谓劳心于一偏之说，而不知其本同，犹如众狙怒三喜四，而不知其数实同也。林希逸：神明犹精神也，劳苦精神自为一偏之说，强相是非而不知理本同者，谓之朝三。

〔句读2〕已而不知其然谓之道劳，神明为一而不知其同也，谓之朝三。

陆德明："谓之道"，向、郭绝句。崔读"谓之道劳"，云："因自然是道之功也。"

⑤狙公赋芧

1. 狙公，谓人。崔譔：养猕狙者也。司马彪：狙公，典狙官也。

2. 狙公，谓猴。李颐：老狙也。《广雅》云："狙，猕猴。"

⑥休乎天钧

1. 天钧，谓万物无彼此。成玄英：天均者，自然均平之理。夫达道圣人，息智乎均平之乡，休心乎自然之境也。

林希逸：天均者，均平而无彼此也。

2. 天钧，谓万物之变化。冯友兰：天钧者，《寓言篇》亦言"天均""天倪"。天均、天倪皆谓万物自然之变化。"休乎天钧"即听万物之自然也。(《中国哲学史》)

⑦谓之两行

1. 两行，谓是非并行。郭象：任天下之是非。林希逸：两行者，随其是非而使之并行也。

2. 两行，谓物我、内外并行。宣颖：我与物皆听之。

陈寿昌：惟圣人勘破物情，脩然自得。外则和同乎尘境，以遣其是非各执之偏；内则休息乎天钧，优游于均平自然之境，应俗栖神，并行不悖。

古之人，其知有所至矣。恶乎至？有以为未始有物者，至矣，尽矣，不可以加矣。其次以为有物矣，而未始有封也。其次以为有封焉，而未始有是非也。是非之彰也，道之所以亏也。道之所以亏，爱之所以成㊀。果且有成与亏乎哉？果且无成与亏乎哉？有成与亏，故昭氏之鼓瑟也；无成与亏，故昭氏之不鼓瑟也㊁。昭文之鼓琴也，师旷之枝策㊂也，惠子之据梧㊃也，三子之知几乎皆其盛者也㊄，故载之末年㊅。唯其好之也，以异于彼，其好之也，欲以明之。彼非所明而明之，故以坚白㊆之昧终㊇。而其子又以文之纶终㊈，终身无成。若是而可谓成乎？虽我亦成也①。若是而不可谓成乎？物与我无成也㊉。是故滑疑之耀，圣人之所图㊋也。为是不用而寓诸庸，此之谓以明。

㊀有以为未始有物者，至矣，尽矣，不可以加矣。其次以为有物矣，而未始有封也。其次以为有封焉，而未始有是非也。是非之彰也，道之所以亏也。道之所以亏，爱之所以成

　　1. 此谓体道之不同境界。吕惠卿：道无不在，则物无非道；物无非道，则道外无物。此古之人所以为未始有物，能即物而为道者也。知止于此则至矣。其次以为有物而未始有封域，未能即物为道，而能以道通物。其次以为有封而未有是非，未能以道通物，而能遗物以合道。二者所知未尽善，于道犹未亏也。至于是非之彰，道所以亏，道亏而情生，爱之所以成也。

　　2. 此谓意念发生之过程。林希逸：此一段固是自天地之初说来，然会此理者，眼前便是。且如一念未起是未始有物，此念既起便是有物，因此念而有物有我便是有封，因物我而有好恶喜怒便是有是非。

　　3. 此谓万物万事形成之过程。陆长庚：未始有物之先，即无极也。有物即太极也。有封即阴阳动静也。有是非即五性感动而善恶分、万事出。

---

① 王叔岷：陈碧虚《阙误》引江南古藏本，"虽我亦成也"作"虽我无成，亦可谓成矣"，文意较完，当从之。郭注"则虽我之不成，亦可谓成也"，是郭本"亦"上原有"无成"二字，"亦"下原无"可谓"二字。

㈡有成与亏，故昭氏之鼓瑟也；无成与亏，故昭氏之不鼓瑟也

1. 就鼓琴之所出乐音解。郭象：夫声不可胜举也。故吹管操弦，虽有繁手，遗声多矣。而执籥鸣弦者，欲以彰声也，彰声而声遗，不彰声而声全。宣颖：成一调而众调反亏，藏全于冥漠。

2. 就鼓琴之行为本身解。林希逸：既说成亏之理，却以鼓琴喻之最亲切。且如有琴于此，因而鼓之，则一操之曲自有终始，此终始生于既鼓之后，若不鼓，则安有终始。褚伯秀：夫成亏者，物之粗迹，信能复乎无物，何成亏之有。昭文，鼓琴之至精者，以其未超乎形声度数，故不逃成亏。

㈢师旷之枝策也

1. 枝策，谓以杖击乐。崔譔：枝策，举杖以击节。

林希逸：师旷，乐师也。策，击乐器之物。师旷枝策，言师旷击乐器也。

2. 枝策，谓拄杖而行。司马彪：枝，柱也，策，杖也。

释德清：又引师旷作证，言师旷最聪明之人，却使眼盲不见，枝策而行，此便是有成亏处。

㈣惠子之据梧也

1. 据梧，谓抚琴。崔譔：梧，琴瑟也。司马彪：梧，琴也。

2. 据梧，谓倚梧。成玄英：梧，琴也；今谓不尔。昭文已能鼓琴，何容二人共同一伎？况检典籍，无惠子善琴之文，而言据梧者，只是以而梧几据之谈说，犹隐几者也。刘师培：今考《德充符篇》述："庄子语惠子云：'今子外乎子之神，劳乎子之形，倚树而吟，据槁梧而暝，天选子之形，子以坚白鸣。'"与此文符。"槁梧"与"树"并文，似非乐器。《天运篇》云"倚于槁梧而吟"，亦非琴及瑟也。

㈤三子之知几乎皆其盛者也

〔句读1〕三子之知几乎，皆其盛者也。

1. 几，尽也。谓三子竭智尽虑。郭象：几，尽也。夫三子者，皆欲辩非所明以明之，故知尽虑穷，形劳神倦，或枝策假寐，或据梧而瞑。

2. 几，尽也。谓三子技智精极。林希逸：言三子之技皆精。几，尽也。言其智于此技极其尽也。

〔句读2〕三子之知，几乎皆其盛也。

几，近也。林疑独：三子之知，皆近道而未至然。

武延绪："几乎"二字疑当连下句读。

㈥故载之末年

1. 载，记述也。末年，后世也。谓记载而流传至今。

崔譔：书之于今也。

2. 载，事也。末年，晚年也。谓从事此业终身。林希逸：载，事也；末年，晚年也。言从事于此以终其身也。

3. 载，誉也。末年，后世也，或晚年也。宣颖：信称于后。李勉：谓载誉于晚年也。

㈦坚白

1. 谓淬剑之法。崔譔：公孙龙有淬剑之法，谓之坚白。

2. 谓"坚石""白马"之说。司马彪：谓"坚石""白马"之辩也。

3. 谓"矛盾""白马"之说。陆德明：或曰，设"矛伐"之说为坚，辩"白马"之名为白。卢文弨："伐"即"盾"也，亦作"戯"，又作"瓟"，音皆同。

4. 谓坚执"白马"之论。成玄英：白，即公孙龙守"白马论"也，姓公孙，名龙，赵人。当六国时，弟子孔穿之徒，坚执此论，横行天下，服众人之口，不服众人之心。

㈧故以坚白之昧终

1. 谓昭文、师旷、惠施三子犹如公孙龙，以"坚白"之论惑世。

成玄英：三子道异，非众人所明。非明而强示之，彼此终成暗昧，亦何异乎坚执守白之论眩惑世间，虽弘辩如流，终有言而无理也。

2. 谓惠子迷于强辩。林希逸：彼非所明而明之，如惠子之强辩自愚也，而以终其身。"坚白"本公孙龙之事，庄子却以为惠子，但借其分辩"坚白"之名耳。陈寿昌：此专责惠子也。"坚白"，当时辞辩之名。

㈨而其子又以文之纶终，终身无成

1. 其子，指昭文之子。纶，琴弦也。崔譔：纶，琴瑟弦也。陆长庚："文"字恐"父"字之误。纶，丝弦也。

2. 其子，谓昭文之子。纶，绪余也。郭象：昭文之子又乃终文之绪，亦卒不成。

3. 其子，指昭文之子。纶，"同论"，犹知、明也。俞樾：今以文义求之，上文曰"彼非所明而明之，故以坚白之昧终"，"之昧"与"之纶"必相对为文。《周易·系辞传》"故能弥纶天地之道"，京房注曰："纶，知也。"《淮南·说山篇》"以小明大，以近论远"，高诱注曰："论，知也。"古字"纶"与"论"通，《淮南》"论"与"明"对言，则"纶"亦"明"也。"以文之纶终"，谓以文之所知者终，即是以文之明终。盖彼非所明而明之，故以坚白之昧终；而昭文之子又以文之明终，则仍是非所明而明之，故下曰"终身无成"也。

4. 其子，谓惠施之子。文，书写、文饰也。林云铭：惠施既终，而其子又将坚白之载于书者，寻其纶绪，竟无所得。

胡文英：言其子复用惠施之纶绪而文饰之也。

5. 其子，泛指后世人。高嵣：其子，概指后世述者。文之纶，群言纷纶。（《庄子集评》）

㈩若是而可谓成乎？虽我亦成也。若是而不可谓成乎？物与我无成也

1. 谓就三子之事看，凡天下之事，皆可谓有成，可谓无成。

陈深：三子之智而可以谓之成乎？则眼前一技一能皆可谓之成

也。若是而不可谓之成乎，则虽古今事业皆归一空，凡物与我皆无成也。马其昶：各私一我，皆可谓成。兼物与我，无所谓成也。

2. 谓就三子之事看，凡天下之事，本无成。宣颖：如昭文等以亏为成，则孰非成者？本无所谓成。林云铭：以惠子之事观之，则物与我本无所谓成。

⊕**是故滑疑之耀，圣人之所图也**

1. 图，鄙也。谓眩惑人心之耀，乃圣人所摒弃也。郭象：圣人无我者也，故滑疑之耀，则图而域之。王先谦：滑疑，乱也。虽乱道而足以眩耀世人，故曰"滑疑之耀"。圣人必谋去之，为其有害大道也。闻一多："鄙"古只作"啚"，校者误为"图"字①，遂改为"图"也。

2. 图，希图也。谓惑中而有见，乃圣人所希尚也。赵以夫：滑乱疑惑之中而明出焉，圣人之所尚也。释德清：滑疑之耀者，乃韬晦和光、不衒己见之意。言光而不耀，乃圣人所图也。王夫之：滑疑之耀者，以天明照天均也。

3. 图，难能也。谓滑稽多智，乃圣人之所难能也。吴汝纶：滑疑，犹滑稽也。《史记》"滑稽多智"，颜师古说："滑，乱也：稽，疑也。"曹受坤：《说文》："图，计划难也。"此言圣人以为难，"中庸吾弗能之矣"，语意相似。

今且有言于此，不知其与是类乎？其与是不类乎？类与不类，相与为类，则与彼无以异矣㊀。虽然，请尝言之。有始也者，有未始也者，有未始有始也者，有未始有夫未始有也者㊁。有有也者，有无也者，有未始有无也者，有未始有夫未始有无也者㊂，俄而有无矣，而未知有无之果孰有孰无也。今我则已有谓矣，而未知吾所谓之其果有谓乎，其果无谓乎？

㊀**今且有言于此，不知其与是类乎？其与是不类乎？类与不类，相与为类，则与彼无以异矣**

1. 言，指上文言无是非；是，指俗言有是非。相与为类，谓皆未免

---

① "图"字繁体作"圖"。

于有是非。郭象：今以言无是非，则不知其与言有者类乎不类乎？欲谓之类，则我以无为是，而彼以无为非，斯不类矣。然此虽是非不同，亦固未免于有是非也，则与彼类矣。陆树芝：上文言无是非，其旨已悉。然而无是非之言，即为有言，不知与争辩是非之言亦复相类否乎？夫言有是非则相类者也，言无是非则不类者也。若类与不类，亦复相与类，则言无是非者与彼言有是非者，又无以异矣。

2. 言，指彼人之言（物论）；是，指己之言（齐物论）。相与为类，谓皆执彼此之见。陆长庚：言今且有言者于此，不知其与我之是者类乎不类乎？谓其不类，但不类于我而已。盖我执己是，方谓他不类我；他说他是，将谓我不类他，类乎不类乎，若将类与不类易地而看，则见与彼皆是一类。刘凤苞：有言于此，指"物论"。不知其与是类乎，"是"指己之"齐物论"。

3. 言，指下文所言；是，指道。相与为类，谓凡有言，无论其与道合或不合，皆与儒墨言者为一类。王夫之"今且有言于此"，谓"有始"以下之言。"是"指道而言。既有言，则虽恰与"是"合，而亦儒墨之类矣。故唯无言则绝类而与道类，有言则固不能然。王敔："是"谓此理。自谓今所言者，未知合乎无言之道否，则亦儒墨之类而已。

㈡有始也者，有未始有始也者，有未始有夫未始有始也者

1. 就认识角度解。郭象：有始也者，言必有终也；未始有始，谓无终始而一死生也；未始有夫未始有始也者，言一之者，未若不一而自齐，斯又忘其一也。

2. 就本体角度解。陈景元：有始谓道生一；未始有始混洞太元；未始有夫未始有始，视听不及虚之虚者也。此三者叙道未始有气。

㈢有有也者，有无也者，有未始有无也者，有未始有夫未始有无也者

1. 就认识角度解。郭象：有有则美恶是非具也；有无则未知无无，是非好恶犹未离怀也；未始有无，知无无矣，而犹未能无知也；未始有夫未始有无，此都忘其知也，尔乃俄然始了无耳。了无，则天

地万物，彼我是非，豁然确斯也。

2. 就本体角度解。陈景元：有有谓物形独化，块然自有；有无谓物形未兆，泊然虚寂；未始有无谓形兆之先，沉默空同至无者也；未始有夫未始有无谓冥寂虚廓、搏之不得，无之无也。此四者叙道未始有形。

天下莫大于秋毫之末，而大山为小；莫寿于殇子，而彭祖为夭⊖。天地与我并生，而万物与我为一⊖。既已为一矣，且得有言乎？既已谓之一矣，且得无言乎？一与言为二，二与一为三⊜。自此以往，巧历不能得，而况其凡乎！故自无适有以至于三，而况自有适有乎！无适焉⊛，因是已。

(一) 天下莫大于秋毫之末，而大山为小；莫寿于殇子，而彭祖为夭

1. 谓以性言，各据性分，则大者不为大，小者不为小。

郭象：夫以形相对，则大山大于秋毫也。若各据其性分，则形大未为有余，形小不为不足。苟足于性，则秋毫不独小其小，而大山不独大其大矣。若以性足为大，则天下之足未有过于秋毫也。若性足为非大，虽大山亦可称小以矣。

2. 谓以形言，小大皆相对而言。宣颖：语小莫破，则秋毫为大；语大莫载，则太山为小；逝者如斯，则殇子为寿；真常不毁，则彭祖为夭。

(二) 天地与我并生，而万物与我为一

1. 并生，谓无小大夭寿；为一，谓皆自得。郭象：大山为小，则天下无大矣；秋毫为大，则天下无小矣。无大无小，无寿无夭，是以蟪蛄不美大椿而欣然自得，斥鷃不贵天池而荣愿以足。苟足于天然而安其性命，故虽天地未足为寿而与我并生，万物未足为异而与我同得。则天地之生又何不并，万物之得又何不一哉！

2. 并生，皆生自道；为一，渊源不二。宣颖：天地与我并生，皆生于道；万物与我为一，化源不二。如是，则天下皆通为一也。

㈢一与言为二，二与一为三

1. 谓数之相生：置一、言一，两一则有二，有一有二则有三。郭象：夫以言言一，而一非言也，则一与言为二矣。一既一矣，言又二之；有一有二，得不谓之三乎！陆长庚：置一于此，我说个一，便是一，与言为二；又将此二与一相对，却便成三。此等说话，不消与他思出个理来，只是言有言之后，递递相生之意。

2. 谓有三项内容：所说之一，说一之言，道之本体。宣颖：所说之一，说一之言，与道之本一，为三。

㈣无适焉，因是已

1. 无适，谓一无所适。郭象：各止于其所能，乃最是也。宣颖：不如一无所适，莫善于因。

2. 无适，谓自有适无。焦竑：言自无适有，展转不穷，为是为非，无了歇。无适者，自有适无也。适无则无是非而因人之是非以为是非。

夫道未始有封，言未始有常，为是〇而有畛也。请言其畛：有左有右〇，有伦有义①〇，有分有辩㊃，有竞有争㊄，此之谓八德㊅。六合之外，圣人存而不论；六合之内，圣人论而不议㊉。春秋㊈经世先王之志，圣人议而不辩。

㈠夫道未始有封，言未始有常，为是而有畛也

1. 为是，谓因此、故也。郭象：道无封，故万物得恣其分域。吕惠卿：道无往而不存，未始有封也；言恶存而不可，未始有常也。由其自无适有，于是有畛域矣。

2. 为是，谓争执一个"是"。赵以夫：道未始有封，无往不存也；言未始有常，无存不可也。为欲明其是，然后有封畛。林希逸：至道至言，本无彼此，因人心之私有个"是"字，生出许多畛域。释德清：只因执了一个"是"字，故有是非分别之辩。

---

① 陆德明：有伦有义，崔本作"有论有议"。

㈡有左有右

1. 左、右，谓阴、阳。成玄英：左，阳也；右，阴也。

2. 左、右，谓尊、卑。蒋锡昌：左指卑或下言，右指尊或上言。

㈢有伦有义

1. 伦、义，如字。成玄英：伦，理也；义，宜也。陆长庚：在物曰伦，处物曰义。

2. 伦、义，"论""议"之讹。俞樾：《释文》云"崔本作有论有议"，当从之。下文云："六合之外，圣人存而不论；六合之内，圣人论而不议。"又曰："故分也者，有不分也；辩也者，有不辩也。"彼所谓分辩，即此"有分有辩"；然则彼所谓论议，即此"有论有议"矣。

㈣有分有辩

1. 分、辩，谓范围或内容。郭象：群分而类别也。王敔：物辩曰分，言分曰辩。

2. 分、辩，谓详略。罗勉道：分，别也。辩，又详矣。

㈤有竞有争

1. 竞、争，就字义解。郭象：并逐曰竞，对辩曰争。

2. 竞、争，就内容解。罗勉道：竞主心言，争主力言。《左传》曰："不心竞而力争。"

㈥此之谓八德

1. 八德，谓八种功用。成玄英：德者，功用之名也。群生功用，转变无穷，略而陈之，有此八种。

2. 八德，谓八种由浅入深之物我对立。林希逸：八德之名，只是物我对立之意。左右，彼此对立之名也。伦，理也；义，事宜也。才有彼此对立，则说理说事，各有主意也。分，分析也；辩，辩别也。分、辩皆同，但字有轻重。才有主意，则各有分析辩别也。竞、争亦一意，但竞则甚于争尔。既有分辩，则大者必竞，小者必争也。

3. 八德，谓八种为儒墨所争辩之内容。蒋锡昌：左指卑或下言，右指尊或上言；伦对疏戚言，义对贵贱言。此谓儒家所述人类关系，有此四种大别也。分者谓分析万物，辩者谓辩其所是；竞者谓竞说不休，争者谓争得胜利。此谓墨家（包括其他各派辩士）之术，有此四种大别也。此谓儒墨之畛，合而计之，有此八种也。

㈦六合之外，圣人存而不论；六合之内，圣人论而不议

1. 六合内、外，谓性分之内外。郭象：夫六合之外，谓万物性分之表耳。夫物之性表，虽有理存焉，而非性分之内，则未尝以感圣人也，故圣人未尝论之。若论之，则是引万物使学其所不能也。故不论其外，而八畛同于自得也。六合之内，谓苍生所禀之性分。夫云取舍，皆起妄情，寻责根源，并同虚有。圣人随其机感，陈而应之；既曰冯虚，亦无可详议。

2. 六合内、外，谓有形、无形。赵以夫：六合之外，无形者也；六合之内，有形者也。有形生于无形，必有无形者为之本。存而不论，无言也；论而不议，有言也。事至于议，辩论纷起矣。

3. 六合内、外，谓天地之内外。林希逸：六合之外，天地之外也。存而不论，释氏所谓四维上下，不可思量。六合之内，即宇宙之间也。宇宙之间合有许多道理，圣人何尝不说，但不详议以强天下之知。

㈧春秋经世先王之志，圣人议而不辩

1. 春秋，指时代、年时。志，记也。成玄英：春秋者，时代也。经者，典诰也。先王者，三皇五帝也。志，记也。夫祖述轩、顼，宪章尧、舜，记录时代，以为典谟，轨辙苍生，流传人世。而圣人议论，利益当时，终不执是辩非，滞于陈迹。

王先谦：春秋经世，谓有年时以经纬世事，非孔子所作《春秋》也。

2. 春秋，指书名；志，意也。赵以夫：《春秋》，圣人笔削之书，

寓是非于褒贬，盖出于不得已。林希逸：《春秋》，史书之名也。凡见于史册者，皆先王经世之意，圣人岂容不立此议，然亦何尝与世人争较是非。

故分也者，有不分也；辩也者，有不辩也。曰："何也?""圣人怀之，众人辩之以相示也。故曰辩也者有不见也。"夫大道不称^㊀，大辩不言^㊁，大仁不仁^㊂，大廉不嗛^㊃，大勇不忮^㊄。道昭而不道，言辩而不及^㊅，仁常而不成①^㊆，廉清而不信，勇忮而不成。五者圆而几向方矣^㊇。故知止其所不知，至矣^㊈。孰知不言之辩，不道之道? 若有能知，此之谓天府^㊉。注焉而不满，酌焉而不竭，而不知所由来，此之谓葆光[㊋]。

㊀大道不称

1. 称，称谓也。郭象：付之自称，无所称谓。成玄英：大道虚廓，妙绝形名，既非色声，故不可称。

2. 称，对立也。林希逸：大道不称，对立者曰称；谓之大道，则无对立者矣。

㊁大辩不言

1. 不言，谓无须言。郭象：已自别也。成玄英：辩雕万物，而言无所言。

2. 不言，谓有至言。林希逸：不言之中自有至言也。

㊂大仁不仁

1. 不仁，谓无爱之心。郭象：无爱而自存也。成玄英：亭毒群品，泛爱无心，譬彼青春，非为仁也。

2. 不仁，谓无爱之迹。林希逸：无仁之迹，而后为大仁。

㊃大廉不嗛

1. 嗛，谦虚也。成玄英：夫玄悟之人，鉴达空有，知万境虚幻，

---

① 陈景元：江南古藏本"成"作"周"。

无一可贪，物我俱空，何所逊让。王闿运：嗛，虚也。

2. 嗛，盈满也。林希逸：嗛，满也。猴藏物曰嗛。以赚为廉，则有自满之意。清畏人知，清畏人不知，嗛皆不得为大廉矣。罗勉道：嗛音慊，口御物也，为心有所御之义。有御，其快与足者；有御，其恨与少者。此言不嗛，大廉者不以廉自足也。

3. 嗛，同"嗛"，崖嗛也。宣颖：不嗛，无圭角。马其昶："嗛"与"嗛"同。《说文》："嗛，崖也。"谓廉者不自显崖岸。

4. 嗛，"礛"之坏字，厉石也。朱桂曜："嗛"盖"礛"之坏字，"石"剥落而为"口"耳。《说文》："礛，厉石也。"是"礛"有棱利之义。《韩诗外传》二"礛乎其廉而不刿"，与此处义正合。

5. 嗛，应作"嗛"，自言其廉也。李勉：案"嗛"应作"嗛"。"嗛"字从口，谓口自言廉也。"大廉不嗛"，谓大廉者口不自言其廉以邀誉也。原句应作"大廉不廉"，与上句"大仁不仁"句法同。下"廉"字动词，谓大廉者不自言其廉也。魏晋注者加"口"旁作"嗛"，又误作"嗛"。（《庄子总论及分篇评注》）

㈤大勇不忮

1. 不忮，谓无逆境。郭象：无往而不顺，故能无险而不往。

2. 不忮，谓不逆害物。成玄英：忮，逆也。内蕴慈悲，外弘接物，故能俯顺尘俗，惠救苍生，虚己逗机，终无忤逆。

罗勉道：不恃勇而害物。

3. 不忮，谓无勇之迹。林希逸：不忮者，不见其用勇之迹。

㈥言辩而不及

1. 不及，谓不能实现本性。郭象：不能及其自分。

2. 不及，谓不能认识玄理。成玄英：不能玄默，唯滞名言，华词浮辩，不达深理。

㈦仁常而不成

1. 成，如字。成玄英：不能忘爱释知，玄同彼我，而恒怀恩惠，每挟亲情，欲效成功，无时可见。林希逸：有可见之迹，则非仁之大成矣。

2. 成，"周"之误。奚侗：《庄子阙误》云："成，江南古藏本作周。"是也。郭注"物无常爱，而常爱必不周"，是郭本亦作"周"。"成"字涉下"勇忮而不成"句而误。

〈八〉五者圆而几向方矣

1. 园，如字。谓有为则犹如以圆（园）学方。郭象：此五者，皆以有为伤当者也，不能止乎本性而求外无已。夫外不可求而求之，譬犹以圆（园）学方，以鱼慕鸟耳。此愈近，彼愈远，实学弥得而性弥失。

2. 园，如字。谓有迹则去圆（园）而近方。林希逸：已上五者皆是个圆（园）物，谓其本自混成也。若稍有迹，则近于四方之物矣，谓有圭角也。几，近也。

3. 园，如字。谓由道转向智。刘武：《易·系辞》："蓍之法，圆（园）而神；卦之德，方以智。"夫不称、不言、不仁、不嗛、不忮，浑融无迹，可通为一，圆（园）也；游于环中，则道枢也。昭也、辩也、常也、清也、忮也，滞于有迹，斯向方矣。据《易》之义，由圆（园）而向方，即由道向智也。故下文带说知。

4. 园，"无弃"之误。谓无忘此五者，则近于道。奚侗：《淮南·诠言训》载此文作"五者无弃而几向方矣"。高注："方，道也，庶几向于道也。"《尔雅·释诂》："弃，忘也。"意谓能无忘此五者，其庶几向于道矣。疑古本《庄子》"無"作"无"①，"弃"字破烂不可辨，钞者乃作"囗"以识之，后人不察，误"无"为"元"，又与"囗"相合为"园"，解者遂以为"圆"之俗字，而误"方"为"圆"之对文，而书恉大晦。是当据《淮南》订正之。

---

① "无"字繁体作"無"。

㈨知止其所不知，至矣

1. 知之至，谓止于性分之内。郭象：所不知者，皆性分之外也。故止于所知之内而至也。

2. 知之至，谓以不知为知。林希逸：天下之真知，必至于不知为知而止，则知之至矣。

㈩此之谓天府

1. 天府，谓藏物之自然。林疑独：天府者，自然之藏，万物所归。赵以夫：天府言物之所自出也。

2. 天府，谓藏道之人心。陈景元：不言之辩，不道之道，皆藏于人心，岂非天府哉！林希逸：天府者，天理之所会。

⑪此之谓葆光

1. 葆光，谓圣人之智的状态：若有若无。崔譔：若有若无，谓之葆光。陆长庚：葆光即"滑疑"之谓不知之知也。然所谓不知，非茫然一无所知也，以恬养知，藏其知于不知也。章炳麟：据崔所云，葆光则谓事有象而理难征也。案葆光者，盖敛之则圆寂，放之则普照，固自然隐显而与日月合其明者也。

2. 葆光，谓圣人对待智之态度：自晦其明。成玄英：葆，蔽也。韬蔽其光，其光弥朗。赵以夫：葆光，言自晦其明也。林希逸：葆，藏也，藏其光而不露，故曰葆光。

3. 葆光，谓万物根源。吴汝纶：《淮南·本经》"葆"作"瑶"，瑶光者，资粮万物者也。

4. 葆光，谓即北斗星。闻一多：《易·泰》九二曰："包荒，用冯河，不遐遗。""包荒"亦即"瓠瓜"，"瓠瓜"转为"葆光"。古斗以瓠为之，故北斗之星亦曰"瓠瓜"，声转而为"葆光"。"葆光"即斗之名，故曰"注焉而不满，酌焉而不竭"，又曰"资量万物者也"。

故昔者尧问于舜曰："我欲伐宗脍胥敖⊖，南面而不释然，其故何也?"舜曰:"夫三子者,犹存乎蓬艾之间。若不释然,何哉?昔者十日并出,万物皆照⊖,而况德之进乎日者乎!"

㈠我欲伐宗脍胥敖

1. 宗脍胥敖,谓宗、脍、胥敖三国。崔譔:宗一也,脍二也,胥敖三也。成玄英:宗、脍、胥敖是尧时小蕃三国号也。

2. 宗脍胥敖,谓宗脍、胥、敖三国。陆德明:宗脍;胥,华胥国;敖。曹础基:宗脍、胥、敖,上古时代的三个小国。(《庄子浅注》)

3. 宗脍胥敖,寓言之名。林希逸:宗脍胥敖之事,无经见,亦寓言耳。

㈡昔者十日并出,万物皆照,而况德之进乎日者乎

1. 谓喻圣人恩广,置物我是非而不分别。林希逸:言日于万物无所不照,况我之德犹胜于日,而不能容此三子者乎?此意盖喻物我是非,圣人所以置之不辩。宣颖:万物并照,各不相碍也。日犹悬象之迹耳,德则天地同流,何日则十者并出不碍,而德不能容三子偕存乎?

2. 谓喻德之害甚,有心之为则民受焦灼。王闿运:日以照物,过照为灾,所谓昭而不道。进,甚也。日无心而德有心,故害甚于日,物无所容。旧注以德无不照,则十日非灾。其说非也。马其昶:"照"与"灼""焫"同字。《说文》:"灼,炙也。"《淮南》言尧时十日并出,焦禾稼,杀草木,即此所谓并照也。

齧缺问乎王倪⊖曰:"子知物之所同是乎⊜?"曰:"吾恶乎知之!""子知子之所不知邪?"曰:"吾恶乎知之!""然则物无知邪?"曰:"吾恶乎知之!虽然,尝试言之:庸讵⊜知吾所谓知之非不知邪?庸讵知吾所谓不知之非知邪?且吾尝试问乎女:民湿寝则腰疾偏死⑱,鳅然乎哉?木处则惴栗恂惧,猿猴然乎哉?三者孰知正处?民食刍豢⑮,麋鹿食荐,蝍蛆甘带⑯,鸱鸦耆鼠,四者孰知正味?猿猵狙以为雌,麋与鹿交,鳅与鱼游。毛嫱丽姬①⊕,人之所美也;鱼见之深入,鸟见之高飞,麋鹿见之决

---

① 陆德明:丽姬,崔本作"西施"。

骤，四者孰知天下之正色哉？自我观之，仁义之端，是非之涂，樊然殽乱，吾恶能知其辩！"齧缺曰："子不知利害，则至人固不知利害乎？"王倪曰："至人神矣！大泽焚而不能热，河汉沍而不能寒，疾雷破山①风振海而不能惊⑩。若然者，乘云气，骑日月，而道乎四海以外，死生无变于己⑪，而况利害之端乎！"

一 齧缺问乎王倪

1. 齧缺、王倪，谓实有其人。成玄英：齧缺，许由之师，王倪弟子，并尧时贤人也。

2. 齧缺、王倪，谓杜撰人物。王雱：齧缺者，道之不全也；王倪者，道之端也。庄子欲明道全与不全而与端本，所以寓言于二子。

二 子知物之所同是乎

1. 物之同是，谓皆自是。成玄英：言物情颠倒，执见不同，悉皆自是非他。陈寿昌：所以同于自是之故。

2. 物之同是，指知止乎不知。吕惠卿：知止乎不知，物之所同是也。林希逸：齧缺"同是"之问，王倪"不知"之对，便即是知止其所不知。

3. 物之同是，谓齐一也。王雱：物之同是，此明齐一之理也。褚伯秀：诸解于齧缺首问"物之所同是"一句似欠发明。窃考经意，盖谓人物之所同者性，所异者情；性流为情，物各自是，彼此偏见，以至肝胆楚越，父子路人者。其患实始于"知"之一字，妄生分别。故王倪三答"吾恶乎知之"，欲齧缺反求其所不知，得其同然之性。

三 庸讵

1. 庸，用也，何也。李颐：庸，用也；讵，何也。庸讵犹言何

---

① 王叔岷：《淮南·精神训》"大泽焚而不能热，河汉涸而不能寒也，大雷毁山而不能惊也，大风晦日而不能伤也"，即袭用此文。上下二句，文各成对，则此文"疾雷破山"下尚有挩文。疑原作"疾雷破山而不能伤，飘风振海而不能惊"，今本挩"而不能伤飘"五字，下二句遂不成对矣。

用也。王引之：庸犹何也、安也、讵也。庸与讵同意，故亦称庸讵。

2. 庸，凡庸之人。成玄英：凡庸之人，讵知此理也。

（四）民湿寝则腰疾偏死

1. 偏死，如字。司马彪：偏枯死也。

2. 偏死，"偏"借为"瘺"。马叙伦：偏为瘺。《说文》曰："瘺，半枯也。"

（五）民食刍豢

1. 刍豢，指牛羊与犬豕。司马彪：羊牛曰刍，犬豕曰豢，以所食得名也。

2. 刍豢，指草木之食与肉味之食。林希逸：刍，草木之食；豢，肉味之食也。

（六）蝍蛆甘带

1. 谓蝍蛆好食蛇眼。司马彪：带，小蛇也，蝍蛆好食其眼。

2. 谓蜈蚣能食蛇脑。陆德明：蝍蛆，《广雅》云："蜈公也。"《尔雅》云"疾藜蝍蛆"，郭璞注云："似蝗，大腹，长角，能食蛇脑。"

（七）毛嫱丽姬

1. 丽姬，谓实有其人。陆德明：丽姬，晋献公之嬖，以为夫人。

2. 丽姬，谓为西施之误。朱桂曜：《释文》："丽姬，崔本作西施。"古书多言"毛嫱西施"，鲜有言"毛嫱丽姬"者。此言毛嫱丽姬者，盖因下文"丽之姬，艾封人之子"而误改耳。

（八）大泽焚而不能热，河汉冱而不能寒，疾雷破山风振海而不能惊

1. 言至人与物冥，则无累。郭象：夫神全形具而体与物冥者，虽涉至变而未始非我，故荡然无蒂介于胸中也。

2. 言至人游心于无物之始，故无知。林希逸：不热、不寒、不惊，即游心于无物之始也。

㈨死生无变于己，而况利害之端乎

1. 死生无变于己，谓与死生一体。郭象：与变为体，故死生若一。宣颖：屈伸一理。

2. 死生无变于己，谓忘死生。林希逸：死生之大且不为之动心，而况利害是非乎！陈寿昌：死生且忘，奚有利害！

瞿鹊子问乎长梧子曰："吾闻诸夫子⊖，圣人不从事于务，不就利，不违害，不喜求⊜，不缘道⊜，无谓有谓，有谓无谓⊗，而游乎尘垢之外。夫子以为孟浪⑮之言，而我以为妙道之行也。吾子以为奚若？"

㈠吾闻诸夫子

1. 夫子，指长梧子。崔譔：长梧子，名丘。成玄英：瞿鹊是长梧弟子，故谓师为夫子。

2. 夫子，指孔子。林希逸：夫子，指孔子也。俞越：瞿鹊子必七十子之后人，所称闻之夫子，谓闻之孔子也。下文长梧子曰"是黄帝之所听荧也，而丘也何足以知之"，丘即孔子名。"因"瞿鹊子述孔子之言，故曰"丘也何足以知之"也。而读者不达其意，误以"丘也"为长梧子自称其名，故《释文》云"长梧子，崔云名丘"，此大不然。下文云："丘也与女皆梦也，予谓女梦亦梦也。"夫"予"者，长梧子自谓也。既云"丘与女皆梦"，又云"予亦梦"，则安得即以丘为长梧子之名乎？

㈡不喜求

1. 求，谓物来求。成玄英：妙悟从违，故物求之而不忻喜矣。林希逸：物之求我、归我也，亦不以为喜。

2. 求，谓求于物。陆长庚：不喜求，无求于世也。王敔：自谓未得而求之。

㈢不缘道

1. 谓自得而行之，不故意而行道。郭象：独至者也。陈祥道：与道为一，故不缘道。（褚伯秀《南华真经义海纂微》引）

2. 谓无行道之迹。林希逸：不缘道，无行道之迹也。陆长庚：
不缘道，不践迹而行道也。

④无谓有谓，有谓无谓

1. 谓，称谓也。凡有称谓者，在我看来皆无所谓。郭象：凡有
称谓者，皆非吾所谓也，彼各自谓耳，故无彼有谓而有此无谓也。

2. 谓，言教也。悟而后教，或教而后悟。成玄英：谓，言教也。
夫体道至人，虚夷寂绝，从本降迹，感而遂通。故能理而教，无谓而
有谓；教而理，有谓而无谓也。

3. 谓，前"谓"言也，后"谓"道也。无言而内蕴深理，繁词
却没有内容。林希逸：无谓有谓，不言之言也；有谓无谓，言而不言
也。罗勉道：谓，说也。人之无说者独有说，道是也；人之有说者独
无说，是非是也。

⑤夫子以为孟浪之言

1. 孟浪之言，谓无根、鄙野之言。向秀：孟浪，音"漫澜"，无
所趋舍之谓。司马彪：孟浪，鄙野之语。（《文选》左太冲《吴都赋》
注引）朱得之：孟浪，不切实。刘凤苞：孟浪，读"莽朗"，无边
岸貌。

2. 孟浪之言，谓总括、大概之意。郭庆藩："孟浪"犹"莫络"，
不委细之意（见刘逵注《文选》左思《吴都赋》）。"莫络"一作
"摹略"，《墨子·小取篇》："摹略万物之然。"摹略者，总括之词。
莫络、摹略、孟浪，皆一声之转。蒋锡昌："孟浪"即"无虑"一声
之转。《广雅·释训》："无虑，都凡也。"都凡者，犹今人言大凡、
大氏、大略、大约、大概，乃总度事情，举其粗略，并不精细之意。

长梧子曰："是黄帝之所听荧①⊖也，而丘⊖也何足以知之！且女亦大
早计，见卵而求时夜，见弹而求鸮炙。予尝为女妄言之，女以妄听之奚⊜

---

① 陆德明：听荧，向、崔本作"黗荣"。

旁日月，挟宇宙⑱，为其吻合，置其滑涽⑲，以隶相尊⑳。众人役役，圣人愚苄，参万岁而一成纯㉑。万物尽然，而以是相蕴㉒。予恶乎知说生之非惑邪？予恶知恶死之非弱丧而不知归者邪？"

㈠是黄帝之所听荧也

1. 听荧，谓疑惑也。崔譔：听荧，小明不大了也。

向秀、司马彪：听荧，疑惑也。陈景元：莹，玉色；辨玉当以视，而云听，岂非惑哉？朱桂曜：《释文》："听荧，向、崔本作'辉荣'。"案辉荣于古无征，疑"辉"为"雎"之讹。《后汉书·马融传》"暐暐雎荧，恶可弹形"，李贤注："雎，胡瓦反，荧，光也。"《淮南·俶真训》"暐蒀炫煌"，高诱注："光采貌。"疑"雎荧"即"炫煌"，故向、司马训"疑惑"，崔训"小明不大了也"。

2. 听荧，谓聪明也。林疑独：听主乎聪，莹主乎明。谓黄帝之聪明乃能不惑不蔽。林希逸：莹，明也。言必黄帝听此而后能明之。

㈡而丘也

1. 丘，长梧子自称。成玄英：我是何人，犹能晓了。

罗勉道：丘，长梧子名。"丘也何足以知之"，谦辞。

2. 丘，指孔子。褚伯秀：此言诚妙，唯黄帝听之始能明了，恐夫子亦未尽知之。杨起元：诮孔子始此。（《南华经品节》）

㈢女以妄听之奚旁日月挟宇宙

〔句读1〕女以妄听之奚？旁日月，挟宇宙。

1. 奚，何也。郭象：若正听妄言，复为太早计也，故亦妄听之何？成玄英：奚，何也。我试为汝妄说，汝亦妄听，何如？

2. 奚，当为"奚若"。朱桂曜："奚"下疑有"若"字，盖因涉郭象注文第一字而误省耳。上文云"吾子以为奚若"，一问一答，语调正同。"奚若"犹言何如也。

〔句读2〕女以妄听之，奚旁日月，挟宇宙？

1. 奚，何，如何方能。林云铭："旁日月，挟宇宙"即上文"不从事于务而游乎尘垢之外"之意。"奚者",谓何道以致此也。诸解无谓。郭嵩焘：郭象以"女妄听之奚"断句，熟玩文义，"奚旁日月，挟宇宙"自为句，言操何术以超出天地之表。

2. 奚，何，何须为。刘武：奚，何。应属下句，直贯至"以隶相尊"，其意言奚为旁日月，挟宇宙，为合置滑，以隶相尊？此皆众人役役之所为，圣人则不如此，惟愚芚而已。

㈣旁日月，挟宇宙

1. 喻至人修养之境界。郭象：以死生为昼夜，旁日月之喻也；以万物为一体，挟宇游乎宙谓所包之极广也。藏云山房主人：旁日月、挟宇宙即是游乎尘垢之外。王懋竑：旁日月，谓所处之极高也；挟宇宙，谓所包之极广也。

2. 喻至人修炼之方法。罗勉道：此是长梧子与瞿鹊子说妙道。道家烹炼，以日月为药材，以宇宙为鼎器。故《丹经》有"手搦乌兔，宇宙在身"之说。旁者，随之以运；挟者，持之以用。

3. 此谓众人之愚惑多累。刘武：上文至人"骑日月"，是超乎日月之上，而非"旁"也。故上冠以"奚"字。旁日月则萦情生死，依恋岁月，此众人之役役也，此证有始。《列御寇篇》言"小夫之知"云，"迷惑于宇宙，形累不知太初，彼至人者，归精神乎无始，而甘冥乎无何有之乡"，怀挟宇宙则不能无迷惑矣。故"挟宇宙"亦众人之役役也，此证有封。

㈤为其吻合，置其滑涽

1. 谓至人浑一尊卑是非。郭象：以有所贱，故卑尊生焉，而滑涽纷乱，莫之能正，各自是于一方矣。故为吻然自合之道，莫若置之勿言，委之自尔。林云铭：为其吻合，不立异同之见；置其滑涽，不求辩论之明，则庶几矣。

2. 谓众人生是生非。刘武：为其吻合，此证有是，言有心以为吻合于己者。置其滑涽，此证有非，置与罢同，去其未定而不合于己者。一为一置，是有是非，此亦众人之役役也。

㈥以隶相尊

1. 谓至人等贵贱、忘贵贱。成玄英：以隶相尊，一于贵贱也。陆长庚：言世人只管汩汩昏昏，驰逐于荣华声利之场，以分相隶，以势相尊。至人则一切置之，使天子不得而臣，诸侯不得而友，尚何相隶相尊之有哉？

2. 谓至人以匿身于贱为贵。宣颖：寓于至贱为贵，犹寓诸庸也。陈寿昌：自匿于卑贱，而以道术相高。

3. 谓众人相贱而自尊。林希逸：士尊大夫，大夫以士为隶；大夫尊卿，卿又以大夫为隶。推而上之，彼此皆隶也，而却自为尊卑。刘武：此谓众人以隶之贱相与自尊。盖尊以贱而方显，隶何以贱，众人贱之也。众人何以贱隶，欲形己之尊也。此亦有封也。

4. 喻自然之势。王雱：世之滑涽，使各尽其极而不以萦怀，若臣隶于君，仆隶于臣，自然之势，本无高下。林疑独：臣隶于君，仆隶于臣，自然之势也，任其不齐而不废吾心之平等。

5. 喻人道之序。褚伯秀：从徵至妙，由阶而升，亦如亦隶相尊，士隶大夫，大夫隶公卿，等而上之，圣而入于神矣。

㈦参万岁而一成纯

1. 作为一种修养境界来解，谓与古今变化为一。郭象：夫举万岁而参其变，而众人谓之杂矣，故役役然劳形怵心而去彼就此。唯大圣无执，故芚然直往而与变化为一，一变化而常游于独者也。故虽参糅亿载，千殊万异，道行之而成，则古今一成也；物谓之而然，则万物一然也。褚伯秀：圣人如愚不分，虽万岁之久，事变之杂，合而一之，混然纯备，无今古而忘死生也。郭嵩焘：圣人愚芚，为是不用而寓诸庸，参万岁以极其量。一者，浑然无彼此之别；成者，怡然无然可之差；纯者，泊然无是非之辩。圣人以此应万物之变而相蕴于无穷，斯为参万岁而一成纯。

2. 作为一种认识观点来解，谓视古今变化为一理。

陈景元：参万岁而一成纯者，通古今如旦暮，合万变为混成也。

陈祥道：参万岁，则古犹今；一成纯，则众由一也。林希逸：

参，合也。合万岁而观，止此一理，更无间杂，故曰一成纯。

㈧万物尽然，而以是相蕴

1. 谓万物皆自然自是，故不能解脱是非。林希逸：万物尽然者，言万物各然其所然，人人皆有私意，所以天地之间，自古及今，积无限个"是"字，故曰"以是相蕴"。相蕴者，犹言相积相压也。陆长庚：万物尽然，而以是故蕴积胸中，不自解脱。

2. 谓万物皆同，故能互相涵蓄，而是非、生死不起。李光缙：蕴，蓄也。以是相蕴，言无相非也，即"因是"意。故无是非、可否、死生、利害之所在。（郭良翰《南华经荟解》引）

林云铭：谓积然于万物，而万物尽然，则是非不起。

"丽之姬，艾封人之子也。晋国之始得之也，涕泣沾襟；及其至于王⊖所，与王同筐①⊜床，食刍豢，而后悔其泣也，予恶乎知夫死者不悔其始之蕲生乎！梦饮酒者，旦而哭泣；梦哭泣者，旦而田猎。方其梦也，不知其梦也。梦之中又占其梦焉，觉而后知其梦也。且有大觉而后知此其大梦也，而愚者自以为觉，窃窃然知之。'君乎！牧乎②！'固哉⊜！丘也与女皆梦也，予谓女梦亦梦也，是其言也，其名为吊诡⊗。万世之后而一遇大圣，知其解⊗者，是旦暮遇之也。

㈠及其至于王所

1. 称"王"，此证诸假僭越。崔譔：六国时诸侯僭称王，因此谓献公为王也。

2. 称"王"，此证庄子寓言。成玄英：昔秦穆公与晋献公共伐丽戎之国，得美女一，玉环二。秦取环而晋取女，即丽戎国艾地守封疆人之女也。庄子寓言，故称献公为王耳。

3. 称"王"，此证本篇成篇之时。钱穆：此证本篇之成，必在齐魏相王之后。

---

① 陆德明：筐，本亦作"匡"。
② 陆德明：牧乎，崔本作"䟸乎"，云："䟸跂，强羊貌。"

（二）与王同筐床

1. 筐床，如字。崔譔：筐，方也。司马彪：筐床，安牀也。陆德明：一云："正床也。"

2. 筐床，"筐"当作"匚"。闻一多：《释文》曰："筐，本亦作匚。"《御览》七〇六引亦作匚，今据正。床三面有围，其形如"匚"；"匚"亦古"匡"字，故谓之匡床，字变为"匽"。今本作"筐床"，失其义矣。

（三）"君乎！牧乎！"固哉

1. 此喻愚者处世之偏见：以所好为贵，所恶为贱。郭象：夫愚者大梦而自以为寤，故窃窃然以所好为君上，而所恶为牧圉，欣然信一家之偏见，可谓固陋矣。林希逸：君贵也，牧圉贱也。愚人处世，方在梦中，切切自分贵贱，岂非固蔽乎！

2. 此言愚者梦中之幻觉：尊己为君，视人如牧。陈景元：愚者于梦中自以为觉，尊己为君，视人如牧，斯固陋之甚也。

（四）其名为吊诡

1. 吊，如字。吊诡，至怪也。陆德明：吊，至也；诡，异也。林希逸：吊诡，至怪也。

2. 吊，如字。吊诡，随顺与怪异。王雱：吊当于至理，而诡异于众也。褚伯秀：此言达者喜其吊当，迷者惊其诡异。

3. 吊，如字。吊诡，伤悯也。赵以夫：言举世为梦幻眩惑而不自觉，是可吊悯也。

4. 吊，即"诼"字。诼诡，奇异也。章炳麟："吊诡"即《天下篇》之"诼诡"，与俶傥之"俶"同字。"吊""俶"古音相近，彝器"伯""叔"字多作"吊"。"不吊"亦即"不淑"，皆其例。朱桂曜：章说是，"吊"盖"叔"之伪。甲骨文"叔""吊"形似致混。《诗·节南山》"不吊昊天"，笺："吊犹善也。"《左传》庄公十一年、襄公十四年"若之何不吊"，成公十三年"穆为不吊"，"不吊"并即"不淑"。哀公十六年"昊天不吊"，《周礼·太祝》先郑注作

"闵天不淑"，尤为明证。

5. 吊，当作"憍"字；"诡"借为"愧"字。憍愧，权变也。马叙伦：朱骏声曰："诡借为愧。"伦按："吊"当为"憍"，"憍"从"矞"声，"矞"字从"矛"。《说文》"矛"之古文字形与金文"弔"字相似，故"憍"字烂夺成"矛"，传写成"吊"。《说文》曰："憍，权诈也。""愧，变也。"

⑤万世之后而一遇大圣，知其解者，是旦暮遇之也

1. 解，谓解脱，悬解。郭象：言能蜕然无系而玄同死生者，至希也。

2. 解，谓见解。林希逸：使万世之后，苟有大圣人出，知我此等见解，与我犹旦暮之遇也。

"既使我与若辩矣，若胜我，我不若胜，若果是也，我果非也邪？我胜若，若不吾胜，我果是也，而果非也邪？其或是也，其或非也邪？其俱是也，其俱非也邪？我与若不能相知也，则人⊖固受其黮闇，吾谁使正之？使同乎若者正之？既与若同矣，恶能正之！使同乎我者正之？既同乎我矣，恶能正之！使异乎我与若者正之？既异乎我与若矣，恶能正之！使同乎我与若者正之？既同乎我与若矣，恶能正之！然则我与若与人俱不能相知也，而待彼⊖也邪？"

㈠我与若不能相知也，则人固受其黮闇，吾谁使正之

1. 则人，指辩论双方（我与若）。郭象：不知而后推，不见而后辩，辩之而不足以自信，以其与物对也。辩对终日黮闇，至竟莫能正之，故当付之自正耳。林希逸：我与若辩论者彼此不能相知也，黮闇者，言其见之昏也。二人见既昏，昏则将使谁正之？

2. 则人，指第三者（裁判者）。成玄英：彼我二人，各执偏见，咸谓自是，故不能相知。假令别有一人，遣定臧否，此人还有彼此，亦不离是非，各据妄情，总成闇惑，心必怀爱，此见所以黮闇不明，三人各执，使谁正之？罗勉道：黮闇，不明也。我与若不能相知，而委他人质正之，则人固领受此糊涂不明矣，亦安能正之？

88

崔大华全集（第二卷）

㊀然则我与若与人俱不能相知也，而待彼也邪

1. 待彼也邪，谓无可待，各自正也。郭象：各自正耳。待彼不足以正此，则天下莫能相正也，故付之自正而至矣。成玄英：三人既不能定，岂复更须一人？若别待一人，亦与前何异！待彼也邪，言其不待之也。陈寿昌：言更无可待也。

2. 待彼，谓另有所待。林希逸：三个人皆不能相知，必须别待一个来，故曰待彼也邪。此"彼"字便是造化矣，便是天倪矣。罗勉道：言我与若与人俱不能知，而待彼万世之后大圣人也邪？林云铭：此外更有何待？惟有天已。

"何谓和之以天倪㊁？"曰："是不是，然不然。是若果是也，则是之异乎不是也亦无辩；然若果然也，则然之异乎不然也无辩。化声㊁之相待，若其不相待。和之以天倪，因之以曼衍，所以穷年也①。忘年忘义，振㊁于无竟，故寓诸无竟。"②

㊀天倪

1. 倪，分也，际也，端也。崔譔："倪"或作"霓"，音同，际也。郭象：天倪者，自然之分也。胡文英：天倪，天然之端倪也。

2. 倪，当作"研"，均平也。陆德明：天倪，班固曰："天研。"马叙伦：当从班固作"天研"。疑纽双声相通借也。《说文》曰："研，礦也。""天研"犹言自然之礦，礦道回旋，终而复始，以喻是非之初无是非也。《寓言篇》曰："天均者，天倪也。"可证。朱桂曜：当从班说作"研"。"研"或作"碗"。《正字通》："碗即研字"，"碗"又复为"倪"耳。《尔雅·释畜》"骊蹄趼"，"趼"本亦作"研"。《释文》引舍人云："研，平也，谓蹄平正。"是"研"当训"平"。"天研"即"天平"。

----

① 王叔岷："化声之相待，若其不相待。和之以天倪，因之以曼衍，所以穷年也"，此二十五字与上下文义，似不相属。褚伯秀《义海纂微》引吕惠卿注后附说云："'化声之相待'至'所以穷年也'，合在'何谓和之天倪'之上，简编脱略，误次于此，观文意可知。"其说极是。

② 姚鼐：疑"何谓和之以天倪"至"故寓诸无竟"，是杂篇《寓言》首章末错入此处。

㈡化声之相待，若其不相待

1. 化声，谓是非争辩之声。郭象：是非之辩为化声。夫化声之相待，俱不足以相正，故若不相待也。林希逸：化声者，谓以言语相化服也。宣颖：是非变化之声，欲待人正，俱不能正，与不待同。

2. 化声，谓生死之变化与是非争辩之声音。褚伯秀：死生、觉梦之分，出于化者也；彼我是非之辩，出于声者也。觉梦依乎形，是非生乎情，有若相待也。然而化者自化，不知其所以化；声者自声，不知其所以声，又若不相待也。

3. 化声，喻体与用。林疑独：有化者，有化化者；有声者，有声声者。化者之化，非声则不显，声者之声，非化则不彰。化者声之体，声者化之用，此化声之相待也。然而声出乎化，非化之所能知；化统乎声，非声之所能识，此又若其不相待也。

㈢振于无竟，故寓诸无竟

1. 振，通畅也，鼓舞也。郭象：故理畅于无极，至寄之者不得有穷也。成玄英：振，畅也。竟，穷也。既而生死是非荡而为一，故能通畅妙理，洞照无穷。林希逸：年义既忘，则振动鼓舞于无物之境。此"振"字便是逍遥之意。既逍遥于无物之境，则终身皆寄寓于无物之境矣。

2. 振，止也。崔譔：振，止也。林云铭：振，收歇也。欲歇手于无尽而忘年，故寄意于无尽而忘义。朱桂曜：《诗·采芑》"振旅阗阗"，笺："振犹止也。""振"疑"终"之假字。《诗·载芟》"振古如兹"，疑"振古"即"终古"。"振""终"声同，故训"止"也。《韩诗外传》八"振于学问，不能复进"，义亦同。

罔两①问景曰："曩子行，今子止；曩子坐，今子起。何其无特②操

---

① 陆德明：罔两，崔本作"罔浪"。

② 陆德明：特，本或作"持"。

与？"景曰："吾有待而然者邪？吾所待又有待而然者邪[⊖]？吾待蛇蚹蜩翼邪[⊜]？恶识所以然！恶识所以不然！"

（一）罔两问景曰

1. 罔两，谓微影之类。向秀：罔两，景之景也。

郭象：罔两，景外之微阴也。郭庆藩：罔两，司马作"罔浪"。《文选》班孟坚《幽通赋》注引司马云："罔浪，景外重阴也。"

2. 罔两，谓有无之状。崔譔：罔浪，有无之状。

严复：凡物之非此非彼者曰"罔两"。魑魅罔两之"罔两"，介于人鬼物魅之间。间影之"罔两"，介于光阴明闇之间，天文家所谓"闇虚"。室中有二灯，则所成之影皆闇虚，必两光之所不及者，乃为真影。

3. 罔两，谓精怪之类。朱桂曜：《文选·西京赋》"惊蝄蜽"，薛综注："蝄蜽，水神。"《达生篇》"水有罔象"，《释文》："一云水神名。"《淮南·氾论训》"水生罔象"，高注："罔象，水之精也，《国语》曰'龙罔象'也。"是罔两当训水神。蒋锡昌：蝄蜽，据《说文》，山川之精物。

（二）景曰：吾有待而然者邪？吾所待又有待而然者邪

1. 此谓无待，以明"独化"。郭象：若责其所待而寻其所由，则寻责无极，卒至于无待，而独化之理明矣。世或谓罔两待景，景待形，形待造物者。请问：夫造物者有耶无耶？无也，则胡能造物哉？有也，则不足以物众形。故明众形之自物而后始可与言造物耳。是以涉有物之域，虽复罔两，未有不独化于玄冥者也。故造物者无主，而物各自造，物各自造而无所待焉，此天地之正也。陈景元：夫物之相因，无知形景，今尚言其不相待，明外物不可必，万类皆自尔。唯因待都忘，卓然独化，方可论超生死而反混冥，是谓帝之悬解也。

2. 此谓皆有所待，以明最后之主宰。林疑独：景之所待者形，而形亦未能无待，言待于造化耳。宣颖：影不能自主，须待形也。形亦不能自主，须待真宰也。

（三）吾待蛇蚹蜩翼邪

1. 待，如字。此举例以明物皆无待而独化。成玄英：昔诸讲人，皆云蛇蚹是腹下龃龉，蜩翼是蜩翅。言蛇待蚹而行，蜩待翼而飞，影待形而有也，盖不然乎。若使待翼而飞，待足而走，飞禽走兽，其类无穷，何劳独举蛇蚹，颇引为譬？即今解蚹者，蛇蜕皮也，蜩翼者，蜩甲也。言蛇蜕旧皮，蜩新出甲，不知所以，莫辨其然，独化而生，盖无待也。褚伯秀：蛇蚹蜩翼，或谓蜕甲者，不若龃龉翅翼之说为优。盖蛇藉以行，蜩藉以飞，喻人身中所以运动者，有若相待而终于无待，则独化之理明矣。

2. 待，如字。此举例以明物皆有所待、有主宰。罗勉道：吾所待之形，其犹蛇蚹蜩翼，一旦神去，则不能以自动也。

陆长庚：蛇以蚹行，蜩以翼飞，而蚹与翼不能自行自飞，必有主张之者。

3. 待，"特"之误。此举例以言己之微薄不足立。陶鸿庆："待"当为"特"，涉上文诸"待"字而误。《逍遥遊篇》"而彭祖乃今以久特闻"，崔本"特"误作"待"，即其例矣。《吕览·适音篇》高注云："特，但也。"言吾但如蛇蚹蜩翼耳。（《读诸子札记·读庄子札记》）

昔○者庄周梦为胡蝶，栩栩然胡蝶也，自喻○适志与！不知周也。俄然觉，则蘧蘧然○周也。不知周之梦为胡蝶与，胡蝶之梦为周与？周与胡蝶，则必有分矣。此之谓物化○。

（一）昔者庄周梦为胡蝶

1. 昔，往日，方才也。郭象：方其梦为胡蝶而不知周，则与殊死不异也。成玄英：方为胡蝶，晓了分明，快意适情，悦豫之甚。

2. 昔，夜晚也。林希逸：夜来之为胡蝶梦也。王叔岷："昔者"犹"夜者"，古谓夜为昔。《田子方篇》"昔者寡人梦见良人"，疏："我昨夜梦见贤良之人。"亦同此例。

（二）自喻适志与

1. 如句。喻，愉快也。郭象：自快得意，悦豫而行。

林希逸：自喻者，自乐也。适志者，快意也。

2. 如句。喻，晓也。成玄英：喻，晓也。夫生灭交谢，寒暑递迁，盖天地之常，万物之理也。而庄生晖明镜以照烛，泛上善以遨遊，故能托梦觉于死生，寄自他于物化。

3. 句误，乃后人注窜入正文。喻，比喻也。刘文典："自喻适志与"五字隔断文义，详其语意，似是后人注窜入正文。《艺文类聚·虫豸部》、《太平御览》九百四十五引，并无此五字，盖唐代犹有无此五字之本。（《庄子补正》）

⊜俄然觉，则蘧蘧然周也

1. 蘧蘧然，谓言其状貌。李颐：蘧蘧，有形貌。林希逸：蘧蘧，僵直之貌。此形容既觉在床之时。

2. 蘧蘧然，谓言其神情。成玄英：蘧蘧，惊动之貌。陈寿昌：蘧蘧，觉貌。

⊗周与胡蝶，则必有分矣，此之谓物化

1. 物化，谓万物变化而相通。郭象：夫时不暂停，而今不遂存，故昨日之梦，于今化矣。死生之变，岂异于此，而劳心于其间哉！而愚者窃窃然自以为知生之可乐，死之可苦，未闻物化之谓也。成玄英：夫新新变化，物物迁，流譬彼穷指，方兹交臂。是以周蝶觉梦，俄顷之间，后不知前，此不知彼。而何为当生虑死，妄起忧悲！故知生死往来，物理之变化也。林希逸：物化者，言万物变化之理。

2. 物化，谓万物皆一源之所化。陈景元：周蝶之性，妙有之一气也。昔为胡蝶乃周之梦，今复为周，岂非蝶之梦哉？周蝶之分虽异，妙有之气一也。夫造化之机，精微莫测，傥能如此，则造化在己而不迁于物，是谓生物者不生，化物者不化。褚伯秀：庄蝶梦觉各不相知，终归于化则未尝有异。是知动植万形，生死万变，有情无情，卒齐于化。化者，形教之始终，万类之出入。王敔：物化，谓化之在物者。鹂化鹏，蜣娘化蜩，鹰化鸠，田鼠化斥鴳，大者化小，小者化大。至于庄周化胡蝶，胡蝶化庄周，则无不可化矣。当知物化有分，天均自一。

养生主第三

【题意】

一、主，主旨。论养生之要诀。郭象：夫生以养存，则养生者理之极也。若乃养过其极，以养伤生，非养生之主也。

陆德明：养生以此为主。王雱：无生所以为养生之主。陈祥道：善养生者，内我以为主，外物以为宾，不以有涯随无涯，斯免危殆。

二、主，主宰。论养护生之主宰、真性。陈景元：主，真君也。林希逸：主犹禅家所谓主人公也。养其主此生者，道家所谓丹基也。褚伯秀：形者生之所托，神则为生之主；虚无之道是所以养其神者也。世人徒知养生，而不知养其生之主。高秋月：真性者，生之主也。养生者，养此而已。世人但知养其形骸，而不知养其真性。（《庄子释意》）

三、生，天性也；主，主宰也。论养性、护主。刘鸿典：养生主云者，养其天命之性，以定吾生之主。（《庄子约解》）

吾生也有涯，而知[○]也无涯。以有涯随无涯，殆已！已[○]而为知者，殆而已矣！为善无近名，为恶无近刑[○]。缘督[○]以为经，可以保身，可以全生，可以养亲[○]，可以尽年。

㊀吾生也有涯，而知也无涯

1. 知，谓知识、智慧。成玄英：所禀形性，各有限极；而分别之智，徇物无涯。

2. 知，谓思虑。林希逸：知，思也。心思却无穷尽。以有尽之身，随无尽之思，纷纷扰扰，何时而止。

㈡已而为知者，殆而已矣

1. 已而，已，既也。郭象：已困于知而不知止，又为知以救之，斯养而伤之者，真大殆也。陆长庚：既已殆已，而犹自以为知，驰骋不休，终迷不悟，亦终于殆而已矣。

2. 已而，已，此也。姚鼐："已而"之"已"，此也。王引之：已而为知者，言此而为知者。

3. 已而，已，己也。陶鸿庆："已而"之"已"，当音"己"，"至人无己"之"己"。以有涯随无涯者，为其执己见以求知也。《德充符篇》云"彼为己以其知"，《天下篇》云慎到"弃知去己"，又云"无建己之患，无用知之累"，皆以"己"与"知"对言，可与此文互证。

㈢为善无近名，为恶无近刑

1. 善、恶，指行为而言，此谓存心居中而为。郭象：忘善恶而居中。林希逸：若以为善，又无近名之事可称；若以为恶，又无近刑之事可指。

2. 善、恶，指行为而言，此谓任性无心而为。陈祥道：善养生者内我以为主，外物以为宾。从心而动，不违自然所好。当身之娱非所去也，故不为名所劝；从性而游，不逆万物所好，身后之名非所取也，故不为刑及。褚伯秀：因天下之善而善之，因天下之恶而恶之，虽为非为也，又何有近名近刑之累哉？以天下之爱恶，行天下之赏罚，若天地之运行，春夏生成而不以为恩，秋冬肃杀而不以为怨。盖天地无心，寒暑自运，物自生成，物自肃杀，时当然耳，恩怨无与耳。

3. 善、恶，指境遇而言，此谓穷通顺逆皆处之如一。孙嘉淦："善""恶"二字当就境遇上说。人生之境，顺逆不一，穷通异致。顺而且通者，所谓善境也；穷而且逆者，所以恶境也。吾之境而为善欤，此时易于有名，而吾无求名之心；吾之境而为恶欤，此时难于免刑，而吾无致刑之道。

（四）缘督以为经

1. 督，中也。郭象：顺中以为常也。赵以夫：督，中也。喜怒哀乐之未发，其感于物也一出于性之自然，形诸外者即此中也。"率性之谓道"，"缘督为经"之义也。《奇经》八脉，中脉为"督"。褚伯秀：郭氏以"中"释"督"，而不明所以，后得虚斋（赵以夫）引证切当。盖人身皆有督脉循脊之中贯彻上下，复有壬脉为之配，乃命本所系，非精于善生，罕能究生。故衣背当中之缝，亦谓之"督"，见《礼记·深衣》注。李贽：督者，人心未发之中，而吾所以生之主也。（《庄子解》）

王闿运：裻，旧作"督"，假借字。裻，背缝也。

2. 督，迫也。林希逸：督者，迫也。即所谓迫而后应，不得已而后起也。"督"虽可训"中"，若以《庄子》语脉及《骈拇篇》参考之意，不若训"迫"尤为切当。

3. 督，总摄也。朱得之：督犹独也、总也。背脊之脉曰督脉，一身形气皆摄于此。

4. 督，虚也。王夫之：身前之中脉曰"任"，身后之中脉曰"督"。督者，居静而不倚于左右，有脉之位而无形质者也。缘督者，以清微纤妙之气，循虚而行，止于所不可行，而行自顺以适得其中。宣颖：养生之妙，只在"缘督"一句。中央为督，至虚之处乃中也。张默生："督"既有中空之义，则"缘督以为经"，即是凡事当处之以虚，作为养生的常法。（《庄子新释》）

5. 督，下也。归有光：督，下也。养生之道，只是处下不争。（《南华真经评注》）

（五）可以养亲

1. 养亲，如字。郭象：养亲以适。陆长庚：不至于亏体辱亲。陈寿昌：存养受生始气，《黄庭经》所谓道父、道母也。

2. 养亲，句有衍误。闻一多："可以养亲"不类《庄子》语，《容斋三笔》六、《记纂渊海》五二引，并无此句。（《庄子校补》）陈鼓应：前后文看与"养亲"无关，且老、庄思想未曾论及养亲之事。

"亲"或为"身"的借字。《礼记·祭义篇》"亲"字，《释文》："别本作身。"有此一例（日本金谷治说）。（《庄子今注今译》）

庖丁○为文惠君○解牛，手之所触，肩之所倚，足之所履，膝之所踦，砉然响然，奏刀○骒然，莫不中音○，合于桑林○之舞，乃中经首○之会。

⊖庖丁

1. 丁，其人之名。陆德明：庖丁，庖人，丁其名也。

2. 丁，当也、值也。成玄英：庖丁，谓掌厨丁役之人。

⊜文惠君

1. 谓梁惠王。崔譔、司马彪：文惠君，梁惠王也。

2. 不详何人。王懋竑：文惠君未详何人。注以为梁惠王，此因"惠"字附会。

⊜奏刀騞然

1. 奏刀，闻刀声。崔譔：奏，闻也。

2. 奏刀，进刀。成玄英：进奏鸾刀，騞然大解。

林希逸：奏刀，进刀也。进用其刀曰奏。

四莫不中音

1. 此言熟能生巧。郭象：言其因便施巧。褚伯秀：奏刀中音，喻应物之当理。

2. 此言天地间皆乐也。杨慎：奏刀騞然，莫不中音，言鼓刀之音节合拍也。刀声亦合乐府之板眼，俗谚所谓打出个令儿来。乃知天地之间无非乐也，贾人之铎谐黄钟之律，庖丁之刀中桑林之舞，至于牧童吹叶、闺妇之鸣砧，无不比于音者，乐何曾亡哉！（《丹铅总录》卷八）

⑤合于桑林之舞

1. 桑林，谓宋舞乐名。崔譔：桑林，宋舞乐名。

2. 桑林，谓汤乐名。司马彪：桑林，汤乐名。

㈥乃中经首之会

1. 经首，如字，乐章名。崔譔：经首，乐章名也。向秀、司马彪：经首，《咸池》乐章也。朱桂曜：《路史后记·陶唐氏》："制《咸池》之乐，而为《经首》之诗以享上帝，命之曰大咸。"是"经首"乃《咸池》乐章也。

2. 经首，如字，角调也。章炳麟：《释乐》"角"谓"经"，"首"即"古诗十九首"之"首"。"经首"即"角调"矣。

3. 经首，如字，经脉之首尾。王敔：牛之经脉有首尾，脉会于此则节解。

4. 经首，"狸首"之误，古乐章也。罗勉道："经"乃"狸"字之讹。《左传》注："《桑林》，殷天子之乐。"《礼记·射义》："诸侯以《狸首》为节。"又曰："狸首者，乐会时也。"又曰："诸侯以时会天子为节。"举此二乐章者，为汤祷桑林，以身为牺牲，诸侯歌《狸首》以射首不来朝者，皆于解牛有取义也。

奚侗："经"疑"狸"字误，《乐记》"左射狸首，右射驺虞"，"狸首"本古乐章之名。会，聚也。言乐声会聚之处，即节奏也。

5. 经首，"经肯"之误，经络与骨肉也。武延绪：疑"首"乃"肯"字讹，即下文"技经肯綮"之谓也。经，络也；肯，着骨肉也。

文惠君曰："嘻，善哉！技盖至此乎？"庖丁释刀对曰："臣之所好者道也，进乎技矣。始臣之解牛之时，所见无非全牛者；三年之后，未尝见全牛也㊀。方今之时，臣以神遇而不以目视，官知止而神欲行；依乎天理，批大郤，导大窾，因其固然，技①经㊁肯綮之未尝，而况大軱乎！良庖岁更刀，割也；族庖月更刀，折也㊂。今臣之刀十九㊃年矣，所解数千牛矣，而刀刃若新发于硎②㊄。彼节者有闲，而刀刃者无厚；以无厚入有间，恢恢乎其于游刃必有余地矣，是以十九年而刀刃若新发于硎。虽然，

---

① 陆德明：技，或作"猗"。
② 陆德明：硎，崔本作"形"。

每至于族，吾见其难为，怵然为戒，视为止，行为迟，动刀甚微，謋然已解①⑥，如土委地。提刀而立，为之四顾，为之踌躇满志，善刀⑦而藏之。"文惠君曰："善哉！吾闻庖丁之言，得养生焉⑧。"

（一）始臣之解牛之时，所见无非全牛者；三年之后，未尝见全牛也

1. 以佛理解，喻由境碍到境空。成玄英：始学屠牛，未见间理，所睹唯牛。亦犹初学养生，未照真境，是以触处皆碍。操刀既久，顿见间理，所以才睹有牛，已知空却。亦犹服道日久，智照渐明，所见尘境，无非虚幻。

2. 以玄理解，喻由事事看不破到事事不费力。陆长庚：初学解牛之时，目中所见无非牛者；三年之后，则见牛之一身筋脉骨节，各有虚处可以游刃，不见其为全牛。喻如初学道时，人间世务看不破、觑不透，只见万事丛脞，摆脱不开。功夫纯熟之后，则见事各有理，理有固然，因其固然，顺而应之，大大小小全不费力。

（二）技经肯綮之未尝

1. 技，技巧也。郭象：技之妙也，常游刃于空，未尝经概于微碍也。

2. 技，"枝"之误。俞樾：郭注以"技经"为技之所经，殊不成义。"技经肯綮"四字必当平列。《释文》曰："肯，《说文》作䏏，《字林》同，着骨肉也。一曰：骨无肉也。綮，司马云：犹结处也。"是肯、綮并就牛身言，技、经亦当同之。"技"疑"枝"字之误。《素问·三部九候记》"治其经络"，王注引《灵枢经》曰："经脉为里，支而横者为络。"古字"支"与"枝"通。枝，谓枝脉；经，谓经脉。枝、经，犹言经、络也。经络相连之处，亦必有碍于游刃。庖丁惟因其固然，故未尝碍也。

3. 技，攴也。王闿运："技"即"攴"；攴经，剥其经络。肯綮，毼其綮齿。刀游于却空，未攴其脉络，未毼其骨肉相连龃龉之处。

4. 技，小也。章炳麟：技者，小也。从支声之字，皆有"小"

义。言未尝小经肯綮也。

5. 技经，逆触也。高亨："技"与"伎"通。《天下篇》"不伎于众"，郭注："伎，逆也。""经"读为"婴"，《韩非子·说难篇》"然其喉下有逆鳞径尺，若有人婴之者，则必杀人"，旧注："婴，触。"言未尝逆触肯綮之微。

㈢族庖月更刀，折也

1. 折，谓刀被折断。郭象：中骨而折刀也。

2. 折，谓以刀折骨。俞樾：郭注曰"中骨而折刀也"，此于文义未合。上文云："良庖岁更刀，割也。"割以用刀言，则折亦以用刀言。折，谓折骨，非谓刀折也。哀元年《左传》曰："无折骨。"

㈣今臣之刀十九年矣

1. 十九，谓备阴阳之数。成玄英：十，阴数也；九，阳数也。故十九年极阴阳之妙也。

2. 十九，谓积至章数。罗勉道：前言三年，此言十九年，积至一章之数也。(按：《周髀算经》："十九岁为一章。")

3. 十九，谓超过率数。陆长庚：以十年为率，用之九年，所解不下千牛，可谓勤且久矣。王敔：十年为率，而又九年，形其久也。

㈤而刀刃若新发于硎

1. 硎，如字。郭象：硎，砥石也。

2. 硎，或作"形"。崔譔：新所受形也。

㈥謋然已解

1. 謋然，言声音。成玄英：謋然，骨肉离之声。林云铭：物断之声。

2. 謋然，言貌态。五敔：速貌。王念孙：《说文》："挔，裂也。"謋与挔同。奚侗：疑"謋"系"磔"字之误。《广雅·释诂》："磔，开也。"与"已解"义相应。

㈦**善刀而藏之**

　　1. 善，拭也。郭象：拭刀而弢之也。陆德明：善，犹拭也。

　　2. 善，同缮。王闿运：善，读若缮人之"缮"。

㈧**吾闻庖丁之言，得养生焉**

　　1. 得养生焉，谓知生可养。郭象：以刀可养，故知生亦可养。

　　2. 得养生焉，谓知养生之方。林疑独：牛喻性命之理，刀乃生之譬也。顺性命之理而无为则生不伤，顺牛体之理而不用力则刀不亏。

　　公文轩见右师㊀而惊曰："是何人也？恶乎介①㊁也？天与，其人与？"曰："天也，非人也。天之生是使独也，人之貌有与㊂也。以是知其天也，非人也。"

　　㈠**右师**

　　1. 谓人名，司马彪：宋人也。

　　2. 谓官名，梁简文帝：官名。林希逸：右师者，已刖之人为右师之官也。

　　㈡**恶乎介也**

　　1. 介，兀也。言其体态，受刖刑之状也。崔譔：兀，断足也。司马彪：介，刖也。郭象：介，偏刖之名。

　　2. 介，特也。言其神态，独立之状也。吕惠卿：右师盖人貌而天者也，介然独立。陈祥道：介者，不与物通，独而无与。

　　3. 介，助也。言其职业，宾副也。赵以夫：右师，瞽瞍也。介，相师也。

　　㈢**人之貌有与也。以是知其天也，非人也**

　　1. 与，共也，偶也。此谓人之貌皆有两足，己独无，是天意也。

---

　　① 陆德明：介，崔本作"兀"，又作"䠊"。

郭象：两足共行曰有与。成玄英：与，共也。凡人之貌，皆有两足共行，禀之造物。故知我之一脚遭此形残，亦无非命也。

2. 与，赋予。此谓人之貌皆天赋予，己独足，亦是天意。

陆长庚：人之生也，皆天与之形，道与之貌，故"人之貌有与也"。马其昶：形全形独，皆天所与。《德充符篇》云："道与之貌，天与之形。"

泽雉十步一啄，百步一饮〇，不蕲畜乎樊中。神虽王，不善也〇。

㊀泽雉十步一啄，百步一饮

1. 谓雉自在适意。成玄英：雉居山泽，饮啄自在。

吕惠卿：泽雉饮啄自如，心与天游，而适其性命之譬也。

2. 谓雉觅食艰难。林希逸：泽中之雉，十步方得一啄，百步方得一饮，言其饮啄之难也。

3. 谓雉防患周慎。陶望龄：十步方一啄，百步方一饮，防患周慎，岂期畜樊中哉！（《解庄》）

㊁神虽王，不善也

1. 句谓处于自在适意之中，而常不觉其自在适意。郭象：夫始乎适而未尝不适者，忘适也。雉心神长王，志气盈豫，而自放于清旷之地，忽然不觉善之为善也。陈寿昌：言雉惟未历樊中束缚之苦，故以泽中之饮啄为常，神气虽旺，初不自觉其善。忘适之适如此。

2. 句谓但求心适，不求形逸。吕惠卿：不蕲畜樊，神王不善，制乎人间而不得逍遥之譬也。樊中之养，虽至于神王，非其所善，不若泽中饮啄之希而自得也。褚伯秀：泽雉饮啄虽艰而不愿就养，若受畜樊中，则虽饮啄有余而飞行失形，形虽王，不善也。诸本多作"神"，使其神王，岂得谓之不善哉？况受萦樊中，无神王之理。传写之误，失于订正耳。

老聃死，秦失①吊之，三号而出⊖。弟子曰："非夫子之友邪？"曰："然。""然则吊焉若此，可乎？"曰："然。始也吾以为其②人⊖也，而今非也。向吾入而吊焉，有老者哭之，如哭其子；少者哭之，如哭其母③。彼⊜其所以会之，必有不蕲言⊜而言，不蕲哭而哭者。是遁天倍④⊜情，忘其所受，古者谓之遁天之刑。适来，夫子⊛时也；适去，夫子顺也。安时而处顺，哀乐不能入也，古者谓是帝之县解⊕。"

⊖**三号而出**

1. 三号，谓有情之表现，不是有道者之所为。郭象：怪其不倚户观化，乃至三号也。成玄英：秦失、老君，俱游方外，既号且吊，岂曰清高？故门人惊疑，起非友之问。

2. 三号，谓无情之表现，不是朋友之所为。吕惠卿：吊之为礼，哭死而吊生，三号则哭死为不哀，无言而出，则吊生为不足。此弟子所以疑其为非友，吊焉若此，为不可也。

林希逸：三号而出，言其不用情，故弟子疑而有问。

⊜**吾始以为其人也，而今非也**

1. 其人，指老聃。郭象：嫌其先物施惠，不在理上往，故致此甚爱也。

2. 其人，指老聃弟子。成玄英：秦失初始入吊，谓哭者是方外门人，乃见哀痛过，知非老君弟子也。

3. 其人，谓"其"指老聃，"人"指世俗众人。胡怀琛：其，指老子言；人，世俗之人也。谓始也，吾以为老子乃世俗之人也。如为世俗之人，吾当以世俗吊丧之礼哭之。而今非世俗之人也，其死亦非死也，乃是帝之悬解，吾何以以世俗之礼哭焉？（《庄子集解补正》）

---

① 陆德明：失，本又作"佚"
② 陈景元：文如海本，"其"作"至"。
③ 王叔岷：释法琳《辨正论·十喻篇》引"母"作"父"，少者哭老聃，似当以父为譬。
④ 陆德明：倍，本又作"背"。

(三)彼其所以会之

1. 彼,指吊者。成玄英:彼,众人也。夫圣人虚怀,物感斯应,哀怜兆庶,愍念苍生,不待勤求,为其演说。故其死也,众来聚会,号哭悲痛,如于母子。斯乃凡情执滞,妄见死生,感于圣恩,致此哀悼。以此而测,故知非老君门人。

2. 彼,指老聃。林希逸:秦失谓,始吾以老子为非常人,今见其弟子之哭若老若少,如此过哀,必老子未能去其形迹,有以感会其心,不期然而然也。

(四)必有不蕲言而言

1. 言,如字。陈寿昌:言,哭中所数哀痛之词。众人会吊于此,或言或哭,如此之痛,殊非老子当日相期之本意。

2. 言,或借为"唁"。高亨:"言"与"哭"相对,当借为"唁"。《说文》:"唁,吊生也,从口,言声。"

(五)是遁天倍情

1. 倍,谓增加也。郭象:天性所受,各有本分,不可逃,亦不可加。成玄英:倍,加也。言逃遁天然之性,加添流俗之情。

2. 倍,谓背弃也。林希逸:遁逃天理,背弃情实,此皆得罪于天者,故曰遁天之刑。朱桂曜:郭注训"倍"为"加",牵强难通。"倍"与"背"同,故《释文》云"本又作背"。《释名·释形体》"背,倍也",《淮南·诠言训》"背数而任己",《文子·符言篇》作"倍道而任己"。

(六)适来,夫子时也;适去,夫子顺也

1. 夫子,秦失尊称老子。成玄英:夫子者,是老君也。秦失叹老君大圣,应时而降诞,顺理而返真。

2. 夫子,秦失泛指有道者。林希逸:夫子,有道者尊称之辞也。言天地之间,有道之士,其来也亦适然而来,其去也亦适然而去。

3. 夫子,"夫",发语词;"子",秦失教训其弟子。陆长庚:

"子"指弟子而教之之词。一来一去，安时而处顺，则哀乐之情自不能入也。

㈦古者谓是帝之县解

1. 从生命之实体意义上解，生为悬，死为解。崔譔：以生为县，以死为解。释德清：帝者，生之主也。性系于形，如人之倒悬，今超然顺化，则解性之悬矣。林云铭：人之生如物悬空中，死则解其悬而下矣。

2. 从人之认识意义上解，有生死系念者为悬，无生死系念者为解。成玄英：为生死所系者为县，则无生无死者为解也。林希逸：人之生也，适然而来；死也，适然而去，当随其时而顺之，不足以为哀乐，知此理则天亦不能以死生系着我矣，故曰"帝之县解"。宣颖：人为生死所苦，犹如倒悬；忘生死，则悬解矣。

3. 从人之精神状态上解，无有系累即是悬解。郭象：以有系者为县，则无系者县解也。朱得之：县者，四无系着；解者，四无联属，佛言大解脱也。帝之县解，言是天地间无黏滞之人。

指穷于为薪火传也不知其尽也㊀。

㈠指穷于为薪火传也不知其尽也

〔句读1〕指穷于为薪火，传也不知其尽也。

崔譔：薪火，爝火也。传，延也。

〔句读2〕指穷于为薪，火传也，不知其尽也。

1. 指，手指。谓以手指添薪，燃火不绝。郭象：穷，尽也；为薪，犹前薪也。前薪以指，指尽前薪之理，故火传而不灭；心得纳养之中，故命续而不绝；明夫养生乃生之所以生也。

俞樾：郭注曰："为薪犹前薪也，前薪以指，指尽前薪之理，故火传不灭。"此说殊未明了。且"为"之训"前"，亦未知何义。郭注非也。《广雅·释诂》："取，为也。"然则"为"亦犹"取"也。"指穷于为薪"者，指穷于取薪也。以指取薪而燃之，则有所不给矣，若听火之自传，则忽然而不知其薪之尽也。

2. 指，手指。谓以手指指数其薪，薪可尽，而火自传于他薪不可尽。林希逸：此生死之喻，谓如以薪炽火，指其薪以观之，则薪有尽时，而世间之火，古今不绝。陆长庚：指薪而观，会有穷尽，然尽于此者续于彼，自古及今曾见有火尽时耶？薪喻四大，火喻元神。王敔：薪可屈指数尽，火自传于他薪。

3. 指，同"旨"，理也。褚伯秀："指"字多以"手指"释之。窃详经意，"指"应同"旨"，犹云理也。理尽于为薪，故火传不知其尽，义甚显明。夫一家之薪有尽，而天下之火无尽，善为薪者有以传之；一人之身有尽，而身中之神无尽，善养生者有以存之。

4. 指，即"脂"，脂膏也。朱得之："指穷"之"指"，疑是"脂"，不然木也。朱桂曜："指"为"脂"之误，或假。《国语·越语》"勾践载稻与脂于舟以行"，注："脂，膏也。"脂膏可以为燃烧之薪，故《人间世》云"膏火自煎也"。此言脂膏有穷而火之传延无尽，以喻人之形体有死，而精神不灭。闻一多：古所谓薪，有炊薪，有烛薪。炊薪所以取热，烛薪所以取光。古无蜡烛，以薪裹动物脂肪而燃之，谓之曰"烛"，一曰"薪"。烛之言照也，所以照物者，故谓之曰"烛"。此曰"脂穷于为薪"，即烛薪也。

5. 指，物也。孙嘉淦：指，物也。当时有"物莫非指"之论，故"指"可训"物"。谓凡形气之粗，可指者也。

6. 指，"稽"之借。高亨：指，当是草木之类，疑借为"稽"，《说文》："稽，禾槁去其皮。"指从"旨"声，"稽"从"皆"声，古字相通。《老子》"知此两者亦稽式"，河上公本"稽"作"楷"。本书《大宗师》"狐不偕"，《韩非子·说疑篇》作"狐不稽"，即其佐证。

人间世第四

【题意】

一、世，世代也。此篇言在人间世变中自处之术：无心而顺物。郭象：与人群者，不得离入。然人间之变故，世世异宜，唯无心而不自用者，为能随变所适而不荷其累也。

二、世，生也。此篇言在人间立生之道：内不失己，外不失人。朱得之：《列子·贵虚》中"世"训"生"。此"世"字亦当以"生"为义。言我在众人之中立此生道也。意在内不失己，外不失人，是为立生之道，故曰"人间世"。

颜回见仲尼，请行。曰："奚之？"曰："将之卫。"曰："奚为焉？"曰："回闻卫君◯，其年壮，其行独；轻用其国，而不见其过；轻用民死，死者以国量乎泽若蕉◯，民其无如◯矣。回尝闻之夫子曰：'治国去之，乱国就之，医门多疾。'愿以所闻思其①则◯，庶几其国有瘳乎！"

◯ **回闻卫君**

1. 卫君，指卫庄公蒯聩。司马彪：卫君，卫庄公蒯聩也。

2. 卫君，指卫出公辄。陆德明：案《左传》，卫庄公以鲁哀公十五年冬始入国，时颜回已死，不得为庄公，盖是出公辄也。

3. 卫君，托词以指时王。姚鼐：卫君，托词以指时王糜烂其民者。

---

① 陈景元：江南李氏本"其"下有"所行"二字。

(二)死者以国量乎泽若蕉

〔句读1〕死者以国量乎泽若蕉。

1. 若蕉，谓视民如草芥。郭象：举国而输之死地，不可称数，视之若草芥也。林希逸：量其国中前后见杀者若泽中之蕉然，谓轻民如草芥也。本是"若泽蕉"，却倒一字曰"泽若蕉"，此是作文奇处。

2. 若蕉，喻死者如蕉草之多。罗勉道：量犹准也；泽如云梦之类；蕉，草也。言死者甚众，以其国准之泽，国人之死如泽中草焉。王敔：蕉谓草苇之聚也。此言量计一国之死者，若聚而成薮泽之草苇。

〔句读2〕死者以国量乎泽，若蕉。

1. 若蕉，谓视民如草。赵以夫："死者以国量乎泽"，积尸平泽，以泽为量也。"若蕉"，刈民如草菅也。

2. 若蕉，喻死者多如蕉草。奚侗："国"字涉上"轻用其国"而衍，当断"死者以量乎泽"为句，"以"犹"已"也。《吕览·期贤篇》"死者量于泽矣"，高注："量犹满也。"此言死者满乎泽。"若蕉"二字为句。章炳麟："国"不可量乎泽，当借为"馘"①。《王制》"以讯馘告"，注："馘或为国。"是其例。泽者，献馘之处。《夏官·司弓矢》"泽共射椹质之弓矢"，郑司农注："泽，泽宫也。"泽宫即辟雍，天子讯馘在辟雍。"蕉"，《说文》云："生枲也。"言死者以馘献于泽宫，数之其多如枲，犹云死人如麻耳。

〔句读3〕死者以国量，乎泽若蕉。

1. 若蕉，谓田野荒芜。崔譔：若蕉，苃刈也，其泽如见苃荑，言野无青草。褚伯秀：泽为野，蕉同樵。"死者以国量"，犹史载"谷量牛马"之义，言其多不可数也。民死既众，则谷粟草木不得遂其生，泽中如见樵刈。曹础基：乎，假借为"虖"，拆裂。蕉，通焦。田泽龟裂成了焦土一片。

2. 若蕉，谓处水深火热之中。朱桂曜："死者以国量"读绝句。《史记·货殖列传》"用谷量牛马"，《荀子·富国篇》"然后荤菜百

---

① "国"字繁体作"國"。

疏以泽量"，《淮南·氾论训》"道路死人以沟量"。"以国量"犹彼之言"以谷量""以泽量""以沟量"，皆以喻其多也。"乎泽若蕉"，"乎"盖"其"字之误，古文二字形近致误。"蕉"即"焦"字，《博雅》："蕉，黑也，亦通焦。"泽为有水泽之处。"其泽若焦"，极言其燋杀也。《荀子·富国篇》"天下敖然若烧若焦"，与此相证。

㈢民其无如矣

1. 如，如字。郭象：无所依归。林云铭：无如之何也。

2. 如，读为"挐"。闻一多："如"读为"挐"。"如"训"似"，《诗·斯干》传："似，嗣也。"是"如"亦嗣也。《中庸》注："古者谓子孙曰挐。""民其无如"即无"挐"，犹言无嗣息、无遗类也。

㈣愿以所闻思其则，庶几其国有瘳乎

1. 思其则，如句。则，法则。崔譔、李颐：则，法也。

林希逸：欲以所闻于夫子者而告之卫君，使之思其法则而知改悔，庶几其国可安也。罗勉道：愿以所闻于夫子者思其治卫之法。

2. 思其则，句有脱漏。刘文典：碧虚子（陈景元）校引江南李氏本，"思其"下有"所行"二字，"愿以所闻，思其所行"，文义甚明，"则"字当属下读。崔、李以"思其则"绝句，盖不知"思其"下有敓文，姑就阙字之本读之耳。

3. 思其则，"思"为"伺"，"则"为"侧"。马叙伦："思"借为"司"，《周礼·司市》"上旌于思次"，郑注："思当为司，声之误也。"是其例也。"司"今俗作"伺"，为侍候字。"则"为"侧"省。《说文》曰："侧，傍也。"李氏本"所行"二字由浅人不达"思则"二字之义，妄加之也。

仲尼曰："嘻，若殆①㊀往而刑耳！夫道不欲杂，杂则多，多则扰，扰则忧忧而不救㊁。古之至人，先存㊂诸己而后存诸人。所存于己者未定，

---

① 陈景元：张君房本，"殆"在"而"字下。

何暇至于暴人^⑧之所行！且若亦知夫德之所荡而知之所出乎哉？德荡乎名，知出乎争。名也者，相札^⑨也；知也者，争之器也。二者凶器，非所以尽行^⑩也。"

㈠**若殆往而刑耳**

1. 殆，近也，浅近也。成玄英：若，汝也；殆，近也。孔子晒其术浅，未足化他，汝若往于卫，必遭刑戮者也。

2. 殆，似也，将要，恐怕。林希逸：殆，将也。汝如此而往，将为彼所刑戮而已。

3. 殆，危也，险些儿。陆长庚：若殆往而刑，言汝殆几于往而就戮也。殆，危也。犹俗所谓险些儿受戮也。

㈡**扰则忧忧而不救**

〔句读1〕扰则忧，忧而不救。

成玄英：心中扰乱，则忧患斯起。药病既乖，彼此俱困，己尚不立，焉能救物哉？宣颖：扰人则招忧患，自罹忧则安能救人。

〔句读2〕扰则忧忧而不救。

闻一多：案《楚辞·九章·抽思》"伤余心之慢慢"，王注曰："慢慢，病貌也。"忧忧与慢慢同。救，治也。不救谓不可救治。"扰则忧忧而不救"七字为句。旧读"扰则忧"句，"忧而不救"句，非是。

㈢**先存诸己而后存诸人**

1. 存，如字，立也。成玄英：存，立也。必先安立己道，然后拯救他人。

2. 存，"求"之讹。武延绪："存"当为"求"字讹。

㈣**所存于己者未定，何暇至于暴人之所行**

1. 暴人，凶暴之人。林希逸：苟存于我者未定，何暇及他人乎？彼之所行虽为暴恶，我方自苦，何暇及他。

2. 暴人，暴露他人。陆长庚：自救不暇，何暇暴白他人之行以救人哉！

㈤名也者，相札也

1. 札，倾轧。崔譔：札，天也。亦作"轧"。李颐：札，折也。
郭庆藩："相札"犹言"相甲"也。《广雅》："札，甲也。"

2. 札，或作"礼"。崔譔：札，或作"礼"，相宾礼也。

郭庆藩：古"禮"字作"礼"，与"札"相似，"札"讹为"礼"，
后人又改为"禮"耳。

㈥非所以尽行也

1. 尽，完毕，实现。陆长庚：非所以尽君子保身处世之行也。
宣颖：非所以尽乎行世之道也。

2. 尽，精于、善于。曹础基：尽，即《荀子·荣辱》"则农以力
尽田，贾以察尽财，百工以巧尽械器"之"尽"，精于、善于的意
思。句意谓智慧和名誉是不能使自己的品行纯正高尚的。

"且德厚信矼⊖，未达人气，名闻不争，未达人心㊀。而强以仁义绳墨
之言术①㊁暴人之前者，是以人恶有②㊂其美也，命之曰菑人㊃。菑人者，
人必反菑之，若殆为人菑夫。且苟为悦贤而恶不肖，恶用而求有以异？若
唯无诏③王公必将乘人而斗其捷㊄。而目将荧之，而色将平之㊅，口将营
之㊆，容将形之，心且成。是以火救火，以水救水，名之曰益多。顺㊇
始无穷，若殆以不信厚言，必死于暴人之前矣！"

㈠信矼

1. 矼，诚实。梁简文帝：信矼，悫实貌。朱桂曜：《说文》无
"矼"字。"矼"盖"款"字之假借。崔音"控"，"控"疑"悾"之
误。《论语·泰伯篇》"悾悾而不信"，是"悾"有"信"义。《楚
辞·卜居》"吾宁悃悃款款朴以忠乎"，王念孙云："款款亦悾悾也，
悾之转为款，犹空之转为款矣。"《广雅·释诂》："款，诚也。"《仓
颉篇》："款，诚重也。"《荀子·修身篇》"愚款端悫"，杨注："款，

---

① 陈景元：江南古藏本，"术"（繁体作"術"）作"衔"。
② 陆德明：有，崔本作"育"。
③ 陆德明：诏，崔本作"话"。

诚款也。"款"与"愨"并用,与简文训"愨实貌"正合。

2. 矼,坚固,王阎运:矼,"硈"之借字,坚也。马叙伦:"矼"借为"巩",坚固义。

㈡未达人气、未达人心

1. 谓卫君未达颜回之意、之心。成玄英:假且道德纯厚,信行确实,芳名令闻,不与物争,而卫君素性顽愚,凶悖少鉴,既未达颜回之意气,岂识匡扶之心乎!

2. 谓颜回尚未通达人意、人心。林希逸:我虽有德有信,而未达彼人之性气;我虽曰令名令闻,而未达晓彼人之心。

㈢而强以仁义绳墨之言术暴人之前者

1. "术"同"述";暴,凶暴。林希逸:强以仁义法度之言,陈述于暴恶人之前。"术"同"述"。

2. 术,方法;暴,表白。陆长庚:不达人气,不识人心,而强以仁义绳墨言术暴白于人之前。

3. "术"当作"衒"。释德清:"衒"旧本笔误为"术",当是"衒"字。刘文典:"术暴人之前者",义不可通。碧虚子校引江南古藏本作"衒",义较长。今本"术"字疑是形近而误。

㈣是以人恶有其美也

1. 有,如字,自是也。林希逸:人必恶汝,谓汝矜夸自有其美也。陆长庚:人将恶汝,谓汝之有其美也。有者,自见自是之意。

2. 有,当作"育",卖也。崔譔:育,卖也。俞樾:有者,"育"字之误。《说文》贝部:"卖,衒也,读若育。"此"育"字即"卖"之假字,经传每以"鬻"为之,"鬻"亦音"育"也。"以人恶育其美",谓以人之恶鬻己之美也。

㈤命之曰菑人

1. 菑,同灾。陆德明:菑,音灾。

2. 菌，同劓。王闿运：菌，同劓人不欲受，如劓刃其身。

㈥若唯无诏王公必将乘人而斗其捷

〔句读1〕若唯无诏王公，必将乘人而斗，其捷。

陆德明：崔读"若唯无诏王公"绝句，"必将乘人而斗"绝句。"诏"作"诏"，云："逆击曰诏。""捷"作"接"，"其接"，引续也。

〔句读2〕若唯无诏，王公必将乘人而斗其捷。

1. 诏，如字，告也，言也。郭象：汝唯有寂然不言耳，言则王公必乘人以君人之势，而角其捷辩，以拒谏饰非也。

2. 诏，当作"诏"，论讼也。朱桂曜："诏"字当从崔本作诏；然崔训为"逆击"则非。崔盖以为"格"之假借，《说文》："格，击也。"依崔读，犹言汝唯无击王公，击则必乘人而斗。然此与下文意不贯穿。"诏"当如字，《说文》："诏，论讼也。"《广雅·释训》："诏诏，谔谔说说语也。"是"诏"有"论讼"之意，与"谔谔""说说"等字同。此犹言汝唯无论讼，论讼则王公必将与之斗辩，而汝终将为所炫惑而化服，故有下文云云。

㈦而色将平之

1. 平，平和，指表情。成玄英：颜色靡顺，与彼和平。

2. 平，读为"頩"，青白色，指气色。闻一多："平"读为"頩"，青白色也。《文选·神女赋》"頩薄怒以自持"，李注曰："頩，怒色青貌。"

㈧口将营之

1. 营，营救。郭象：自救解不暇。

2. 营，读为"嫈"，小声貌。闻一多："营"读为"嫈"。《说文》："嫈，小声也。"引《诗》"嫈嫈青蝇"，今《诗》作"营"。

㈨顺始无穷

1. 顺，如字。郭象：寻常守故，未肯变也。陆长庚：始来成顺，如此后来愈益无穷，不知所止矣。

2. 顺，读作"慎"。于省吾：顺，应读作"慎"。《礼记·礼器》"顺之至也"，《释文》："顺亦作慎。"《左》襄二十五年传"慎始而敬终"，《老子·六十四章》"慎终如始"，是"慎始"乃古人成语。"慎始无穷"，穷，穷困也。上言颜回之卫，孔子阻之，故以慎始无困为言。

⊕若殆以不信厚言

1. 厚言，谓忠言、深言。成玄英：汝之忠厚之言，近不信用，则虽诚心献替，而必遭刑戮于暴虐君人之前矣。林希逸：厚言者，犹深言也。

2. 厚言，谓多言。朱桂曜：厚，多也。《周礼·弓人》"是故厚其液而节其帤"，郑注："厚犹多也。"此犹言不信而多言也。

"且昔者桀杀关龙逢，纣杀王子比干，是皆修其身以下伛拊人之民，以下拂其上者也，故其君因其修以挤之。是好名者也⊖。昔者尧攻丛枝胥敖⊜，禹攻有扈，国为虚厉⊜，身为刑戮，其用兵不止，其求实无已。是皆求名实者也⊕。而独不闻之乎？名实者，圣人之所不能胜⊛也，而况若乎！虽然，若必有以也，尝以语我来。"

㈠是好名者也

1. 好名者，指桀、纣。郭象：不欲令臣有胜君之名也。林云铭：桀纣不肯自居有过，所以谓之好名。

2. 好名者，指关龙逢、比干。王敔：君子好名，为暴君所杀。

㈡丛枝胥敖

1. 二国名。成玄英：丛枝、胥敖，并是国名。

2. 三国名。王闿运：即宗、脍、胥敖也。曹础基：丛枝、胥、敖，三古国名。丛枝即宗脍。丛与宗，枝与脍，古音韵相通。

㈢国为虚厉

1. "虚厉"作二义解。李颐：居宅无人曰虚，死而无后曰厉。

2. "虚厉"作一义解。郭庆藩："虚厉"即"虚庚"也。《墨子·鲁问篇》"是以国为虚庚"，《赵策》"齐为虚庚"，均作"庚"。"庚""厉"古音义通。《诗·小雅·节南山篇》"降此大庚"，《大雅·瞻印篇》"庚"作"厉"。《小宛》"翰飞庚天"，《文选·西都赋》注引《韩诗》作"厉"。《孟子·滕文公篇》"狼庚"，《盐铁论·未通篇》作"梁厉"，皆其证。

㈣是皆求名实者也

1. 求名实者，指丛枝胥敖、有扈之国君。成玄英：言此三国之君，悉皆无道，好起兵戈，征伐他国。岂唯贪求实利，亦乃规觅虚名。

2. 求名实者，指尧、禹。李勉：言尧禹皆求名利者也。名实即名利。

㈤圣人之所不能胜也

1. 胜，感化。句谓圣人亦不能感化。郭象：惜名贪欲之君，虽复尧、禹，不能胜化也，故与众攻之。林云铭：龙、比不能胜其君，尧、禹不能胜其臣，暴人自用，难于匡救。

2. 胜，堪受。句谓圣人亦不堪忍受。林希逸："不能胜"言不能堪也。言求名自利之人，虽尧、禹不能堪，至于灭其国。刘凤苞：好名则贤臣见挤于暴君，争求则圣人亦不堪其残暴矣。

颜回曰："端而虚，勉而一，则可乎？"曰："恶！恶可！夫以阳为充孔扬㊀，采色不定，常人之所不违，因案㊁人之所感，以求容与其心。名之曰日渐之德㊂不成，而况大德乎！将执而不化，外合而内不訾其庸诅可乎㊃？"

㈠夫以阳为充孔扬

1. 如句。谓卫君亢阳之性。郭象：言卫君亢阳之性，充张于内而甚扬于外，强御之至也。

2. 如句。谓颜回佯为端虚之貌。吴汝纶："阳"与"佯"同。

"阳为充孔扬，采色不定"者，盖貌为端虚者也。此常人之所行耳，不足以化人。

3. "扬"字衍，"充孔"借为"忼愤"。马叙伦："扬"字疑涉上"阳"字而误羡。闻一多："扬"字从马叙伦删。"充孔"，叠韵连语。《集韵》引《埤苍》曰："忼，心动也。"《玉篇》曰："愤，心动也。""充孔"即"忼愤"，心动不安之貌。"阳"与"佯"同。"阳为充孔"，犹言貌为谨愨。

㈡因案人之所感

1. 案，压抑也。成玄英：案，抑也。人以快善之事箴规感动，君乃因其忠谏而抑挫之。

2. 案，论定也。陆长庚：因撼人之言语以为成案，肆加讥贬。

3. 案，揣测也。胡文英："案"如按脉切理之"按"。

陈寿昌，揣测人之能感于吾者。

㈢名之曰日渐之德不成

1. 指卫君而言。成玄英：卫侯无道，其来已久，日将渐渍之德尚不能成，况为鸿范圣明，如何可望？

2. 指颜回而言。林希逸：日渐，小德也。言汝此等人，名之曰小德且不能成，况能成大德乎？

㈣外合而内不訾其庸讵可乎

〔句读 1〕外合而内不訾，其庸讵可乎！

1. 訾，毁议也。此指颜回而言。崔譔：訾，毁也。成玄英：外形挛踡，以尽足恭，内心顺从，不敢訾毁。以此请行，行何利益，化卫之道，庸讵可乎！斯则斥前端虚之术未宜行用之矣。

2. 訾，度量，资取也。此指卫君而言。姚鼐：訾，量也。闻君子之言，外若不违，而内不度量其义。王闿运：訾，资之借字也。外与之合，内而不见取也。

〔句读 2〕外合而内不訾其庸，讵可乎？

訾，思也。此指卫君而言。奚侗:《礼·少仪》"不訾重器"，郑注:"訾，思也。"《说文》:"庸，用也。"此当以"外合而内不訾其庸"为句，"讵可乎"三字为句。言外貌虽合而内不能思其所用，讵得谓之可乎?

"然则我内直而外曲，成而上比。内直者，与天为徒。与天为徒者，知天子之与己皆天之所子，而独以己言蕲乎而人善之，蕲乎而人不善之邪? 若然者，人谓之童子，是之谓与天为徒。外曲者，与人之为徒也。擎跽曲拳，人臣之礼也，人皆为之，吾敢不为邪? 为人之所为者，人亦无疵焉，是之谓与人为徒。成⊖而上比者，与古为徒。其言虽教谪之实也古之有也⊖，非吾有也，若然者，虽直而不病，是之谓与古为徒。若是则可乎?"仲尼曰:"恶! 恶可! 大多政法而不谍⊜，虽固亦无罪。虽然，止是耳矣，夫胡可以及化犹师心者也⊜。"

㈠成而上比者，与古为徒

1. 成，谓成事。郭象:成于今而比于古。成玄英:忠谏之事，乃成于今；君臣之义，上比于古。

2. 成，谓成语。林希逸:以自己之成说而上合于古人。言古人以为证也。王敔:以成言上比于古人。

㈡其言虽教谪之实也古之有也

〔句读1〕其言虽教，谪之实也，古之有也。

郭象:虽是常教，实有讽责之旨，复古以来，有此忠谏。

林云铭:虽诲其善，实责其过，有类于忤触。

〔句读2〕其言虽教谪之实也，古之有也。

林希逸:虽借古人教诲之言，乃是当面陈说是非而皆有谴谪之实。盖谓我之所言，非出于我，古人已有之也。曹础基:所说的虽是引导、诤谏方面的内容，但那是古来就有的。

〔句读3〕其言虽教谪之，实也古之有也。

宣颖:虽讽切人君，实则引古成语。闻一多:其言虽教告之，斥谪之，然实古人之言。

㈢大多政法而不谍

〔句读1〕大多政法而不谍。

1. 指颜回而言。谍,间也。政,正也。崔譔:谍,间谍也。宣颖:正人之法太多,而不审觇人意。吴世尚:谍,探察也,此亦质直好义而不能察言观色者。

2. 指颜回而言。谍,安也,当也,条理也。郭象:当理无二,而张三条以政之,与事不冥也。成玄英:谍,条理也,当也。法苟当理,不俟多端,政设三条,大伤繁冗。林希逸:政,事也;法,方法也。谓汝所言事目方法太多,而终是不安谍。谍,安也。

3. 指颜回而言。谍,狎也,便僻也。王敔:谍,狎也。谓如政令法度之不可狎,虽可使人免罪,然终不能化人。俞樾:《列御寇篇》"形谍成光",《释文》:"谍,便僻也。"此"谍"字义与彼同,谓有法度而不便僻也。

4. 指颜回而言。谍,烦碎多言。"政"读为"征",谏也。阮毓崧:不谍,即不能扼要之谓。闻一多:朱骏声曰:"谍,多言也,《史记·张释之冯唐传》'啬夫谍谍'。"案"政"读为"征"。《齐策》"士尉以征靖郭君",《说文》:"征,谏也。"

5. 指卫君而言。谍,当也。赵以夫:颜子更辞以告与天、与人、与古为徒。夫子谓卫君政法所失甚多,安可以古为比。

〔句读2〕大多政,法而不谍。

指颜回而言。谍,"谋"之误;法,借为"正"。奚侗:"大多政"三字为句。"法"借为"正","谍"为"谋"字之误。《论语》"齐桓公正而不谲",《汉书·贾邹枚路传》引"正"作"法"。《左传》僖二十五年"谋出",《吕览·为欲篇》作"谋士",即其例也。《逸周书·成开》"任谋生诈",孔注:"任谋,谓权诈也。""谋"有权诈之义,与"正"相反。"正而不谋"与《论语》"正而不谲"义同。

㈣夫胡可以及化犹师心者也

〔句读1〕夫胡可以及化,犹师心者也。

郭象：罪则无矣，化则未也；挟三术以适彼，非无心而付之天下也。

〔句读2〕夫胡可以及化犹师心者也。

高亨：此十一字为一句。"犹"者，诱也。"化犹"，即"化诱"。《书·大诰》"肆予大化诱我友邦君"，与此义同。《诗·斯干》"无相犹矣"，毛传："犹，道也。"又《野有死麕》"吉士诱之"，毛传："诱，道也（道读为导）。"此"犹""诱"同义之证。此文言大多政法而不谍，仅可以无罪，若化导师心自用之人，岂其力所能及哉？

颜回曰："吾无以进矣，敢问其方。"仲尼曰："斋，吾将语若。有心而为之，其易邪？易之者，暤天㊀不宜。"颜回曰："回之家贫，唯不饮酒不茹荤者数月矣。如此则可以为斋乎？"曰："是祭祀之斋，非心斋也。"回曰："敢问心斋。"仲尼曰："若一志①，无听之以耳而听之以心，无听之以心而听之以气㊁！听止于耳㊂、心止于符气也者㊃虚而待物者也。唯道集虚。虚者，心斋㊄也。"

㊀暤天不宜

1. 暤天，谓自然。向秀：暤天，自然也。阮毓崧：与自然之理不合。

2. 暤天，谓夏天。成玄英：《尔雅》云"夏为皓天"，言其气皓汗也。以有为之心而行道为易者，暤天之下，不见其宜。

㊁无听之以耳而听之以心，无听之以心而听之以气

1. 谓极乎玄妙之方法。成玄英：心有知觉，犹起攀缘；气无情虑，虚柔任物。故去彼知觉，取此虚柔，遣之又遣，渐阶玄妙也。宣颖：无用形，并无用心，止于形骸耳。

2. 谓学之三等级。陈祥道：《文子》曰："上学以神听，中学以心听，下学以耳听。"听止于耳，则极于耳之所闻。心止于符，则极于心之所合而已。听之以气，则无处不在。褚伯秀：听之以耳，止于

---

① 刘文典："若一"二字疑误倒。王叔岷："一"下疑脱"汝"字。

闻道而未能尽行；听之以心，止于契道而未能尽忘；至于听之以气，则无所不闻，无所不契，彷徨周浃，混合太虚。

3. 谓修养之三境界。林疑独：听之以耳，正听也，听之以心，反听也，听之以气，无听也。正听以耳将以穷理，反听以神将以尽性，无听以虚将以至命也。林希逸：听以耳则犹在外，听以心则犹有我，听以气则无物矣。

三 听止于耳

1. 如句。止，至也。谓听觉之圉限，只能达到耳而不能入于心。林希逸：听以耳，则止于耳而不入于心。

2. 如句。止，停止。谓耳之为用，在于止听入心。王敔：不以干心。林云铭：不乱吾心。

3. 当作"耳止于听"。止，仅也。谓耳之为用，只是听觉而已。俞樾："听止于耳"当作"耳止于听"，传写误倒也。乃申说"无听之以耳"之义，言耳之为用，止于听而已，故"无听之以耳"也。

四 心止于符气也者虚而待物者也

〔句读1〕心止于符气也者，虚而待物者也。

郭象：遗耳目，去心意，而符气性之自得，此虚以待物者也。

〔句读2〕心止于符，气也者，虚而待物者也。

1. 符，符合也。止，至也，仅也。心止于符，尚有物我对立之谓也。林希逸：听以心则外物必有与我相符合者，便是物我对立也。俞樾："心止于符"乃申说"无听之以心"之义。言心之用止于符而已。故无听之以心也。符之言合也，言与物合也。与物合，则非虚而待物之谓矣。"气也者虚而待物者也"乃申说"气"字，明当听之以气也。郭注误以"符气"二字连续，不特失其义，且不成句矣。

2. 符，合也。止，至也。心止于符，已无物我对立之谓也。

陆长庚："心止于符"即道家"天符"之"符"。一消一息，顺其自然则与"天符"暗合，故谓之曰"符"。心止于符则虚矣，虚也者道也，未始有物也。王敔：心止于符，符，合也，不与物相隔。

3. 符，接触。止，停止。心止于符，心不与外界接触之谓也。曹础基：符，接合。句谓心停止与外界事物接触，即所谓"对境莫任心，对心莫认境"。

4. 符，读为"恖"，思也。闻一多："符"读为"恖"，《说文》："恖，思也。"

㈤唯道集虚。虚者，心斋也

1. 心斋，谓得到"道"之方法。郭象：虚此心则至道集于怀也。成玄英：唯此真道，集在虚心。故如虚心者，心斋妙道也。陈祥道：全气所以致虚，致虚所以集道，此心斋之义也。

2. 心斋：谓有道之表现。陈景元：祭祀之斋涉迹，心斋则悟本也。赵以夫：唯道集虚，虚则众理之所会，此之谓心斋。宣颖：心斋五蕴俱空。

颜回曰："回之未始得使实自回也㊀；得使之也，未始有回也，可谓虚乎？"夫子曰："尽矣！吾语若：若能入游其樊而无感其名㊁，入则鸣，不入则止。无门无毒①㊂，一宅㊃而寓②㊄于不得已则几矣。绝迹易，无行地难㊅。为人使易以伪，为天使难以伪㊆。闻以有翼飞者矣，未闻以无翼飞者也；闻以有知知者矣，未闻以无知知者也㊇。瞻彼阕㊈者，虚室生白㊉，吉祥止止㊊。夫且不止，是之谓坐驰㊋。夫徇耳目内通而外于心知，鬼神将来舍，而况人乎㊌！是万物之化也，禹、舜之所纽㊍也，伏戏、几蘧㊎之所行终，而况散㊏焉者乎！"

㈠回之未始得使实自回也

〔句读1〕回之未始得使实，自回也。

陆德明：崔读至"实"字绝句。

〔句读2〕回之未始得使，实自回也。

1. 得使，谓学得"心斋"。郭象：未始使心斋，故有其身；既得

---

① 陆德明：毒，崔本作"每"。

② 陆德明："而寓"，崔本作"如愚"。

心斋之使，则无其身。

2. 得使，谓得到教诲。林希逸：得使，言得教也。谓未得教诲之时犹自有我，及既得教诲之后，未始有我矣。

㈡若能入递其樊而无感其名

1. 感、名，如字。谓不忤触其名物。成玄英：游入蕃傍，亦宜晦迹消声，不可以名智感物。林云铭：勿触其有过之名目。

2. 感、名，如字。谓不为其名物所动。林希逸：人世如樊笼，汝能入游其中而不为名所感动。胡远濬：谓入游卫国，无以卫君恶声横于胸中。

3. "感"读为"撼"，"名"疑作"召"。喻不要触其法网。

高亨：感，触也，读为"撼"。《山木篇》"感周之颡"，《释文》："李云，感，触也。"此"感"有"触"义之证。皆以"感"为"撼"耳。"名"疑原作"召"，形近而误。"召"读为"招"，同声系，古通用。《孟子·尽心篇》下："今之为杨墨辩者，如追放豚，既入其笠，又从而招之。"杨注："招，胃也。"孙奭《音义》："胃，谓羁其足也。"《一切经音义》十引《声类》："胃，以绳系取鸟兽也。"足证胃为系羁鸟兽之具。盖古人捕鸟，或置巨笼而开其门，笼中设囮与食与招，鸟入触招则被絷。故《庄子》曰："入游其樊，而无感其召。"

㈢无门无毒

1. 毒，如字，治也。郭象：使物自若，无门者也；付天下之自安，无毒者也。毒，治也。成玄英：毒，治也。如水如镜，应感虚怀，己不预作也。

2. 毒，如字，药味也。林希逸：无方所则无门，无臭味则无毒。毒，药味也。宣颖：不开一隙，不发一药。胡文英：无门，是不开药铺；无毒，是不发药。直应到"医门多疾"句。

3. 毒，如字，毒害也。罗勉道：卫本非可居，无一门而无毒。吴世尚：无门，人不得以窥我；无毒，人不得以害我。

4. 毒，或作"每"，贪也。崔譔：每，贪也。吴汝纶：每与"侮"通。《方言》："侮，贪也。"王闿运：毒字当作"每"，数也。

5. 毒，"壔"之假借，高台也。李桢："门""毒"对文，"毒"与"门"不同类。"毒"乃"壔"之假。《说文》："壔，保也，亦曰高土也，读若毒。"与此注"自安"义合。张行孚《说文发疑》曰："壔者，累土为台以传信，即《吕氏春秋》所谓'为高保祷于王路，置鼓其上，远近相闻'是也。""祷"当是"壔"之讹。壔是保卫之所，故借其义为保卫。《易经》《庄》《老》三"毒"字，正是此义（《老子》"亭之毒之"，《周易》"以此毒天下而民从之"，"毒"字并是假借）。《广雅》所以有"毒，安也"一训。

6. 毒，读为"纛"，标志也。王先谦："门"者可以沿为行路，"毒"者可以望为标的。无门无毒，使人无可窥寻指目之意。陈启天：无门，谓不由门路营求也。"毒"当读为"纛"，音"道"，古代官吏仪从之大旗。无纛，谓不用旗帜招摇也。（《庄子浅说》）

7. 毒，借为"竇"，孔穴也。章炳麟："毒"当以声借为"竇""窬"等字。奚侗："毒"当作"竇"，音同相假。《左》襄十年传："王叔之宰曰：'篳门闺竇之人。'"是"门""竇"连文之证。《知北游》"无门无旁"与此同义。朱桂曜：毒，《释文》盖以为"督"之假字，然训为"治"则非，当又转为"壔"。"壔"有"际"义。有门有毒，犹言有门有际也。

8. 毒，疑为"啬"之讹，墙也。武延绪：毒，疑为"啬"字之讹。《左传》襄二十六年"寺人惠墙伊戾"，《释文》"墙或作啬"，又《穀梁》成三年"晋却克卫孙良夫伐墙咎如"，《左传》作"廧"。"廧""啬""墙"古通用。盖由"啬"而误为"毒"，又误为"每"也。

9. 毒，"房"之误也。刘武：《知北游》"其来无迹，其往无崖，无门无房，四达之皇皇"，此"毒"字疑"房"字之误。此句为下句"一宅"作根，并为后文"虚室"二字写照。

（四）一宅

1. 一，如字，指至道。郭象：体至一之宅。成玄英：处心至一之道。王雱：体全至虚，抱一自处。

2. 一，如字，谓专一。陆长庚：一宅，无间之义。释德清：一宅者，谓安心于一，了无二念。

3. 一，"而"之误。马叙伦："宅""寓"义重，"一"为"而"字坏文，本当作"而宅于不得已"。

（五）而寓于不得已

1. 而寓，如字。郭象：而会乎必然之符者也。罗勉道：寓，寄也。寄此身于不得已。

2. 而寓，或作"如愚"。陆德明：而寓，崔本作"如愚"。

（六）绝迹易，无行地难

1. 以无为、有为解。郭象：不行则易；欲行而不践地，不可能也。无为则易；欲为而不伤性，不可得也。王雱：泯然无为，高世而绝迹，则圣人所以为易也；超然有为，经世而无患，则圣人所以为难也。宣颖：人生处世，不行易耳，行而不着迹难。

2. 以出世、入世解。释德清：逃人绝世尚易；独有涉世无心，不着形迹为难。马其昶：不行而绝迹，此出世法；行而不践地，则入世而不为世撄者。

3. 以形动、神动解。陈寿昌：绝迹易，一切屏绝，不见行踪；无行地难，神动天随，不行而至。

4. 以人使、天使解。刘武：人行地而不留足迹，可以人为扫除之使绝，故曰易，以喻"为人使易以伪"；人无翼以飞，不能不行地，此天使之也。今欲无行地，非人为所能，故曰难，以喻"为天使难以伪"。

（七）为人使易以伪，为天使难以伪

1. 伪，欺伪也。人使、天使指粗、细而言。成玄英：夫人情驱使，其法粗浅，所以易欺；天然驭用，斯理微细，是故难矫。

2. 伪，欺伪。人使、天使指人欲、天理而言。林希逸：为人欲所使，则易至于欺伪；唯冥心而听造物所使，则无所容伪矣。人使即人欲也，天使即天理之日用者。

3. 伪，欺伪。人使、天使指有心、无心而言。焦竑：为人使则有我，故易为；为天使则无我，故难为。陈寿昌：天与人分，有心、无心而已。以有心感物而成化，是物为人所使，此尚易于托伪；以无心感物而成化，是物为天所使也，此便难以伪为。

4. 伪，为也。人使、天使，谓人之所行、天之所行。王闿运："伪"即"为"也。以上有"为"字，故加偏旁别之。因人而行曰为人使，此易为者也。以道化人曰为天使，此难以为也。钱穆："伪"即"为"也。"为人使易以为"，是"以有翼飞也"；"为天使难以为"，是"以无翼飞也"。

⑧**闻以有翼飞者矣，未闻以无翼飞者也；闻以有知知者矣，未闻以无知知者也**

1. 此谓人间不可能之事。郭象：言必有其具，乃能其事。成玄英：夫鸟无六翮，必不可以搏空；人无二知，亦未能以接物。

2. 此谓人间造极之事。林希逸：言鸟之飞必以翼，无翼而飞便是不疾而迅，不行而至，此所谓神也。以有知为知，人之常也；惟知其所不知则为无知之知，此则造道之妙矣。陆长庚：以无翼而飞，以无知而知者，此等之人，闻见罕俪，处人间世者到此方为庶几。

⑨**阒**

1. 空也。司马彪：阒，空也。宣颖：阒，空窍。

2. 牖也。王敔："阒"音"缺"，牖也，阙也。林云铭：阒，牖也。

⑩**者**

1. 如字，语助词。郭象：夫视有若无，虚室者也。

2. "堵"之借字，垣也。钱穆：者，"堵"之借字。阒堵，即虚室也。

⑪**虚室生白**

1. 按字义解。崔譔：白者，日光所照也。陈祥道：室非虚无以生白。

2. 以寓义解。司马彪：室比喻心，心能虚空，则纯白独生也。林疑独：了然空虚以喻心也，生白则道集之谓。

⑫**吉祥止止**

1. 如句。止，至也。谓吉祥集至也。郭象：夫吉祥之所集者，至虚至静也。林希逸：虚明之地，便是万物之所由萃。吉祥，福也，止于其所止。下"止"字是虚处也。

2. 如句。止，停止。谓吉凶不来也。赵以夫：吉祥止止，祸亦不至，福亦不来也。

3. 句有误。俞樾："止止"连文，于义无取。《淮南·俶真篇》作"虚室生白，吉祥止也"，疑此文下"止"字，亦"也"字之误。唐卢重元注《列子·天瑞》曰："虚室生白，吉祥止耳。"亦可证"止止"连文之误。奚侗：下"止"字当作"之"。

⑬**夫且不止，是之谓坐驰**

1. 坐驰，谓道浅之表现。郭象：夫使不止于当，不会于极，此为以应坐之日而驰骛不息也。成玄英：苟不能形同槁木，心若死灰，则虽容仪端拱，而精神驰骛，可谓形坐而心驰者也。陆树芝：坐驰，犹言静中躁也。

2. 坐驰，谓得道之行为。刘辰翁：举目粲然，无毫发之不善；然非止于此而已，其俛仰万里，不疾而速。诸解"坐驰"为非也，自儒者之见，非本旨也。焦竑：坐驰，如言陆沉之类。

3. 坐驰，谓必无之事。胡文英：止与不止各异，坐与驰各异。坐驰，言必无之事也。

⑭**夫徇耳目内通而外于心知，鬼神将来舍，而况人乎**

1. 谓黜思黜为，则能涉世。成玄英：夫能令根窍内通，不缘于物境，精神安静，忘外于心知者，斯则外遣乎形，内忘于智，则隳体黜聪，虚怀任物，鬼神冥附而舍止，人伦钻仰而归依。罗勉道：耳目本外而徇之于心，心知本内而黜之于外，惟虚而已。如此则鬼神将来与我并处，而况人乎！

2. 谓超然于思、为，则能涉世。王雱：耳目外也，心智内也，惟能忘我，则超然自得。耳目非必在外，而心智非必在内，体与化合而理与神契，况人间焉有不化乎！林疑独：夫能定者，耳目非必在外，心志非必在内。故虽有思有为而无涉世之患，鬼神将来舍，而况于人乎！

㊓禹、舜之所纽也

1. 纽，纲纽。成玄英：言此心斋之道，夏禹虞舜以为应物纲纽。王敔：纽，相绳也。

2. 纽，读为"狃"，习也。闻一多：纽，读为"狃"。《诗·大叔于田》"将叔无狃"，传："狃，习也。"

㊔几蘧

1. 谓古帝王也。向秀：几蘧，古之帝王也。成玄英，三皇已前无文字之君也。

2. 谓寓言人物。林希逸：几蘧，或谓古帝王之名，称无所考，必竟寓言也。

㊕而况散焉者乎

1. 散，指德而言。崔譔：德不及圣王为散。林希逸：散者言寻常之人也。

2. 散，指数而言。罗勉道：如言散卒、散马，不与正数。王敔：散，余也。

叶公子高将使于齐，问于仲尼曰："王使诸梁也甚重。齐之待使者，盖将甚敬而不急。匹夫犹未可动㊀，而况诸侯乎！吾甚慄之。子常语诸梁也曰：'凡事若小若大，寡不道以懽成①⑴。事若不成，则必有人道之患；事若成，则必有阴阳之患⑵。若成若不成而后无患者，唯有德者能之。'吾食也执②粗而不臧爨无欲清之人⑶。今吾朝受命而夕饮冰，我其内热与！吾未至乎事之情⑷，而既有阴阳之患矣。事若不成，必有人道之患。是两也。为人臣者不足以任之，子其有以语我来！"

⑴ 匹夫犹未可动，而况诸侯乎

1. 动，动摇。成玄英：匹夫鄙志，尚不可动，况夫五等，如何可动！陆长庚：匹夫有志，尚不可夺，而况万乘乎！

2. 动，感化。林希逸：匹夫之相与扣，应之不酬，且无如之何，况诸侯乎！曹础基：自己连一个普通的人都不能感化，何况要感化一个诸侯呢！动，感动。

⑵ 凡事若小若大，寡不道以懽成

1. 道，言说也；懽成，句谓事以成功为欢乐。郭象：夫事无大小，少有不言以成为懽者耳。成玄英：夫经营事绪，抑乃多端。虽复大小不同，而莫不以成遂为懽适也。

王敔：寡，鲜也。道，言也。莫不谓事成为快。

2. 道，言说也；懽成，句谓事以欢洽方能成功。林希逸：事无小大，鲜不言以懽洽方得事成。罗勉道：言必以懽好而成。

3. 道，理也，术也。懽，欢悦也。句谓事以依道方能顺成。

刘辰翁：未有不依于道而能使美满成就无后悔者。

林云铭：未有无术而能使人懽然成事者。

4. 道，理也。懽，应读作"观"。于省吾："懽"应读作"观"。"懽""讙""驩"古同用。《天运》"名誉之观"，《释文》："观，司马本作懽。"《逸周书》"太子晋，远人来驩"，下文作"远人来观"，是其证。言事无小大，少有不道而可以观成者。

5. 道，由也，懽，即"患"字，灾患也。闻一多：懽，古"患"

---

① 陈景元：江南古藏本此句作"寡有不道以成懽"。
② 陆德明：执，简文本作"热"。

字。《尔雅·释训》："懽懽，愮愮。忧无告也。"《玉篇》《广韵》并云："愻，忧无告也。"《说文》："愻，惥也。"朱骏声疑即"患"之异文，是也。"凡事若小若大，寡不道以成懽"者，古书多以"道"为"由"，此言事无大小，寡不由之以成灾患者也。

〔三〕事若成，则必有阴阳之患

1. 阴阳之患，谓喜惧伤人。成玄英：喜则阳舒，忧则阴惨。事既成遂。中情允惬，变昔日之忧为今时之喜。喜惧交集于一心，阴阳勃战于五藏，冰炭聚结，非患如何？

2. 阴阳之患，谓喜而伤人。李勉：言事若成，则胸中阴阳之气因喜而激动，不得平静，易以伤神，此亦患也，是谓之阴阳之患。阴阳者，人体内阴阳之气也。各家解此句为喜惧交战于胸中。然事既成矣，喜则有之，何惧之有？故不当解为喜惧交战于胸中。

〔四〕吾食也执粗而不臧爨无欲清之人

〔句读1〕吾食也执粗而不臧，爨无欲清之人。

1. 执，如字。爨，司火人。此述其受命后的谨慎状态。

郭象：对火而不思凉，明其所馔俭薄也。成玄英：承命严重，心怀怖惧，执用粗餐，不暇精膳。所馔既其俭薄，爨人不欲思凉，燃火不多，无热可避之也。

2. 执，如字。爨，司火人。此喻其对完成使命的态度。

曹础基：执，取，拣择。臧，善，精美。爨，烧火做饭。二句谓：我只求吃上粗糙的而不敢希望精美的，烧火煮饭的人谁也不敢妄想得到清凉。这两句是比喻，言外之意是：我出使齐国不敢希望出色地完成任务，而且担负了出使的责任是不敢妄想轻松的。

3. 执，当作"热"。爨，炊火。此述其受命后的谨慎状态。

陆德明："执"，众家并然，简文作"热"。朱桂曜：作"热"为是。"热粗而不臧"犹言热其粗食而不热其精食，炊火不久，不欲清凉。以如是禀性平和之人，乃因朝受命而夕遂至于饮冰，岂因焦灼之故而至于内热欤？文气本极顺达，向、郭说失之迂凿。

陆德明：臧，作郎反，善也，绝句。一音才郎反，句至"爨"字。

㊄吾未至乎事之情，而既有阴阳之患矣

1. 情，事情。谓尚未到事情成败处。成玄英：夫情事未决，成败不知，而忧喜存怀，是阴阳之患也。

2. 情，实也。谓未到行事实处。林希逸：情者，实也。我方受命，未曾实理会事，已成此病。朱桂曜：成说非。情，实也。此言未至乎事之实也。

仲尼曰："天下有大戒㊀二：其一，命也；其一，义也。子之爱亲，命也，不可解于心；臣之事君，义也，无适而非君也，无所逃于天地之间㊁。是之谓大戒。是以夫事其亲者，不择地而安之，孝之至也；夫事其君者，不择事而安之，忠之盛也；自事其心者，哀乐不易㊂施乎前，知其不可奈何而安之若命，德之至也。为人臣子者，固有所不得已。行事之情而忘其身，何暇至于悦生而恶死！夫子其行可矣！"

㊀天下有大戒二：其一，命也；其一，义也

1. 戒，谓法也。成玄英：戒，法也。寰宇之内，教法极多，要切而论，莫过二事。陆长庚：天下之大戒，谓人间世之大经大法。

2. 戒，谓慎也。王雱：有天地然后有父子，有父子然后有君臣。父子君臣之道立则万事起，万事起而不可以不慎，故曰大戒。

㊁子之爱亲，命也，不可解于心；臣之事君，义也，无适而非君也，无所逃于天地之间

1. 命、义，谓情感与理性。成玄英：夫孝子事亲，尽于爱敬。此之性命，出自天然，中心率由，故不可解。夫君臣上下，理固必然。故忠臣事君，死成其节，此乃分义相投，非关天性。

2. 命、义，谓固然与当然。陆长庚：自其性分之固有者而言，曰命；自其职分所当为者而言，曰义。

㈢自事其心者，哀乐不易施乎前

1. 易，轻易。句谓不轻易表现哀乐之情。郭象：知不可奈何者命也而安之，则无哀乐，何易施之有哉！成玄英：夫为道之士而自安其心智者，体违顺之不殊，达得丧之为一，故能涉哀乐之前境，不轻易施，知穷达之必然，岂人情之能制！

2. 易，变易。句谓孝、忠之心不随哀乐之情境而改变。

林希逸：此心才主于忠，则哀乐之境虽施于前而不能变易。

宣颖：事心如事君父之无所择，虽哀乐之境不同，而不为所移于前也。

"丘请复以所闻：凡交近则必相靡以信，远则必忠之以言⊖。言必或传之。夫传两喜两怒之言，天下之难者也。夫两喜必多溢美之言，两怒必多溢恶之言。凡溢之类妄，妄则其信之也莫⊜，莫则传言者殃。故法言⊜曰：'传其常情，无传其溢言，则几乎全。'"

㈠凡交近则必相靡以信，远则必忠之以言

1. 靡、忠，如字，顺也、诚也。成玄英：凡交邻近，则以信情靡顺；相去遥远，则以言表忠诚。

2. 靡，同縻，维系也。忠，疑为"志"，固也。王敔："靡"同"縻"维系也。武延绪："忠"或疑为"志"。志，古"固"字。

㈡妄则其信之也莫

1. 莫，莫非，疑貌。郭象：莫然疑之也。成玄英：莫，致疑貌也。胡文英：莫，疑之也。《论语》"文莫吾犹人也"，《楚辞》"莫好修之害也"，同意。

2. 莫，无也。俞樾：莫者，无也。犹曰"莫信之也"。不曰"妄则莫信之"，而曰"妄则其信之也莫"，取与上下句法一律耳。

3. 莫，薄也。奚侗：《论语》"无适也，无莫也"，邢疏："莫，薄也。""信之也莫"，犹言信之不笃也。

㈢法言

1. 谓格言。成玄英：夫子引先圣之格言，为当来之轨辙也。

2. 谓古书。林希逸：法言者，古有此书也，故举以为证。

3. 谓法家言。胡文英：史有法家，即其言也。

"且以巧斗力者，始乎阳，常卒乎阴㊀，泰至则多奇巧，以礼饮酒者，始乎治，常卒乎乱，泰至则多奇乐。凡事亦然，始乎谅，常卒乎鄙㊁；其作始也简，其将毕也必巨。言者，风波也；行者，实丧也㊂。夫风波易以动，实丧易以危。故忿设无由㊃，巧言偏①辞。兽死不择音㊄，气息②茀然，于是并生心厉。剋核大至，则必有不肖之心应之，而不知其然也。苟为不知其然也，孰知其所终！故法言曰：'无迁令，无劝成，过度益也。'迁令劝成殆事，美成在久，恶成不及改㊅，可不慎与！且夫乘物以游心㊆托不得已以养中㊇，至矣。何作为报也！莫若为致命，此其难者㊈。"

㈠且以巧斗力者，始乎阳，常卒乎阴

1. 阴、阳，指怒、喜而言。成玄英：阳，喜也；阴，怒也，初始戏谑，则情在喜欢；逮乎终卒，则心生忿怒。

2. 阴、阳，指隐、显而言。胡文英：始则明相搏击，后必暗算求胜。

㈡凡事亦然，始乎谅，常卒乎鄙

1. 谅、鄙，如字，谓信与诈。林希逸：谅，信也。始者相与同为一事，未尝不诚实相信；及至其后，鄙诈生焉。

2. 谅、鄙，"谅"为"诸"之误，谓都与鄙。俞樾："谅"与"鄙"，文不相对。"谅"疑为"诸"字之误。"诸"读为"都"。《尔雅·释地》"宋有孟诸"，《史记·夏本纪》作"明都"，是其例也。"始乎都，常卒乎鄙"，"都""鄙"正相对。因"都"字通作"诸"，又误作"谅"，遂失其书悁矣。《淮南子·诠言篇》曰"故始于都者

---

① 陆德明：偏，崔本作"谝"，音"辩"。
② 陆德明：气息，向本作"趒嚣"。崔本作"趒簫"。郭庆藩：《释文》："气，一本作器。""气""器"古通用，"气"正字，"器"借字。

常大于鄙"，即本《庄子》，可据以订正。彼文"大"字乃"卒"字之误，说见王氏念孙《读书杂志》。

㊂言者，风波也；行者，实丧也

1. 波，波浪。实丧，丧理也、丧本也。成玄英：水因风而起波，譬心因言而喜怒也。故因此风波之言而行喜怒者，则丧于实理者也。

2. 波，波浪。实丧，果实坠落。陆树芝：言之起灭不常，如风吹波浪然，故曰"言者风波也"；行之已失难回，如果实之丧坠然，故曰"行者实丧也"。

3. 波，易动也。实丧，失实也。孙嘉淦：波，易动难测也。实丧，失实也。言易动而难测。"行"即前"夫子其行"之"行"，言往而传命也。传言易于无实，故曰"实丧"。

㊃故忿设无由，巧言偏辞

1. 无由，没有原因。谓忿怒的发作，除去巧言相欺，没有别的原因。郭象：忿怒之作，无他由也，常由巧言过实，偏辞失当耳。

2. 无由，没有用处。谓忿怒之时，巧词是用不上的。

俞樾：由，用也。"设"疑"说"字之误。忿怒之说，无所用其巧言偏辞。下文"兽死不择音"即申明此句之义，"无用巧言偏辞"所谓"不择音"也。

㊄兽死不择音

1. 音，声音。成玄英：野兽困窘，迫之穷地，性命将死，鸣不择音。陈景元：逼兽穷地则恶声出。王闿运：将死，亦忿亦哀，故不一音也。

2. 音，同"荫"。刘辰翁：《左传》"鹿死不择音"作"荫"义解。王敔："音"与"荫"通，林木之荫也。受伤之兽，出平地以与人斗。

㊅美成在久，恶成不及改

1. 谓美事与恶事之存在久暂不一。成玄英：心之所美，率意而成，不由劝奖，故能长久。心之所恶，强劝而成，不及多时，寻当改悔。

2. 谓美事与恶事之所成久速、难易不一。林希逸：人之相与要好极难，初非一日可成，必须悠久而后定，故曰"美成在久"。一言之不相投，一事之不相顺，有不转步而便成恶者，故曰"恶成不及改"。此意盖谓要相恶甚易，要相好甚难。

罗勉道：美之成甚难，历久而后成；恶之成甚速，不及于欲改。

㈦且夫乘物以游心

1. 游心，谓随物而无心。郭象：寄物以为意也。王雱：至人无心，乘万物以为心，来去无碍而不居其一，所谓游心者也。

2. 游心，谓随理而无物。陆长庚：乘有物之感而游心于无物之天。陈寿昌：乘物理之自然，而游心于无物之天。

㈧托不得已以养中

1. 养中，谓养不偏不倚之心。郭象：任理之必然者，中庸之符全矣。陆长庚：托于义命之不得已者，随分自尽，常养吾心之中，使其不偏不倚，顺应无情。

2. 养中，谓养不动之心。宣颖：托于不得已而应而毫无造端，以养吾心不动之中。陈寿昌：托于义命之不得已，而随分自尽，以养吾心不动之中。

㈨何作为报也，莫若为致命，此其难者

1. 致命，谓完成使命。此其难者，谓此是难处。郭象：直为致命最易，而以喜怒施心，故难也。林疑独：何必强有作为以报人君之德，莫如为致命而不辱，此其为难也。

赵以夫：何必逆料其难成而作为报也，莫若致命尽情，此其难者。

2. 致命，谓安于天命。此其难者，谓不难也。成玄英：直致率性，安于天命，甚自简易，岂有难邪！此其难者，言不难。褚伯秀：不得已以养中，理极而止，不失乎中道也，如此亦足矣，何必作为以报其君哉！莫若致命，言但听其死生祸福，则处世亦何难之有？马其昶：致命，即知其不可奈何而安之若命也。

颜阖将傅卫灵公大子，而问于蘧伯玉曰："有人于此，其德天杀[⊖]。与之为无方，则危吾国；与之为有方，则危吾身。其知适足以知人之过，而不知其所以过。若然者，吾奈之何？"蘧伯玉曰："善哉问乎！戒之，慎之，正女身也哉！形莫若就，心莫若和[⊜]。虽然，之二者有患。就不欲入，和不欲也。形就而入，且为颠为灭，为崩为蹶。心和而出，且为声为名，为妖为孽。彼且为婴儿，亦与之为婴儿；彼且为无町畦，亦与之为无町畦；彼且为无崖，亦与之为无崖。达之，入于无疵[⊜]。"

㊀其德天杀

1. 天杀，如字，谓天性凶残。成玄英：蒯聩秉天然之凶德，持杀戮以快心。刘辰翁：天杀，犹言生成刻薄人也。

2. 天杀，如字，谓天杀灭其德。陆德明：天杀，如字，谓如天杀物也。林希逸：言其德性为造物所销铄。

3. 天杀，当作"夭杀"。朱桂曜："天"盖"夭"字之误。"夭"亦通"妖"。《王制》"不殀夭"，注："殀，断杀。"是"夭"与"杀"同义。

4. 天杀，读为"大杀"，大衰也。于省吾："天""大"古通，《大丰殷》"天室"即"大室"。《庚桑楚》"大道已行矣"，《释文》："大，本或作天。"并其例证。杀谓衰杀。其德天杀，即其德大衰也。

㊁形莫若就，心莫若和

1. 作处世术解。成玄英：身形从就，不乖君臣之礼；心智和顺，迹混而事济之也。陈祥道：形就者，比而不杂，外曲也；心和者，异而不乖，内直也。外曲则不失人，内直则失己。

2. 作训导术解。林希逸：就，从也，随顺之也；和，调和也，诱导之也。外为恭敬随顺之形，而内则尽我调和诱导之心。吴世尚：恭敬顺从，调和引导，此二句为傅之大用。

㊂达之，入于无疵

1. 谓善处世。成玄英：达斯趣者，方会无累之道。

陈寿昌：一切姑顺其意，至于达我意处，则浑然而入，使彼无疵病可寻。是寓有方于无方之中。此盖示以两全之策。

2. 谓善训导。林希逸：到其可觉悟处，就加点化，使之跃然醒悟，或可以入无疵之地。达之者，觉悟之也；无疵者，无过也。陆树芝：达犹引导也。委曲而引导之入于无恶之地。

"汝不知夫螳螂乎？怒其臂以当车辙，不知其不胜任也，是⊖其才之美者也。戒之，慎之，积伐⊖而美者以犯之，几矣！"

⊖是其才之美者也

1. 是，自是，恃也。成玄英：自恃才能之美善。

2. 是，如是，此也。王敔：才之美者，往往若是。

⊖积伐而美者以犯之

1. "积伐"作二义解：积之与伐之。郭象：积汝之才，伐汝之美，以犯此人，危殆之道。

2. "积伐"作一义解：屡伐，或积功。林希逸：积，屡也。屡夸其才美以犯世之忌者，必危其身。王敔：伐，功也。积功自负其美。

"汝不知夫养虎者乎？不敢以生物与之，为其杀之之怒也；不敢以全物与之，为其决之之怒也；时⊖其饥饱，达其怒心。虎之与人异类而媚养己者，顺也；故其杀者，逆也。"

⊖时其饥饱

1. 时，如字，时间。成玄英：知饥饱之时。

2. 时，如字，忖度也。陆树芝：度其饥饱而制其饮食。

3. 时，"伺"之借，等候也。曹础基：时，假借为"伺"，等候。

"夫爱马者，以筐盛矢，以蜄⊖盛溺。适有蚊虻仆缘⊖而拊之不时⊜，则缺衔毁首碎胸⊛。意有所至而爱有所亡⊕，可不慎邪！"

⊖蜄

1. 谓蚌壳之类。成玄英：蜄，大蛤也。罗勉道：蜄，蚌也。以蚌饰器也。

2. 谓灰泥之器。林希逸：筐，竹器也。㨮，灰泥之器也。

㈡适有蚊虻仆缘而拊之不时

〔句读1〕适有蚊虻，仆缘而拊之不时。

仆，御者。崔譔：仆，仆御。王敔：仆，车御也。缘，因也。因
拂其蚊虻之不时。

〔句读2〕适有蚊虻仆缘，而拊之不时。

1. 仆，聚貌。向秀：仆仆然，蚊虻缘马稠概之貌。罗勉道：仆
缘，仆仆然着马体也。

2. 仆，附也。王念孙：向、崔二说皆非也。仆之言附也。言蚊
虻附缘于马体也。"仆"与"附"，声近而义同。《大雅·既醉篇》
"景命有仆"，毛传曰："仆，附也。"郑笺曰："天之大命又附着于
汝。"《文选·子虚赋》注引《广雅》曰："仆，谓附着于人。"

㈢拊之不时

1. 不时，谓出其不意。郭象：掩其不备。宣颖：拍之而出其
不意。

2. 不时，谓不随时。林希逸：有蚊虻聚于其身，不能随时搏拊
而去之。

㈣则缺衔毁首碎胸

1. 谓马惊而伤人。成玄英：掩马不意，忽然惊骇，于是马缺衔
勒，挽破辔头，人遭蹄踏，毁首碎胸者也。王敔：因拂其蚊虻之不
时，而遭蹄啮之害。

2. 谓马惊。林希逸：其马必至于决于衔勒，毁碎其身首上辔络
月题之类。宣颖：毁碎胸首之饰，马惊而然。

㈤意有所至而爱有所亡

1. 指人而言。郭象：意至除患，率然拊之，以至毁碎，失其所

以爱矣。成玄英：亡，犹失也。意之所至，在乎爱马，既以毁损，即失其所爱。

2. 指马而言。林希逸：此其中心之怒，忽然而至，前日之爱，皆忘之矣。宣颖：怒心忽至，忘人爱己。

匠石之齐，至于曲辕^㊀，见栎社树^㊁。其大蔽数千①牛，絜^㊂之百围^㊃，其高临山十仞②^㊄而后有枝，其可以为舟者旁^㊅十数。观者如市，匠伯③不顾，遂行不辍。弟子厌^㊆观之，走及匠石，曰："自吾执斧斤以随夫子，未尝见材如此其美也。先生不肯视，行不辍，何邪?"曰："已矣，勿言之矣！散木^㊇也。以为舟则沉，以为棺椁则速腐，以为器则速毁，以为门户则液樠^㊈，以为柱则蠹，是不材之木也。无所可用，故能若是之寿。"

㊀曲辕

1. 谓路名。崔譔：曲辕，道名。司马彪：曲辕，曲道也。

2. 谓地名。成玄英：曲辕，地名也。

3. 谓山名。林希逸：曲辕，山名也。

㊁栎社树

1. 谓生长于社中之栎树。林希逸：栎，木名也。社中有此栎木也。陈寿昌：栎，似樗之木。社，土神。封土以祀之，栎生其上。

2. 谓以栎树为社神。林云铭：以栎树为土神而祀之。

朱桂曜：古时恒择木之大者以为社而祀之，名曰"丛社"。《墨子·明鬼下》："必择木之修茂者立以为菆社。"

㊂絜

1. 以绳量。司马彪：絜，匝也。（《文选·过秦论》注引）陆德

---

① 成玄英：江南《庄》本，多言"其大蔽牛"，无"数千"字，此本应错。且商丘之木，既结驷千乘，曲辕之树，岂蔽一牛？以此格量，"数千"之本是也。宣颖说"其大蔽牛"，树身可以蔽牛。

② 陆德明：十仞，崔本作"千仞"。

③ 陆德明：伯，崔本亦作"石"。王叔岷：《事文类聚》前集二三引亦作"石"。

明：絜，约束也。

2. 以手量。林希逸：絜之，以手量之也。孙嘉淦：以手度之。

㈣围

1. 圆周八尺为一围。崔譔：围环八尺为一围。

2. 直径一尺为一围。李颐：径尺为围，盖十丈也。

3. 两手合抱为一围。林希逸：两手合而围之为一围。

㈤仞

1. 七尺曰仞。成玄英：七尺曰仞。

2. 四尺曰仞、八尺曰仞。陆德明：《小尔雅》云："四尺曰仞。"或云，八尺曰仞。

㈥其可以为舟者旁十数

1. 旁，旁枝。崔譔：旁，旁枝也。林云铭：古刳木为舟，大始可用。十数，即其旁枝也。

2. 旁，读为"方"，且也。俞樾："旁"读为"方"，古字通用。《尚书·皋陶谟》"方施象刑惟明"，《新序·节士篇》"方"作"旁"。《甫刑篇》"方告无辜于上"，《论衡·变动篇》"方"作"旁"，并其证也。《在宥篇》"出入无旁"即出入无方，此本书假"旁"为"方"之证。《诗·正月》"民今方殆"，郑笺："方，且也。其可以为舟者方十数。"言可以为舟者且十数也。

㈦弟子厌观之

1. 厌观，谓饱看。林希逸：厌观者，言观至于厌足而后已。宣颖：饱看。

2. 厌观：谓不愿看。王闿运：厌人相挤。

㈧散木也。

1. 谓无用散弃之木。郭象：不在可用之数，故曰"散木"。林希逸：无用散弃之木。

2. 谓质地散脆之木。成玄英：闲散疏脆。孙嘉淦：散犹坏也。

㈨以为门户则液㯃

1. 㯃，作动词解，出脂液。崔譔：㯃，黑液出也。

成玄英：㯃，脂汗出也。为门户则液㯃而脂出。

2. 㯃，作形容词解，淋漓貌。司马彪：液，津液也。㯃，谓脂出㯃㯃然也。宣颖：理疏易受雨而多液也。"㯃"音"门"，木名，旧本此处俱作此字。余意或是橌字，音"止"，木枝也。言其液淋漓如枝分而流也。章炳麟："㯃"借为"樠"。《说文》："樠，杇也。""樠杇""漫污"声义同。古无"漫"字，以"樠"为之，此又假借作"㯃"。

3. 㯃，作名词解，松心也，木也。王敔：松心木为"㯃"。膏液如㯃粘人也。李桢：《广韵》二十二元："㯃，松心，又木名也。"《说文》："㯃，松心木。"段注云："疑有夺误，当作'松心也，一曰木名也'。"按松心有脂，液㯃正取此义，谓脂出如松心也。

匠石归，栎社见梦曰："女将恶乎比予哉？若将比予于文木㊀邪？夫柤梨橘柚，果蓏之属，实熟则剥㊁，剥则辱；大枝折，小枝泄㊂。此以其能苦其生者也，故不终其天年而中道夭，自掊击于世俗者也。物莫不若是。且予求无所可用久矣，几死，乃今得之，为予大用。使予也而有用，且得有此大也邪？且也若与予也皆物也，奈何哉其相物也㊃？而几死之散人又恶知散木㊄！"匠石觉而诊㊅其梦。弟子曰："趣㊆取无用则为社，何邪？"曰："密！若无言！彼亦直寄焉，以为不知己者诟厉也㊇。不为社者，且㊈几有翦乎！且也彼其所保㊉与众异，而以义誉①㊊之，不亦远乎！"

㈠文木

1. 就其用言。郭象：凡可用之木为文木。林希逸：文木者，言

---

① 卢文弨：今本书"誉"作"喻"。

木之可观可为用者也。

2. 就其质言。宣颖：文木，成章之木。林云铭：文，华美也。

㈡实熟则剥

1. 剥，剥落也。成玄英：子实既熟，即遭剥落。

2. 剥，扑击也。胡怀琛：剥，扑击也。"剥""扑"音同，《诗·豳风》"八月剥枣"是其证。

㈢大枝折，小枝泄

1. 泄，渫也。崔譔：泄、渫同。林云铭：小枝泄，漏其气。

2. 泄，抴也。俞樾："渫"字之义，于此无取，殆非也。"泄"当读为"抴"。《荀子·非相篇》"接人则用抴"，杨注："抴，牵引也。"小枝抴，谓见牵引也。

㈣且也若与予皆物也，奈何哉相物也

1. 相物，品评之谓。林希逸：何独以物相讥？陈启天：相，读为相马、相人之"相"，谓品评也。

2. 相物，役用之谓。褚伯秀：奈何哉相物也，言予汝皆禀形为物，汝乃欲用我邪？陆长庚：奈何哉以彼有用之物而物我无用之物哉？

㈤而几死之散人又恶知散木

〔句读1〕而几死之散人，又恶知散木！

陆德明："散人"为句，崔同。成玄英：汝是近死之散人，安知我是散木耶？

〔句读2〕而几死之，散人又恶知散木！

陆德明："而几死之"绝句，向同。

㈥匠石觉而诊其梦

1. 诊，占也。向秀、司马彪：诊，占梦也。

2. 诊，读为"畛"，告也。王念孙：下文皆匠石与弟子论栎社之事，无占梦之事。"诊"当读为"畛"，《尔雅》云："畛，告也。"此谓匠石觉而告其梦于弟子，非谓占梦也。

⑦趣取无用则为社，何邪

1. 趣，谓志趣、意在。成玄英：栎木意趣，取于无用为用全其生者，则何为为社以自荣乎？

2. 趣，谓促急也。宣颖：言栎既急欲取无用以全身，何必又托于社以自存耶？

3. 趣，谓取也。朱桂曜：《释名·释言语》："取，趣也。"《天地篇》"趣舍滑心"，成疏："趣，取也。"是二字同义。

⑧彼亦直寄焉，以为不知己者诟厉也

1. 彼，指社神，不知己者，亦指社神。谓栎社树以被社神寄寓，是受辱之事。郭象：社自来寄耳，非此木求之为社也。言此木以社为不知己而见辱病者也。岂荣之哉！成玄英：彼，谓社也。思此社神为不知我以无用为用，贵在全生，乃横来寄托，深见诟病，翻为羞耻，岂荣之哉！

2. 彼，指栎树；不知己者，指致疑之弟子。谓栎树只是寄寓于社，岂料招致不理解者以为求荣之疵议。林希逸：彼，指栎也。其所以为社者，直寄寓而已，岂料今日又为汝等不知己之人以为社而诟厉之。

3. 彼，指栎树；不知己者，众人。谓栎树托于社，以招众人无用之讥而自全。宣颖：故托于社，使不知己者谓其不能自存而詈骂之，并无用为大用之义都自浑也。胡文英：欲使人诟厉以自全。

⑨不为社者，且几有翦乎

1. 几，岂也。谓虽不为社，亦不会遭翦伐。郭象：本自以无用为用，则虽不为社，亦终不近于翦伐之害。林希逸：使其纵不为社，亦岂有人翦伐之。

2. 几，将也。谓不为社，将遭翦残。朱桂曜：郭注非。此言若不为社，则人不复加以礼敬，且将有翦伐之害矣。

⊕且也彼其所保与众异

1. 保，如字，保全也。郭象：彼以无保为保，而众以有保为保。罗勉道：彼其所保全此生者与众人异。

2. 保，同抱，怀抱也。朱桂曜："保"与"抱"通。《释名·释姿容》："抱，保也，相亲保也。"《庚桑楚篇》"全汝形，抱汝生"，俞樾曰："抱汝生，即保汝生也。"此言彼之所怀抱，与众人异。

⊕而以义誉之，不亦远乎

1. 义，义理；誉，称赞。谓不当以常理称誉之。成玄英：散木不材，禀之造物，赖其无用，所以全生。而社神寄托，以成诟厉，更以社义赞誉，失之弥远。陈寿昌：未可以常理称也。

2. 义，义理；誉，求责。谓不当以常理求责之。林希逸：彼其所保自与众人不同，而汝乃以义理求其毁誉，相去远矣。王敔：誉，犹责也。

3. 义，同"仪"；誉，称也。谓不当以外貌称论之。吴汝纶："义"与"仪"同。《广雅疏证》"仪""貌"同义。朱骏声云："《孟子》'义袭'，义训貌。"誉，称也。言汝以貌称之意。

南伯子綦游乎商之丘，见大木焉有异，结驷千乘，隐⊖将①芘其所藾。子綦曰："此何木也哉？此必有异材夫！"仰而②视其细枝，则拳曲而不可以为栋梁；俯而视其大根，则轴解⊖而不可以为棺椁；咶其叶，则口烂而为伤；嗅之，则使人狂酲，三日而不已。子綦曰："此果不材之木也，以至于此其大也。嗟乎神人，以此不材！"

⊖隐将芘其所藾

1. 隐，病痛也。崔譔：伤于热也。

---

① 陈景元：张君房本"隐将"作"将隐"。
② 陆德明："仰而"，向、崔本作"从而"。

2. 隐，掩藏也。郭象：其枝所萌，可以隐芘千乘。

奚侗：此文当作"将隐芘其所藾"。《说文》："隐，蔽也。""芘"借为"庇"。"隐""庇"同义，所以用作连语。藾，《释文》："向云：荫也。"

3. 隐，荫影。宣颖：隐，荫也。芘，覆也。所藾，即千乘之托荫也。孙嘉淦：隐，影。芘，庇。藾，阴也。大约是谓影皆庇荫之。句法难解，疑有脱误。

(二)轴解

1. 谓木纹旋散。成玄英：轴解者，如车轴之转，谓转心木也。褚伯秀：轴解谓木纹旋散也。

2. 谓木质中空。林希逸：轴解，不实也，如今芋茎然。

吴汝纶：轴，"粤"之借字。《广雅·释诂》："粤，空也。""轴解"，连绵字。

3. 谓木质断裂。罗勉道：轴解，如车轴折裂。严复：轴解者，木横截时，则见其由心而裂，至于外也。

宋有荆氏者，宜楸柏桑。其拱把而上者，求狙猴之杙①⊖者斩之；三围四围，求高名⊖之丽⊜者斩之；七围八围，贵人富商之家求樿②旁⊜者斩之。故未终其天年，而中道之夭于斧斤，此材之患也。故解⊝之以牛之白颡者与豚之亢鼻者，与人有痔病者不可以适河㊈。此皆巫祝以知之矣，所以为不祥也。此乃神人之所以为大祥也。

(一)求狙猴之杙者斩之

1. 杙，谓栖猴之具。崔譔：杙，音"跋"，枷也。李颐：欲以栖戏狙猴也。朱桂曜："杙"同"弋"。《尔雅·释宫》"鸡栖于弋为榤"，《诗·君子于役》毛传引"弋"作"杙"。盖杙可以栖鸡，亦可以栖狙猴也。

---

① 陆德明：杙，崔本作"杖"。
② 卢文弨：旧本"樿"从"示"，讹。

2. 杙，谓击猴之杆。成玄英：杙，橛也，亦杆也。拱把之木，其材非大，适可斩为杆橛，以击扞狙猴也。

3. 杙，谓系猴之桩。林希逸：杙，桩也。宣颖：系橛也。

二 高名

1. 名，谓名声也。成玄英：高名，荣显也。

2. 名，谓明也、大也。林希逸：高名，大家也。"高明之家，鬼瞰其室"，二字本同。

3. 名，谓门楣也。姚范：名，读为"甍"。《释名》："屋脊曰甍。"（钱穆《庄子纂笺》引）王闿运：名，门楣也。

三 丽

1. 丽，屋栋也。司马彪：丽，屋檼也。罗勉道："丽"与"梠"同，屋栋也。柳文《小石城山记》"其上为睥睨梁梠之形"。朱桂曜："丽"亦作"梠"。《列子·力命篇》"食则梁肉，居则连梠"，张湛注："音厉，屋栋也。"

2. 丽，舟也。司马彪：丽，小船也。朱桂曜："梠"训"船"者，字疑作"欚"。《说文·木部》："欚，江中大船也。"段注："《越绝书》曰，梠溪城者，阖庐所置船宫也。"盖"梠"与"欚"古通用。

四 贵人富商之家求樿傍者斩之

1. 樿傍，棺材也。崔譔：樿傍，棺也。成玄英：樿旁，棺材也。

2. 樿傍，棺之一边用一整木做成者。司马彪：棺之全一边者，谓之樿傍。朱桂曜：《释文》："樿，本亦作擅。"《说文》："擅，专也。"专为专一，与"单"义类。此言取其木之大者为棺，棺有四边，以一木板为一边，故谓之"樿傍"。

五 故解之以牛之白颡者与豚之亢鼻者，与人有痔病者

1. 解，祭祀之名，祷告也。郭象：巫祝解除，弃此三者。罗勉道：《汉·郊祀志》"古天子常以春解祠"，言解罪求福也。王敔：

解，祭祀禳解也。吴汝纶：解，祷也。《淮南·修务》："禹之为水，以身解于阳盱之河。"

2. 解，巫祝书名。林希逸：解，古巫祝者书名。《解》之中有曰，牛白颡者，豚额折而鼻高者，皆不可以祭河。

3. 解，地名。俞樾：上文云"宋有荆氏者宜楸柏桑"，司马云："荆氏，地名也。"疑此文"解"字亦是地名。盖各举其地所有之事为说也。僖十五年《左传》："赂秦伯以河外列城五，东尽虢略，南及华山，内及解梁城。"杜预注解"梁城"曰："河东解县。"此所云"解"即其地矣。解地近河，故相传以牛之白颡者、豚之亢鼻者、人有痔病者为不可以适河。

4. 解，解说也。朱桂曜："解之以"犹《吕氏春秋》之言"解在乎"也。《吕氏春秋》于篇末列举事证，每以"解在乎"三字引之，亦犹《墨子》书中之言"说在"也。

㈥不可以适河

1. 适河，谓用以沉河。司马彪：谓沉人于河祭也。

2. 适河，谓参加祭河。林希逸：适者，往也。言不可以之往祭于河也。

支离疏者，颐隐于脐，肩高于顶，会撮⊖指天，五管⊜在上，两髀为胁。挫针治繲⊜，足以糊口；鼓笑播精㉨，足以食十人。上征武士，则支离攘臂而游于其间；上有大役，则支离以有常疾不受功；上与病者粟，则受三钟与十束薪。夫支离其形者，犹足以养其身，终其天年，又况支离其德㉫者乎！

㈠会撮指天

1. 会撮，谓颈椎。崔譔：会撮，项椎也。

2. 会撮，谓髻也。司马彪：会撮，髻也。

3. 会撮，谓高耸貌。向秀：两肩竦而上，会撮然也。

成玄英：会撮，高竖貌。支离残病，伛偻低头，一使脏腑头髻，悉皆在上。

㈡五管向上

1. 五管，指五脏。李颐：管，腧也。五脏之腧皆在上也。林希逸：五脏之管皆属于背，背曲则管向上也。

2. 五管，即五官。高亨："五管"即"五官"。常人目、口、鼻在前，耳在左右。今支离疏五官在上者，盖面仰向天，两耳失位，所以为支离也。

㈢挫针治繲

1. 谓缝衣、洗衣。司马彪：挫针，缝衣也；治繲，浣衣也。

2. 谓针灸、正骨。闻一多：《广雅·释诂》一曰："针，刺也。"挫，谓肢体挫折，字一作"痤"。《说文》："痤，小肿也。"针挫者，谓肢体挫折，以面针刺之，出其恶血，则消肿也。"繲"本当作"解"，谓骨节解脱。治解者，骨节能脱者，治之使复续也。

㈣鼓笑播精，足以食十人

1. 谓一次簸米，可食十人。司马彪：鼓，簸也；小箕曰"笑"。简米曰"精"。林希逸：鼓笑，以箕簸米也；播去其粗而得精米，故曰"播精"。足以食十人，言其速也。陆长庚：簸米出糠稗；一鼓可食十人，言臂健而力迅也。

2. 谓卖卜所得，可养十人。崔譔：鼓笑，揲蓍钻龟也。播精，卜卦占兆也。鼓笑播精，言卖卜。罗勉道：鼓动其策以占，即今人抽签者也。精，精米所以享神。《楚辞》"怀糈椒而要之"，注："糈，精米也。"播者，陈之以享神也。言能策占并祭神也，所得不止于餬其口。朱桂曜："铜"即"策"字，鼓笑即卜筮也。"精"当作"糈"，《文选》夏侯孝若《东方朔画赞》注引正作"鼓策播糈"。《说文·米部》："糈，粮也。"古者求卜必有酬价，或以贝，或以糈粮。毛传《诗·小宛》"握粟出卜"谓："古者求卜必用贝，握粟，其至微者也。"此言播糈，犹彼言握粟。"鼓笑播糈"，谓以卜筮而得粮食也。

㊄又况支离其德者乎

1. 支离其德，就其修养所达之程度言，乃是忘德之谓。

成玄英：夫支离其形，犹忘形也；支离其德，犹忘德也。夫忘德者，智周万物而反智于愚，明并三光而归明于昧，故能成功不居，为而不恃，推功名于群才，与物冥而无迹。陈景元：处身无用，支离其形也；怀道若愚，支离其德也。周拱辰：盖有德而借不德以自覆。

2. 支离其德，就其处世之效果言，乃是以无用为大用之谓。吕惠卿：支离其形者，征役所不能加；支离其德者，事为所不能累也。林希逸：言至人之德亦如此支离者，以无用为大用也。宣颖：支离其德，不中世俗之用者也。

孔子适楚，楚狂接舆游其门曰："凤兮凤兮，何如㊀德之衰也！来世不可待，往世不可追也。天下有道，圣人成焉；天下无道，圣人生㊁焉。方㊂今之时，仅免刑焉。福轻乎羽，莫之知载；祸重乎地，莫之知避①㊃。已乎已乎，临人以德！殆乎殆乎，画地而趋㊄！迷阳㊅迷阳，无伤吾行！吾行②却曲㊆，无伤吾足！"

㊀何如德之衰也

1. 何如，连读，"为何"之意。郭象：当顺时直前，尽乎会通之宜耳。世之盛衰，蔑然不足觉，故曰何如。成玄英：何如，犹如何也。

2. 何如，当读为"何而"，"汝为何"之意。俞樾："如""而"古通用。"如"字当读为"而"，"而"即"尔"也。盖指凤而言。郭注以"何如"连读，非是。

㊁天下无道，圣人生焉

1. 圣人生焉，谓乱世圣人任物自生。郭象：付之自尔，而理自生成。生成非我也，岂为治乱易节哉！治者自求成，故遗成而不败；

---

① 陆德明：避，旧本作"實"，云："置也。"
② 陈景元：张君房本"吾行"作"却曲"。焦竑："吾行却曲"当从碧虚作"却曲却曲"，庶于上文相协。盖由传写者误叠"吾行"二字耳。

乱者自求生，故忘生而不死。

2. 圣人生焉，谓乱世圣人自全其生。成玄英：有道之君，休明之世，圣人弘道施教，成就天下。时逢暗主，命属荒季，适可全生远害，韬光晦迹。

3. 圣人生焉，谓乱世圣人产生。赵以夫："天下无道，圣人生焉"，谓凤出非时也。

㈢方今之时，仅免刑焉

1. 方，瞻顾、审视也。郭象：不瞻前顾后，而尽当今之会，冥然与时世为一，而后妙当可全，刑名可免。

2. 方今，犹当前也。成玄英：方，犹"当"。今丧乱之时，正属衰周之世，危行言逊，仅可免于刑戮。

㈣福轻乎羽，莫之知载；祸重乎地，莫之知避

1. 福、祸，谓性内、性外。郭象：举其性内，则虽负万钧而不觉其重也；外物寄之，虽重不盈锱铢，有不胜任者矣。为内，福也，故福至轻；为外，祸也，故祸至重。[福至轻而莫之知载，]祸至重而莫之知避，此世之大迷也。

2. 福、祸，谓道、非道。吕惠卿：天下之至善莫如道，则福莫大于是，其为物也视听莫及，轻如羽而世莫之载也。天下之至恶莫如非道，则祸莫大于是，其为物也自无为有，重如地而人莫之避也。

3. 福、祸，谓无为、势利。陈景元：能载轻羽之福者，无为之士；不避重地之祸者，势利之徒。

4. 福、祸，谓全生、杀戮。林希逸：处乱世而免刑全生，此特一羽之福，而汝不知有；处乱世之祸常至杀戮，是重于地，而汝不知避。

㈤已乎已乎，临人以德！殆乎殆乎，画地而趋

1. 德，德行。两句皆言治世、处世。成玄英：若用五德临民，舍己效物，必致危亡；犹如画地作迹，使人走逐，徒费巧劳。林希

逸：以德自尊而下临他人，取祸之道也。画地而趋，自拘束以自苦。

2. 德，登升。两句皆言行路。章炳麟：自"祸重乎地"以下十句，皆言行路之事。"德"当依《说文》训"升"也，平声即"登"字。"临人以德"谓以登高临人也。

(六)迷阳

1. 猖狂之谓。司马彪：迷阳，伏阳也，言诈狂。

刘武：庄子之道，在于离形去智，故不尚明。迷阳，司马训"伏阳"者，言伏匿其阳而不露也。又曰"诈狂"者，人而迷明则类狂矣，而庄子实深有取于狂焉。则所谓迷阳者，乃狂之代名词，楚狂自谓也。言吾狂乎狂乎，然于吾之所行无伤也。

2. 韬光之谓。郭象："迷阳"犹"亡阳"也。亡阳任独，不荡于外，则吾行全矣。成玄英：迷，亡也。阳，明也、动也。陆通（接舆）劝尼父，令其晦迹韬光，宜放独任之无为，忘遣应物之明智，既而止于分内，无伤吾全行之行也。

3. 失性之谓。林希逸：阳，明也。人之本性本来光明，汝迷而失之，则必至行于世而有伤。释德清：迷昧之甚也。

4. 荆棘之名。罗勉道：迷阳，迷蕨也。蕨生蒙密，能迷阳明之路，故曰"迷阳"。托兴言之。王应麟：胡明仲云："荆楚有草，丛生修条，四时发颖，春夏之交花亦繁丽。条之腴者，大如巨擘，剥而食之，其味甘美。野人呼为迷阳，其肤多刺，故曰无伤吾足。"（《困学纪闻》）王敔：迷阳，野草也。朱子以为蕨，东坡以为大巢菜。高亨：《困学纪闻》引胡明仲说，是也。行，借为"胻"，《说文》："胻，胫耑也，从肉，行声。""无伤吾胻，犹言勿伤吾胫矣。"

5. 仰望之谓。洪颐煊：郭注"迷阳犹亡阳也"。案《史记·孔子世家》"眼如望羊"，《释名·释姿容》："望羊，羊，阳也。言阳气在上，举头高似若望之然也。""亡阳"即"望羊"，古字通用。（《庄子丛录》）朱桂曜："迷阳"为"亡阳"，亦即"望羊"。"阳""羊"

字通。《易·说卦》"兑为妾为羊"，郑本"羊"作"阳"。《释名·释姿容》："望羊，羊，阳也。言阳气在上，举头高似若望之然也。"此言四面仰视，辨察道途，无致误入荆棘也。

6. 迷路之谓。章炳麟："阳"借为"场"。《释宫》："场，道也。""道""途""场"三字双声而同义。"迷场"者，犹言迷途。故下文云"无伤吾行"。

㈦却曲

1. 谓处世术。郭象：曲成其行，自足矣。成玄英：却，空也。曲，从顺也。虚空其心，随顺物性，则凡称吾者自足也。陈景元：却曲谓退身曲全，安于分内。

2. 谓取譬于行走。林希逸：却曲者言回护避就，不能任真直道而行。刘辰翁：吾行却曲，随地而行，无不可行者。朱桂曜：《周礼·考工·梓人》"却行仄行，连行纡行"，贾疏："纡，曲也。"又《淮南·缪称训》"夫织者日以进，耕者日以却"，注："却，谓耕者却行。"此言却，即却行；曲，即纡行。《广雅·释言》："却，退也。"盖谓或退行，或曲行，务以避免荆棘；盖凛凛然处人间世之难也。

3. 谓刺木名。王闿运：却曲，本作"只曲"，刺木也。同"枳椴"。高亨：《庄子阙误》引张君房本"却曲却曲"是也。今考却曲者，刺榆也。"却"读为"枳"，"曲"读为"枢"。《山海经·西山经》"浮山多盼木，枳叶而无伤"，郭注："枳，刺针也。"《诗·山有枢》"山有枢"，毛传："枢，荎也。"《尔雅·释木》"枢荎"，郭注："今之刺榆"。今诠刺榆，小者如草，散生原野，有刺针伤人，故曰"却曲却曲，无伤吾足"，与"迷阳迷阳，无伤吾行"文意句法咸同。《释文》"却，字书作匛"，而"匛""枳"同从"只"声，此"却""枳"通用之佐证。《左传·桓公十二年》"盟于曲池"，《公羊传》"曲池"作"欧蛇"，而"欧""枢"同从"区"声，此"曲""枢"通用之佐证。

山木[○]自寇也，膏火自煎也。桂可食，故伐之；漆可用，故割之。人皆知有用之用，而莫知无用之用也。

　　㊀山木自寇也

　　1. 山木，谓山与木。崔譔：山有木，故火焚也。林云铭：山以生木，自盗其气。

　　2. 山木，谓山中之木。司马彪：木生斧柄，还自伐。

　　成玄英：山中之木，楸梓之徒，为有材用，横遭寇伐。

德充符第五

【题意】

一、谓德充之符验，为能遗外。崔譔：此遗形弃知，以德实之验也。陆长庚：真能外形骸、丧耳目，独以守宗保始为事者，盖学问必进于此，然后谓之德充之符。

二、谓德充之符验，是能内外玄合。郭象：德充于内，物应于外，外内玄合，信若符命而遗其形骸也。王夫之：充者，足于内也；符者，内外合也。内本虚而无形之可执，外忘其形，则内之虚白者充可验也。内外合而天人咸宜，故曰符。

三、谓德充之符验，为必有外现。张四维：德充符者，言德充于内，自然征验于外，非形所能为损益，非智所能为隐显。（《庄子口义补注》）宣颖：德充符者，德充于内，则自有外见之符也。

四、谓扩充其德而合于圣。刘鸿典：何以为德充符？盖谓人人有贵于己者，果能保而存之、扩而充之，虽恶人亦可齿于圣人。

鲁有兀者王骀，从之游者与仲尼相若。常季问于仲尼曰："王骀，兀者也，从之游者与夫子中分鲁。立不教，坐不议⊖。虚而往，实而归。固有不言之教，无形而心成⊜者邪？是何人也？"仲尼曰："夫子，圣人也，丘也直后而未往耳。丘将以为师，而况不若丘者乎！奚假鲁国，丘将引天下而与从之。"

　⊖立不教，坐不议

　1. 皆指对弟子而言。成玄英：弟子虽多，曾无讲说，立不教授，坐无议论。

2. 分别指对弟子与朋友而言。王闿运：立谓弟子，坐者友游。

㈡无形而心成者邪

1. 谓王骀之德充。郭象：怪其残形而心乃充足也。成玄英：残兀如是，无复形容，而玄道至德，内心成满。

2. 谓弟子受默化。林希逸：无形，无所见也；心成，心感之而自化成也。宣颖：默化也，承弟子二句。

常季曰："彼兀者也，而王㊀先生，其与庸亦远矣。若然者，其用心也独若之何？"仲尼曰："死生亦大矣，而不得与之变，虽天地覆坠，亦将不与之遗。审乎无假㊁而不与物迁，命㊂物之化而守其宗也㊃。"

㈠而王先生

1. 王，胜过。先生，指孔子。谓胜过孔子。崔譔：王，君长也。李颐：王，胜也。成玄英：王，盛也。先生，孔子也。彼王骀者，是残兀之人，门徒侍从，盛于尼父。

2. 王，姓也；先生，指王骀。谓尊王骀为王先生。王敔：兀者而有王先生之称。林云铭：人称为王先生。

3. 王，往也；先生，指孔子。谓使孔子往拜其为师。

奚侗："王"当训"往"，即上文"直后而未往"之"往"。"往先生"是倒文法，犹言"先生往"也。《诗·大雅》"及尔出王"，孔传："王，往也。"

㈡审乎无假而不与物迁

1. 审乎无假，谓精神达到纯真的境界。郭象：明性命之固当。王雱：所谓尽性之奥。陈祥道：审乎无假，则不以内徇外。

2. 审乎无假，谓认识"真宰"。宣颖：能知真宰。陈寿昌：认定真宰。钱穆：《庄子》又云："假乎异物，托于同体。"无假，则其非假之异物者，是我之真也。

⑤命物之化

1. 命，信也，顺也。谓顺从万化。郭象：以化为命，而无乖迕。奚侗：《周语》："命，信也。"命物之化，言信物之化，即顺其自然也。郭注"以化为命"，望文生训，失之。

2. 命，主也，使也。谓主宰万化。林希逸：命物之化，言万物受命于我。宣颖：命物之化，主宰物化也。

④守其宗

1. 宗，谓至极、本始。郭象：不离至当之极。林希逸：宗者，物之始也。王懋竑：宗者，指本来而言。

2. 宗，谓造物主。刘辰翁：所谓宗者，生天地者也。

3. 宗，谓要领、关键。宣颖：执其枢纽。

常季曰："何谓也?"仲尼曰："自其异者视之，肝胆楚越也；自其同者视之，万物皆一也⊖。夫若然者，且不知耳目之所宜⊜，而游心乎德之和⊜。物视⑩其所一而不见其所丧，视丧其足犹遗土也。"

㊀自其异者视之，肝胆楚越也，自其同者视之，万物皆一也

1. 谓此两句一妄一真。成玄英：万物云云，悉归空寂。倒置之类，妄执是非，于重玄道中，横起分别。何异乎肝胆附生，本同一体也，楚越迢递，相去数千。而于一体之中，起数千之远，异见之徒，例皆如是也。若夫玄通之士，浩然大观，二仪万物，一指一马，故能忘怀任物，大顺群生。宣颖：肝胆楚越也，世见；万物皆一也，真见。

2. 谓此两句皆真。陈景元：腑脏异气，则一体之中楚越也；动植道同，则天地之间不二也。阮毓崧：肝胆在身至亲切也，但自个性言之，则各有部分，亦若楚越之各据一方。万物虽多，但自总相言之，无所谓大小贵贱，道通为一。

㊁夫若然者，且不知耳目之所宜

1. 谓混同万物，超越感官的相对性，耳目无所谓宜与不宜。郭

象：宜生于不宜者也。无美无恶，则无不宜。无不宜，故忘其宜也。成玄英：耳目之宜，宜于声色者也。且凡情分别，耽滞声色，故有宜与不宜，可与不可。而王骀混同万物，冥一死生，岂于根尘之间而怀美恶之见邪！

2. 谓六用一原，超越感官的局限性，听不局限于耳，视不局限于目。王雱：以耳而听则闻其所闻而不及其所不闻，以目而视则见其所见而不及其所不见。此蔽于任智之累也。惟圣人内充懿德而外出聪明，所听不以耳，而所见不以目，虽事物之纷扰而不比，吾之所闻见恶有拘累于视听欤！陆长庚：自其同者而观之，则万物与我同一根宗。既同一根宗，则六用一原，耳亦可视，目亦可听，又焉知耳目之所宜乎！

㈢而游心于德之和

1. 德之和，谓道德之境。郭象：都忘宜，故无不任也。都任之而不得者，未之有也；无不得而不和者，亦未闻也。故放心于道德之间，荡然无不当，而旷然无不适也。成玄英：既而混同万物，不知耳目之宜，故能游道德之乡，放任乎至道之境者也。

2. 德之和，谓自然之境。林希逸：德之和者，与天地四时同也。此"和"字非若《中庸》所谓"中节"之和而已。读此书当别具一只眼。陈寿昌：德者，得也。和者，元气也。人所得之于天者也。游心于此，且收视返听矣，岂得寻常耳聪目明之用哉！

㈣物视其所一而不见其所丧

1. 物视，谓观万物。林希逸：物视其所一而不见其所丧，言观于万物无欠剩。陈寿昌：认定真元，不复关心形质。

3. 物视，谓无视也。章炳麟："物"借为"无"，"物故"即"没故"可证也。无视犹言蔑视耳。

常季曰："彼为己以其知得其心以其心得其常心物何为最之哉[⊖]？"仲

尼曰："人莫鉴于流水①而鉴于止水，唯止能止众止。受命于地，唯松柏独也②在⊖，冬夏青青；受命于天，唯舜独也正③⊜，幸能正生，以正众生。夫保始㊎之征，不惧之实。勇士一人，雄入于九军㊐。将求名而能自要者而犹若是，而况官㊑天地，府㊒万物，直寓六骸，象耳目㊓，一知之所知㊔，而心未尝死㊕者乎！彼且择日而登假人则从是也㊖。彼且何肯以物为事乎！"

㊀彼为己以其知得其心以其心得其常心物何为最之哉

〔句读1〕彼为己以其知，得其心以其心，得其常心，物何为最之哉？

1. 最，聚也。谓句为批评王骀未能忘知、忘物。成玄英：谓王骀修善修己，犹用心知，未能忘知而任独；不能忘怀任致，犹用心以得心也。最，聚也。若能虚忘平淡，得真常之心者，固当和光匿耀，不殊于俗，岂可独异于物，使众归之者也。

2. 最，尊也。谓句非为批评王骀，乃论为学由己。林希逸：为己，修身也。以其知，言人有此识知，则能修此身。"得其心以其心"者，言有此知觉之心，则能得其本然之心。其意盖谓人皆有知，人皆有心，苟能尽之，则可以为己，可以得心，亦是常事耳，故曰"得其常心"。最者，尊也。

〔句读2〕彼为己，以其知得其心，以其心得其常心，物何为最之哉？

1. 谓句为批评王骀为己，故不足为尊崇。赵以夫：常季豁然而悟曰，彼为己之学也："以其知得其心"，言虚灵知觉之心，自致知而得。"以其心得其常心"，言由虚灵知觉而入于不生不死也。王骀所得不过如是，天下何为最之哉？

2. 谓句非为批评王骀，乃论为学由己。罗勉道：彼，指王骀。言彼之修己，以其知言之，非有至神之知，不过得其心思所及之知而

---

① 陆德明：流水，崔本作"沫水"。郭庆藩：崔本作"沫"，非也。隶书"流"与"沫"形相似，故崔氏误以为"沫"。

② 陈景元：张君房本"也"下有"正"字。

③ 陈景元：张君房本此句作"尧舜独也正"，"正"下有"在万物之首"五字。

已；以其心言之，非有大圣之心，不过得其常人所有之心而已，人何为尊之？宣颖：彼自修，以其真知得吾心理，以吾心理得古今不坏之心理。彼自修耳，何与人事而尊之为王先生哉？

(二)受命于地，唯松柏独也在，冬夏青青

1. "在"疑作"全"。郭象：若物皆有青全，则无贵于松柏。成玄英：隆冬不凋者，在松柏通年四序，常保青全。

吕惠卿：木莫不受命于地，唯松柏独全。

2. "在"前漏"正"字。褚伯秀："受命于地"至"唯舜独也正"，文句不齐，似有脱略。张君房校本作："受命于地，唯松柏独也正，在冬夏青青；受命于天，唯尧舜独也正，在万物之首。"补亡七字，文顺义全。考之郭注有"下首唯松柏，上首唯圣人"，则原本经文应有"在万物之首"字，传写遗逸。

3. "在"疑为"正"字误。俞樾："在"疑"正"字之误，"受命于地，唯松柏独也正"，与下文"受命于天，唯舜独也正"两文相对。舜为大圣，其"正"之义易见，故不烦申说；松柏则二木耳，其"正"之义难见，故必著"冬夏青青"一句以明之。

(三)受命于天，唯舜独也正

1. 正，名词，正气。郭象：言特受自然之正气者至希也。宣颖：得天正性。

2. 正，动词，质正。陆长庚：正如"各正性命"之"正"。

王敔：自正而人正。

(四)夫保始之征

1. 保始，谓信守诺言。林希逸：守其始初之一语，而必有证有验。罗勉道：保守之征者，守其初志，必有征验使人可信也。

2. 保始，谓善保宗本。林云铭：万物之始，受理与气以生，保而不失，必验于外。陈寿昌：人能善保始气，则游心物初，自有不动之征。

㈤九军

1. 九，谓军伍之数。崔譔、李颐：天子六军，诸侯三军，故九军也。

2. 九，谓方所之数。梁简文帝：兵书以攻九天、收九地，故谓之九军。

3. 九，谓兵阵之数。林希逸：九军者，言众兵也。战国之时有为九阵者亦未可知，不必拘于天子六军、诸侯三军之说。

㈥官天地

1. 官，主宰。成玄英：纲维二仪曰官天地。

2. 官，犹仕也。刘辰翁：官天地，如在天地间游官。

3. 官，器官。宣颖：官犹官骸，言体之。

㈦府万物

1. 府，包藏。成玄英：苞藏宇宙曰府万物。

2. 府，藏于，附于。刘辰翁：府万物，如附寄于万物中，杂然自与其一。

㈧寓六骸、象耳目

1. 谓以六骸为逆旅，耳目为迹象。郭象：所谓逆旅。人用耳目，亦用耳目，非须耳目。成玄英：寓，寄也。六骸，谓身首四肢也。寄精神于形内，直置暂遇而已，岂系之耶！象，似也。和光同尘，似用耳目，非须也。宣颖：以六骸为吾寄寓，以耳目为吾迹象。

2. 谓以六骸、耳目为偶象。章炳麟：上言"官天地，府万物"，官、府同物，则寓、象亦同物也。《郊祀志》："木寓龙一驷，木寓车马一驷。""寓"即今"偶象"字。"寓六骸，象耳目"，所谓使形如槁木也。郭说"寓"为"逆旅"，望文生训。

㈨一知之所知

1. 谓认识主体与认识对象合一。郭象：知与变化俱，则无往而不冥，此知之一者也。成玄英：一知，智也。所知，境也。能知之智照所知之境，境智冥合，能、所无差，故知与不知，通而为一。林希逸：上"知"音"智"，下"知"如字。智者得之于性，知者智之用也。以其得于天者而无所不知，故曰"一知之所知"。

2. 谓认识对象合通为一。陈景元：视听不用，所知不二。王敔：但知至一而不纷。阮毓崧：于物之大小、贵贱、得丧、存亡，及一切所知者皆通为一。

3. 谓认识活动专一。陈祥道：一知而不为物所贰。陈寿昌：心不二用。

4. 谓认识结果同一。宣颖：真知无二，归于得心。

曹础基：一，同一，作动词用。前一"知"字通智。一知之所知，把人们的种种认识、看法视为同一。

⊕而心未尝死者乎

1. 心未尝死，谓能体道，则心不为生死而变态。郭象：心与死生顺，则无时而非生，此心之未尝死也。宣颖：得其常心，如此人岂犹为死生所变乎！

2. 心未尝死，谓不窒于物，则本真之心未丧失。罗勉道：心未尝陷于物以死也。释德清：死，犹丧失。谓众人丧失本真之心，唯圣人未丧本有，故能视万物为一己也。

⊕彼且择日而登假人则从是也

〔句读1〕彼且择日而登，假人则从是也。

1. 且，岂也。彼且择日而登，任时而动之谓。成玄英：彼王骀者，岂复简择良日而登升玄道？盖不然乎，直置虚淡忘怀而会之也。至人无心，止水留鉴，而世间虚假之人，由是而从之也。

2. 且，方且。彼且择日而登，去留由己之谓。陈景元：择日而登，去留有时也。假人则从是，真人则任己。

〔句读2〕彼且择日而登假，人则从是也。

1. 假，登遐之"遐"。且，方且。谓方将造于高远而遗世独立。

赵以夫：登假，犹升天云。褚伯秀："假人"无义，革从"登遐"，文义显明。谓得此道者去留无碍，而升于玄远之域也。《列子·周穆王篇》，"登假"字并读同"遐"可证。

2. 假，"王假有庙"之"假"，音格，至也。且，岂也。谓无时不在道。林希逸：登，升也。假，至也。注音"贾"，音"遐"，皆误。彼岂择日而至于道乎？言不择日而升至于道，无时不在道也，即道不须臾离之意，人之所以从学于王骀者，从是而已。

申徒嘉，兀者也，而与郑子产同师于伯昏无人。子产谓申徒嘉曰："我先出则子止，子先出则我止。"其明日，又与合堂同席而坐。子产谓申徒嘉曰："我先出则子止，子先出则我止。今我将出，子可以止乎，其未邪？且子见执政而不违，子齐执政乎？"申徒嘉曰："先生之门，固有执政焉如此哉？子而说子之执政而后人者也？闻之曰：'鉴明则尘垢不止，止则不明也。久与贤人处则无过。'今子之所取大者，先生也⊖，而犹出言若是，不亦过乎！"

⊖今子之所取大者，先生也

1. 谓事之大在于求学如先生。成玄英：今子之所取，可重可大者，先生之道也。刘辰翁：我固不足道，子所学何事其大者，则欲如先生也。

2. 谓求学先生以广大已德。林希逸：有学问则见识广大。取者，求也。言子学于先生，将求以广其见识。林云铭：取大，取以滋培其德而大之。

子产曰："子既若是矣，犹与尧争善，计子之德不①足以自反邪？"申徒嘉曰："自状其过以不当亡者众，不状其过以不当存者寡⊖。知不可奈何而安之若命，唯有德者能之。游于羿之彀中。中央者，中地也；然而不中者，命也⊖。人以其全足笑吾不全足者多矣，我怫然而怒；而适先生之

---

① 陈景元：文如海、成玄英、李氏、张君房诸本皆无"不"字。

所，则废然⊜而反。不知先生之洗⊛我以善邪①? 吾与夫子游十九年矣，而未尝知吾兀者也。今子与我游于形骸之内，而子索我于形骸之外，不亦过乎!"子产蹴然改容更貌曰:"子无乃称⊛。"

〇自状其过以不当亡众者众，不状其过以不当存者寡

1. 如句。状，辩述也，呈现也。谓世间强词夺理者多，低头认罪者少。郭象:多自陈其过状，以己为不当亡者众也。默然知过，自以为应死者少也。林云铭:自呈其过，乃既犯者也。犹欲掩饰以为不当亡足者甚多。不呈其过，乃未犯者也，有能自责以为不当存足者甚少。

2. 如句。状，粉饰也。谓世间若加粉饰，皆似善良;揭露底细，人人有过。王敔:饰美状以隐过，则幸而免刑;使非饰罪，则人人当刑矣。

3. 如句。状，审责也。谓世间能审责己过者，其可贵处甚多;不能检讨己过者，其可肯定处甚少。胡文英:苟审其过，非独足不当亡也。不审其过，非特足可亡也。暗骂子产此心已亡，余者既存无益。

4. 如句。状，形状也。过，失度也。谓世间皆自病无状，少有不嫌恨形残者。胡远濬:过，失度也。自状其过，以状之失留胸中也。言人情多自病其无状，谓不当兀;少有不自嫌恨，谓为当兀者。

5. 句有误。王懋竑:疑当作"不状其过以不当亡者众，自状其过以不当存者寡"，"自""不"二字互误。

〇游于羿之彀中。中央者，中地也;然而不中者，命也

1. 喻不刖者幸免。成玄英:羿，善射者;其矢所及，谓之彀中。言羿善射，矢不虚发，彀中之地，必被残伤，无问鸟兽，罕获免者。偶然得免，乃关天命，免与不免，非由工拙，自不遗形忘智，皆游于羿之彀中。是知申徒兀足，忽遭羿之一箭;子产形全，中地偶然获免;既非人事，故不足自多也。高亨:"央"疑原作"矢"，形近而

---

① 陈景元:张君房本"邪"下有"吾之自寱邪"五字。

误。此言人之处世如游于羿之彀的之中，其中矢而伤身者，因彀的乃宜中之地也，然而不中矢者，则天命耳。

2. 喻有德者必得善。胡文英：以必中喻必得善。承上言"惟有德者能之"，故我游于有德之门，而期于必善也。旧注误会上下文，作不刖者幸免讲，殊觉突然，文气亦不能浃洽。要知此节落在《人间世》中，作"不刖幸免"则可，在《德充符》中，处处宜照"德"字，不宜于吃紧处讲闲话也。

㈢而适先生之所，则废然而反

1. 废然，诠为写意。郭象：见至人之知命遗形，故废向者之怒而复常。林希逸：废然，乃自失之意，言其怒至此尽失去之。

2，废然，诠为写形。陆长庚：既而游先生之门，则谦然自废其形而反。

㈣不知先生之洗我以善邪

1. 洗，洗涤。成玄英：不知师以善水洗涤我心？林希逸：以善道告我如洗涤我而不自知也。

2. 洗，借为"先"。奚侗：洗，借作"先"。《易·系辞》"圣人以此洗心"，《释文》："京荀虞董张蜀才作先。"石经同。是其例。《周礼·大司马》"以先恺乐献于社"，郑注："先，犹导也。"

㈤子无乃称

〔句读1〕子无乃称！

称，言也。谓不必再说。郭象：已悟则厌其多言也。

宣颖：惭谢再不必如是言。王引之：乃，犹是也。犹曰子无称是言也。王闿运：乃，读为"仍"。乃称，犹复言。

章炳麟："乃"以双声借为"然"；然者，如此也。当云"称然"，今云"然称"，乃倒语也。

〔句读2〕子无，乃称。

称，相符也。刘凤苞："子无"当一读。言子之视我当无执政在心目中，我之视子亦当无丧足在心目中，乃称子之身份，乃称游于先生之门也。"称"当作去声。

　　鲁有兀者叔山无趾，踵见[⊖]仲尼。仲尼曰："子不谨前既犯患若是矣[⊜]，虽今来，何及矣！"无趾曰："吾唯不知务而轻用吾身，吾是以亡足。今吾来也，犹有尊足者存[⊜]，吾是以务全之也。夫天无不复，地无不载，吾以夫子为天地，安知夫子之犹若是也！"孔子曰："丘则陋矣。夫子胡不入乎，请讲以所闻！"无趾出。孔子曰："弟子勉之！夫无趾，兀者也，犹务学以复补前行之恶，而况全德之人乎！"

　　㊀踵见
　　1. 谓无趾者之行貌。崔譔：无趾，故踵行。刘辰翁：踵，曳踵也。无趾者行貌如此也。
　　2. 谓频频来见。向秀、郭象：踵见，频也。成玄英：接踵频来。
　　3. 踵，追也，至也。奚侗：《说文》："踵，追也。一曰往来貌。"郭注训"踵"为"频"，盖往来貌之引申义也。朱桂曜：踵，疑当训"至"。《孟子·滕文公上》上"踵门而见文公曰"，赵注："踵，至也。"

　　㊁子不谨前既犯患若是矣
　　〔句读1〕子不谨，前既犯患若是矣。
　　成玄英：子之修身，不能谨慎，犯于宪纲，前已遭官，患难艰辛，形残若此。
　　〔句读2〕子不谨前，既犯患若是矣。
　　阮毓崧：不谨前，犹言曩时不自谨慎也。

　　㊂犹有尊足者存
　　1. 尊足者，谓尊于足者，指德、性也。郭象：刖一足未足以亏其德，明夫形骸者逆旅也。林希逸：尊足者，性也。
　　2. 尊足者，谓犹有右足存。罗勉道：右为尊，虽刖左足，犹有右足存。

无趾语老聃曰："孔丘之于至人，其未邪？彼何宾宾⊖以学子⊜为？彼且蕲以諔诡幻怪之名闻，不知至人之以是为己桎梏邪？"老聃曰："胡不直使彼以死生为一条，以可不可为一贯者，解其桎梏，其可乎？"无趾曰："天刑⊜之，安可解！"

⊖宾宾

1. 谓恭敬貌。崔譔：有所亲疏也。司马彪：恭貌。梁简文帝：好名貌。张云：犹贤贤也。（陆德明《经典释文·庄子音义》引）刘辰翁：宾宾，犹客待之也。言其未离乎人，犹不能不以客为重也。武延绪：宾宾，疑当读若"彬彬"。

2. 谓频频貌。俞樾：宾宾，犹"频频"也，《汉书·司马相如传》"仁频并闾"，颜注曰："频字或作宾。"是其例也。朱桂曜："宾"字盖"缤"字。缤缤，往来貌也。又"缤缤"与"纷纷"相近。《汉书·扬雄传》"缤纷往来"，盖以"缤"为往来貌也。

⊜以学子为

1. 谓孔丘从学于老聃。郭象：学于老聃。成玄英：宾宾勤敬，问礼老君。阮毓崧：学子，言学于子也。"为"语助也。犹言彼何频频来学于子耶。

2. 谓孔丘招徕弟子。林云铭：宾宾，众盛之意。学子，从学弟子也。旧注学于老聃，大谬。

⊜天刑之，安可解

1. 刑，谓刑罚。林希逸：天刑之，犹天罚之，不与之以道也。林云铭：此意其受好名之累，犹天加刑。陈寿昌：人刑可见，天刑不可见，阴阳之食，视金木之讯为倍毒矣。

2. 刑，谓形成。陆长庚：刑者，型也；型者，成也；一成而不可易也。言性成之人，根器自是如此，安可解也。宣颖：天刑之，言其根器如此。胡文英：生来如此桎梏，则非务学所能脱也。

鲁哀公问于仲尼曰："卫有恶人焉，曰哀骀它。丈夫与之处者，思而不能去也。妇人见之，请于父母曰'与为人妻，宁为夫子妾'者，十数而未止也。未尝有闻其唱者，常和人而已矣。无君人之位以济[⊖]乎人之死，无聚禄以望[⊜]人之腹。又以恶骇天下，和而不唱，知[⊜]不出乎四域，且而雌雄合乎前[⊛]。是必有异乎人者也。寡人召而观之，果以恶骇天下。与寡人处，不至以月数，而寡人有意乎其为人也；不至乎期年，而寡人信之。国无宰，寡人传①国焉。闷然而后应，氾若辞。寡人丑②乎，卒授之国。无几何也，去寡人而行，寡人邺焉若有亡也，若无与乐是国也。是何人者也？"

㈠无君人之位以济乎人之死

1. 济，谓拯也。宣颖：济犹拯也。

2. 济，谓止也。杨树达：《齐物论》云"厉风济则众窍为虚"，郭注："济，止也。"此文"济"，亦当训"止"。

㈡无聚禄以望人之腹

1. 望，谓希望、观望。成玄英：夫储积仓廪，招迎士众归凑，本希饱腹。而哀骀它既无聚禄，何以致人！王敔：禄饱人腹，使人望之，所谓"观我朵颐"。

2. 望，谓满也，月盈曰"望"。林希逸：望人之腹者，饱也。望，满也，月盈曰"望"。李桢："望人"之"望"，当读如《易》"月几望"之"望"。《说文》："望，月满也。"与"望"各字。腹满则饱，犹月满为望，故以拟之。与《逍遥游篇》"腹犹果然"同一字法。

㈢知不出乎四域

1. 知，谓所知，智也。郭象：不役思于分外。赵以夫：所知不过日用之常。林希逸：所知不出乎世外。

2. 知，谓为别人所知，闻名也。王敔：知，人知之也。犹言名

---

① 宣颖本"传"作"傅"，并注曰："傅，俗本讹作'传'。"

② 成玄英本"丑"（繁体作"醜"）作"愧"。

不远出。宣颖：无位无禄。阮毓崧：既无高位厚禄，故四境外者尚不知其名。

㈣且而雌雄合乎前

1. 言与物为一，与物无害。成玄英：雌雄，禽兽之类也。夫才全之士，与物同波，人无害物之心，物无畏人之虑，故鸟与兽且群聚于前也。林希逸：雌雄合乎前，与物狎也，即鸥鸟不惊之意。

2. 言人归之者众也。褚伯秀：窃考经意，丈夫与之处思而不能去，妇人愿为妾之语，则雌雄合乎前，言丈夫、妇人归之者众也。宣颖：丈夫、妇人皆来亲之。

仲尼曰："丘也尝使①于楚矣，适见独子食于其死母者。少焉眴若㊀，皆弃之而走，不见己㊁焉尔，不得类焉尔。所爱其母者，非爱其形也。战而死者，其人之葬也不以翣㊂资②刖者之屦，无为爱之㊃。皆无其本矣。为天子之诸御，不爪翦，不穿耳；取妻者止于外，不得复使③㊄。形全犹足以为尔，而况全德之人乎！今哀骀它未言而信，无功而亲，使人授己国，唯恐其不受也，是必才全而德不形者也。"

㈠适见独子食于其死母者。少焉眴若，皆弃之而走

1. 眴若，谓目动貌，以其母言。崔譔：目动也。谓死母目动。

2. 眴若，谓惊貌，以其子言。司马彪：惊貌。俞樾：眴若，犹"眴然"也。《徐无鬼篇》："众狙见之，恂解弃而走。"此云"眴若"，彼云"恂然"，文异义同。"恂""眴"并"怨"之假字。《说文·今部》："弃，惊辞也。"眴若皆弃之而走，言独子皆惊而走也。"眴若"二字以其子言，不以其母言。

㈡不见己焉尔，不得类焉尔

1. 不见己，谓母不顾见己。陆长庚：以为目之瞬不见己也，形

---

① 陆德明：使，本亦作"游"。本又直云"尝于楚矣"。
② 陆德明：资，崔本作"枕"。
③ 陆德明：崔本作"不复得使人"，云："不复人直也。"

之僵不类己也。阮毓崧：言犊子之惊疑舍去，盖以母之不顾见己乃如此也，又不得其生之气类乃如此也。

2. 不见己，谓己不见子于母。刘辰翁：不见己，犹言己不见子于其母也。不得类，不与己相似然也。宣颖：以母于己，不似往时之见己尔；以己视母，又不类昔之状貌尔。

㈢翣

1. 谓武饰。郭象：翣者，武所资也。成玄英：翣者，武饰之具，武王为之，或云周公作也。其形似方扇，饰车两边。

2. 谓棺饰。朱桂曜：古未有以翣为武饰者。《说文·羽部》："翣，棺羽饰也。天子八、诸侯六、大夫四、士二。"翣乃自天子诸侯以至于大夫、士所通有，非武人所独有也。是以古人仅谓翣为棺饰，不云武饰。

3. 谓为"铗"之借。奚侗：遍考群经，翣有三义，一为棺饰，见《说文·羽部》及《礼·檀弓》注、《礼器》注、《周官·女御》注；一为乐器筍虡之饰，见《明堂位》注；一为扇，见《少仪》注及《仪礼·既夕》注。未有谓翣为武所用。丧葬用翣，古有定制，其用舍不限于战死非战死也，且与下文刖者之屦之譬显然不合。"翣"借作"铗"，《文选·吴都赋》刘渊林注，"铗"，刀身剑锋，有"长铗、短铗"，为武士之所用。然其人既已战而死，死而葬矣，又安所用铗哉？窃疑古本《庄子》必作"不以接资"。《大射仪》"挟乘矢"注："古文挟皆作接。""挟"可借"接"，犹之"铗"可借"接"也。《周官·缝人》"翣柳"注："故书翣柳作接橮。"是"翣"亦可借"接"为之。后人不知"接"借作"铗"，而疑"接"为"翣"借，谓为丧葬之所用也，遂改"接"为"翣"，而书义晦矣。

㈣战而死者其人之葬也不以翣资刖者之屦无为爱之

〔句读1〕战而死者，其人之葬也不以翣资，刖者之屦，无为爱之。

1. 资，如字，用也。陈景元：翣以旌武，屦以饰足，战死、刖足，皆忘其本，安用哉？奚侗："翠"借为"铗"。"资"与"费"同。《周礼·掌皮》注："郑司农云，费或为资。"《说文》："资，持遗也。"铗无所用，则人亦不以铗遗之，故曰"不以铗资"也。

2. 资，或作"枕"，同"坎"。陆德明：翠资，崔本作"翠枕"音"坎"，谓先人坟墓也。王闿运：枕，各本作"资"，崔本作"枕"，同"坎"。以翠下坎圹也。

〔句读2〕战而死者，其人之葬也不以翠，资刖者之屦，无为爱之。

1. 资，助也、给也。褚伯秀：旧来从"资"绝句，"资"或训"用"，或训"送"，或略而不言，殊无确论。后得无隐讲师（范应元）从"翠"绝句，以"助"释"资"，文从理顺，经旨大明。

武延绪："其人之葬也不以翠"，文义已足，"资"字义赘。下文"刖者之屦"，刖既无足，安得有屦？上句赘而下句不完，皆未得其读故也。"资"字属下读，则两得矣。《逍遥游》"宋人资章甫而适越"，与此"资"同义，可据订本文句读。《大宗师》"尧何资汝"，《释文》："资，给也。"

⑤为天子之诸御，不爪翦，不穿耳；取妻者止于外，不得复使

1. 皆作女御解。释德清：言选天子之侍御者，不翦爪，不穿耳，不欲毁其全体，将以要宠也。新婚之妇，必先戒不作事务，恐胼胝其手足也。

2. 一指女御，一指男御。马其昶：不爪翦、不穿耳，疑古女子在室之容。今新妇始翦面发，是其遗意。此言女御。娶妻者不使，言男御。盖天子诸御，必男女之未娶者，体纯全也。

哀公曰："何谓才全？"仲尼曰："死生、存亡、穷达、贫富、贤与不肖、毁誉、饥渴、寒暑，是事之变、命之行也；日夜相代乎前，而知不能规㊀乎其始者也。故不足以滑和，不可入于灵府。使之和豫通而不失于兑㊁；使日夜无却①㊂，而与物为春㊃，是接而生时㊄于心者也。是之谓才

---

① 王孝鱼：敦煌本"却"作"陈"。（郭庆藩《庄子集释》校）

全⑱。""何谓德不形?"曰:"平者,水停之盛也。其可以为法也,内保之而外不荡也。德者,成和⑬之修也。德不形⑭者,物不能离⑮也。"

㈠而知不能规乎其始者也

1. 规,谓窥测。罗勉道:规,求也。虽有知者不能求其初生禀受之所以然。林云铭:规,计也。数者如环无端,知不能计其缘起。

2. 规,谓规定。阮毓崧:谓命行事变,始卒若环,虽有至知,不能规定其起点也。

㈡使之和豫通而不失于兑

〔句读1〕使之和豫,通而不失于兑。

1. 兑,悦也。通,周遍也。郭象:苟使和性不滑,灵府闲豫,则虽涉乎至变,不失其兑然也。王敔:兑,悦也。无往不通,而不失其可悦。

2. 兑,穴也。通,中空也。刘辰翁:兑即《老子》"塞其兑"之"兑"正是。章炳麟:兑者通之处。《老子》"塞其兑",《檀弓》亦以"兑"为"隧"。

3. 兑,同"悦""脱",疏略也。通,通达也。奚侗:《诗·皇矣》"松柏斯兑",毛传:"兑,易直也。"字或作"悦",《淮南·本经训》"其行悦而顺情",高注:"悦,简易也。"又与"脱"同,《史记·礼书》"凡乐始乎脱",索隐:"脱犹疏略也。""通而不失于兑",言虽顺于物而终不失之疏略也。

4. 兑,"充"字之讹,实也。通,中空也。王叔岷:旧注以兑为悦,章太炎以兑为通之处,奚侗以兑为疏略,说皆牵强。《淮南·精神篇》袭用此文,"兑"作"充",当从之。高注:"充,实也。"是其义也。"实"与"通"对言,"通而不失于充",与《老子》"大盈若冲"义近。"兑"即"充"之形误。

5. 兑,突也、穿凿也。通,周遍也。高亨:"兑"读为"突"。《左传·襄公二十五年》"宵突陈城",杜注:"突,穿也。"此谓通万类而一之,而不失于穿凿也。《诗·緜》"混夷駾矣",《孟子·梁惠王下》,赵注引"駾"作"兑"。《文选·鲁灵光殿赋》张注引"駾"

作"突"，即"兑""突"通用之证。

〔句读2〕使之和豫通，而不失于兑。

兑，悦也。通，流通。林希逸："和""豫""通"三字一意。豫，悦也。通，流通也。心既不动，则使之自然和顺、豫悦流通，而不失其兑也。兑亦悦也。"和豫通"犹曰"周遍咸"。

宣颖：使和豫之气流通，而不失吾怡悦之性。朱桂曜："和豫通"三字连续，同义字叠用，古书中自有此例。《人间世篇》"宜柏楸桑"，《左传》襄三十一年"缮完葺墙"，《墨子·七患》"故时年岁善"，《荀子·富国篇》"徒坏堕落"，《史记·李斯列传》"身殆倾危"。

㊂使日夜无却

1. 却，间也。无却，谓不间断。陈景元：虚妙之心，未尝间断也。奚侗："却"为"隙"之假字。本书"却""隙"通用。

2. 却，止也。无却，谓日新不已。林希逸：日夜无却者，言日新而不已也。却，止也。

3. 却，拒而不受也。无却，谓安命。陆长庚：却者，不受而还之意。事物之变，日夜相代乎吾之前，知其不可奈何而安之若命，便是日夜无却。

㊃而与物为春

1. 春，春天，喻和惠也，乐也。成玄英：与物仁惠，事等青春。林希逸：随所寓而皆为乐也。物，事也。

2. 春，推移也。章炳麟：《说文》："春，推也。"与物为春者，与物相推移也。推者向前，却者向后，"日夜无却""与物为推"二语转相明。

㊄是接而生时于心者也

1. 时，时中、四时也。生时于心，谓顺时应物。李颐：接万物而施生，顺四时而俱作。林希逸："接"犹"感"，"时"犹时中之

"时"。随事之所感而应之，不偏不滞，故曰"生时于心"。

2. 时，指春、春和之时。生时于心，谓和气生于心。

司马彪：接至道而和气在心也。罗勉道：如年有四时，不见其为夏、秋、冬，但见其为春而已。如此者，是接续其罅隙处而生时乎吾心者也。因"春"字，故下"生时"字。时不生于阴阳之气，而生于吾心也。

㈥是之谓才全

1. 才全，就质性言，全其天赋者。林希逸：才者，质也，如孟子曰"天之降才也"。才全犹言全其质性也。释德清：才全者，谓不以外物伤戕其性，乃天性全然未坏，故曰"全"。

2. 才全，就作用言，通万变者。王夫之：知灵府之和，接时以生心者，其才通万变而常全，物安得不最之乎。胡文英：才全是应物不穷。

㈦德者，成和之修也

1. 如句，成和，解为两事：成身、和物。陈景元：德在内则成身，施于外则和物。

2. 如句，成和，解为一事：成就和。林希逸：成者，全也，全此性中之和，是德之修也。

3. 句误。武延绪：疑应作"德者，和修之成也"，"成"，"盛"之坏字。

㈧德不形者

1. 谓德随事物而现，而不己现。郭象：无事不成，无物不和，此德之不形也。林希逸：德不形者，随事物而见。言其无所往而非德也。

2. 谓德内修，而不外现。罗勉道：德惟内修，不形于外。宣颖：不形者，内保之而外不荡，如水停之妙也。

㈨物不能离也

1. 谓物之所亲。郭象：天下乐推而不厌。成玄英：含德之厚，比于赤子，天下乐推而不厌，斯物不离之者也。

2. 谓物之所生。吕惠卿：德不形则同于初物，安得离其所自生哉？

3. 谓物之所法。陆树芝：德不形犹水内保而不荡，则物自取法而不可离也。

哀公异日以告闵子曰："始也吾以南面而君天下执民之纪而忧其死，吾自以为至通矣。今吾闻至人之言，恐吾无其实，轻用吾身而亡其国。吾与孔丘，非君臣也，德友[⊖]而已矣！"

㈠德友

1. 德，如字。成玄英：友仲尼以全道德。林云铭：望其以德相规。

2. 德，"直"之假。严复：德，假作"直"。

闉跂支离无脤[⊖]说卫灵公，灵公说之；而视全人，其脰肩肩[⊜]。瓮瓷大瘿说齐桓公，桓公说之；而视全人，其脰肩肩。故德有所长而形有所忘，人不忘其所忘而忘其所不忘，此谓诚忘[⊜]。

㈠闉跂支离无脤

1. 无脤，无唇也。崔譔：闉跂，偃者也。支离，伛者也。脤，唇同。林希逸：无脤，无唇也。伛曲缺唇，丑之甚也。

2. 无脤，名也。司马彪：闉，曲；跂，企也。闉跂支离，言脚常曲，行体不正卷缩也。无脤，名也。

3. 无脤，无臀也。梁简文帝：跂行也。脤，臀也。

胡文英：脤，臀也。支离无脤，瓮瓷大瘿，一个是下缺，一个是上满，凑来俱极大趣。

4. 无脤，无趾也。罗勉道：闉，城门也。跂，举足而行也。闉跂者，刖而守城门也。支离者，形不全之貌。无脤，无脚跟也。盖无脤之人，后脚跟不能到地，但跂而行，其形支离而因名。无脤犹名无趾也。

5. 无脤，无肾也。王敔：阍跂，刖而守城门。脤音"拯"。按邵子："脤即肾也。"盖刖而宫者。

（二）其脰肩肩

1. 脰，颈也；肩肩，细貌。陆德明："脰"音"豆"，颈也。肩肩，李云"羸小貌"，崔云"犹玄玄也"，简文云"直貌"。罗勉道：脰，项也。肩肩，细长貌，言悦无脤而视全人反觉其项细长，丑而不足观也。《周礼·梓人》云"数目顾脰"，注："长脰貌。"盖"肩"与"顾"同。

2. 脰，头①也；肩肩，即"顾顾"，秃发也。奚侗：脰，古通作"头"，《仪礼·士虞礼》"取诸脰膉"，郑注云："脰膉，古文为头益。""肩"借作"顾"，《说文》："顾，头鬓少发也。""其头顾顾"，犹俗云头秃也。古者秃必施髢，所以掩其丑也。若颈小、颈直，何得云丑乎？

3. 脰，颈也；肩肩，肩膀由肩负之也。刘武：本句上"肩"字，项下之膊也；下"肩"字，任也、负担也。犹之冠冠履履，风风雨雨。其脰肩肩者，谓其颈乃肩膊肩负之也。言灵公视阍跂而悦之，忘其形之恶，视形全之人，惟见其以肩任负其颈耳。

（三）人不忘其所忘而忘其所不忘，此谓诚忘

1. 诚忘，作贬义解，指世人忘德（无德）。郭象：德者，世之所不忘也；形者，理之所不存也。故夫忘形者，非忘也；不忘形而忘德者，乃诚忘也。林希逸：所可忘者形也，所不可忘者德也，世人知有形而不知有德，此真忘也。

2. 诚忘，作褒义解，指至人忘德（"德不形"）。成玄英：诚，实也。所忘，形也；不忘，德也；忘形易而忘德难也，故谓形为所忘，德为不忘也。不忘形而忘德者，此乃真实忘。斯"德不形"之义也。陆长庚：二子丑恶之人，能使齐卫之君悦之，而反视全人之不如，所

---

① "头"字繁体作"頭"。

以者何？爱其德，自忘其形也。用是观之，形有所短，德有所长。所短者能使人忘之，而在己若忘则必有恶骇之嫌；所长者能使人不忘，而在己若不忘之，则必有矜伐之病。能不忘其（二君）所忘，而忘其（二君）所不忘，则其（二子）忘也是谓诚忘。

3. 诚忘，作褒义解，指圣人忘形（有德）。林疑独：形者，世所不忘；德者，世所忘也。人能不忘世所忘而忘世所不忘，则才德全矣，是谓诚忘。

故圣人有所游，而知为孽⊖，约为胶，德为接⊜，工为商⊜。圣人不谋，恶用知？不斫，恶用胶？无丧，恶用德？不货，恶用商？四者⊛，天鬻也。天鬻者，天食也。既受食于天，又恶用人！

㊀而知为孽

1. 孽，如字，妖孽也。知，智慧也。司马彪：知慧生妖孽。

2. 孽，读如"蘖"，萌蘖也。知，思虑也。洪颐煊："孽"当为萌蘖之"蘖"，言知为思虑之萌蘖。故下文云："圣人不谋，恶用知。""孽""蘖"古字通用。

㊁德为接

1. 德，谓德行。接，谓应物。司马彪：散德以接物也。

罗勉道：德者，为役于应接也。

2. 德，通得。接，接续也。吕惠卿：德为接，所以续异体。陈寿昌：德者，得也。既失而得，乃接续也。如中断而复联也。

㊂而知为孽，约为胶，德为接，工为商

1. 此言圣人救世之方。成玄英：夫至人道迈三清而神游六合，故蕴智以救夭孽，约束以检散心，树德以接苍生，工巧以利群品。此之四事，凡类有之，大圣慈救，同尘顺物也。

2. 此言圣人忧世之心。褚伯秀：圣人之所游亦不出乎人间世，从容逍遥以观其变，而其忧世之心未尝一日去怀也。夫声名妖孽所以滑性，而以之为知，由是贪诈生焉。结绳之约由于朴散，而执之如胶，由是欺诞生焉。工匠作器所以给用，而贸易为商，由是巧伪出焉。此皆时俗之弊也。

3. 此言圣人之处世。陆长庚：以知识为孽子而不亲，以誓约为胶固而不用，以德惠为应接而不贵，以技能为行货而不居。何乎圣人之心？何思也，何虑也，顺其自然而已。

4. 此言世人之所为。林疑独：智者谋所出，故为孽；约者物之束，故为胶；德成已以应物，故为接；工造器以营利，故为商。此四者，世人之所为，圣人则不谋、不斫、无丧、无货，恶用四者。

㈣四者，天鬻也

1. 四者，谓知、约、德、工。成玄英：鬻，食也。食，稟也。天，自然也。以前四事，苍生有之，稟自天然，各率其性，圣人顺之，故无所用己也。王先谦：知、约、德、工四者，天所以养人也。

2. 四者，谓不谋、不断、无丧、不货。陈景元：蛣蜣转丸，蜘蛛结网，不谋之知也。云龙风虎，松柏女萝，不斫之胶也。禽兽林薮，鱼鳖江湖，无丧之德也。物物自利，各各营生，不货之商也。此乃天之所养。林云铭：不谋、不断、无丧、不货四者，皆纯乎天地，犹出于天所卖而得之。

有人之形，无人之情。有人之形，故群于人，无人之情，故是非不得于身。眇乎小哉，所以属于人也；謷乎大哉，独成其天①⊖。

㈠眇乎小哉，所以属于人也；謷乎大哉，独成其天

1. 谓圣人形同人，故小；情合天，故大。崔譔：类同于人，所以为小；情合于天，所以为大。王夫之：圣人寓形于人之中，而不容不小者，形也。食天之和，与天通一，而固謷乎其大矣。

2. 谓圣人身卑谦而心浩游。陆长庚：圣人之身，常自谦抑，眇乎小哉，所以联属天下以成其身也。其心则謷乎大哉，浩然天游，所以成其天也。严复：此《天演论》所谓"吾为弱草，贵能通灵"。

① 陆德明：崔本"天"字作"大"。

惠子谓庄子曰："人故无情乎？"庄子曰："然。"惠子曰："人而无情，何以谓之人？"庄子曰："道与之貌，天与之形⊖，恶得不谓之人？"惠子曰："既谓之人，恶得无情⊜？"庄子曰："是非吾所谓情也。吾所谓无情者，言人之不以好恶内伤其身，常因自然而不益生⊜也。"惠子曰："不益生，何以有其身⊜？"庄子曰："道与之貌，天与之形，无以好恶内伤其身。今子外乎子之神，劳乎子之精，倚树而吟，据槁梧⊜而瞑。天选⊜子之形，子以坚白鸣。"

⊖道与之貌，天与之形

1. 道与天、貌与形作同义解。成玄英：虚通之道，为之相貌；自然之理，遗其形质。道与自然，互其文耳。欲显明斯义，故重言之也。陆树芝：一阴一阳之谓道，道即天也，互言之耳。天既予以人之形貌，则与木石异矣，安得不谓之人。

2. 道与天、貌与形作异义解。吕惠卿：貌则动作威仪无非道，形则六骸九窍天而生。阮毓崧：视听言动，貌以道范；五官百骸，形以天成。

⊜惠子曰："既谓之人，恶得无情？"

1. 情，谓人有思虑。成玄英：既名为人，理怀情虑，若无情识，何得谓之人？

2. 情，谓人有知觉。林云铭：有形貌则有知识分别，情何得而无？

⊜常因自然而不益生也

1. 益生，谓过度也。郭象：不益生，止于当也。

林希逸：常因自然则无所益，亦无所损矣。言不足、有余皆为病。益生者，有余之病也。

2. 益生，谓人为也。罗勉道：不益生者，人生有自然之天，不可加一毫人力也。陆长庚："益生"二字本于《老子》"益生曰祥"，谓神益于所生之外，而以人为参之也。

㈣惠子曰:"不益生,何以有其身?"

1. 谓惠子不解物自生。郭象:未明生之自生,理之自足。

2. 谓惠子以资生解益生。林希逸:惠子曰,不益生何以有身。是以益生为资生,非庄子之意也。宣颖:惠子以为生须人事滋培之。

3. 谓惠子以生殖解益生。陆长庚:谓人之有身,亦自益生中来。盖情欲之感亦非本有,介然而生于男女之交,人因托此而有身。今不益生,则连人亦无。

㈤据槁梧而瞑

1. 槁梧,谓琴也。瞑,谓睡也,或闭目貌。崔譔:据槁梧而瞑,据琴而睡也。罗勉道:槁梧即今枯桐。枯桐作琴瑟,故名琴瑟为槁梧也。据之而瞑,言琴瑟常在手,虽疲困而瞑,犹据之也。宣颖:倚树而吟,高歌也;据槁梧而瞑,琴瑟娴熟,效瞽师之不用目。二句言惠以技能自衒也。旧解作睡眠,可笑。

2. 槁梧,谓梧几也。成玄英:槁梧,夹膝几也。惠子行则倚树而吟咏,坐则隐几而谈说,是以形劳心倦,疲怠而瞑者也。林希逸:槁梧,枯木以为几也,瞑,倦也。

㈥天选子之形

1. 选,授也、择也。成玄英:选,授也。自然之道,授与汝形。宣颖:天于生物之中,选子为人形。

2. 选,加罪也。胡文英:"选"字与《左传》"弗去惧选"之"选"同,言加罪也。

3. 选①,通"撰",具也。姚鼐:"选"与"撰"同,具也。马叙伦:"选"当作"巽"。《说文》曰:"巽,具也。"闻一多:"选"与"撰"通。《楚辞·招魂》"结撰至思",王注曰:"撰犹搏也。"《御览》七八引《风俗通义》曰"女娲搏黄土作人",本书曰"天选子之形",即"搏子之形",亦搏土作人之遗说也。

---

① "选"字繁体作"選"。

大宗师第六

【题意】

一、宗师，指某种修道方法。崔譔：大宗师，遗形忘生，当大宗此法也。郭象：虽天地之大，万物之富，其所宗而师者无心也。王雱：庄子作《大宗师》之篇，始言其知天，次言其知人，而终言其委命者，盖明能知天则所谓穷理也，能知人则所谓尽性也，能委命则所谓至命也。穷理、尽性而至于命，此所以为大宗师也。

二、宗师，指某种最高存在。林希逸：大宗师者，道也。犹言圣法天，天法道，道法自然也。林云铭：大宗师者，道也。分见于天人之中而独存乎死生之外，所谓"物之所不得遁"是也。

知天之所为，知人之所为者○，至矣！知天之所为者，天而生①也；知人之所为者，以其知之所知以养其知之所不知○，终其天年而不中道夭者，是知之盛也。虽然，有患○，夫知有待○而后当，其所待者特未定也。庸讵知吾所谓天之非人乎？所谓人之非天乎？且有真人而后有真知。

○知天之所为，知人之所为者，至矣！

1. 谓知天、人皆自然，故能任之，是为知之极至。郭象：知天人之所为者，皆自然也；则内放其身而外冥于物，与众玄同，任之而无不至者也。

2. 谓知天、人有别，故能各尽其分，是为知之极至。陈景元：

---

① 陆德明：天而生，向、崔本作"失而生"。

天之所为降清妙之气，复育万物；人之所为，运神和之气，营卫百骸。若乃知天无为而不空，人有为而不滞者，斯为至矣。陈祥道：知天之所为，命也；知人之所为，义也。知天不知人，则以命废义，知人不知天，则以义废命，皆道之一偏而非至也。罗勉道：知天之所为者，体天道之自然也；知人之所为者，尽人事之当然。

㈡以其知之所知以养其知之所不知

1. 谓人之器官互为役用。成玄英：知之所知者，谓目知于色，即以色为所知也。知之所不知者，谓目能知色，不能知声，即以声为所不知也。既而目为手足而视，脚为耳鼻而行，虽复无心相为，而济彼之功成矣。故眼耳鼻舌，四体百体，更相役用，各有司存。心之明暗，亦有限极，用其分内，终不强知。斯以其知之所知以养其知之所不知也。

2. 谓以外养内。林疑独：一身之中，凡在形骸之内，吾所不知；形骸之外，吾所知也。为之饮食，为之动止，皆所以养其不知也。

3. 谓以人事天。赵以夫：天之所为出于自然，知之所不知也；人之所为，出于使然，知之所知也。以知之所知养知之所不知，是由知人以知天，由知天以事天。林希逸：人事尽时天理见，是以其智之所知养其知之所不知也。

4. 谓以道术卫命数。宣颖：知之所知，卫生之术；知之所不知，年命之数。高塘：知之所知，谓道；知之所不知，谓数。

㈢虽然，有患

1. 谓未能忘知。郭象：虽知盛，未若遗知任天之无患也。

2. 谓知犹未到。王雱：犹有患者，知天人之二，不知其一也。达观者知天人大同，浑然无别，则所谓同出而异名，同谓之玄矣。

㈣夫知有所待而后当，其所待者特未定也

1. 所待，指境。谓知之对错需据结局加以判定。成玄英：知必对境，非境不当。境既生灭不定，知亦待夺无常。林云铭：夫为知之盛，必待其终其天年，不中道夭之后，方见得是处。今我所待者，不

知将来作何结局。若必待其事之既定，则今尚未定，为天为人，皆未可必。

2. 所待，指养。谓知之完善必须培养而后妥。宣颖：聪明之用，须计较安排才妥。其须计较安排者，特又未可据为是也。陈寿昌：养到知人知天，方为了当。有待于养，则知之究竟尚难预定。

何谓真人？古之真人，不逆㉒寡，不雄㉓成，不谟士㉔。若然者，过㉕而弗悔，当而不自得也，若然者，登高不慄，入水不濡，入火不热㉖。是知之能登假于道者也若此。

㈠不逆寡

1. 逆，迕违也。郭象：凡寡皆不逆，则所愿者众矣。胡文英：不逆寡，不随俗也。阮毓崧：不逆者，顺也。寡者，微也。真人循理自然，虽极细微之事亦无不合乎理者。

2. 逆，臆度也。陈祥道：真人之于知，无忆也，故不逆寡。

3. 逆，厌恶也。刘辰翁：逆者，恶也。逆寡，犹嫌少也。此谓养其所不知最是亲切。

㈡不雄成

1. 雄，恃也、夸也。郭象：不恃其成而处物先。林希逸：功虽成亦不以为夸。雄，夸也。胡文英：不独立也。

2. 雄，先也。宣颖：不以身先人成功。

㈢不谟士

1. 士，如字。郭象：纵心直前而群士自合，非谋谟以致之者也。陆树芝：士托仁义而立异为名高者也。不谟士，不以绳墨自矫，图成高士之名也。

2. 士，通事。林希逸：“士”与“事”同，古字通用。如《东山》诗曰“勿士行枚”也。谟，谋也。无心而为之，故曰“不谟事”。朱桂曜：不谟士，即不谋事也。《管子·君臣上》“官谋士”，注：“士，事也。官各谋其职事也。”

㈣过而弗悔，当而不自得也

1. 过，动词，往也。成玄英：天时已过，曾无悔吝之心；分命偶当，不以自得为美也。

2. 过，名词，过失也。林希逸：过而弗悔，过，失也。犹今日蹉过也。当而不自得，当，谛当也。犹今日恰好也。凡事或失或成，皆委之自然，不以失为悔，不以成为喜也。

㈤登高不慄，入水不濡，入火不热

1. 言真人之异能：物不能害。成玄英：真人达生死之不二，体安危之为一，故能入水入火，曾不介怀，登高履危，岂复惊惧。真知之士，有此功能，升至玄道，故得如是者也。

林云铭：危苦不能害。陈寿昌：外物不能害。

2. 言真人之情神状态：漠然处物。陆长庚：不慄、不濡、不热三者，皆人情之所易危。彼处之漠然，不以介乎其意，是盖心有所主，则自然不动。陆树芝：危苦不能动其心。

阮毓崧：借言安危生死不撄其心。

古之真人，其寝不梦，其觉无忧，其食不甘，其息深深。真人之息以踵㊀，众人之息以喉。屈服者，其嗌㊁言若哇。其耆欲深者，其天机㊂浅。

㊀真人之息以踵

1. 踵，足跟。谓起息于足跟。王叔之：起息于踵，遍体而深。（陆德明《经典释文·庄子音义》引）成玄英：踵，足跟也。真人心性和缓，智照凝寂，至于气息，亦复徐迟。脚踵中来，明其深静也。宣颖：呼吸通于涌泉，言深也。

2. 踵，气根。谓起息于元气之极。吕惠卿：踵者之气元，息之所自起。身以足为踵，息以所自起为踵。林疑独：踵者身之下极，气藏于密而不暴于外也。陆长庚：踵即根也。根者，人之大中，极气所归复之处。

㈡屈服者，其嗌言若哇

1. 屈服，身体弯曲。嗌，喉也。句谓身体折屈，则咽喉出气不畅。崔譔：言咽喉之气结碍不通也。成玄英：嗌，喉也。哇，碍也。凡俗之人，情躁气促，不能深静，屈折起伏，气不调和，咽喉之中恒如哇碍也。刘辰翁：偻者气促。

2. 屈服，为他人所压服。嗌，吞咽也。句谓心为人所屈服，则言语吞吐不畅。陆长庚：心屈则言亦与之俱屈。嗌咽若哇，哇，吐貌，谓其言只在喉舌间支吾调弄，吞不下，吐不出，分明状出一个屈服的样子。宣颖：屈服者，议论为人所屈者。嗌，声之入。言，声之出。若哇，为人所屈，则喉间吞吐其状如欲哇者。

㈢其耆欲深者，其天机浅

1. 天机，谓神机、天理。成玄英：夫耽滞诸尘而情欲深重者，其天然机神浅钝故也。林希逸：嗜欲即人欲，天机即天理。深浅者即前辈所谓天理人欲随分数消长也。

2. 天机，谓呼吸。罗勉道：天机者，天然之气机，即息也。嗜欲深则息浅矣。陈寿昌：妄念憧扰，则真息不调。

古之真人，不知说生，不知恶死。其出不䜣，其入不距。翛然而往，翛然而来而已矣。不忘其所始，不求其所终。受而喜之，忘㊀而复之。是之谓不以心捐①㊁道，不以人助天。是之谓真人。若然者，其心志㊂，其容寂，其颡頯。凄然似秋，暖然似春，喜怒通四时，与物有宜而莫知其极㊃。

㈠忘而复之

1. 忘，如字，忘记。谓忘其之死。陆长庚：受而喜之，是言有生之后，常自欢喜快乐，初无戚戚不满之意。及其复也，亦自以寂灭为乐，而忘其为死。林云铭：受而喜之，受生以后无戚戚也。忘而复之，亦虚其心以待尽也。

---

① 陆德明：捐，郭作"揖"，崔云："或作楫。所以行舟也。"

2. 忘，亡也。谓视亡失为复归。曹础基：忘，失。指生命的亡失。复之，复归于天道。

（二）是之谓不以心捐道

1. 捐，如字。弃也，离也。成玄英：捐，弃也。不用取舍之心，捐弃虚通之道。林希逸：不以心捐道，即心是道，心外无道也。不捐者，不斯史离之意。

2. 捐，当作"揖"。章炳麟：捐，当从郭作"揖"。《说文》："揖，手箸匈也。"箸胸为揖，引申为胸有所箸。不以心捐道者，不以心箸道也。所谓不诉、不距、不忘、不求也。

3. 捐，"偝"字之误。俞樾："捐"字误，《释文》云："郭作揖，崔云或作楫，所以行舟也。"其义弥不可通。疑皆"偝"字之误。"偝"即"背"字，故郭注曰："真人知用心则背道，助天则伤生。"是郭所据本正作"偝"也。

4. 捐，"捄"字之借。马叙伦："捐"借为"捄"，音同"喻"纽。本书《齐物论篇》"圣人不缘道"可证也。

5. 捐，"损"字之坏。朱桂曜：各说皆非，"捐"盖"损"之坏字。《则阳篇》郭注"损其名也"，《释文》："捐，本亦作损。"卢文弨曰："今书捐作损。"《荀子·大略篇》"是齐国捐身之道也"，"捐"宋本作"损"。"不以心损道"，犹言不以心害道。王叔岷："捐"盖"损"之坏字。下文"不以人助天"，一损一助，相对而言，意甚明白。《山木篇》"无受天损易"，唐写本坏作"捐"，与此同例。"揖""楫"亦并"损"之误。

（三）其心志

1. 志，如字。心志，谓专一也。郭象：所居而安为志。

林希逸：志者，有所主而一定之意。王敔：志，专一也。俗本作"忘"，非是。

2. 志，"忘"字之误。赵以夫："其心志"，"志"当作"忘"。褚伯秀："志"字诸解多牵强不通，赵氏正为"忘"字，与"容寂"

义协。其论甚当。原本应是如此，传写小差耳。

王叔岷："志"即"忘"之形误。《徐无鬼篇》"上忘而下畔"，《吕氏春秋·贵公篇》作"志"，即"志""忘"形近相乱之证。

㈣与物有宜而莫知其极

1. 极，谓所止之地，终也。林希逸：极，止处也。物，事物也。随事而处，各得其宜，而无一定所止之地。

2. 极，谓所至之地，迹也。宣颖：随事合宜，而无迹可寻。

3. 极，谓主宰也。胡文英：极如"皇极""太极"之"极"。言宜于物，而物莫能窥其主宰也。

故圣人之用兵也，亡国而不失人心。利泽施乎万世，不为爱人。故乐通物，非圣人也㊀；有亲，非仁也㊁；天时㊂，非贤也；利害不通，非君子也㊃；行㊄名失己，非士也；亡身不真，非役人㊅也。若狐不偕㊆、务光㊇，伯夷、叔齐、箕子、胥余㊈、纪他、申徒狄，是役人之役，适人之适，而不自适其适者也。①

㈠故乐通物，非圣人也

1. 谓圣人无情，故无乐。郭象：夫圣人无乐也，直莫之塞而物自通。成玄英：夫悬镜高台，物来斯照，不迎不送，岂有情哉？陆长庚：乐与物通非圣人也，受病在"乐"字上。圣人非不与物通也，但无心耳，无心何乐之有。

2. 谓圣人任物，故非乐通物。林希逸：圣人之心以无一物不得其所为乐也。通得所也，不任物之穷通，而以此为乐，不足为圣人

---

① 闻一多：案自篇首至"天与人不相胜也，是之谓真人"，中间凡四言"古之真人"，两言"是之谓真人"，文意一贯，自为片段，惟此一百一字，与上下词诣不类，疑系错简。且"圣人之用兵也，亡国而不失人心"，宁得为庄子语？可疑者一也。务光事与许由同科，许由者《逍遥游》篇既拟之于圣人，此于务光，乃反讥之为"役人之役，适人之适，不自适其适者"，可疑者二也。"利泽施于万世"又见《天运》，"适人之适而不自适其适者也"又见《骈拇》，并在外篇中。以彼例此，则此一百一字盖亦庄子后学之言，退之外篇可耳。

矣。褚伯秀：圣人尽己之性而通物之性，盖出乎自然，非用心而乐通之也。王敔：圣无不通，而非以通为乐。

㈡有亲，非仁也

1. 就"仁"字解。郭象：至仁无亲，任理而自存。陆长庚：至仁无恩，不可得而亲也。

2. 就"亲"字解。陈景元：有亲则私，不足以言仁。林希逸：有亲则有心矣，有心则非仁矣。

㈢天时，非贤也

1. 贤，贤者。天时，时天也。谓择时而动并非贤者。郭象：时天者，未若忘时而自合之贤也。成玄英：占玄象之亏盈，候天时之去就，此乃小智，岂是大贤者也！宣颖：择时而动，便有计较成败之心。

2. 贤，贤者。天时，天道运行也，自然条件也。谓求合天时并非贤者。林疑独：贤者动与天时冥会，非求会于天时也。陈祥道：蔽于天时则人事废，非贤也。陈寿昌：贤者接而生时于心，泥于天时，故曰"非贤"。

3. 贤，胜也。天时，天道运行。谓天时非胜于己也。刘辰翁：天时非贤，贤，胜也。能用天时，时不贤于我也。

4. 贤，贤者。天时，当作"先时""失时"。王闿运："天"当作"先"，或云，当作"失"。

㈣利害不通，非君子也

1. 通，融合也。谓君子当能均一、融通利害。郭象：不能一是非之涂而就利违害，则伤德而累当矣。林希逸：未能通利害而为一，则君子亦非矣。

2. 通，通晓也。谓君子当能通晓分辨利害。刘辰翁：利害不通，知其利，不知其害。王敔：自谓君子者，必辨天下之利害。

㈤**行名失己，非士也**

1. 行名，如字，谓趋名声。成玄英：矫行求名，失其己性，此乃流俗之人，非为道之士。陆树芝：若好名而丧己，并不可谓士矣。

2. 行名，疑当作"徇名"。吴汝纶：行名，疑当作"徇名"。王叔岷："行名失己"义颇难通。"行"疑"徇"之误。《文选》贾谊《鹏鸟赋》注引《庄子》逸文"烈士之徇名"，《骈拇》"士则以身殉名"，此则言"徇名失己，非士也"，意甚明白。

㈥**亡身不真，非役人也**

1. 役人，谓役使他人。郭象：自失其性而矫以从物，受役多矣，安能役人乎！林希逸：真，自然也。不知其自然，而劳苦以丧其身，是役于人者，非役人者也。

2. 役人，谓卑贱之人。王敔：贤也，士也、君子也，皆其自命也。至于亡其真，要皆役人耳。役人亦自有身。身为人役，岂其身之遂亡乎？亡身不真非役人也，乃贤也、士也、君子也。

㈦**狐不偕**

1. 谓古时贤人。司马彪：古贤人也。

2. 谓尧时人。成玄英：又云，尧时贤人，不受尧让，投河而死。

㈧**务光**

1. 谓黄帝时人。陆德明：皇甫谧云，黄帝时人，耳长七寸。

2. 谓夏时人。成玄英：务光，黄帝时人，身长七尺。又云：夏时人，饵药养性，好鼓琴，汤让天下不受，自负石沉于庐水。

㈨**胥余**

1. 谓箕子也。司马彪：胥余，箕子名也。

2. 谓比干也。陆德明：尸子曰，比干也，胥余其名。

3. 谓伍子胥也。成玄英：胥余，又解是楚大夫伍奢之子，名员，字子胥，吴王夫差之臣，忠谏不从，抉眼而死，尸沉于江。

古之真人，其状义而不朋⊖，若不足而不承⊜；与乎其觚而不坚也⊜，张乎其虚而不华⑩也；邴邴乎其似喜⊛乎！崔⊛乎其不得已乎！滀⊕乎进我色也，与乎止我德也⊗，厉①乎其似世乎⊛！謷⊕乎其未可制也，连⊕乎其似好闭②也，悗乎忘其言也③⊛。以刑为体，以礼为翼，以知为时，以德为循④。以刑为体者，绰乎其杀也⊕；以礼为翼者，所以行于世也⊕；以知为时者，不得已于事也⊕；以德为循者言其与有足者至于丘也而人真以为勤行者也⊕。故其好之也一，其弗好之也一；其一也一，其不一也一⊕。其一与天为徒，其不一与人为徒。天与人不相胜也⊕，是之谓真人。

㊀其状义而不朋

1. 朋，类也。谓真人不朋党。郭象：与物同宜而非朋党。杨起元：中立而不苟同也。王敔：朋，类也。义各有类。义而不朋，无所不可。

2. 朋，通“倍”。谓真人不背义。朱桂曜：“朋”与“倍”通。《墨子·非命篇》“守城则崩畔”，《尚贤篇》“崩”作“倍”。“倍”即“背”，谓背义也。

3. “义”⑤当读为“峨”，“朋”当读为“崩”，谓真人高大貌。

俞樾：“义”当读为“峨”，“峨”与“义”并从“我”声，故得通用。《天道篇》“而状义然”，“义然”即“峨然”也。“朋”读为“崩”，《易·复》象辞“朋来无咎”，《汉书·五行志》引作“崩来无咎”，是也。“其状峨而不崩”者，言其状峨然高大而不崩坏也。

4. 朋，“冯”之借，怒也。谓真人不矜貌。章炳麟：“义”当为本字，《公羊》桓二年传“义形于色”。“朋”即“冯”之借，《方言》：“冯，怒也。”义而不朋，谓义形于色而无奋矜之容也。

---

① 陆德明：厉，崔本作“广”。
② 王闿运：“闭”当作“闲”。胡远濬：下句“悗乎忘其言也”，“闲”“言”为韵。旧作“闭”，误。
③ 高亨：此句疑原作“悗乎其忘言也”，与上文九句句法一律。“忘其”误倒。
④ 陆德明：循，本亦作“修”。
⑤ “义”字繁体作“義”。

㈡若不足而不承

1. 承，谓承受，禀受也。成玄英：韬晦冲虚，独如神智不足；率性而动，汎然自得，故无所秉承者也。王敔：承，受也。不足者必受物。若不足，非不足也，宁肯更受小物耶？

朱桂曜：《说文》："承，受也。"此言虽不足而不受之于外也。

2. 承，谓奉承，自卑也。林希逸：慊然若不足而不自卑。承者，奉承而自卑之意。《左传》："使之副者曰承。"罗勉道：谦退不足而不轻于顺承。林云铭：以谦下人，而非奉承人也。

㈢与乎其觚而不坚也

1. 与乎，行游貌。觚，通孤，独也。郭象：常游于独而非固守。王叔之：觚，特立群也。李桢：觚，"孤"之假借。《尔雅·释地》"觚竹北户"，《释文》云："本又作孤。"此"觚""孤"互通之证。注云"常游于独"，就"游"字义求之，"与"字或元是"趏"字，抑或是"懋"字。《说文》"趏，安行也"，"懋，趣步懋懋也"，并与"游"义合。

2. 与乎，舒闲貌。觚，器皿，此取言其棱也、方也、中空也。

崔譔：觚，棱也。林希逸：与乎，容与也。觚，德之隅也。觚而不坚，有德之隅而无圭角也。罗勉道：觚，器之有棱者。容与自得，如器虽有棱隅而不坚顽也。

3. 觚，疑即"觚"字，槃结骨也。俞樾：郭注曰，"常游于独而非固守"，是读"觚"为"孤"，然与"不坚"之义殊不相应。《释文》引崔云，"觚，棱也"，亦与不坚之义不应。殆皆非也。《养生主篇》"技经肯綮之未尝，而况大觚乎"，《释文》引崔云"槃结骨"。疑此"觚"字即彼"觚"字。骨之槃结，是至坚者也；觚而不坚，是谓真人。

㈣张乎其虚而不华也

1. 华，浮华也。罗勉道：张，大也。气象张大，虽虚而非徒事华藻。

2. 华，花也。花落归根；不花，不能归根。王敔：张，大貌。

虚包万有，而不着归于根本。

⑤邴邴乎其似喜乎

1. 似喜，言其貌。郭象：至人无喜，畅然和适，故似喜也。

2. 似喜，言其心。王敔：喜其所喜，不为物喜，故曰似。

⑥崔乎其不得已乎

1. 崔，动貌。向秀：崔，动貌。梁简文帝：崔，速貌。吕惠卿：崔亦犹催迫而后动。章炳麟：崔，借为"摧""谁""催"。《邶风》音义引《韩诗》"摧"作"谁"，就也。"就"即"蹴"之省借。"谁"就即今言"催蹙"。《说文》无"谁"，但作"摧""催"。"谁乎其不得已"，言蹙然如不得已也。简文训速貌，得之。

2. 崔，高貌。王敔：崔，高貌。超然于物，不得已乃应之。陆树芝：崔：高大貌，其心高大，不以物为事，迫而后应也。

⑦滀乎进我色也

1. 进我色，谓真人之和气外现。林希逸：滀，聚也，充悦之貌。其生色也，睟然见于面。宣颖：滀，水聚也。水聚则有光泽，和泽之貌，令人可亲。

2. 进我色，谓真人之神机深藏。王敔：滀，水聚貌。藏于己者不测，而其容渊然。

⑧与乎止我德也

1. 与，如字。与乎，涉乎外物也。止我德，谓真人充实其德。陈祥道：与乎止我德也，利用于外而不荡于内。王敔：与，如字。与乎物者，止充其德而不以物为事。

2. 与，通"豫"。与乎，安闲貌。止我德，谓真人之德使人归止。宣颖：宽闲之德，使我归止。朱桂曜："与"与"豫"通。《仪礼·士虞礼》"主人不豫"，"豫"今文作"与"。"豫"有安舒之义，正与"止"字相应。

㈨厉乎其似世乎

1. 厉，如字，危也，严也。世，如字，人世也。郭象：至人无厉，与世同行，故若厉也。林希逸：厉，严毅之意，望之厉然，亦与世人同。宣颖：严毅如传世不苟。

2. 厉，如字，丑恶也。世，如字，人世也。罗勉道：厉，丑恶也。不事修饰，同乎流俗。王敔：厉，癞病，支离其形也。和光同尘，与世相似。林云铭：厉，丑。意若与世同流合污。

3. 厉，如字，涉水也、渡也。世，即"跇"字也。朱桂曜：世，当即"跇"字。《汉书·扬雄传》"跇峦阬，超唐陂"，肖该《音义》引邓展曰："跇厉，厉度也。"又"直观夫票禽之绁隃"，师古曰："绁与跇同。跇，度也。"是"跇"有"度"义，正与"厉"同。此盖言超度寻常也。

4. 厉，当作"广"字。世，借为"泰"字。陆德明："厉"，崔本作"广"，云："苞罗者广也。"俞樾："世"乃"泰"之假字。《荀子·荣辱篇》"桥泄者，人之殃也"，刘氏台拱《补注》曰："桥泄即骄泰之异文。"然则以"世"为"泰"，犹以"泄"为"泰"也。猛厉与骄泰，其义相应。《释文》曰，"厉，崔本作广"，广大亦与"泰"义相应，泰亦大也。郭庆藩："厉"当从崔本作"广"者是。经传中"厉""广"二字，往往而混。如《礼·月令》"天子乃厉饰"，《淮南·时则篇》作"广饰"。俞氏云，"世为泰之假字"，是也。古无"泰"字，其字作"大"。"大""世"二字，古音义同，得通用也。《礼·曲礼》"不敢与世子同名"，注："世，或为大。"《春秋》文三十年"大室屋坏"，《公羊》作"世室"。皆其证。

㈩謷乎其未可制也

1. 謷，敖貌。司马彪：謷乎，志远貌。郭象：高放而自得。王叔之：高迈近于俗也。朱桂曜："謷"盖"敖"之假字。《广雅·释诂》："敖，放妄也。"是"敖"与"放"同义。惟其放敖，故不可制止也。

2. 謷，大貌。王敔：謷，大也。大而无外。宣颖：远大不可控制。

⑪**连乎其似好闭也**

1. 连，謇连、迟缓也。谓语言滞涩。崔譔：连，謇连也。林希逸：连，合也，密也。方其未言，似不欲言。

姚范：《文选》注：謇连，言语不便利也。

2. 连，绵长也。谓德性深厚。郭象：绵邈深远，莫见其门。李颐：连，绵长貌。成玄英：连，长也。圣德邈长，连绵难测。

3. 连，如字。闭，读为"闲"字。谓神情悠闲。宣颖：连绵如悠闲不迫。高亨："闭""闲"形近而误。连，徐迟也。《易·謇》爻辞"往謇来连"，孔疏："连，郑云，迟久之意。"《诗·皇矣》"执讯连连"，毛传："连连，徐也。"此连有徐迟之义之证。闲，暇也。"连乎其似好闭也"，犹云徐乎其似甚暇也。

⑫**悗乎忘其言也**

1. 悗乎，无心貌。忘其言，指德性而言：不系事于心。

王叔之：悗乎，废忘也。成玄英：悗，无心貌也。放任安排，无为虚淡。王敔：悗，从心，从免，不系于心也。虽有言，随即忘之。

2. 悗乎，俯下貌。忘其言，指行为而言：不言。林希逸：及其既言，亦若不言。故曰"悗乎其忘言也"。悗乎，俯下之貌。陆长庚：悗乎其忘言，声音不可求也。悗者，俯下之貌。

⑬**以刑为体者，绰乎其杀也**

1. 绰乎其杀，谓宽宥也。成玄英：绰，宽也。所以用刑法为治体者，以杀止杀，杀一惩万，故虽杀而宽简。

2. 绰乎其杀，谓损有余也。陈寿昌：绰，有余之意。杀，损也。损其有余，以至损而又损，一若刑为其体者然。

3. 绰乎其杀，"杀"借为"察"，谓明察也。章炳麟："绰乎其杀"，文不可通。注言"虽杀而宽"，甚迂。"杀"当借为"察"。《乡饮酒义》"愁之以时察"，注："察，或为杀。"是其例。"绰"从"卓"声，得借为"焯"，《说文》："焯，明也。""焯乎其察"，犹言明乎其察也。

⑭以礼为翼者，所以行于世也

1. 以礼为翼，谓辅世也。成玄英：礼虽忠信之薄，而为御世之首，故不学礼无以立。是故礼之于治，要哉！羽翼人伦，所以大行于世者。陆长庚：以礼为翼者，柔和谦退，所以辅翼人道而行于世者。

2. 以礼为翼，谓应世也。林希逸：以礼徇俗也。王敔：聊以应世。陈寿昌：与世无忤，攸往咸宜，一若礼为翼然。

⑮以知为时者，不得已于事也

1. 就事之方面解，"不得已于事"，是指行必然或当然之事。郭象：任时世之知，委必然之事，伏之天下而已。

陆长庚：以知为时者，行乎其所当行，止乎其所不得不止，故曰"不得已于事也"。

2. 就知之方面解，"以知为时"，即不预谋，不审时。王敔：应时生知，不预立知。陆树芝：时至而事起，若不得已而应之，非有心于审时也。

⑯以德为循者言其与有足者至于丘也而人真以为勤行者也

〔句读1〕以德为循者，言其与有足者至于丘也，而人真以为勤行者也。

1. 丘，喻根本也。足，知本分也。谓修德即是遵循本性而复归根本。成玄英：丘，本也。以德接物，顺物之性，性各有分，止分而足。顺其本性，故至于丘也。夫至人者，岂有怀于为物，情系于拯救者乎！

2. 丘，小山也。足，脚趾也。谓修德犹如有足者皆可登山。林希逸：循德者，循天德而自然也。循乎自然而无所容力，譬如人登小山，有足行者皆自至也。

3. 丘，虚也。刘师培："丘"与"虚"同。《说文》丘字注："丘谓之虚。"《左传》昭十二年疏引张衡说云："丘，空也。""丘""虚"二字古籍互用无区别。"至于丘"者，犹《人间世》所云"集虚"也。

4. 丘，"氏"字之讹。武延绪：郭注"丘者所以本也"，遍考字书，无有训"丘"为"本"者。愚意"丘"当为"氏"字之讹，形近致误。《说文》："氏，至也。从氏下着一；一，地也。"徐谐本作："至也，本也。"《诗·小雅》"维周之氏"，毛传："氏，本也。"《正义》曰："氏读若四圭，为邸，故为本，言是根本之臣也。"

〔句读2〕以德为循者，言其与有足者，至于丘也而人真以为勤行者也。

丘，孔丘。足，脚趾也。谓人之生有足，故人之循德亦是天然。陈治安：庄子见《论语》记夫子"足缩缩如有循"，故言德为循。德为循者，言足之所循者唯德，生而与之有德，乃生而与之有足也。至夫子足缩缩如有循，人真以为勤行于德，在夫子岂自知为勤行哉！

⑭其好之也一，其弗好之也一；其一也一，其不一也一

1. 就认识论角度解：美丑不二。成玄英：既志怀于美恶，亦遗荡于爱憎。故好与弗好，出自凡情，而圣智虚融，未尝不一。其一，圣智也；其不一，凡情也。既而凡圣不二，故不一皆一之也。王雱，真人无心其好恶，所以一也。

2. 就本体论角度解：万物一体。陈祥道：一者无迹于天下，卓然独立，块然独处。万物本一而不一者，物之私意；冥夫一者则知物之私意亦一而已。林希逸：一，自然也，造化也。好恶之异同皆不出乎造化之外，故一与不一皆一也。

⑮天与人不相胜也，是之谓真人

1. 谓天人不相对立，天人混一。郭象：夫真人同天人，齐万致。万致不相非，天人不相胜，故旷然无不一，冥然无不作，而玄同彼我也。宣颖：世俗之知，谓天人二者；真人之真知，谓天人一者也。

2. 谓天人不相胜负，各有其用。褚伯秀：天不人不因，人不天不成，亦何相胜之有。陈寿昌：凡物偏用则相胜，真人任天顺人，妙协中和，无偏执，故曰"不相胜也"。

死生，命也，其有夜旦之常，天也。人之有所不得与，皆物之情也⊖。彼特以天为父，而身犹爱之，而况其卓乎！人特以有君为愈乎己，而身犹死之，而况其真乎⊜！

⊖人之有所不得与，皆物之情也

1. 与，语末助词。不得与，不自得也。情，俗情也。谓人因生死旦暮之变而有不自得之感者，皆滞于凡情也。郭象：夫真人在昼得昼，在夜得夜。以死生为昼夜，岂有所不得！人之有所不得而忧娱在怀，皆物情耳，非理也。成玄英：夫死生昼夜，人天常道，未始非我，何所系哉！而流俗之徒，逆于造化，不能安时处顺，与变俱往，而欣生恶死，哀乐存怀。斯乃凡物之滞情，岂是真人之通智也！

2. 与，参预。不得与，不能干预也。情，实也。谓生死旦暮之变，是人力所不能干预而为物之实理也。林希逸：情，实也。人力所不得而预，此则天地万物之实理也。曰命曰天，即此实理也。宣颖：死生定于命，犹夜旦运于天。有生必有死，有旦必有夜，岂人之所能着力哉！此皆物之实理。

⊜而况其卓乎、而况其真乎

1. 卓、真，指万物形成之最初原因或状态：独化。郭象：卓者，独化之谓也。夫相因之功，莫若独化之至也。故人之所因者，天也；天之所生者，独化也。夫真者，不假于物而自然也。成玄英：卓者，独化之谓也。独化自然之境，生天生地，开辟阴阳，适可安而任之，何得拒而不顺也！真，则向之独化者也。

2. 卓、真，指产生万物之最后根源或实体：道。林疑独：卓者天地之祖，真者万物之母。褚伯秀：人以天为父而犹尊爱之，况己之卓然者乎！君愈乎己而身犹死之，况己之至真者乎！此又直指道体，以示人人能反求其卓然至真者，则知吾之生死乃一念之起灭，一气之往来耳。

泉涸，鱼相与处于陆，相呴以湿，相濡以沫，不如相忘于江湖⊖。与其誉尧而非桀也，不如两忘而化其道[⊜]。夫大块[⊜]载我以形，劳我以生，佚我以老，息我以死。故善吾生者，乃所以善吾死也。①

㊀鱼相与处于陆，相呴以湿，相濡以沫，不如相忘于江湖

1. 谓相爱不如相忘。郭象：与其不足而相爱，岂若有余而相忘。

2. 喻有为不如无为。吕惠卿：处乎人伪之陆，而呴濡以仁义之湿沫，不若相忘于道术之江湖，而不知死生聚散也。林希逸：处陆之相濡，不如江湖之相忘，喻人处世而有为，不若体道而无为也。

㊁与其誉尧而非桀也，不如两忘而化其道

1. 从本体论角度解，此"道"是指与自然或变化为一。郭象：夫非誉皆生于不足。故至足者，忘善恶，遗死生，与变化为一。成玄英：随变化而遨游，履玄道而自得。

2. 从认识论角度解，此"道"是指混一是非。宣颖：此"道"字轻，不过是非之道。陆树芝：辨别是非不如忘其是非，忘其是非则化其是非而为道之大宗矣。故道贵于心忘，所谓养其所不知也。

㊂大块

1. 谓自然、天地、元气。司马彪：大块者，自然也。（《文选》郭景纯《江赋》注引）陈景元：大块，元气也。林希逸：大块，天地也。

2. 谓造物主。林疑独：大块，造物之名。褚伯秀：大块本以言地，据此经意，则指造物。陈寿昌：人生不过百年，自始至终，造化安排，若有成局。

夫藏舟于壑，藏山[⊖]于泽，谓之固矣。然而夜半有力者[⊜]负之而走，昧者不知也。藏小大有宜[⊜]，犹有所遁[⊜]。若夫藏天下于天下而不得所遁，是恒物之大情也[⊜]。特犯[⊜]人之形而犹喜之。若人之形者，万化而未始有

---

① 王懋竑："泉涸"以下一节，疑为错简，与上下文不甚相贯。"大块"六句，又见后"子祀"章，其为错简重出无疑也。马叙伦："泉涸"至"相忘于江湖"，又见《天运篇》。此节疑为下文错简。校者以未错者对之，未敢删除，遂成羡文。

极也⊕，其为乐可胜计邪！故圣人将游于物之所不得遁⊕而皆存。善夭①善老，善始善终，人犹效之⊕，又况万物之所系，而一化之所待⊕乎！

㈠藏山于泽

1. 山，如字。司马彪：舟，水物；山，陆居者。藏之壑泽，非人意所求，谓之固；有力者或能取之。（《文选》江文通《杂体诗》注引）王雱：舟者，取其汎然无定也；山者，取其确然不动也。

2. 山，疑为"汕"之借，或"车"之坏。俞樾：山非可藏于泽，且亦非有力者所能负之而走，其义难通。山，疑当读为"汕"。《尔雅·释器》："罛谓之汕。"《诗·南有嘉鱼篇》毛传"汕，汕樔也"，笺云："今之撩罟也。"藏舟、藏汕，疑皆以渔者言，恐为人所窃，故藏之，乃世俗常有之事，故庄子以为喻耳。

王叔岷：俞樾谓"山当读为汕"，说亦牵强。疑"山"为"车"之坏字。古人设譬，多以舟、车对举。本书《天运篇》"夫水行莫如用舟，而陆行莫如用车"，《达生篇》"视舟之复，犹其车却也"，并同此例。《记纂渊海》五九引"山"正作"车"。

㈡然而夜半有力者负之而走

1. 有力者，谓变化之推移也。郭象：夫无力之力，莫大于变化者也。故乃揭天地以趋新，负山岳以舍故。故不暂停，忽已涉新，则天地万物无时而不移也。王敔：夜半，子时，昼夜阴阳之一换也。今日之山，非昨日之山，大气推移，地游天运，人特不知耳。

2. 有力者，谓造化之主宰也。成玄英：有力者，造化也。夫藏舟船于海壑，正合其宜；隐山岳于泽中，谓之得所。然而造化之力，担负而趋，变故日新，骤如逝水。王雱：造化之变移，所谓有力者负之而走也。造化冥运，故言夜半；造化难察，故言昧者。

㈢藏小大有宜

1. 谓藏小、藏大之法各皆合宜。成玄英：藏舟于壑，藏山于泽，

---

① 王叔岷：夭，《释文》所出本作"妖"。陆德明：妖：崔本作"狑"。本又作"夭"。陈景元：张君房本"夭"作"少"。

此藏大也；藏人于室，藏物于器，此藏小也。然小大虽异，而藏皆得宜。王敔：藏舟，小也；藏山，大也。

2. 谓藏小于大之中，故宜。林希逸：壑之大可以藏舟，泽之大可以藏山，以大藏小，是有宜也。罗勉道：壑大而舟小，泽大而山小，小大包藏，各得其宜。

㈣犹有所遁

1. 遁，谓变也。郭象：不知与化为体，而思藏之使不化，则虽至深至固，各得其所宜，而无以禁其日变也。故夫藏而有之者，不能止其遁也；无藏而任化者，变不能变也。成玄英：遁，变化也。

2. 遁，谓失也、逃也。林希逸：遁，失也。褚伯秀：凡天下之物，有藏必有遁，遁则不存矣。

㈤是恒物之大情也

1. 大情，至理也。林云铭：大情者，实理之大归也。陆树芝：大情犹言至理，谓此乃万物之至理也。

2. 大情，大概情形。陈寿昌：寻常物理，大概如是。

㈥特犯人之形而犹喜之

1. 犯，如字，遇也。或"逢"之借字。成玄英：特，独也。犯，遇也。夫大冶洪炉，陶铸群品。独遇人形，遂以为乐。章炳麟：犯字《淮南》作"逢"。"犯""逢"双声，借"犯"为"逢"。

2. 犯，"范"之借字。宣颖：《淮南子》作"范"字是。姚鼐："犯人"之"犯"，至后"子祀"章"犯"字，皆如"范金合土"之"范"。

㈦若人之形者，万化而未始有极也，其为乐可胜计邪

1. 谓人形乃万形之一，虽据人形，何足独喜。郭象：人形乃是万化之一遇耳，未足独喜也。无极之中，所遇者皆若人耳，岂特人形可喜而余物无乐邪！宣颖：生物之形无数无尽，孰不自喜其身？

2. 谓人形可变万形，方据人形，有何可喜。林希逸：人皆以有形自喜，而不知人之一身，千变万化，安知其所止？苟能知之，则万物皆备于我，天地与我为一，其乐可胜计哉？罗勉道：一犯着人之形，犹为可喜。所贵人之形者，其中藏得万般变化，其为乐何可胜计。

3. 谓方成人形则喜，大道能成万千形，其乐有止尽否？曹础基：只是铸造了人体就那么高兴，而大道能变出像人形一类的东西上千上万，无有止境，那么快乐就无穷了。

㈧故圣人将游于物之所不遁而皆存

1. 物之所不得遁，就过程言，谓与变化为一。郭象：夫圣人游于变化之途，放于日新之流。万物万化，亦与之万化；化者无极，亦与之无极，谁得遁之哉！夫于生为亡而于死为存，则何时而非存哉！

2. 物之所不得遁，就根源言，谓与造化或道为一。陈景元：物之所不得遁者，造化也。圣人游于无心无化之途，则物皆存矣。陆长庚：圣人将游于物之所不得遁者，便是不以其身为身，而以道为身。唯道长存，故圣人亦与之而皆存。

3. 物之所不得遁，就范围言，谓与自然为一。林希逸：圣人游心自然，无得无丧，故曰"游于物之所不得遁而皆存"。褚伯秀：唯其无所藏，故物不得遁而皆存。故物不得遁而皆存之处，无何有之乡、广莫之野是也。

㈨善夭善老，善始善终，人犹效之

1. 此谓造物主。林希逸：善夭善老，善始善终，造物也。善者，能也。言造物能此，人犹效之。

2. 此谓圣人。罗勉道：圣人得藏天下之要，使民养生丧死而无札瘥妖厉之患，人犹慕其治而效之。

3. 此谓普通修儒术之人。林云铭：夭、老、始、终，加下"善"字，便与"游"字有间，此不过誉尧非桀一流人，尚未到两忘而化于道者，乃人犹欲师效之。陆树芝：善以为善而不以为戚也。天寿死生皆无所戚，此即儒者"居易俟命"道理。庄子以为尚非大宗师者也，人犹效之以为师也。若夫知天而生者，不特善之，抑且忘之。

4. 此谓在某一点上体现性善之人。陈寿昌：人类万有不齐，或短而夭，或寿而老，或植基于始，或正命以终，但有一端全其性善，常人犹则效之。

⊕万物之所系、一化之所待

1. 此谓圣人。郭象：圣人玄同万物而与化为体，故其为天下之所宗也，不亦宜乎！王雱：天职生覆，地职形载。生复者未必能形载，而形载者未必能生复，此万物未为全归也。惟圣人成天地之功，合万物以为一，此物之所系而化之所待宜乎。

2. 此谓道。林希逸：万物之所系者，道也；一化之所待者，道也。此所谓大宗师也。宣颖：万物之所系，一化之所待，大宗师也。万物总一个变化，一化必听乎宗师也。道是"大宗师"主名。

夫道，有情有信[⊖]，无为无形；可传而不可受[⊜]，可得而不可见；自本自根，未有天地，自古以固存；神鬼神帝，生天生地[⊜]；在太极^⑱之先而不为高①，在六极^⑱之下而不为深，先天地生而不为久，长于上古而不为老。狶韦氏得之^⑱，以挈②^⑱天地；伏戏氏得之，以袭气母^⑱；维斗得之，终古不忒；日月得之，终古不息；堪坏得之，以袭昆仑；冯夷得之，以游大川；肩吾得之，以处大山；黄帝得之，以登云天；颛顼得之，以处玄宫；禺强得之，立乎北极；西王母得之，坐乎少广，莫知其始，莫知其终；彭祖得之，上及有虞，下及五伯；傅说得之，以相武丁，奄有天下，乘东维，骑箕尾，而比于列星^⑱。③

---

① 陆德明：一本作"在太极之先未为高"。俞樾：下文云"在六极之下而不为深"，则此当云"在太极之上"方与"高"义相应。庄子原文疑本作"在太极之上"，后来说《周易》者疑"太极"当以"先后"言，不当以"上下"言，乃改。

② 成玄英：挈，又作"契"。

③ 陆德明：崔本此下更有"其生无父母，死登假三年而形遁，此言神之无能名者也"，凡二十二字。

㈠夫道，有情有信，无为无形

1. 情、信，指"道"所表现出的品性。郭象：有无情之情，故无为也；有无常之信，故无形也。吕惠卿：耳目得之而视听，手足得之而运动，岂不有情乎！寒暑得之而往来，万物得之而生育，岂不有信乎！

2. 情，信，谓"道"是实际存在的。林希逸：情，实也。信亦实也。朱桂曜：情，实也，与"信"同义。《鹖冠子·夜行》"致信究情，复反无貌"，陆佃注："夫道有情有信，非若断空，虽无形而非无理也，要在致而究之。"盖即本《庄子》此文。

㈡可传而不可受

1. 谓"道"非物体，故可理解而不可授受。成玄英：寄言诠理，可传也；体非量数，不可受也。罗勉道：可口传而不可手授。

2. 谓"道"乃玄理，可心传而不可口授。王雱：可以神会，而难以情求。陈启天：谓道可心传，而不可以口授。

3. 谓"道"有师传，而弟子不必受。宣颖：虽有师可传，而不能必弟子之可受。陈寿昌：心传不绝，而受者殊难其人。

㈢夫道……神鬼神帝，生天生地

1. 谓道是无，天地、鬼帝皆自生、自神。郭象：（道）无也，岂能生、神哉？不神鬼帝而鬼帝自神，斯乃不神之神也；不生天地而天地自生，斯乃不生之生也。

2. 谓道是一，天地、鬼帝皆道所生、所神。成玄英：言大道能神于鬼灵，神于天帝，开明三景，生立二仪，故《老经》云天得一以清，神得一以灵也。林希逸：推原此道之始，则自古未有天地之时，此道已存矣。鬼之与帝，所以能神者，此道为之；天地亦因道而后有，故曰生天生地。

㈣在太极之先而不为高

1. 以"上下"解。成玄英：太极，五气也。道在五气之上，不为高远。

2. 以"先后"解。陈景元：太极未见气也。陆树芝：在阴阳未判之先而不为高渺。

㊄在六极之下而不为深

1. 六极，如字。成玄英：六极，六合也。在六合之下，不为深邃。

2. 六极，疑为"六合"或"大极"。王叔岷：《大方广佛华严经随疏演义钞》一四引作"六合"。马叙伦："六"疑当为"大"。

㊅狶韦氏得之，以挈天地……（按：此下尚有"伏戏氏得之……傅说得之"十二个"得之"）

1. 得之，谓自得也，一切并非由道而成，独化而成。郭象：道，无能也。此言得之于道，乃所以明其自得耳。然则凡得之者，外不资于道，内不由于己，掘然自得而独化也。

2. 得之，谓得道也，一切皆由道主宰而成。成玄英：狶韦氏得灵通之道，故能驱驭群品，提挈二仪。林希逸：自狶韦氏而下，有十三个"得"字，皆言得此道而后能如此也。陆长庚：是道也，帝不得不可以为帝，日月星斗山川不得不可以为日月星斗山川，仙真贤圣不得不可以为仙真贤圣。

㊆以挈天地

1. 挈，如字，提也。司马彪：挈，要也，得天地要也。成玄英：得灵通之道，故能驱驭群品，提挈仁义。林希逸：挈天地，犹言整齐乾坤也。

2. 挈，通"契"，合也。成玄英：挈，又作"契"字者。契，合也。言能混同万物，符合二仪者也。朱桂曜：成说是。《庚桑楚篇》"其妄之挈然仁者远之"，《释文》："挈本又作契，同。"即其证。

㈧以袭气母

1. 气母，谓元气。崔譔：取元气之本。司马彪：袭，入也。气母，元气之母也。

2. 气母，谓神也。王敔：气之母，谓神也。

㈨夫道，有情有信……而比于列星。

1. 谓此章论道之体和得道之妙。陈景元：道之高深久老，固不可以心思言议而无所不在焉。老君自天地谷神万物侯王而言得一，漆园自狶韦至傅说皆言得之，是以道之通变，千圣莫穷也。褚伯秀：自篇首叙真人之道，死生之理，至此则又论道之体及上古得道之人以证之。

2. 谓此章义浅荒唐。宣颖：以上诸神半出荒唐，庄子但取以寓意，不暇记也。严复：自"夫道"以下数百言，皆颂叹道妙之词，然是《庄》文最无内心处，不必深加研究。

3. 谓此章晚出可疑。奚侗："夫道有情有信"，"情"借为"精"，《老子》"窈兮冥兮，其中有精，其精甚真，其中有信"，本文即义袭《老子》之文。钱穆：此章言伏牺、颛顼云云，似颇晚出。崔本"列星"下尚有"其生也父母"二十二字，郭象疑而删之，而不知全章皆可疑。

南伯子葵问乎女偊曰："子之年长矣，而色若孺子，何也?"曰："吾闻道矣。"南伯子葵曰："道可得学邪?"曰："恶! 恶可! 子非其人也。夫卜梁倚有圣人之才而无圣人之道，我有圣人之道而无圣人之才⊖。吾欲以教之，庶几其果为圣人乎! 不然，以圣人之道告圣人之才，亦易矣。吾犹守而告之⊜，参日而后能外天下；已外天下矣，吾又守之，七日而后能外物；已外物矣，吾又守之，九日而后能外生⊕；已外生矣，而后能朝彻⑱；朝彻而后能见独⑳；见独而后能无古今；无古今而后能入于不死不生㊅。杀生者不死，生生者不生㊉。其为物，无不将也，无不迎也；无不毁也，无不成也。其名为撄宁㊎。撄宁也者，撄而后成者也。"

㈠圣人之才、圣人之道

1. 道与才，解为内与外。成玄英：虚心凝淡为道，智用明敏为才。林疑独：道者，命之配，才者，性之能。圣人出而济世，所主者才也；入而无为，所主者道也。

2. 道与才，解为体与用。王雱：道者，圣人之体也；才者，圣人之用也。有体而无用，未得为之完；有用而无体，未得为之至。

3. 道与才，解为人与天。胡文英：才赋于天，道成于人。陆树芝：才以天质言，道以觉性言。

㈡吾犹守而告之

1. 如句。陈寿昌：言待其可告，而后告之也。王先谦：守而不去，与为谆复。

2. 句当作"吾犹告而守之"。闻一多：疏曰"告示甚易，为须修守，所以成难"，又曰"今欲传告，犹自守之"，是成本正作"告而守之"。

㈢外天下、外物、外生

1. 谓由易及难。成玄英：天下万境疏远，所以易忘；资身之物亲近，所以难遗。陆长庚：外天下与外物异，天下远而物近，天下疏而物亲，故外天下易，外物难；外物易，外生难。宣颖：自天下而物、而生，愈近则愈难外也。

2. 谓由粗及精。赵以夫：外天下、外物、外生，三者同一外，但由粗而精耳。褚伯秀：始外天下，特遗其粗；外物遗其在彼者；外生遗其在我者。在我犹遗，则无所不忘矣。

㈣朝彻

1. 朝，取其光明之涵义：旦，朝阳。成玄英：朝，旦也。彻，明也。如朝阳初启，故谓之"朝彻"。王敔：如初日之光，通明清爽。

2. 朝，取其时间之涵义：一旦，早也。罗勉道：朝彻者，一朝而透彻，不俟七日与九日也。俞樾：《尔雅》："朝，早也。"朝彻，犹早达也。

3. 朝，读为"周"。武延绪："朝"当读为"周"。"周彻"犹"洞彻"也。杨树达："朝"当读为"周"，"朝彻"即"周彻"也。《诗·周南·汝坟》云："未见君子，惄如调饥。"毛传："调，朝也。"《庄》假"朝"为"周"，犹《诗》之假"调"为"朝"。

五 见独

1. 独，用来形容体道者的认识活动：卓见卓识。郭象：当所遇而安，忘先后之所接，斯见独者也。吕惠卿：见独者，彼是莫得其偶。赵以夫：朝彻则所见卓。林希逸：见独者，自见而人不见也。

2. 独，指体道者认识到的对象：至道。成玄英：至道凝然，妙绝言象，非无非有，不古不今，独往独来，绝待绝对。睹斯胜境，谓之见独。王敔：见无偶之天钧。宣颖：独即一也。阮毓崧：独立无对即本性也，见独犹见性也。

六 无古今、不死不生

1. 道家解：有道者视古今生死为一的精神状态。郭象：无古今，与独俱往也。系生故有死，恶死故有生，无系无恶则无生死矣。宣颖：无古今，古今一也。不生不死，生死一也。

2. 佛家解：修道者破妄念后得到的无古今生死的见解。

成玄英：时有古今之异，法有生死之殊者，此盖迷徒倒置之见也。时既运运新新，无今无古，故法亦不去不来，无死无生者也。杨文会：妄念迁流，方有古今之异；妄念全消，过去、未来、现在不出当念，岂有古往今来之定相耶！古今迁流，方有死生去来之相；今证一刹那际三昧时量，全消迷者妄见，生死实无生死。（《南华经发隐》）

七 杀生者不死，生生者不生

1. 此言世界万物一体。成玄英：体于法，无生灭也。

陆树芝：形有生死，太极自无生死。杀其形者于太极何损，非死也；生其形者，于太极何加，非生也。

2. 此言枯心灭欲。罗勉道：槁形死心，所以杀生也而不死；纵情肆欲，所以生生也而不生。宣颖：死其心则神理活，生其心则神理死。凡人心知觉无刻不萌，若杀之，则理存，是死之者有不死也；生之则理亡，是生之者有不生也。

3. 此言造物者超越生死。王敔：杀生、生生，皆天也。

阮毓崧：《列子·天瑞篇》"故生物者不生，化物者不化"，与此"生生者不生，杀生者不死"义同。

（八）撄宁

1. 撄，纷扰也；宁，安定也。撄宁，谓在纷乱扰动中成其宁定。郭象：夫与物冥者，物萦亦萦，而未始不宁也。成玄英：撄，扰动也；宁，寂静也。圣人随物立称，动而常寂，虽撄而宁者也。

2. "撄"与"宁"同义。撄宁，安止也。马叙伦："撄"字《说文》不收，此借为"甇"。《说文》曰："甇，安止也。""宁"借为"窀"。《说文》曰："窀，安也。"

3. "宁"与"撄"同义。撄宁，纷绕也。朱桂曜：郭读"撄"为"萦"，甚是；而别"宁"为安宁之"宁"则非。此二字声义并同。"撄"即"婴"字。孙绰《天台山赋》"方解缨络"，李注引《说文》："婴，绕也。""宁"与"萦""营""荣"字通。《汉书·李寻传》注："营，谓绕也。"正与"婴"同义。故《越绝书》云"婴荣楯以白璧"，"婴荣"即"撄宁"也。

南伯子葵曰："子独恶乎闻之？"曰："闻诸副墨⊖之子，副墨之子闻诸洛诵⊜之孙，洛诵之孙闻之瞻明⊜，瞻明闻之聂许⊗，聂许闻之需役⊗，需役闻之于讴⊗，于讴闻之玄冥⊕，玄冥闻之参寥⊗，参寥闻之疑始⊛。"

（一）副墨

1. 副，副贰也；墨，翰墨。副墨，即文字也。意谓文字为道理或语言之副。成玄英：副，副贰也。墨，翰墨也；翰墨，文字也。理能生教，故谓文字为副贰也。吕惠卿：道以体之为正，则文墨所论者乃其副也。林希逸：副墨，文字也。因有言而后书之简册，故曰"副墨"。形之言，正也；书之墨，副也。陈寿昌：文字生于语言，故以书之墨本者为副。

2. 副，"倍""背"之假字；墨，通"默"。副墨即默默背书。

吴世尚：寻行觅句，始读书者。朱桂曜："副"乃"倍"之假字。《吕氏春秋·过理篇》"带盖三副矣"，高注："副或作倍。"《周礼·大司乐》郑注："倍文曰讽，以声节之曰诵。"贾疏："倍文曰讽，谓不开读之。以声节之曰诵者，此亦皆背文。但讽是直言之，无吟咏，诵则非直背文，又为吟咏，以声节为异。"徐养原云："讽如小儿背书。"然则"倍"即背书之"背"，二字古通用也。"墨"与"默"通。《史记·商君传》"纣墨墨以亡"，"墨墨"即"默默"。《屈贾传》"孔静幽墨"，"幽墨"即幽默。"默"即默书之"默"。"倍默"即背书默书，均为不开书而读之。

3. 副，判也；墨，默也。王闿运：副墨，近世多以为简册，周末墨未通行，非也。副，判也。墨，默也。自离于儒，故默不言。

（二）洛诵

1. 洛，包络；诵，通也。李颐：诵，通也。苞洛无所不通也。

2. 洛，连绵；诵，读也。吕惠卿："洛诵"谓绵络贯穿而诵之。王先谦：谓连络诵之，犹言反复读之。"洛""络"同音借字。朱桂曜：《广雅·释水》"洛，绎也"，《三苍》"绎，抽也"，《方言》十三"抽，读也"，是"抽"与"读"同义。抽者，绎也，读者，绩也，谓抽绎其端绪相绩而不穷。洛诵，亦即绎诵。倍默谓不开书读之，此则乃开书读之，是其异也。

3. 洛，乐也；诵，读也。宣颖：文字须诵读之，洛诵者，乐诵也。

（三）瞻明

1. 解作认识活动之一种结果：识得至理。成玄英：读诵精熟，功劳积久，渐见至理，灵府分明。林希逸：瞻者，见也，见彻而曰"瞻明"。

2. 解作一种认识活动：视也。赵以夫：瞻明，视也。

陆长庚：瞻明，审视也。

㈣聂许

1. 谓小声言语状。成玄英：聂，登也，亦是附耳私语也。既诵之稍深，因教悟理，心生欢悦，私自许当，附耳窃私语也。陈景元：耳告曰"聂许"。林希逸："聂"与"嗫"同，以言自许，故曰"聂许"。

2. 谓听也。赵以夫：聂许，听也。王敔：听也，耳聂而聪许也。

㈤需役

1. 谓行也。成玄英：需，须也。役，用也。虽复私心自许，智照渐明，必须依教遵循，勤行忽怠。懒而不行，道无由致。林希逸：役者，行使也。需，待也。可以待时而行使也。

2. 谓言也。朱桂曜：上举倍默、绎诵、瞻明，并属文字方面；下举聂许、需役、于讴，则皆属语言方面。"需"即"嚅"，"役"即"哾"。《玉篇·口部》"嚅"下引《埤苍》云："嗫嚅，多言也。"《论文·口部》"哾"下云："谍哾，多言也。"是"需""役"皆有多言之义。

㈥于讴

1. 于，叹词；讴，歌也。于讴，咏叹歌谣之谓。成玄英：讴，歌谣也。既因教悟理，依解而行，遂使盛惠显彰，讴歌满路也。林希逸：讴者，言之不足而咏歌之也。于，嗟叹也，言其自得其乐也。

2. 于、讴同为叹词。于讴，有声而不成语之谓。朱桂曜："讴"与"于"同。《淮南·览冥训》"区冶生而淳钧之剑成"，高注："区，读讴歌之讴也。区，越人善冶剑工也。"朱骏声曰："区，区越也，犹言于越，瓯越、欧越皆同。"是"讴""区""于"三字通也。

《在宥篇》"于于以盖众"，"于讴"亦犹"于于"也。《齐物论篇》"前者唱于而随者唱喁"，"于""喁"义当同。此如后世之言"伊吾""伊忧"，皆有声而不成语也，皆感叹之辞。

（七）玄冥

1. 谓幽远。成玄英：玄者，深远之名也。冥者，幽寂之称。

2. 谓开始。林希逸：玄冥，有气之始也。

（八）参寥

1. 参，高也。李颐：参，高也。高邈寥旷，不可名也。

2. 参，三也。成玄英：参，三也。寥，绝也。一者绝有，二者绝无，三者非有非无，故谓之三绝也。

3. 参，悟也。宣颖：参，参悟。寥，空虚。悟虚也。

（九）疑始

1. 如字。谓道之传闻最后归之于未尝有始，无可本。

成玄英：始，本也。道以不本而本，本无所本，疑名为本，亦无的可本，故谓之疑始也。宣颖：悟虚又须至于无端倪乃闻道也。疑始者，似有始而未尝有始也。

2. "疑始"当即"怠疑"。谓道之传闻归之于痴呆。朱桂曜：《山木篇》"侗乎其无识，傥乎怠疑"，"疑始"当即"怠疑"。盖"始"与"怠"并从"台"声。其本字当作"佁痴（癡）"。《说文·人部》："佁，痴貌，从人，台声，读若駭。"盖"佁痴"即今"痴駭"。庄子以道之传闻，最后归之于"痴駭"，亦其所谓谬悠荒唐、诚诡可观者也。

子祀、子舆、子犁、子来四人相与语曰："孰能以无为首，以生为脊，以死为尻，孰知死存亡之一体者，吾与之友矣。"四人相视而笑，莫逆于心，遂相与为友。俄而子舆有病，子祀往问之。曰："伟哉！夫造物者将以予为此拘拘也。"曲偻发背，上有五管，颐隐于齐，肩高于顶①，句赘○指天，阴阳之气有沴②其心闲而无事○，跰𨇤而鑑于井，曰："嗟乎！夫造物者又将以予为此拘拘也。○"

○句赘

1. 言颈项之病状。李颐：句赘，项椎也，其形似赘，言其上向也。宣颖："句"音"沟"，曲也。赘为项脽，见《字汇》。句曲其项脽，故指天，皆极写其曲偻也。

2. 言发髻。林希逸：句赘，髻也。指天，露顶也。奚侗：李云，句赘项椎也，非是。《淮南·精神训》作"烛营指天"，高注："烛营读曰括撮。"更以《人间世》证之，则此文亦当作"括撮指天"，但不知何缘误为"句赘"耳。

○阴阳之气有沴其心闲而无事

〔句读1〕阴阴之气有沴，其心闲而无事。

郭象：沴，陵乱也。成玄英：阴阳二气，陵乱不调，遂使一身，遭斯疾笃。死生犹为一体，疾患岂复概怀！故虽曲偻拘拘，而心神闲逸，都不以为事。

〔句读2〕阴阳之气有沴其心，闲而无事。

沴当作"沵"，满也。陆德明：沴，崔本作"遾"，云："满也。"崔以"其心"属上句。马叙伦："沴"当作"瀰"，省书作"沵"，因讹为"沴"。《说文》："瀰，水满也。"郭象以"其心"属下句读，非是。

○曰：伟哉！夫造物者将以予为此拘拘也……曰：嗟乎！夫造物者又将以予为此拘拘也

1. 前"曰"为子祀述病状，后"曰"为子舆叹语。崔譔：自"伟哉"至"鉴于井"，皆子祀自说病状也。"嗟乎"此子舆辞。

2. 两"曰"皆子舆叹语。成玄英：伟，大也。造物，犹造化也。

① 陆德明：顶，本亦作"项"。
② 陆德明：沴，崔本作"遾"。

夫洪炉大冶，造物无偏，岂独将我一身故为拘挛之疾！以此而言，无非命也。子舆达理，自叹此辞也。照临于井，既见己貌，遂使发伤嗟。宣颖：本是子舆叹一句，即来鉴井，却夹八句叙事于中，又叹一句。陈寿昌：上叹有身为己累，此又叹有病为身累，字句同而意自别。

子祀曰："女恶之乎？"曰："亡予何恶⊖！浸假而化予之左臂以为鸡①，予因以求时夜；浸假而化予之右臂以为弹，予因以求鸮炙；浸假而化予之尻以为轮，以神为马，予因以乘之，岂更驾哉！且夫得者，时也；失者，顺也。安时而处顺，哀乐不能入也，此古之所谓县解也，而不能自解者，物有结之。且夫物不胜天久矣，吾又何恶焉！"

⊖亡予何恶

〔句读1〕亡，予何恶！

恶，乌路反，嫌恶也。句谓：否，我有何嫌恶！成玄英；亡，无也。存亡死生，本自无心，不嗟之嗟，何嫌恶之也！

〔句读2〕亡予何恶！

恶，如字，不善，过失也。句谓：亡我有何不可！陆德明：恶，一音如字读。则连"亡"字为句。

俄而子来有病，喘喘②然将死，其妻子环而泣之。子犁往问之，曰："叱！避！无怛化⊜！"倚其户与之语曰："伟哉造化！又将奚以汝为？将奚以汝适？以汝为鼠肝乎？以汝为虫臂乎⊜？"子来曰："父母于子，东西南北，唯命之从。阴阳于人，不翅于父母；彼近⊜吾死而我不听，我则悍矣，彼何罪焉？夫大块载我以形，劳我以生，佚我以老，息我以死。故善吾生者，乃所以善吾死也。今大冶铸金，金踊跃曰：'我且必为镆铘！'大冶必以为不祥之金。今一犯人之形，而曰'人耳！人耳！'夫造化者必

---

① 奚侗："鸡"盖"卵"字之误。有《齐物论》"见卵而求时夜，见弹而求鸮炙"可证。
② 陆德明：喘喘，崔本作"惴惴"。

以为不祥之人。今一以天地为大炉，以造化为大冶，恶乎往而不可哉？"
成①然寐，蘧然觉⑩。②

㈠无怛化

1. 化，如字。谓变化、造化。成玄英：令避傍近，正欲变化，不欲惊怛也。罗勉道：道家以死为化，叱其避去，勿惊动其化。

2. 化，"吒"字之讹，痛惜也。朱桂曜："化"疑"吒"之讹。即"咤"字。《通俗文》："痛惜曰咤。""无怛吒"，盖惊痛之意。下文"有旦宅而无情死"，"旦宅"李本作"怛侘"，云惊惋之貌，正与此同。

㈡鼠肝、虫臂

1. 取其为物之至贱之义。王叔之：取微蔑至贱。林疑独：鼠肝虫臂，物之微小者，与《齐物论》蛇蚹、蜩翼义同。言造化之变无穷，人所不能知也。

2. 取其为悍怒之类型之义。陈祥道：鼠肝，怒之存乎内者也；虫臂，怒之见乎外者也。人生天地间，欲悍阴阳之命而莫之听，何异乎鼠肝虫臂乎！

3. 取其为虚无之义。林云铭：《子平渊海》曰："鼠无肝。"《字汇》曰："有足曰虫，无足曰豸。"是虫虽有足，实无臂。喻或化为无物亦无处也。

㈢彼近吾死而我不听，我则悍矣

1. 彼，指死而言。近，形容词，不远也。郭象：彼，谓死耳；在生，故以死为彼。死生犹旦夜耳，未足为远也。时当死，亦非所禁，而横有不听之心，适足悍逆于理以速其死。

2. 彼，指造化而言。近，动词，迫近也。成玄英：彼，造化也。而造化之中，令我近死。我恶其死而不听从，则是我拒阴阳，逆于变化。

---

① 陆德明：成，本或作"戌"，音"洫"。本又作"贼"，呼括反，视高貌。本亦作"俄"。陈景元：古本"成"作"眣"。高视貌。

② 陆德明：向、崔本此下更有"发然汗出"一句。

㈣成然寐，蘧然觉

1. 如句。寐喻死，觉喻生。成玄英：成然是闲放之貌，蘧然是惊喜之貌。寐，寝也，以譬于死也。觉是寤也，以况于生。

2. 如句。寐喻生，觉喻死。罗勉道：成然犹安然；蘧然，匆遽之貌。人生乃是寐、死乃是觉也。

3. 如句。谓寝不梦，觉无忧。阮毓崧："成"字义同"熟"。成然寐，即酣睡之谓，亦上文"其寝不梦"之义。蘧然，自得之貌，蘧然觉，即上文"其觉无忧"之义。

4. 句有误："成"当作"灭"。梁简文帝：成，当作灭①。

奚侗：成，《释文》作"戌"。《说文》："戌，威也。"威，灭也。寐状若火之熄灭。朱桂曜：作"戌"是。戌与"淴"通，故本或音"淴"。《徐无鬼》"若邮若失，若丧其一"，《淮南·道应训》作"若失若亡其一"，《列子·说符篇》作"若灭若没，若亡若失"，是以"灭"为"淴"也，"灭"与"戌"同，故简文本作"灭"。

5. 句有误："成"当作"俄"。马叙伦：陆德明曰："成，本亦作俄。"按"俄"字是。《说文》曰："俄，顷也。"盖言俄顷而寐也。

子桑户、孟子反、子琴张三人相与友，曰："孰能相与于无相与，相为于无相为⊖？孰能登天游雾，挠挑无极⊜，相忘以生，无所终穷⊜?"三人相视而笑，莫逆于心，遂相与为友。

㊀相与于无相与，相为于无相为

1. 谓两句一意：以万物为一体也。郭象：夫体天地者，冥变化者，虽手足异任，五藏殊官，未尝相与而百节同和，斯相与于无相与也；未尝相为而表里俱济，斯相为于无相为也。故以天下为一体者，无爱为于其间也。吕惠卿：相与于无相与，相为于无相为，归根复命之处也。

2. 谓两句意各别：一言无心，一言无迹。林疑独：有相与之道，

---

① "灭"字繁体作"滅"。

无相与之事；有相为之心，无相为之迹。陆长庚：相与于无相与，无心也；相为于无相为，无为也。陈寿昌：与以无心，为之无迹。

㈡登天游雾，挠挑无极

1. 无极，谓造化。比喻得道人之性能：与造化为一。成玄英：挠挑，犹宛转也。夫登升上天，示清高轻举；遨游云雾，表不滞其中；故能随变化而无穷，将造物而宛转者也。

林疑独：登天游雾，致虚极也；挠挑无极者，宛转于造化之表。

2. 无极，无有止境之谓。此喻得道人之行为：言行无辙迹。林希逸：挠挑，踊跃之意。无极，无止也。登天游雾，游于物之外也。陆长庚：登云游雾，挠挑无极，言行无辙迹也。

㈢相忘以生，无所终穷

1. 终穷，穷尽也。句谓能忘生，则能无所不忘，无所不任。郭象：忘其生，则无不忘矣，故能随变任化，俱无所穷。

2. 终穷，死也。句谓忘生又忘死。成玄英：终穷，死也。相与忘生复忘死。

莫然[○]有间，而子桑户死，未葬。孔子闻之，使子贡往侍事焉。或编曲[○]，或鼓琴，相和而歌曰："嗟来桑户乎！嗟来桑户乎！而已反其真，而我犹①为人猗！"子贡趋而进曰："敢问临尸而歌，礼乎？"二人相视而笑曰："是恶知礼意[○]！"子贡反，以告孔子，曰："彼何人者邪？修行无有，而外其形骸，临尸而歌，颜色不变，无以命之。彼何人者邪？"孔子曰："彼游方之外者，而丘游方之内者也[○]。外内不相及，而丘使女往吊之，丘则陋矣！彼方且与造物者为人[○]，而游乎天地之一气。彼以生为附赘县疣，以死为决痝溃痈[○]。夫若然者，又恶知死生先后[○]之所在！假于异物，托于同体[○]；忘其肝胆，遗其耳目；反复终始，不知端倪；芒然彷徨

---

① 陆德明：犹，崔本作"独"。

乎尘垢①之外，逍遥乎无为之业⑦。彼又恶能愦愦然为世俗之礼，以观众人之耳目哉！"

（一）莫然有间

1. 莫然，言情态：平静寂然也。崔譔：莫然，定也。

成玄英：莫，无也。三人相视，寂尔无言。王敔：莫然，犹穆貌②。宣颖：莫然，犹漠漠然，形容淡交也。朱桂曜："莫然"即"怃然"。古字"莫"与"无"通。《孟子·滕文公上》"夷子怃然为间曰"，赵注："怃然者，犹怅然也；为间者，有顷之间也。"正与此处同。以其溘死，故怅然也。

2. 莫然，言时间：忽然也。罗勉道：莫然有间，无间隙。林云铭：莫然，犹忽然。有间，有顷也。

（二）编曲

1. 曲，薄席也。李颐：曲，苫薄。成玄英：曲，薄也。编薄织帘。王闿运：编曲，以薰葬也。马叙伦：曲为茁省，苫薄也。《方言》曰："薄，宋卫陈楚江淮之间谓之茁。"

2. 曲，歌曲也。陈景元：编次歌曲。陆长庚：编曲，曲即琴曲。

（三）是恶知礼意

1. 礼意，谓礼之本质。陈景元：安生顺死，礼之意；哭泣躃踊，礼之文。林希逸：礼意犹云礼之本。

2. 礼意，谓制礼之意图。罗勉道：礼之本意缘人情而生，情不动何用乎礼！陆长庚：礼之意重在返始，故曰"礼不忘其始"。始即未始有始也者。故圣人制礼，老子薄之，以为滋伪首乱。

（四）方之外、方之内

1. 方，常也，礼法也。司马彪：方，常也。言彼游心于常教之

---

① 陆德明：尘垢，崔本家作"冢垠"。
② 王孝鱼："穆貌"疑当作"穆然"，静思貌。（王夫之《庄子解》校）

外也。(《文选》谢灵运《之郡初发都诗》注引）罗勉道：方者，法度也。奚侗：《论语》"且知方也"，郑注："方，礼法也。"

2. 方，区域也。成玄英：方，区域也。彼之二人，齐一死生，不为教迹所拘，故游心寰宇之外。而仲尼、子贡，命世大儒，行载非之义，服节文之礼，锐意哀乐之中，游心区域之内，所以为异也。王雱：游方之外者，所谓不入于形器也；游方之内者，所谓入于形器也。

⑤彼方且与造物者为人

1. 与造物者为人，谓与造化一体、一样。郭象：任人之自为。成玄英：体万物之混同。胡文英：与造物者为人，与造物者一样也。

2. 与造物者为人，谓与造物者为偶、为友。林希逸：与造物为人，即与造物为友。王引之：郭未晓"人"字之义。人，偶也；为人，犹"为偶"。《中庸》"仁者，人也"，郑注："读如相人偶之人，以人意相存偶之言。"《淮南·齐俗篇》曰："上与神明为友，下与造化为人。"是其明证。

⑥彼以生为附赘县疣，以死为决疣溃痈

1. 喻生死为元气之聚散。郭象：若疣之自愚，赘之自附，此气之时聚，非所乐也；若疣之自决，痈之自溃，此气之自散，非所惜也。

2. 喻生死为累患之长消。陆长庚：以生为寄，故有附赘悬疣之譬；死则大患乃解，喻如决疣溃痈。

⑦又恶知死生先后之所在

1. 先后，优劣也，谓生死无优劣胜负之分。郭象：死生代谢，未始有极，与之俱往，则无往不可，故不知胜负之所在也。陆树芝：先后犹言悦恶，悦所先也，恶所后也。不知先后，言不见死生之孰为可悦也，孰为可恶也。

2. 先后，本义，谓生死无时间先后之分。宣颖：一气循环。陆

树芝：照本义解亦妙。盖常人知有生，自是生先死后，今却见得无有生死，又安知孰先孰后。

㈧假于异物，托于同体

1. 谓人假合众物以成一体。成玄英：水火金木，异物相假，众诸寄托，共成一身。

2. 谓人与五行为异物，与造化为一体。陈景元：假合五行之异物，托乎造化之一体。

㈨逍遥乎无为之业

1. 业，事业。成玄英：逸豫于清旷之乡，以此无为而为事业也。

2. 业，始也。俞樾：《达生篇》"无为"作"无事"。"无事之业"，谓无事之始。《广雅》："业，始也。"

子贡曰："然则夫子何方⊖之依？"孔子曰："丘，天之戮民也。虽然，吾与汝共之⊜。"子贡曰："敢问其方⊜。"孔子曰："鱼相造⊕乎水，人相造乎道。相造乎水者，穿池①而养给；相造乎道者，无事而生定②⊕。故曰，鱼相忘乎江湖，人相忘乎道术。"子贡曰："敢问畸人⊗？"曰："畸人者，畸于人而侔于天。故曰，天之小人，人之君子；人之君子，天之小人也⊕。"

㊀然则夫子何方之依

1. 何方，方内方外未定之意。成玄英：方内方外，浅深不同，未知夫子依从何道？林希逸：夫子所依行者，方外耶？方内耶？

2. 何方，何必定依方内之意。林云铭：何故必依方内？王闿运：言方外可游，夫子何自拘于方内也。

---

① 陆德明：池，本亦作"地"。崔同。
② 俞樾："定"疑"足"字之误。字形相似而误。"穿池而养给""无事而生足"两句一律。《管子·小匡》"功定以得天与失天，其人事一也"，今本"定"误作"足"，与此正可互证。

(二)孔子曰："丘，天之戮民也，虽然，吾与汝共之。"

1. 共之，谓共游心于方外也。成玄英：夫孔子圣人，和光接物，扬波同世，贵斯俗礼，虽复降迹方内，与汝共之，而游心方外，萧然无着也。林希逸：吾与汝共之者，欲与之言方外之乐也。林云铭："天之戮民"，方内桎梏，不能自脱，如受之天。"虽然，吾与汝共之"，欲从方内而渐游于方外。

2. 共之，谓共受天戮也。吕惠卿：天之戮民，言天刑之不可解。此非吾所独，与汝共之。赵以夫：孔子谓我与汝皆桎梏于礼法，是天刑之不可解也。褚伯秀：夫子谓予以仁义礼乐化人，乃桎梏于造物者。与汝共之，言举不逃乎此也。

(三)子贡曰："敢问其方？"

1. 方，谓方法也。成玄英：方，犹道也。问混迹域中，心游方外，外内玄合，其道若何？林云铭：方，术也。与上"方"字不同。

2. 方，谓方内。陈寿昌："丘，天之戮民也。"孔子自谦方内，犹言帝悬未解。"敢问其方"，方内之"方"。

(四)鱼相造乎水，人相造乎道

1. 造，至也。成玄英：造，诣也。鱼之所诣者，适性莫过深水；人之所至者，得意莫过道术。

2. 造，生也。陆长庚：人之生于道也，如鱼生于水。"造"之为言"生"也。

(五)相造乎水者，穿池而养给；相造乎道者，无事而生定

1. 池，指天池大水。此谓处大道中则静定。成玄英：夫江湖淮海，皆名天池。鱼在大水之中，窟穴泥沙，以自资养供给也；亦犹人处大道之中，清虚养性，无事逍遥，故得性分静定而安乐也。王先谦：鱼得水则养给，人得道则性安。"生""性"字通。

2. 池，指池塘小水。此谓有道者不必方外，随遇而安也。吕

惠卿：穿池而养，不必大水也；无事而生定，不必方外也。陈祥道：无事而生定，不必方外而后乐；犹鱼之穿池养给，不必江湖而后安。

㈥畸人

1. 畸，奇也，不偶也。司马彪：畸，不耦也。不耦于人，谓阙于礼教也。郭象：谓方外不耦于俗者。

2. 畸，零也。林云铭：畸，零也。独游方外，为世俗零头之人。

㈦人之君子，天之小人

1. 此是庄子愤世非礼之说。成玄英：人伦谓之君子，而天道谓之小人也，故知子反、琴张不偶于俗，乃曰"畸人"，实天之君子。林希逸：庄子所谓君子，有讥诮圣贤之意。盖谓礼乐法度，皆非出于自然，必剖斗折衡，使民不争而后为天之君子也。亦愤世疾邪，而有此过高之论。

2. 此乃庄子和世知礼之论。苏舆：以人之小人断定畸人，则琴张、孟孙辈者皆非所取。庄生岂真不知礼者哉！严复：鱼不能去水，人不能离道，则方内外皆可相忘，何必求为畸人之侔于天而畸于人乎？庄子盖知孔子之深。

颜回问仲尼曰："孟孙才，其母死，哭泣无涕，中心不戚，居丧不哀。无是三者，以善处丧盖鲁国固有无其实而得其名者乎㊀？回壹㊁怪之。"仲尼曰："夫孟孙氏尽之矣，进㊂于知矣。唯简㊃之而不得，夫已有所简矣。孟孙氏不知所以生，不知所以死。不知就先，不知就后。若㊄化为物，以待其所不知之化已乎。且方将化，恶知不化哉？方将不化，恶知已化哉㊅？吾特与汝，其梦未始觉者邪？且彼有骇形㊆而无损心，有旦宅①而无情死㊇。孟孙氏特觉，人哭亦哭，是自其所以乃②㊈。且也相与吾㊉之耳矣，

---

① 陆德明：旦宅，李本作"怛侘"，崔本作"粗宅"。
② 陆德明：乃，崔本作"恶"。

庸诅知吾所谓吾之乎⑥？且汝梦为鸟而厉乎天，梦为鱼而没于渊。不识今之言者，其觉者乎，其梦者乎？造适不及笑，献笑不及排①⑤，安排而去化④，乃入于寥天一②。"

（一）以善处丧盖鲁国固有无其实而得其名者乎

〔句读1〕以善处丧，盖鲁国固有无其实而得其名者乎？

盖，助词。郭象：鲁国观其礼，而颜回察其心。成玄英：盖者，发语之辞也。哭泣缞经，同俗中之俗礼；心无哀戚，契方外之忘怀。鲁人睹其外迹，故有善丧之名；颜子察其内心，知无至孝之实。

〔句读2〕以善处丧盖鲁国，固有无其实而得其名者乎？

盖，动词，覆盖。林希逸：盖鲁国者，以善丧之名高于一国。李桢："以善处丧"绝句，文义未完，且嫌于不辞。下"盖鲁国"三字当属上为句，不当连下"固有"云云为句。"盖"与《应帝王篇》"功盖天下"义同，言孟孙才以善处丧名盖鲁国。《尔雅·释文》"弇，盖也"，《小尔雅·广诂》"盖，覆也"，《释名·释言语》"盖，加也"，并有高出其上之意。即此盖字义也。

（二）回壹怪之

1. 壹，副词，时常也，确实也。林希逸：壹犹常也，言某常怪之也。陆树芝：一者，诚也。

2. 一，语助词。王引之：一，语助也。

（三）夫孟孙氏尽之矣，进于知矣

1. 进，超过、胜于也。郭象：尽死生之理，非知之匹也。罗勉道：进于知，言胜于知丧礼者。

---

① 陆德明：崔本作"造敌不及笑，献芥不及整"。王闿运：使人造敌，非自然怡悦，故不及笑。使人献然而笑，不若以法整齐之，故曰献笑不及整。章炳麟：当依崔本，文义略通。

② 陆德明：崔本作"安排而造化不及眇，眇不及雄漂淰，雄漂淰不及算筬，算筬乃入于漻天一"。王闿运：排，挤也。与物相靡，为物所排能安之，始欲造化耳，不及精眇要道也。卵胎中阳精曰"雄漂淰"，人物之所化也。算，桑薁木耳也。筬，"菁"借字，丛草也。算菁无心而化。

2. 进，达到、进入也。林希逸：进于知者，言其进进而知道也。

㈣唯简之而不得，夫已有所简矣

1. 简，分别、选择也。谓孟孙氏无法分别生死有何不同，故无哀感。然亦有所分别，故哭泣居丧。郭象：简择死生而不得其异，若春秋冬夏四时行耳。

2. 简，省略也。谓孟孙氏于丧礼欲省略而不能，然亦有所省略矣。赵以夫：孟孙尽死生之理，造致知之域，然不得不居丧，不得不哭泣，所谓简之而不得也。然不戚不哀，则已有所简矣。

3. 简，读为"间"，非也。谓孟孙氏行为甚高，非之不得，然亦有所非矣。高亨："简"读为"间"，《小尔雅·广言》："间，非也。"《论语·泰伯》"禹无间然矣"，《后汉书》引《论语》此句，李注："间，非也。"此言孟孙氏之行甚高，我虽非之而不得，已有所非矣，岂漫然无所非哉！本书《天运篇》"食于苟简之田"，《释文》："司马本简作间。"即"简""间"通用之证。

4. 此两句泛言世情，非指孟孙氏说。胡文英：此二句指世情说，仍指孟孙者非是。姚鼐：常人束于生死之情，以为哀痛简之而不得，不知于性命之真已有所简矣。苏舆：二语泛言，不属孟孙氏说。

㈤若化为物，以待其所不知之化已乎

1. 若，顺也。谓顺从造化，听其化之。林希逸：顺造化而为物，以待其所不知之化。言听其自然，又安知将化、已化与不化哉？宣颖：顺其所以化，以待其将来所不可知之化，如此而已。

2. 若，假若，既若。谓既化为物，则静待其所不知之再化。

赵以夫：若化为物，谓彼既化为异物矣。其所不知者。不生不化也。又岂待其所不知者与之俱化而后已邪？陆树芝：自视此身，原是托于异物，则已若化为物矣，所以一切听其自然。如子舆所云为鸡为弹为轮马，子犁所云为鼠肝为虫臂，一切不可知之化，皆静以待之而已。

㈥且方将化,恶知不化哉? 方将不化,恶知已化哉

1. 谓人之生前生后皆不可知,但当任化而已。郭象:已化而生,焉知未生之时哉!未化而死,焉知已死之后哉!故无所避就,而与化俱往也。

2. 谓化不可知。宣颖:四句正不知之化也,总非我所能与者也。陈寿昌:此言化与不化,其理本不可知。

㈦且彼有骇形而无损心

1. 骇,动也。郭象:以变化为形之骇动耳,故不以死生损累其心。宣颖:"骇"字即"动"字耳。虽有骇动之形,而心无损耗。

2. 骇,惊也。林希逸:形有老少之变,虽可骇异;心闲无事,故无损心。朱桂曜:此言孟孙氏见母之死,虽形有骇异,而心无损伤也。

3. 骇,当读为"改"字。马叙伦:《淮南·精神训》作"有戒形而无损于心",高注:"戒,或作革。"检"戒""亥"古通借。然"革"亦借字,正当作"改"。《说文》:"改,更也。"杨树达:"骇"当读为"改"。谓形态有变易。

㈧有旦宅而无情死

1. 旦,日新也;宅,舍也;情,性也。谓形骸之变如宅舍更新,并非性死。郭象:以形骸之变为旦宅之日新耳,其情不以为死。成玄英:旦,日新也。宅者,神之舍也。以形之改变为宅舍之日新耳,其性灵凝淡,终无死生之累者也。

2. 旦,生也;宅,寄也;情,实也。谓生死如旦暮之变,并非实死也。林希逸:宅,居也;旦,生也。死生旦夜也。知生之所居者暂,则虽死而非实死也,故曰无情死。情,实也。陆长庚:生犹旦也,宅犹寄也。人生直寄宅于旦,死则夜而归耳,必非实死,故无情死。情犹实也。

3. 旦宅,"怛诧""怛化""怛度"之讹,惊忧也。情,精也。谓虽有惊忧,而无精神之丧。李颐:怛诧,惊惋之貌。朱桂曜:"旦宅"

并即"怛怛"之讹或假。"旦"与"怛"通。《诗》曰"信誓悬悬"，今《毛诗》作"信誓旦旦"。《〈尔雅释训〉释文》"旦，本或作悬"，是"旦"通"怛"之证。"宅"与"咤"通，《书·尧典》"五宅之居"，郑读"宅"为"咤"。《顾命》"王三宿三祭三咤"，《释文》："咤字亦作宅，《说文》作诧。"《通俗文》"痛惜曰咤"，"痛惜"与李训"惊惋"义亦相近。上句言"有骇动"，此言"有旦宅"，"骇"与"旦宅"义正相类。奚侗："旦宅"当作"怛化"；"情"当作"精"，与"死"字倒置。本篇"叱！避！无怛化！"郭注"不愿人惊之，将化而化，无为怛之"，即此文"怛化"之义。《说文》"死，澌也，人所离也"，是"死"有离散之义。上言"有可骇之形而无损于其心"，下言"有可怛之化而无离于其精"，两句正相耦也。《释文》："旦宅，李本作怛怛，崔本作靼宅。"靼，怛也。以李、崔两本证之，可见"旦"当作"怛"。"化"字古但作"匕"，误为"叱"，遂讹为"宅"矣。于省吾：《释文》"李本作怛怛"，《广雅·释诂》："怛，忧也。""宅"应读为"度"。《书·尧典》"宅西曰昧谷"，《周礼》注："宅作度。""五流有宅""五宅三居"，《史记》并作"度"。"情""精"古字通，古籍习见。"死"字本应在"精"字上，《淮南·精神》作"有缀宅而无耗精"是其明证。"有怛度而无死精"与上文"有骇形而无损心"正相对为文。度谓仪度，言有忧伤之仪度而无死精也。

4. 旦，"诞"之借。马其昶："旦"同"但"。《淮南》"媒但者，非学谩也"，注云："但，犹诈也。""旦""但"皆"诞"之借字。"旦宅"与"情死"对文，情者，诚也，实也。形为假宅，故有骇动，心非实死，故无损累。

5. 旦，"嬗"之借。章炳麟："旦"即"嬗""禅"等字之借。言有易居而无实死也。

6. 旦，"且"之讹。钱穆："旦"疑"且"字形讹，且宅，暂居也，犹言蘧庐。

⑨是自其所以乃且也

〔句读1〕是自其所以乃且也。

1. 乃且，"叚且"之误，姑且也。朱桂曜："且也"二字当连上读，"乃且"连文。"乃"即"叚"字之误，"叚"即"姑"字。《说文》引《诗》曰"我叚酌彼金罍"，《毛诗》"叚"正作"姑"。传云："姑，且也。"崔本作"恶"，与"姑"盖亦同声相借，是自其所以姑且也。

2. 乃且，"宜"字之误。王叔岷：道藏成玄英疏本"乃"作"宜"，下有"也"字，注："正自是其所宜也。"是郭本原作"是自其所以宜也"。覆宋本"乃"亦作"宜"。

〔句读2〕是自其所以乃，且也。

林希逸："是自其所以乃"此六字最奇，言其自得之妙，所以欲简不得简，而乃随众以哭也。此句最难解，故数本以上句"乃"字与下句"且"字合为"宜也"两字，良可笑也。宣颖："乃"犹那等样。言孟孙氏之哭泣，亦不过见人如此，随之如此。章炳麟："乃"以双声借为"然"，如此也。

⑩且也相与吾之耳矣

1. 吾，我也。句谓生死虽交相变化，我皆不失其为我。

郭象：死生变化，吾皆吾之。林疑独：吾生吾死，无往非吾。

2. 吾，我也。句谓相互说：我之如何如何。宣颖：世人但知有一我耳。王先谦：人每见吾暂有身，则相与吾之。

3. 吾，同"虞"，娱也。章炳麟："吾"与"虞"同，如"騶虞"亦作"騶吾"。古作"吾"、作"虞"，今作"娱"。言直以哭为娱戏也。古本有虞殡之歌。

3. 吾，借为"寤"，觉也。奚侗：吾，借为"寤"。《说文》曰："寐觉而有言曰寤。"上文云"吾特与汝其梦未始觉者邪"，此故云相与觉而言之耳。

⑪庸诅知吾所谓吾之乎

1. 如句。吾，如字。句谓自己不识自己。郭象：与化日新，岂知吾之所在也。宣颖：岂知吾之所由来乎？陈寿昌：言自己亦认不定自己。

2. 如句。吾，读为"娱"。句谓孟孙氏哀乐不入胸次，其所相与娱戏，并非取乐，而为应世。阮毓崧：庸诅，皆何也。吾，并读同"娱"。言孟孙氏固哀乐不入于胸次者，当其相与娱之，亦在人见之为娱耳，并非自以为娱也。既非自以为娱，则安知所谓相与娱之者，在孟孙果以为娱也耶？

3. 如句。"吾之"之"吾"读为"寤"字。奚侗：两"吾之"之"吾"皆借作"寤"。此谓庸诅知吾所谓觉而言之乎？下文"不识今之言者其觉者乎，其梦者乎"正申此义。

4. 句有脱误。曹受坤：依奚侗说，"吾之"下应夺"非梦"二字。朱桂曜：案此句殊不成语。"之"下疑落"非吾"二字，本作"庸诅知吾所谓吾之非吾也"与上文"庸诅知吾所谓天之非人乎"，《齐物论》"庸诅知吾所谓知之非不知邪"句法并同也。

⑫造适不及笑，献笑不及排

1. 造，至也。排，随物自然推移。谓适意之境，常自然而不觉；献笑之乐，则每出于勉强。郭象：所造皆适，则忘适矣，故不及笑也。排者，推移之谓也。夫礼哭必哀，献笑必乐，哀乐存怀，则不能与适推移矣。褚伯秀：心之所适为造适，造适则真乐内全，不在乎笑而后乐。因物而笑曰献笑，献笑则出于勉强，不及推排之自然。

2. 造，至也。排，有意安排。谓适意之感、欢笑之情，皆出于自然而不自知觉。赵以夫：造适者无入而不自得，故不及笑。献笑者触机而喜，故不及排。陈寿昌：造，至也。排，安排也。常人之情，既造适意之境，则不待笑而已适；既动发笑之容，则不及排而已笑。为适为笑，只在当境之须臾耳。

3. 造，造作也。排，随物自然推移。谓造作之适、献人之笑，皆勉强而不自然。陈景元：造作适乐，不及笑之自然。陈献笑容，不及推排之无着。林疑独：偶然而适，适非常而强为适，故不至于笑。心不乐而为人笑，此献笑也。排者，推移造化之理。唯无所不适者，适而及于笑；乐然后笑者，笑而及于排。

4. 造，同适。排，排解。献，"戏"之假借。谓快意比不上欢笑，戏笑比不上排解。朱桂曜：《小尔雅·广诂》："造，适也。"是"造"与"适"同义。造适仅适意而已，故不如笑。笑乃大喜，其悦愉也加进矣。"献"为"戏"之假借。《周礼·司尊彝》"其朝践用两献尊"，郑司农注："献读为牺。"《易·系辞》"伏牺"，本篇作"伏戏"。"牺"可通"戏"，则"献"亦可通"戏"矣。二字形体相似易混①，是"献笑"即"戏笑"。戏笑为乐矣，然尚不如能排解者。所谓有乐之乐，不如无乐之乐也。故曰"献笑不及排"，是"排"谓排解。

5. 造，为也。排，当为"诽"字。适，借作"谪"字。谓受谪则不会感到愉悦，献笑则不会流露诽怨。奚侗：造，为也。"适"借作"谪"。《史记·大宛传》"发天下七科适出朔方"，《汉书·武帝纪》"适"作"谪"。献，进也。"排"当作"诽"，诽怨也，因涉下，"排"字而误。造谪则不及于笑，献笑则不及于诽，皆纯任自然也。

⊕安排而去化

1. 如句。去，顺随之意。谓与造化同在。郭象：安于推移而与化俱去。林希逸：安其所排，随造化而去。

2. 如句。去，离开、忘记之意。谓超脱物化。赵以夫：安于造物之推排，而离于生生化化之域。陈寿昌：外则安于世故之推排，即所谓人哭亦哭也。内更能屏去物化之见，即所谓不知生不知死也。

3. 句疑有误。王懋竑："安排而去化"，疑作"去排而安化"方顺。谓去其安排，而安乎造化之自然也。

---

① "献"、"戏"二字繁体分别作"獻"、"戲"。

意而子见许由。许由曰："尧何以资汝？"意而子曰："尧谓我：汝必躬服仁义而明言是非。"许由曰："而奚来为轵？夫尧既已黥汝以仁义，而劓汝以是非矣，汝将何以游夫遥荡恣睢转徙之涂乎？"意而子曰："虽然，吾愿游于其藩。"许由曰："不然。夫盲者无以与乎眉目颜色之好，瞽者无以与乎青黄黼黻之观。"意而子曰："夫无庄之失其美，据梁之失其力⊖，黄帝之亡其知，皆在炉捶之间耳。庸讵知夫造物者之不息我黥而补我劓，使我乘成以随先生邪⊜？"许由曰："噫！未可知也。我为汝言其大略：吾师乎！吾师乎！整⊜万物而不为义，泽及万世而不为仁，长于上古而不为老，覆载天地，刻凋众形而不为巧。此所游已！"

⊖夫无庄之失其美，据梁之失其力

1. 无庄、据梁，皆实有其人。司马彪：无庄、据梁，皆人名。成玄英：无庄，古之美人；据梁，古之多力人。

2. 无庄、据梁，皆寓意之名。李颐：无庄，无庄饰也；据梁，强梁也。王雱：无庄、据梁，皆庄子制名而寓意。

⊜庸讵知夫造物者不息我黥而补我劓，使我乘成以随先生邪

1. 乘成，谓乘可成之道。郭象：夫率性真往者，自然也；往而伤性，性伤而能改者，亦自然也。庸讵知我之自然当不息黥补劓，而乘可成之道以随夫子耶？成玄英：造物，犹造化也。我虽遭仁义是非残伤情性，焉知造化之内，不补劓息黥，令我改过自新，乘可成之道，随夫子以请益耶？

2. 乘成，谓载完复之性体。陈景元：岂知造物者不有息补乎？且性之虚灵黥劓何损？今乘此成全之性之随先生。宣颖：黥劓虽已残缺，苟有息之、补之者，依旧完成矣。然则天今使我遇先生，安知不载一成体以相随耶？乘，载也。"成"字就黥、劓二字上用来。

3. 乘成。谓乘时也。王敔：乘成，旧注乘可成之道。薛应旂曰："乘成者，合乾之时，乘时成而随游也。"

⊜整万物而不为义

1. 整，碎也。义，如字。林疑独：整碎万物而不为义，与"亡国而不失人心"意同，谓万物皆自然，仁义之名将谁寄哉？林云铭：整，齑粉也。不躬服义。

2. 整，碎也。义，当作"戾"字。陈祥道：故整碎万物非戾之也。杨树达："义"字不可通，《天道篇》作"戾"字，是也。

3. 整，调和也。胡文英："整"字宜作调治讲。陆树芝：整，和也。凡醯酱之酿和曰"整"。借言调和万物也。

4. 整，利也。宣颖："整"音"齑"，利也。陶光："整"读为"济"，皆从"齐"声。《尔雅》："济，成也。"（《列子校释》）

颜回曰："回益矣。"仲尼曰："何谓也？"曰："回忘仁义矣。"曰："可矣，犹未也。"他日，复见，曰："回益矣。"曰："何谓也？"曰："回忘礼乐矣。"⊖曰："可矣，犹未也。"他日，复见，曰："回益矣。"曰："何谓也？"曰："回坐忘矣。"仲尼蹴然曰："何谓坐忘？"颜回曰："堕肢体，黜聪明，离形去知，同于大通⊜，此谓坐忘⊜。"仲尼曰："同则无好也，化则无常也⊛。而果其贤乎！丘也请从而后也。"

⊖回忘仁义矣、回忘礼乐矣

1. 此乃道家修道之序：由外及内，由物及己，由易及难。陈景元：颜子之益，谓损外益内也。爱物之谓仁，利物之谓义，爱、利属乎外。礼者，体之威仪，乐者，心之冲和，心、体系乎内。褚伯秀：仁义本乎心，心致虚，则忘之易；礼乐由乎习，习既久，则忘之难。宣颖：孙月峰曰，忘仁义止是去是非也，忘礼乐则全然不拘束者。故忘礼乐在忘仁义后。胡远濬：仁义就及物言，此谓忘物；礼乐就吾体言，此谓忘我。

2. 此有悖道家修道之序。刘文典：《淮南·道应篇》"仁义"作"礼乐"，下"礼乐"作"仁义"，当从之。礼乐有形，固当先忘；仁义无形，次之；坐忘最上。今"仁义""礼乐"互倒，非道家之指矣。王叔岷：道家以礼乐为仁义之次。礼乐，外也；仁义，内也。忘外及内，以至于坐忘。若先言忘仁义，则乖厥旨矣。

（二）同于大通

1. 大通，谓道也。成玄英：大通犹大道也。道能通生万物，故谓道为大通。陆树芝：大通，犹太虚之无碍。

2. 大通，谓境界。宣颖：大通则一切放下矣。王叔岷：大通为得道之至境，道家恒言之。见《秋水》《淮南·览冥》《精神》《诠言》《文子·符言》）。

（三）此谓坐忘

1. 坐忘，忘身也。司马彪：坐而自忘其身。（《文选》贾谊《鵩鸟赋》注引）

2. 坐忘，全忘也。郭象：夫坐忘者，奚所不忘哉！既忘其迹，又忘其所以迹者。内不觉其一身，外不识有天地，然后旷然与变化为体而无不通也。

3. 坐忘，枯心也。成玄英：外则离析于形体，一一虚假，此解"堕肢体"也。内则除去心识，怳然无知，此解"黜聪明"也。既而枯木死灰，冥同大道，如此之益，谓之"坐忘"也。林希逸：观此"坐忘"二字，便是禅家面壁一段公案。

4. 坐忘，无心也。陆长庚：须知此个"忘"字，与外道所谓顽空断灭者万万不侔，即是一个心普万物而无心，情顺万事而无情乃其宗旨。宣颖：试思坐忘何以能大通，大通何故是坐忘？这全不是寂灭边事也。

（四）同则无好也，化则无常也

1. 同、化，指某种客观力量：大道与造化。成玄英：既同于大道，则无是非好恶；冥于变化，故不执滞守常也。宣颖："同"字、"化"字，乃所云大通也。"同"字是横说大通，"化"字是纵说大通。

2. 同、化，指某种主观认识：视万物为同一，从心而变化。

吕惠卿：同则物视其所一，所以无好；化则未始有极，故无常。陈寿昌：浑同视物，色相俱空。变化从心，神明莫测。

子舆与子桑友，而霖雨十日。子舆曰："子桑殆病矣！"裹饭而往食之。至子桑之门，则若歌若哭，鼓琴曰："父邪！母邪！天乎！人乎！"有不任其声而趋举其诗⊖焉。子舆入，曰："子之歌诗，何故若是？"曰："吾思夫使我至此极者而弗得也。父母岂欲吾穷哉？天无私覆，地无私载，天地岂私贫我哉？求其为之者而不得也。然而至此极者，命也夫！"

⊖趋举其诗

1. 谓无音曲。崔譔：趋举其诗，无音曲也。王敔：不能歌，且口诵之。

2. 谓词促也。林希逸：趋举其诗，所谓情隘而其词戚也。朱桂曜："趋"有急促之义。《徐无鬼篇》"王命相者趋射之"，《释文》："趋音促，急也。"《汉书·高帝纪》"令趋销印"，师古曰："趋，读曰促。"并其证也。急促举其诗，言迫于声情，不能从容合节也。

应帝王第七

【题意】

一、应，应该。言帝王之资格。崔譔：行不言之教，使天下自以为牛马，应为帝王者也。郭象：夫无心而任乎自化者，应为帝王也。

二、应，相应，印合。言帝王之方法。林希逸：言帝王之道，合应如此也。陆长庚：此篇以"应帝王"名者，言帝王之治天下，其道相应如此。沈一贯：无心而任化者，不求为帝王而默应帝王之道者也。（《庄子通》）

三、应，应时。言应世则为帝王。刘辰翁：林希逸注非也，应世则为帝王也。钱澄之：逍遥游始，应帝王终。谓之应者，时至则然也。

啮缺问于王倪，四问而四不知。啮缺因跃而大喜，行以告蒲衣子。蒲衣子曰："而乃今知之乎？有虞氏不及泰氏。有虞氏其犹藏①㊀仁以要人，亦得人矣，而未始出于非人。泰氏其卧徐徐②，其觉于于；一以己为马，一以己为牛；其知情信，其德甚真，而未始入于非人。"㊀

㊀其犹藏仁以要人

1. 藏，如字，包藏也。崔譔：怀仁心以结人也。成玄英：包藏仁义，要求士庶，以得百姓之心。

2. 藏，或作"臧"，善也。成玄英：亦有作"臧"字者，臧，善

---

① 成玄英：藏，亦有作"臧"字者。
② 陆德明：徐徐，崔本作"袪袪"。

也。善于仁义，要求人心者也。释德清：此言舜之不侪处，盖以仁为善，故有心以仁要结人心。

(二)有虞氏未始出于非人、泰氏未始入于非人

1. 就是非对立而言，非人，谓是非他人也。未始出于非人，谓没有超越世俗是非之域。郭象：以所好为是人，所恶为非人者，唯以是非为域者也。泰氏不入乎是非之域，所以绝于有虞之氏。

2. 就天人相对而言，非人，谓莫非人也。未始出于非人，谓未能超越人之道。褚伯秀：未始出于非人，德合乎人而已。未始人于非人，则道合乎天。

3. 就物我对立而言，非人，谓物也。未始出于非人，谓未能超然物之累。宣颖：非人者，物也。有心要人，则犹系于物，是未能超然于物之外也。泰氏浑同自然，毫无物累，是未始陷于物之中也。

肩吾见狂接舆。狂接舆曰："日①中始○何以语女？"肩吾曰："告我君人者以己出经式义度人②孰敢不听而化诸○！"狂接舆曰："是欺德也。其于治天下也，犹涉海凿河○而使蚊负山也。夫圣人之治也治外乎正而后行确③乎能其事者而已矣⊗。且鸟高飞以避矰⊕弋之害，鼷鼠深穴乎神丘⊗之下以避熏凿之患，而曾二虫之无知⊕！"

(一)日中始

1. 日，姓也。李颐：日中始，人姓名，贤者也。王雱：日中始，此亦庄子制名寓意也。

2. 日，日者。俞樾：中始，人名。日，犹云日者也。文七年《左传》"日卫不睦"，襄二十六年《传》"日其过此也"，昭七年《传》"日君以夫公孙段为能任其事"，十六年《传》"日起请夫环"，并与此"日"字同义。李以"日中始"三字为人姓名，失之矣。崔本无"日"字。

---

① 陆德明：崔本无"日"字。云："中始，贤人名。"
② 陈景元：张君房本，"度人"作"庶民"。
③ 陆德明：确，崔本作"襄"，音"记"。

3. 日。往日。朱桂曜：当从崔说，以中始为人名。中始犹仲始也。日谓往日。《汉书·淮南王传》"日得幸上有子"，师古曰："日谓往日。"

〇告我君人者以己出经式义度人孰敢不听而化诸

〔句读1〕告我君人者以己出经，式义度人，孰敢不听而化诸！

陆德明："出经"绝句。司马云："出，行也。经，常也。"崔云："出典法也。""式义度人"绝句。式，法也。崔云："式，用也。用仁义以法度人也。"

〔句读2〕告我君人者以己出经式义度人，孰敢不听而化诸！

林希逸：经，常也。式，法也。义，处事之宜也。以经式义皆出于己，言以身为天下法也。度人者，化人也。以身法而化天下，故曰"以己出经式义度人"。"经式义"句法便与"和豫通"同。

〔句读3〕告我君人者以己出经式义度，人孰敢不听而化诸！

林疑独：用己出法度以治天下，终不能成功。民有常性，使之尽分而已，何必作为经式义度以拂乱其常性哉！王念孙：此当以"以己出经式义度"为句，"人孰敢不听而化诸"为句。"义"读为"仪"。仪，法也。经式仪度，皆谓法度也。

〔句读4〕告我君人者以己出经式义，庶民孰敢不听而化诸！

陈景元：出经济之术，用仁义之道，庶民孰敢不听而化诸。王叔岷：陈碧虚《阙误》引张君房本，"度人"作"庶民"，则当从"义"绝句。《疏》："必须己出智以经纶，用仁义以导俗，则四方氓庶谁不听从。"是成本"度人"亦作"庶民"，正从"义"字绝句。"度"盖"庶"之形误。"民"之作"人"，乃唐人避太宗讳所改。《艺文类聚》九四五引"人"并作"民"，与成本、张本合。

〇涉海凿河

1. 谓涉海难成凿河之事。李颐：涉海必陷波，凿河无成也。宣颖：欲就海中凿一河，必溺而无成。

2. 谓凿河难图涉海之谋。阮毓崧：譬犹驾巨舟者须浮大海，而仅开河以运之，则局量褊小，其何能济？朱桂曜：涉海必须舟济，今乃欲凿河以通之，言其计之左也。

㈣夫圣人之治也治外乎正而后行确乎能其事者而已矣

〔句读1〕夫圣人之治也，治外乎？正而后行，确乎能其事者而已矣。

1. 其，指自己。谓圣人治世，行己所能之事。罗勉道：圣人之治，岂治其外乎？但全其性分之内，正己而后行，确然信实，为其所能之事而已。

2. 其，指他人。谓圣人治世，不强人以性所不能。陆长庚："正"谓正性，"能"谓良能。言人顺性命之理而行，自然确有个本分之能事，不必更以经义裁之。若为置个典常法度，使人人取式而行，虽则不外乎所性之理，却不是自他性中自然流出者。

3. 其事，指经式义度。谓圣人治世，确能行此经式义度而已。陆树芝：此二句承上言治外者，不过先正己而后出以正人，确能为此式度而已。

〔句读2〕夫圣人之治也，治外乎正而后行，确乎能其事者而已矣。

句谓圣人治世，不是立式以正民，而是行民之所能。王夫之：凡所以治人者，皆式乎己之正以行，徒劳已耳。夫民则无不确乎能其事，岂待我之出经式义？王敔："外"犹异也，犹言异乎世之正而后行者。

㈤且鸟高飞以避矰弋之害

1. 矰，网也。李颐：矰，罔也。

2. 矰，弋射之具，系丝之短矢也。朱桂曜：李盖读"矰"为"罾"，故训为"罔"。其说非也。"矰"当读如字。《说文·矢部》："矰，隿射矢也。""隿"即"弋"字。《周礼·司弓矢》"矰矢茀矢用诸弋射"，注："结缴于矢谓之矰，矰，高也。"《淮南·原道训》"今矰缴机而在上"，高注："矰，弋射鸟短矢也。"因矰为弋射之具，故以"矰弋"连文。

㈥鼷鼠深穴乎神丘之下以避熏凿之患

　　1. 神丘，社坛也。成玄英：神丘，社坛也。

　　2. 神丘，层丘也。朱桂曜："神"通"申"，重也。《说文·申部》："申，神也。"《尔雅·释诂》："申、神，重也。""申""神"二字之有"重"义，然则"神丘"者，盖"重丘"也；"重丘"亦犹"层丘"。

㈦而曾二虫之无知

　　1. 知，如字，知识也。言不得谓鸟鼠无知。成玄英：而，汝也。汝不曾知此二虫，不待教令，而解避害全身者乎？既深穴高飞，岂无知耶？况在人伦，而欲出经式，斯矫治物，不亦妄哉！朱桂曜：知，读如字，《逍遥游篇》"之二虫又何知"与此语意正相似。彼下句云"小知不及大知"，是"知"为知识之"知"。此言鸟知避缯弋，鼠知避熏凿，而岂得谓二虫之无知乎？

　　2. 知，当作"如"字。谓不如二虫乎？焦竑：鸟鼠避患，曾不待教，况民之有知，岂不如二虫？必作为经式义度，以拂乱其常性哉？奚侗：知，当作"如"，其义较长。"无如"犹言不如也。郭注"言曾不如①此二虫之各存而不待教乎"，是郭本"知"正作"如"。

　　3. 知，如字，匹也。谓不能匹二虫乎？章炳麟：《释诂》："知，匹也。"《诗·桧风》"乐子之无知"，《笺》云："乐其无妃匹之意。""曾二虫之无知"，言不能匹二虫。

　　天根游于殷阳，至蓼水之上，适遭无名人而问焉，曰："请问为天下。"无名人曰："去！汝鄙人也，何问之不豫②◎也！予方将与造物者为人，厌则又乘夫莽③眇之鸟，以出六极之外，而游无何有之乡，以处圹埌之野。汝又何帛◎以治天下感予之心为？"无名人曰；"汝游心于淡，合气于漠◎，顺物自然而无容私焉，而天下治矣。"

---

　　① 郭庆藩《庄子集解》据覆宋本郭注作"知"，王孝鱼校称世德堂本"知"作"如"。
　　② 王孝鱼：世德堂本"豫"作"预"。
　　③ 陆德明：莽，崔本作"猛"。

一何问之不豫也

1. 豫，预先也。不豫，犹言仓卒也、落后也。司马彪：嫌不渐豫，太仓卒也。焦竑："豫"即"凡事豫则立"之"豫"。言有先于为天下者，无以先之，而求为天下于天下，则后矣。

2. 豫，悦也。梁简文帝：豫，悦也。成玄英：所问之旨，甚不悦豫我心。

3. 豫，厌也。俞樾：《尔雅·释诂》："豫，厌也。"《楚辞·惜诵篇》"行婞直而不豫兮"，王逸注亦曰："豫，厌也。"是"豫"之训"厌"，乃是古义。无名人深怪天根之多问，故曰"何问之不豫"，犹云何许子之不惮烦也。

4. 预，参预。不预，不切也。林云铭：不预，言无预于己之事，犹言不切也。发问不切，所以谓之"鄙"。

5. 预，"类（類）"字之误。奚侗：预为"类"之误。《史记·张丞相传》"子类代侯"，《高祖功臣侯者表》"类"作"预"，是其证。以鄙人而问天下之事，是谓问之不以类也。

二汝又何帠以治天下感予之心为

1. 帠，如字，法也。陆德明：帠，徐音"艺"，又鱼例反。司马云："法也。"成玄英：夫放而任之，则物皆自化。有何帠术，辄欲治之？林希逸："何帠"犹"何故"也。注训"法"字，"法"亦"故"也。林云铭：帠，法也。犹俗言道理也。言汝又何道理以治天下触动我之心乎？

2. 帠，如字，语助。宣颖：帠，音"艺"，语辞。

3. 帠，"为"字之误。陆德明：帠，崔本作"为"。钱澄之：古文"为"字作"𢘑"，以此而讹。王闿运：古"为"字，从二爪相对，下从"帠"，象之足也。

4. 帠，"枲"字之误。陆德明：帠，一本作"㿉"，牛世反。俞樾：帠，未详何字，以诸说参考之，疑"帠"乃"枲"字之误，故有鱼例反之音；而司马训"法"，亦即"枲"之义也。然字虽是"枲"，而义则非"枲"，当读为"㿉"。古文以声为主，故或只作

"臬"也。《一切经音义》引《通俗文》曰："梦语谓之寱。"无名人盖谓天根所问皆梦语也，故曰"汝又何寱以治天下感予之心为？"

5. 帠，"肆"字之讹。洪颐煊：帠即《说文》"肆"字之讹。《说文》"《虞书》肆类于上帝"，今《尚书》作"肆"，"肆"亦有"法"义。

6. 帠，"叚"字之误。孙诒让：帠即"叚"字。古金文"叚"字或为"㕤"，隶变作"帠"。何叚，犹"何藉"。朱桂曜：孙诒让以"帠"为"叚"之误字，甚是。但以"何叚"为"何藉"则非。何叚，犹"何假""何暇"也。

〔三〕汝游心于淡，合气于漠

1. 谓游心、合气分别指神与形而言。成玄英：可游汝心神于恬淡之域，合汝形气于寂寞之乡，唯形与神，二皆虚静。王雱：游心者，泛然自得而复于至静也，故曰游心于淡。合气者，其息深深而归于至虚也，故曰合气于漠。

2. 谓游心、合气皆指性而言。林希逸：淡者，漻淡也。漠，冲漠无形之地也。气犹性也。此心此性皆合于自然，故曰"游心于淡，合气于漠"。前言"无听之以心，而听之以气"，看此"气"字，便合作"性"字说。

阳子居⊖见老聃，曰："有人于此，向疾强梁物彻疏明学道不倦⊜。如是者，可比明王乎？"老聃曰："是于圣人也，胥易技系⊜，劳形怵心者也。且也虎豹之文来田，猿狙之便执斄⊕之狗来藉①⊕。如是者，可比明王乎？"阳子居蹵然曰："敢问明王之治。"老聃曰："明王之治：功盖天下而似不自己，化⊗贷万物而民弗恃；有莫举名，使物自喜；立乎不测⊕，而游于无有者也。"

---

① 王叔岷："执斄之狗"四字疑涉《天地篇》文窜入。"虎豹之文来田，猿狙之便来藉"，文正相耦。《淮南·缪称篇》"虎豹之文来射，猿狄之捷来措"，《诠言篇》"故虎豹之疆来射，猿狄之捷来措"，《说林篇》"虎豹之文来射，猿狄之捷来乍"，凡三用此文，皆无"执斄之狗"四字，是其明证。

㈠阳子居

1. 阳居也。李颐：阳子居，居，名也。子，男子通称。

2. 阳朱也。成玄英：姓阳，名朱，字子居。

㈡向疾强梁物彻疏明学道不倦

〔句读1〕向疾强梁，物彻疏明，学道不倦。

1. 向，曩也，一向也。疾强梁，痛恶强悍跋扈之人。崔譔：所在疾强梁之人。陈景元：所向之处，嫌疾强梁，不容恶也。

2. 向疾，急速也。强梁，干练也。梁简文帝：如响应声之疾，故是强梁之貌。成玄英：神智捷疾，犹如响应。涉理事务，强干果决。

3. 物，如字。司马彪：物，事也；彻，通也。事能通而开明也。

4. 物，"徇"字之讹。武延绪：《墨子·公孟》"身体强良，思虑徇通"，据此，"物"乃"徇"字讹。

5. 物，"易"字之误。章炳麟："物彻疏明"四字平列，"物"为"易"之误。《书》"平在朔易"，《五帝纪》作"辩在伏物"，是其例。易借为圛。如"岂弟"一训"乐易"，一作"闿圛"。是"易""弟""圛"三字通。《诗·齐风》笺："圛，明也。"

6. 物，"聪"之坏字。吴汝纶："物"当为"聪"①之坏字。

〔句读2〕向疾强梁物彻，疏明学道不倦。

俞樾：自来读者皆以"向疾强梁"为句，"物彻疏明"为句，殊不可通。此当于"彻"字、"倦"字绝句。"物"读为"勿"，古字通用。彻，去也。"向疾强梁物彻"者，言向疾强梁而勿去也，与"疏明学道不倦"相对为文，皆以六字为一句，因学者不知"物"为"勿"之假字，故失其读矣。

㈢胥易技系，劳形怵心者也

1. 胥易技系，指有负累的两种人：胥徒与技工，或胥与易。

---

① "聪"字繁体作"聰"，或书作"聡"。

林希逸：胥，刑徒也。易，更也，犹言卒更也。技系者以工巧而系累技术之人也。此二等人，胥易则劳其形，技系则怵其心。胡文英：自圣人算起来，只如胥徒、贸易者之以技自累。刘武："胥"谓大胥之官，"易"为占卜之官。为胥必精习乐舞之技，为易必精习占卜之技，皆为缠系而不能移。

2. 胥易技系，指两种负累：知识与技艺。李冶：胥易者，以才知妄易是非；技系者，以技艺自为拘系。（胡远濬《庄子诠诂》引）孙诒让："胥"为"谞"之借字。《说文》："谞，知也。"《诗·小雅·桑扈篇》"君子乐胥"，郑笺云："胥，有才知之名也。"此"胥"与"技"、"形"与"心"文并相对。《骈拇篇》云："夫小惑易方，大惑易性。""胥易"谓知识惑易，与"技系"同为失其常性也。

四 狸

1. 谓牛。崔譔：狸，旄牛也。宣颖：狸，牛名。

2. 谓狸。陆德明：狸，李音"狸"。成玄英：猕猴以跃跃之便捷，恒被绳拘；狗以执捉狐狸，每遭系颈。

五 藉

1. 谓绳也、系也。崔譔：藉，系也。司马彪：藉，绳也。由捷见结缚也。

2. 谓借也。吕惠卿："藉"犹"借"，言巧力为人所借也。徐廷槐："藉"者，"借"也，使人借用其力。（《南华简钞》）

3. 谓刺也。武延绪："藉"与"措"通，《淮南·缪称训》"猿狄之捷来措"，"措"即"藉"借字。高注：措，刺也。

4. 谓辱也。朱桂曜：《让王篇》"杀夫子者无罪，藉夫子者无禁"，《释文》："藉，毁也，又云陵藉也，一云凿也，或云系也。"《吕氏春秋·慎人篇》"杀夫子者无罪，藉夫子者不禁"，高注："藉犹辱也。"

5. 谓咀藉也。刘武：《释名》："藉，咀藉也。以藉齿牙也。狗田之久，难必不为猛兽所咀藉也。"

㈥化贷万物而民弗恃

1. 化，如字，化育也。成玄英：诱化苍生，令其去恶；贷借万物，与其福善。

2. 化，即"货"字，财也。朱桂曜："化"即"货"字。古泉刀通以"化"为"货"，如"虞化一金""虞化半金"等，"化"并即"货"字。"化贷万物"即"货贷万物"，正与上句"功盖天下"相对。

㈦立乎不测，而游于无有者也

1. 测，度量也。陆长庚：立乎不可测识之地，而游于无何有之乡。

2. 测，尽也。朱桂曜："测"当训"尽"。《在宥篇》"彼其物无穷，而人皆以为终；彼其物无测，而人皆以为极"，"测"与"穷""终""极"并列，是知"测"有"尽"意。《淮南·原道训》《淮南·主术训》并云"大不可极，深不可测"，高注："测，尽也。""立乎不测"犹言"立乎不尽"，与下句"游于无有"相对也。

郑有神巫曰季咸，知人之死生存亡、祸福寿夭，期以岁月旬日若神。郑人见之，皆弃而走。列子见之而心醉，归，以告壶子，曰："始吾以夫子之道为至矣，则又有至焉者矣。"壶子曰："吾与汝既其文①，未既其实，而固得道与？众雌而无雄，而又奚卵焉②◯！而以道与世亢，必信◯，夫故使人得而相汝。尝试与来，以予示之。"

㊀众雌而无雄，而又奚卵焉

1. 喻列子未得道。郭象：言列子之未怀道也。

宣颖：雌之生卵，必雄交之。今无雄，何得有卵？譬如己未与以实，列子何得知道也。

---

① 王叔岷：陈碧虚《阙误》引江南古藏本"既其文"作"无其文"。但作"既"、作"无"义皆不明。《列子·黄帝篇》"吾与若玩其文也久矣，而未达其实"亦袭用此文"玩"字义长，疑"既"即"玩"之形误，下"既"字同。《庄》书"無"皆作"无"，"玩"坏为"元"因误为"无"耳。

② 王叔岷："雌雄"二字疑当互错，于义较顺。

2. 喻季咸得相人之迹兆。孙嘉淦：雌所以能卵者，皆雄始其机，无雄则雌奚卵焉？人所以能相者，皆我示以心，无心则人奚相焉？方潜：无雄则无种，无心则无兆。（《南华经解》）

3. 谓壶子自喻未曾遇匹敌，无从显示其本领。胡文英：壶子自喻未曾遇见敌，无从拿出本领来，列子何尝见而得之也。

（三）而以道与世亢，必信，夫故使人得而相汝

1. 信，信从也。谓未闻道，必妄信，故使季咸得以相汝。

成玄英：汝用文言之道（非实理也）而与世间亢对，既无大智，必信彼小巫，是故季咸得而相汝者也。

2. 信，诚也。谓以规矩行事，其轨迹诚可推，故使季咸得以相汝。王旦：古者帝王之治天下，必有不测之用，故使人不可得而相。（焦竑《庄子翼》引）

3. 信，通"伸"。谓与世相高，必求伸而露迹，故使季咸得以相汝。林云铭：亢，抵也。言汝以己之道与世抵敌，而求必伸于外，别无权变，故呈于色，使人得相汝，而中以售其技。马其昶：挟其道以与世亢，而必求其伸，人则有窥其微矣。有我相故也。

明日，列子与之见壶子。出而谓列子曰："嘻！子之先生死矣！弗活矣！不以旬数矣！吾见怪焉，见湿灰焉。"列子入，泣涕沾襟以告壶子。壶子曰："乡①吾示之以地文⊖，萌⊜乎不震不正②。是殆见吾杜德机⊕也。尝又与来。"明日，又与之见壶子。出而谓列子曰："幸矣，子之先生遇我也！有瘳矣，全⊜然有生矣！吾见其杜权⊗矣！"列子入，以告壶子。壶子曰："乡吾示之以天壤⊕，名实不入，而机⊕发于踵。是殆见吾善者机⊕也。尝又与来。"明日，又与之见壶子。出而谓列子曰："子之先生不齐⊗，吾无得而相焉。试齐，且复相之。"列子入，以告壶子。壶子曰：

---

① 陆德明：乡（繁体作"鄉"），本亦作"曏"，亦作"向"。崔本作"廉"，云："向也。"

② 陆德明：崔本作"不派不止"。陈景元：江南古藏本"正"作"止"。

"吾乡示之以太冲莫胜㊀,是殆见吾衡气机㊁也。鲵桓①㊂之审②㊃为渊,止水之审为渊,流水之审为渊。渊有九名,此处三焉。尝又与来。"明日,又与之见壶子。立未定,自失而走。壶子曰:"追之!"列子追之不及。反,以报壶子曰:"已灭矣,已失矣,吾弗及已。"壶子曰:"乡吾示之以未始出吾宗㊄。吾与之虚而委蛇,不知其谁何,因以为弟靡㊅,因以为波流③㊆,故逃也。"㊇然后列子自以为未始学而归,三年不出,为其妻爨,食豕㊈如食人。于事无与亲,雕琢㊉复朴,块然独以其形立。纷而封哉④㊊,一㊋以是终。

㊀地文

1. 谓不动之貌。成玄英:地以无心而宁静,故以不动为地文。宣颖:静意,阴也。

2. 谓山川草木。罗勉道:地文者,山川草木也。

陆树芝:地文者,地之文,如草木之类是也。

㊁萌乎不震不正

1. 如句。谓至人寂然不动。郭象:萌然不动,亦不自正,与枯木同其不华,湿灰均于寂魄,此乃至人无感之时也。陆树芝:地之生草木,当其甲坼,则有震动之象;当其畅遂,则有各正之象。若归根复命,潜伏地下,则生机之萌,绝无震正之迹矣。陈寿昌:不震,不动也。"正"音"征"。犹《诗》"哙哙其正"之"正"。不正,不向明也。

2. "萌"当作"罪","正"当作"止"。谓至人动止如山。俞樾:《列子·黄帝篇》"罪乎不诊不止",当从之。"罪"读为"嶵",《说文·山部》作"辠",云:"山貌。"是也。"诊"即"震"之异文。"不诊不止"者,不动不止也,故以"嶵乎"形容之,言与山同也。

3. "萌"犹"芒"也,"正"当作"止"。谓至人不动不止,无

---

① 陆德明:鲵桓,崔本作"鲵拒"。
② 陆德明:审(繁体作"審"),崔本作潘。
③ 陆德明:波流,崔本作"波随"。
④ 陆德明:哉,崔本作"戎"。

知无识。马其昶：贾子："萌之为言盲也。"《汉书》"民萌"注："无知之貌。"朱桂曜："正"当据崔本作"止"是也。《易经》"震"与"艮"相对，震动艮止，即动与止相对也。"萌"犹"芒"也。《白虎通·五行篇》："芒之为言萌也。"《史记·三王世家》"奸巧边萌"，《上林赋》"以赡萌隶"，并以萌为氓。《管子·山国轨》"谓高田之萌"，《汉书·刘向传》"民萌何以劝勉"，并以"萌"为"甿"。贾谊《新书·大政篇》"萌之为言盲也"，则又以"萌"与"盲"通。"萌"可与"氓""甿""盲"相通，则亦可与"芒"相通矣。"萌乎"犹"芒乎"也。《齐物论篇》："人之生也固若是芒乎?"郭注："不知所以然而然，故曰芒也。"萌乎不震不止，盖言不动不止，不知所以然而然也。

㊂全然有生矣

1. 全，如字。全然，完全。成玄英：既殊槁木，全似生平。

2. 全然，或作"灰然"。宣颖：《列子》作"灰然"，对上文湿灰复然，甚好。

3. 全，即瘥。瘥然，瘥愈也。朱桂曜："全"即"瘥"字。《说文》无"瘥"字。盖亦假"全"为之。《周礼·医师》"十全为上"，注："全犹愈也。"《列子·黄帝》"全然"作"灰然"，盖字以形似致讹。

㊃吾见其杜权矣

1. 权，机也。谓见其所闭之德机。郭象：权，机也。今乃自觉昨日之所见，见其杜权，故谓之将死也。

2. 权，变也。谓见其所闭之德机中有变动。林云铭：权，秤锤，喻应物之妙用也。闭藏之中，稍露动变端倪，甚有生意，所以为有瘳必生之象。

㊄天壤

1. 谓天与地也。郭象：天壤之中，覆载之功见矣。比之地文，不犹外乎！陈寿昌：天与壤合，生物之本，视地文之孤阴不生有间矣。

2. 谓动之容也。成玄英：示之以天壤，谓示以应动之容也。宣颖：天壤，动意，阳也。

3. 谓十二辰也。罗勉道：天壤者，天之十二辰，犹言天之壤地也。

4. 谓虚空也。陆长庚：天壤者，游心于虚空，诸无所有。林云铭：游心于虚，犹天下地上之间。

㈥名实不入

1. 名实，谓名利也。郭象：名利之饰，皆为弃物也。

2. 名实，谓名象也。林云铭：无名象可指。

㈦而机发于踵

1. 机，谓神机。成玄英：踵，本也。此之神机，发乎妙本，动而常寂。

2. 机，谓气。林希逸：机发于踵，言其气自下而上，微而不可见。

㈧子之先生不齐

1. 齐，如字。不齐，谓其情态不一致。林疑独：始则杜机于至寂之中而相者疑其死，次则发机于至极之下而相者疑其生，已而不动不静、非死非生，参差不齐，无得而相也。

林希逸：不齐，言其半动半静而不定也。

2. 齐，读"斋"。不斋，谓其心不专诚。陆德明：齐，侧皆反，本又作"斋"。王敔：齐，侧皆反。心无专注，似乎不齐。

㈨太冲莫胜

1. 莫胜，谓无朕兆也。向秀：居太冲之极，浩然泊心，玄同万方，莫见其迹。赵以夫：太空漠然无朕。章炳麟：《列子·黄帝篇》

"莫胜"作"莫朕"。案古音"无"如"莫"，"胜"从"朕"声，故假"莫胜"为"莫朕"。

2. 莫胜，谓无胜负也。郭象：居太冲之极，浩然泊心而玄同万方，故胜负莫得厝其间也。释德清：言动静不二也。初偏于静，次偏于动，今则安心于极虚，动静不二，犹言止观双运不二之境也。陈治安：阴阳冲和之气无偏胜也。

⊕杜德机、善者机、衡气机

1. 谓死、生、死生不定之三种兆相。吕惠卿：机者，动之微也。初见湿灭以为死，不知其杜也。机发于踵，是知其有生，而为善者机。地文则阴胜阳，天壤则阳胜阴，太冲莫胜则平，故得衡气机。陆树芝：示以在我之地文，正杜闭己德，使无可见之迹，故季咸见之目为死征。示以在我之天壤，生机发动于命蒂之内，长养之善气自微有吐露，是正善者机也，季咸见之，所以目为有生。二气冲和而不相胜，则其机之见于外者，均平如衡，既不得谓其必死弗活，又不得谓其全然有生。季咸见之，所以云无得而相也。

2. 谓静、动、动静不分之三种情态。陈祥道：阴柔体凝，所以应物者静，故曰杜德机。覆育之功见，所以应物者美，故曰善者机。太冲莫胜，则非动非静，当中若衡，故曰衡气机。

罗勉道：杜德机，闭藏不可见也。善者机，善端发露之机耳。衡气机，处于地文、天壤之间，动静各半，得其平也。

3. 谓潜伏、发生、归化之三阶段。陈寿昌：杜德机，德，谓人所得于天以为生者，虽有萌芽，却在不动不明之处，是自闭其生意之一机也。善者机，善即大《易》"继之者善"之"善"。甫离阴阳而为人之性始者，是自无之有之一机也。衡气机，衡，平也。动静互根，混一而平，平则二气不分，是坦然浑化之一机也。

⊕鲵桓

1. 桓，谓鱼名也。司马彪：鲵桓，二鱼名。

2. 桓，谓盘桓也。梁简文帝：鲵，鲸鱼也；桓，盘桓也。

3. 桓，或作拒、旋。崔譔：鲵拒，鱼所处之方穴也。

王叔岷：《容斋续笔》一二引"桓"作"旋"。"桓"犹旋也。《列子·黄帝篇》亦作旋。

⑪鲵桓之审为渊

1. 审，蟠，潘也，处所之谓也。崔譔：潘，回流所钟之域也。司马彪：审，当为"蟠"，蟠，聚也。梁简文帝：审，处也。成玄英：审，聚也。

2. 审，潘也，泡沫之谓也。罗勉道：审，《列子》作"潘"，米汁也。则此"审"字当作"潘"，亦汁也。水成渊处，必有泡沫浮在水面，如米汁也。

3. 审，潘，潘也，波之谓也。俞樾：审，今以字义求之，则实当为"潘"。《说文·水部》："潘，大波也。从水，番声"。作"潘"者，字之省。司马彪读为"蟠"，误也。郭本作"审"，则失其字矣。朱桂曜：崔本作"潘"，与《列子·黄帝篇》正合是矣。然训为"回流所钟之域"则仍非。"潘"与"波"通，《书·禹贡》"荥波既猪"，马、郑、王本并作"荥播"与"岷蟠既艺"，《释文》："蟠音波。"

4. 审，"渖""沈"之讹字，深沉之谓也。奚侗："审"当为"渖""沈"之假字。"沈"正作"湛"，《说文》："湛，没也。"引申之则有深意。"沈为渊"犹言深为渊耳。

⑫未始出吾宗

1. 谓深沉之貌。向秀：虽进退同群，而常深根宁极也。郭象：虽变化无常，而常深根冥极也。

2. 谓虚无之貌。吕惠卿：未始出吾宗，则藏于天而示以无所示。宣颖：天地之初，有太素，有太始，有太初，有太易。太素者质之始，太始者形之始，太初者气之始，太易者未见气。未始出吾宗，则太易之先，一丝未兆，万象俱空。

3. 谓应万变之貌。赵以夫：未始出吾宗，泛应万变而本然者常存也。王夫之：未始出吾宗，则得环中以应无穷，不求治天下而天下莫能遁也。

⑬弟靡

1. 弟，同颓。颓靡，随境而变之貌。郭象：变化颓靡。

陆德明：弟，徐音"颓"，丈回反。弟靡，不穷之貌。宣颖：弟靡，一无所持也。"弟"音"颓"，俗本作"弟"，误。①

2. 弟，作"茅"字。茅靡，草伏貌。褚伯秀：弟靡，旧注同"颓"，未详何据。今依《列》文"茅靡"为正，即草上风必偃，庶协下文"波流"之义。孙志祖：《埤雅》："茅靡，言其转徙无定。一作弟靡。"弟，读如"稊"。稊，茅之始生也。

3. 弟，通"夷"字。夷靡，卑平貌。朱桂曜："弟靡"即"夷靡"。"弟"与"夷"古通。《易·涣卦》"匪夷所思"，《释文》："夷，荀本作弟。"夷靡者，犹常言陵夷、陵靡。《列子·黄帝》作"茅靡"者，"茅"盖讹字。《史记·鲁周公世家》"炀公筑茅阙门"，《集解》："徐广曰，茅一作弟，又作夷。"是即"茅""弟""夷"三字易混之证也。

⑭波流

1. 如字。郭象：世事波流。成玄英：扬波尘俗，随流世间。

2. 谓当作"波随"。崔譔：波随，常随从之。王念孙：作"波随"者是也。"蛇""何""靡""随"为韵。蛇，古音徒禾反。靡，古音"摩"。随，古亦音徒禾反。

3. 谓当作"陂堕"。闻一多："波随"当为"陂堕"，即"陂陁"，与委蛇、颓靡义皆相近。

⑮因以为弟靡，因以为波流，故逃也

1. 谓此两句为壶子自述应变季咸之法。吕惠卿：季咸以其心相

---

① 卢文弨：《正字通》"弟"作"弔"。后来字书亦因之，而于古无有也。《类书》"弔"字下有徒回反一音，云："弔靡，不穷貌。"正本此。

人之心，我无心则彼所以相者亦不能独立。其止也，因以为茅靡，则不知其为靡也。其动也，因以为波流，则莫知其为流也。求我于动止之间皆不可得，此其所以逃也。

罗勉道：我因以为弟靡波流，彼莫测，其所以而逃也。

2. 谓此两句为季咸所见壶子委蛇之状。胡文英：弟靡波流，俱是季咸眼中看见壶子委蛇之象。陈寿昌：弟靡，逊伏也；波随，荡漾也。季咸心目之中，看成如此，但觉恍惚不可为象。

⑦食豕如食人

1. 豕，如字。言忘贵贱、忘物我。郭象：忘贵贱也。成玄英：食豕如人，净秽均等。林希逸：言其集神于内而不见其外也。陈寿昌：人物平视。

2. 豕，"我"字之误。陈任中：各本"我"并作"豕"。按吕义释为"忘我之至"，则"豕"字殊弗类，改作"我"字意义甚明。《列子·仲尼篇》亦有"视人如豕"一语，"豕"应作"我"，可以互证。盖"我""豕"二字篆隶章草并因近似而误也。（吕惠卿《庄子义》辑）

⑧雕琢复朴

1. 雕琢，华饰也。谓由华饰而归复古朴。成玄英：雕琢华实之务，悉皆弃除，直置任真，复于朴素之道也。

2. 雕琢，雕去华饰也。谓雕去华饰，复归古朴。宣颖：雕去巧琢，归于真也。

⑨纷而封哉

1. 封哉，如字。守一固本之谓。郭象：虽动而真不散也。成玄英：封，守也。虽复涉世纷扰，和光接物，而守于本，确而不移。吕惠卿：虽万物扰扰而吾之封自若，终莫之变也。

2. 封哉，当作"封戎"。散乱不饰之谓。崔譔：封戎，散乱也。宣颖：封哉，当从《列子》作"封戎"，浑无端绪也。

章炳麟："封哉"当依崔本作"封戎"，即蒙戎、尨茸也。

㈡一以是终

1. 一，副词。皆也、常也。郭象：使物各自终。林希逸：言其终身常如此也。一，常如此之意。

2. 一，名词。谓道之本体。成玄英：应不离真，抱一以终始。宣颖：道无复加也。陈寿昌：得其一，万事毕。

无为名尸，无为谋府，无为事任，无为知主。体尽无穷，而游无朕。尽其所受乎天而无见得㊀，亦虚而已。至人之用心若镜，不将不迎，应而不藏，故能胜㊁物而不伤。

㊀尽其所受乎天而无见得

1. 得，得失之"得"。句谓无性分外之追求。吕惠卿：所谓常因自然而不益。

2. 得，道德之"德"。句谓无仁义礼智之名声。陈寿昌：上德不德。

㊁故能胜物而不伤

1. 胜，制服也。句谓制胜物而不为其所伤。成玄英：为其胜物，是以不伤。陈景元：无心于胜物，故物亦不能害也。

2. 胜，任也。句谓任物自为而己无劳损。陆长庚：胜字平读，言能任万感也。不伤谓不损本体。陈寿昌：天下治而不劳。

南海之帝为儵，北海之帝为忽，中央之帝为浑沌。儵与忽时相与遇于浑沌之地，浑沌待之甚善。儵与忽谋报浑沌之德，曰："人皆有七窍以视听食息，此独无有，尝试凿之。"日凿一窍，七日而浑沌死。㊀

㊀南海之帝为儵……七日而浑沌死

1. 以自然之现象解。李颐：儵，喻有象也；忽，喻无形也；浑沌，清浊未分也，此喻自然。梁简文帝：儵忽取神速为名，浑沌以合和为貌。神速譬有为，合和譬无为。成玄英：南海是显明之方，故以儵为有。北海是幽貌之域，故以忽为无。中央既非北非南，故以浑沌为非无非有者也。陆长庚：南海之帝，火德也，北海之帝，水德也，中央之帝，土德也。水能流，火能"焰"，故名之曰"儵"、曰"忽"。土冲气，故名之曰"浑沌"。

2. 以人之现象解。林希逸：浑沌即元气也。人身皆有七窍，如赤子之初，耳目鼻舌虽具而未有知识，是浑沌之全也。知识稍萌，则有喜怒好恶，是窍凿矣。胡文英：欲宣开，则天良全灭也。陆树芝：浑沌喻未漓之天真，七窍喻七情。七情开而天真丧失。

3. 以历史之现象解。宣颖：天下，一浑沌之天下也；古今，一浑沌之古今也。今日立一法，明日设一政，机智豁尽，元气消亡矣。从来帝王除去几人，其余皆儵也、忽也，皆凿浑沌之窍而致之死者也。何以取名"儵""忽"而言其窍凿？帝王相禅，一事儵造而有，一事忽废而无，数番因革之后，淳朴琢尽。解此方知帝儵、帝忽取义之妙。中央之帝为浑沌者，守中则自然之道全也。

外篇

【外篇与内篇之差异】

一、谓仅内容有异。陆长庚：内篇七篇，庄子有题目之文也，其言性命道德，内圣外王备矣。外篇则标取篇首两字而次第编之，盖所以羽翼内篇而尽其未尽之蕴者。

二、谓内容、作者均有异。王夫之：外篇非庄子之书，盖为庄子之学者，欲引申之，而见之弗逮，求肖而不能也。

骈拇第八

骈拇枝指[○]，出乎性哉，而侈于德[○]；附赘县疣，出乎形哉，而侈于性[○]；多方®乎仁义而用之者，列®于五藏哉，而非道德之正也。是故骈于足者，连无用之肉也；枝于手者，树无用之指也；多方骈枝于五藏之情者®，淫僻于仁义之行，而多方^①于聪明之用也。

㊀骈拇枝指

1. 拇、指，分别言足之大指与手之大指。成玄英：骈，合也；拇，足大指也。谓足大拇指与第二指相连合为一指也。枝指者，谓手大拇指傍枝生一指。林希逸：拇，足大指也。指，手指也。骈，合也。枝，旁生也。

2. 拇，统言手与足之大指。宣颖：骈，连也。拇是大指，本二指连为一也。枝指，多出一指如枝然。陈寿昌：大指与次指连合为一，谓之骈拇。指旁又生一小指，谓之枝指。

㊁出乎性哉，而侈于德

1. 德，容也。谓骈拇虽出于天然，然于人之体容则为多余。崔譔：侈，过也。德，犹容也。

2. 德，仁义礼智信也。谓如曾史之人，富于德者乃出于天性也。成玄英：出乎性者，谓此骈枝二指，并禀自然，性命生分中有之。侈，多也。德，谓仁义礼智信五德也。言曾、史禀性有五德，蕴之五

---

① 陈景元：张君房本无"方"字。朱得之："方"字衍文。

藏也，于性中非剩也。

3. 德，得也。谓骈拇虽出于天然，然较之人之同得则为多余。林希逸：与生俱生曰性，人所独得曰德。骈枝本于自然，出乎性也；比人所同得者，则为侈矣。

〔三〕出乎形哉，而侈于性

1. 性，生也。谓赘疣乃生后才有。成玄英：附生之赘肉，县系之小疣，并禀形以后方有，故出乎形哉而侈性者。

2. 性，理也。谓赘疣悖于生理。陈寿昌：赘疣亦出乎形，而以视生理之常然，则为剩余。

〔四〕多方

1. 方，道术也。成玄英：方，道术也。

2. 方，通"旁"。多方犹言旁生枝节而多事端。林希逸：多方犹多端、多事也。马其昶："方""旁"古通用。"多方"二字平列，故下文曰"多方骈枝"，又曰"多骈旁枝"。

〔五〕列于五藏哉，而非道德之正也

1. 列，位次。谓罗列五脏、五行以配五德，亦不能证明多方仁义为道德之正。成玄英：言曾、史之德，性多仁义，罗列藏府而施用之，此直一知之知，未能大冥万物。陆长庚：多方乎仁义而用之者，虽曰五性感动，列于五脏，以配五行，而不知其非道德之正。何者？道则原无名相，德则一而不分。

2. 列，裂也。谓多乎仁义，则五脏之气裂而不全。陈景元：五行均则五常无偏，乃道德之正。今多于仁义，是五藏之气禀受必有少之者，故非道德之正也。

3. 列，陈也、布也。谓仁义乃呈露于外者。林希逸：列于五藏哉，言非出于内也，非道之自然，故曰非道德之正。告子言"义外"，庄子则并以仁为外矣。

㈥多方骈枝于五藏之情者

1. 如句。谓在五脏之情或五德以外又生枝节。成玄英：夫曾、史之徒，性多仁义，以此情性，骈于藏府。刘凤苞：实理不外乎五脏，多出仁义亦谓之骈枝。

2. 句有衍误。罗勉道："多方"二字衍。马叙伦：依上文及郭象此注曰，"五藏之情，直自多方耳，而少者横复尚之，以至淫僻，而失至当于体中也"，则"骈枝"二字羡文。

是故骈于明者，乱五色，淫文章，青黄黼黻㊀之煌煌非乎？而离朱是已！多于聪者，乱五声，淫六律，金石丝竹黄钟大吕之声非乎？而师旷是已！枝于仁者，擢德塞㊁性以收名声，使天下簧鼓以奉不及㊂之法非乎？而曾、史是已！骈于辩者，累瓦㊃结绳窜句①㊄，游心于坚白同异之间，而敝跬誉㊅无用之言非乎？而杨墨是已！故此皆多骈旁枝之道，非天下之至正也。

㊀黼黻

1. 言色。陆德明：《周礼》云："白与黑谓之黼，黑与青谓之黻。"

2. 言形。成玄英：斧形谓之黼，两己相背谓之黻。

㊁擢德塞性以收名声

1. 塞，如字，闭塞也。成玄英：擢用五德，既偏滞邪淫，仍闭塞正性。用斯接物，以收聚名声。陈寿昌：拔擢伪德，杜塞真性。

2. 塞，"搴"字之讹，拔也。王念孙："塞"与"擢"不相类。"塞"当为"搴"。"擢""搴"皆谓拔取之也。《广雅》云："搴，取也、拔也。"此言世之人皆擢其德、搴其性，务为仁义以收名声，非谓塞其性也。

---

① 王叔岷：唐写本《释文》所出"窜句"下有"捶辞"二字，当从之。"累瓦结绳，窜句捶辞"文正相耦。《后汉书·张衡传》注引作"窜句籍辞"，亦可证今本之有脱文。

㈢簧鼓以奉不及之法

1. 不及之法，谓难以企及之法。成玄英：曾、史性长于仁义，而不长者横复慕之，舍短效长，故言奉不及之法也。林希逸：法，礼法也。不及者，人所难及也。使人行难行之法。

2. 不及之法，谓不足为用之法。宣颖：不及，不可从。陈寿昌：谓法从后起，本不足用也。

㈣累瓦结绳

1. 瓦，如字。累瓦结绳，喻辩者言辞之烦琐。崔譔：聚无用之语，如瓦之累、绳之结也。林希逸：辩者之多言，连牵不已、累叠无穷而无意味，故以累瓦结绳比之。

2. 瓦，如字。累瓦结绳，喻辩者言辞之悖理。吕惠卿：道以不言为辩，则辩非道也。瓦贵鳞比而累之，绳贵条直而结之，皆物之有余而无用者也。林疑独：辩者其辞如累瓦之险，其执若结绳之固。

3. 瓦，当作"丸"。累丸结绳，喻辩者言辞之工巧。陆德明：一云，"瓦"当作"丸"。褚伯秀：窃详经文，"累瓦"当是"累丸"。宣颖：累丸喻滑稽之巧，结绳喻串贯之工。

㈤窜句

1. 句，如字，文句也。司马彪：邪说微隐，穿凿文句也。

2. 句，如字，钩也。陈寿昌：窜，逃也。句，剑属。窜句，喻遁词之捷也。于省吾："瓦"当作"丸"，"句"一音"钩"。金文"钩"字不从"金"。累丸形容辩者言语之圆转，绳言乎直，钩言乎曲。结绳窜钩，则无曲直之可言矣。

3. 句，"身"字之误。王安石："句"字疑非，或当作"身"。（归有光《南华真经评注》引）焦竑："窜句"当作"窜身"，理斯顺文从，不烦强解矣。

㈥而敝跬誉无用之言非乎

1. "敝跬"为词。句谓疲惫于称誉无用之言。陆德明：敝跬，分外用力之貌。林希逸：敝，劳也。跬，音"企"，踦跂也。其言皆无用而称誉自喜，徒自劳苦，故曰"敝跬以誉无用之言"。徐廷槐：奔走至于屦敝，以誉无用之言。陈寿昌：敝，通"鷩"，音"别"。"跬"，音"屑"。敝跬，犹鷩躄也。跂而用力之貌。谓竭尽心力，徒以此无用之言称誉自喜也。

3. "跬誉"为词。句谓耗精于邀一时之近誉。郭嵩焘：跬誉，犹言咫言。《方言》："半步为跬。"《司马法》："一举足曰跬。"跬，三尺也。跬誉者，邀一时之近誉也。敝，谓劳敝也。敝精罢神于近名而无实用之言，故谓之骈于辩。

4. "跬誉"为词，"跬誉"当作"毁誉"。句谓耗精于毁誉无用之言。方以智：一曰跬誉是毁誉。（《药地炮庄》）

宣颖："毁"旧作"跬"，声之讹也。

彼正正[⊖]者，不失其性命之情。故合者不为骈，而枝者不为跂^{①⊜}；长者不为有余，短者不为不足。是故凫胫虽短，续之则忧；鹤胫虽长，断之则悲。故性长非所断，性短非所续，无所去[⊜]忧也。意^②仁义其非人情乎！彼仁人何其多忧也[⊗]。

㊀彼正正者

1. 正正，如字，真正之意。郭象：物各任性，乃正正也。陈寿昌：上"正"字义近"真"字，犹谚云"真正"也。

2. 正正，如字，矫正之意。成玄英：以自然之正理，正苍生之性命，故言正也。

3. 正正，"至正"之误。褚伯秀："彼正正者"，宜照上文作"至正"。

㊁故合者不为骈，而枝者不为跂

1. 如句。郭象：以枝正合，乃谓合为骈；以合正枝，乃谓枝

---

① 陆德明：跂，崔本作"枝"。陈景元：江南古藏本"跂"作"歧"。

② 陆德明：意，亦作"医"。

为跂。

2. "跂"字有误。褚伯秀：跂，当作"歧"，传写之误。

刘文典：碧虚子校引江南古藏本，"跂"作"歧"，义较长。

3. 句有误。奚侗："枝者不为跂"当作"跂者不为枝"，与"合者不为骈"相对。《说文》："跂，足多指也。"此假以言手盖能通性命之情者，虽合不以为骈，虽跂不以为枝也。

〔三〕无所去忧也

1. 去，如字，弃也。谓安于性则无忧可去。郭象：知其性分非所断续而任之，则无所去忧而忧自去也。林希逸：长短出于本然之性也，长短性所安，无忧可去也。

2. 去，如字，藏也。谓安于性则无忧可藏。马其昶：去忧，藏忧也。《汉书》"主皆藏去以为荣"，师古曰："去亦藏也。"

3. 去，当为"云"字。谓安于性，则无所谓忧。吴汝纶："去"当为"云"。

4. 去，借为"怯"字。谓安于性，则无忧惧。高亨："去"借为"怯"。"无所怯忧"，犹言无所忧惧耳。《诗·云汉》"黾勉畏去"，亦以"去"为"怯"。《广雅·释诂》："怯，去也。"

〔四〕意仁义其非人情乎！彼仁人何其多忧也

1. 非乎，难道不是吗？仁人，如字。句谓"仁义"是人之本性，仁人为之太过，则失其性。郭象：夫仁义自是人之情性，但当任之耳。成玄英：夫仁义之情，出自天理，率性有之，非由放效。彼仁人者，则是曾、史之徒，不体真趣，横生劝奖，谓仁义之道可学而成。庄生深嗟此迷，故发噫叹。

2. 非，不是也。仁人，当作"仁义"。句谓"仁义"不是人之本性，仁义使人多忧。林希逸："意"与"噫"同，叹也。以凫鹤二端言之，则仁义多端非人情矣，故叹而言之。使仁义出于自然则不如是其多忧矣。多忧者，言为仁义者多忧劳也。阮毓崧：《广雅》曰："意，疑也。"情即上文"性命之情"。"仁人"作"仁义"是，言彼仁义之说何其束缚，恒使人失常性而多忧患耶！

且夫骈于拇者，决之则泣；枝于手者，龁之则啼。二者，或有余于数，或不足于数，其于忧一也[⊖]。今世之仁人，蒿目[⊜]而忧世之患；不仁之人，决[⊜]性命之情而饕贵富。故意仁义其非人情乎！自三代以下者，天下何其嚣嚣也^⑳？

㊀二者，或有余于数，或不足于数，其于忧一也

1. 谓骈、枝皆自然，故去之则为忧。成玄英：有余于数，谓枝生六指也；不足于数，谓骈为四指也。夫骈、枝二物，自出天然，但当任置，未为多少。而惑者不能忘淡，固执是非，谓枝为有余，骈为不足，横欲决骈龁枝，成于五数。既伤造化，所以泣啼，故决龁虽殊，其忧一也。

2. 谓骈、枝皆非本然，故为忧。宣疑：枝者、骈者，皆非其本然。出于本然之正，则不为有余，不为不足，自尔无忧，否则能无忧乎？

㊁蒿目

1. 谓目昏乱貌。司马彪：蒿目，乱也。林希逸：蒿目者，半闭其目，则其睫蒙茸然。蒿目，有独坐忧愁之意。章炳麟："蒿"借为"眊"。《说文》："眊，目少精也。"《孟子章句》："眊者，蒙蒙不明之貌。"忧劳者多耗损，故令目眊，《说文》"蔑劳，目无精也"，此之谓矣。

2. 谓目明视貌。李颐：蒿目，快性之貌。俞樾："蒿"乃"睢"之假字。《玉篇·目部》："睢，庚鞠切，目明又望也。"是"睢"为望视之貌。仁人之忧天下，必为之睢然远望，故曰"睢目而忧世之患"。"睢"与"蒿"，古音相近，故得通用。

㊂不仁之人，决性命之情而饕贵富

1. 决，断绝，亡失。情，性理。句谓不仁之人，弃绝本性之理而贪富贵。成玄英：素分不怀仁义者，谓之不仁之人也。意在贪求利禄，偷窃贵富，故绝己之天性，亡失分命真情。

2. 决，溃决，放纵。情，人欲。句谓不仁之人，溃决欲壑而贪富贵。王先谦：决，溃也，如水之决堤而出。

（四）故意仁义其非人情乎！自三代以下者，天下何其嚣嚣也

1. 谓仁义乃人所固有之情性，何必嚣嚣以求其迹。郭象：夫仁义自是人情也。而三代以下，横共嚣嚣，弃情逐迹，如将不及，不亦多忧乎！成玄英：夫仁义者，出自性情。而三代以下，弃情徇迹，嚣嚣竞逐，何愚之甚！

2. 谓仁义非人之本然，何必嚣嚣求之。林希逸：忧世之患而自劳，仁人也；贪饕富贵而破坏其性情，不仁之人也。二者皆为自苦。如此看来，仁义信非出于本然也。嚣嚣，嘈杂也。三代而下此说盛行，何其嘈杂也。陆长庚：为仁义者，以蒿目而忧世人；不行仁义者，决性命以饕富贵，其善恶虽不同，其为忧亦一也。然谓之忧，则必不能自适其适矣。不能自适其适者，非性命之情也。

且夫待钩绳规矩而正者，是削其性者也；待绳约胶漆而固者，是侵其德者也；屈折礼乐，呴俞⊖仁义，以慰天下之心者，此失其常然也。天下有常然。常然者，曲者不以钩，直者不以绳，圆者不以规，方者不以矩，附丽不以胶漆，约束不以纆索⊜。故天下诱然皆生而不知其所以生，同焉皆得而不知其所以得。故古今不二，不可亏也。则仁义又奚连连如胶漆纆索而游乎道德之间为哉，使天下惑也！

㈠呴俞仁义

1. 呴俞，友爱之貌。陆德明：谓呴俞颜色为仁义之貌。成玄英：呴俞，犹妪抚也。

2. 呴俞，呼喊之声。王敔："呴"音"吁"。吁俞言词以为仁义。陈寿昌：呴俞，呼应之意，道妙浑于无言，故以仁义为呴俞。

㈡纆索

1. 黑色之绳。王敔：纆，黑索也。

2. 双股之绳。陈寿昌：缰，索之两股者。

夫小惑易方，大惑易性⊖。何以知其然邪？自虞氏招⊜仁义以挠天下也，天下莫不奔命于仁义，是非以仁义易其性与？故尝试论之，自三代以下者，天下莫不以物易其性矣。小人则以身殉利，士则以身殉名，大夫则以身殉家，圣人则以身殉天下。故此数子者，事业不同，名声异号，其于伤性以身为殉，一也。臧与谷①⊜，二人相与牧羊而俱亡其羊。问臧奚事，则挟笑®读书；问谷奚事，则博塞®以游。二人者，事业不同®，其于亡羊均也。伯夷死名于首阳之下，盗跖死利于东陵之上。二人者，所死不同，其于残生伤性均也，奚必伯夷之是而盗跖之非乎？天下尽殉也。彼其所殉仁义也，则俗谓之君子；其所殉货财也，则俗谓之小人。其殉一也，则有君子焉，有小人焉；若其残生损性，则盗跖亦伯夷已，又恶取君子小人于其间哉！

⊖ **小惑易方，大惑易性**

1. 方，谓方位；性，谓本性。成玄英：夫指南为北，其迷尚小；滞迹丧真，为惑更大。

2. 方，谓方法；性，谓生命。陈景元：舍道德而趋仁义，是为易方；徇利名而残生，是为易性。

⊜ **自虞氏招仁义以挠天下也**

1. 招仁义，谓以仁义为招。成玄英：虞舜以后，淳风渐散，故以仁义圣迹招慰苍生，遂使宇宙黎元荒迷奔走，丧于性命，逐于圣迹。林希逸："招"犹今人言"招牌"也。立仁义之名以挠乱天下。

2. 招仁义，谓揭举仁义。罗勉道：招，音"乔"，举也。俞樾：《国语·周语》"好尽言以招人过"，韦注曰："招，举也。旧音曰：招，音翘。"《汉书·陈胜传赞》"招八州而朝同列"，邓展曰："招，举也。"苏林曰："招，音翘。"此文"招"字，亦当训"举"而读

---

① 谷，繁体作"穀"，陆德明：崔本作"穀"。

为"翘"，言举仁义以挠天下也。

㈢臧与谷

1. 指人。崔譔：好书曰"臧"。孺子曰"穀"。陆德明：《方言》云："齐之北鄙，燕之北郊，凡民男而婿婢谓之臧，女而妇奴谓之获。"成玄英：《孟子》云："臧，善学人；谷，孺子也。"杨雄云："男婿婢曰臧；谷，良家子也。"

2. 喻行为。方以智：臧与谷，假立二人，喻皆善而所为不同也。注引"臧谷"为"臧获"者，非。王敔：臧，善也；谷，利也。武延绪：臧，善也；谷，恶木也。二字对文，义各有取也。

㈣则挟筴读书

1. 筴，竹简也。李颐：筴，竹简也。古以写书，长二尺四寸。

2. 筴，驱羊鞭也。王先谦：筴，当读如《左传》"绕朝赠策"之"策"，即驱羊鞭也。

㈤则博塞以游

1. 博塞，下棋也。陆德明：《汉书》云"吾丘寿王以善格五待诏"，谓博塞也。王敔："塞""簺"通，音"赛"。古簺用五木。

2. 博塞，掷骰也。成玄英：行五道而投琼曰"博"，不投琼曰"塞"。林希逸：投琼曰"博"，不投琼曰"塞"。琼犹今骰子也。

㈥二人者，事业不同

1. 谓书、塞之殊。成玄英：问臧问谷，乃有书塞之殊。

2. 谓善、恶之殊。陈深：挟策读书，博塞以游，一善一恶。

且夫属㊀其性乎仁义者，虽通如曾、史，非吾所谓臧也；属其性于五味，虽通如俞儿㊁，非吾所谓臧也；属其性乎五声，虽通如师旷，非吾所谓聪也；属其性乎五色，虽通如离朱，非吾所谓明也。吾所谓臧者，非仁义之谓也，臧于其德而已矣；吾所谓臧者，非所谓仁义之谓也，任其性命之情而已矣；吾所谓聪者，非谓其闻彼也，自闻⊖而已矣；吾所谓明者，非谓其见彼也，自见⊜而已矣。夫不自见而见彼，不自得而得彼者，是得人之得而不自得其得者也，适人之适而不自适其适者也。夫适人之适而不自适其适，虽盗跖与伯夷，是同为淫僻也。余愧①㊣乎道德，是以上不敢为仁义之操，而下不敢为淫僻之行也。

㊀且夫属其性乎仁义者

1. 属，系也、附也。郭象：以此系彼为属，属性于仁，殉仁者耳。宣颖：属，强合。

2. 属，留意。林希逸：属性，犹言留意也。陆长庚：属，如"属意"之"属"。

㊁俞儿

1. 俞儿，古人。司马彪：古之善识味人也。

2. 俞儿，黄帝时人，齐人。陆德明：《淮南》云：俞儿狄牙，尝淄渑之水而别之。一云：俞儿，黄帝时人。狄牙则易牙，齐桓公时识味人也。一云：俞儿亦齐人。成玄英：《孟子》云：俞儿，齐之识味人也②。

㊂自闻、自见

1. 谓任耳目之所闻见。郭象：夫绝离（朱）弃（师）旷，自任闻见。则万方之聪明莫不皆全也。

2. 谓遗耳目之所闻见。陆长庚：自闻自见者，丧其耳，忘其目，收听返视而复归于朴也。

㊃余愧乎道德

1. 愧，如字，惭愧也。成玄英：云"余愧""不敢"者，示谦也。

---

① 陆德明：愧，崔本作"瞗"。
② 按：《孟子》中无言及俞儿，但有谓"至于味，天下期于易牙"（《告子上》）。

2. 愧，或当作"䁤"，重视也。阮毓崧："余愧"句或疑为庄子谦词，非也。愧，崔本作"䁤"，《集韵》："䁤，音媿，大视也。"据此，则"余䁤乎道德"盖谓余所见于道德者大，犹言余重视乎道德也。案"愧"亦可读为"餽"之借字，《广韵》："餽同馈，饷也。"言余既寝馈乎道德，又何敢妄有所为也。

马蹄第九

马，蹄可以践霜雪，毛可以御风寒，龁草饮水，翘足①而陆⊖，此马之真性也。虽有义②⊜台路寝，无所用之。及至伯乐，曰："我善治马。"烧之，剔之，刻之，雒⊜之，连之以羁絷，编之以皂栈，马之死者十二三矣；饥之，渴之，驰之，骤之，整之，齐之，前有橛饰之患，而后有鞭笑之威，而马之死者已过半矣。陶者曰："我善治埴。"圆者中规，方者中矩。匠人曰："我善治木。"曲者中钩，直者应绳。夫埴木之性，岂欲中规矩钩绳哉？然且世世称之曰"伯乐善治马而陶匠善治埴木"，此亦治天下者之过也。

⊖翘足而陆

1. 陆，当作"騄"，跳也。司马彪：陆，跳也。《字书》作"騄"。騄，马健也。

2. 陆，当作"踛"，曲胫而立。潘基庆：立时每有一蹄跂立。（《南华经集注》）郭庆藩：《文选·江赋注》引《庄子》"陆"作"踛"。《广韵》："踛，力竹切，翘踛也。""踛"依字当作"躜"。《说文》："躜，曲胫也，读若逯。"是"踛"即"躜"之异体。

⊜义台

1. 义，如字。崔譔：义台，犹灵台也。司马彪：义台，台名。

---

① 陆德明：足，崔本作"尾"。
② 陆德明：义（繁体作"義"），一本作"羲"。

（《史记·魏世家索隐》）成玄英：义，养也，谓是贵人养卫之台观也。

2.“义”同“仪”。宣颖：“义”同“仪”。仪台在前，路寝在后，盖总宫室之全言之。俞樾：义，徐音“仪”，当从之。仪台犹言容台，《淮南子·览冥篇》“容台振而掩覆”，高注曰：“容台，行礼容之台。”“仪”与“容”，异名同实，盖是行礼仪之台，故曰“仪台”也。

3.义，或作“義”。章炳麟：《释文》“义，一本作義”，“义”“義”皆借为“巍”。《说文》：“巍，高也。从嵬，委声。”“委”从“禾”声，与“义”“義”从“我”声者同部。巍台者，《周礼》有“象巍”，郑司农云：“阙也。”《释官》“观谓之阙”，左氏僖五年《传》“遂登观台以望而书云物”，是巍阙有观台，故曰“巍台”。

三雒之

1.雒，络也。司马彪：雒，谓羁雒其头也。钱穆：《阙误》引江南古藏本，及《御览》八九六引，并作“络”。

2.雒，烙也。王念孙：“雒”读为“铬”，或作“刲”。铬之言落也，剔去毛鬣爪甲谓之铬。《说文》曰：“铬，鬎也。”《广雅》曰：“雒，剔也。”《吴子·治兵篇》说畜马之法云：“刻剔毛鬣，谨落四下。”此云烧之、剔之、刻之、雒之，语意略相似。郭嵩焘：“雒”当为“烙”，所谓火针曰“烙”也。

吾意善治天下者不然。彼民有常性，织而衣，耕而食，是谓同德；一而不党，命曰天放①㊀。故至德之世，其行填填，其视颠颠㊁。当是时也，山无蹊隧，泽无舟梁㊂；万物群生，连属其乡㊃；禽兽成群，草木遂长。是故禽兽可系羁而游，鸟鹊之巢可攀援而窥㊄。夫至德之世，同与禽兽居，族与万物并，恶乎知君子小人哉！同乎无知，其德不离㊅；同乎无

---

① 陆德明：放，崔本作“牧”。

欲，是谓素朴；素朴而民性得矣。及至圣人，蹩躠①为仁，踶跂为义，而天下始疑矣；澶漫为乐，摘僻为礼，而天下始分矣⊕。故纯朴不残，孰为牺尊⊛！白玉不毁，孰为珪璋！道德不废，安取仁义！性情不离，安用礼乐！五色不乱，孰为文采！五声不乱，孰应六律！

（一）天放

1. 放，如字。天放，放任自乐也。郭象：放之而自一耳，非党也，故谓之天放。林希逸：放律自乐于自然之中，《齐物论》之"天行""天钧""天游"，与此"天放"，皆是庄子做此名字以形容自然之乐。

2. 放，作"牧"字。天牧，天养也。崔譔：天牧，养也。

3. 放，同"仿（做）"字。天仿，同于天。王敔："放"与"仿"同。天如是，则亦如是。

（二）其行填填，其视颠颠

1. 填填、颠颠，同义，描述外貌。崔譔：填填，重迟也。颠颠，专一也。王敔：填填，迟重貌，行不迤也。颠颠，专一也，目不游也。

2. 填填、颠颠，同义，描述内心。郭象：此自足于内，无所求及之貌。

3. 填填、颠颠，两义，一描述内心，一描述外貌。成玄英：填填，满足之心。颠颠，高直之貌。守真内足，填填而处无为；自不外求，颠颠而游于虚淡。

（三）山无蹊隧，泽无舟梁

1. 言人心古朴守分。成玄英：人知守分，物皆淳朴，不伐不夺，径道所以可遗；莫往莫来，船桥于是乎废。

2. 言环境原始。林希逸：山无蹊隧，路未通也。泽无舟梁，津未通也。

---

① 陆德明：蹩，本又作"薛"，向、崔本作"杀"。

㈣万物群生，连属其乡

1. 连属其乡，言皆本自然而无异俗，故可连属。郭象：混茫而同得也，则与一世而淡漠焉，岂国异而家殊哉！王叔之：既无国异家殊，故其乡连属。

2. 连属其乡，言水陆之路未通，各就所居为连属。林希逸：人各随其乡而居，自为连属，一乡之中，自有长幼上下相连属也。宣颖：陆路、水路未通，各就所居为连属。

㈤是故禽兽可系羁而游，鸟鹊之巢可攀援而窥

1. 谓无机心，与物无害。郭象：与物无害，故物驯也。林疑独：兽可系，巢可阚，以明人无机心，则物无所惮。

2. 谓无心，与物相忘。陈祥道：视人如己，视己如物，物我兼忘，内外无间，所以入兽不乱群、入鸟不乱行也。褚伯秀：禽兽可羁，鸟巢可窥，言无心而与物化也。

㈥同乎无知，其德不离

1. 离，离开。郭象：知则离道以善也。成玄英：既无分别之心，故同乎无知之理。又不以险德以求行，故抱一而不离也。

2. 离，漓散。林希逸：不离，浑全也。陆长庚：知则意见起而知识开，道德所以日漓也。

㈦蹩躠为仁，踶跂为义，而天下始疑矣；澶漫为乐，摘僻为礼，而天下始分矣

1. 将蹩躠、踶跂、澶漫、摘僻解释成行为或表情。成玄英：蹩躠，用力之貌。踶跂，矜持之容。澶漫是纵逸之心，摘僻是曲拳之行。陈景元：用力行仁，矜持尚义，屈折为礼，纵逸为乐。

2. 将蹩躠、踶跂、澶漫、摘僻解释成动作。王敔：蹩躠，行不正貌，不能行而强行。踶，驻足用力也；跂，举足望也。不可及而企及。澶，纵衍也；漫，靡也。烦杂众声，靡靡娱人。摘，取也；僻、擘通，挥也。多其去取，劳伤肌骨。宣颖：蹩躠，跛者行不正貌。踶跂，足用力貌。澶漫，淫衍也。摘僻，拘牵也。

㈧牺尊

1. 谓刻为牛形之酒器。司马彪：画牺牛象以饰樽也。成玄英：牺尊，酒器，刻为牛首，及祭宗庙。

2. 谓雕有凤形之酒器。郭庆藩：《毛传》曰："牺尊有沙饰也。"（见《诗·閟宫》）郑司农曰："牺尊饰以翡翠。"（见《周官·司尊彝》注）后郑曰："牺读如沙。"（见《周礼·明堂位》正义）刻画凤凰之象于尊，其羽形婆娑然。

3. 谓刻画众物形之酒器。王念孙：《淮南·俶真篇》高注："牺尊，犹疏镂之尊。"然则牺尊者，刻而画之为众物之形，在六尊之中最为华美，故古人言文饰之盛者，独举牺尊。

夫残朴以为器，工匠之罪也；毁道德以为仁义，圣人之过也⊖。夫马，陆居则食草饮水，喜则交颈相靡，怒则分背相踶。马知已此矣。夫加之以衡扼，齐之以月题⊜，而马知介倪⊝闉扼⊛鸷曼⊞诡衔⊟窃辔⊠。故马之知而态Ⓐ至盗者，伯乐之罪也。夫赫胥氏之时，民居不知所为，行不知所之，含哺而熙，鼓腹而游，民能以此矣。及至圣人，屈折礼乐以匡天下之形，县跂Ⓑ仁义以慰天下之心，而民乃始踶跂好知，争归于利，不可止也。此亦圣人之过也。

㈠毁道德以为仁义，圣人之过也

1. 谓过在以人为非自然。成玄英：工匠以牺尊之器残淳朴之本，圣人以仁义之迹毁无为之道，为弊既一，获罪宜均。

2. 谓过在将道德与仁义分离。林疑独：仁义出于道德，礼乐出于性情。上古世质民淳，仁义与道德为一，礼乐与性情不离。后世废道德以言仁义，离性情而议礼乐。是以有曾史之仁义，非尧舜之仁义；有世俗之礼乐，非三代之礼乐。老子所以挺提绝灭之，在庄子亦所不取也。

㈡齐之以月题

1. 月题，当颅也。司马彪、崔譔：马额上当颅如月形者也。

2. 月题，马辔饰也。王敔：月题，马辔饰。旧注马额上当颅如月形，乃的卢也，非是。

㈢介倪

1. 介，独立。倪，睥睨。李颐：介倪，独睥睨也。林希逸：介，独也。倪，睥睨也。独立而睥睨，怒之状也。

2. 介，甲。倪，俾益。郭嵩焘：成二年《左传》"不介马而驰之"，杜预注："介，马甲也。"《说文》："俾，益也"，"倪，俾也。"言马知甲之加其身。

3. 介，扤、折。倪，槷。马叙伦：孙诒让曰："倪借为槷。"伦案：介者，"兀"之讹字。"兀"为"扤"省。《说文》曰："扤，动也"，"捆，折也。""扤""捆"一字，扤槷言折槷也。

4. 介，独立。倪，槷。曹础基：介，间侧。倪，借为"槷"，车辕与车衡衔接的关键部件。介槷，马侧立在两槷之间，不服驾驶。

㈣阘扼

1. 阘，曲也。扼，"轭"之借。司马彪：言曲颈于扼以抵突也。

2. 阘，曲也。扼，拒也。林希逸：阘扼，曲颈而扼拒也，不受御络之意也。

3. 阘，塞也。扼，"轭"之借。胡文英：阘，塞也。阘扼，抵塞衡扼也。

㈤鸷曼

1. 曼，突曼。李颐：鸷，抵也；曼，突也。林希逸：鸷，猛也；曼，突也。不受羁勒而相抵突之状。

2. 曼，车衣。孙诒让：曼即《周礼》"巾车之幭，车覆苓也。"曼"从"冒"得声，"冒""幭"一声之转。马叙伦：朱骏声曰"曼为幔省"，《说文》曰："幔，衣车盖也。"伦案："鸷"借为

"輊"，古同"端"纽，《说文》曰："輊，抵也。"

3. 鸷曼，迟重貌。郭嵩焘：阘扼，犹言困扼；鸷曼，犹言迟重；言马被介而气塞行滞，有决衔绝辔之忧。

㈥诡衔

1. 诡，如字，诈也。崔譔：诡衔，戾衔橛。成玄英：诡衔乃吐出其勒。

2. 诡，"毁"字之借。马叙伦："诡"借为"毁"。古读"见""晓"二纽，并浅喉音。《说文》曰"塊，毁垣也""陧，危也"，并以双声相训，是其例证。《说文》曰："毁，缺也。"

㈦窃辔

1. 窃，如字，盗也。崔譔：窃辔，盗靷辔也。成玄英：窃辔即盗脱笼头。

2. 窃，"咠"字之借。宣颖：窃辔，偷咠其辔。马叙伦："窃"借为"咠"，声同"脂"类。《说文》曰："咠，噬也。"

㈧故马之知而态至盗者

1. 态，如字，作态也，奸诈也。郭象：马性不同而齐求其用，故有力竭而态作者。成玄英：态，奸诈也。夫马之真知，适于原野，驰骤过分，即矫诈心生。陆长庚：言马之知流于诡谲窃盗，变态百端。

2. 态①，当为"能"字。马叙伦："态"作"能"。《楚辞·九章》"固庸态也"，《论衡·累害篇》"态"作"能"。《汉书·司马相如传》"君子之态"，《史记》作能（《集解》引徐广本）。此书传"能""态"通用之证。

---

① "态"字繁体作"態"。

㈨县跂仁义以慰天下之心

1. 跂，如字，企望也。司马彪：跂，企望也。（《文选》傅长虞《赠何劭王济诗》注）成玄英：高悬仁义，令企慕以慰心灵。罗勉道：县跂者，如悬物而使人跂足及之。

2. 跂，借为"庪"。章炳麟："跂"借为"庪"。《释天·祭山》曰"庪县"，郭璞曰："或庪或县，置之于山。"

3. 跂，借为"系"。马叙伦："跂"盖借为"系"。古读"群""匣"二纽，并为浅喉音也。"屈""折"义同，"县""系"义亦同也。《说文》曰："系，繋也。"

胠箧第十

将为胠箧[⊖]探囊发匮之盗而为守备，则必摄缄縢，固扃鐍，此世俗之所谓知也。然而巨盗至，则负匮揭箧担囊而趋，唯恐缄縢扃鐍之不固也。然则乡之所谓知者，不乃为大盗积者也[⊜]？

⊖胠箧

1. 胠，从旁边开。司马彪：从旁开为胠。罗勉道：胠，腋下，傍开其箧如从腋取之。

2. 胠，开也。成玄英：胠，开。林希逸：胠，开也，探手取之也。

⊜乡之所谓知者，不乃为大盗积者也

1. 说明知不足恃。郭象：知不足恃也如此。

2. 说明不是周万物之知。林疑独：世俗所谓知，非周万物之知，故不免为大盗积。

故尝试论之：世俗之所谓知者，有不为大盗积者乎？所谓圣者，有不为大盗守者乎？何以知其然邪？昔者齐国邻邑相望，鸡狗之声相闻，罔罟之所布，耒耨之所刺，方二千余里。阖四竟之内，所以立宗庙社稷，治邑屋州闾乡曲者，曷尝不法圣人哉？然而田成子一旦杀齐君而盗其国，所盗者岂独其国邪？并与其圣知之法而盗之。故田成子有乎盗贼之名，而身处尧舜之安；小国不敢非，大国不敢诛，十二世有齐国[⊜]。则是不乃窃齐国，并与其圣知之法以守其盗贼之身乎？

㊀十二世有齐国

1. 如句，指敬仲至齐威王。成玄英：田成子，齐大夫陈恒也，是敬仲七世孙。自敬仲至庄公，凡九世知齐政；自太公至威王，三世为齐侯；通计为十二世。庄子，宣王时人，今不数宣王，故言十二世也。

2. 如句，指田成子至齐王建。姚鼐：自田常至王建十世，上合桓子无宇、厘子乞为十二世。田氏自桓子始大，故言十二世。钱穆：《史记》自成子至王建之灭仅十世。据《竹书纪年》中脱悼子、侯剡两世。此亦本篇晚出之确证。

3. 句疑作"世世有齐国"。俞樾：本文是说田成子，不当从敬仲数起。疑《庄子》原文本作"世世有齐国"，言自田成子之后，世有齐国也。古书遇重字，止于字下作"＝"字以识之，应作"世二有齐国"。传写者误倒之，则为"二世有齐国"。于是其文不可通，而从田成子追数至敬仲适得十二世，遂臆加十字于其上耳。

4. 句疑作"专有齐国"。严灵峰：《列子·杨朱》"田恒专有齐国"，当是此文所本。疑《庄子》原文亦作"专"，因漫漶残缺分而为三，校者不察，以其形近，遂改作"十二世"，驯致讹误。

尝试论之：世俗之所谓至知者，有不为大盗积者乎？所谓至圣者，有不为大盗守者乎？何以知其然邪？昔者龙逢斩，比干剖①，苌弘胣，子胥靡，故四子之贤而身不免乎戮㊀。故跖之徒问于跖曰："盗亦有道乎？"跖曰："何适而无有道邪？夫妄意室中之藏，圣也；入先，勇也；出后，义也；知可否，知也；分均，仁也。五者不备而能成大盗者，天下未之有也。"㊁由是观之，善人不得圣人之道不立，跖不得圣人之道不行。天下之善人少而不善人多，则圣人之利天下也少而害天下也多。故曰：唇竭则齿寒㊂，鲁酒薄而邯郸围㊃，圣人生而大盗起。掊击圣人，纵舍盗贼，而天下始治矣。

---

① 陆德明：剖，崔本作"节"。云："支解也。"

㈠故四子之贤而身不免乎戮

1. 此言圣迹之弊。郭象：言暴乱之君，亦得据君人之威以戮贤人而莫不敢亢者，皆圣法之由也。向无圣法，则桀纣焉得守斯位而放其毒，使天下侧目哉！

2. 此言贤不足自恃。林希逸：此言贤者不足自恃。

㈡五者不备而能成大盗者，天下未之有也

1. 由此见圣迹之弊。郭象：五者所以禁盗，而反为盗资也。

2. 由此见盗者之害。宣颖：此窃圣知害人者。

3. 此讥侮儒者。林希逸：庄子撰出这般名字，以讥侮儒者。

㈢唇竭则齿寒

1. 竭，亡也。成玄英：《春秋左传》云："唇亡齿寒，虞、虢之谓也。"李勉："竭"与"亡"义通。唇亡谓唇缺，唇缺则齿寒。

2. 竭，揭，举也。孙诒让："竭"当从《战国策·韩策》作"揭"。俞樾：此"竭"字当读为"竭其尾"之"竭"。盖"竭"之本义为负举，"竭其尾"即"举其尾"也。此云"唇竭"者，谓反举其唇以向上。

㈣鲁酒薄而邯郸围

1. 谓楚伐赵之事。陆德明：许慎《淮南子》注云，楚会诸侯，鲁、赵俱献酒于楚王。鲁酒薄而赵酒厚，楚之主酒吏求酒于赵，赵不与。吏怒，乃以赵厚酒易鲁薄酒，奏之。楚王以赵酒薄，故围邯郸也。

2. 谓魏伐赵之事。成玄英：楚宣王朝会诸侯，鲁恭公后至而酒薄，宣王怒，将辱之。恭公遂不辞而还。宣王怒，兴兵伐鲁。梁惠王恒欲伐赵，畏鲁救之。今楚鲁有事，梁遂伐赵而邯郸围。

夫川竭而谷虚，丘夷而渊实。圣人已死，则大盗不起，天下平而无故矣。圣人不死，大盗不止。虽重圣人而治天下，则是重利盗跖也。为之斗

斛以量之，则并与斗斛而窃之；为之权衡以称之，则并与权衡而窃之；为之符玺以信之，则并与符玺而窃之；为之仁义以矫之，则并与仁义而窃之⊖。何以知其然邪？彼窃钩者诛，窃国者为诸侯，诸侯之门而仁义存焉，则是非窃仁义圣知邪？故逐①于大盗，揭诸侯、窃仁义并斗斛权衡符玺之利者，虽有轩冕之赏弗能劝，斧钺之威弗能禁⊖。此重利盗跖而使不可禁者，是乃圣人之过也。

⊖为之斗斛以量之，则并与斗斛而窃之；为之权衡以称之，则并与权衡而窃之；为之符玺以信之，则并与符玺而窃之；为之仁义以矫之，则并与仁义而窃之

1. 寓意言人。向秀：皆所以明苟非其人，虽法无益。

2. 寓意言盗。郭象：小盗之所困，乃大盗之所资而利也。

3. 寓意言法。陆长庚：一法立，一奸生。

⊜故逐于大盗，揭诸侯、窃仁义并斗斛权衡符玺之利者，虽有轩冕之赏弗能劝，斧钺之威弗能禁

1. 句谓赏罚之具皆为大盗所逐取。郭象：夫轩冕斧钺，赏罚之重者。重赏罚以禁盗，然大盗者又逐而窃之，则反为盗用矣。

2. 句谓趋随大盗去窃国取利者，赏罚亦不能阻止。王敔：驰逐而为大盗者，举诸侯之窃以为口实，赏之以卿相之服而不屡。陈寿昌：相率而趋于盗也。盗国之后，显然昭揭，以诸侯自命。利之所在，皆盗所有。

3. 句谓追逐大盗之利者，赏罚皆不顾忌。陆长庚：夫大盗既窃圣人之法以得国，则人人逐于得国之利而争相盗窃，虽赏之以轩冕，威之以斧钺，终不能以禁其不为。俞樾：故逐于大盗揭诸侯窃仁义并斗斛权衡符玺之利者，此二十一字作一句读。盖"揭诸侯""窃仁义"云云，皆大盗之利也。人苟逐于大盗之利，则必轩冕弗能劝，斧钺弗能禁，如下文所云矣。

---

① 罗勉道："逐"字《邓析子》作"遂"。

故曰："鱼不可脱于渊，国之利器不可以示人。"彼圣人[⊖]者，天下之利器也，非所以明天下也。故绝圣弃知，大盗乃止；摘玉毁珠，小盗不起；焚符破玺，而民朴鄙；剖斗折衡，而民不争；殚残天下之圣法，而民始可与论议。擢乱六律，铄绝竽瑟，塞瞽旷之耳，而天下始人含其聪矣；灭文章，散五采，胶离朱之目，而天下始人含其明矣；毁绝钩绳而弃规矩，攦工倕之指，而天下始人有其巧矣。故曰"大巧若拙"。削曾史之行，钳杨墨之口，攘弃仁义，而天下之德始玄同矣。彼人含其明，则天下不铄矣；人含其聪，则天下不累矣；人含其知，则天下不惑矣；人含其德，则天下不僻矣。彼曾、史、杨、墨、师旷、工倕、离朱，皆外立其德而以爚乱[⊜]天下者也，法之所无用也。

㊀彼圣人者，天下之利器也

1. 圣人，如字，指圣人之迹或圣人之法、圣人之知而言。郭象：圣人者，诚能绝圣弃知而反冥物极，物极各冥，则其迹利物之迹也。器犹迹耳，可执而用曰器也。陈寿昌：圣人创法。郭庆藩：假圣人之知而收其利，天下皆假而用之，则固天下之利器矣。

2. 圣人，当作"圣知"。褚伯秀：自"曷尝不法圣人哉"至"圣人者天下之利器也"，凡十一处"圣人"字，今本皆然，唯陈碧虚照张君房校本，并作"圣知"。窃意张氏当时被旨校定及碧虚述解进呈之时，恐其间论圣人处语或有嫌，权易以"圣知"，因而传袭耳。然有当用"圣人"处若"曷尝不法圣人""不得圣人之道不立""不得圣人之道不行""圣人已死""圣人不死"，此不可易者，余易为"圣知"亦自有理。至若"圣人者天下之利器"则是"圣知"无疑。

㊁爚乱

1. 爚如字，火耀也。陆德明：爚，徐音"药"，《三苍》云："火光销也。"

2. 爚，"覹"之假。杨树达：《说文》："覹，视误也。"爚，假为"覹"。

子独不知至德之世乎？昔者容成氏、大庭氏、伯皇氏、中央氏、栗陆氏、骊畜氏、轩辕氏、赫胥氏、尊卢氏、祝融氏、伏牺氏、神农氏，当是时也，民结绳而用之，甘其食，美其服，乐其俗，安其居，邻国相望，鸡狗之声相闻，民至老死而不相往来。若此之时，则至治已。今遂至使民延颈举踵曰"某所有贤者"，赢粮而趣之，则内弃其亲而外去其主之事，足迹接乎诸侯之境，车轨结乎千里之外，则是上好知之过也。

上诚好知而无道，则天下大乱矣。何以知其然邪？夫弓弩毕弋⊖机变⊜之知多，则鸟乱于上矣；钩饵罔罟罾笱⊜之知多，则鱼乱于水矣；削格⊛罗落置罘之知多，则兽乱于泽矣；知诈渐毒⊛颉滑坚白解垢同异⊛之变多，则俗惑于辩矣。故天下每每⊛大乱，罪在于好知。故天下皆知求其所不知而莫知求其所已知者⊛，皆知非其所不善而莫知非其所已善者⊛，是以大乱。故上悖日月之明，下烁山川之精，中堕四时之施；惴耎之虫，肖翘之物⊛，莫不失其性。甚矣，夫好知之乱天下也！自三代以下者是已。舍夫种种之民而悦夫役役之佞，释夫恬淡无为而悦夫啍啍⊛之意，啍啍已乱天下矣！

⊖毕弋

1. 指两种机械：毕与弋。李颐："兔网曰'毕'，缴射曰'弋'"。

2. 指一种操作：以弋张毕捕鸟。郭嵩焘：《玉篇》"弋，橛也，一作杙"，《尔雅·释宫》"橛谓之杙"，郭璞注："橛也。"毕弋，谓施弋以张毕也。《人间世》"狙猴之杙"，则用以系狙猴者。《说文》："率，捕鸟毕也。"《诗·小雅》"毕之罗之"，鸟罟亦谓之毕。

⊜机变

1. 指两种机械：机与变。李颐："弩牙曰'机'"。奚侗："变"非器用，当"罴"字。《尔雅·释器》："罴罟谓之罴。"此假掩兽之具以言掩鸟。武延绪："变"疑读为"辟"，"辟"与"薜"同。《逍遥游》"中于机辟"，《山木篇》"然且不免于机、辟、罔、罟之患"是其证。此误作"变"者，"辟"与"辨"近，初讹作"辨"，"辨""变"音近，后人不知"辟"之讹，因习见"机变"之文，遂疑为"变"字之讹而改之。

2. 指一种行为：机巧变诈。林希逸：机变，变诈也。

（三）筍

1. 钩也。陆德明："钓"音"钩"，筍钩也。

2. 筌也。成玄英：筍，曲梁也，亦筌也。

（四）削格罗落

1. 削，言动作。李颐：削格，所以施罗网也。宣颖：植栅施罗网也。郭嵩焘：《说文》："格，木长貌。"徐锴曰："长枝为格。"削格，谓刮削之。左思《吴都赋》"峭格周施"，"峭""削"义通。谓之格者，格拒之意。削格罗落，皆所以遮要禽兽。

2. 削，言器物。林希逸：削格犹《汉书》曰"储胥也"，犹今之木栅也。章炳麟："削"借为"箾"，《说文》："箾，以竿击人也。"格，《说文》云："木长貌。"竹竿、长木皆所以施罗网。

（五）渐毒

1. 渐，浸润，深也。崔譔：渐毒，犹深害也。李颐：渐渍之毒，不觉深也。

2. 渐，欺诈也。郭庆藩：渐，诈也。《荀子·议兵》"是渐之也"，《正论》"上凶险则下渐诈矣"，皆欺诈之义。《尚书》"民兴胥渐"，王念孙曰："渐，诈也。言小民方兴为诈欺。"

3. 渐，尖也。于鬯："渐"盖有"锐"意。今人谓人英锐曰"尖"，亦曰尖毒，或曰尖刻，盖即此"渐"字。《史记·宋微子世家》司马《索隐》云"渐渐，麦芒之状"，《文选·雉赋》云"麦渐渐以擢芒"，则渐渐叠字形容，亦有尖锐之意。

（六）颉滑坚白解垢同异

1. 作三个辩题解。林希逸：颉，桀颉也；滑，汩乱也。坚白、解垢、同异，皆当时辩者之名。

2. 作二个辩题解。罗勉道：坚白者，执坚为白；同异者，合异为同。皆公孙龙之书有此语。颉，相竞为高也；滑，犹走弄不定也。彼执坚以为白，而辩之者与之相颉，使之走弄不定。解，散也；垢，

身后之尘也。解垢同异者，解散其同如垢之脱也。陈寿昌：颉，说之
媵也；滑，辞之利也。谓此颉者滑者，皆以坚白自鸣者也。解，辩之
晰也；垢，语之污也。谓此解之垢之，皆以同异互诋者。

㈦故天下每每大乱

1. 每每，昏昏也。李颐：每每，犹昏昏也。成玄英：每每，昏
昏貌也。

2. 每每，常常也。林希逸：每每，常常也。奚侗：《一切经》二
十五引《三苍》云："每，非一定之辞也。"每每，与频频谊近，今
俗犹有此语。

㈧故天下皆知求其所不知而莫知求其所已知者

1. 所不知、所已知，指分外、分内而言。郭象：不求所知而求
所不知，此乃舍己效人而不止其分也。成玄英：所已知者，分内也；
所不知者，分外也。

2. 所不知、所已知，指多知、良知而言。林疑独：所不知者，
多知；所已知者，良知。褚伯秀：知求其所不知，谓分外求知，如测
天地、问鬼神之类。所已知，谓己之良知，辨微危、尊德性之类。

3. 所不知、所已知，指异于人、同于人而言。陆长庚：求其所
不知者，求以异乎人也；所已知，则同乎人者也。林云铭：天下之所
以大乱，盖求其所不知以异于人，而不知求其所已知有本体之自
同也。

㈨皆知非其所不善而莫知非其所已善者

1. 谓是非、善恶无定。成玄英：所不善者，桀跖也；所以善者，
圣迹也。盗跖行不善以据东陵，田恒行圣迹以窃齐国。故臧、谷业
异，亡羊趣同。或夷跖行殊，损性均也。愚俗之徒，妄生臧否，善与
不善，诚未足定也。宣颖：知非人之非，不知素所谓是者亦非也。

2. 谓求人严，责己宽。褚伯秀：所不善者，己自以为非者，责
人求备之类。所以善，己自以为是者，矜能自用之类。林云铭：皆知

非人之所不能，而不知己之所能者亦未为是也。

⊕肖翘之物

1. 指植物。崔譔：肖翘，植物也。奚侗："肖"借作"梢"，"翘"借作"乔"，《尔雅》："小枝上缭为乔。"

2. 指动物。李颐：翾飞之属也。林希逸：肖，小也；翘，轻也。飞物也，蜂蝶之类。

⊕啍啍

1. 言行为。郭象：啍啍，以己诲人也。宣颖：啍同"谆"，烦絮也。奚侗：《家语·五仪解》"无取啍啍"，王肃注："啍啍，多言。""啍"即"谆"字，《说文》："谆，告晓之孰也。"《后汉书·卓茂传》"劳心谆谆"，义与恬淡无为相反。

2. 言状貌。司马彪：少智貌。陆德明：一云，啍啍，壮健之貌。

在宥第十一

闻在宥⊖天下，不闻治天下也⊜。在之也者，恐天下之淫其性也；宥之也者，恐天下之迁其德也⊜。天下不淫其性，不迁其德，有治天下者哉①⊛？昔尧之治天下也，使天下欣欣焉人乐其性，是不恬也；桀之治天下也，使天下瘁瘁②焉人苦其性，是不愉也。夫不恬不愉，非德也⊛；非德也而可长久者，天下无之。

㈠在宥

1. 在，察也；宥，宽也。司马彪：在，察也。宥，宽也。（《文选》谢灵运《九日从宋公戏马台集送孔令诗》注引）章炳麟：《释诂》："在，察也，审也。"在之者，谓察之覆之也。宥之者，《说文》云："宥，宽也。"

2. 在，存也；宥，安也。吕惠卿：在者，存之而不亡，任自然而不益。宥者，放之而不纵，如囿之宥物也。苏舆："在"不当训"察"，察之则固治之矣。在，存也，存诸心而不露是非善恶之迹，以使民相安于浑沌。

3. 在，任也；宥，宽也。陈深：在之也者，任其自在以将顺之，使天下不淫其本然之性也。宥之也者，宽然自得，以优容之，使天下不迁其自然之德也。李勉：观全文，"在宥"二字应是"任宥"二字之误。"任""在"形似故以互混。任者。放任之也；宥者，宽宥之也。

---

① 陆德明：崔本作"有治天下者材失"，云："强治之，是材之失也。"
② 陆德明：瘁，崔本作"醉"。

（二）**闻在宥天下，不闻治天下也**

1. 谓"在宥"方能天下治。郭象：宥使自在则治，治之则乱也。成玄英：自在宽宥，即天下清谧；若立教以驭苍生，物失其性。

2. 谓天下不当言"治"。陈景元：上古之君存天下者，宽之而已，非有心以治之也。林希逸：在者优游自在，宥者宽容自得，天下之人，性皆不乱，德皆不移，又何用治。

（三）**在之也者，恐天下之淫其性也；宥之也者，恐天下之迁其德也**

1. 道家角度的解释：任性之谓也。陈祥道：在则莫之扰，宥则莫之迫。莫扰则性不淫，故诱然皆生而不知所以生；莫迫则德不迁，故同然皆得而不知所以得。

2. 儒家角度的解释：守性之谓也。王夫之：不在则心随物往，天下乘之以俱流；不宥则心激物伤，天下莫知其所守。

（四）**天下不淫其性，不迁其德，有治天下者哉**

1. 谓无治则不淫不迁。郭象：无治乃不迁淫。

2. 谓不淫不迁，则何须治。成玄英：性正德定，何劳布政治之哉！

（五）**不恬不愉，非德也**

1. 谓人性本静虚。吕惠卿：人生而静，何有乐、苦。使之乐、苦，是淫其性。淫其性未有不迁其德。林疑独：人心未尝不虚；而至于悲喜者，有物触之也。尧桀之治天下，虽善恶不同，其触人心而至于害性则一。

2. 谓人性本自足。陆长庚：人性上不可添一"乐"字，人性上不可添一"苦"字。林云铭：性中原无苦乐，有苦乐皆为淫其性也。性淫则德迁矣。尧桀之治天下，其为害一也。

人大喜邪，毗于阳；大怒邪，毗于阴〇。阴阳并毗，四时不至，寒暑之和不成，其反伤人之形乎！使人喜怒失位，居处无常，思虑不自得，中道⊖不成章，于是乎天下始乔诘卓鸷⊜，而后有盗跖、曾、史之行。故举天下以赏其善者不足，举天下以罚其恶者不给，故天下之大不足以赏罚。自三代以下者，匈匈焉终以赏罚为事，彼何暇安其性命之情哉！

㊀毗于阳、毗于阴

1. 毗，助也。司马彪：助也。林希逸：毗，益也。医书上所谓有余之病也。罗勉道：毗，助也。凡喜属阳，怒属阴。人之一身，阴阳调和则无疾，若过于喜则助其阳胜矣，过于怒则助其阴胜矣。

2. 毗，偏也。宣颖：毗，偏附也。

3. 毗，伤也。俞樾：此"毗"字当读为"毗刘暴乐"之"毗"。《尔雅·释诂》云："毗刘，暴乐也。"合言之则曰"毗刘"，分言之则或止曰"刘"，《诗·桑柔篇》"将采其刘"是也；或止曰"毗"，此曰"毗于阳""毗于阴"是也。暴乐，毛公《传》作"爆烁"，郑氏《笺》云"将采之则爆烁而疏"，然则"爆烁"犹"剥落"也。喜属阳，怒属阴，故大喜则伤阳，大怒则伤阴。毗阴、毗阳，言伤阴阳之和也。《淮南子·原道篇》"人大怒破阴，大喜坠阳"，正与此同义。

㊁中道不成章

1. 中道，法度也。郭象：寒暑之和败，四时之节差，百度昏亡，万事失落也。陈祥道：于是天下始求高探深，尚异务捷者出，皆非中道也，不过于为善，必过于为恶。

2. 中道，半途也。罗勉道：中道不成章，言作事至中道而不成条理。陈寿昌：半途而止，不成条理。

㊂乔诘卓鸷

1. 作二义解。崔譔：乔诘，意不平也；卓鸷，行不平也。

2. 作四义解。成玄英：乔，诈伪也；诘，责问也；卓，独也；鸷，猛也。陆长庚：乔者，矫己而过于高；诘者，责人而过于密；卓者，特立而过于亢；鸷者，钮击而过于猛。

而且说明邪，是淫于色也；说聪邪，是淫于声也；说仁邪，是乱于德也；说义邪，是悖于理也；说礼邪，是相于技也；说乐邪，是相于淫也；说圣邪，是相于艺也；说知邪，是相于疵也㊀。天下将安其性命之情，之八者，存可也，亡可也㊁；天下将不安其性命之情，之八者，乃始脔卷獊①囊㊁而乱天下也。而天下乃始尊之惜之，甚矣天下之惑也！岂直过㊂也而去之邪！乃齐戒以言之，跪坐以进之，鼓歌以僻之，吾若是何哉！

㊀ **相于技也、相于淫也、相于艺也、相于疵也**

1. 相，佐助也。郭象：相，助也。

2. 相，交相也。宣颖：相习于伎俩、相习于浮荡、相习于多能、相习于察察求疵。

3. 相，逍遥也。章炳麟：相者，相羊，犹消摇也。

4. 相，没也。于鬯：疑"相"为"椢"字形近之误。"椢"实"没"字之借，皆谐"回"声。《说文》："没，沉也。"

5. 相，主也。武延绪：相，主也。《史记·张丞相传》"张仓迁为计相"，注："专主计籍。"《礼·曲礼》"士不名家相"，注："主知家务者。"皆以"主"训"相"，是其证。"主"犹"专"也。

㊁ **天下将安其性命之情，之八者，存可也，亡可也**

1. 谓安守本分，有八者之性分者存之，无此性分者亡之。郭象：存亡无所在，任其所受之分，则性命安矣。成玄英：八者，聪明仁义礼乐圣智是也。言人禀分不同，性情各异，离、旷、曾、史，素分有者，存之可也；众人性分本无，企慕乖真，亡之可也。

2. 谓安其本性，有此八者立人德，亡此八者则立天道，故曰存亡皆可。林疑独：苟安其性命之在己者，则此八者存之所以立人德，亡之所以立天道。

3. 谓安其自然，八者有无皆不为累。褚伯秀：八者虽出于人为，

---

① 陆德明：脔，崔本作"栾"。獊，崔本作"戕"。崔云："戕囊，犹抢攘。"王叔岷：奚侗云："脔借为挛。"其说是也。伧（俗作獊），元纂图互注本、世德堂本并作"伧"。崔云"挛襄犹抢攘"，其说是也？但"抢"当从"木"作"枪"。《说文》："枪，一曰枪攘也。""伧""伧""戕"并"枪"之借字。

各具自然之理，行其所无事而已，亡之不为失，存之不为得。若心有所悦，则滞迹成弊害有甚者矣。

㈢脔卷狍囊

1. 作二义解。成玄英：脔卷，不舒放之容也；狍囊，匆遽之貌也。褚伯秀：脔卷，谓拘束于仁义礼乐；狍囊，谓驰骋其聪明圣知。刘凤苞：脔卷，拘束貌，儒墨之病；狍囊犹抢攘也，处士之横。

2. 作四义解。吕惠卿：脔，割而不全。卷，束而不舒。狍，积而不散。囊，结而不解。

㈣岂直过也而去之邪

1. 过，过去。成玄英：八条之义，事同刍狗，过去之后，不合更收。

2. 过，过错。陆树芝：彼其尊之、惜之，岂特一时之误，既过即复弃绝而去之邪？

故君子不得已而临莅天下，莫若无为。无为也而后安其性命之情。故贵以身于为天下，则可以托天下；爱以身于为天下，则可以寄天下⊖。故君子苟能无解其五藏，无擢其聪明，尸居而龙见，渊默而雷声，神动而天随，从容无为而万物炊累⊜焉。吾又何暇治天下哉！

㈠故贵以身于为天下，则可以托天下；爱以身于为天下，则可以寄天下

1. 谓贵爱其身甚于天下者，能轻物，能无为，则可托寄天下。成玄英：贵身贱利，内我外物，保爱精神，不荡于世者，故可寄坐万物之上，托化于天下也。宣颖：贵爱其身于为天下者，内重而见外之轻，此所以于天下无为，乃可以为天下之君。

2. 谓贵爱其身同于为天下者，能无私，故可托寄天下。陆长庚：以身于为天下者，以己之身为天下之身，而不以己私与之也。不以己私与之，则朴然无为而真性得矣，如此然后可以托寄天下而为之君。

3. 谓贵爱天下而不贵爱其身者，能忘己，故可以托寄天下。陈景元：贵身、爱身于为天下者，是贵爱天下，非贵爱其身也。若是则

得丧不在己，忧乐不为身，故可以寄托天下也。

（二）从容无为而万物炊累焉

1. 炊累，游动也。向秀、郭象：如埃尘之自动也。

司马彪：炊累，犹动升也。成玄英：累，尘也。从容自在，无为虚淡，若风动细尘，类空中浮物，阳气飘飘，任运去留而已。

2. 炊累，成熟也。罗勉道：万物炊累，谓万物皆囿吾生育之中，如炊气积累而熟。宣颖：至德薰人，如炊者之层累自熟。胡文英：炊累，熏蒸也。万物自就甄陶，而非我甄陶也。

崔瞿问于老聃曰："不治天下，安藏⊖人心?"老聃曰："女慎无撄⊖人心。人心排下而进上⊜，上下囚杀㊃，绰约柔乎㊄刚强，廉刿雕琢㊅，其热焦火，其寒凝冰，其疾俯仰之间而再抚四海之外。其居也渊而静，其动也县㊉而①天，偾骄而不可系者，其唯人心乎！

（一）不治天下，安藏人心

1. 藏，"臧"之误，善也。成玄英：在宥不治人心，何以履善？王先谦："藏"是"臧"之误，古字止作"臧"。安臧人心，言人心无由善。

2. 藏，如字，畜养也。曹础基：藏，畜、养。这里有收拾的意思。

（二）女慎无撄人心

1. 撄，触、引也。司马彪：撄，引也。阮毓崧：撄，触也。

2. 撄，缠绕也。崔譔：撄，羁落也。马叙伦：撄，当作"婴"。《说文》曰："婴，绕也。"②"绕，缠也。""约，缠束也。"是"婴"为缠束之义。故下文曰"偾骄而不可系者，其唯人心乎！"

（三）人心排下而进上

1. 谓人心因得失而情绪不定。郭象：排之则下，进之则上，言

---

① 陆德明：向本无"而"字，云："希慕高远，故曰县天。"
② 《说文》："婴，颈饰也。"颈饰系于颈，故有"绕"义。

其易摇荡也。陆长庚：人心一或为人所排，则失志销魂而下矣；少或进之，则希高望远而上矣。

2. 谓排他进己为人心之常情。成玄英：人心排他居下，进己在上，皆常情也。胡文英：人心好高，若一人欲臧，则人人乐居其臧之名，以故有善否相非诸弊，而大德不同矣。

㊃上下囚杀

1. 囚杀，作二义解：囚与杀。陆长庚：人心上下无常，因人起倒，其系也如囚，其恐怖也如杀。苏舆：其亢上也如杀，其排下也如囚。杀则骄，囚则愤。

2. 囚杀，作一义解：憔悴也。郭嵩焘：上下囚杀，言诡上诡下，使其心拘囚噍杀，不自适也。章炳麟：囚杀即噍杀，亦即憔悴。

㊄绰约柔乎刚强

1. 柔乎，柔化也。林希逸：刚强之人或为淖约所柔，项羽涕泣于虞美人是也。阮毓崧：言人心之为物，虽极柔弱，而其用无微不入，实能化刚强者而使之柔，故《庚桑楚篇》曰："兵莫惨于志，镆铘为下。"

2. 柔乎，屈服也。陆长庚：将此恬淡素朴之心，化为一段僛美之态，以侧媚乎胜己之人。林云铭：方其囚也，若处子绰约而柔服乎刚强。

㊅廉刿雕琢

1. 廉刿，棱角也。言心志被消磨。林希逸：廉刿，圭角也。雕琢，磨砻也。少年得志之人，多少圭角，更涉世故，皆消磨了。陆长庚：将平生廉偶方正之气雕之琢之殆尽。

2. 廉刿，锋利也。言人心尖利刻削。王敔："刿"音"贵"，割也。如刀刃之廉刿，而坚填者为之琢。林云铭：及其杀也，若刀剑廉利刿割，可以雕琢者。

㈦其动也县而天

　　1. 县，悬系也。郭象：动之则系天而踊跃也。王敔：谓悬空而无所止竟。

　　2. 县，玄也。曹础基：县，通"玄"。玄而天，玄妙如天那样莫测。

　　昔者黄帝始以仁义撄人之心，尧舜于是乎股无胈㈠，胫无毛，以养天下之形。愁其五藏以为仁义，矜㈡其血气以规法度。然犹有不胜也。尧于是放讙兜于崇山，投三苗于三峗，流共工于幽都，此不胜天下也。夫施及三王而天下大骇矣。下有桀、跖，上有曾、史，而儒墨毕起。于是乎喜怒相疑，愚知相欺，善否相非，诞信相讥，而天下衰矣；大德不同，而性命烂漫矣；天下好知，而百姓求竭㈢矣。于是乎釿锯制焉，绳墨杀㈣焉，椎凿决焉。天下脊脊①㈤大乱，罪在撄人心。故贤者伏处大山嵁岩之下，而万乘之君忧栗乎庙堂之上。

㈠股无胈

　　1. 胈，白肉也。李颐：胈，白肉也。成玄英：股瘦无白肉，胫秃无细毛。

　　2. 胈，毛也。罗勉道：胈，股上小毛。阮毓崧：胈，《广韵》："股上小毛也。"

　　3. 胈，"绂"字之误。陆德明：或云，"胈"字当作"绂"。绂，蔽膝也。陆长庚：股无绂者，薄于自奉也。

㈡愁其五藏以为仁义，矜其血气以规法度

　　1. 矜，庄也。成玄英：五藏忧愁于内，血气矜庄于外。

　　2. 矜，梗也。林希逸："矜"音"勤"，与"殣"同，矛柄也。《项籍传》"锄耰棘矜"，此言矜，梗其血气也，犹曰"柴其内也"。

　　3. 矜，束也。陆长庚：愁其五藏，苦其心志也；矜其血气，束其筋骸也。宣颖：矜，钳束。

---

　　① 陆德明：脊脊，本亦作"肴肴"。

4. 矜，苦也。郭庆藩：矜其血气，犹《孟子》言"苦其心志"也。矜者，苦也。训见《尔雅·释言》。

㈢天下好知，而百姓求竭矣

1. 求竭，如字，指思虑言。郭象：知无涯而好之，故无以供其求。陆长庚：性命之真丧矣，百姓于是乎殚尽思虑，应接不暇，所谓求竭也。

2. 求竭，如字，指财物言。王敔：营求而丧其所有。曹础基：求，借为"赇"，财货。

3. 求竭，纠葛也。章炳麟："求竭"双声语，犹上言"烂漫"为叠韵语也。"求竭"即"胶葛"，今作"纠葛"。"求"与"胶"古同声，"竭""葛"皆从"曷"声，故"求竭"得借为"胶葛"也。

㈣绳墨杀焉

1. 杀，如字，斩杀也。崔譔：谓弹正杀之。王敔：杀如字。如杀青之"杀"。

2. 杀，如字，差等也。成玄英：绳墨，正木之曲直；礼义，示人之隆杀。

3. 杀，"设"之误。吴汝纶：杀，当为"设"。

㈤天下脊脊大乱

1. 脊脊，如字，通"藉藉"。成玄英：脊脊，相践籍也。

2. 脊脊，"肴肴"之误。陆德明：本亦作"肴肴"。《广雅》云："肴，乱也。"

3. 脊脊，同"迹迹"，不安也。高亨："脊"读为"迹"。《方言》卷十："迹迹，屑屑不安也。江沅之间谓之迹迹，秦晋谓之屑屑。"《广雅·释训》："迹迹，不安也。"《诗·正月》"有伦有脊"，《春秋繁露·深察名号》引"脊"作"迹"，即"脊""迹"通用之证。

"今世殊死⊖者相枕，桁杨者相推⊖也，刑戮者相望也，而儒墨乃始离跂⊜攘臂乎桎梏之间。意，甚矣哉！其无愧而不知耻也甚矣！吾未知圣知之不为桁杨椄槢也，仁义之不为桎梏凿枘也。焉知曾、史之不为桀、跖嚆矢⊜也！故曰：'绝圣弃知而天下大治。'"①

一 今世殊死者相枕

1. 殊，诛斩也。陆德明：《广雅》云"殊，断也"，司马云"决也"，一云：诛也。《字林》云："死也。"王敔：殊死，尸首分也。阮毓崧：殊者，断头也。汉律言"殊死"即此义。

2. 殊，殊异也。陆长庚：殊死谓事有参差不等，而该同以死断。李勉：殊，异也。殊死，言各种不同之死。盖圣法设，五刑行，由五刑而致死者谓之殊死，言其死法不同也。

二 桁杨者相推也

1. 相推，言受刑人之多。林希逸：相推，言行者相挨拶也。

2. 相推，言刑具未曾闲置。王敔：推谓取此加彼。

三 而儒墨乃始离跂攘臂乎桎梏之间

1. 离跂，言动作：翘足也。林希逸：离跂，支离翘跂也。攘臂，奋手言谈也。罗勉道：离跂，足底半离地。

2. 离跂，言行为：异于众也。王念孙：离跂，叠韵字，自异于众之意。郭庆藩：离跂即《荀子·荣辱篇》"离纵而跂訾"之义，谓自异于众也。

四 焉知曾、史之不为桀、跖嚆矢也

1. 嚆矢，响箭也。言曾、史为桀、跖之先声。向秀：嚆矢，矢之鸣者。陆长庚：嚆矢，今之响箭，行劫者之先声也。

---

① 陆德明：崔本此下更有"有无之相生也则甚，曾、史与桀、跖生有无也，又恶得无相毂也"，凡二十四字。

2. 嚆矢，猛箭也。言曾、史为桀、跖所利用。郭象：嚆矢，矢之猛者，言曾、史为桀、跖之利用也。胡文英：盗贼假嚆矢以张其威，桀、跖亦假曾、史以文其奸。

3. 嚆矢，谓槀人、矢人也。奚侗：上文接槢、凿枘，谓椄与槢、凿与枘也。则嚆矢亦当是两物。“嚆”当为“槀”字之误也。《周礼·槀人》注郑司农云：“槀读为刍槀之槀，箭干谓之槀。”槀人、矢人同载《周官》，故槀、矢得以并举。

黄帝立为天子十九年，令行天下，闻广成子㈠在于空同之山㈡，故往见之，曰：“我闻吾子达于至道，敢问至道之精。吾欲取天地之精，以佐五谷，以养民人。吾又欲官阴阳，以遂群生，为之奈何?”广成子曰：“而所欲问者，物之质㈢也；而所欲官者，物之残㈣也。自而治天下，云气不待族而雨，草木不待黄而落㈤，日月之光益以荒矣，而佞人之心翦翦㈥者，又奚足以语至道!”

㈠广成子

1. 谓老子也。成玄英：广成，即老子别号也。

2. 谓古之得道人。陈景元：广成子，古之得道人也。

㈡空同之山

1. 谓位在北斗之下。司马彪：当北斗下山也。《尔雅》云：“北戴斗极为空同。”

2. 谓位在梁国。陆德明：一曰，在梁国虞城东三十里。

3. 谓位在凉州。成玄英：空同山，凉州北界。

㈢而所欲问者，物之质也

1. 质，指至道、本然。郭象：问至道之精，可谓质也。林希逸：物之本然曰质，即前言之至道。陆长庚：质者，犹云未散之朴。

2. 质，指形质。成玄英：欲播植五谷，官府仁义，所问粗浅，不过形质。陈景元：有所欲，有所取，非精妙也，乃粗质也。

㈣而所欲官者，物之残也

1. 物之残，指凡非物之本性者。郭象：不任其自尔而欲官之，故残也。林希逸：物之残也，言害物之事也。天地阴阳皆自然之理，五谷群生亦自生自遂之物，有心以官之，则反为物之害。陆长庚：残者，犹云朴散之器。

2. 物之残，指阴阳二气。罗勉道：汝所官使者阴阳二气，是物之残零。

㈤云气不待族而雨，草木不待黄而落

1. 以自然本身的原因作解释。司马彪：族，聚也。未聚而雨，言泽少。草木不待黄而落，言杀气多也。刘辰翁：言元气浇漓，草草而成，草草而毁，真方外玩世之辞。

2. 以人的原因作解释。成玄英：有心治万物，必致凶灾，雨风不调，炎凉失节，云未聚而雨降，木尚青而叶落。陆长庚：盖黄帝始以仁义撄天下之心，天下之心既乱，则所谓素朴浑沌者不期散而自散，故云气不待族而雨，草木不待黄而落。

㈥而佞人之心翦翦者

1. 翦翦，巧言也。郭象、司马彪：翦翦，善辩也。

奚侗："翦翦"当作"戋戋"，同音相假也。《说文》"戋"下引《周》曰："戋戋，巧言也。"《春秋公羊传》引作"谚谚"，《公羊音义》引贾逵《外传》注曰："谚谚，巧言也。"

2. 翦翦，浅薄也。李颐：翦翦，浅短貌。林希逸：翦翦，犹浅浅也。

黄帝退，捐天下，筑特室，席白茅。闲居三月，复往邀之。广成子南首而卧，黄帝顺下风膝行而进，再拜稽首而问曰："闻吾子达于至道，敢问治身奈何而可以长久？"广成子蹶然而起，曰："善哉问乎！来，吾语女至道。至道之精，窈窈冥冥；至道之极，昏昏默默。无视无听，抱神以静，形将自正。必清必清，无劳女形，无摇女精，乃可以长生。目无所见，耳无所闻，心无所知，女神将守形，形乃长生。慎女内，闭女外，多知为败。我为女遂于大明之上矣，至彼至阳之原也；为女入于窈冥之门矣，至彼至阴之原也⊖。天地有官，阴阳有藏。慎守女身，物将自壮。我守其一以处其和，故我修身千二百岁矣，吾形未常衰⊜。"

⊖**我为女遂于大明之上矣，至彼至阳之原也；为女入于窈冥之门，至彼至阴之原也**

1. 谓动静之至极。成玄英：阳，动也；阴，寂也。至人应动之时，智照如日月，名为大明也。至阳之原，表从本降迹，故言出也。无感之时，深根寂然凝湛也。至阴之原，示摄迹归本，故曰入窈冥之门。

2. 谓时空之至极。林希逸：大明之上，太虚之上也；窈冥之门，无极之始也。

3. 谓南北之方位。刘凤苞：大明之上，南方之位，阳之原发乎地，以坎为根，必先到此处，而后可致于大明之上。窈冥之门，北方之位，阴之原发乎天，以离为根，必先到此处，而后入于窈冥之门。

⊜**我守其一以处其和，故我修身千二百岁矣，吾形未常衰**

1. 解作道家修养方法。成玄英：保恬淡一心，处中和妙道。严复：此乃杨朱为我三摩地正眼藏法。

2. 解作道教修炼方法。陆长庚：所谓一者，先天真一之气，即所谓天地之精，互藏于阴阳之宅者也。何以守之，亦曰慎内闭外而已。何谓处和？处和者，调阴阳气序之和也。"和"即丹家所谓火候也，"一"即丹家所谓药物也。钱穆：此晚世神仙家言，庄子初未有之。

3. 解作儒家修养方法。宣颖：本为发明"在宥天下"，引此却说修身之要。细细寻味，分明是《中庸》"致中和"三个字。"天地位焉，万物育焉"，这便自然而然，更不消说。然则读广成子之言，"在宥"之精蕴如此，何处用得"治天下"三字乎？须知庄子引此全不是说长生的事。马其昶：此即《大学》"一是皆以修身为本"之意，非谓不治天下也。

黄帝再拜稽首曰："广成子之谓天矣!"广成子曰:"来,余语女。彼其物无穷,而人皆以为有终;彼其物无测,而人皆以为有极。得吾道者,上为皇而下为王[○];失吾道者,上见光而下为土[○]。今夫百昌[○]皆生于土而反于土^⑩,故余将去女,入无穷之门,以游无极之野。吾与日月参光,吾与天地为常。当我,缗^⑮乎!远我,昏乎!人其尽死,而我独存乎^⑯!"

○ 得吾道者,上为皇而下为王

1. 谓皇、王其道相同。郭象:皇、王之称,随世之上下耳。其于得通变之道以应无穷,一也。成玄英:得自然之道,上逢淳朴之世则作義、农,下遇浇季之时应为汤、武。"皇""王"迹自夷险,道则一也。

2. 谓皇、王道有不同。林疑独:皇者王之所自出,天道也;王者出于皇,人道也。林希逸:此"皇""王"字,如"圣尽伦,王尽制",如《天下篇》所谓"内圣外王"也。"皇"是无为者也,"王"是有为者也。非三皇与三代之王也。

○ 失吾道者,上见光而下为土

1. 光、土,指生、死。谓失道者不能超脱生死。成玄英:丧无为之道,滞有欲之心,生则睹于光明,死则便为土壤,迷执生死,不能均同上下,故有两名也。褚伯秀:失道之人,精魄化磷火,骨肉归尘土,是为虚生浪死,徒劳造化之鼓铸者也。宣颖:生则见光,死则腐土。

2. 光、土,指天、地。谓失道者受制于天地间。吕惠卿:见光为土,以其形不出照临覆载之间也。陈祥道:光者,阳之精,土者,阴之质。失道则上役于阳,故见光;下制于阴,故为土。林希逸:上见光者,日月也;下为土者,地也。言居天地之间,懵然无知,举头但见日月,低头但见地下而已。

○ 百昌

1. 百物也。司马彪:百昌,犹百物也。

2. 百草也。于鬯:"昌"盖读为"菖","百菖"犹言"百草"耳。《吕氏春秋·任地》云:"菖者,百草之先生者也。"是菖生百草之先,故即谓"百草"为"百菖"。

㈣今夫百昌皆生于土而反于土

1. 谓人应体道返本。郭象：土，无心者也。生于无心，故当反守无心而独往也。钱穆：《老子》云："万物芸芸，各归其根。"此处"土"，即以喻"道"。

2. 谓人不体道，与物无异。宣颖：百昌，物也。人若不得道，则与物何异。

㈤当我缗乎，远我昏乎

1. "缗"同"昏"，昏也，无心不觉貌。林希逸："缗"与"昏"同，昏暗也。当我者，迎我而来也，远我者，背我而去也。物之来去，我皆泯然而不知。

2. 缗，冥合；昏，遥远。罗勉道：缗，丝之合也；昏，杳冥也。当我，谓近我而来之境，即无穷之门、无极之野也；远我，谓远我而去之世，即去汝也。言自此去后，恐仙境之近我者，如缗之合而不可离乎；尘世之远我者，杳冥而不复见乎！

3. 缗，绵延；昏，昏愦。胡文英：当，向也。"缗"同"绵"。向我道而绵延，远我道而昏愦。

㈥人其尽死，而我独存乎

1. 指一生死之精神境界。郭象：以死生为一体，则无往而非存。成玄英：一死生，明变化，未始非我，无去无来，我独存也。

2. 指与道一体之修炼方法。陈祥道：谓彼则盛枝叶以伤根柢，此则深根固蒂以存枝叶也。宣颖：与形俱尽，与道不息。

3. 指精神之我，而非肉体之我。苏轼：可见、可言、可去、可取者，人也，非我也。不可见、不可言、不可去、不可取者，是真我也。人其尽死而我独存者，此之谓也。（焦竑《庄子翼》引）褚伯秀：此我非九窍百骸之我，乃清静明妙虚彻灵通本来之我，不可以色见声求，是以先天地生独立而不改也。

云将东游，过扶摇[○]之枝而适遭鸿蒙。鸿蒙方将拊脾雀跃而游。云将见之，倘然止，贽[○]然立，曰："叟何人邪？叟何为此？"鸿蒙拊脾雀跃不辍，对云将曰："游！"云将曰："朕愿有问也。"鸿蒙仰而视云将曰："吁！"云将曰："天气不和，地气郁结，六气不调，四时不节。今我愿合六气之精以育群生，为之奈何？"鸿蒙拊脾雀跃掉头曰："吾弗知！吾弗知！"

㊀扶摇之枝

1. 扶摇，神木也。李颐：扶摇，神木也，生东海。

2. 扶摇，风也。陆德明：扶摇，一云，风也。

3. 扶摇之枝，地名也。林希逸：扶摇之枝，即扶桑日出之地。

㊁贽然立

1. 贽，如字。李颐：贽然，不动貌。宣颖：贽然，拱立貌。

2. 贽，"絷""柱"之借字。章炳麟：《说文》无"贽"字，但作"絷"，云："絷，至也。读若挚同。"凡训"至"者，皆有"底定"义，故曰絷然立。奚侗：贽，假作"柱"。《周礼·冬官》"置柱以县"，疏："柱，柱也。"

云将不得问。又三年，东游，过有宋之野而适遭鸿蒙。云将大喜，行趋而进曰："天忘朕邪？天忘朕邪？"再拜稽首，愿闻于鸿蒙。鸿蒙曰："浮游，不知所求；猖狂，不知所往；游者[○]鞅掌[○]，以观无妄。朕又何知！"云将曰："朕也自以为猖狂，而民随予所往；朕也不得已于民，今则民之放[○]也，愿闻一言。"鸿蒙曰："乱天之经，逆物之情，玄天[○]弗成；解兽之群，而鸟皆夜鸣；灾及草木，祸及止①[○]虫。意，治人之过也！"云将曰："然则吾奈何？"鸿蒙曰："意，毒[○]哉！仙仙[○]乎归[○]矣！"云将曰："吾遇天难，愿闻一言。"鸿蒙曰："意心养汝徒处无为而物自化[○]。堕尔形体，吐[○]尔聪明，伦[○]与物忘，大同乎涬溟[○]，解心释神，莫然无魂。万物云云，各复其根，各复其根而不知。浑浑沌沌，终身不离。若彼知之，乃是离之。无问其名，无窥其情，物固自生。"

---

① 陆德明：止虫，本亦作"昆虫"，崔本作"正虫"。

（一）游者

1. 游者，鸿蒙自谓也。成玄英：鸿蒙游心之处宽大，涉见之物众多。林云铭：言我之游，拊髀雀跃。

2. 游者，鸿蒙谓指所见之浮游物也。陆长庚：言物之游于大块者若是乎！宣颖：游者，生物之游气。

（二）鞅掌

1. 鞅掌，众多、纷扰也。成玄英：鞅掌，众多也。林希逸：鞅掌，纷汩也。游于举世纷汩之中。

2. 鞅掌，束缚也。吕惠卿：鞅掌，拘系貌。虽游者若有所拘系。林疑独：鞅掌谓制缚。

3. 鞅掌，正着手某事，忙于。陆树芝：《诗·小雅》"或王事鞅掌"，笺云："鞅犹荷也，掌谓捧之也。"疏云："事烦不暇为容仪也。"此处庄子只取不事修饰之意。阮毓崧：鞅，马颈革也。《诗·小雅》"或王事鞅掌"，意谓国事在身，若马鞅在手，不容放弃也。此喻逍遥游之未尝舍弃耳。

（三）今则民之放也

1. 放，放效、依归。郭象：为民所放效。胡文英：放，依归之意。

2. 放，释放。陈寿昌：放，释也。言百姓暂时相释，故得至此也。

（四）玄天弗成

1. 玄天，谓虚玄之自然。成玄英：乱天然常道，逆物真性，即谲诈方起，自然之化不成也。林希逸：玄，虚也。犹言先天也。

2. 玄天，谓万物成熟之时日。吕惠卿：岁有玄天，冬至是也。月有玄天，晦日是也。日有玄天，夜半是也。此天所以为玄天也。徐廷槐：严真人《圭旨》以为，一岁在九、十两月，每月在二十六日至三十日，每日在于戌亥二时。盖"玄"者北方之色，天道置北方

于不用而实万用根源，于此时更宜培养，故曰"玄天"。（《南华简钞》）

⑤祸及止虫

1. 止虫，亦作"昆虫"。成玄英：灾祸及昆虫。昆，明也，向阳启蛰。

2. 止虫，当作"正虫"。孙诒让：止，当从崔本作"正"。"正"与"贞"通。《墨子·明鬼篇》云"百兽贞虫"。字又作"征"，大戴记《四代篇》"蜚征作"，犹《墨子·非乐篇》"蜚鸟贞虫"。"征虫"即谓能行之虫也。

3. 止虫，同豸虫。洪颐煊："止虫"当是"豸虫"声为讹也。吴汝纶：郝懿行《尔雅义疏》云："止，即豸之声借。"

⑥意，毒哉

1. 毒，如字，伤、害、痛也。成玄英：重伤祸败屡叹。罗勉道：噫毒哉，叹治天下者之遗害也。马其昶：《广雅》曰："毒，痛也。"

2. 毒，如字，治也。褚伯秀：毒训治，言有治天下哉。

3. 毒，如字，厚也。章炳麟："毒"当训"厚"。凡"篤""竺"诸字，古音皆如"毒"。愿合六气之精，以育群生，是其意甚厚。

4. 毒，"毒"字之误。姚鼐：毒，疑"毒"字。《说文》："草盛上出貌"此是讥云将有浮动之意，故令其归休也。

⑦仙仙乎

1. 轻举之貌。成玄英：仙仙，轻举之貌。林希逸：仙仙乎，急去之貌。

2. 长久之义。陆长庚：仙仙，长久之义。言治人者自三代以下，流毒长久无可救药矣。

⑧归矣

1. 鸿蒙令云将归去。郭象：嫌不能隤然通放，故遣使归。成玄英：劝令息迹归本。

2. 鸿蒙自谓欲离去。罗勉道：鸿蒙欲翩然归也。陆树芝：语意犹云，汝欲治之，则汝自毒之哉；余则翩翩乎而归矣，不谋与汝言矣。

㊄意心养汝徒处无为而物自化

〔句读1〕意！心养！汝徒处无为，而物自化。

1. 心养，养心也。郭象：夫心以用伤，则养心者，其唯不用心乎！

2. 心养，心忧也。胡文英：养，如"中心养养"之"养"，与"毒哉"一答同意。言使我心忧也。

〔句读2〕意！心养汝徒，处无为而物自化。

陆长庚："心养汝徒"当作一句。诸本皆于"心养"处读之，而以"汝徒"连下，理恐未然。心养，谓涵育优游，俟其自化，即孟子所谓善养也。徒，众也。言人心撄之则乱，养之则驯，为人上者，恬淡无为，治以不治，而物将自化矣。林云铭：言以心养汝徒众，不必作为，以俟物之自化。

㊉吐尔聪明

1. 吐，如字，吐出。林希逸：将从前聪明皆吐去之。

2. 吐，当为"咄"字。王引之："吐"当为"咄"，"咄"与"黜"同。《大宗师》"堕肢体，黜聪明"即其证也。

3. 吐，当为"杜"字。俞樾："吐"当作"杜"。言杜塞其聪明也。

㊉伦与物忘

1. 伦，理也、人伦也。郭象：理与物皆不以存怀。王先谦：人伦庶物皆泯其迹。

2. 伦，同"沦"，泯没也。林希逸："伦"与"沦"同，泯没而与物相忘。

3. 伦，类也。罗勉道：伦，类也。一切之类，皆与物忘。

4. 伦，借为"侖"，思也。章炳麟："伦"借为"侖"，《说文》："侖，思也。"

1. 涬溟，气也。司马彪：涬溟，自然气也。宣颖：与浩气同体。

2. 涬溟，原始也。林希逸：涬溟，无形无朕，未有气之始也。

世俗之人，皆喜人之同乎己而恶人之异于己也。同于己而欲之，异于己而不欲者，以出乎众为心也。夫以出乎众为心者，曷常出乎众哉！因众以宁所闻不如众技众矣㊀。而欲为人之国者，此揽乎三王之利而不见其患者也。此以人之国侥幸也，几何侥幸而不丧人之国乎！其存人之国也，无万分之一；而丧人之国也，一不成而万有余丧矣。悲夫，有土者之不知也！夫有土者有大物也有大物者不可以物物而不物故能物物㊁。明乎物物者之非物也，岂独治天下百姓而已哉！出入六合，游乎九州，独往独来，是谓独有，独有之人，是谓至贵。

㊀**因众以宁所闻不如众技众矣**

〔句读1〕因众以宁所闻，不如众技众矣。

1. 句谓众技多，故因众则安宁。郭象：吾一人之所闻，不如众技多，故因众则宁也。若不因众，则众之千万皆我敌也。陆德明：因众人之所闻见，委而任之，则自宁安；若役我之知达众人，众人之技多于我矣，安得不自困哉！

2. 句谓众技多，故无独见者则难安妥。陆长庚：因众人之闻见，以稳妥自己之闻见，则我之不如众技抑又多矣。盖古之君子有高天下之见者，必不随俗以决从违。

〔句读2〕因众以宁，所闻不如众技众矣。

1. 技，才技。一人才技不及众人。陆树芝：众岂可胜哉！苟无众何以有君，君亦因众以宁耳。况一人之闻见有限，众人之才技各擅所闻，必不如众技众矣。

2. 技，辞也。一人所闻之辞不如众人多。吴汝纶：郭、陆皆以

"所闻"属上句读，非也。所闻者，犹云以余所闻也。"技"读为
"猗"，辞也。言吾所闻世人不如众者多。

㈡夫有土者有大物也有大物者不可以物物而不物故能物物

〔句读1〕夫有土者，有大物也。有大物者，不可以物物，而不
物故能物物。

1. 物物，主宰物；不物，不役于物。郭象：不能用物而为物用，
即是物耳，岂能物物哉？不能物物，则不足以有大物矣。夫用物者，
不为物用也；不为物用，斯不物矣。不物，故物天下之物，使各自得
也。宣颖："有大物者不可以物物"，既是有物，则为物累，不可主
宰乎物矣。"而不物故能物物"，不见有物，则超于物外，故能主宰
乎物也。

2. 物物，有心也；不物，无心也。林希逸：物物者，有心有迹
也。不物者，无为而为，自然而然也。无为则无所不为，故曰"不物
故能物物"。罗勉道：物物者，逐物分之也。不物者，不役于物也。
天下乃是浑全一个大物，岂可分为物物，纤悉治之，惟能不役于物
者，任其纷纷，不足以挠之，故云"不物故能物物"。

〔句读2〕夫有土者，有大物也。有大物者，不可以物。物而不
物，故能物物。

俞樾：郭断"不可以物物"五字为句，失其读矣，此当读"不可
以物"为句，"物而不物"为句。陈寿昌："大物"，天下也。"不可以
物"，不能用物而为物用，是亦物耳。以物治物，安见其可。"物而不
物"，治物者超出物外。"故能物物"，因物付物，为万物之主宰。

大人之教，若形之于影，声之于响。有问而应之，尽其所怀，为天下
配。处乎无响，行乎无方。挈汝适复之挠挠以游无端⊖，出入无旁，与日
无始。颂论形躯⊜，合乎大同。大同而无己。无己，恶乎得有有。睹有
者，昔之君子；睹无者，天地之友。

㈠挈汝适复之挠挠以游无端

〔句读1〕挈汝适，复之挠挠以游无端。

郭象：挠挠，自动也。提挈万物，使复归自动之性，即无为之至也。与化俱，故无端。陆长庚："挈汝适"，携天下而适道也。"复之挠挠以游无端"，复，来也；之，往也。言其来往自如，挠挠无极也。

〔句读2〕挈汝适复之挠挠以游无端。

俞樾：郭注未得其解。《尔雅·释诂》："适，往也。"然则适复，犹往复也。《广雅·释诂》："挠，乱也。"重言之则为挠挠矣。适复之挠挠，此世俗之人所以不能独往独来也。惟大人则提挈其适复之挠挠者，而与之共游于无端，故曰"挈汝适复之挠挠以游无端"，二句本止一句。

(二)颂论形躯

1. 颂论，赞颂也。谓赞颂大人之躯貌。林希逸：以形躯而论赞之。褚伯秀：颂论，犹议论，议论大人之形容。

2. 颂论，言谈也；形躯，举动也。谓大人之言与行。王敔：寓言寓形，释氏所谓动身发语也。

3. 颂论，貌象也。谓大人之貌象形躯。章炳麟：颂，《说文》云："兒也。"此"颂"即"兒"本字。"论""伦"等字与"类"双声互转。"论"借为"类"，《广雅·释诂》："类，象也。"貌象形躯，文义粲然明白。

贱而不可不任者，物也；卑而不可不因者，民也；匿而不可不为者，事也；粗而不可不陈者，法也；远而不可不居者，义也；亲而不可不广者，仁也；节而不可不积者，礼也；中而不可不高者，德也；一而不可不易者，道也；神而不可不为者，天也。故圣人观于天而不助，成于德而不累，出于道而不谋，会于仁而不恃，薄于义而不积，应于礼而不讳，接于事而不辞，齐于法而不乱，恃于民而不轻，因于物而不去。物者莫足为也，而不可不为。不明于天者，不纯于德；不通于道者，无自而可；不明于道者，悲夫！何谓道？有天道，有人道。无为而尊者，天道也；有为而累者，人道也。主者，天道也；臣者，人道也。天道之与人道也，相去远矣，不可不察也。[⊖]

㈠贱而不可不任者……不可不察也

1. 谓本章与本篇主旨相违，与庄子思想不合。罗勉道：此章意浅语嗳，必狗尾之续貂。胡文英：自"贱而不可不任"以下，无甚精义微言，与《天地篇》首节，俱有训诂气，想为膺手所窜。李勉：此段文意俗杂，尤多矛盾之句，疑为俗儒所窜。上文即云"无心因任，与物俱忘"，此段又云"物不可不任""民不可不因""事不可不为""法不可不陈"，是皆不能忘心无为，与上文矛盾者也，岂庄子之道乎？且尊礼崇法，居仁由义，是孔孟之道也，庄子焉能为之？足见此段乃是后人有意于功名而欲掊击庄子之道者所杂。

2. 谓本章是庄子思想大纲。林希逸：此段自"贱而不可不任"以下，至"不可不察也"，此庄子中大纲领处，与《天下篇》同。东坡云，庄子未尝讥孔子，于《天下篇》得之。余谓庄子未尝不知精粗本末为一之理，于此篇得之。褚伯秀：篇末历叙君臣礼法，殆无遗论，及天道、人道之分在有为、无为之别，相去虽若不侔，发于其心、见于事业一也。特以表君臣之分，正其所当为者耳。孰谓南华之论一于清虚而无关治道哉？

天地第十二

　　天地虽大，其化均也；万物虽多，其治一也；人卒虽众，其主君也[⊖]。君原于德而成于天故曰玄古之君天下无为也天德而已矣[⊖]。

　　㊀**天地虽大，其化均也；万物虽多，其治一也；人卒虽众，其主君也**

　　1. 言化均天地、治宰万物、主君人卒的方法。郭象：均于不为而自化；一以自得为治；天下异心，无心者主之。

　　2. 言天地化均、万物治一、人卒主君的原因或根源。林希逸：其化均者，皆是元气；万物虽众，主之者一造化而已；人卒虽众，其主君也，犹言天无二日，民无二王。

　　㊁**君原于德而成于天故曰玄古之君天下无为也天德而已矣**

　　〔句读1〕君原于德而成于天，故曰：玄古之君天下，无为也，天德而已矣。

　　成玄英：玄，远也。古之君，谓三皇以前帝王也。言玄古圣君，无为而治天下也。林希逸：玄古犹云邈古也。

　　〔句读2〕君原于德而成于天，故曰玄。古之君天下，无为也，天德而已矣。

　　吕惠卿：君原于德，则其化通于天地之均；成于天，则其治反乎万物之一。此二者同谓之"玄"。褚伯秀：原于德，故物不能离；成于天而人自归往。其道微妙，强名曰"玄"。

　　以道观言而天下之君正[⊖]，以道观分而君臣之义明，以道观能而天下之官治，以道泛观而万物之应备。故通于天地者，德也；行于万物者，道也①；上治人者，事也；能有所艺者，技也。技兼于事，事兼于义，义兼于德，德兼于道，道兼于天㋭。故曰：古之畜天下者，无欲而天下足，无为而万物化，渊静而百姓定。记曰㋬："通于一而万事毕，无心得㋮而鬼神服。"

㊀**以道观言而天下之君正**

1. 如句。从道家角度解：言，指清静无为之言教。吕惠卿：以道观言，则未尝有言。言而无言，天下之君其有不正乎！陈景元：以自然之道观世之言教，清静无为者其君必正。

2. 如句。从儒家角度解：言，指伦理名分之称谓。林希逸：天地之间有气则有声，有声而后有名，名之为君则天下之分定矣。此自天地之初，才有声时便自定了。此是自然底，故曰"以道观言而天下之君正"。吴世尚：言，称谓也；分所受也。以道观言，则有圣人之德，君圣人之位，而天下之君正矣。

3. 句或有讹。钱穆："君"或"名"字之讹。

㊁**技兼于事，事兼于义，义兼于德，德兼于道，道兼于天**

1. 如句。兼，带也。此谓本可摄末。成玄英：兼，带也、济也、归也。夫艺能之技，必须带事。不带于事，技术何施也。事苟失宜，事便无用。虽行于义，不可乖德；虽有此德，须理法道虚通；虽曰虚通，终归自然之术。斯乃理事相包，用不同耳。是故示本能摄末，自浅之深之义。

2. "义"为"艺"之误。兼，合二为一也。此谓精粗皆出于自然。林希逸：事事之中各有艺业随其所能者，人之技也。道德精者也，事与技粗者也。无精无粗皆出于自然，则技即事，事即艺，艺即德，德即道，道即天。故曰"技兼于事，事兼于义，义兼于德，德兼于道，道兼于天"。兼者合二为一之意。"义"合作"艺"，因声同故

---

① 陈景元：江南古藏本作："故通于天者道也，顺于地者德也，行于万物者义也。"宣颖：四句道，一句德。"行于万物者道也"之"道"字当是"义"字之讹，一句义。

传写之讹耳。

　　3. 兼，贬也。吴汝纶："兼"当训"贬"。《周书·武称篇》"爵位不谦"，孔晁注："谦，损也。"朱骏声云，借为"贬"。《鲁语》"古之矜也廉"，郑注："廉读为贬。"是"兼"声之字可训为"贬"之证。

㊂记曰

　　1. 记，书名。陆德明：记曰，书名也，云老子所作。

　　2. 记曰，引语。成玄英：语在《西升经》，庄子引以为证。林希逸：记曰者，犹所传有之也，此语上世所传。

㊃无心得而鬼神服

　　1. 无心得，谓得到"无心"。成玄英：处于幽则为神鬼之所服。林希逸：得于我者，苟能无心，则非特人服之，鬼神亦服之。

　　2. 无心得，谓无心于得也。林云铭：无心得，无心于必得也。

　　3. 无心得，谓以无心而得也。陈寿昌：无心而得，斯为真得。王先谦：以无心得者，无不服也。

　　夫子㊀曰："夫道，覆载万物者也①，洋洋乎大哉！君子不可以不刳②心㊁焉。无为为之之谓天，无为言之之谓德，爱人利物之谓仁，不同同之之谓大，行不崖异之谓宽，有万不同之谓富。故执德之谓纪，德成之谓立，循于道之谓备，不以物挫志之谓完。君子明于此十者，则韬乎其事心之大也㊂，沛乎其为万物逝也㊃。若然者，藏金于山，藏③珠于渊，不利货财，不近贵富；不乐寿，不哀天，不荣通，不丑穷；不拘㊄一世之利以为己私分，不以王天下为己处显显则明万物一府死生同状㊅。"

―――――

① 王叔岷：《鹖冠子·学问篇》注引"覆载"下有"天地"二字，《淮南·原道篇》亦云："夫道，覆天载地。"疑此文本作"夫道覆载天地，化生万物者也"，疏："虚通之道，包罗无外，二仪待之以覆载，万物得之以化生"，是其证。今本脱"天地化生"四字。

② 陆德明：刳，崔本作"轩"。

③ 陈景元：张君房本"藏"作"沉"。

一 夫子

1. 庄子也。司马彪：夫子，庄子也。

2. 老子也。成玄英：夫子者，老子也。庄子师老君，故曰"夫子"也。

3. 长桑公也。陈景元：首称"夫子曰"者，庄子受长桑公微言也。

4. 孔子也。张四维：篇内有夫子问老聃章，此夫子亦似指孔子。

二 君子不可以不刳心焉

1. 刳心，如字，谓剔去心智也。成玄英：刳，去也、洗也。洗去有心之累者邪。林希逸：刳心，剔去其知觉之心。

2. 刳心，如字，谓用心也。陈深：刳心，尽心以研其理也。王懋竑："刳心"当作"刻心"解，言极用心于道也。

3. 刳心，"刳"或作"轩"，或借为"夸"，大心也。崔譔：轩心，宽悦之貌。马叙伦："刳"借为"夻"，《说文》："夻，大也。"钱穆：《广雅》"夸，大也"，又《吕览》高注："夸，虚也。"今欲虚其心使大，故曰"刳心"。君子非大其心不足以容道。下文"韬乎其事心之大也"可证。

三 则韬乎其事心之大也

〔句读 1〕则韬乎其事，心之大也

郭象：心大，故事无不容也。成玄英：韬，包容也。君子贤人，肆于已前十事，则能包容物务，心性宽大也。

〔句读 2〕则韬乎其事心之大也。

俞樾：郭注未得事字之义。事心，犹立心也，言其立心之大也。《礼记·郊特牲篇》郑注曰："事，犹立也。"《释名》曰："事，傳也；傳，立也。"并其证也。如郭注，则是心足以容事而非事心矣。《吕氏春秋·论人篇》"事心乎自然之涂"，亦以"事心"连文，义与此同。陈寿昌：事心，犹存心也。奚侗：《吕览·论人篇》"事心乎自然之涂"，高注："事，治也。"此文"事"字亦当训"治"。"治心"是申上文"刳心"之义，刳而去之，即治之也。

四 沛乎其为万物逝也

〔句读1〕沛乎其为万物逝也。

1. 逝,归往也。谓任万物各自归往。郭象:德泽滂沛,任万物之自往也。罗勉道:物往而心不留。

2. 逝,归往也。谓己为万物之所归往。成玄英:逝,往也。心性宽闲,德泽滂沛,故为群生之所归往也。宣颖:物皆来归。

3. 逝,流逝也。谓己与万物共同流变。林希逸:逝者,往也。"逝者如斯"之"逝"也。万物往来不穷而吾与之为无穷。曹础基:为万物逝,与万物一同运动变化。

〔句读2〕沛乎其为,万物逝也。

陆树芝:一无所为而无穷之为,早已沛然其莫御,万物之所以共逝而归往之也。道之覆载万物者,于是乎全矣。旧注俱以"事心之大"相连为句,既曰"刳心",何云"事心",殊觉费讲。今以"其事""其为"绝句,似义旨了然,而更有笔态。

五 不拘一世之利以为己私分

1. 拘,拘束,钩取也。成玄英:不利货财,委之万国,岂容拘束入己,用为私分也。章炳麟:"拘"与"钩"同。《天运篇》"一君无所钩用",《释文》云:"钩,取也。"此"拘"亦训"取"也。

2. 拘,"徇"字之讹。武延绪:"拘"疑当为"徇"字之误。

六 不以王天下为己处显显则明万物一府死生同状

〔句读1〕不以王天下为己处显,显则明,万物一府,死生同状。

郭象:不觉荣之在身,不显则默而已。胡文英:"明"字与"韬"字相反,既明则不能万物一府,死生同状。

〔句读2〕不以王天下为己处显,显则明万物一府,死生同状。

林希逸:胸中之明照乎天地,以此为显,故不以王天下为显。范应元:"显则明"三字当连下文为句。乃若所显在明万物一府,死生同状。

〔句读3〕不以王天下为己处,显显则明,万物一府,死生同状。

吴汝纶："处"字绝句，处，居也。"显显则明"为句，"则"犹"而"也。

〔句读4〕不以王天下为己处显，（显则明，）万物一府，死生同状。

钱穆：仍当以"为己处显"为句，即犹云有天下而不与也。《天地篇》"自为处危"，句法略相似。下"显则明"三字，疑或人旁注，残入正文。

〔句读5〕不以王天下为己处显，（不）显则明，万物一府，死生同状。

于鬯：似当云"不显则明"，脱"不"字，而云"显则明"，意义不协矣。下文云"冥冥之中独见晓焉"，非"不显则明"之说邪？

夫子曰："夫道，渊乎其居也，渗乎其清也。金石不得无以鸣。故金石有声，不考不鸣☉。万物孰能定之！夫王德之人，素逝而耻通于事☺，立之本原而知通于神。故其德广，其心之出，有物采之。故形非道不生，生非德不明。存形穷生☻，立德明道，非王德者邪！荡荡乎！忽然出，勃然动，而万物从之乎！此谓王德之人。视乎冥冥，听乎无声。冥冥之中，独见晓焉；无声之中，独闻和焉。故深之又深而能物☼焉，神之又神而能精焉。故其与万物接也，至无而供①其求，时骋而要其宿，大小、长短、修远☾。"

☉金石不得无以鸣。故金石有声，不考不鸣

　　1. 道家观点：句喻道与物之关系。郭象：因以喻体道者，物感而后应也。

　　2. 儒家观点：句喻道与人之关系。吴世尚：可见人能弘道，非道弘人矣。

☺素逝而耻通于事

　　1. 如句。郭象：任素而往，非好通于事也。成玄英：素，真也；

---

① 陆德明：供，本亦作"恭"。

逝，往也。既抱朴以清高，故羞通于物务。

2. 句误。钱穆："耻"疑"心"字之误。"素逝而心通于事"，即下文"时骋而要其宿"。严灵峰："素逝"二字费解。疑原作"素朴"。

㈢存形穷生

1. 穷生，尽其天年也。成玄英：存，任也；穷，尽也。任形容之妍丑，尽生龄之天寿。胡文英：穷生，尽其天年。

2. 穷生，究生之理。林希逸：存我之形，以穷究始生之理。宣颖：穷生，究生之理。

㈣故深之又深而能物焉

1. 物，如字。郭象：穷其原而后能物物。

2. 物，"静"字之误。武延绪："物"字无义，疑为"静"字，草书形近致误。

㈤时骋而要其宿，大小、长短、修远

1. 如句。大小、长短、修远，表道一贯、时中、无所不宜之意。郭象：皆恣而任之，会其所极而已。陈景元：时骋而要其宿，动极归乎静也。大小、长短、修远，一贯之以道而已矣。林希逸：时出而用之，要其归宿，不可以一定言，或大或小，或长或短，或近或远，便是时中之意。"修远"合作"近远"，其意方足。

2. 句有缺文。傅山：从上文看来则当云"大者小之"，《老子》"合抱之木生于毫末"是也；"长者短之"，《老子》"千里之行始于足下"是也；"修以远之"，为积功累行，任重道远耶。（《庄子解》）姚鼐："大小长短修远"下有缺文。王叔岷：《淮南子·原道训》"时骋而要其宿，大小修短各有其具"，即袭用此文。今本"大小长短修远"下脱"各有其具"四字，文意不完。（《淮南》父讳"长"，故改"长短"为"修短"，又略去"修远"二字，以避"修"字之复也）

3. 句为衍文。吴汝纶："大小长短修远"六字当为郭氏注文。郭注"大小长短修远，皆恣而任之，会其所极而已"，盖释"时骋而要其宿"之义。今注文无上六字，夺入正文也。

黄帝游乎赤水之北，登乎昆仑之丘而南望。还归，遗其玄珠。使知索之而不得，使离朱索之而不得，使吃诟[⊖]索之而不得也。乃使象罔，象罔得之。黄帝曰："异哉！象罔乃可以得之乎[⊜]？"

⊖ 吃诟

1. 多力也。司马彪：吃诟，多力也。

2. 雄辩也。成玄英：吃诟，言辩也。郭嵩焘：《广韵》："吃，同嗽。"嗽，声也；诟，怒也，"怒"亦声也。《集韵》云"吃诟，力诤者"是也。

3. 无能者也。罗勉道：吃诟，吃人诟骂，无能者也，是巧者之反。

4. 无志者也。洪颐煊："吃诟"当作"喑诟"。《汉书·贾谊传》"顽钝亡耻，喑诟亡节"，师古曰："喑诟谓无志分也。"

5. 敏捷也。刘文典：《淮南子·人间篇》"故黄帝亡其玄珠，使离朱、捷剟索之而弗能得之也"，许注："捷剟疾利搏，善拾于物。"《修务篇》"离朱之明，攫掇之捷"，高注："攫掇亦黄帝时捷疾者也。"庄子此文之"吃诟"，疑是"捷剟""攫掇"之声转，皆疾利、捷疾之义。

⊜ 象罔乃可以得之乎

1. 道家解：喻无心方可得真性。郭象：明得真者非用心也。吕惠卿：象则非无，罔则非有，非有非无，不嗷不昧，此玄珠之所以得也。林疑独：唯离形去知，黜聪明，忘言说，谓之象罔，乃可以得真性也。

2. 儒家解：喻道不远人。吴世尚：叹道不远人，与《论语》之"欲仁仁至"、《孟子》之"操存舍亡"可参看。

尧之师曰许由，许由之师曰啮缺，啮缺之师曰王倪，王倪之师曰被衣。尧问于许由乎："啮缺可以配天乎？吾藉王倪以要之。"许由曰："殆哉圾乎天下！啮缺之为人也，聪明睿知，给数以敏[Ⓐ]，其性过人，而又乃以人受[Ⓑ]天？彼审乎禁过，而不知过之所由生。与之配天乎？彼且乘人[Ⓒ]而无天，方且本身而异形[Ⓓ]，方且尊知而火驰[Ⓔ]，方且为绪使[Ⓕ]，方且为物絯[Ⓖ]，方且四顾而物应，方且应众宜，方且与物化而未始有恒。夫何足以配天乎！虽然，有族有祖，可以为众父，而不可以为众父父。治乱之率也[Ⓗ]，北面之祸也，南面之贼也[Ⓘ]。"

㊀给数以敏

1. 谓作事捷速。林希逸：给，捷也，数，急也。阮毓崧：给，捷也。数，音朔，《尔雅·释诂》："数，疾也。"敏，迅也。言其作事迅速。

2. 谓计数敏捷。王敔：数谓事物之数；给，应也。陈寿昌：其敏捷足以应烦数。

㊁而又乃以人受天

1. 受，应也。谓以人求合于天。郭象：用知以求复其自然。林希逸：修人事以应天理。

2. 受，授也。谓以人改天。陆长庚：恃其聪明圣知之资，窍凿浑沌，是故谓之以人受天。曹础基：用人的才智强加作用于自然。

3. 受，承也。谓人受源于天。陈寿昌：恃其才知，误以人为为受于天之本性。

㊂彼且乘人而无天

1. 乘人，谓驾御人众。成玄英：若与天位，令御群生，必运乎心智，伐乎天理，则物皆丧己，无复自然之性也。罗勉道：彼且凌驾人而并不知有天矣。

2. 乘人，谓恃依人为。宣颖：载人心以用事，而不知无为。阮毓崧：彼将专以人道用事而不复知无为之道。

㈣**方且本身而异形**

1. 言物我之对立。成玄英：今啮缺以己身为本，引物使归，令天下异形，从我之化。林希逸：身，我也。以我对物，故曰本身而异形。

2. 言人己之对立。陆长庚：先己而后人，故曰本身而异形。宣颖：本身而异形，分己分人。

3. 言自我之对立。褚伯秀：本身而异形，肝胆楚越也。

㈤**方且尊知而火驰**

1. 火驰，急速也。成玄英：不能忘智以任物，而尊知以御世，驰骤奔逐，其速如火矣。陈寿昌：尚智巧而性急如火。

2. 火驰，"分驰"之误，背道而驰也。孙诒让："火"乃"八"之误。《说文》："八，分也。"八驰，犹言舛驰，与"异形"文意相类。《外物篇》云"火驰而不顾"，"火"亦"八"之误。阮毓崧：舛驰，所谓背道而驰也。

㈥**方且为绪使**

1. 如句。绪，事之开端也。郭象：将兴后世事役之端。成玄英：绪，端也。使，役也。不能无为，而任知御物，后世劳役，自此为端。

2. 如句。绪，事之末余也。林希逸：绪，末也。为末事所役而不知其本。罗勉道：为事之绪余所役使。

3. 如句。绪，事也。奚侗：《尔雅·释诂》："绪，事也。"为绪使，言为事所役使也。

4. 句误。"绪使"当作"使绪"。俞樾："绪使"疑本作"使绪"。下句曰"方且为物絯"，"使绪""物絯"两文相对言。为事作端绪，为物作絯束也。若作"绪使"，不特意不可通，且与下句不伦矣。

⑦方且为物絯

1. 絯，束也。物絯，谓为外物所拘束。陆德明：《广雅》：“絯，束也。”林希逸：物絯，为事物所拘碍。

2. 絯，当为“该”，备也。物絯，谓包罗万物。郭嵩焘：疑“絯”当为“该”，备也、兼也。《汉书·律历志》“该藏万物”，《太玄经》“方物该兼”。绪使者，其绪余足以役使群伦。物絯者，其机缄足以包罗万物。

⑧治乱之率也

〔句读1〕治乱之率也。

1. 率，主也、帅也。郭象：言非但治主，乃为乱率。

林希逸：率，将帅也。言此人之用于世，亦可以致治，亦可以致乱。

2. 率，由也。胡文英：治亦由他起，乱亦由他起。

〔句读2〕治，乱之率也。

率，由也。王夫之：合天道之无为，乃与天配。否则，治之适以乱之。阮毓崧：《尔雅·释诂》：“率，由自也。”治即乱之所由出。

⑨北面之祸也，南面之贼也

1. 两句义并列。谓以有为治天下，则是北面之祸，南面之贼。郭象：桀纣非能杀贤臣，乃赖圣知之迹以祸之。田恒非能杀君，乃资仁义以贼之。林希逸：北面，臣也；南面，君也。言以此为臣道，以此为君道，皆有患害。

2. 两句义成因果。谓北面者之祸，由自南面君之贼。

陈寿昌：上有用知之君，则为之臣者，皆将奉令承教，相率而失其恒性，故北面者之祸. 皆由于南面者之贼。

尧观乎华。华封人曰：“嘻，圣人！请祝圣人，使圣人寿。”尧曰：“辞。”“使圣人富。”尧曰：“辞。”“使圣人多男子。”尧曰：“辞。”封人曰：“寿、富、多男子，人之所欲也。女独不欲，何邪？”尧曰：“多男子则多惧，富则多事，寿则多辱。是三者，非所以养德也，故辞。"封人曰：
"始也我以女为圣人邪，今然君子也。天生万民，必授之职。多男子而授
之职，则何惧之有？富而使人分之，则何事之有？夫圣人，鹑居而鷇食，
鸟行而无彰○；天下有道，则与物皆昌；天下无道，则修德就闲；千岁厌
世，去而上仙，乘彼白云，至于帝乡；三患○莫至，身常无殃，则何辱之
有？"封人去之，尧随之，曰："请问。"封人曰："退已！"

㊀鸟行而无彰

1. 彰，如字。迹也。成玄英：彰，文迹也。如鸟之飞行，无踪
迹而可见也。

2. 彰，当作"迹"字、"景"字。马其昶：彰，当作"迹"。
《艺文类聚》二十引"彰"作"迹"。高亨：《群书治要》二十七引
"彰"作"章"。"彰"疑原作"影"，形近而误。鸟行而无影，辞意
甚莹。《群书治要》引作"章"者，"章"疑原作"景"，亦形近而
误。《说文》无"影"字，"景"即"影"之正字，则作"景"者乃
《庄子》故书。

㊁三患

1. 就原文意解。成玄英：三患，前富、寿、多男子也。

2. 引佛典解。林希逸：三患，谓少、壮、老。即《楞严经》恒
河水之喻。陆长庚：即释氏所谓三灾：水、火、风也。

3. 就常理解。林云铭：三患，病、老、死也。

尧治天下。伯成子高立为诸侯。尧授舜，舜授禹，伯成子高辞为诸侯
而耕。禹往见之，则耕在野。禹趋就下风，立而问焉，曰："昔尧治天下，
吾子立为诸侯。尧授舜，舜授予，而吾子辞为诸侯而耕，敢问其故何也？"
子高曰："昔尧治天下，不赏而民劝，不罚而民畏。今子赏罚而民且不仁，
德自此衰，刑自此立，后世之乱自此始矣。夫子阖行邪？无落○吾事！"
俋俋○乎耕而不顾。

㊀无落吾事

1. 落，如字，废也。陆德明、成玄英：落，犹废也。

2. 落，"露""虑""格"之借。王念孙：《方言》："露，败也。"无落吾事，谓无败吾事。"落"与"露"声近义词。奚侗：《吕览·长利篇》"落"作"虑"，高注："虑，乱也。"《新序·节士篇》"落"作"留"，谓阻留也。文异义同。于省吾："落""格"古通。"格"之通诂为"止"、为"拒"。然则无格吾事，谓无阻吾事。

(二)偈偈乎耕而不顾

1. 偈，勇壮貌。陆德明：偈偈：《字林》云："勇壮貌。"成玄英：用力而耕，不复顾盼也。

2. 偈偈，低首貌。林希逸：偈偈，低首而耕之状。

泰初有无无有无名[⊖]。一[⊖]之所起，有一而未形。物得[⊜]以生谓之德；未形者有分[⊕]，且[⊕]然无间谓之命；留动[⊕]而生物，物成生理谓之形；形体保神，各有仪则谓之性[⊕]；性修反德，德至同于初。同乃虚，虚乃大。合[⊕]喙鸣，喙鸣合，与天地为合。其合缗缗[⊕]，若愚若昏，是谓玄德，同乎大顺。

(一)泰初有无无有无名

〔句读1〕泰初有无，无有无名。

1. 谓太初之时，只有"无"。成玄英：太初之时，惟有此无，未有于有。有既未有，名将安寄？故无有无名。

2. 谓没有太初。罗勉道：设问太初有乎？无乎？曰，无有也，亦无此名也。

〔句读2〕泰初有无无，有无名。

方以智：《易说》云："太初，气之始也。"有无皆无，而有无皆名。林云铭：无无者，连"无"之一字亦无处安着也。无名者，即老子所谓"无名天地之始"。刘文典：此当以"泰初有无无"为句，"有无名"为句。本书《知北游篇》："予能有无矣，而未能无无也。及为无无矣，何从至此哉？""无无"之义本此。老子《道经》"无名天地之始"，泰初即天地之始也。

㈡一之所起，有一而未形

1. 一，指万物开始之状态。郭象：一者，有之初，至妙者也。至妙，故未有物理之形耳。王敔：一者，数之始。一之所起，则太始也。一尚未形，则太虚也。

2. 一，指万物之根本。成玄英：一应（者）道也。有一之名而无万物之状。宣颖：一者，太极也。一而未形，太极尚未著也。

㈢物得以生谓之德

1. 得，谓自得也。郭象：无不能生物，而云"物得以生"，乃所以明物生之自得。任其自得，斯可谓德也。

2. 得，谓得"一"也。吕惠卿：万物均之得一以生。

㈣未形者有分

1. 分，禀分。成玄英：虽未有形质，而受气已有素分。

2. 分，分别。罗勉道：其未形之时，万理皆具，已各有条理，可以分别。陈寿昌：当其未形，已寓分阴分阳之朕兆。

㈤且然无间谓之命

1. 且，如字。但且也。成玄英：然且此分修短，懸乎更无间隙，故谓之命。罗勉道：但且以其浑然无间而谓之命。

2. 且，读为"弥"，满也。吴汝纶：某案"且"读为"弥"《韩非子·内储》"黎且"，《左传》作"黎弥"。是"弥"与"且"得通借也。《汉书·司马相如传》注："弥，满也。"《淮南·原道》"弥于四海"，高注："弥犹络也。"弥然，犹弥纶也。

㈥留动而生物

1. 留动，如字。句谓静与动，或阴与阳交互作用而生物。

成玄英：留，静也。阳动阴静，氤氲升降，分布三才，化生万物。陈祥道：留者阴，动者阳，物以阴阳留动而后生。

2. 留动，如字。句谓动而稍停之时，便生而物。林希逸：元气运动而不已,生而为物,则是其动者留于此,故曰"留动而生物"。动,阳也;留动,静也,静为阴。此句有阳生阴成之意。宣颖:动即造化流行也。少停于此,便生一物。

3. 留动,当作"流动"。陆德明:"留"或作"流"。褚伯秀:"留动"说之不通,应是"流动",犹云运动也,音存而字讹耳。

㈦形体保神,各有仪则谓之性

1. 道家观点:谓性是人不可改易之禀分。成玄英:禀受形质,保守精神。形则有丑有妍,神则有愚有智。既而宜循轨则,各自不同,素分一定,更无改易,故谓之性。

2. 儒家观点:谓性是人固有之伦理道德品性。林希逸:此一句便是《诗》"有物有则",便是《左传》所谓"民受天地之中以生,有动作威仪之则"也,便是性中自有仁义礼智之意。

㈧合喙鸣

1. 合,相符也。合喙鸣,谓合于鸟鸣,无心之言也。成玄英:喙,鸟口也。鸟鸣既无心于是非,圣言岂有情于憎爱。褚伯秀:喙鸣即彀音之义。鸟喙之鸣,出于无心,无心之言合于喙鸣。

2. 合,闭合也。合喙鸣,谓闭口不言也。林希逸:合喙者,不言也。鸣者,言也。合喙鸣,不言之言。

3. 合,和合也。合喙鸣,谓和合众辩之口,忘言也。

罗勉道:凡天下之以喙争鸣者,皆合而为一矣。宣颖:合喙鸣,浑合众口,盖忘言也。

㈨其合缗缗

1. 缗,合也。成玄英:缗,合也。林希逸:缗缗,犹"泯泯",形容合字。罗勉道:缗缗,如纶之合。宣颖:"缗"与"吻"同,合无迹也。

2. 缗,久也。王敔:缗,同"绵"。胡文英:缗缗,久也。

夫子问于老聃曰："有人治道若相放①㊀，可不可，然不然。辩者有言曰：'离坚白若县寓㊁。'若是则可谓圣人乎？"老聃曰："是胥易技系劳形怵心者也。执留②㊂之狗成思㊃，猿狙之便自山林来㊄。丘，予告若，而所不能闻与而所不能言。凡有首有趾无心无耳者众有形者与无形无状而皆存者尽无㊅。其动，止也；其死，生也；其废，起也㊆。此又非其所以也㊇。有治在人㊈，忘乎物，忘乎天，其名为忘己。忘己之人，是之谓入于天。"

㈠有人治道若相放

1. 相放，相仿效也。郭象：若相放效，强以不可为可，不然为然，斯矫其性情也。林希逸：云治道若相放，帝王同条共贯之意。以我之可明彼之不可，以我之然明彼之不然。

2. 相方，相背逆也。于省吾：放，《释文》作"方"。《孟子·梁惠王》"方命虐民"，赵注："方犹逆也。"是"方命"犹"逆命"。"有人治道若相放"，谓有人治道若相背逆也。钱穆：辩者以不可为可，不然为然，其治道若与众相方，《天下篇》所谓"以反人为实也"。

3. 相放，"相反"之误。李勉："放"与"反"形近致误。

㈡辩者有言曰："离坚白若县寓。"

1. 若县寓，犹如高悬天空也。辩者夸其能辨析坚白之论。成玄英：辩者云，我能离析坚白之论，不以为辩，雄辩分明，如悬日月于区宇。

2. 若县寓，如异宇也。辩者言其能分离坚白。高亨：县，殊也、异也。寓，《说文》"籀文宇"，今谓空间。坚白相盈而非相外。名家离坚白，其辩之巧若坚白异宇者焉，故曰"若异宇"。

3. 若县寓，"度寰宇"也。辩者之论题。章炳麟：县寓者，寰宇也。《释文》"寰"音"县"，古"县"字。"若"音同"如"，当借为"茹"。《释言》："茹，度也。""度寰宇"亦名家言。

---

① 《经典释文》本"放"作"方"。
② 陆德明：留，一本作"狸"。

4. 若县寓，"均久宇"也。辩者之论题。奚侗："若"与"如"同，借作"如"，《广雅》："如，均也。""县"与"弥"同义，借作"弥"，《说文》："弥，久长也。"《史记·孝文纪》"历日县长"，《汉书》作"历史弥长"，是为"县""弥"同义相假之证。"寓"系籀文"宇"字。《墨子·经说上》："久，弥异时也；宇，弥异所也。"久，异时也；宇，异所也，故辩者均之，犹坚白同体而辩者离之也。

㈢执留之狗

1. 留，同貂。司马彪：貂，竹鼠也。

2. 留，或作狸。成玄英：执捉狐狸之狗。

3. 留，如字，拘系也。陆德明：执留之狗，谓有能故被留系。

4. 留，如字，留牛也。王先谦：据郭璞《山海经》注谓"竹鼬音如留牛"，并以此文"执留之狗"为证，则知"留"是"留牛"。留牛即犛牛，"留""犛"双声字。

㈣成思

1. 如字。成愁思也。成玄英：执捉狐狸之狗，多遭系颈而猎，既不自在，故成愁思。刘辰翁：成思，谓思匹偶而不得也。

2. "思"字是"累"字之误。孙诒让："思"疑"累"之误。成累，谓见系累也。

3. "成思"是"来田"之误。奚侗："成思"为"来田"之讹，"来""成"草书极相似。

㈤猿狙之便自山林来

1. 如句。谓失其常性。成玄英：猿猴本居山林，逶迤放旷，为跳攫便捷，故失其常处。林疑独：狗之系颈而猎，猿狙自山林来，皆失其常性者也。

2. 如句。谓因能而致患。陈景元：猎犬被系，猿狙入槛，皆因技能而致患也。林希逸：自山林来，为人捕而来也。

3. 句误。奚侗："自山林"三字衍，"来"下脱"藉"字。

㈥凡有首有趾无心无耳者众有形者与无形无状而皆存者尽无

〔句读1〕凡有首有趾、无心无耳者众，有形者与无形无状而皆存者尽无。

1. 有首有趾、无心无耳者，指事物之理而言。郭象：首趾，犹始终也。无心无耳，言其自化。成玄英：首趾，终始也。理绝言辩，故不能闻言也。又不可以心虑知，耳根听，故言无心无耳也。凡有识无情，皆曰终始，故言众也。

2. 有首有趾、无心无耳者，指人而言。林希逸：有首有趾，言人之顶踵同也；无心无耳，言其无知无见也。宣颖：具体为人，实则无知无闻，世尽此辈。

3. 有形者与无形无状而皆存者尽无，谓有形与无形不能并存。郭象：有形者善变，不能与无形无状者并存也。

4. 有形者与无形无状而皆存者尽无，谓有形与无形皆空。成玄英：有形者，身也；无形者，心也。汝言心与身悉存，我以理观照，尽是空也。

5. 有形者与无形无状而皆存者尽无，谓能将有形与无形合一者罕有。陆长庚：有形、无形皆存，则是所谓"形体保神"者，如是之人，世所罕有。王敔：合有无于一致而皆存之，是在天下者也。能此者，未之有也。宣颖：无形无状者指道，能形与道皆存者，此人所希有。

〔句读2〕凡有首有趾、无心无耳者，众有形者，与无形无状而皆存者，尽无。

罗勉道：凡人所闻：有记得有首有尾者，有听得无心如无耳者；所言：有说得许多有形象者，有说从无形无影而如在面前者。凡此尽非真有，皆是虚无。陆树芝：有首有足，言形体具也。无心耳，言无知识闻见也。众有形，谓一切事为之迹也。无形状而皆存者，谓精神念虑也。

㈦其动，止也；其死，生也；其废，起也

1. 此言自然之理。郭象：此言动止死生盛衰废兴，未始有恒，皆自然而然。

2. 此言得道人之修养。陈寿昌：承上言此"皆存"之人，形虽动而神自止，形虽死而神自生，形虽废而神自起，与劳心怵形者正相反。

㈧此又非其所以也

1. 谓不知所以然。成玄英：此六者，自然之理，不知所以然也。

2. 谓尚不是所以然。王敔：评曰："动止、死生、废起，迭相循环倚伏，机也；若其所以者，则大同而通于一。"

3. 谓顺其自然。陈寿昌：以，持也。言此又非有心为之，但顺其自然而不自持也。

㈨有治在人

1. 在人，因任人也。成玄英：人各率性而动，天机自张，非由主教。宣颖：任人而无为也。陈寿昌：在人者，因人而治，不参己见也。

2. 在人，在于人为也。阮毓崧：有时率性而动，见为修治，亦在尽人事之当为者耳。钱穆：治犹事也。此谓动止、死生、废起，所治在人不在天，在物不在道。

3. 在人，在彼人那里也。罗勉道："有治在人"一句应前"有人治道若相放"一句。谓别有所治之道在彼人者却不然，既忘乎物，又忘乎天。

蒋闾葂见季彻曰："鲁君谓葂也曰：'请受教。辞不获命，既已告矣，未知中否，请尝荐之。'吾谓鲁君曰：'必服恭俭，拔出公忠之属而无阿私，民孰敢不辑！'"季彻局局然◯笑曰："若夫子之言，于帝王之德，犹螳螂之怒臂以当车轶，则必不胜任矣。且若是，则其自为处危其观台多物将往投迹者众◯。"蒋闾葂颙颙然惊曰："葂也汒若于夫子之所言矣。虽然，愿先生之言其风◯也。"季彻曰："大圣之治天下也，摇荡◯民心，使之成教易俗，举灭其贼心而皆进其独志，若性之自为，而民不知其所由然。若然者，岂兄①尧舜之教民，溟涬然弟之哉◯？欲◯同乎德而心居矣。"

---

① 陆德明：岂兄，元嘉本作"岂足"。

㈠局局然

1. 大笑貌。陆德明：局局，大笑之貌。

2. 笑不出声貌。林云铭：局局，笑不出声貌。

㈡则其自为处危其观台多物将往投迹者众

〔句读1〕则其自为处危其台观，多物将往投迹者众。

句谓处于显位，如台观高筑，众人物皆来归附矣。郭象：此皆自处高显，若台观之可睹也。将使物不止于本性之分，而矫跂自多以附之。

〔句读2〕则其自为处危，其台观多，物将往投迹者众。

句谓高行自处，如多有台观，人物皆来归附矣。吕惠卿：必服恭俭，所谓忍性以视民，则其自为处危矣。拔出公忠，所谓尚贤也，具为台观多矣。如是则吾之行不能无迹而物将往投迹者众矣。

〔句读3〕则其自为处，危其台观多物，将往投迹者众。

句谓无为自处，如高其台观，多其景物，归附者众矣。陆长庚：帝王之德，贵无为而贱有为，以若所为，犹人之高其观台、多其景物以示于人，人皆悦之，往而投迹者众矣。

〔句读4〕则其自为处危，其台观多物，将往投迹者众。

句谓行为不正，如家宅多事，烦扰频至矣。王先谦："自为处危"，非自安之道。"台观多物"，观台，君所居地；物，事也。言君所自此多事。"将往投迹者众"，举足投迹者，君且不胜其烦，非帝王修德安人之道。

㈢愿先生之言其风也

1. 风，风教也。成玄英：风，教也。

2. 风，大概也。林希逸：言其风，亦犹曰言其略。

俞樾："风"当读为"凡"，犹云言其大凡也。"风"从"凡"声，故得通用。

3. 风，通方。奚侗："风"与"方"通。《诗·北山》"或出入风仪"，郑笺："风，放也。"《尧典》"方命圮族"，《释文》："马云，方，放也。"风、方同训，故风可通方。风、方亦双声也。"愿先生之言其方"犹《齐物论篇》"敢问其方"、《田子方篇》"愿闻其方也"。

㊃大圣之治天下也，摇荡民心

1. 摇荡，放纵、因任之意。郭象：因其自摇而摇之，因其自荡而荡之。林疑独：因民心之自然，如风雨摇荡万物，而使之成教易俗也。罗勉道：摇荡民心，不使之拘束。

2. 摇荡，规范、引导之意。林希逸：摇荡，犹转移。褚伯秀：摇荡，犹鼓舞。林云铭：摇荡，若披拂也。

㊄岂兄尧舜之教民，溟涬然弟之哉

1. 兄、弟，如字。溟涬，至治之世也。句谓哪能以尧舜之治为最，溟涬之世为次？郭象：溟涬，甚贵之谓也。不肯多谢尧舜而推之为兄也。陆长庚：岂兄尧舜之道，而弟溟涬之德。方思善：溟涬乃言鸿蒙之世，无为之治，即《云将篇》①"大同乎涬溟"也。其治在尧舜之上，至尧舜之教则有为矣。故云"岂兄尧舜之教，溟涬然弟之哉？"（焦竑《庄子翼》引）

2. 兄、弟，如字。溟涬，低头甘心之意。句谓哪能以尧舜之治为最好而甘居其后呢？林希逸：溟涬有低头甘心之意。句谓岂肯兄尧舜之教而自处其下也。褚伯秀：尧舜之治民不过此耳，奚必尊之为兄，溟涬然弟之哉！溟涬，无分别貌。

3. 兄、弟，如字。溟涬，泛然貌。句谓哪能推崇尧舜有意抚弟民众们的做法呢？刘辰翁：谓岂求长乎昔者尧舜所教之民而泛然抚之如吾弟哉！

4. 兄，疑为"况"或"足"；弟，疑为"夷"或"第"。孙诒让："兄"即今"况"字，谓比况也。"弟"乃"夷"之误，平等之义。武延绪：疑"兄"为"况"，古字通用。况，比也。"弟"为

---

① 即《在宥篇》。

"次第"，古作"弟"，言次第教之也。王叔岷："弟"为"夷"之误，诚是。惟"兄"当从《释文》引元嘉本作"足"，于义为长。

5. 弟，"薙"之省。马叙伦："弟"为"薙"省，借为"薙"。曹受坤："弟"借"薙"。《说文》："薙，别发也。"盖喻尧舜以仁义削人之性。

㈥欲同乎德而心居矣

1. 欲，动词，欲使也。谓欲使民一于德。宣颖：欲同天下于一德，而心安处于不用矣。陆树芝：言但欲同复其性命之情，不待作为，而心亦泰然安居而无思无虑矣。

2. 欲，名词，意欲也。谓使民之意欲合于德。陆长庚：使民心之所欲者同于德而心始居矣；居谓各得其所安。

子贡南游于楚，反于晋，过汉阴，见一丈人方将为圃畦，凿隧而入井，抱瓮而出灌，搰搰然用力甚多而见功寡。子贡曰："有械于此，一日浸百畦，用力甚寡而见功多，夫子不欲乎？"为圃者卬而视之曰："奈何？"曰："凿木为机，后重前轻，挈水若抽，数如泆汤，其名为槔。"为圃者忿然作色而笑曰："吾闻之吾师，有机械者必有机事，有机事者必有机心。机心存于胸中，则纯白不备；纯白不备，则神生不定；神生不定者，道之所不载也。吾非不知，羞而不为也。"子贡瞒然惭，俯而不对。有间，为圃者曰："子奚为者邪？"曰："孔丘之徒也。"为圃者曰："子非夫博学以拟圣，於于以盖众○，独弦哀歌以卖名声于天下者乎？汝方将忘汝神气，堕汝形骸，而庶几乎！而身之不能治，而何暇治天下乎！子往矣，无乏吾事！"子贡卑陬失色，顼顼○然不自得，行三十里而后愈。其弟子曰："向之人何为者邪？夫子何故见之变容失色，终日不自反邪？"曰："始吾以为天下一人耳，不知复有夫人也。吾闻之夫子：事求可，功求成，用力少，见功多者，圣人之道。今徒不然。执道者德全，德全者形全，形全者神全。神全者，圣人之道也。托生与民○并行而不知其所之，汒乎淳备哉！功利机巧必忘夫人之心。若夫人者，非其志不之，非其心不为。虽以天下誉之，得其所谓，謷然不顾；以天下非之，失其所谓，傥然不受㉖。天下之非誉，无益损焉，是谓全德之人哉！我之谓风波之民。"反于鲁，以告孔子。孔子曰："彼假㉗修浑沌氏之术者也。识其一，不知其二；治其内，而不治其外。夫明白入素㉘，无为复朴，体性抱神，以游世俗之间者，汝将固㉙惊邪？且浑沌氏之术，予与汝何足以识之哉！"

（一）於于以盖众

1. 於于，自大貌。司马彪：夸诞貌。林希逸：於于，自大之貌。

2. 於于，谄媚貌。成玄英：佞媚之谓也，谄曲佞媚，以盖群物。陆德明：行仁恩之貌。

3. 於于，拟声词。罗勉道：於于，语助，犹俗嘲儒之说"之乎也者"云。郭嵩焘：《应帝王》"其卧徐徐，其觉于于"，《说文》："于，於也。象气之舒。"是"於""于"字同。於于，犹"于于"也。章炳麟：《说文》："於，象古文乌省。"孔子曰"乌盱"，呼也。然则"於于"即"乌盱"，盛气呼号之谓。

4. 於于，"华诬"之讹。奚侗：於于，《淮南·俶真训》作"华诬"，音近而讹。丁展成："於于"当为"华诬"之音转。华诬者，广设饰词也。（《庄子音义绎》）

（二）项项然不自得

1. 项项，如字。李颐：项项，自失貌。罗勉道：项项然，敬谨貌。

2. 项项，"规规"之误。王叔岷："项项"无自失义，疑"规规"之误，《秋水篇》"规规然自失也"，《释文》："规规，惊视自失貌。""规"之别体作"頍"，传写遂误为"项"耳。

（三）托生与民

1. 与，介词。宣颖：寄生于世，与民大同。

2. 与，连词。胡文英：犹言既可托生，又可托民。

（四）虽以天下誉之，得其所谓，謷然不顾；以天下非之，失其所谓，傥然不受

1. 得其所谓、失其所谓，指行为而言。成玄英：纵令举世赞誉，

称斯有德，知为无益，曾不顾盼；举世非毁，声名丧失，达其无损，都不领受。阮毓崧：谓、为字通。得其所为，言所誉与其所为相合也。失其所谓，言所非与其所为相反也。

2. 得其所谓、失其所谓，指志向而言。林希逸：所言行于世，曰"得其所谓"。所言不行于世，曰"失其所谓"。陆树芝：得其所谓，当其心也；失其所谓，拂其意也。

㊄**彼假修浑沌氏之术者也。识其一，不知其二；治其内，而不治其外**

1. 假，伪也。郭象：以其背今向古，羞为世事，故知其非真浑沌也。徒识修古抱灌之朴，而不知因时任物之易也。夫真浑沌，都不治也，岂以其外内为异而偏有所治哉！

2. 假，大也。林希逸：假，大也；假修，大修也。浑沌即天地之初。术，道也。识其一者，所守纯一也；不知其二者，心不分也。内，本心也；外，外物也。

3. 假，假借也。陆长庚：假修，谓假人事以修之浑沌氏之术。"识其一，不知其二"，守其纯一而不杂也。

4. 假，读为"遐"。杨树达：假，读为"遐"。遐，远也。

㊅**明白入素**

1. 入素，如字。成玄英：心智明白，会于质素之本。林希逸：明白则可入于素。素者，朴素。

2. 入素，"太素"之误。杨树达："入"字无义，字当为"太"，形近误也。《淮南·精神篇》云："处其一不知其二，治其内不识其外，明白太素，无为复朴，体本抱神以游天地之樊。"袭用此文，字正作"太"。

㊆**汝将固惊邪**

1. 固，读若胡，何也。言有道之人，不使世惊。郭象：真浑沌，虽游于世俗而泯然无迹，岂必使汝惊哉？俞樾："固"读为"胡"。"胡""固"皆从"古"声，故得通用。汝将胡惊邪，言汝与真浑沌遇则不惊也。

2. 固，固然、宜也。言未体道之人，见有道之人固将惊异。林希逸：固，宜也。言汝未知此道，宜乎惊异也。陆长庚：是丈人者，明白而归诸素，无为而还之朴，体性抱神以游于世俗者。赐（子贡）之学宜不及此，固将惊之矣。

谆芒将东之大壑，适遇苑风于东海之滨。苑风曰："子将奚之？"曰："将之大壑。"曰："奚为焉？"曰："夫大壑之为物也，注焉而不满，酌焉而不竭。吾将游焉。"苑风曰："夫子无意于横目之民[⊖]乎？愿闻①圣治。"谆芒曰："圣治乎？官施而不失其宜，拔举而不失其能，毕见其情事而行其所为，行言自为而天下化，手挠顾指，四方之民莫不俱至，此之谓圣治。""愿闻德人。"曰："德之者，居无思，行无虑，不藏是非美恶。四海之内共利之之谓悦，共给之之为安；怊乎若婴儿之失其母也，傥乎若行而失其道也。财用有余而不知其所自来，饮食取足而不知其所从，此谓德人之容。""愿闻神人。"曰："上神乘光[⊜]，与形灭亡，此谓照旷。致命尽情，天地乐而万事消亡，万物复情，此之谓混冥。"

㊀夫子无意于横目之民乎

1. 横目，指人也。成玄英：五行之内，唯民横目。宣颖：疑其弃世。

2. 横目，喻圣治。胡文英：惟圣治故民得其视颠颠而横目也。

3. 横目，"衆②"字。于鬯：横目之民，谓"衆"字也。"衆"字从横"目"，下从三"人"。故横目之民必"衆"字之说也。此殆古小学家言，而庄子用之。

㊁上神乘光，与形灭亡

1. 道家观点解：乘光，驾驭光。句谓神人超越有形之上。陈景元：上乘元气之光，乃无光也。光既无矣，形何有哉。林希逸：上

---

① 陆德明：闻，司马本作"问"。下同。

② 衆，"众"字之繁体。

神，言其神腾跃而上也。出乎天地之外，日月之光反在其下，故曰乘光。与形灭亡，言虽有身似无身矣。

2. 佛家观点解：乘光，用智也。句谓神人以智观照道物。

成玄英：乘，用也。光，智也。上品神人，用智照物，心形俱遣，是故与形灭之者也。

门无鬼①与赤张满稽观于武王之师。赤张满稽曰："不及有虞氏乎！故离此患也。"门无鬼曰："天下均治而有虞氏治之邪？其乱而后治之与？"赤张满稽曰："天下均治之为愿，而何计以有虞氏为⊖！有虞氏之药疡也，秃而施髢⊜，病而求医。孝子操药以修⊜慈父，其色燋然，圣人羞之。至德之世，不尚贤，不使能；上如标枝⊛，民如野鹿；端正而不知以为义，相爱而不知以为仁，实而不知以为忠，当而不知以为信，蠢动而相使，不以为赐。是故行而无迹，事而无传⊛。"

㊀天下均治之为愿，而何计以有虞氏为

1. 谓天下均治则愿望满足，何必再求有虞氏。郭象：均治则愿各足矣，复何为计有虞氏之德而推以为君哉！

2. 谓愿望天下均治，则何必求有虞氏施治而受其累。林希逸：言天下皆愿于治，因有虞氏治之而反以为累也。

㊁秃而施髢

1. 髢，假发也。司马彪：髢，髲也。陈寿昌：髢，编发以饰鬓也。阮毓崧，"髢"音"替"，假发也。

2. 髢，剃也。林云铭：髢，剃。

㊂孝子操药以修慈父

1. 修，治也。成玄英：修，理也。林云铭：修，治也。言孝子以药治父之病。

2. 修，进也。林希逸："修慈父"之"修"与"羞"同，进也。

---

① 陆德明：无鬼，司马本作"无畏"。

孙诒让："修"与"羞"古通。《仪礼·乡饮酒礼》"乃羞爵无算",《乡饮酒义》作"修爵无数"是其例。《尔雅·释诂》云："羞,进也。"

㈣上如标枝

1. 标枝,高枝也。陆德明:树杪之枝,无心在上也。

成玄英:高树之枝,无心荣贵也。

2. 标枝,枯枝也。林希逸:枯枝也,但见其枝,不见其叶也,无情无欲之喻也。杨起元:枯枝不见叶也,言处高而无凌下之心也。

㈤行而无迹,事而无传

1. 谓皆循性而动也。成玄英:率性而动,故无迹可记。迹既昧矣,事亦灭焉。

2. 谓无是非善恶也。林希逸:无迹无传,言当时未有是非毁誉之事也。

孝子不谀其亲,忠臣不谄其君,臣子之盛也。亲之所言而然,所行而善,则世俗谓之不肖子;君之所言而然,所行而善,则世俗谓之不肖臣。而未知此其必然邪?世俗之所谓然而然之,所谓善而善之,则不谓之道①㊀谀之人也?然则俗故严于亲而尊于君邪㊁?谓己道人,则勃然作色;谓己谀人,则怫然作色。而终身道人也,终身谀人也,合譬饰辞聚众也,是终始本末不相②坐㊂。垂衣裳,设采色,动容貌,以媚一世,而不自谓道谀㊃;与夫人之为徒,通是非,而不自谓众人,愚之至也。知其愚者,非大愚也;知其惑者,非大惑也。大惑者,终身不解;大愚者,终身不灵。三人行而一人惑,所适者犹可致也,惑者少也;二人惑则劳而不至,惑者胜也。而今也以天下惑之虽有祈向不可得也㊄。不亦悲乎!大声不入于里耳,折杨皇荂,则嗑然而笑。是故高言不止于众人之心,至言不出,

---

① 王叔岷:赵谏议本、覆宋本、道藏各本,"道"皆作"导"。
② 陈景元:张君房本"相"下有"罪"字。

俗言胜也，以二缶钟①^⑤惑，而所适不得矣。而今也以天下惑，予虽有祈向，其庸可得邪！知其不可得也而强之，又一惑也！故莫若释之而不推。不推，谁其比忧^⑪！厉之人夜半生其子，遽取火而视之，汲汲然唯恐其似己也^⑥。

㈠则不谓之道谀之人也

1. 道，同"导"。陆德明：道，音"导"。王敔：道，同"导"。

2. 道，同"诏"。郭庆藩："道人"即"诏人"也。《渔父篇》曰"希意道言谓之诏"，"道"与"诏"同义。《荀子·不苟篇》"非诏谀也"，《贾子·先醒篇》"君好诏谀而恶至言"，《韩诗外传》并作"道谀"。"诏"与"道"，声之转。

㈡然则俗故严于亲而尊于君邪

1. 此谓圣人当与时消息。郭象：明尊严不足以服物，则服物者更在于从俗。是以圣人未尝独异于世，必与时消息。

2. 此谓世人只是求同，不是求道。林希逸：世俗反严于君亲，此意盖言今人之所谓道，皆世俗之所同是者，非独得于己而与造物为徒者也。

㈢合譬饰辞聚众也，是终始本末不相坐

1. 不相坐，不见罪坐也。谓广喻修辞以聚众，即是诏谀，但并不见罪。郭象：夫合譬饰辞，应受道谀之罪。而世复以此得人，以此聚众，亦为从俗者，恒不见罪坐也。刘文典："坐"上"罪"字旧脱。碧虚子校引张本"坐"上有"罪"字。张本是也。

2. 不相坐，不相合，矛盾也。谓广喻修辞以聚众，即是诏谀，故自相矛盾。林希逸：合其譬者，言合天下譬喻以立说也。饰辞者，言修饰其言辞也。聚众者，言聚天下之学者而归己也。观其初心，要高于一世，但其终也不能离于当世之人。是其终始本末不相照应矣。故曰"不相坐"，犹不相当也。

---

① 陆德明：二缶钟，司马本作"二垂钟"。

高亨：坐，"因"也，谓前后不相合也。夫恶人言道人、谀人，而蹈其实，故曰"不相坐"，犹言不相因。

四垂衣裳，设采色，动容貌，以媚一世，而不自谓道谀

1. 此讥人君。成玄英：黄帝垂衣裳而天下治，上衣下裳，以象天地，红紫之色，间而为彩，用此华饰，改动容貌以媚一世。浮伪之人，不谓道谀，翻且从君谄佞。罗勉道：此方说归舜身上。舜垂裳而天下治，以五采彰施于五色，恭己正南面。以此媚悦一世而不自谓道谀。王先谦：指人君。

2. 此讥儒。林希逸：垂衣裳，设采色，动容貌，言儒者之衣冠也。采色，文章也。循循以诱诲学者，故以为媚一世。此皆讥吾圣人之意。

3. 此讥辩者。陆长庚：垂衣裳，设采色，动容貌，高自标致，以媚悦一时之学人。此段分明讥贬一时聚徒讲学之人，惠施、公孙龙子之辈，务空谈而无实行者。

五而今也以天下惑予虽有祈向不可得也

〔句读1〕而今也以天下惑，予虽有祈向，不可得也。

1. 祈，求也。司马彪：祈，求也。郭象：天下都惑，虽我有求向至道之情，而终不可得也。林云铭：祈向，欲向也。

2. 祈，告也。章炳麟：《诗·大雅》传："祈，报也。"《释诂》："祈，告也。""向"即"乡导"字。凡乡导呼路径以报告人，故谓之"祈向"。奚侗：章说甚塙。"有"当作"为"，言今也天下皆惑，予一人虽为之祈向，不可得也。一人之不惑，不足以胜天下之惑，终于劳而不至而已。故下文有"知其不可得也而强之，又一惑也"之语。《孟子·滕文公》"将为君子焉，将为野人焉"，赵岐注："为，有也。"此"有""为"相通之证。

3. 祈，"所"字之误。俞樾："祈"疑"所"字之误。言天下皆疑，予虽有所向往，不可得也。"祈""所"字形相似，故误耳。

〔句读2〕而今也以天下惑予，虽有祈向，不可得也。

吴汝纶：某案，"惑予"为句，"予"犹云"我"，已非庄子自谓也。韩退之《王适墓志》"公大人不疑人欺我"与此同。

㈥以二缶钟惑，而所适不得矣

1. 二缶钟，如字。缶、钟为两种乐器。谓缶、钟之声不同，故使听者生惑。林疑独：缶与钟皆圆，击之有声。以二缶二钟齐击，则听者无所适而惑矣。朱得之：以瓦缶之声为钟声，其惑甚矣；况以二缶而乱一钟，何适而可得哉？正俗言胜至言以喻。林云铭：钟，正音也；缶，俗音也。以二缶惑一钟，则无以自适矣。

2. 二缶钟，如字。缶钟即瓦钟也。谓瓦钟堪奏俗乐，故能诱惑众人。罗勉道：此以乐为喻。缶钟，瓦钟也。如秦王击缶之缶。古乐不入众耳，闻俗乐则喜。设有二人击瓦钟以为音，则人必喜其新声而为其所惑，古乐不能行矣。此"所适"者，乐之行也。

3. 二缶钟，如字。缶、钟皆为量器。谓缶、钟容量不同，故使受者生惑。刘辰翁：缶、钟以量也，两人各执一器，偏说不合。郭嵩焘：缶、钟皆量器。缶受四斛，钟受八斛。"以二缶钟惑"，谓不辨缶、钟二者所受多寡也，持以为量，茫乎无所适从矣。

4. 二缶钟，应作"二垂踵"。谓裹足不前，故目标不能达到。陆德明："缶"应作"垂"，"钟"应作"踵"。言垂脚空中，必不得有之适也。林希逸：垂踵者，垂其足而坐不肯行也。"二垂踵惑"者，即前言二人惑也。"所适不得"，即言劳而不至也。

5. 二缶钟，或作"二垂钟"。谓因分歧而致惑，故目标不能达到。陆德明：司马本作"二垂钟"，云："钟，注意也。"吴汝纶：郭注云："各自信据，故不知所之。"据此则司马本作"二垂钟"者是也。刘师培："二垂"犹"二方"，"二垂钟惑"，谓倾意两方，故曰"所适不得"。

6. 二缶钟，当作"二垂钟"。谓三人行而二人惑，故目标不能达到。高亨："缶"作"垂"是也。古谓三分之一为垂。《淮南子·道应篇》"文王砥德修政，三年而天下二垂归之"，高注："文王三分天下有其二也。"此三分之一为"垂"之明证也。《左传·昭公二十一年》"器以钟之"，杜注："钟，聚也。"是"钟惑"犹云聚惑矣。前文曰："三人行而一人惑，所适者犹可致也，惑者少也；二人惑则劳而不至，惑者胜也。""以二垂钟惑"，正承"三人行而二人惑"而言。

7. 二缶钟，疑作"一企踵"。谓一举足之惑，亦可使目标不得实现。俞樾："钟"当作"踵"，而"二"字则"一"字之误。"缶"则"企"字之误。《文选·叹逝赋》注引《字林》曰："企，举踵也。"然则"企踵"犹"举踵"也。人一企踵，不过步武之间耳。然以一企踵惑，则己不得其所适矣。

㈦不推，谁其比忧

1. 比，同也。句谓不推则不会与人同受忧。罗勉道：比，同也。舍之而不寻究其事，则不必与人同忧矣。

2. 比，近也。句谓不推则不会近于忧矣。林希逸：不推，不必推说也。比，近也。付之不言则不近于忧矣。

3. 比，频也。句谓不推究则没有那么多的忧愁。曹础基：比忧，接连不断的忧愁。

㈧厉之人夜半生其子，遽取火而视之，汲汲然唯恐其似己也

1. 喻人皆不愿为恶，故治者当无为而治。郭象：厉，恶人也。言天下皆不愿为恶。及其为恶，或迫于苛役，或迷而失性耳。然迷者自思复，而厉者自思善，故我无为而天下自化。

2. 喻天下皆惑，觉悟者当释之不推。宣颖：丑人唯恐子之相似，今知天下之惑而已，乃欲强所不可得而又成一惑，独不惧其相似邪？故莫若释之而远于忧，盖惟恐同蹈于惑也。

胡文英：厉之人生子，则亦厉矣，何用视之！天下惑，则我亦不得祈向而惑矣，何用推之？以喻所以推之者，偶出于情不自禁耳。

百年之木，破为牺尊，青黄而文之，其①断在沟中。比牺尊于沟中之

---

① 王叔岷：《御览》七六一引"其"下有"一"字，当从之。今本挩"一"字，则文意不明矣。

断，则美恶有间矣，其于失性一也。跖与曾、史，行义有间矣，然其失均性也。且夫失性有五：一曰五色乱目，使目不明；二曰五声乱耳，使耳不聪；三曰五臭薰鼻，困①㦬中颡㊀；四曰五味浊口，使口厉爽㊁；五曰趣舍滑心，使性飞扬。此五者，皆生之害也。而杨、墨乃始离跂自以为得，非吾所谓得也。夫得者困，可以为得乎？则鸠鸮之在于笼也，亦可以为得矣。且夫趣舍声色以柴㊂其内，皮弁鹬冠搢笏绅修以约其外，内支盈于柴栅，外重缰缴，睆睆然在缰缴之中而自以为得，则是罪人交臂历指㊃而虎豹在于囊槛，亦可以为得矣。

㊀困㦬中颡

1. 颡，如字，额也。成玄英：言鼻躭五臭，故壅塞不通而中伤颡额也。

2. 颡，当作"𪖰"，鼻茎也。奚侗："颡"当作"𪖰"。《说文》："𪖰，鼻茎也。""颡"与"额"同训，"额"或书作"额"。"𪖰"讹为"额"，遂讹为"颡"矣。

㊁使口厉爽

1. 爽，失也。成玄英：厉，病；爽，失也。令人着五味，秽浊口根，遂使咸苦成疴，舌失其味，故言厉爽也。

2. 爽，病也。郭庆藩：《大雅·思齐》笺曰："厉，病也。"《逸周书·谥法篇》曰："爽，伤也。"（《广雅》同）使口厉爽，病伤滋味也。

㊂且夫趣舍声色以柴其内

1. 柴，如字，木柴也。宣颖：柴其内，如木枝乱塞胸中。

2. 柴，同"㧜"。闭固也。王敔："柴""㧜"通，言固立而守之。

3. 柴，当作"㭰"，塞也。奚侗："柴"当作"㭰"。《说文》："㭰，积也。"引申有"塞"义。

---

① 陆德明：困，本或作"悃"。

㈣历指

1. 可数貌。司马彪：历指，犹历楼貌。林希逸：历指，绳缚其手而指可数也。

2. 挍指也。王敔：历指，挍其指。洪颐煊：《说文》曰："枥嘶，柙指也。""历指"即"柙指"。

天道第十三

天道运而无所积，故万物成；帝道运而无所积，故天下归；圣道运而无所积，故海内服。明于天，通于圣，六通四辟㊀于帝王之德者，其自①为也，昧然无不静者矣。圣人之静也㊁，非曰静也善，故静也；万物无足以铙㊂心者，故静也。水静则明烛须眉，平中准，大匠取法焉。水静犹明，而况精神！圣人之心静乎！天地之鉴也，万物之镜也。夫虚静恬淡寂寞无为者，天地之平而道德之至㊃也。故帝王圣人休焉。休则虚，虚则实，实者伦②㊄矣。虚则静，静则动，动则得矣。静则无为，无为也则任事者责矣。无为则俞俞。俞俞者忧患不能处，年寿长矣。夫虚静恬淡寂寞无为者，万物之本也。明此以南乡，尧之为君也；明此以北面，舜之为臣也。以此处上，帝王天子之德也；以此处下，玄圣素王之道也。以此退居而闲游，江海山林之士服；以此进为而抚世，则功大名显而天下一也。静而圣，动而王，无为也而尊，朴素而天下莫能与之争美。夫明白于天地之德者，此之谓大本大宗，与天和者也；所以均调天下，与人和者也。与人和者，谓之人乐；与天和者，谓之天乐。

㊀ 六通四辟

1. 谓六气与四方。陆德明：六通谓六气，阴阳风雨晦明。四辟谓四方开也。

2. 谓六合与四季。成玄英：六通谓四方上下也。四辟者，谓春秋冬夏也。

---

① 陈景元：张君房本"自"下有"然"字。
② 陈景元：张君房本"伦"作"备"。

㊁圣人之静也

1. 佛家角度解：圣人之静为死寂、不动之静。成玄英：夫圣人之所以虚静者，直形同槁木，心若死灰，亦不知静之故静也。

2. 道家角度解：圣人之静为应物、与动一体之静。陈景元：圣人之静也，应物而不荡，非圆寂之静也，随物撄宁而后成。

㊂万物无足以铙心者

1. 铙，同"挠"。林希逸：万物不足以挠动其心。"铙"与"挠"同。马叙伦：《御览》六七引"铙"作"挠"。

2. 铙，如字。王敔：铙，小钲以止鼓者。其止自止，不因物止。

㊃天地之平而道德之至

1. 至，如字，极至也。林希逸：平，定也；至，极也。言此乃天地一定之理，道德极至之事也。

2. 至，同"质"，实也。郭庆藩："至"与"质"同。至，实也。《礼记·杂记》"使某实"，郑注："实当为至。"《史记·苏秦传》"赵得讲于魏，至公子延"，《索隐》曰："至当为质。"《汉书·东方朔传》"非至数也"，师古曰："至，实也。"《刻意篇》正作"道德之质"。

㊄实者伦矣

1. 伦，如字，理也。林希逸：伦，理也。实之中自有条理，便是浑然之中有粲然者。

2. 伦，"备"之讹。奚侗：《阙误》引江南古藏本，"伦"作"备"，于义较长。刘文典："实者备矣"与下"动则得矣"为韵。"备"以形近①讹为"伦"。

庄子曰："吾师乎！吾师乎！𩽙万物而不为戾㊀，泽及万世而不为仁，

---

① "备"，繁体作"俻""備"。"伦"，繁体作"倫"。

长于上古而不为寿，覆载天地刻雕众形而不为巧。"此之谓天乐。故曰：知天乐者，其生也天行，其死也物化。静而与阴同德，动而与阳同波。故知天乐者，无天怨，无人非，无物累，无鬼责。故曰：其动也天，其静也地，一心定而王天下[⊜]；其鬼不祟，其魂不疲，一心定而万物服。言以虚静推于天地，通于万物，此之谓天乐。天乐者，圣人之心，以畜天下也。

　　○整万物而不为戾

　　1. 戾，暴虐。谓万物自整，非为道之暴虐。或谓道整碎万物，非有心为虐。郭象：变而相杂，故曰整。自整耳，非吾师之暴戾。成玄英：言我所大道，亭毒生灵，假令整万物，亦无心暴怒，故素秋摇落而凋零者不怨。

　　2. 戾，高。曹础基：整，调和。戾，高。

　　○一心定而王天下

　　1. 王天下，如字。成玄英：只为定于一心，故能王于万国。

　　2. 王天下，"天地正"之误。武延绪："王"疑"正"字之讹，本在句末，后人不知其误，又嫌于义未协，故乙于"天下"之上耳。"天下"疑当作"天地"。"天地正"与"万物服"对文。下文"推于天地，通于万物"正承此意。

　　夫帝王之德，以天地为宗，以道德为主，以无为为常。无为也，则用天下而有余；有为也，则为天下用而不足。故古之人贵夫无为也。上无为也，下亦无为也，是下与上同德；下与上同德则不臣。下有为也，上亦有为也，是上与下同道；上与下同道则不主。上必无为而用天下，下必有为为天下用，此不易之道也。故古之王天下者，知虽落[⊖]天地，不自虑也；辩虽雕[⊜]万物，不自说也；能虽穷海内，不自为也。天不产而万物化，地不长而万物育，帝王无为而天下功。故曰：莫神于天，莫富于地，莫大于帝王。故曰：帝王之德配天地。此乘天地，驰万物，而用人群之道也。

　　本在于上，末在于下；要在于主，详在于臣。三军五兵之运，德之末也；赏罚利害，五刑之辟，教之末也；礼法度数，形名比详，治之末也；钟鼓之音，羽旄之容，乐之末也；哭泣衰绖，隆杀之服，哀之末也。此五末者，须精神之运，心术之动，然后从之者也。末学者，古人有之，而非所以先也。君先而臣从，父先而子从，兄先而弟从，长先而少从，男先而女从，夫先而妇从。夫尊卑先后，天地之行也，故圣人取象焉。天尊地卑，神明之位也；春夏先，秋冬后，四时之序也；万物化作，萌区[⊜]有状，盛衰之杀，变化之流也。夫天地至神，而有尊卑先后之序，而况人道乎！宗庙尚亲，朝廷尚尊，乡党尚齿，行事尚贤，大道之序也。语道而非其序者，非其道也。语道而非其道者，安取道哉！

是故古之明大道者，先明天而道德次之，道德已明而仁义次之，仁义已明而分守次之，分守已明而形名次之，形名已明而因任次之，因任已明而原省次之，原省已明而是非次之，是非已明而赏罚次之。赏罚已明而愚知处宜，贵贱履位，仁贤不肖袭情。必分其能，必由其名。以此事上，以此畜下，以此治物，以此修身，知谋不用，必归其天，此之谓大平，治之至也。故书曰："有形有名。"形本名者，古人有之，而非所以先也。古之语大道者，五变而形名可举，九变而赏罚可言也[⊕]。骤而语形名，不知其本也；骤而语赏罚，不知其始也。倒道而言，迕道而说者，人之所治也，安能治人！骤而语形名赏罚，此有知治之具，非知治之道；可用于天下，不足以用天下，此之谓辩士，一曲[⊛]之人也。礼法数度，形名比详，古人有之，此下之所以事上，非上之所以畜下也。

㊀知虽落天地

1. 落，同"络"，包络也。成玄英：谓三皇五帝淳古之君也，知照明达，笼落二仪。林希逸：落天地，言笼络也。"络"与"落"同。王敔：落，尽也。

2. 落，犹"骠"，毁也。罗勉道：落，犹骠也。

㊁辩虽雕万物

1. 雕，如字。成玄英：弘辩如流，雕饰万物。

2. 雕，"周"之借。章炳麟："雕"借为"周"。《周易》曰"知周乎万物"，魏徵《群书治要》序曰："虽辩周万物，愈失司契之原。"是唐人尚知"雕"即"周"字。

㈢萌区有状

1. 萌区，如字。成玄英：萌兆区分，各有形状。林希逸：萌，萌芽也；区，区别也。言物生而其状不同也。

2. 萌区，当作"区萌"，即"句芒"。顾炎武：《礼记·月令》"其神句芒"，又曰"句者毕出，芒者尽达"；《乐记》"草木茂区萌达"；《管子·五行篇》"草木区萌"；《庄子·天道篇》"萌区有状"，"萌区"即"区萌"，"区萌"即"句芒"。（《音学五书·唐韵正》卷五）

㈣古之语大道者，五变而形名可举，九变而赏罚可言也

1. 谓此为道家论自然之序。郭象：自"先明天"以下，至"形名"而五，至"罚赏"而九，此自然先后之序也。

2. 谓此为法家申督责之术。王夫之：其意以兵刑法度礼乐委之于下，而按分守、执名法以原省其功过。此形名家之言，而胡亥督责之术，因师此意，要非庄子之旨。

㈤一曲之人也

1. 一曲，一隅也。成玄英：一节曲见偏执之人。

2. 一曲，一艺也。章炳麟：一曲者，一艺也。盖曲者，《考工记》所谓"审曲面艺"，《礼记》所谓"曲艺"。凡工必以榘为度，榘形曲而可以为方，籀文"方"字直立即"曲"字。"曲"引申为"艺"。《记》言"曲艺"。"方"引申为"技"，汉官有"尚方"，《艺文志》有"方技略"。世人误解"一曲"为"一隅"，故具论之。

昔者舜问于尧曰："天王之用心何如？"尧曰："吾不敖无告⊖，不废穷民，苦死者，嘉孺子而哀妇人。此吾所以用心已。"舜曰："美则美矣，而未大也。"尧曰："然则何如？"舜曰："天德而出宁⊖，日月照而四时行，若昼夜之有经，云行而雨施矣。"尧曰："胶胶扰扰⊖乎！子，天之合也；我，人之合也。"夫天地者，古之所大也，而黄帝、尧、舜之所共美也。故古之王天下者，奚为哉？天地而已矣。

㈠吾不敖无告

1. 无告，顽民也。郭象：无告者，所谓顽民也。成玄英：无告，谓顽愚之甚，无堪告示也。

2. 无告，鳏夫也。林疑独："不教无告"至"哀妇人"，即是不敢侮鳏寡之意。

㈡天德而出宁

1. 如句。句谓与天合德，则己虽涉世而心亦安宁。

郭象：与天合德，则虽出而静。成玄英：与玄天合德，迹虽显著，心恒宁静。

2. 如句。句谓用自然之德，则万物自安宁。林希逸：天德者，自然之德也；出宁者，首出庶物，万国咸宁也。宣颖：天德无为，本无为以出治，物自安宁。

3. "德"借为"登"，"出"当为"土"。句谓任其自然自成。孙诒让："出"当为"土"，形近而误。《墨子·天志中篇》"君临下土"，今本"土"误"出"是其证。天与土，日月与四时，文皆平列。章炳麟："德"音同"登"，《说文》："德，升也。""升"即"登"之借。《公羊》隐公五年传："登来"，亦作"得来"。故"德"可借为"登"。《释诂》："登，成也。""天登而土宁"，所谓"地平天成"，与下"日月照而四时行"相俪。

㈢胶胶扰扰乎

1. 动乱貌，自贬之辞。成玄英：胶胶、扰扰，皆扰乱之貌也。领悟此言，自嫌多事。林云铭：胶，滞；扰，乱也。尧言闻舜之言，则自见其用心滞且乱也。

2. 美大貌，赞颂之辞。高亨：胶胶扰扰，皆赞扬之辞。"胶"读为"穆"，《尔雅·释诂》："穆穆，美也。"《荀子·哀公篇》"缪缪肫肫"，杨注："缪当为胶。"大戴礼记《哀公问五义篇》引作"穆穆纯纯"，是"胶""穆"通用之证。"扰"读为"优"，优优，大貌，《礼记·中庸》"优优大哉"是其例。

孔子西藏书于周室⊖。子路谋曰："由闻周之征藏⊜史有老聃者，免而归居，夫子欲藏书，则试往因焉。"孔子曰："善。"往见老聃，而老聃不许⊜，于是翻十二经以说⑩。老聃中⑩其说，曰："大谩，愿闻其要。"孔子曰："要在仁义。"老聃曰："请问，仁义，人之性邪？"孔子曰："然。君子不仁则不成，不义则不生。仁义，真人之性也，又将奚为矣？"老聃曰："请问，何谓仁义？"孔子曰："中心物恺⑩，兼爱无私，此仁义之情也。"老聃曰："意，几①乎后言⊕！夫兼爱，不亦迂乎！无私焉，乃私也。夫子若欲使天下无失其牧⑩乎？则天地固有常矣，日月固有明矣，星辰固有列矣，禽兽固有群矣，树木固有立矣。夫子亦放⑩德而行，循道而趋，已至矣！与何偈偈乎揭仁义，若击鼓而求亡子焉？意，夫子乱人之性也！⊕"

⊖**孔子西藏书于周室**

1. 藏书，谓藏其所著之书。司马彪：藏其所著书也。

2. 藏书，谓观藏书也。林希逸：西藏书于周室者，言西至周而欲观其藏书也。

⊜**由闻周之征藏史有老聃者**

1. 藏，经典也。征藏，藏名也。司马彪：征藏，藏名也。陆德明：征，典也。

2. 藏，藏物之所。征藏，室名也。宣颖：征藏，藏书室名。

3. 藏，蓄也。征藏，征集、收藏也。曹础基：征藏，收藏。

⊜**往见老聃，而老聃不许**

1. 不许，指对其藏书一事的态度。成玄英：老子知其欲藏之书是先圣之已陈刍狗，不可久留，恐乱后人，故云不许。

王先谦：不许其藏。

2. 不许，指对其言行的态度。阮毓崧：不见嘉许。

3. 不许，指对其著作的态度。曹础基：不许，指对孔子的著作不赞同。

---

① 陆德明：几，司马本作"顾"。

㐫于是翻十二经以说

1. "十二经"说。陆德明：说者云，《诗》《书》《礼》《乐》《易》《春秋》六经，又加六纬，合为十二经。一云，《易》上下经，并十翼为十二。又一云，《春秋》十二公经也。

2. "六经"说。陈祥道：十二经者，翻六经为十二也。严灵峰：孔子之时无纬书，十翼亦未成，则"十二经"之说，在先秦无有。"十二"字疑系"六"字缺坏，折而为二，核者不察，改为"十二"耳。

㐬老聃中其说

1. 中，赞许也。成玄英：中其说者，许其有理也。

2. 中，中止也。林希逸：中其说者，言方及半。

胡文英：中止其说也。奚侗：《礼记·学记》"中年考校"，《玉藻》"士中武"，郑注并训为"间"。此言老聃间断孔子之言，盖不待其辞之毕也。

㐭中心物恺

1. 物恺，如字。成玄英：忠诚之心，愿物安乐。

林希逸：物恺者，以物为乐，与物为一之意。

2. 物或作"勿"。陆德明：物，本亦作"勿"。马其昶：物恺，犹乐恺。"物""勿"通。《礼》郑注："勿勿，愨爱之貌。"

3. 物为"易"之讹。吴汝纶："物""勿"皆"易"之讹文。章炳麟："物"为"易"之误，"易恺"即"岂弟"，《周语》《毛传》皆训"岂弟"为"乐易"。

4. 物为"和"之误。李勉："物"系"和"字之误。"物""和"二字形似，所以误混。"物恺"即"和乐"。

㐮几乎后言

1. 如句。几，近也、危也、谨也。后言，后发之言、浅近之言、失言、后世之言也。成玄英：后发之言，近乎浮伪，故兴意叹，以表不平。林希逸：后言，浅近之言。几，犹危也。陈深：后言，犹失言也。王先谦：近于后世迂儒之言。奚侗：几①与“僟”通。《说文》：“僟，精谨也。”言当谨乎后之所言。《礼记·月令》“数将几终”，《说文》引作“数将僟终”，是为“僟”“几”相假之例。

2. 几，本亦作“颀”，长也。司马彪：颀，长也，后言长也。

3. “后”乃“复”字之误②。陶鸿庆：“后”乃“复”字之误。“几乎复言”四字为句。几，殆也。“复”之义为“反复”，意盖病其多言也。

㈧夫子若欲使天下无失其牧乎

1. 牧，如字。司马彪：牧，养也。成玄英：牧，养也。欲使天下苍生咸得本性者，莫若上下各各守分，自全恬养，则大治矣。

2. 牧，或作“放”字。成玄英：牧有本作放字者，言君王但放任群生，则天下太平也。

㈨夫子亦放德而行

1. 放，放任也。成玄英：放任己德而逍遥行世。

2. 放，仿效。林希逸：当依仿自然之德。

㈩与何偈偈乎揭仁义，若击鼓而求亡子焉？意，夫子乱人之性也

1. 谓乱性者，在于求仁义过急。郭象：事至而爱，当义而止，斯忘仁义者也，常念之则乱真矣。

2. 谓乱性者，在于仁义本身。成玄英：亡子不获，罪在鸣鼓；真性不明，过由仁义。

士成绮见老子而问曰：“吾闻夫子圣人也，吾固不辞远道而来愿见，百舍重趼而不敢息。今吾观子，非圣人也。鼠壤有余蔬，而弃妹之者，不

① “几”字繁体作“幾”。
② “后”“复”字繁体分别作“後”“復”。

仁也⊖，生熟不尽于前，而积敛无崖⊜。"老子漠然不应。士成绮明日复见，曰："昔者吾有刺于子，今吾心正却⊜矣，何故也？"老子曰："夫巧知神圣之人，吾自以为脱焉⊛。昔者子呼我牛也而谓之牛，呼我马也而谓之马。苟有其实，人与之名而弗受，再受其殃⊛。吾服也恒服，吾非以服有服⊛。"士成绮雁行避影，履行⊕遂进而问："修身若何？"老子曰："而容崖然，而目衝然，而颡頯然，而口阚然，而状义然，似系马而止也，动而持，发也机，察而审，知巧而睹于泰凡以为不信⊛。边竟有人焉，其名为窃⊛。"

㈠鼠壤有余蔬，而弃妹之者，不仁也

1. 意指老子不爱人。陆德明：妹，末也。谓末学之徒，须慈诱之，乃有弃薄，不仁之甚也。成玄英：妹，犹"昧"也，暗昧之徒，应须诱进，弃而不教，岂曰仁慈也。吕惠卿：鼠壤有余蔬，则可以赈季女之饥。而弃妹，则不仁也。

2. 意指老子不惜物。林希逸："妹"与"昧"同，暗也。食蔬之余，弃于鼠壤暗昧不明之地，是不爱物，故以为不仁。褚伯秀：妹，末也。此谓见鼠壤有余蔬，而疑老子非圣，盖谓圣人于物无弃，取蔬之本而弃其末，是不惜物，近于不仁。奚侗：《释名》云："妹，末也。"《汉书·谷永传》"欲末杀灾异"，师古注："末杀，扫灭也。"此言鼠壤尚有余蔬，而竟弃置末杀之，所以为不仁也。杨树达："妹"字无义，疑当作"妭"。"妭"与"投"古音同。

3. 意指老子俭啬。陆长庚：妹氏弃蔬于鼠壤，老圣之德主于俭啬，故责其暴殄而疏弃之。

㈡生熟不尽于前，而积敛无崖

1. 意谓老子不拘小节。成玄英：生谓粟帛，熟谓饮食。充足之外，不复概怀，所以饮食资财，目前狼籍。且大圣宽弘而不拘小节，士成庸琐，以此为非。马其昶：不尽，即有余。《淮南子》言"周公殽臑不收于前"，文句与此同。无崖，犹无形。谓其敛气于内，食物狼籍，概不经怀也。

2. 意谓老子贪婪不仁。林疑独：生熟不尽于前，言其不义；积敛无崖，言其不廉。宣颖：生熟食物既用之不尽，犹贪取无已。老氏主于俭啬，故讥之。

㊂今吾心正却矣

1. 正，方今也。却，空也，引申为虚也、明也。林疑独：言向讥刺之心已虚矣。陆树芝：却，隙也。言己心方有一隙之明。

2. 正，方今也。却，退也。林希逸：向有所讥，今其心退然无有。

3. 正为"止""乏"之误，却，退也。于鬯："正"字盖当作"止"，形近而误。士成绮自谓心能止却。"止却"有义，"正却"无义。武延绪："正"乃"乏"字之讹。《左传》宣公十五年"反正为乏"，"乏却"犹言疲倦也。

㊃夫巧知神圣之人，吾自以为脱焉

1. 脱焉，谓超出其上也。成玄英：夫巧智神圣之人，盖是迹，非所以迹也。汝言我欲于圣人乎，我于此久已免脱。林希逸：知巧神圣，有为之学也。脱者，离也，言出乎其上也。

2. 脱焉，谓不及也。陆长庚：巧知神圣之人，当机敏给，应答如流，吾自以为弗及焉。"脱"之言"失"也，即不及之意。宣颖：脱焉，不及也。

㊄苟有其实，人与之名而弗受，再受其殃

1. 再受其殃，谓指一毁一誉而言。郭象：有实，故不以毁誉经心也。一毁一誉，若受之于心，则名实俱累，斯所以再受其殃也。

2. 再受其殃，谓指既有不仁之实，又拒不受不仁之名而言。林希逸：此一句最纯粹。我若实有此事，人以讥我，而我乃拒之，是两重罪过也。傅山：郭注义非不高，愚看来本文不尔。如士成绮既谓为不仁之矣，我即受其不仁之名，不为强辩。若有不仁之实，而又不欲受其名，鬼神将祸之矣，故曰"再受其殃"。

(六)吾服也恒服，吾非以服有服

1. 服，谓容行也。郭象：服者，容行之谓也。不以毁誉自夷，故能不变其容。陈寿昌：服，行也。言吾之行常常如此，并非以行邀名而有心于行也。此正毁誉不计之意。

2. 服，谓服从也。褚伯秀：此即"拳拳服膺"之"服"。谓吾服膺圣道常常如是，非以择守为事而有所服也。焦竑：服，服从也。吾之服从人，乃是平日常常如此，非有心以服之也。

3. 服，谓使人服从也。胡文英：非以有心而使人服也。旧注"服"训"行"，与前"吾心正却"一问少关会。

(七)履行遂进

1. 履行，尾随缓行貌。林希逸：履行，一步蹑一步也。履行遂进，形容其蹑足渐行渐近之貌。

2. 履行，匆促貌。褚伯秀：履行当是屣履不蹑跟也。其行匆遽，故若此。

3. 履行，失常态貌。苏舆：古者之室，脱履而行席上，履行言失其常。

(八)知巧而睹于泰凡以为不信

〔句读1〕知巧而睹于泰，凡以为不信。

1. 泰，多也，过也。句谓智巧者多见本性外之事。成玄英：泰，多也。不能忘巧忘知，观无为之一理，而诈知诈巧，见有为之多事。

2. 泰，骄也。句谓智巧者常露骄态。林希逸：自持其智巧，而骄泰之意见于外。胡文英：其知巧露于骄肆之中。

〔句读2〕知巧而睹于泰凡，以为不信。

句谓知巧之表现大凡如此。吴汝纶：泰凡，大凡也。马其昶："以为不信"，此启下之词。

(九)边竟有人焉，其名为窃

1. 边竟，谓边陲之地也。句谓边境间若有此等人，必名之为

"窃"。司马彪：言远方尝有是人。林希逸：边境之间若有此等人，必指以为贼。谓其机心太重，不循乎自然，处世必招祸患。

2. 边竟，谓边陲之地也。句喻机警之人不可与人道。林云铭：边境之间各有封守，好诈者每伺隙乘便以为功，故敌国以盗窃目之。不信之人，厚自矜饰，欲以扬己掩物，是亦盗窃而已。此段言机警之人不可与人道。

3. 边竟，喻道之边。句谓修道而不身体力行者，皆可名为"窃"。吕惠卿：边境，非游于道之中，窃则非其有而取之也。陈祥道：边则不得中，窃则非所有。修身之道贵于体而行之，边境而窃者，庸能知之乎！

夫子⊖曰："夫道，于大不终，于小不遗，故万物备。广广乎其无不容也，渊渊乎其不可测也。形德仁义，神之末也，非至人孰能定之！夫至人有世，不亦大乎，而不足以为之累；天下奋棅①⊜而不与之偕；审乎无假而不与利迁⊜；极物之真，能守其本。故外天地，遗万物，而神未尝有所困也。通乎道，合乎德，退仁义，宾⑳礼乐，至人之心有所定矣。"

⊖夫子曰

1. 夫子，指老子②。成玄英：庄周师老君，故呼为夫子也。

2. 夫子，指孔子。宣颖：夫子，孔子也。

⊜天下奋棅而不与之偕

1. 天下奋棅，指世人而言。成玄英：棅，权也。趋世之人，奋动权棅；必静而自守，不与并逐也。

2. 天下奋棅，指至人而言。林希逸：虽有天下之大而不足累其心；虽奋而执天下之权，此心亦不与之偕往。言心不动也。

⊜审乎无假而不与利迁

1. 利迁，如字。成玄英：志性安静，委命任真，荣位既不关情，

---

① 陆德明：棅，一本作"棟"。
② 王夫之《庄子解》、陈寿昌《南华真经正义》等本径作"老子"。

财利岂能迁动也！林希逸：不为利迁，言不计利害也。

2. 利迁，当作"物迁"。奚侗："利"当作"物"。"利"古文与"物"形近似易误。《德充符》"审乎无假而不与物迁"可证。

④**宾礼乐**

1. 宾，如字，客也。郭象：以情性为主。林希逸：所主者性情，而礼乐为宾。

2. 宾，借为"摈"，弃也。成玄英：摈礼乐之浮华。俞樾："宾"当读为"摈"，谓摈斥礼乐也。《达生篇》曰"宾于乡里，逐于州郡"，此即假"宾"为"摈"之证。

世之所贵道者，书也⊖。书不过语，语有贵也。语之所贵者，意也，意有所随。意之所随者，不可以言传也，而世因贵言传书。世虽贵之，我犹不足贵也，为其贵非其贵也，故视而可见者，形与色也；听而可闻者，名与声也。悲夫！世人以形色名声为足以得彼之情。夫形色名声果不足以得彼之情，则知者不言，言者不知，而世岂识之哉！桓公读书于堂上，轮扁斫轮于堂下，释椎凿而上，问桓公曰："敢问，公之所读者何言邪？"公曰："圣人之言也。"曰："圣人在乎？"公曰："已死矣。"曰："然则君之所读者，古人之糟魄已夫！"桓公曰："寡人读书，轮人安得议乎！有说则可，无说则死！"轮扁曰："臣也以臣之事观之。斫轮，徐则甘而不固，疾则苦而不入⊖，不徐不疾，得之于手而应于心①，口不能言，有数存焉于其间。臣不能以喻臣之子，臣之子亦不能受之于臣，是以行年七十而老斫轮。古之人与其不可传也死矣，然则君之所读者，古人之糟魄已夫！"

⊖**世之所贵道者，书也**

1. 言贵书的原因。林希逸：书能载道，世所以贵之。

2. 言贵道的原因。陈寿昌：世知道之可贵，为有传道之书故也。

---

① 王叔岷：《书钞》一〇〇引"手""心"二字互错。疑互错者是也。《淮南子·道应篇》作"应于手，厌于心"即其证。伪《关尹子·三极篇》云"得之心，符之手"，亦其证。

㈡徐则甘而不固，疾则苦而不入

1. 徐则甘、疾则苦，指动作而言。司马彪：甘者，缓也。苦者，急也。

2. 徐则甘、疾则苦，指轮桦而言。林希逸：甘，滑也；苦，涩也。徐，宽也；疾，紧也。宽则甘滑易入而不坚，紧则涩而难入。

天运第十四

"天其运乎？地其处乎？日月其争于所乎？孰主张是？孰维纲是？孰居无事推而行是？意者其有机缄而不得已邪？意者其运转而不能自止邪？云者为雨乎？雨者为云乎？孰隆[⊖]施是？孰居无事淫乐[⊜]而劝①[⊜]是？风起北方，一西一东，有②上彷徨，孰嘘吸是？孰居无事而披拂是？敢问何故？"巫咸袑®曰："来，吾语女。天有六极五常®，帝王顺之则治，逆之则凶。九洛®之事，治成德备，监照下土，天下戴之，此谓上皇。"

㊀孰隆施是

1. 隆，如字。兴起也。成玄英：隆，兴也；施，废也。言谁兴云雨而洪注滂沱，谁废甘泽而致兹亢旱。罗勉道：云言隆，雨言施。

2. 隆，如字，丰大也。王敔：其施也，普遍盛大。

3. 隆，当作"降"。俞樾：此承上云雨而言，"隆"当作"降"，谓降施此云雨也。《尚书大传》"隆谷"，郑注曰："隆读如厖降之降。"盖"隆"从"降"声，古音本同。《荀子·天论篇》"隆礼尊贤而王"，《韩诗外传》"隆"作"降"。《齐策》"岁八月降雨下"，《风俗通义·祀典篇》"降"作"隆"。是古字通用之证。

㊁孰居无事淫乐而劝是

1. 淫乐，淫事之乐。林希逸：放意戏乐之事而助成此云雨。宣

---

① 陆德明：司马本"劝"作"倦"。
② 陈景元：张君房本"有"作"在"。

颖：云雨乃阴阳交和之气所成，故以为造化之淫乐。

2. 淫乐，高兴也。胡文英：淫乐犹喜欢也。章炳麟："淫"借为"廞"，《周礼》故书，"廞"皆为"淫"是其例。《释诂》："廞，熙兴也。"今所谓高兴也。准此，"淫乐"即"廞乐"，犹曰孰居无事高兴为此。

〓劝是

1. 劝，如字，助也、勉也。成玄英：谁安居无事，自励劝彼，作此淫雨而快乐也。王敔：劝是，相劝不止也。

2. 劝，亦作"倦"，随也、卷①也。司马彪：倦，读曰"随"，言谁无所作，在随天往来，运转无已也。高亨："倦"借为"卷"。《说文》："卷，收也。"此问云雨之兴谁降施之；其霁，谁卷收之也。

3. 劝，当为"亏"。马其昶："劝"当为"亏"，近形②而讹。此言云雨相盈亏也。"亏""施"为韵。

〓巫咸袑

1. 袑，巫咸之名。李颐：巫咸，殷相也。袑，寄名也。

2. 袑，"招"字之误。宣颖："袑"即"招"字之讹。巫咸明于天，此盖托言巫咸相招致答耳。

〓天有六极五常

1. 六极五常，六合五行也。成玄英：六极谓六合，四方上下也。五常谓五行，金木水火土，人伦之常性也。

2. 六极五常，六气五行也。陈景元：寒暑燥热风火六气，气极则变，故曰"六极"。金木水火土五运，运常则化，故曰"五常"。

3. 六极五常，即《洪范》之"五福六极"也。吕惠卿："五常"即"五福"，"向用五福，威用六极"。顺之而吉也，反是则逆之而

---

① "卷"繁体作"捲"。

② "劝""亏"繁体分别作"勸""虧"。

凶。俞樾：六极五常，疑即《洪范》之"五福六极"也。"常"与"祥"，古字通。《仪礼·士虞礼记》"荐此常事"，郑注曰："古文常为祥。"是其证也。《说文》："祥，福也。"然则"五常"即"五福"也。

（六）**九洛之事**

1. 指施政之事。成玄英：九洛之事者，九州聚落之事也。

2. 指受命之事。吕惠卿：九洛，即《洛书》"九畴"。

3. 指上古之君。王敔：九雒，或上世之君。

商大宰荡①问仁于庄子。庄子曰："虎狼，仁也㊀"。曰："何谓也?"庄子曰："父子相爱，何为不仁?"曰："请问至仁。"庄子曰："至仁无亲㊁。"大宰曰："荡闻之，无亲则不爱，不爱则不孝。谓至仁不孝，可乎?"庄子曰："不然，夫至仁尚矣，孝固不以言也。此非过孝之言也，不及孝之言也。夫南行者至于郢，北面而不见冥山㊂，是何也? 则去之远也。故曰：以敬孝易，以爱孝难；以爱孝易，以忘亲难㊃；忘亲易，使亲忘我难㊄；使亲忘我易，兼忘天下难；兼忘天下易，使天下兼忘我难㊅。夫德遗尧舜而不为也㊆，利泽施于万世，天下莫知也，岂直大息而言仁孝乎哉! 夫孝悌仁义，忠信贞廉，此皆自勉以役其德㊇者也，不足多也。故曰：至贵，国爵并㊈焉；至富，国财并焉；至愿㊉，名誉并焉。是以道不渝㊊。"

㊀**虎狼，仁也**

1. 言"仁"之本性。成玄英：仁者，亲爱之迹。夫虎狼猛兽，犹解相亲，足明万类皆有仁性也。陆长庚：盖虎狼虽暴，而亦知有父子之亲，可见仁无往而不存。何者? 仁，天之元气也，阴幽粪壤之中，坚刚顽石之所。而元气无不从焉，无不由焉。此造物之无私也。

2. 讥"仁"之虚伪。林希逸：以虎狼为仁，便与"盗亦有道"意同。此皆非抑儒家之论。

---

① 陆德明：一本"荡"作"盈"。

㈡至仁无亲

1. 谓至仁与人一体，天下不分。郭象：无亲者，非薄德之谓也。夫人之一体，非有亲也，而首自在上，足自处下，府藏居内，皮毛在外，外内上下，尊卑贵贱，于其体中，各任其极，而未有亲爱于其间也。然至仁足矣，故五亲六族，贤愚远近，不失分于天下者，理自然也，又奚取于有亲哉！陈景元：至仁者不独亲其亲，则近于无亲。

2. 谓至仁与道合一，混和万物。成玄英：夫至仁者，忘怀绝虑，与大虚而同体，混万物而为一，何亲疏之可论乎！泊然无心而顺天下之亲疏也。陆长庚：仁之至者，统天下而入于太和元气之中，不见有可爱者，有不爱者。

3. 谓至仁任性，不知亲之所以亲。林疑独：问至仁，答以无亲，任其性命之自适，虽亲而不知其为亲也。

㈢冥山

1. 谓位在北海。司马彪：冥山，北海山名。

2. 谓位在北极。郭象：冥山在乎北极。

3. 谓位在朔州北。郭庆藩：《史记·苏秦列传》《索引》引司马云："冥山在朔州北。"与《释文》异。

㈣以敬孝易，以爱孝难；以爱孝易，以忘亲难

1. 谓有迹、无迹（有心、无心）之比。成玄英：敬在形迹，爱率本心。心由天性，故难；迹关人情，故易也。爱孝虽难，犹滞域中，未若忘亲，淡然无系。

2. 谓礼、情、道之比。吕惠卿：敬孝，礼也；爱孝，情也；忘亲，道也。

㈤忘亲易，使亲忘我难

1. 此因物之恒性故也。成玄英：夫腾蝂断肠，老牛舐犊，恩慈下流，物之恒性。故子忘亲易，亲忘子难。

2. 此因无迹之难故也。陆长庚：凡亲之不能忘我者，我以有心感之也。今也使亲忘我，则是我无心也，亲亦无心，浑然化而入于无迹矣，故尤以为难。

㈥兼忘天下易，使天下兼忘我难

1. 谓外天下与化天下之比。成玄英：夫兼忘天下者，弃万乘如脱屣也；使天下兼忘我者，谓百姓日用而不知也。林疑独：在我者忘之则易，在彼者化之使忘则难。

2. 谓化与化冥之比。褚伯秀：兼忘天下，则与之俱化；天下忘我，则化亦冥矣。

㈦夫德遗尧舜而不为也

1. 遗，忘也。句谓自忘其有尧舜之德而不为也。郭象：遗尧舜，然后尧舜之德全耳；若系之在心，则非自得也。阮毓崧：遗，忘也。有尧舜之德而无心无为，自忘其所以为尧舜者。

2. 遗，弃也。句谓蔑弃尧舜之德以为不足为。林希逸：遗，弃也，蔑视之意。蔑视尧舜不足以为德。

3. 遗，犹迈也。句谓德超尧舜而不为。陈寿昌：遗，犹迈也。

㈧夫孝悌仁义，忠信贞廉，此皆自勉以役其德者也

1. 德，真性也。句谓以修孝悌等八事为劳役其真性。

成玄英：德者，真性也。以此上八事，皆矫性伪情，勉强励力，舍己效人，劳役其性。

2. 德，德行也。句谓为修孝悌等八德之名所役。宣颖：为修德之名所役。

㈨至贵，国爵并焉

1. 并，同"屏"，弃除也。郭象：并，除弃之谓也。

林希逸："并"音"屏"，言皆屏去之意。

2. 并，兼有也。陆长庚：并者，兼而有之之意。以喻至仁在我，则孝悌诸凡皆非所论。王敔：无不并而后可谓至。

⊕**至愿，名誉并焉**

1. 愿，如字，愿望也。成玄英：至愿者，莫过适性。

2. 愿，如字，大也。章炳麟：《说文》："愿，大头也。"引伸训
"大"，犹"颙""硕"皆训"大头"而引申训"大"也。

3. 愿，"显"① 字之讹。奚侗："愿"为"显"讹。本篇下文
"以显为是者，不能让名"，《庚桑楚》"贵、富、显、严、名、利，
六者勃志也"，皆足为本文"愿"当作"显"之证。

⊕**是以道不渝**

1. 如句。成玄英：渝，变也。是以道德淳厚，不随物变也。

2. 句误。马叙伦：文有夺失。李勉：上文言"至仁""至富"
"至贵""至显"，此处应作"至道"，漏一"至"字也。"渝"应作
"喻"，口称也。"至道不喻"，谓至道不自称其道以夸扬，所谓"大
道不称"是也。

北门成问于黄帝曰："帝张咸池之乐于洞庭之野，吾始闻之惧，复闻
之怠，卒闻之而惑，荡荡默默，乃不自得⊖。"帝曰："汝殆其然哉！吾奏
之以人，征②之以天，行之以礼义，建之以太清⊜。夫至乐，先应之以人
事，顺之以天理，行之以五德，应之以自然，然后调理四时，太和万
物⊜。四时迭③起，万物循生；一盛一衰，文武伦经；一清一浊，阴阳调
和，流光其声；蛰虫始作，吾惊之以雷霆⊛；其卒无尾，其始无首⊕；一
死一生，一偾一起；所常⊕无穷，而一⊕不可待。汝故惧也。吾又奏之以
阴阳之和，烛之以日月之明；其声能短能长，能柔能刚；变化齐一，不主
故常；在谷满谷，在阬满阬⊗；涂郤守神，以物为量⊛。其声挥绰，其名⊕
高明。是故鬼神守其幽，日月星辰行其纪。吾止之于有穷，流之于无止⊕。
予欲虑之而不能知也，望之而不能见也，逐之而不能及也⊕；傥然立于四
虚之道⊕，倚于槁梧而吟。目⊕知穷乎所欲见，力屈乎所欲逐，吾既不及已

① "显"字繁体作"顯"。
② 陆德明：征，古本多作"徵"。"征"字繁体作"徵"。
③ 陆德明：迭，一本作"递"。

夫！形充空虚，乃至委蛇[⊕]。汝委蛇，故怠吾又奏之以无怠之声，调之以自然之命[⊕]，故若混逐丛生，林乐而无形[⊕]；布挥而不曳[⊕]，幽昏而无声。动于无方，居于窈冥；或谓之死，或谓之生；或谓之实，或谓之荣；行流散徙，不主常声。世疑之，稽于圣人。圣也者，达于情而遂于命也。天机不张而五官皆备，此之谓天乐[⊕]，无言而心说。故有焱氏为之颂曰：'听之不闻其声，视之不见其形，充满天地，包裹六极。'汝欲听之而无接[⊕]焉，而故惑也。乐也者，始于惧，惧故崇；吾又次之以怠，怠故遁；卒之于惑，惑故愚；愚故道。道可载而与之俱也[⊕]。"

㈠荡荡默默，乃不自得

1. 谓悟道而入于物我俱忘也。郭象：不自得，坐忘之谓也。成玄英：荡荡，平易之容；默默，无知之貌。第三闻之，体悟玄理，故荡荡而无偏，默默而无知，芒然坐忘，物我俱丧，乃不自得。

2. 谓听乐而心不安也。林希逸：荡荡，精神散也；默默，口噤也。不自得，不自安也，为此乐所惊骇也。林云铭：荡荡，精神不能定；默默，口不能言。不自得者，心不自安。总形容上面惧、怠、惑光景。

㈡建之以太清

1. 从论道角度解，太清即道。成玄英：太清，天道也。王敔：太清，天理。

2. 从论乐角度解，太清即元声。林希逸：太清，合造化也，谓始作之声。陆长庚：太清，声气之元。

㈢夫至乐，先应之以人事，顺之以天理，行之以五德，应之以自然，然后调理四时，太和万物

1. 如句。此论作乐之本。陆长庚：论至乐者必先应之以人事而顺之天理，行之以五德而应之以自然。此作乐之本也。胡文英：夹入"至乐者"一段，将所以如此作乐之故，复解一遍，堆云叠翠，层层相间之法。

2. 句为注文窜入。于省吾：苏辙云："'夫至乐者'以下三十五字是注文。"① 苏说是也。兹列五证以明之：敦煌古钞本无此三十五字，其证一也。"先应之以人事，顺之以天理"与上"奏之以人，征之以天"词复，其证二也。"调理四时，太和万物"与下"四时迭起，万物循生"词义俱复，其证三也。上言"行之以礼义，建之以太清"，"清"字与下文"生""经"为韵，有此三十五字，则"清"字失韵，其证四也。郭象于三十五字之以无注，其证五也。王叔岷：案唐写本、赵谏议本、道藏成玄英本、王元泽本、林希逸《口义》本，并无此三十五字。乃疏文窜入正文也。

㊃**四时迭起，万物循生；一盛一衰，文武伦经；一清一浊，阴阳调和，流光其声；蛰虫始作，吾惊之以雷霆**

1. 此谓任自然即是至乐。成玄英：言春夏秋冬，更迭而起，一切物类，顺序而生；夏盛冬衰，春文秋武，生杀之理，天道之常，但常任之，斯至乐矣。阴升阳降，二气调和，故施生万物，和气流布，三光照烛，此谓至乐，无声之声。仲春三月，蛰虫始启，自然之理，惊之雷霆，所谓动静顺时，因物或作，至乐具合斯道也。

2. 此以自然喻至乐。林云铭：迭起、循生，乃四时万物之理，循环无端，言乐相生之妙。一盛一衰、文武伦经、一清一浊、阴阳调和，言其间节奏于不一之中而能条理森然，会合蔼然也。于森然、蔼然之后，忽然流动光明，其声听者，正如蛰虫方振之时，尚未蠕动，忽惊雷霆之至。

㊄**其卒无尾，其始无首**

1. 此谓至理、至乐。成玄英：寻求自然之理，无始无终；讨论至乐之声，无首无尾。

2. 此谓虫声、雷声。胡文英：蛰虫始作，即呢呢儿女语之境，

---

① 按：郭象于前句"吾奏之以人，征之以天，行之以礼义，建之以太清"出注曰："由此观之，知夫至乐者，非音声之谓也；必先顺乎天，应乎人，得心而适于性，然后发之以声，奏之以曲耳。"

惊之以雷霆，即划然变轩昂之境。其卒无尾，承"蛰虫"句；其始无首，承"雷霆"句。

㈥所常无穷

1. 常，如字。句谓以变化为常。郭象：以变化为常，则所常者无穷也。

2. 常，"当"字之假，相值也。句谓与变化相值。奚侗："常"假作"当"①，"常""当"同从"尚"得声。《说文》："当，田相值也。"值，遇也。

㈦而一不可待，汝故惧也

1. 一，指道。句谓至一之道，不可见之以声色。成玄英：至一之理，绝视绝听，不可待之以声色，故初闻惧然也。

2. 一，指声。句谓至乐变幻，不可主之于一声。陈寿昌：一境未测，一境复转，欲求其归一之地而未遽得。但觉音容变化，心目无措。

3. 一，皆也。俞樾：一不可待者，皆不可待也。《荀子·劝学篇》"一可以为法则"，杨注曰："一，皆也。"

㈧在谷满谷，在阬满阬

1. 此言道。成玄英：至乐之道，无所不遍，乃谷乃阬，悉皆盈满。所谓道无不在，所在皆无也。

2. 此言声。罗勉道：在谷满谷，在阬满阬，声之充满也。

㈨涂郤守神，以物为量

1. 此言修养或处世之方法。成玄英：闭心知之孔郤，守凝聚之精神，大小修短，随物器量，终不制割而从己也。

2. 此言作乐之方法。林希逸：涂郤，塞其聪明也。"郤"与

---

① "当"字繁体作"當"。

"隙"同，言七窍也。黜其聪明而守之以神，随万物而为之剂量。言我作乐不用智巧而循自然也。

3. 此言乐声之充盈。林云铭：此言乐之盈满，无所不周也。"郄""隙"同。涂，塞也。言塞于人之耳目，而守于人之神明。以物为量，因物之大小，随其所受也。满谷满阬就地言，涂却守神就人言，以物为量就物言。

⊕其声挥绰，其名高明

1. 名，称谓也。郭象：名当其实，则高明也。

2. 名，节奏也。林云铭：名者，节奏之可名象者。

⊕吾止之于有穷，流之于无止

1. 此言体道。郭象：常在极上住也，随变而往也。

2. 此言作乐。陆树芝：乐之器数，皆有一定，是止之于有穷也。而气盛化神，至于际天蟠地，则又之于无止矣。

⊕予欲虑之而不能知也，望之而不能见也，逐之而不能及也

1. 此言道体之难识。成玄英：夫至乐者，真道也。欲明道非心识，故时虑而不能知；道非声色，故瞻望而不能见；道非形质，故追逐而不能逮也。

2. 此言乐声之流止不定。陆树芝：声流之于无止，则思之难道，视之不见，从之未由矣。

⊕傥然立于四虚之道

1. 此言体道之境界。成玄英：傥然，无心貌也。四虚，谓四方空，大道也。言圣人无心，与至乐同体，立志弘敞，接物无偏，包容万有，与虚空而合德。

2. 此言听乐之心情。罗勉道：傥然自失，立于四面空虚之路，此心遂放弛而自息。

㉚傥然立于四虚之道，倚于槁梧而吟。目知穷乎所欲见，力屈乎所欲逐，吾既不及已夫

1. 如句。宣颖："傥然立于四虚之道，倚于槁梧而吟"，无所用吾虑也。"目知穷乎所欲见"，无所用吾望也。"力屈乎所欲逐"，无所用吾逐也。"吾既已不及已夫"总一句，虽欲从之莫由也已。

2. 句误，"目"当作"曰"。陈寿昌：当作"倚于槁梧而吟曰：'知穷乎所欲见，力屈乎所欲逐，吾既不及已夫！'""曰"旧作"目"，误。三句即所吟之词。

3. 句误，"目"下有脱文。马叙伦：此有脱误。上文"予欲虑之而不能知也，望之而不能见也，逐之而不能及也"，是"目穷乎所欲见"应"望之"句，"力穷乎所欲逐"应"逐之"句，则上宜有一句以应"虑之"句。此"目"下"知"字，即夺文之迹犹可寻者。今在"目"下则文义不顺。盖本有"□穷乎所欲知"一句，今夺失耳。诸家竟径改"目"字者，皆未察也。

㉛形充空虚，乃至委蛇

1. 委蛇，体道之貌，任性无心也。成玄英：形充虚空，则与虚空而等量；委蛇任性，故顺万境而无心；所谓"堕体黜聪，离形去智"者也。

2. 委蛇，听乐之态，宛转徘徊也。陆树芝：此处委蛇，只是宛转徘徊之意。宛转徘徊于乐，而不即舍去也。

㉜吾又奏之以无怠之声，调之以自然之命

1. 命，性命也。句谓无怠之声为调和性命。成玄英：调，和也。凡百苍生，皆以自然为其性命，所以奏此咸池之乐者，方欲调造化之心灵，和自然之性命也。

2. 命，天命也。句谓无怠之声来自天命流行。罗勉道：所谓无怠者，调之以自然之天命，出于自然，如天命流行也。

3. 命，节奏也。句谓无怠之声以自然为节奏。陆长庚：自然之命者，言乐之节奏，乃天然之妙，自合如此，非有意而为。马叙伦："命"借为"令"，令谓节奏。

⑬**林乐而无形**

1. "林乐"疑为"体乐"，句言至乐在于适性。郭象：至乐者，适而已。适在体中，故无别形。成玄英：丛林地籁之声，无心而成至乐，适于性命而已，岂复有形也。刘文典："林乐"无义，"林"疑"体"字之误。郭注"适在体中，故无别形"，即释"体乐而无形"之义。成疏以"丛林地籁之声"释之，是成所见本已误。

2. "林乐"或为"隆乐"，句喻至乐若自然之声齐奏。林希逸：林乐，林然而乐，言林林总总，无非乐也，而不见其形。林云铭：自然之命若有若无，故其声若混然相逐，丛然并生，林然共乐而无有形象也。章炳麟："林"借为"隆"。汉避讳改"隆虑"为"林虑"，明古"隆""林"音近。《说文》："隆，丰大也。"

⑭**布挥而不曳**

1. 言道体之作用。成玄英：挥动四时，布散万物，各得其所，非由牵曳。

2. 言乐声之悠扬。郭嵩焘：挥者，振而扬之，若布之曳而愈长，而亦无有曳之者。布挥而不曳，其声悠也。高亨："曳"读为"泄"，《方言》卷十："泄，歇也。"又："泄，息也。"是"泄"有"竭尽"之义。布挥而不曳，犹云布散而不尽也。

⑮**天机不张而五官皆备，此之谓天乐**

1. 谓天乐非闻见之乐。林希逸：五官皆备而天机不动，谓耳目手足虽具，而见闻动作皆不自知，此则得其自然之乐，故曰"天乐"。

2. 谓天乐为顺自然之乐。林云铭：惟顺自然之命，故不将机籁张设，而五声之所司皆备具，此所谓"天乐"。

⑯**汝欲听之而无接焉**

1. 无接，谓天乐无声，不可以耳根接。成玄英：大音希声，故听之不闻，不可以耳根承接。

2. 无接，谓天乐奥妙，心智无由承受。宣颖：明明盈耳，而寻之茫然，妙处无由承受。

3. 无接，谓天乐充盈天地，无从听起。胡文英：天地六极，处处皆声，何处听起，故曰"无接"。

㈡乐也者，始于惧，惧故祟；吾又次之以怠，怠故遁；卒之于惑，惑故愚；愚故道

1. 解作听乐之情态。成玄英：初闻至乐，未悟大和，心生悚惧，不能放释，是故祸祟之也。再闻之后，情意稍悟，故惧心怠退，其迹遁灭。最后闻乐，灵府淳和，心无分别，有同暗感，荡荡默默，类彼愚迷。陈寿昌：情移神悚，若有鬼祟；形气惰缓，神若出舍；惝恍自失，情若无知；无知则近道矣。

2. 解作入道之次序。林希逸：盖言人之求道须经历如此境界，方有进步处。祟，森爽之意；怠而遁，是欲罢不能之时；惑而愚，是意识俱亡、六用不行之时。褚伯秀：凡人闻道之初，胸中交战，则始惧也。少焉战胜，则似怠矣。及乎情识俱泯，惧怠俱释然。后造乎和乐，复乎无知。此人道之序也。

孔子西游于卫，颜渊问师金曰："以夫子之行为奚如？"师金曰："惜乎，而夫子其穷哉！"颜渊曰："何也？"师金曰："夫刍狗之未陈也，盛以箧①衍，巾以文绣，尸祝齐戒以将②之。及其已陈也，行者践其首脊，苏者取而爨之而已。将复取而盛以箧衍，巾以文绣，游居寝卧其下，彼不得梦，必且数眯㊂焉。今而夫子亦取先王已陈刍狗，聚弟子游居寝卧其下。故伐树于宋，削迹于卫，穷于商、周，是非其梦邪？围于陈、蔡之间，七日不火食，死生相与邻，是非其眯邪？夫水行莫如用舟，而陆行莫如用车。以舟之可行于水也而求推之于陆，则没世不行寻常。古今非水陆与？周、鲁非舟车与？今蕲行周于鲁，是犹推舟于陆也，劳而无功，身必有殃。彼夫知夫无方之传㊃，应物而不穷者也。且子独不见夫

---

① 陆德明：箧，本或作"筐"。
② 王叔岷："将"下当有"迎"字。《淮南子·齐俗训》作："尸祝狥袨，大夫端冕以送迎。"将迎犹送迎也。今本捝"迎"字，则文意不完矣。

桔槔者乎？引之则俯，舍之则仰。彼，人之所引，非引人也。故俯仰而不得罪于人。故夫三皇五帝之礼义法度，不矜⊜于同而矜于治。故譬三皇五帝之礼义法度，其犹柤梨橘柚邪！其味相反而皆可于口。故礼义法度者，应时而变者也。今取猿狙而衣以周公之服，彼必龁啮挽裂，尽去而后慊①。观古今之异，犹猿狙之异乎周公也。故西施病心而矉其里⊛，其里之丑人见之而美之，归亦捧心而矉其里。其里之富人见之，坚闭门而不出；贫人见之，挈妻子而去走⊛。彼知矉美而不知矉之所以美。惜乎，而夫子其穷哉！"

㈠彼不得梦，必且数眯焉

1. 眯，魇也。司马彪：眯，厌也。成玄英：假令不致恶梦，必当数数遭魇。

2. 眯，眼病也。陆德明：眯，《字林》云："物入眼为病也。"王敔：言不有怪梦，必至眩惑。

㈡无方之传

1. 传，转动也。谓与世为转移也。成玄英：传，转也。夫圣人之智，接济无方，千转万变，随机应物。郭庆藩："传"读若"转"，言无方之转动也。《吕氏春秋·必己篇》"若夫万物之情，人伦之传"，高注："传，犹转也。"

2. 传，传授也。谓无固定程式之方法。褚伯秀：无方之传，言古传此道，无有定方。林云铭：无方之传，妙用全在个中。

3. 传，传车也。谓没有固定方向之传车。曹础基：传，传车、驿车。没有固定方向的传车。

㈢不矜于同而矜于治

1. 矜，美也。成玄英：矜，美也。

2. 矜，尚也。高秋月：矜、尚也。

---

① 陆德明：慊，本亦作"嗛"。

㈣**䜛其里**

　　1. 里，指邻里之人。王敔：以䜛见里之人。

　　2. 里，指居家之地。宣颖：言䜛于其里也。

㈤**其里之富人见之，坚闭门而不出；贫人见之，挈妻子而去走**

　　1. 如句。胡文英：富人重迁徙，故闭门而不出。

　　2. 句误。陈寿昌："富人"当是"妇人"之讹；"贫人"当是"丈夫"之讹。

　　孔子行年五十有一而不闻道，乃南之沛见老聃。老聃曰："子来乎？吾闻子，北方之贤者也　子亦得道乎？"孔子曰："未得也。"老子曰："子恶乎求之哉？"曰："吾求之于度数，五年而未得也。"老子曰："子又恶乎求之哉？"曰："吾求之于阴阳，十有二年㊀而未得。"老子曰："然。使道而可献，则人莫不献之于其君；使道而可进，则人莫不进之于其亲；使道而可以告人，则人莫不告其兄弟；使道而可以与人，则人莫不与其子孙。然而不可者，无佗也，中无主而不止㊁，外无正㊂而不行。由中出者，不受于外，圣人不出；由外入者，无主于中，圣人不隐㊃。名，公器也，不可多取。仁义，先王之蘧庐㊄也，止可以一宿而不可久处，觐㊅而多责。古之至人，假道于仁，托宿于义，以游逍遥之虚，食于苟简之田，立于不贷之圃。逍遥，无为也；苟简，易养也；不贷，无出也。古者谓是采㊆真之游。以富为是者，不能让禄；以显为是者，不能让名；亲权者，不能与人柄。操之则栗，舍之则悲，而一无所鉴，以窥其所不休者，是天之戮民也。怨、恩、取、与、谏、教、生、杀八者，正之器也，唯循大变㊇无所湮①者为能用之。故曰，正者，正也。其心以为不然者，天门㊈弗开矣。"

　　㊀**吾求之于度数，五年而未得……吾求之于阴阳，十有二年而未得**

　　1. "五年""十二年"，谓合于阴阳之数也。成玄英：数，算术也。三年一闰，天道小成，五年再闰，天道大成，故言五年也。道非

_____

　　① 陆德明：湮，司马本作"歅"，疑也。简文作"甄"，云："隔也。"

术数，故未得也。十二年，阴阳之一周也。而未得者，明以阴阳取道，而道非阴阳也。陈治安：数足于五，故云"五年未得"。阴阳历十二辰而周，故云"十二年而未得"。

2. "五年""十二年"，谓时日旷久也。林希逸：度数，礼乐也。阴阳，万物之理也。五年、十二年，初无义理，但曰精粗求之久而未得尔。

㈡中无主而不止

1. 主者，根基也。止者，存留也。谓心无根基，则道难存留。郭象：心中无受道之质，则虽闻道而过去也。

2. 主者，主见也。止者，存留也。谓心无主见，则道难存留。林希逸：中无主而不止，非自见自悟也。言学者虽有所闻于外，而其中自无主，非所自得，虽欲留之而不住也。

3. 主者，虚也。止者，集也。谓心不虚则道难入集。陈寿昌：中不虚而失其主宰，则道以扞格而难入。难入故不止。

㈢外无正而不行

1. 正，如字。就正、印证也。郭象：中无主，则外物亦无正己者也。林希逸：外无正者，外无所质正也。今禅家所谓印证也。

2. 正，"匹"字之误。俞樾："正"乃"匹"字之误。此云"中无主而不止，外无匹而不行"，与宣公三年《公羊传》"自内出者无匹不行，自外至者无主不止"，文义相似。

㈣由中出者，不受于外，圣人不出；由外入者，无主于中，圣人不隐

1. 此言授道与学道。郭象：由中出者，圣人之道也，外有能受之者乃出耳。由外入者，假学以成性者，虽性可学成，然要当内有其质，若无主于中，则无以藏圣道也。

2. 此言圣人的两种授道方法。陆长庚："由中出者，不受于外"，自悟入者也。"由外入者，无主于中"，自耳根入者也。"圣人不出"者，不出多言以强聒，直待其自悟而后正之。"圣人不隐"者，作止

语默，无非至教，明明百草头，明明祖师意，但耳根入者终不能悟耳。

3. 此言圣人内外合道。宣颖：由中出者，非时世之所宜，不以施于世；由外入者，非吾心之精微，不以藏于心。必也中得吾心之精微，外合时世之变通，乃内外同归，体用一致，圣人之所以合道也。

4. 此言圣人吐纳养气。陈寿昌：真道以养气为先，由中出者，呼吸之气，以呼吸引天地之气，是始有所出，继必有所受也；倘不足受于外，则圣人亦不轻出此气矣。由外入者，天地之气，以天地之气纳于呼吸之气，是引之使入，即奉以为主也；倘不足主于中，则圣人亦不遽伏此气矣。

㊄仁义，先王之蘧庐也

1. 蘧庐，谓旅舍也。郭象：犹传舍也。孙诒让："蘧"当为"遽"之借字。《说文》："遽，传也。"《周礼》"行夫掌邦国传遽之小事"，郑注"传遽"云："若今时乘传骑驿而使者也。"传遽所止庐舍，谓之"遽庐"。

2. 蘧庐，谓草屋也。林希逸：蘧庐，草屋也。王敔：庐有脊无柱；蘧谓蘧麦，以野草杂覆之。

㊅觏而多责

1. 觏，被人所见。林希逸：觏，见也。才有声迹可见，则祸患之所由生。胡文英：人见我处此美名，则多相责也。

2. 觏，自我表现。陆长庚：如以仁义自见于天下，则天下之求我者全，责我者备矣。陈寿昌：以之自见，必多谴责。

㊆采真之游

1. 采，色采。采真，谓神采不伪。郭象：采真则色不伪矣。成玄英：古者圣人行苟简等法，谓是神采真实而无假伪，逍遥任适而随化游遨也。林云铭：采，采色也。采真，谓现于外者皆本于内者也，则求道者应求之于此而已。

2. 采，采求。采真，谓探求至道。吕惠卿：凡所采者，莫非真也。林希逸：采真，取真实之理。胡文英：采取至道，必于此种境界。

㈧唯循大变无所湮者为能用之

1. 大变，变化、大化也。成玄英：唯当顺于人理，随于变化，达于物情而无滞塞者，故能用八事治之。林希逸：循大变，顺造化也。罗勉道：大变犹言大化，即天也。

2. 大变，大法也。孙诒让：大变者，大法也。《书·顾命》"率循大弁"，伪孔传训"大法"，孔疏引王肃说同。《庄子》正《书》文。"变""卞"音近字通。"卞"汉隶作"弁"。汉《孔庙碑》"于卞时雍"，即《书·尧典》之"于变时雍"，是其例也。

㈨其心以为不然者，天门弗开矣

1. 天门，谓心也。陆德明：天门，谓心也。林希逸：我未能无心而以自然之理为不然，则其胸中之天已昏塞矣。故曰天门不开。

2. 天门，谓道也。陆德明：天门，一云：大道也。林云铭：若其心以为不然，未免有见于外，无主于中，则天门不开，而求道愈远矣。

3. 天门，谓耳目鼻口。高亨：天门谓耳、目、鼻、口也。耳，声之门；目，色之门；鼻，臭之门；口，言语饮食之门。四者皆天所赋，故曰"天门"也。此句言其心以为不然者，则耳、目、鼻、口不为用也。《礼记·大学》"心不在焉，视而不见，听而不闻，食而不知其味"可作此句之义疏矣。

孔子见老聃而语仁义。老聃曰："夫播穅眯目，则天地四方易位矣；蚊虻噆肤，则通昔不寐矣。夫仁义憯然乃愤①吾心，乱莫大焉。吾子使天

---

① 陆德明：愤，本又作"惯"。

下无失其朴，吾子亦放风而动，总德而立矣，又奚杰然若负①建鼓⊖而求亡子者邪？夫鹄②不日浴而白，乌不日黔而黑。黑白之朴，不足以为辩⊜；名誉之观③⊜，不足以为广。泉涸，鱼相与处于陆，相呴以湿，相濡以沫，不若相忘于江湖！"

⊖又奚杰然若负建鼓而求亡子者邪

1. 建鼓，击鼓也。郭象：言夫揭仁义以趋道德之乡，其犹击鼓而求逃者，无由得也。成玄英：建，击。

2. 建鼓，大鼓也。宣颖：建鼓，大鼓也。刘师培："负"读为"掊"，击也。

⊜黑白之朴，不足以为辩

1. 辩，分辩也。谓黑白出自本性，无有美丑胜负之分别。

成玄英：辩者，别其胜负也。黑白素朴，各足于分，所遇斯适，故不足于分，所以论胜负。宣颖：若出于本质，不必分别妍蚩。

2. 辩，变也。谓黑白出于本性，不可变也。成玄英：辩，变也。黑白分定，不可变白为黑也。陆长庚：人之禀赋皆出自然，如鹄之本白，乌之本黑。一有造作，不足多矣。

3. 辩，争辩也。谓黑白分明，无须致辩。林希逸：黑白之朴，言黑白皆有自然之质，无美无恶，不足致辩。陆树芝：本然之朴，不辩自明。

4. 辩，遍也。章炳麟："辩"，古以为"遍"字，与"广"为耦语。阮毓崧：言以黑白论物形之朴，犹属一偏。惟以纯素论人性之朴，乃为普遍耳。

⊜名誉之观，不足以为广

1. 观，如字，观示也。成玄英：修名立誉，招物观视，如此狭劣，何足自多！宣颖：苟徒为观美者，亦不足增广本性。

---

① 刘师培："若负"以上似挩"揭仁义"三字。
② 陆德明：鹄，本又作"鹤"。
③ 陆德明：观（繁体作"觀"），司马本作"讙"。

2. 观，"谨"之借字，喧哗也。阮毓崧："观"当为"谨"之借字。谨音"欢"，《说文》："哗也。"言身外之名誉，虽极宣传，不足以昭广大也。

孔子见老聃归，三日不谈①㊀。弟子问曰："夫子见老聃，亦将何规哉㊁?"孔子曰："吾乃今于是乎见龙。龙，合而成体，散而成章，乘云气而养㊂乎阴阳。予口张而不能嗋②，予又何规老聃哉?"子贡曰："然则人③固有尸居而龙见，雷声而渊默，发动如天地者乎？赐亦可得而观乎?"遂以孔子声㊃见老聃。老聃方将倨堂而应，微曰："予年运而往矣，子将何以戒我乎?"子贡曰："夫三皇五帝之治天下不同，其系声名一也。而先生独以为非圣人，如何哉?"老聃曰："小子少进！子何以谓不同?"对曰："尧授舜，舜授禹④，禹用力而汤用兵，文王顺纣而不敢逆，武王逆纣而不肯顺，故曰不同。"老聃曰："小子少进！余语汝三皇五帝之治天下。黄帝之治天下，使民心一，民有其亲死不哭而民不非也。尧之治天下，使民心亲，民有为其亲杀其杀㊄而民不非也。舜之治天下，使民心竞，民孕妇十月生子，子生五月而能言，不至乎孩㊅而始谁，则人始有夭矣。禹之治天下，使民心变，人有心而兵有顺㊆，杀盗非杀人自为种而天下耳㊇。是以天下大骇，儒墨皆起。其作始有伦而今乎妇女何言哉㊈！余语汝，三皇五帝之治天下，名曰治之，而乱莫甚焉。三皇之知，上悖日月之明，下睽山川之精，中堕四时之施。其知惛于蛎虿㊉之尾、鲜规㊊之兽，莫得安其性命之情者，而犹自以为圣人㊋，不可耻乎？其无耻乎！"子贡蹴蹴然立不安。

㊀孔子见老聃归，三日不谈

1. 不谈，不谈及此事。成玄英：老子方外大圣，变化无常，不可测量，故无所谈说也。

2. 不谈，不自得。宣颖：不自得。

---

① 陈德明：不谈，本亦作"不言"。
② 陈景元：江南古藏本"嗋"下有"舌举而不能言"六字。
③ 陈景元：江南古藏本"人"上有"至"字。
④ 王叔岷：唐写本作"尧与而舜受"，当从之。此言尧舜与受之不同，与下文言禹汤文武之不同者一例。

㈡夫子见老聃，亦将何规哉

1. 规，如字，规诲。成玄英：既见老子，应有规诲。

2. 规，如字，模仿。王敔：规，模仿之。

3. 规，或作归，归正。宣颖：何以归正之。

㈢乘云气而养乎阴阳

1. 养，如字，养育也。成玄英：言至人乘云气而无心，顺阴阳而养物也。陆长庚：养乎阴阳，谓以阴阳二气自相吐纳。

2. 养。通"翔"，驾御也。刘师培："养""翔"古通。《月令》"群鸟养羞"，《淮南子·时则训》"群鸟翔"，是其比。

㈣遂以孔子声见老聃

1. 声，教也。成玄英：遂以孔子声教而往见之。奚侗：文公六年《左传》"树之风声"，杜注、孔疏并训"声"为"教"。此言子贡以孔子之教往见老聃也。

2. 声，名也。林希逸：称夫子之门人而修谒。王敔：声，通名也。

㈤民有为其亲杀其杀

1. 杀，降也。谓亲疏有差等。郭象：杀，降也。言亲疏者降杀。陆长庚：情礼独隆于其亲，而其余皆降杀也。

2. 上"杀"意为除去，下"杀"意为差等。谓去其亲疏差等。

郭嵩焘：杀其杀者，意主于相亲。定省之仪，拜跪之节，凡出于仪文之末者，皆可以从杀也。

3. 上"杀"意为差降，下"杀"意指丧服。罗勉道：自斩衰而下，杀为五服，又复杀之也。马叙伦：上"杀"字借为"差"，下"杀"字借为"缞"。

㈥不至乎孩而始谁

1. 孩，笑也。成玄英：未解孩笑，已识是非，分别之心，自此而始矣。

2. 孩，三岁曰"孩"。王敔：儿三岁曰"孩"。未至三岁知辩谁何。

㈦人有心而兵有顺

1. 顺，如字。林希逸：人人各存私心，以用兵为顺事也。宣颖：人有心机，且以杀伐为应天顺人。

2. 顺，借为"训""巡"。章炳麟："顺"借为"训"。古字通用，不烦偻指。"兵有训"，谓李法军符诸教令也。于省吾："顺"应读"巡"。《说文》："巡，视行貌"。"兵有巡"，谓兵有所巡视也。

㈧杀盗非杀人自为种而天下耳

〔句读1〕杀盗非杀，人自为种而天下耳。

1. 种，种类。耳，如字，而已，然也。句谓杀盗不算杀，人皆各自为别，其弊天下皆然。郭象：盗自应死，杀之顺也，故非杀。不能大齐万物而人人自别，斯人自为种也。承百代之流而会当今之变，其弊至于斯者，非禹也，故曰天下耳。

2. 种，类也。耳，借为"侢"，自作也。句谓杀盗不算杀，人皆各自为类，自行其意。章炳麟：人自为种而天下耳，耳借为"侢"。《墨经》："侢，自作也。"言天下人皆自行其意。

3. 种，借为"重"。耳，"眲"之坏字，相侮也。句谓杀盗不算杀，人皆重己轻人而天下相轻。奚侗：种①借为"重"，谓重己而轻人也。《诗·七月》"闳宫泰稷种稑"，毛本皆以"重"为之，是其例。"耳"系"眲"之坏字。《方言》："扬越之郊凡人相侮以为无知，谓之眲；眲，耳目不相信也。"

〔句读2〕杀盗非杀人，自为种而天下耳。

种，己族也。句谓杀盗不算杀人，人皆自为种族，互相戒备，天下皆然。陆长庚：杀人者死而杀盗者无罪，故曰"杀盗非杀人"。人各自私其私，互相警备，而天下皆然，故曰"自为种而天下耳"。

---

① "种"字繁体作"種"。

㈨其作始有伦而今乎妇女何言哉

〔句读1〕其作始有伦，而今乎妇女，何言哉！

1. 妇女，谓以女为妇，乖礼乱伦也。成玄英：当庄子之时，六国竞兴，淫风大行，以女为妇，乖礼悖德，莫甚于兹。故知圣迹始兴，固有伦理，及其末也，例同斯弊也。

2. 妇女，谓嫁女，早婚少娶，家风败坏也。陆长庚：言机警之心起于家室，施于男女，早婚少娶，不循人道之常。

3. 妇女，谓如同妇女，士风颓废也。郭嵩焘：《荀子·乐论》"乱世之征，其服组，其容妇"，杨倞注："妇，好貌。"此云"而今乎妇女"，言诸子之兴，其言皆有伦要，而终相与为谐好以悦人也。王先谦：其作始尚有伦理而今所行则丈夫而有妇女之道。

〔句读2〕其作始有伦，而今乎妇，女何言哉！

奚侗："妇"为"归"之误，籀文形近似易误①。"女"属下读，谓子贡。此承上文言舜禹之治天下也，其作始固有伦序，而今安所归耶？天下已骇，亦儒墨亦起矣，女更有何言哉！

㈩其知憯于蛎虿之尾

1. 蛎虿，蜂类。林希逸：蛎虿，即蜂类。

2. 蛎虿，蝎也。王引之：蛎虿，皆蝎之异名也。《广雅》曰："虿、蛎，蝎也。"虿、蛎，皆毒螫伤人之名，虿之言蛆，蛎之言痫也。阮毓崧：《通俗文》云："长尾为虿，短尾为蝎。"

㈩鲜规之兽

1. 鲜，少也。规，窥也。吕惠卿：兽之伏于山林，夜行昼居，虽饥渴隐约，犹且脊疏于江湖之上，则鲜规之甚也。

吴汝纶："规"当读"窥"，鲜窥，不常见者。

2. 鲜，少也。规，求也。林希逸：鲜，少也；规，求也。小兽之求不过鲜少，如狐狸之类。

---

① "妇""归"字繁体分别作"婦""歸"。

3. 鲜，少也。规，规范也。朱得之：罕就笼络之兽。王敔：无所柙制之虎兕。

4. 鲜规，兽名。宣颖：鲜规，兽名，未详其状。阮毓崧：《左传》襄公三十年"唯君用鲜"，杜注："鲜，野兽也。"

5. 鲜，美味也。规，谋取也。曹础基：鲜，新鲜的肉。规，取。"鲜规"即"规鲜"。规鲜之兽，规取生物作为食物的野兽。

⑪而犹自以为圣人

1. 谓三皇之智，祸及虫兽，不可为圣人。成玄英：言三皇之智，损害苍生，其为毒也，甚于虿蛋，是故细小虫兽，能遭扰动，况乎黔首，如何得安！以斯为圣，于理未可。

2. 谓三皇之智，如小虫小兽而已，何可为圣人。林希逸：前此多尊三皇而抑五帝，到此又和三皇骂了。言此等智巧，其为毒也，亦如此小虫小兽而已。皆讥侮而卑抑之言。

孔子谓老聃曰："丘治《诗》《书》《礼》《乐》《易》《春秋》六经，自以为久矣，孰知其故矣；以奸○者七十二君，论先王之道而明周、召之迹，一君无所钩用。甚矣夫！人之难说也，道之难明邪①?"老子曰："幸矣，子之不遇治世之君也！夫六经○，先王之陈迹也，岂其所以迹哉！今子之所言，犹迹也。夫迹，履之所出，而迹岂履哉！夫白鶂之相视，眸子不运而风化；虫，雄鸣于上风，雌应于下风而风化；类○自为雌雄，故风化。性不可易，命不可变，时不可止，道不可壅。苟得于道，无自而不可；失焉者，无自而可。"孔子不出三月，复见曰："丘得之矣。乌鹊孺，鱼傅沫，细腰者化，有弟而兄啼⑬。久矣夫，丘不与化为人⑭！不与化为人，安能化人?"老子曰："可，丘得之矣。"

○以奸者七十二君

1. 奸，同"干"，犯也。陆德明：奸音干。《三苍》云："犯也。"

---

① 王叔岷：《史记·孔子世家》索隐引"明邪"作"行也"。"行"字义长。今本作"明"疑涉上文"而明周召之迹"而误。

2. 奸，"迁"字之借，进也。马叙伦："奸"借为"迁"。《说文》："迁，进也。"

㈡夫六经，先王之陈迹也，岂其所以迹哉

1. 如句解《庄子》"六经"。郭象：所以迹者，真性也。夫任物之真性者，其迹则"六经"也。

2. 疑《庄子》"六经"。黄震："六经"之名始于汉，《庄子》书称"六经"，未尽出庄子也。（《黄氏日抄》）

㈢类自为雌雄，故风化

1. 类，谓同类。郭象：夫同类之雌雄，各自有以相感。

2. 类，谓动物名。陆德明：《山海经》云："亶爰之山有兽焉，其状如狸而有发，其名曰师类；带山有鸟，其状如凤，五采文，其名曰奇类，皆自牝牡也。"

㈣乌鹊孺，鱼傅沫，细腰者化，有弟而兄啼

1. 喻物各有性，但当随之任之。郭象：言物之自然，各有性也。胡文英：乌鹊孺，是性须交合也；鱼傅沫，是性不须交合也；细腰者化，本异而其性易合也；有弟而兄啼，本同而其性易离也。性既不同，则我须随物性而化之。

2. 喻造化之神妙，但当与化为偶。宣颖：乌之于卵不相属也，鱼之于沫不相交也，细腰者之于螟蛉不相类也，弟之于兄不相碍也。然而卵已育矣，沫已成子矣，螟蛉已肖矣，兄已悲泣矣。此皆神理转移不知其然而然者，不得以形迹推之也。陆树芝：此皆造化之妙，有理而无迹者。人不能与造物者为人，而欲感孚以迹，又安能化人乎！

㈤丘不与化为人

1. 与化为人，谓任造化也。郭象：夫与化为人者，任其自化者。

2. 与化为人，谓与造化为一也。林希逸：不与化为一者，言知人而未知天，不能与造化为一也。阮毓崧：化，造化也。为人，犹言为偶。

刻意第十五

刻意尚行，离世异俗，高论怨诽，为亢而已矣；此山谷之士[⊖]，非世之人，枯槁赴渊者之所好也。语仁义忠信，恭俭推让，为修而已矣；此平世之士[⊖]，教诲之人，游居学者之所好也。语大功，立大名，礼君臣，正上下，为治而已矣；此朝廷之士[⊖]，尊主强国之人，致功并兼者之所好也。就薮泽，处闲旷，钓鱼闲处，无为而已矣；此江海之士[⊖]，避世之人，闲暇者之所好也。吹呴呼吸，吐故纳新，熊经鸟申，为寿而已矣；此道引之士[⊖]，养形之人，彭祖寿考者之所好也。若夫不刻意而高，无仁义而修，无功名而治，无江海而闲，不道引而寿，无不忘也，无不有也，淡然无极[⊜]而众美从之；此天地之道，圣人之德也。

⊖山谷之士、平世之士、朝廷之士、江海之士、道引之士

1. 此见人间所好，皆自逍遥。郭象：此数子者，所好不同，姿其所好，各之其方，亦所以为逍遥也。

2. 此谓人世追求，由浅入深。宣颖：五样人略尽世间流品，其先后则庄子盖以己意次第之，由浅而深也。

⊜淡然无极而众美从之

1. 极，至也。林希逸：无极，无定止也。众美从之，备万善也。陆长庚：无极言无底止也。

2. 极，主也。宣颖：不立一极而美无不全。胡文英："极"如"皇极"之"极"。不立主名，而众美自不能离也。旧解"极"字作"底止"讲，便于"无不忘"句少照应。

故曰：夫恬淡寂寞，虚无无为，此天地之平而道德之质也○。故曰：圣人休休焉①○则平易矣，平易则恬惔矣。平易恬惔，则忧患不能入，邪气不能袭，故其德全而神不亏。故曰：圣人之生也天行，其死也物化。静而与阴同德，动而与阳同波。不为福先，不为祸始。感而后应，迫而后动，不得已而后起。去知与故○，循天之理。故无天灾，无物累，无人非，无鬼责。其生若浮，其死若休。不思虑，不豫谋。光矣而不耀，信矣而不期。其寝不梦，其觉无忧。其神纯粹，其魂不罢。虚无恬惔，乃合天德。故曰：悲乐者，德之邪；喜怒者，道之过；好恶者，德之失®。故心不忧乐，德之至也；一而不变，静之至也；无所于忤，虚之至也；不与物交，淡之至也；无所于逆，粹之至也。故曰：形劳而不休则弊，精用而不已则劳，劳则竭。水之性，不杂则清，莫动则平；郁闭而不流，亦不能清；天德®之象也。故曰：纯粹而不杂，静一而不变，淡而无为，动而以天行，此养神之道也。

㈠夫恬淡寂寞，虚无无为，此天地之平而道德之质也

1. 平、质，如字。成玄英：恬淡寂寞，是凝湛之心；虚无无为，是寂用之智。天地以此法为平均之源，道德以此法为实质之本也。

2. "平"当作"本"，"质"当读"至"。马叙伦："平"当依《艺文类聚》二二引作"本"。俞樾："质"当读"至"。《史记·苏秦传》"赵得讲于魏，至公子延"，《索隐》曰："至，当为质，谓以公子延为质。"是"至""质"古通用。"道德之质"即"道德之至"也。

㈡圣人休休焉则平易矣

1. 休休焉，如字。吕惠卿：圣人休休焉，不役心于取舍之间。褚伯秀：休休，和乐貌。

2. 休休焉，字有颠倒。俞樾："休焉"二字，传写误倒。此本作"故曰：圣人休焉，休则平易矣"。《天道篇》"故帝王圣人休焉，休则虚"，与此文法相似，可据订正。刘文典：俞说是也。碧虚子校引张本正作"故曰圣人休焉，休则平易矣"。

---

① 陈景元：张君房本"休休焉"作"休焉休"。

㊂去知与故

1. 故，事故也。成玄英：内去心知，外忘事故。

2. 故，旧时也。陆长庚：知者，先事之谋；故者，已过之迹。

3. 故，巧也。郭庆藩：《晋语》"多为之故以变其志"，韦注曰："谓多作计术以变易其志。"《淮南子·主术训》"上多故则下多诈"，高注："故，巧也。"皆其例。

㊃喜怒者，道之过；好恶者，德之失

1. 道、德，如字。成玄英：称心则喜，乖情则怒，喜怒不忘，是道之罪过。无好为好，无恶为恶，此之妄心，是德之愆咎也。

2. "道"疑为"德"字，"德"当为"心"字。马叙伦："道"疑为"德"，三句皆承上"天德"言。王叔岷：《淮南子·原道训》"好憎者心之过也"，《精神训》"好憎者心之累也"，此"德"当依《淮南子》作"心"。德、道、心三者分言，文理甚明。

㊄天德之象也

1. 天德，如字，以"水之性"为言。成玄英：唯当不动不闭，则清且平，洞照无私，为物准的，天德之象也。

2. 天德，疑为"失德"，以失水之性为言。武延绪：按"天"疑为"失"之讹。

夫有干㊀越之剑者，柙而藏之，不敢用也，宝之至也。精神四达并流，无所不极，上际于天，下蟠于地，化育万物，不可为象，其名为同帝㊁。纯素之道，唯神是守；守而勿失，与神为一；一之精通㊂，合于天伦。野语有之曰："众人重利，廉士重名，贤士尚志，圣人贵精。"故素也者，谓其无所与杂也；纯也者，谓其不亏其神也。能体纯素，谓之真人。

㊀夫有干越之剑者

1. 干，吴也。司马彪：干，吴也。吴越出善剑也。王念孙：干、越，犹言吴、越。《汉书·货殖传》"辟犹戎、翟之与于越，不相入

矣"，"于"亦"干"之误。"干""越"皆国名，故言"戎、翟之与干、越"。

2. 干，吴之干溪。李颐：干溪、越山出名剑。陆德明：吴有溪名"干溪"，越有山名"若耶"，并出善铁，铸为名剑也。

(二)其名为同帝

1. 帝，天帝也。谓精神之性质或功能如同天帝。郭象：同天帝之不为。林希逸：同帝者，谓功用与天帝同也。

2. 帝，审也。成玄英：帝，审也。总结以前，名为审实之道也。

(三)一之精通，合于天伦

1. 精通，精智通达。句谓守神由专一而至于精智通达，合于自然之理。郭象：精者，物之真也。成玄英：既与神为一，则精智无碍，故冥乎自然之理。

2. 精通，熟练也。句谓守神由专一而达到熟练，则合于天理。林希逸：一而至于精通，则与天合。陆树芝：纯素之道，专以守神，守之勿失，至于纯熟，则形神合一而不相离矣。

缮性第十六

缮性于俗俗①学以求复其初滑欲于俗思以求致其明⊖：谓之蔽蒙之民。

〇缮性于俗俗学以求复其初滑欲于俗思以求致其明

〔句读1〕缮性于俗，俗学以求复其初；滑欲于俗②，思以求致其明。

郭象：已治性于俗矣，而欲以俗学复性命之本，所以求者愈非其道也。已乱其心于欲，而方复役思以求明，思之愈精，失之愈远。朱得之：俗学，"俗"为"欲"之误。

〔句读2〕缮性于俗，学以求其初；滑欲于俗，思以求其明。

褚伯秀：诸解并以"俗学"立说，陈碧虚照张君房校本，"学"上无"俗"字，其义简明。言性本自然，不假修学。今之学者贵乎日益以要世誉，是治性于俗也，而犹刻苦进学，以求复性初，博而无要，真愈失矣。贪着爱憎，沉迷不反，是滑欲于俗也；而犹深思曲虑，以求致其清明，知竭精劳，清明愈远矣。

〔句读3〕缮性于俗学，以求复其初；滑欲于俗思，以求致其明。

焦竑："缮性于俗学"，"滑欲于俗思"为句。旧解失之。性非学不复，而俗学不可以复性。明非思不致，而俗思不可以求明。

---

① 陈景元《庄子阙误》引张君房本下"俗"字作□。
② 成玄英：滑欲于俗。本亦有作"滑欲于欲者也"。

古之治道者，以恬养知①；生①而无以知为也，谓之以知养恬②。知与恬交相养，而和理出其性。夫德，和也；道，理也。德无不容，仁也；道无不理，义也；义明而物亲，忠②也；中纯实而反乎情，乐也；信行容体而顺乎文，礼也。礼乐徧③③行，则天下乱矣。彼正而蒙己德，德则不冒，冒则物必失其性也③。

㊀以恬养知、以知养恬

1. 玄学角度解：恬，初始之静；知，本然之知。谓以恬静本初之无为，养其本然自知之明。郭象：恬静而后知不荡，知不荡而性不失也。无以知为而任其自知，则虽知周万物而恬然自得。胡文英：恬即初也，知即明也。古人以无为养其明。故吾人亦无所用其明，而惟以明养其无为而已。

2. 佛学角度解：恬，寂定也；知，慧也（悟解）。谓定生慧。

林希逸：恬，静定也。定能生慧。故曰"以知养恬"。

3. 理学角度解：恬，静也；知，致知也。谓主静则能致知。

王应麟：以恬养知者，主静而识益明；以知养恬者，致知而本益固。王夫之：适然而无所好之谓恬，无所好，则知之而不为累，是以恬养知。知愈大，则愈见天下之无可好而无不可适，是以知养恬也。

㊁礼乐徧行，则天下乱矣

1. 徧，偏也。郭象：以一体之所履，一志之所乐，行之天下，则一方得而万方失也。王敔：不本于道德仁义忠信而谈礼乐曰"偏行"，文滥于情也。

2. 徧，遍也。陆德明："徧"音"遍"。于鬯："徧"必当依陆德明《释文》音"遍"，而"乱"实当训"治"也。犹云礼乐遍行，则天下治矣。

---

① 王叔岷：陈碧虚《阙误》引张君房本，"生"上有"智"字（"知"并作"智"，上下文同）。

② 陈景元：江南古藏本"忠"作"中"。

③ 陈景元：江南古藏本"徧"作"偏"。

(三)彼正而蒙己德，德则不冒，冒则物必失其性也

1. 蒙，韬晦。冒，冒犯。谓自韬晦，不犯人。郭象：各正性命而自蒙己德，则不以此冒彼。若以此冒彼，安得不失其性哉！林希逸：蒙，晦也。德积于己，不自眩露，而彼物自正，故曰"彼正而蒙己德"。彼正即物正也。不冒者，言我非以德加诸人也。德不自晦而求以加诸人，则失其自然者矣，故曰"冒则物必失其性"。

2. 蒙，蒙养也。冒，冒犯也。谓自养颐，不相犯。宣颖："彼正而蒙己德"，物各自正而己犹欲养以德。"德则不冒"，人各有德，不用相冒。

3. 蒙，蒙蔽也。冒，帽复也。谓己之德既已蒙蔽，则不足以盖物。林云铭：根"天下乱"来，言天下之所以乱者，以彼欲正人而先蒙蔽其德，则其德不足盖冒乎物。以不足盖冒之德而盖冒之，物之所以失其性也。

4. 蒙，蒙被、感化也。冒，帽复也。谓以己之德感化之，非以强加之。王先谦：彼自正而蒙被我之德，是德与德相感，不以己之德强人而冒覆之也。若强天下而冒覆之，是以我正彼，则物之失其性者必多也。

古之人，在混芒之中，与一世而得淡漠焉。当是时也，阴阳和静，鬼神不扰，四时得节，万物不伤，群生不夭，人虽有知，无所用之，此之谓至一。当是时也，莫之为而常自然。逮德下衰，及燧人、伏羲始为天下，是故顺而不一〇。德又下衰，及神农、黄帝始为天下，是故安而不顺〇。德又下衰，及唐、虞始为天下，兴治化之流，枭淳散朴，离道以善〇，险德以行〇，然后去性而从于心〇。心与心识知而不足以定天下〇，然后附之以文，益之以博。文灭质，博溺心，然后民始惑乱，无以反其性情而复其初。

(一)及燧人、伏羲始为天下，是故顺而不一

1. 引历史事实解。成玄英：燧人始变生为熟，伏羲则服牛乘马，是顺黎庶之心，而不能混同至一也。

2. 以逻辑推论解。林希逸：知有理之可顺，则其纯者一已离矣，故曰"顺而不一"。

(二)及神农、黄帝始为天下，是故安而不顺

1. 引历史事实解。成玄英：神农有共工之伐，黄帝致蚩尤之战，妖气不息，兵革屡兴。是以诛暴去残，吊民问罪，苟且欲安于天下，未能大顺于群生者也。

2. 以逻辑推论解。林希逸：人各以理为安，则知有己，知有己则离于道矣，故曰"安而不顺"。

(三)离道以善

1. 如句。玄学解：道为适，故有善则过于道。郭象：善者，过于适之称，故有善而道不全。

2. 如句。佛学解：道为无善无恶，故有善而背离道。

成玄英：夫虚通之道，善恶两忘。今乃舍己效人，矜名企善，善既乖于理，所以称离也。

3. 如句。理学解：道即善，故离道为善则去道愈远。陆树芝：道本率性而不离也，乃别有所谓善，以风示天下，使相驰逐，则去道愈远矣。

4. 句误。"善"字疑是"为"字之误。郭庆藩："善"字疑是"为"字之误，言所为非大道。《淮南子·俶真训》"杂道为伪"（"杂"当为"离"字之误①，伪，古"为"字），即本于此。

(四)险德以行

1. 险，如字。郭象：行者，违性而行之，故行立而德不夷。陆长庚：险德犹危行也。

2. 险，通"俭"字。郭庆藩：言所行非大德也。《淮南子·俶真训》"俭德以行"即本于此。"俭""险"古字通。《曾子·本孝篇》"不兴俭行以俟幸"，《汉慎令刘修碑》"动乎俭中"，"俭"并当作"险"。《荀子·富国篇》"俗俭而百姓不一"，杨惊注："俭"当为"险"。

---

① "杂""离"字繁体分别作"雜""離"。

3. 险，读为"掩"。马其昶："险"读为"掩"，见《周礼·典同》注。

㈤然后去性而从于心

1. 性、心，谓指无为、有为。林希逸：去其自然之性而从其有为之心，故曰"去性而从于心"。

2. 性、心，谓指道心、人心。陆长庚：去性从心，道心微而人心危也。

㈥心与心识知而不足以定天下

〔句读1〕心与心识，知而不足以定天下。

1. 识，识察。心与心识，谓心与心相互竞识。郭象：彼我之心，竟为先识①，无复任性也。陈景元：以心度心，竟为前识。陈寿昌：犹心斗也。

2. 心识，是非善恶之观念也。心与心识，本生之知觉与后起之观念。王敔：初生之念曰心，因而别白可否是非曰心识。

〔句读2〕心与心识知，而不足以定天下。

刘辰翁："心与心识知"连句，谓彼此看破耳。俞樾："识""知"二字连文，《诗》曰"不识不知"，是"识""知"同义，故连言之曰"识知"也。"心与心识知，而不足以定天下"，明必不识不知而后可言定也。

由是观之，世丧道矣，道丧世矣，世与道交相丧也㊀。道之人何由兴乎世，世亦何由兴乎道哉！道无以兴乎世，世无以兴乎道，虽圣人不在山林之中，其德隐矣。隐故不自隐。古之所谓隐士者，非伏其身而弗见也，非闭其言而不出也，非藏其知而不发也，时命大谬也。当时命而大行乎天下，则反一无迹；不当时命而大穷乎天下，则深根宁极而待：此存身之道也。古之行㊁身者，不以辩饰知，不以知穷天下㊂，不以知穷德，危然处

---

① 陆德明：识，向本作"职"，云："彼我之心，竟为先职矣。"

其所而反其性已，又何为哉！道固不小行，德固不小识㉘。小识伤德。小行伤道。故曰：正己而已矣。乐全之谓得志。古之所谓得志者，非轩冕之谓也，谓其无以益其乐而已矣。今之所谓得志者，轩冕之谓也。轩冕在身，非性命也，物之傥①㉙来，寄者也。寄之，其来不可圉②，其去不可止。故不为轩冕肆志，不为穷约趋俗，其乐彼与此同，故无忧而已矣。今寄去则不乐。由是观之，虽乐，未尝不荒㉚也。故曰：丧己于物，失性于俗者，谓之倒置之民。

㈠**由是观之，世丧道矣，道丧世矣，世与道交相丧也**

1. 以相忘、"不贵"之心为道。郭象：夫道以不贵，故能存世。然世存则贵之，贵之，道斯丧矣。道不能使世不贵，而世亦不能不贵于道，故交相丧也。

2. 以无为、淳朴之风为道。成玄英：丧，废也。由是事迹而观察之，故知时世浇浮，废弃无为之道，亦由无为之道，废变淳和之世。是知世之与道交相丧之也。宣颖：世风愈荡，丧大道矣；以非道为道，丧世风矣。世丧道，则有道之人不用；道丧世，则淳古之风不复。刘凤苞：世愈降，则道愈替；道愈替，则世愈衰。世丧道，则有道之人不用；道丧世，则淳朴之风难返。

㈡**古之行身者**

1. 行身，如字。林希逸：因"存身"又说个"行身"。存，不用之时也；行，用之时也。陆长庚：行身，此身大行于天下也。

2. 行身，当作"存身"。褚伯秀："行身"当是"存身"，上文可照。林云铭："存身"一作"行身"，非也。

㈢**不以知穷天下**

1. 如句。穷，困累也。成玄英：穷者，困累之谓也，不纵知毒害以困苦苍生也。

---

① 陆德明：傥，崔本作"党"。
② 陆德明：圉，本又作"禦"。

2. "下"字衍。穷，穷尽也。钱穆："下"字衍。

㈣道固不小行，德固不小识

1. 小行、小识，谓其少也。成玄英：大道广荡，无不范围，小成隐道，故小行矣。上德之人，智周万物，岂留意是非而为识鉴也！

2. 小行、小识，谓其有为也。林希逸：无为者，道之大也，有为则为"小行"。不识不知者德之大，有所识知则为"小识"。

㈤物之傥来

1. 傥，同党，众也。崔譔：党，众也。

2. 傥，或然之谓。成玄英：傥者，意外忽来者耳。

郭庆藩：崔本"傥"作"党"，党，古"傥"字。党者，或然之词。《史记·淮阴侯传》"恐其党不就"，《汉书·伍被传》"党可傥幸"，并与"傥"同。

㈥虽乐，未尝不荒也

1. 荒，亡也。谓虽有轩冕之乐，但本性亡失。郭象：夫寄去则不乐，寄来则荒矣，斯以外易内也。阮毓崧：当乐轩冕时，以外易内，其性必已荒亡。

2. 荒，慌乱也。谓不知事物皆傥然，则虽乐而心亦不自得。成玄英：今世之人，识见浮浅，是以物之寄也，欣然而喜；及去也，惆然不乐。岂知彼此事出傥来，而寄去寄来，常忧常喜，故知虽乐而心未始不慌乱也。陈寿昌：非乐之自得者。

秋水第十七

秋水时至，百川灌河，泾①流⊖之大，两涘渚崖之间，不辨牛马，于是焉河伯欣然自喜，以天下之美为尽在己。顺流而东行，至于北海，东面而视，不见水端，于是焉河伯始旋其面目⊜，望②洋⊜向若而叹曰："野语有之曰：'闻道百⊛，以为莫己若者。'我之谓也。且夫我尝闻少仲尼之闻而轻伯夷之义者，始吾弗信；今我睹子之难穷也，吾非至于子之门则殆矣，吾长见笑于大方⊕之家。"北海若曰："井蛙不可以语于海者，拘于虚③⊛也；夏虫不可以语于冰者，笃⊕于时也；曲士不可以语于道者，束于教也。今尔出于崖涘，观于大海，乃知尔丑，尔将可与语大理矣。天下之水，莫大于海，万川归之，不知何时止而不盈；尾闾⊛泄之，不知何时已而不虚；春秋不变，水旱不知。此其过江河之流，不可为量数。而吾未尝以此自多者，自以比⊛形于天地而受气于阴阳，吾在于天地之间，犹小石小木之在大山也，方存乎见少，又奚以自多！计四海之在天地之间也，不似礨空⊕之在大泽乎？计中国之在海内，不似稊米之在大仓乎？号物之数谓之万，人处一焉；人卒⊛九州，谷食之所生，舟车之所通，人处一焉⊕；此其比万物也，不似毫末之在于马体乎？五帝④之所连⑤⊛，三王之所争，仁人之所忧，任士⊕之所劳，尽此矣。伯夷辞之以为名，仲尼语之以为博，

---

① 陆德明：泾，崔本作"径"。
② 陆德明：望，崔本作"盳"。
③ 陆德明：虚，本亦作"墟"。
④ 《经典释文》本"五帝"作"五常"。
⑤ 陈景元：江南古藏本"连"作"运"。

此其自多也，不似尔向之自多于水乎？"

一 泾流

1. 泾，或作"径"，通也。崔譔：径，直度曰"径"。司马彪：泾，通也。成玄英：通流盈满，其水甚大。

2. 泾，浊也。林希逸：泾，浊也。黄河之水骤至而浊流拍满两岸。王敔：泾，浊也。泾水浊，故借用。

3. 泾，借为"巠"。章炳麟：泾，借为"巠"。《说文》："巠，水脉也。"

4. 泾，疑为"淫"。武延绪："泾"或疑为"淫"。《淮南子·览冥训》："女娲氏积芦灰以止淫水。"

二 始旋其面目

1. 谓转动头之方向。成玄英：河伯沿流东行，至于大海，聊复顾眄，不见水之端涯，方始回旋面目，高视海若，仍慨然发叹。胡文英：一望不了，故旋其面目。阮毓崧：由东转向北也。

2. 谓改变面之表情。陈寿昌：敛容惭恧之状。

李勉：旋，转也。河伯初以黄河之水大而不辨牛马，以为天下之大尽在乎己。及见海洋，其大更甚，始瞿然自惭，变其自满之面目，故云"旋其面目"。

三 望洋向若而叹

1. 望洋，望太阳，仰视貌。崔譔：盳洋，犹"望羊"，仰视貌。郭庆藩："洋""羊"皆假借字，其正字当作"阳"。《论衡·骨相》"武王望阳"，言仰视太阳也。太阳在天，宜仰而观，故训为仰视。

2. 望洋，望海洋，远视貌。林希逸：洋，海中也。宣颖：望海澜也。马叙伦：《史记》称孔子"眼如望羊"，《左传》名为"望视"，本书《外物》称孔子"目若营四海"，与《左传》略同。知"望羊""望视""营四海"，皆远大之义。王肃《家语》注曰："望羊，远视也。"

3. 望洋，眼迷茫貌。罗勉道：望洋者，目迷茫之貌。

㈣闻道百

1. 百，万分之一也、少也。李颐：万分之一也。林希逸：世间道理千般万般，只闻其百，以为多闻。

2. 百，博、多也。郭嵩焘：百者，多词也。马叙伦："百"借为"溥"。《尔雅》"鹝，伯劳"，《月令》注作"博劳"，《夏小正》"鸠者，百鹩也"，是其例证。《说文》曰："溥，大也。"

㈤大方之家

1. 方，道也。司马彪：大道也。马叙伦："方"或借为"法"。

2. 方，方体也。刘凤苞：大方者，无方体也。马叙伦："方"疑为"房"省。

㈥拘于虚也

1. 虚，空虚也。崔譔：拘于井中之空也。宣颖：井中空穴。

2. 虚，墟也，处也。王念孙："虚"与"墟"同。《广雅》曰："墟，凥也。"（凥，古"居"字。）于鬯："虚"当读为"处（處）"，"处""虚"并谐"虍"声，故得通借。《荀子·大略篇》云"非其里而虚之，非礼也"，彼"虚"必不可读为"墟"，而亦当读为"处"。杨注云："虚读为居。"读"居"与读"处"，一也。"墟"为故所居，与"处"义别。

㈦笃于时也

1. 笃，专厚也。司马彪：厚信其所见之时也。（《文选》孙兴公《天台山赋》注引）王敔："笃"犹"专"也。

2. 笃，固限也。郭庆藩：《尔雅·释诂》："笃，固也。"凡鄙陋不达谓之"固"。夏虫为时所蔽而不可语冰，故曰"笃于时"。"笃"字正与上下文"拘""束"同义。

㈧尾闾泄之

1. 尾闾，喻称海水出处。司马彪：泄海水外出者也。陈寿昌：

尾闾，海水出路，在百川之下，故称"尾"；群水聚族之处，故称"闾"。

2. 尾闾，神话中之地名。崔譔：海东川名。林希逸：尾闾，沃焦也。出《山海经》，言海水至此，随沃随干。

㈨自以比形于天地而受气于阴阳

1. 比，比较也。成玄英：是以海若比形于天地，则无等级以寄；言受气于阴阳，则是阴阳象之一物也。

2. 比，通"庇"，寄托也。高亨："比"读为"庇"。《广雅·释诂》："庇，寄也。""比形于天地"，谓寄形于天地。《周礼·世妇》"及祭祀比其具"，《释文》"比，本作庇"，即"比""庇"通用之证。

㈩不似礨空之在大泽乎

1. 礨空，小丘也。李颐：礨空，小封也。

2. 礨空，小空穴也。陆德明：蚁冢也。奚侗："礨"当作"罍"，《尔雅》曰："罍，器也。"于省吾："礨"应读作"螺"。《说文》无"螺"字，以"蠃"为之。

3. 礨空，礨与空，高与低也。郭嵩焘："礨空"自具两义，言高下之势也。礨者，突然而高；空者，洼然而下。大泽之中，或坟起，或洿深，高下起伏，自然之势常相因也，故谓之礨空。

㈠人卒九州

1. 卒，众也、聚也。司马彪：卒，众也。成玄英：中国九州，人民聚集。于鬯："卒"当读为"萃"。《易·序卦》云："萃者，聚也。"小戴《王制》"三十国以为卒"，郑注云："卒，犹聚也。"

2. 卒，尽也。崔譔：卒，尽也。宣颖：卒，尽也。以此中国，人尽大九州计之。郭嵩焘："人卒九州"，言极九州之人数。卒者，尽词也。

3. "人卒"，"大率"之误。俞樾："人卒"二字未详何义。"人卒"疑"大率"二字之误。《人间世》"率然拊之"，《释文》曰："率，或作卒。"是"率""卒"形似易误之证。"率"误为"卒"，因改"大"为"人"以合之。"大率"者，总计之词。

⑪人处一焉

1. 如句。马其昶：上文"人处一焉"，以人对万物言；下文"人处一焉"，以一人对众人言。

2. 衍文。马叙伦：下文"人处一焉"为衍文。

⑫五帝之所连

1. 如句。成玄英：五帝接连而揖让。

2. "五帝"，或作"五常"。陆德明："五常之所连"，司马云，谓连续仁义也。

3. 连，或作"运"，或解作"辇"，或疑为"禅"。郭嵩焘：江南古藏本"连"作"运"，似以"运"为妥。章炳麟：《周礼》故书，"辇"皆为"连"，"连"本古文"辇"字。"五帝之所连"，言五帝之所负何也。王叔岷："五帝之所连"，义颇难通。"连"疑"禅"之误。"禅"与"争"对言，意甚明白。下文"昔者尧、舜让而帝""帝王殊禅"并以禅让言，与此同例。

⑬任士之所劳

1. 任士，能人也。李颐：任，能也。

2. 任士，任事之人也。林希逸：任士，任事之人，言治世之士也。

河伯曰："然则吾大天地而小毫末，可乎？"北海若曰："否。夫物，量无穷，时无止，分无常，终始无故⊜。是故大知观于远近，故小而不寡，大而不多：知量无穷。证向⊜今故，故遥而不闷，掇而不跂①⊜：知时

---

① 陆德明：跂，一本作"企"。

无止。察乎盈虚，故得而不喜，失而不忧：知分之无常也。明乎坦涂，故生而不说，死而不祸：知终始之不可故也。计人之所知，不若其所不知⑩；其生之时，不若未生之时⑪；以其至小求穷其至大之域，是故迷乱而不能自得也⑫。由此观之，又何以知毫末之足以定至细之倪⑬，又何以知天地之足以穷至大之域！"

（一）终始无故

1. 故，旧也。郭象：终始无故，日新也。

2. 故，原因也。王敔：生死之变曰终始。故，有因也。

3. 故，通"固"，常也。高亨："故"读为"固"。《礼记·曲礼》"求毋固"，郑注："固犹常也。""终始无固"，犹言终始无常、终始无定耳。《论语·子罕》"固天纵之将圣"，《论衡·知实》引"固"作"故"，即"故""固"通用之证。

（二）证向今故

1. 向，明也。谓证明今古。郭象：向，明也。今故，犹古今。

2. 向，量也。谓权衡今古。丁展成：《说文》"量"下云："称轻重也。从重省，向省声。"是"量"由"向"得声，义亦当通。"证向今故"者，言可以权量今故也。

（三）故遥而不闷，掇而不跂

1. 指对时之长短的态度。成玄英：遥，长也。掇，短也。既知古今无古今，则知寿夭无寿夭。是故年命延长，终不厌生而悒闷；禀龄夭促，亦不欣企于遐寿。随变任化，未始非吾。胡文英：证明今古，知时之必来，故虽遥远而不闷；知时之必去，故虽可掇而不跂。

2. 指对事之难易的态度。林希逸：明于今古之为一，故迎而未至者，虽远而不忧；掇而可取者，虽易而不跂。

丁展成：遥而不闷，言逍遥而无忧也；掇而不跂，言但取至乎前者，不事强求也。

㈣计人之所知，不若其所不知

1. 就所知与所不知的数量悬殊而言。郭象：所知各有限也。王敔：所知者，不敌其所不知者亿万之一。

2. 就知与不知的境界迥异而言。成玄英：强知者乖真，不知者会道。以此计之，当故不如也。林疑独：夫人有知则为知所役，劳形怵心，逐物忘己，不若无知冥然自得矣。

3. 就所知与所不知的内容不同而言。林希逸：人之所知者人也，其所不知者天也。

㈤其生之时，不若未生之时

1. 就生与未生之为时长短而言。郭象：生时各有年也。陈寿昌：人生不过百年，若百年以前，百年以后，则不可以岁月计。

2. 就生与未生所处之状态而言。成玄英：未生之时，无喜所以无忧；既生之后，有爱所以有憎。林疑独：人生之后，为生所役，胶扰不息，不若未生之时，寂然至虚而已。

㈥以其至小求穷其至大之域，是故迷乱而不能自得也

1. 以至小求至大，谓以智穷境也。成玄英：至小，智也；至大，境也。无穷之境未周，有限之智已丧。

2. 以至小求至大，谓以我穷天也。林希逸：至小，我也；至大，天也。以我至小，欲穷至大之无，宜乎迷乱而不乐也。

3. 以至小求至大，谓不满足于小而求大。宣颖：凡物现在各足，若一意穷大，必至迷乱失节也。胡文英：因其小不足为，而求穷至大之域，则迷乱而不自得矣。

㈦又何以知毫末之足以定至细之倪

1. 倪，端也。林希逸：倪，端也，语其小而无端。

2. 倪，"仪"之借，度也。章炳麟："倪"借为"仪"，《说文》："仪，度也。"比度曰"仪"，度数亦曰仪。

3. 倪，犹"崖"也。王叔岷："倪"与"域"对言，"倪"犹

"崖"也。《齐物论》"何谓和之以天倪",《释文》:"倪,李音崖。"《大宗师》"不知端倪",《释文》亦音"崖"。《天下》"无端崖之辞",字正作"崖",是"倪""崖"相通之证。

河伯曰:"世之议者皆曰:'至精无形,至大不可围㊀。'是信情乎?"北海若曰:"夫自细视大者不尽,自大视细者不明,夫精,小之微也;垺㊁,大之殷也;故异便①㊁,此势之有也。夫精粗者,期于有形者也;无形者,数之所不能分也;不可围者,数之所不能穷也。可以言论者,物之粗也;可以意致者,物之精也;言之所不能论,意之所不能察致者,不期精粗焉。是故大人之行,不出乎害人②,不多仁恩;动不为利,不贱门隶;货财弗争,不多辞让;事焉不借人,不多食乎力,不贱贪污;行殊乎俗,不多辟异;为在从众,不贱佞谄;世之爵禄不足以为劝,戮耻不足以为辱;知是非之不可为分,细大之不可为倪,闻曰:'道人不闻,至德不得,大人无己。'约分㊃之至也。"

㊀至大不可围

1. 围,如字,围绕也。成玄英:至大者不可围绕。

2. 围,当作"圉",止境也。孙诒让:成说望文生训,不足据。此"围"当作"圉","圉"与"御"通。《则阳》云"大至于不可围"亦同,皆谓其大无竟,莫能御止也。《缮性》云:"其来不可圉。"《释文》云:"圉,本又作御。"《易·系辞上》云:"夫易广矣、大矣,以言乎远,则不可御,以言乎迩,则静而止。"《墨子·备城门》"乃足以守圉","圉"道藏本亦误为"围",是其证。

㊁垺,大之殷也

1. 垺,盛也。陆德明:垺,徐(邈)音"孚",谓盛也。

2. 垺,城郭也。王敔:垺,音"孚",郭也。城外有郭,故借为"粗"字之用。马其昶:"垺"同"郭"。《公羊传》:"郭者何?恢

---

① 马叙伦:此三字当在上文"自大视细者不明"下。

② 陈景元《庄子阙误》引张君房本"人"下有"之涂也"三字。

郭也。"

3. 烰，卵也。奚侗：烰，假作"孚"，《释名》："甲孚也。"万物解孚甲而生也。马叙伦：奚侗曰，"烰"借为"孚"。《说文》曰："孚，卵也。"

㈢故异便

1. 便，方便也。异便，谓各有所宜。郭象：大小异，故所便不得同。

2. 便，借为"辨"。异辨，谓分辨也。高亨：《说文》："异，分也。""便"借为"辨"。《说文》："辨，判也。"异辨，犹云分别耳。《书·尧典》"平秩东作"，《史记·五帝本纪》作"便程东作"，《尚书大传》作"辩秩东作"，此"便""辩"通用之证。"辩""辨"古常通用，则"便""辩"古亦通用。

㈣约分之至也

1. 约分，依守本分也。成玄英：约，依也。分，限也。夫大人利物，抑乃多涂，要切而言，莫先依分。若视目所见，听耳所闻，知止所知，而限于分内者，斯德之至者也。

2. 约分，收敛分定也。宣颖：收敛分定到极处也。

陈寿昌：约分，谓将真性中之分量，敛之又敛，以至无所谓闻，无所谓得，无所谓己，俾天下若大若小之类，皆无可举似，即所谓不期精粗也。

3. 约分，的分也，明是非大小之分也。高亨："约"借为"旳"。《说文》："旳，分也。"的分，谓明于小大是非之分也。"约""旳"并从"勺"声，故通用。"旳"俗字作"的"。

河伯曰："若物之外，若物之内，恶至而倪贵贱？恶至而倪小大？"北海若曰："以道观之，物无贵贱；以物观之，自贵而相贱；以俗观之，贵贱不在己。以差观之，因其所大而大之，则万物莫不大；因其所小而小之，则万物莫不小；知天地之为稊米也，知毫末之为丘山也，则差数睹矣。以功⊖观之，因其所有而有之，则万物莫不有；因其所无而无之，则万物莫不无；知东西之相反而不可以相无，则功分定矣。以趣观之，因其所然而然之，则万物莫不然；因其所非而非之，则万物莫不非；知尧、桀之自然而相非，则趣操⊜睹矣。昔者尧、舜让而帝，之、哙让而绝；汤、武争而王，白公争而灭。由此观之，争让之礼，尧、桀之行，贵贱有时，未可以为常也。梁丽⊜可以冲城，而不可以窒穴，言殊器也；骐骥骅骝，一日而驰千里，捕鼠不如狸狌，言殊技也；鸱鸺夜撮蚤，察毫末，昼出瞋①⑱目而不见丘山，言殊性也。故曰：盖师是而无非，师治而无乱乎？是未明天地之理，万物之情者也。是犹师天而无地，师阴而无阳，其不可行明矣。然且语而不舍，非愚则诬也。帝王殊禅，三代殊继。差其时，逆其俗者，谓之篡②夫；当其时，顺其俗者，谓之义之徒。默默乎河伯！女恶知贵贱之门，小大之家！"

㈠以功观之

1. 功，功用也。成玄英：若近取诸身者，眼见耳听，手捉脚行，五脏六腑，四肢百体，各有功能，咸禀定分。林希逸：各任一职以为功，故曰功分。农商工贾，随分以致其力而世间少一件不得。

2. 功，质也。章炳麟：《释诂》"功""质"皆训"成"，则"功"亦得训"质"。"以功观之"者，"以质观之"也。

㈡知尧、桀之自然而相非，则趣操睹矣

1. 趣操，如字。成玄英：情趣志操。

2. 趣操，疑为"趣舍"。刘文典："操"疑"舍（捨）"字之误，"趣舍"即"取舍"。

㈢梁丽可以冲城

1. 梁丽，屋栋也。崔譔：梁丽，屋栋也。郭庆藩：《列子·汤问篇》"雍门鬻歌，余音绕梁栭，三日不绝"，"梁栭"即此所云"梁

---

① 陆德明：瞋，本或作"瞑"。
② 陈景元：张君房本"篡"下有"之"字。

"丽"也。为梁丽必材之大者，故可用以冲城，不当泥视。

2. 梁丽，小船也。司马彪：梁丽，小船也。

3. 梁丽，冲车也。胡文英：梁丽，盖冲城之具，如云车然，故言器。俞樾：小船与屋栋，皆非所以冲城。《诗·皇矣》"与尔临冲"，《毛传》曰："临，临车也；冲，冲车也。"《正义》曰"兵书有作临车、冲车之法"，《墨子》有《备冲》之篇，知"临""冲"俱是车也。然则此云可以"冲城"，其为车明矣。《徐无鬼》"君亦必无陈鹤列于丽谯之间"，郭注曰："丽谯，高楼也。"司马云："丽谯，楼观名。"此所云"梁丽"，疑是车之有楼者。

㈣昼出瞋目而不见丘山

1. 瞋，如字，张目也。司马彪：瞋，张也。苏舆：《释文》："瞋，本或作瞑。"作"瞋"是。言鸱夜察蚤之毫末，及昼则虽瞋目而不见丘山矣。

2. 瞋，或作"瞑"，闭目也。郭庆藩：疑作"瞑"者是。《说文》："瞋，怒目也。"①"瞑，合目也。"瞑目则无所见矣。隶书"真""冥"形相似而误。

河伯曰："然则我何为乎，何不为乎？吾辞受趣舍，吾终奈何？"北海若曰："以道观之，何贵何贱，是谓反衍②㊀；无拘而志，与道大蹇③㊁。何少何多，是谓谢施㊂；无一而行，与道参差㊃。严乎若国之有君，其无私德；繇繇乎若祭之有社，其无私福；泛泛乎其若四方之无穷，其无所畛域。兼怀万物，其孰承翼！是谓无方㊄。万物一齐，孰短孰长？道无终始，物有死生，不恃其成；一虚一满，不位乎其形。年不可举㊅，时不可止㊆；消息盈虚，终则有始。是所以语大义之方，论万物之理也。物之生也，若骤若驰，无动而不变，无时而不移。何为乎，何不为乎？夫固将自化。"

---

① 《说文》："瞋，张目也，从目真声。"
② 陆德明：反衍，本亦作"畔衍"。
③ 陆德明：蹇，崔本作"浣"。

㈠以道观之，何贵何贱，是谓反衍

1. 衍，美也。反衍，反为美也。句谓若无所贵贱，则反为美也。崔譔：无所贵贱，乃反为美也。

2. 衍，滋蕃也。反衍，反复相生也。句谓贵贱反复相生也。郭象：贵贱之道，反复相寻。李颐：畔衍，犹漫衍合为一家。马叙伦：反衍，叠韵连绵词，借为"般旋"。

3. 衍，平坦也。反衍，返心于宽坦。句谓忘贵贱则心宽与道通。林希逸：以道观之而无贵贱，则反求于吾身，自绰绰宽衍也。若以贵贱是非自束，则与道相违。陈寿昌：贵贱者，高卑之势，势分未忘，故不能游心于平衍。反之则无贵无贱，与道通矣。

㈡无拘而志，与道大蹇

1. 蹇，违碍也。郭象：自拘执，则不夷于道。林云铭：与道乖蹇，而不能通也。

2. 蹇，或作"浣"，洽顺也、准也。陆德明：蹇，崔本作"浣"，云："犹洽也。"章炳麟："蹇"当从崔本作"浣"，训"洽"则非。《淮南·齐俗训》"视高下不差尺寸，明主弗任而求乎浣准"，注："浣准，水望之平。""与道大浣"者，与道大准也。

㈢何少何多，是谓谢施

1. 谢施，代谢变化不定也。句谓物之多少，交替不定。成玄英：谢，代也。施，用也。夫物或聚少以成多，或散多以为少，故施用代谢，无常定也。

2. 谢施，谢辞施赐。句谓谢去其施，则无所谓多与少。林希逸：施则有多少，谢去其施则无多与少。陈寿昌：多少者，计较之私，私情未泯，故不免于逐物以施行。谢之则无少无多，与道浑矣。

3. 谢施，不正也。吴汝纶：谢施，连绵字，犹"旖施""邪施"，与"委蛇"同义。章炳麟：谢、施皆训邪。谢借为射，《考工记》"玉人言射"，郑两训"剡出"，一训"钽牙"。剡出则锐而邪，钽牙即龃龉，齿不正，故射得训邪。《史记·屈贾列传》"庚子日施兮"，

《汉书》作"日斜"。是射、施皆谓邪也。谢施者，无中正。

㈣无一而行，与道参差

1. 参差，谐合、谐变也。成玄英：随机变化，故能齐物。若执一而行，则与理不冥者也。胡文英：随道变化。

2. 参差，不齐也。林希逸：若执一而行，拘于多少之施，则与道差池矣。陈寿昌：参差者，未能浑合自然。

㈤是谓无方

1. 无方，谓无偏向。郭象：无方，故能以万物为方。王先谦：谓无所偏向。

2. 无方，谓无心。林希逸："无方"即"无心"。

㈥年不可举

1. 年，指现在。郭象：欲举之令去而不能。

2. 年，指过去。宣颖：往者莫存。陈寿昌：已往之年莫再，故不可拾而举。

3. 年，指将来。王敔：不可先举而豫图之。

4. 年，指岁月。马其昶：《楚辞》注：举，与也。犹言岁不我与。

㈦时不可止

1. 时，指现在。郭象：欲止之使停又不可。

2. 时，指过去。王敔：不可已去而留之。宣颖：往者莫存，逝者莫挽。

3. 时，指将来。陈寿昌：未来之时方长，故不可挽而止。

河伯曰："然则何贵于道邪？"北海若曰："知道者必达于理，达于理者必明于权，明于权者不以物害己。至德者，火弗能热，水弗能溺，寒暑弗能害，禽兽弗能贼。非谓其薄之也，言察乎安危，宁⊖于祸福，谨于去就，莫之能害也。故曰：天在内，人在外[⊜]，德在乎天。知天①人之行，本乎天，位乎得；蹢躅而屈伸，反要而语极[⊜]。"曰："何谓天？何谓人？"北海若曰："牛马四足，是谓天；落马首，穿牛鼻，是谓人[⊛]。故曰：无以人灭天，无以故灭命，无以得[⊛]殉名。谨守而勿失，是谓反其真。"

㈠宁于祸福

1. 宁，如字，安也。郭象：安乎命之所遇。

2. 宁，"审"之误，察也。高亨："宁"疑原作"审"，形近而误②。

㈡天在内，人在外

1. 从天人对立的意义上解，内、外指天性与人事。成玄英：天然之性，韫之内心；人事所顺，涉乎外迹。宣颖：天机藏于不见，人事著于作为。

2. 从天人区别的意义上解，内、外指主、次。林希逸：天在内，人在外，即前篇所谓主者天道，臣者人道也。陆长庚：在内言主张之者，在外言斡旋之者。

3. 从天人一致的意义上解，内、外指体、用。焦竑：天在内所以立体，人在外所以应用。

㈢蹢躅而屈伸，反要而语极

1. 解作应物、守心之两事。成玄英：蹢躅，进退不定之貌也。随物污降，或屈或伸，曾无定执，趣舍冥会，以逗机宜。虽复混迹人间而心恒凝静，常居枢要而反本还原。所有语言，皆发乎虚极，动不乖寂，语不乖默也。陈寿昌：蹢躅者，若却若前；屈伸者，或隐或现。虽复和光同尘，而能自反以得其枢要，动不乖寂，语不乖默，莫非虚通之极则，此惟知道者能之。

2. 解作应物之一事。林希逸：蹢，进退也。屈伸进退，各循其

---

① 陈景元：江南古藏本"天"作"乎"。

② "宁""审"繁体分别作"寧""審"。

理，至此，道之至要也，理之至极也。宣颖：与时俯仰，乃学之要而道之极也。

㈣牛马四足，是谓天；落马首，穿牛鼻，是谓人

1. 天人合一角度解，络马穿牛，虽人而不灭天。郭象：人之生也，可不服牛乘马乎？服牛乘马，可不穿落乎？牛马不辞穿落者，天命之固当也。苟当乎天命，则虽寄之人事，而本在乎天也。穿落之可也，若乃走作过分，驱步失节，则天理灭矣。王夫之：不以马之宜络，遂络其牛；牛之须穿，并穿其马；则虽人而不灭天。

2. 天人对立角度解，络马穿牛，即是以人灭天。陈景元：牛马，天理；穿络之者，以人灭天。宣颖：自然者天，造作者人。

㈤无以得殉名

1. 得，获得也。成玄英：名之可殉者无涯，性之可得者有限，若以有限之得殉无涯之名，则天理灭而性命丧矣。王先谦：勿以有限之得殉无穷之名。

2. 得，天德也。宣颖："得"即天德，"名"即人事。阮毓崧：得者，天德，《天地》"物得以生谓之德"是也。所得至贵，岂可以殉世俗之名。

夔怜蚿，蚿怜蛇，蛇怜风，风怜目，目怜心⊖。夔谓蚿曰："吾以一足趻踔⊜而行，予无如⊜矣。今子之使万足，独奈何？"蚿曰："不然。子不见夫唾者乎？喷则大者如珠，小者如雾，杂而下者不可胜数也。今予动吾天机，而不知其所以然。"蚿谓蛇曰："吾以众足行，而不及子之无足，何也？"蛇曰："夫天机之所动，何可易邪？吾安用足哉！"蛇谓风曰："予动吾脊胁而行，则有似⊛也。今子蓬蓬然起于北海，蓬蓬然入于南海，而似无有，何也？"风曰："然。予蓬蓬然起于北海而入于南海也，然而指我则胜我，鰌①⑤我亦胜我。虽然，夫折大木，蜚大屋者，唯我能也，

---

① 陆德明：鰌，本又作"踏"。

故以众小不胜为大胜也。为大胜者，唯圣人能之。"①

（一）夔怜蚿，蚿怜蛇，蛇怜风，风怜目，目怜心

1. 怜，美慕也。成玄英：怜是爱尚之名。夔是一足之兽，蚿是百足之虫，夔以少企多，故怜蚿；蚿则以有美无，故怜蛇；蛇则以小企大，故怜风；风则以暗慕明，故怜目；目则以外慕内，故怜心。陈祥道：以足为用，则一足不如万足之多，故夔怜蚿。以足为累，则万足不如无足之愈，故蚿怜蛇。蛇有有矣，睹无有为不足，故怜风。风蓬蓬然以有方为不适，故怜目。目司视而已，心则无所不司，故曰怜心也。陆长庚：夔一足，蚿百足，蛇无足，皆能自行，然犹有形，似风则无形而自行。目则不行而能至，犹以形用也；心则以神用。

2. 怜，哀愍也。成玄英：又解：怜，哀愍也。夔以一足而跳踯，怜蚿众足之烦劳；蚿以有足而安行，哀蛇无足而辛苦；蛇有形而适乐，愍风无质而冥昧；风以飘飘而自在，怜目域形而滞着；目以在外而明显，怜心处内而暗塞。

（二）吾以一足趻踔而行

1. 趻踔，跳行貌。成玄英：趻踔，跳踯也。

2. 趻踔，跛行貌。王念孙：趻踔，与"踸踔"同，一作"蹾踔"。跛者行，一前一却，不定之意。

（三）予无如矣

1. 如，似也。成玄英：天下简易，无如我者。林希逸：无如矣，无似我者也。

2. 如，往也。罗勉道：言行已遍，无所往矣。阮毓崧：如，往也。即《左传》"公如齐""如棠"之"如"。言予以不良于行，因无所往矣。

---

① 王敔："心""目"二语，不著疏解，而其义自见。姚鼐：此段是残缺，以"目""心"不必言者，吾不以为然。

3. 如，能也。章炳麟：“如”借为“能”，《诗笺》“能犹伽也”是其例。

㈣予动吾脊胁而行，则有似也

1. 似，形象也。成玄英：似，象也。蛇虽无足，而有形象。王敔：似谓有形。

2. 似，相似也。郭嵩焘：《玉篇》：“似，肖也。”所以行者，足也；动吾脊胁而行，无足而犹肖夫足也。

3. 似，通俟，待也。吴汝纶：似与俟通，待也。

㈤然而指我则胜我，鳍我亦胜我

1. 鳍，践踏也。成玄英：然人以手指扐于风，风即不能折指；以脚蹋踏于风，风亦不能折脚。马其昶：物为指所按，足所踏，则风不吹使去。

2. 鳍，乘行也。陆树芝：指者引之于前，如曲卷能引风而横之是也。鳍者乘之以行，如尘烟因风而起却先风而飞是也。

3. 鳍，迫也。陆德明：鳍，本又作“蹜”，迫也。

　　孔子游于匡，宋人围之数匝，而弦歌不惙①。子路入见，曰：“何夫子之娱也？”孔子曰：“来，吾语女。我讳穷久矣，而不免，命也；求通久矣，而不得②，时也。当尧、舜而天下无穷人，非知得也；当桀、纣而天下无通人，非知失也；时势适然。夫水行不避蛟龙者，渔父之勇也；陆行不避兕虎者，猎夫之勇也；白刃交于前，视死若生者，烈士之勇也；知穷之有命，知通之有时，临大难而不惧者，圣人之勇也。由处矣，吾命有所制矣。”无几何，将甲③㊀者进，辞曰：“以为阳虎也，故围之。今非也，请辞而退。”㊁

---

① 陆德明：惙，本又作“辍”。
② 陈景元：江南古藏本“得”作“遇”。
③ 陆德明：将甲，本一作“持甲”。

㊀将甲者进

1. 将，将帅也；甲，战士也。成玄英：将帅、甲士，前进拜辞。

2. 将，持也；甲，盔甲也。阮毓崧：陆云："将，本亦作持。"

3. 将，率领也；甲，战士也。曹础基：将甲，率领甲士的将官。

㊁孔子游于匡……请辞而退

1. 谓本节有义蕴。宣颖：此段发"无以故灭命"意也。

2. 谓本节无义蕴。林云铭：此段"讳穷""求通"等语，以拟圣人之言，恐觉不似，且笔颇平庸，非庄所作也。

公孙龙问于魏牟曰："龙少学先王之道，长而明仁义之行；合同异，离坚白；然不然，可不可；困百家之知，穷众口之辩；吾自以为至达已。今吾闻庄子之言㊂，汒焉异之。不知论之不及与？知之弗若与？今吾无所开①吾喙，敢问其方。"公子牟隐机大息，仰天而笑曰："子独不闻夫坎井之蛙乎？谓东海之鳖曰：'吾乐与！出跳梁乎井榦之上，入休乎缺甃之崖；赴水则接腋持颐，蹶泥则没足灭跗；还㊃虷蟹与科斗，莫吾能若也。且夫擅一壑之水，而跨跱坎井之乐，此亦至矣，夫子奚不时来入观乎？'东海之鳖左足未入，而右膝已絷矣。于是逡巡而却，告之海曰：'夫千里之远，不足以举其大；千仞之高，不足以极其深。禹之时十年九潦，而水弗为加益；汤之时八年七旱，而崖不为加损。夫不为顷久推移，不以多少进退者，此亦东海之大乐也。'于是坎井之蛙闻之，适适然惊，规规然自失也。且夫知不知是非之竟，而犹欲观于庄子之言，是犹使蚊负山、商蚷驰河也，必不胜任矣。且夫知不知论极妙之言，而自适一时之利者，是非坎井之蛙与？且彼方跐黄泉而登大皇㊄，无南无北，奭然四解，沦于不测；无东无西，始于玄冥，反于大通。子乃规规然而求之以察，索之以辩，是直用管窥天、用锥指地也，不亦小乎？子往矣！且子独不闻夫寿陵余子之学行于邯郸与？未得国能⑱，又失其故行矣，直匍匐而归耳。今子不去，将忘子之故，失子之业。"公孙龙口呿而不合，舌举而不下，乃逸而走。

---

① 陆德明：开，本亦作"关"，本或作"阒"。

㈠今吾闻庄子之言

1. 据公孙龙与庄子生时不相及之事实评此语。姚鼐：公孙龙与庄生时不相及，此弟子所记耳。

2. 据公孙龙与庄子生时犹相及之事实评此语。钱穆：公孙龙犹可及见庄子，惟此篇当非庄生亲笔则如姚说。

㈡还虷蟹与科斗

1. 还，如字，环顾也。司马彪：还，顾视也。

2. 还，"蠉"之借，水虫也。章炳麟："虷"音"寒"，一名"蜎"。《释虫》训"蜎"为"蠉"，则"还"为"蠉"之假借，蠉、虷，一物也。

㈢且彼方跐黄泉而登大皇

1. 大皇，如字，天也。成玄英：大皇，天也。

2. 大皇，当作"九皇"，九天也。奚侗："大"当作"九"，九皇，犹九天也。

㈣未得国能

1. 国能，如字，谓赵国之能。成玄英：未得赵国之能。

2. 国能，当读为"国态"，美态也。于鬯："能"当读为"态"①，《诗·民劳》陆《释文》引《书》郑注云："能，姿也。"《楚辞·大招篇》王逸《章句》云："态，姿也。""能""态"二字同训"姿"，明"能"即"态"也。此言"国能"者，谓"国态"也。称"国"者，美之辞耳。美态而曰"国态"，犹美色而曰"国色"也。古谓美曰"国"，故谓恶曰"野"；犹之谓美曰"都"，而谓恶曰"鄙"矣。

3. 国能，当作"其能"。奚侗："国"当作"其"。《御览》三九四引正作"其"。

---

① "态"字繁体作"態"。

庄子钓于濮水，楚王使大夫二人往先⊖焉，曰："愿以境内累矣！"庄子持竿不顾，曰："吾闻楚有神龟，死已三千岁矣，王巾笥而藏之庙堂之上。此龟者，宁其死为留骨而贵乎？宁其生而曳尾于涂中乎？"二大夫曰："宁生而曳尾涂中。"庄子曰："往矣！吾将曳尾于涂中。"

⊖ **楚王使大夫二人往先焉**

1. 先，预先也。成玄英：楚王知庄生贤达，屈为卿辅，是以贵持玉帛，爰发使命，诣于濮水，先述其意。

2. 先，致言也。陆德明：先，谓宣其言也。于鬯："先"读为"诜"，《说文》："诜，致言也。"

惠子相梁，庄子往见之。或谓惠子曰："庄子来，欲代子相。"于是惠子恐，搜⊖于国中三日三夜。庄子往见之，曰："南方有鸟，其名为鹓鶵，子知之乎？夫鹓鶵，发于南海而飞于北海，非梧桐不止，非练⊖实不食，非醴泉不饮。于是鸱得腐鼠，鹓鶵过之，仰而视之曰：'吓！'今子欲以子之梁国而吓我邪？"

⊖ **搜于国中三日三夜**

1. 搜，应作"獀"或"蒐"，陈兵也。郭象：扬兵整旅。褚伯秀："搜"应作"獀"，郭注可证。吴汝纶：郭云"扬兵振旅"，案郭以"搜"为"蒐狝"之"蒐"。

2. 搜，如字，搜寻。李颐：搜，索也。成玄英：搜索国中，寻访庄子。

3. 搜，或作"廀"，匿也。陆德明：搜，或作廀。陈治安：惠子不时见庄子，庄子谓其自廀国中，恐见而失魏相。搜，廀也、匿也。《庄子》字多通用。

⊖ **非练实不食**

1. 练实，竹实也。成玄英：练实，竹实。王叔岷：《盐铁论·毁学》《诗·卷阿》笺："非竹实不食。"是汉时旧本已作竹实矣。

2. 练实，楝实也。武延绪：练，"楝"之借也。王叔岷：《淮南子·时则训》"其树楝"，注："楝实，凤凰所食"是也。《广韵》去声四:"楝,木名,鹬䳂食其实。"即本此文,字正作"楝"。

庄子与惠子游于濠梁之上。庄子曰:"儵鱼出游从容,是鱼之乐也。"惠子曰:"子非鱼,安知鱼之乐?"庄子曰:"子非我,安知我不知鱼之乐?"惠子曰:"我非子,固不知子矣;子固非鱼也,子之不知鱼之乐全矣。"庄子曰:"请循其本。子曰'汝安知鱼乐'云者,既已知吾知之而问我,我知之濠上也。"

㈠**庄子与惠子游于濠梁之上**

1. 梁,石堤也。司马彪:濠,水名也。石绝水曰梁。

2. 梁。桥也。成玄英:濠梁,亦言是濠水之桥梁。

㈡**子之不知鱼之乐全矣**

〔句读1〕子之不知鱼之乐,全矣。

1. 全矣,谓论证完毕。成玄英:惠非庄子,故不知庄子。庄必非鱼,何得知鱼之乐?不乐不知之义,于此无亏。褚伯秀:全犹必也。

2. 全矣,谓全然不知。王敔:全不知。宣颖:言与鱼全无相知之理。

〔句读2〕子之不知鱼之乐全矣。

乐全,谓鱼忘水之乐。李士表:鱼之所乐在道而不在水,南华所知在乐而不在鱼。鱼忘于水,故其乐全;人忘于鱼,故其知一。(焦竑《庄子翼》引)

㈢**请循其本**

1. 循本,指返其初言:子能知我,则我可知鱼。郭象:寻惠子本言,非鱼则无缘相知,今子非我,而云"汝安知鱼乐"者,是知我之非鱼也。苟知我之非鱼,则凡相知者,果可以此知彼,不待是鱼然后知鱼也。林希逸:循本者,反其初言也。汝初问我非鱼安知鱼之乐,是汝知我方有此问,汝既如此知我,我于濠上亦如此知鱼也。

2. 循本,指寻循事物之本情:由我之乐可推鱼之乐。林疑独:

尽己之性而后能尽物之性，此所以知鱼之乐。惠子昧此而强辩是非，所以分也。庄子请循其本，欲其由恕以观之，终曰"我知之濠上也"，以我在濠上之乐推之，则知鱼之乐矣。褚伯秀：物我之性本同，以形间而不相知耳，会之以性，则其乐彼与此同，即人之所安而知鱼之乐矣。

至乐第十八

　　天下有至乐无有哉？有可以活身者无有哉？今奚为奚据？奚避奚处？奚就奚去？奚乐奚恶⊖？夫天下之所尊者，富贵寿善也；所乐者，身安厚味美服好色音声也；所下者，贫贱夭恶也；所苦者，身不得安逸，口不得厚味，形不得美服，目不得好色，耳不得音声。若不得者，则大忧以惧，其为形也亦愚哉！夫富者，苦身疾作，多积财而不得尽用，其为形也亦外矣！夫贵者，夜以继日，思虑善否，其为形也亦疏矣！人之生也，与忧俱生，寿者惽惽，久忧不死，何苦也！其为形也亦远矣！烈士为天下见善矣，未足以活身。吾未知善之诚善邪？诚不善邪？若以为善矣，不足活身；以为不善矣，足以活人。故曰："忠谏不听，蹲循⊜勿争。"故夫子胥争之以残其形；不争，名亦不成。诚有善无有哉？今俗之所为与其所乐，吾又未知乐之果乐邪？果不乐邪？吾观夫俗之所乐，举群趣者，诬诬①⊜然如将不得已，而皆曰乐者，吾未②之乐也，亦未②之不乐也。果有乐无有哉？吾以无为诚乐③矣，又俗之所大苦也。故曰："至乐无乐，至誉无誉⊕。"天下是非果未可定也。虽然，无为可以定是非⊛。至乐活身⊗，唯无为几存。请尝试言之：天无为以之清，地无为以之宁，故两无为相合，万物皆化④。芒乎芴乎，而无从出乎！芴乎芒乎，而无有象乎！万物职职⊜，皆从无为殖。故曰："天地无为也而无不为也。人也孰能得无为哉！"

---

①　陆德明：诬诬，本又作"胫胫"。
②　陈景元：江南古藏本"未"字下有"知"字。
③　陈景元：江南古藏本"诚乐"作而"诚者为乐"。
④　陈景元：江南古藏本"化"下有"生"字。

㈠今奚为奚据，奚避奚处，奚就奚去，奚乐奚恶

1. 奚，何必如此也。句谓若至乐活身，则不当着意抉择。

郭象：择此八者，莫足以活身，唯无择而任其所遇乃全耳。

2. 奚，如何方可也。句谓若至乐活身，当多方考虑选择。

成玄英：奚，何也。今欲行至乐之道以活身者，当何所为造，何所依据，何所避讳，何所安处，何所从就，何从舍去，何所欢乐，何所嫌恶，而合至乐之道乎？林希逸："奚为奚据"以下四句，言若何而可也。

㈡蹲循勿争

1. 蹲循，顺从也。成玄英：蹲循，犹顺从也。宣颖：蹲，卑身也。言谏君而君不听，当卑身循君，勿与争善。

2. 蹲循，逡巡也。林希逸：蹲循，即逡巡。林云铭：蹲循，逡巡退听之貌。言忠谏不见听，即当却去不必与之争也。

㈢诬诬然如将不得已

1. 诬诬，盲从貌，争先恐后貌。崔譔：以是为非，以非为是。李颐：趣死貌。

2. 诬诬，专确貌、必果貌。林希逸：诬诬然，必取之意。宣颖：专确貌。

㈣至乐无乐，至誉无誉

1. 谓至乐非世俗之乐，至誉非一时之誉。郭象：俗以铿锵为乐，美善为誉。陆树芝：至乐则无世俗之乐，犹之至誉则不争一时之誉。

2. 谓至乐忘乐，至誉忘誉。阮毓崧：忘乐而后乐足，忘誉而后誉全。

㈤无为可以定是非

1. 谓无为则任是非。郭象：我无为而任天下之是非，是非者各自任则定矣。

2. 谓无为则忘是非。成玄英：无为虚淡，忘是忘非；既无是非
而是非定者也。

㈥至乐活身

1. 谓至乐是活身的方法。成玄英：夫至乐无乐，常适无忧，可
以养活身心。宣颖：俗乐皆伤生之具，至乐则活身之道。
2. 谓活身是至乐的内容。陈寿昌：活身乃第一乐事。

㈦万物职职

1. 职职，繁多貌。李颐：繁殖貌。成玄英：职职，繁多貌。马
叙伦："职"借为"秩"，《说文》曰："秩，积也。"
2. 职职，各有所能，各有所主。陆德明：《尔雅》："职，主也。"
谓各有主而区别。王敔：职职，各效其能。胡文英：职职，并育并
行，不相害悖也。

庄子妻死，惠子吊之，庄子则方箕踞⊖鼓盆而歌。惠子曰："与人居
长子老身死不哭亦足矣⊜，又鼓盆而歌，不亦甚乎！"庄子曰："不然。是
其始死也，我独何能无概！然察其始而本无生，非徒无生也而本无形，非
徒无形也而本无气。杂乎芒芴之间，变而有气，气变而有形，形变而有
生。今又变而之死。是相与为春秋冬夏四时行也。人且偃然寝于巨室，而
我嗷嗷然随而哭之，自以为不通乎命，故止也。"

㈠庄子则方箕踞鼓盆而歌

1. 箕踞，垂脚如箕形。成玄英：垂两脚如簸箕形也。
2. 箕踞，踞足如箕形。陈寿昌：足踞几上，其状如箕也。
3. 箕踞，坐地如箕形。阮毓崧：箕踞，蹲坐也。

㈡与人居长子老身死不哭亦足矣

〔句读1〕与人居，长子老身，死不哭亦足矣。
成玄英：共妻居处，长养子孙，妻老死亡，竟不衰哭，乖于人
理，足是无情。马其昶："老身长子"，见《荀子》，彼注云："身已

老矣，子已长矣。"杨树达："长子老身"，"身"谓己身，不谓妻。

〔句读2〕与人居，长子，老，身死，不哭亦足矣。

宣颖："与人居"句，"长子"句，"老"句，"身死"句，"不哭"句。

〔句读3〕与人居长，子老身死，不哭亦足矣。

于鬯："人""子"二字疑当互易，读各四字句。"与子居长"，子，庄子也，长，犹久也。"人老身死"，谓今其人老而身死也。

支离叔与滑介叔观于冥伯之丘，昆仑之虚，黄帝之所休。俄而柳⊖生其左肘①，其意蹶蹶然恶之。支离叔曰："子恶之乎?"滑介叔曰："亡，予何恶! 生者，假借也⊜；假之而生生者，尘垢也。死生为昼夜。且吾与子观化而化及我，我又何恶焉⊜!"

㈠俄而柳生其左肘

1. 柳，谓柳木也。喻死之征或化之速。成玄英：柳者，易生之木；木者，棺椁之象。此是将死之征。褚伯秀：柳者，易生之木；左肘，罕用之臂。臂罕用而木易生，喻无心无为者之速化也。

2. 柳，谓瘤疖也。喻生之假借。林希逸：柳，疬也。今人谓生疖也。郭嵩焘："柳""瘤"字，一声之转。瘤之生于身，假借者也；人之有生，亦假借也；皆尘垢之附物者也。

㈡生者，假借也

1. 以道家观念解：生为造化之行。林疑独：生者，造物之假借。

2. 以佛家观念解：身为四大假合。成玄英：夫以二气五行，四支百体假合结聚，借而成身。是知生者尘垢秽累，非真物者也。

㈢且吾与子观化而化及我，我又何恶焉

1. 观化，谓观万物之变化。林希逸：观物之变化，而化及我，言我随造物而变也，又何恶焉。

---

① 陆德明：肘，司马本作"腑"，音"跌"，云："足上也。"

2. 观化，谓观死。罗勉道：化，死也，《孟子》曰"比化者无使土亲肤"之"化"。言吾与子适墓，观人之死，而睹此不祥，死将及我，人有死则我必有死，又何恶焉。

庄子之楚，见空髑髅，髐然⊖有形。撽以马捶，因而问之，曰："夫子贪生失理而为此乎？将子有亡国之事、斧钺之诛而为此乎？将子有不善之行，愧遗父母妻子之丑而为此乎？将子有冻馁之患而为此乎？将子之春秋故及此乎？"于是语卒，援髑髅，枕而卧。夜半，髑髅见梦曰："子①之谈者似辩士。视子所言⊜，皆生人之累也，死则无此矣。子欲闻死之说乎？"庄子曰："然。"髑髅曰："死，无君于上，无臣于下，亦无四时之事，从②然以天地为春秋⊜，虽南面王乐，不能过也。"庄子不信，曰："吾使司命复生子形，为子骨肉肌肤，反子父母妻子、闾里知识，子欲之乎？"髑髅深矉蹙颇曰："吾安能弃南面王乐而复为人间③之劳乎！"

㊀髐然有形

1. 髐然，言其色，无光泽也。成玄英：髐然，无润泽也。

2. 髐然，言其质，枯硬也。林希逸：空虚而坚固之貌。宣颖：空枯貌。

㊁视子所言，皆生人之累也

1. 如句。成玄英：睹于此，子所言皆是生人之累患。

2. "视"或作"诸"。林希逸：诸子所言，凡子所言也。奚侗：《仓颉篇》："诸，非一也。"与"凡"同义。

㊂从然以天地为春秋

1. 从，如字，从容也。成玄英：从容不复死生，故与二仪同其年寿。

2. 从，通"纵"，纵逸也。陆德明：从，李、徐："子用反。"纵

① 陈景元：张君房本，"子"上有"向"字。
② 陈景元：张君房本，"从"作"泛"。
③ 陈景元：张君房本，"人间"作"生人"。

逸也。

3. 从，"泛"之误。泛然，无系也。奚侗："从然"当从《阙误》张君房本作"泛然"。隶书"从""泛"形近因而致误①。"泛"与"氾"通，不系也。

颜渊东之齐，孔子有忧色。子贡下席而问曰："小子敢问，回东之齐，夫子有忧色，何邪？"孔子曰："善哉汝问！昔者管子有言，丘甚善之，曰：'褚小者不可以怀大，绠短者不可以汲深。'夫若是者，以为命有所成而形有所适也，夫不可损益。吾恐回与齐侯言尧、舜、黄帝之道，而重以燧人、神农之言。彼将内求于己而不得，不得则惑人惑则死㊀。且女独不闻邪？昔者海鸟止于鲁郊，鲁侯御而觞之于庙，奏九韶以为乐，具太牢以为膳。鸟乃眩视忧悲，不敢食一脔，不敢饮一杯，三日而死。此以己养养鸟也，非以鸟养养鸟也。夫以鸟养养鸟者，宜栖之深林，游之坛陆，浮之江湖，食之鳅鲦，随行列而止，委蛇而处。彼唯人言之恶闻，奚以夫诡诡为乎！咸池、九韶之乐，张之洞庭之野，鸟闻之而飞，兽闻之而走，鱼闻之而下入，人卒闻之，相与还而观之。鱼处水而生，人处水而死，彼必相与异其好恶，故异也②，故先圣不一其能，不同其事。名止于实，义设于适，是之谓条达而福持㊀。"

㊀不得则惑人惑则死

〔句读1〕不得则惑，人惑则死。

1. 人惑则死，指颜回死。成玄英：齐侯闻此大言，未能领悟，求于己身，不能得解。脱不得解，则心生疑惑，于是忿其胜己，必杀颜回。胡文英："人惑则死"，指颜回撄暴人而死，看"孔子有忧色"句自明。

2. 人惑则死，指齐侯死。褚伯秀：与齐侯言先王之道，将不契其素心，则惑而无主，反伤其形矣。

3. 人惑则死，泛指一般人。林云铭："人惑则死"，若指颜回以

---

① "从"字繁体作"從"。
② 陈景元：江南古藏本"故异也"作"好恶异"。

撄暴人而死，则与上下文俱不相贯；若指齐侯，恐世无惑言而死之人。此等拙笔，欲以拟庄，何不自量。陆树芝：突下一"死"字，甚奇。然惑甚则心死，是亦死也。

〔句读2〕不得则惑人，惑则死。

宣颖：疑惑人之所言，将加人以刑。

(二)是之谓条达而福持

1. 条达、福持皆解作言自己。林希逸：条达者，直截不费力也；福持者，言福常在也。不为过分之事，则不费力而常保其生无所患害。阮毓崧：条达，犹言条理详明。福，备，无所不顺之谓也。此言既实而适，故有条不紊，所执行者无不顺利也。

2. 条达、福持分别解作对人与对己。林云铭：条达者，通于人；福持者，利于己。胡文英：条达，则人不惑；福持，则己可保。钱穆："福"当借作"辐"。《老子》曰"三十辐共一毂"，"辐持"犹言辐辏。由外言之曰"条达"，由中言之曰"辐持"。

列子行食于道从见百岁髑髅①，撽②蓬而指之曰："唯予与汝知而未尝死、未尝生也。若果养①③乎，予果②欢乎？"

(一)列子行食于道从见百岁髑髅

〔句读1〕列子行，食于道从，见百岁髑髅。

1. 从，如字，傍也。成玄英：从，傍也。御寇困于行李，食于道傍。

2. 从，"徒"字之误③。卢文弨：殷敬顺《列子·天瑞篇释文》云："《庄子》'从'作'徒'。司马云：徒，道傍也。"

〔句读2〕列子行，食于道，从见百岁髑髅。

林希逸："从见"者，因而见也。徐廷槐：一本"从"字属下句读，作"因"字解。

---

① 陆德明：养，司马本作"暮"。若果，元嘉本作"汝过"。
② 陆德明：予果，元嘉本作"子过"。
③ "从"字繁体作"從"。

（二）攓蓬而指之曰

1. 攓，拔也。司马彪：攓，拔也。郭庆藩：攓，正字作"攑"。《说文》："攑，拔取也。"

2. 攓，扶也、拔也。陆长庚：攓，扶也。言髑髅没于蓬蒿之中，列子扶其蓬而指之。陈寿昌：攓，拨开也。

（三）若果养乎，予果欢乎

1. 养，如字，颐养也。陈景元：予未尝死也，其生果欢乐乎？汝未尝生也，其死果颐养乎？

2. 养，如字，忧也。宣颖：养，心忧不定貌。《诗》曰"中心养养"是也。言尔果以死为忧乎，我果以生为乐乎？俞樾：养，读为"恙"。《尔雅·释诂》："恙，忧也。""恙"与"养"，古字通。

3. 养，如字，长也。姚鼐：养，长也。《夏小正》"时有养夜"，言若果长死乎？

4. 养，或作"暮"。司马彪：暮，死也。

种有几（一），得水则为㘩①（二），得水土之际则为蛙蠙之衣（三），生于陵屯则为陵舄（四），陵舄得郁栖（五）则为乌足，乌足之根为蛴螬，其叶为胡蝶。胡蝶胥（六）也化而为虫，生于灶下，其状若脱，其名为鸲掇。鸲掇千日为鸟，其名为干余骨。干余骨之沫为斯弥，斯弥为食醯。颐辂生乎食醯，黄𩵋生乎九猷，瞀芮生乎腐蠸（七）。羊奚比乎不笋竹生青宁（八），青宁生程（九），程生马，马生人（十）。人又（十一）反入于机。万物皆出于机，皆入于机（十二）。

（一）种有几

1. 种，种类。几，几何。谓变化之种类有多少？郭象：变化种类，不可胜计。陆长庚：举其化生，凡有几种。

2. 种，物种。几，同"机"。谓物种有变化之机妙也。王敔：几，一本作"机"。陶光：《说文》："主发谓之机。"此言凡物类皆有化机也。（钱穆《庄子纂笺》引）

---

① 陆德明：㘩，司马本作"继"，本或作"断"，又作"续断"。

3. 种，物种。几，微也。谓物种皆由极微生成。胡适："种有几"的"几"字，当作"几微"的"几"字解。《易·系辞传》说"几者，动之微，吉凶之先见者也"，正是这个"几"字。"几"[①] 从"丝"，"丝"从"幺"，本象生物胞胎之形。我以为此处的"几"字，是指物种最初时代的种子。（《中国哲学史大纲》）马叙伦：《寓言篇》"万物皆种也"，是此"种"字谓万物之种也。几者，《说文》曰："微也，从二幺。"幺，小也。从二"幺"，故为微也。是"几"者，谓种之极微而万物之所由生者也。

（二）得水则为䜌

1. 䜌，言万物从无至有相继而生。司马彪：万物虽有兆朕，得水土气乃相继而生也。成玄英：润气生物，从无生有，故更相继续也。

2. 䜌，言苔之初生尚未成。林希逸：继者，水上尘垢初生苔而未成。

3. 䜌，水草也。郭嵩焘：《释文》云："䜌，本或作断，又作续断。"疑作"续断"者是。《说文》："蘱，水舄也。"《尔雅·释草》："蘱，牛脣。"郭注引《毛诗传》曰："水舄也，如蘱断，寸寸有节，拔之可复。"蘱，续字，即《本草》之云续断也。

（三）得水土之际则为蛙蠙之衣

1. 蛙蠙之衣，青苔也。成玄英：蛙蠙之衣，青苔也，在水中若张锦，俗谓之虾蟆衣也。

2. 蛙蠙之衣，车前草。王先谦：此言水与土相际而生，非谓水上之物。《释草》："茣苢，马舄；马舄，车前。"郭注："今车前草，好生道傍，江东呼为虾蟆衣。"

（四）生于陵屯则为陵舄

1. 陵舄，车前草、泽舄之生于高阜处者。司马彪：言物因水成

---

① "几"字繁体作"幾"。

而陆产，生于陵屯，化作车前，改名陵舄也。一名泽舄，随燥湿变也。

2. 有别于车前草、泽舄之物。郭嵩焘：泽舄生浅水中，则陵舄生于陵屯，当别一物。车前生道边，亦不生陵屯也。

㈤陵舄得郁栖则为乌足

1. 郁栖，虫名。司马彪：郁栖，虫名；乌足，草名，生水边。

2. 郁栖，粪壤。成玄英：郁栖，粪壤也。陵舄既老，变为粪土也。粪壤复化为乌足之草根也。

㈥胡蝶胥也化而为虫

〔句读1〕胡蝶胥也，化而为虫。

1. 胥，谓胡蝶之别名。陆德明：胡蝶，一名"胥"。

2. 胥，谓老也。姚鼐："胥"是长老之意，言胡蝶之老者。

〔句读3〕胡蝶胥也化而为虫。

胥，少也。谓胡蝶不久即变为虫。俞樾："胡蝶胥也化为虫"，与下文"鸲掇千日为鸟"，两文相对。"千日为鸟"，言其久也；"胥也化为虫"，言其速也。《列子·天瑞篇释文》曰："胥，少也，谓少时也。"得其义矣。

㈦斯弥为食醯，颐辂生乎食醯，黄䡎生乎九猷，瞀芮生乎腐蠸

1. 斯弥、食醯、颐辂、黄䡎、九猷、瞀芮、腐蠸，皆虫名。高亨：《释文》："食，司马本作'蚀'，云：'蚀醯若酒上蠛蠓也。'"斯弥为米蛊，造醯以米，故庄子以为斯弥化为食醯也。"颐辂"疑借为"蟗螲"。《说文》："蟗，蟗螲也，从虫，巨声。螲，蟗蟗也，一曰蜉游朝生莫死者，从虫，枭声。"亦作"渠略"。《方言》卷十一："蜉蛴，秦晋之间谓之蟥蛁"是也。"颐""蟗"一音之转，"辂""螲"古音同，是则颐辂者，蜉蝣也。字书无"䡎"字。"䡎"疑原作"䡅"，形近而误，黄䡎即蟥蛜也。《尔雅·释虫》："蚾，蟥蛜。"郭注："甲虫也，大如虎豆、绿豆，今江东呼黄蛜，音瓶。"九猷疑即雠由。《尔雅·释虫》："雠由，樗茧、棘茧、栾茧。"乃食木叶之虫，蚕之类也。"九""雠"古通用，"猷"正字作"犹"（猶），犹、由古亦通用。"瞀"疑借为"蟒"，"芮"读为"蚋"。《尔雅·释虫》："蟒，蟻蟒。"郭注："小虫似蚋，喜乱飞。"《尔雅·释虫》："蟹，舆父、守瓜。"郭注："今瓜中黄甲小虫，喜食瓜叶，故曰守瓜。"《玉篇》："蟹，食瓜虫。"腐蟹即蟹也。"腐"者发声之词。蠃曰"蚹蠃"，是其例矣。

2. 斯弥为黏液，食醯为醋，九猷为陈酒，腐蟹为腐猪。

曹础基：斯弥，干余骨吐出的黏液。食醯，醋。斯弥经久发酸如醋。九，通久；猷，通酋、酒。九猷，过时的酒。蟹，通獾，野猪。腐蟹，腐烂的野猪。

㈧羊奚比乎不箰久竹生青宁

〔句读1〕羊奚比乎不箰久竹生青宁。

宣颖："羊奚比乎不箰久竹生青宁"为一句。羊奚，草名，根如芜菁。其根连合于久不生笋之竹则生青宁。青宁，竹根虫也。

〔句读2〕羊奚比乎不箰，久竹生青宁。

胡文英：羊奚草近乎竹而能使之不笋，生而之死也。久竹生青宁，死而之生也。青宁或解为虫，究属附会，阙之可也。高亨："羊奚"疑即蠰溪，《尔雅·释虫》："土蠡，蠰溪。"郭注："似蝗而小，今谓之土蝼。""比"疑原作"化"，形近而误。"不"借为"箰"，《说文》："箰，竹箰也。箰，楚谓竹皮曰箰。"亦为竹笋。庄子以为羊奚变为竹笋。久竹，老竹也。青宁者，青熊也。"宁"借为"能"，"宁""能"古通用。《诗·正月》"燎之方扬，宁或灭之"，《汉书·谷永传》引"宁"作"能"，即其证。《说文》："能，熊属。"庄子以千年老竹化为青熊。任昉《述异记》："梓树之精化为青牛。"老竹化青熊，犹老梓化为青牛矣。

㈨青宁生程

1. 程，虫也。成玄英：程亦虫名也。

2. 程，豹也。陈景元：《尸子》云，越人呼豹曰"程"，或谓之"貘"。罗勉道：《笔谈》云"延州人至今谓虎豹为程，盖言虫也"。

⊕程生马，马生人

1. 马、人，如字。解亦如字。陈景元：《搜神记》：秦孝公时，有马生人。盖五运六气触物感变，难以致诘也。方以智："青宁生程，程生马，马生人"，世间自有此事。如史言武陵虫生于畜狗，元始祖胎于狼鹿之类，不可以耳目所限而断之。林云铭：《楞严经》云，人死为羊，羊死为人。

2. 马、人，如字。皆草名也。林希逸："马"亦草名。如今所谓马齿菜、马兰草之类。"人"亦草名，如人参、人面子。分明用许多草名，却把"马"与"人"字说，故为此诡怪名字。

3. 马，"为"字之误，猴也。高亨：二"马"字疑原皆作"为"，形近而误。《说文》："为，母猴也。""为生人"与人出于猿之说合。

4. 无需泥于名物解。陈寿昌：窃窥经旨，殆谓虫臂鼠肝，听之造物。盖人之余气，可化为万物，万物之精气，皆可化而为人。事至变而理至微，能会其通，自可无泥于名物也。

⊕人又反入于机

1. 又，如字。成玄英：人既从无生有，又反入归无也。

2. 又，"久"字之误。俞樾："又"当作"久"，字之误也。久者，老也。人久反入于机者，言人老复入于机也。《列子·天瑞篇》正作"人久入于机"。

⊕万物皆出于机，皆入于机

1. 机，如字。气或造化运转之化机也。郭象：此言一气而万物形，有变化而无死生也。林云铭：出者，生也；入者，死也；机者，阴阳二气之动也。此段大意谓人之生死皆造物化机所动也。杨文会：机者，玄牝之门也。释氏谓之"阿赖耶识"，具生灭、不生灭二义。

万物皆从此出，名之曰"生"；复从此入，名之曰"死"。出入不离此机，生死皆假名耳。

2. 机，即"几"字。万物极微之实体也。马叙伦："机"当为"几"，即"种有几"之"几"也。高亨：马说是也。"几"借为"虮"。虮之为物，其体合本为大虮，其体碎各成小虮，盖以细胞为生存单位，故能不死而易于繁殖。庄子之生物轮化论以"虮"为枢纽，良有似也。

达生第十九

达生之情者，不务生之所无以为㊀；达命之情者，不务知①之所无奈何。养形必先之以物，物有余而形不养者有之矣。有生必先㊁无离形，形不离而生亡者有之矣。生之来不能却，其去不能止。悲夫！世之人以为养形足以存生，而养形果不足以存生，则世奚足为哉㊂！虽不足为而不可不为者㊃，其为不免矣。夫欲免为形者，莫如弃世㊄。弃世则无累。无累则正平㊅，正平则与彼㊆更生，更生则几㊇矣。事奚足弃而生奚足遗？弃事则形不劳，遗生则精不亏。夫形全精复，与天为一。天地者，万物之父母也，合则成体，散则成始。形精不亏，是谓能移㊈。精而又精，反以相㊉天。

㊀达生之情者，不务生之所无以为

1. 生之所无以为，谓身外之物。郭象：生之所无以为者，分外物也。林希逸：生之所无以为者，言身外之物也。

2. 生之所无以为，谓无用、无益之举。罗勉道：无以为，言无用如此。王夫之：不务生之所无以为，无益于生。

宣颖：为无益之养者，生之所无以为也。

㊁有生必先无离形，形不离而生亡者有之矣

1. 如句，"先无离形"诠为守形、爱形。郭象：守形大甚，故生

---

① 王孝鱼：《弘明集·正诬论》引"知"作"命"。按：《淮南子·诠言》《泰族》"知"亦作"命"。

亡也。成玄英：既有此浮生，而不能离形遗智，爱形大甚，亡失全生之道也。如此之类，世有之矣。

2. 句误，"先"为"元"之误。陶鸿庆："先"字不当有，盖即"元"字之误。又涉上文"养形必先之物"而衍也①。

㈢养形果不足以存生，则世奚足为哉

1. 世，指世务之事。句谓形不足养生，世间还有何事可为！成玄英：厚养其形，弥速其死，故决定不足以存生。生既非养所存，故知世间物务，何足为也。陈寿昌：人以存生为要，既失此要义，世间事尚何者足为邪？

2. 世，指养生之事。句谓形不足存生，世之备物养形，是无谓之举。宣颖：形不足以存生，则世之备物养形者何足为哉！胡文英：世，世所谓养生之事。

㈣虽不足为而不可不为者

1. 谓养形存生乃必需之事。张四维：指有形所需，不可缺也。陆树芝：不可不为，如衣食所需，必不可废者。

2. 谓备物养形乃世俗使然。王敔：流俗皆见为不可不为，则必为之。宣颖：既在世中，习俗难废。

㈤夫欲免为形者，莫如弃世

1. 弃世，谓无心而处世。林希逸：弃世者，非避世也。处世以无心，感而后应，迫而后动，不得已而后起，则我自我而世自世矣。陆长庚：弃世者，不以世情为念。

2. 弃世，谓不参与世务。林云铭：弃世，出世。如今出家人也之类。胡文英：弃世，不以世事为务。

3. 弃世，谓放弃以物养生。王敔：弃世，谓不资于以物养。

---

① 按："有生必元无离形"可诠为生与形原本不相离，此与郭、成注疏亦构成歧解。

㈥无累则正平

1. 正平，指行为而言。成玄英：无忧累则合于正真平等之道。林希逸：正平者，心无高下抉择也。

2. 正平，指心境而言。林云铭：正平者，得心体之本然也。陈寿昌：心正气平，湛然常寂。

㈦正平则与彼更生

1. 彼，指造化。宣颖：与造化同其循环推移。胡文英：与彼更生，言凭他把我变做虫臂鼠肝。

2. 彼，指以养形存生者。陆树芝：彼世以养形为生，此更有不养形而生者，是与彼更生也。

3. 彼，指气。陈寿昌：心正气平，湛然常寂。天地之气自外而入，故曰"彼"。

㈧更生则几矣

1. 几，尽也。成玄英：几，尽也。平正则冥于日新之变，故能尽道之玄妙。

2. 几，近也。宣颖：几矣，近道。

㈨事奚足弃而生奚足遗

1. 此句承上文以反问作结。林希逸：与造物俱化日新又新，故曰"与彼更生"。能知此意，则身外之事与其生者，不待遗弃而自遗弃矣。王敔：二句反诘之词。

2. 此句为引起下文之问辞。陆长庚：此一句是问辞，复自答云："弃事则形不劳，遗生则精不亏。"林云铭：此句作问辞唤起下意。

㈩形精不亏，是谓能移

1. 能移，指体道。郭象：与化俱也。成玄英：不劳于形、不亏其精者，故能随变化而与物俱迁也。

2. 能移，指养生。陆树芝：人能形全精复，则天地一大乾坤，此身亦一小乾坤，如以天地之大，移之于一身之中矣，是谓"能移"。陈寿昌：回颜补脑，故曰"能移"。

⑪反以相天

1. 相，辅助也。郭象：还辅其自然也。胡文英：可以赞天地之化育。

2. 相，比同也。林云铭：相天，言宇宙在手，万化生身也。儒家谓吾之心正，则天地之心亦正，吾之气顺，则天地之气亦顺。

子列子问关尹曰："至人潜行不窒，蹈火不热，行乎万物之上而不栗。请问何以至于此？"关尹曰："是纯气之守也○，非知巧果敢之列。居，予语女。凡有貌象声色者，皆物也，物何以相远①○！夫奚足以至乎先○？是色②而已。则物之造乎不形而止乎无所化○，夫得是○而穷之者，物焉得而止③○焉！彼将处乎不淫之度○，而藏乎无端之纪○，游乎万物之所终始，一其性○，养其气，合○其德，以通乎物之所造○。夫若是者，其天守全，其神无却，物奚自入焉！夫醉者之坠车，虽疾不死。骨节与人同而犯害与人异，其神全也。乘亦不知也，坠亦不知也，死生惊惧不入乎其胸中，是故遻物而不慑。彼得全于酒而犹若是，而况得全于天乎？圣人藏于天○，故莫之能伤也。复仇者不折镆干，虽有忮心者不怨飘瓦。是以天下平均，故无攻战之乱，无杀戮之刑者，由此道也。不开人之天④，而开天之天○。开天者德生，开人者贼生。不厌其天，不忽于人○，民几○乎以其真。"

㊀是纯气之守也

1. 谓特异性能。陆长庚：至人纯守元气，而成身外之身，故能如此。陈寿昌：善守纯阳之气，故成身外之身。

---

① 王叔岷：道藏各本、覆宋本并作"物与物何以相远"。
② 陈景元：江南古藏本"色"上有"形"字。
③ 王叔岷：陈碧虚《阙误》引张君房本"止"作"正"。但审文义，当以作"止"为是，作"正"者形误。
④ 陈景元：刘得一本"天"作"人"。

2. 谓心性修养。成玄英：夫不为外物侵伤者，乃是保守纯和之气，养于恬淡之心而致也。胡文英：言气既守得专一，则不与万物相感召。非如时解"身外之身"也。盖"身外之身"等说，是后世方士添出；漆园学问，所谓不导引而寿者。

㈡物何以相远

1. 如句解，心、物对言。郭象：唯无心者独远耳。

2. 句作"物与物何以相远"解，物、物对言。宣颖：既亦为物，何以能远于物。

㈢夫奚足以至乎先，是色而已

1. 先，先后也。谓同是物，故无先后可言。郭象：同是形色之物耳，未足以相先也。

2. 先，初始也。谓既是物，如何能达到物之初始。吕惠卿：先则未有物之初，色则物之已有，奚足以至纯气之守，至虚之游乎！

㈣则物之造乎不形而止乎无所化

1. 不形、无所化，皆指造化而言。林希逸：造物者无形，故曰"物之造乎不形"；无始无终，一而不二，故曰"止乎无所化"。化，易也，言其无所变易也。

2. 不形、无所化，皆指物之先而言。褚伯秀：然则所谓物之先者，物之不形乃物之所自形，物之无化乃物之所自化。

㈤夫得是而穷之者

1. 得是、穷之者，指造化之理。林希逸：得是而穷之者，造化之理也。言得此造化之理而穷尽其妙。

2. 得是、穷之者，指物之先。陆树芝：穷之而至乎最先者也。

㈥物焉得而止焉

1. 止，如字，阻止也。王敔：不为物所阂止。林云铭：得是道而穷尽之，自能离形超化至于物先，外物何得而御止焉。

2. 止，"制"之误。褚伯秀：物焉得而止焉，"止"字说之不通，郭注云"至极者非物所制也"，当是"制"，是声近而讹耳。

(七)彼将处乎不淫之度

1. 淫，滥乱也。不淫之度谓分内也。郭象：止于所受之分。林希逸：淫，乱也。不淫之度，一定之法度也。

2. 淫，佚乐也。不淫之度谓恬静也。陆长庚：淫，佚乐也。处身乎不淫之度者，虚静恬淡，寂寞无为。

(八)藏乎无端之纪

1. 无端，谓变化也。郭象：冥然与变化日新。林云铭：无端之纪，循环而不穷也。

2. 无端，谓无物之初也。林希逸：无端之纪，无物之初也。"纪"即理也。陆长庚：此无端之纪是谓造化之根。

(九)一其性

1. 谓循性而动。成玄英：率性而动，故不二也。

2. 谓使性纯一。林希逸：一其性，纯一不杂也。

(十)合其德

1. 合，如字。成玄英：与玄德冥合。林希逸：合其德，浑全不离也，与造物为一。

2. 合，或作"含"。王叔岷：《列子·黄帝篇》"合"作"含"，义较长。"合"疑"含"之形误。《老子》"含德之厚，比于赤子"，可为旁证。

(十一)以通乎物之所造

1. 指境界而言，谓与造化为一。林希逸：与造化为一，故曰"通乎物之所造"。

2. 指工夫而言，谓至乎物之先。宣颖：求至乎先也，守气工夫如此。

⑪圣人藏于天

1. 指行迹而言。郭象：不窥性分之外，故曰"藏"。陈景元：圣人蕴乎天理，鬼神莫睹其迹。

2. 指神智而言。成玄英：藏光塞智于自然之境，故物莫之伤矣。胡文英：藏于天，通乎物之所造也。

⑫不开人之天，而开天之天

1. 指两种境界而言。郭象：不虑而知，开天也；知而后感，开人也。然则开天者，性之动也；开人者，知之用也。张道绪：人之天，情欲是也；天之天，自然恬淡也。（《庄子选》）

2. 指两种工夫而言。宣颖：不启人心之窦。知巧果敢，皆开人之天者。但由自然之门，纯气之守是也。陈寿昌：不凿混沌之窍，而阐虚静之门。

⑬不厌其天，不忽于人

1. 就天人合一之意义解。林疑独：不厌其天，不以人灭天也；不忽于人，不以天废人也。方沆：天可常也，不可厌也；不可慎也，不可忽也。（焦竑《庄子翼》引）

2. 就天人对立之意义解。宣颖：常依天理，慎防人心。胡文英：不厌，不闭藏也；不忽，不轻用也。

⑭民几乎以其真

1. 几，尽也。成玄英：率土尽真，苍生无伪者也。

2. 几，近也。林希逸：如此则近于真实之理。几，近也。

仲尼适楚，出于林中，见痀偻者承①蜩，犹掇之也。仲尼曰："子巧乎，有道邪？"曰："我有道也。五六月㊀累丸二而不坠，则失者锱铢；累三而不坠，则失者十一；累五而不坠，犹掇之也。吾处身也，若厥②株拘㊁；吾执臂也，若槁木之枝；虽天地之大，万物之多，而唯蜩翼之知。吾不反不侧㊂，不以万物易蜩之翼，何为而不得！"孔子顾谓弟子曰："用志不分，乃凝㊃于神，其痀偻丈人之谓乎！"

㊀五六月

1. 谓承蜩之秀节。司马彪：黏蝉时也。林疑独：五六月，蜩鸣之时。

2. 谓学承蜩用去之时日。成玄英：初学承蜩，时经半岁。王敔：学之五六月。

㊁吾处身也，若厥株拘

1. 厥，竖也。谓身竖若株拘。李颐：厥，竖也。竖若株拘也。宣颖：株拘，枯木也。处身若竖枯木。

2. 拘，止也。谓身如橛株之立。阮毓崧：厥，陆云："本或作橛。"橛，《说文》："栈也。"盖直立一段之木也。株，木身之在土上者。拘，止也。言身若橛株之止而不动也。

㊂吾不反不侧

1. 指意念而言。王敔：念无回顾。

2. 指身体而言。阮毓崧：身臂绝无变动。

㊃乃凝于神

1. 凝，如字，凝固也。成玄英：凝静不离。林云铭：神凝定而不扰。

2. 凝，当作"疑"，相似也、比拟也。褚伯秀："乃凝于神"，

① 陆德明：承，一本作"美"。
② 陆德明：厥，本或作"橛"

"凝"当是"疑"，后"削镰"章可照。刘凤苞："疑"字原本作
"凝"，东坡引《易》"阴疑于阳"之义，定为"疑"字，其义更精。
俞樾："凝"当作"疑"。下文"梓庆削木为镰，镰成，见者惊犹鬼
神"，即此所谓"乃疑于神"也。《列子·黄帝篇》，正作"疑"，张
湛注曰："意专则与神相似者也。"可据以订正。王叔岷："疑"犹
"拟"①也。《天地篇》"博学以拟圣"，《淮南·俶真篇》作"疑"，
即其比。

颜渊问仲尼曰："吾尝济乎觞深⊖之渊，津人操舟若神。吾问焉曰：
'操舟可学邪?'曰:'可。善游者数⊜能。若乃夫没人，则未尝见舟而便
操之也。'吾问焉而不吾告，敢问何谓也?"仲尼曰："善游者数能，忘水
也。若乃夫没人之未尝见舟而便操之也，彼视渊若陵，视舟之覆，犹其车
却也。覆却万方⊜陈乎前而不得入其舍，恶往而不暇! 以瓦注⊕者巧，以
钩注者惮，以黄金注者殙。其巧一也，而有所矜，则重外也。凡外重者
内拙。"

⊖觞深之渊

　　1. 觞深，渊名。成玄英：觞深，渊名也。其状似杯，因以为名，
在宋国也。

　　2. 觞深，至深也。陆长庚：至深之渊也。

⊜善游者数能

　　1. 数，数次，屡次也。郭象：言物虽有性，亦须数习而后能耳。

　　2. 数，多数也。奚侗：《说文》："数，计也。"引申为甚多之称。
此言操舟之善游者多能之。

　　3. 数，速也。严复：数，读若"数罟"。数能，犹速成也。马叙
伦：数，或借为"速"。

---

① "拟"字繁体作"擬"。

（三）覆却万方陈乎前而不得入其舍

1. 如句。万方，万端，多也。郭象：覆却虽多，而犹不以经怀，以其性便故也。林希逸：覆却万端而不动其心。

2. 句有脱漏。俞樾："万"下脱"物"字。此本以"覆却万物"为句，"方陈乎前而不得入其舍"为句。方者，并也。"方陈乎前"，谓万物并陈乎前也；郭注曰"覆却虽多而犹不以经怀"，是其所据本有"物"字。盖正文是"万物"，故以"多"言。若如今本作"万方"，当以"广大"言，不当以"多"言也。《列子·黄帝篇》正在"覆却万物，方陈乎前而不得入其舍"，可据以订正。

3. 句有衍字。胡怀琛：方，两舟相并也，即《山木篇》所谓"方舟"，亦即今之"舫"字。"却"字涉上文而衍。"覆万方陈乎前"，犹云"覆万舟陈乎前也"。

（四）以瓦注者巧

1. 注，投击也。李颐：注，击也。

2. 注：赌注也。成玄英：注，射也。用瓦器贱物而戏赌射者。

田开之见周威公。威公曰："吾闻祝肾①学生吾子与祝肾游亦何闻焉⊖?"田开之曰："开之操拔篲⊜以侍门庭，亦何闻于夫子！"威公曰："田子无让，寡人愿闻之。"开之曰："闻之夫子曰：'善养生者，若牧羊然，视其后者而鞭②之⊜。'"威公曰："何谓也?"田开之曰："鲁有单豹者，岩居而水饮，不与民共利，行年七十而犹有婴儿之色，不幸遇饿虎，饿虎杀而食之。有张毅者，高门县薄⑬，无不走也⑭，行年四十而有内热之病以死。豹养其内而虎食其外，毅养其外而病攻其内。此二子者，皆不鞭其后者也。"仲尼曰："无入而藏，无出而阳，柴立其中央⑮，三者若得，其名必极⑯。夫畏涂者，十杀一人，则父子兄弟相戒也，必盛卒徒而后敢出焉，不亦知乎！人之所取③⑰畏者，衽席之上，饮食之间；而不知为之戒者，过也。"

---

① 陆德明：肾，字又作"紧"，本或作"贤"。

② 陆德明：鞭，崔本作"趀"。

③ 陈景元：江南古藏本"取"作"最"。

㈠吾闻祝肾学生吾子与祝肾游亦何闻焉

〔句读1〕吾闻祝肾学生，吾子与祝肾游，亦何闻焉？

生，养生之道。学生，学养生之道。郭象：学生者务中适。成玄英：素闻祝肾学养生之道，开之既从之游学，未知何所闻乎？

〔句读2〕吾闻祝肾学生吾，子与祝肾游，亦何闻焉；

生吾，人名。学生吾，学于生吾。陆德明：司马本以"吾子"属上句，更云"子与祝肾游"。于鬯：此当读至"生吾"句。生吾者，人名也。司马本多一"子"字，读法甚当，"生吾子"其为人名，益白矣。

㈡开之操拔篲以侍门庭

1. 拔篲，扫帚也。成玄英：拔篲，扫帚也。

2. 拔篲，拂与帚。范应元："拔"读同"拂"。拂、篲皆服役者所执。褚伯秀："拔"当是"帔"，传写小差。《鉴韵》"帔音拂"，与"翇"同为全羽也，亦侍者所执。

3. 拔篲，拔草为帚。陆长庚：拔篲者，拔连茹之草以为帚。

㈢视其后者而鞭之

1. 喻养生在于适中。郭象：学生者务中。鞭其后者，去其不及也。罗勉道：羊已前行者不须鞭，唯其在后者鞭之，比喻既养其内者，不必更用工于内，但当养其外；既养其外者，不必更用工于外，但当养其内。

2. 喻养生当循理。林疑独：善牧羊者，视其后者而鞭之，欲其循理而勿失。林希逸：牧羊本听其自然，若行在后而不逐其群则鞭之，此意便谓循天理而行，亦必尽人事也。

3. 喻从难守终。王夫之：夫人性之所近，情之所安，刚柔静躁各有所偏系，虽迫欲弃世以复精，必有一难忘之情牵曳不舍。一念不息，众妄终莫能止，此后者也。于此而鞭之，则他端皆就绪以冰释矣。胡文英：即吾儒所谓克己须从难处克起。郭嵩焘：鞭其后，谨持其终者也。

4. 喻着意护养。崔譔：趡，匿也。视其羸瘦在后者，匿着牢中养之也。陈深：牧羊者必鞭其后，养生者必周其防，不宜尽委之无心也，则不以物害己。

㈣高门县薄

1. 指富贵人家。成玄英：高门甲第，朱户垂帘。

2. 分别指大家与小户。方以智：高门，大家也。县薄，谓县帷薄于门首，闾阎之小户也。

㈤无不走也

1. 谓其趋利。成玄英：言张毅是流俗之人，追奔世利。

2. 谓其平易。胡文英：平易近人，不欲招外患。

㈥无入而藏，无出而阳，柴立其中央

1. 如句。林希逸：无入而藏，不专于静也。无出而阳，不一于动也。柴立中央，无心动静，若槁木也。

2. 句有脱漏。严复：柴立中央，亦未遂得。颇疑"柴立"上脱一"无"字。

㈦三者若得，其名必极

1. 极，指至理。成玄英：夫因名诠理，从理生名。若得已前三语意者，则理穷而名极也。王敔：此其名为穷极生理以待亡。

2. 极，指至人。成玄英：亦言得此三者名为证至极之人也。林希逸：尽此三句，则可名为至人矣。

㈧人之所取畏者

1. 取，如字。陈寿昌：所当取以为畏者。

2. 取，当为"最"字。苏舆："取"即"最"字。

祝宗人玄端⊖以临牢筴，说彘曰："汝奚恶死！吾将三月豢汝，十日

戒，三日齐，藉白茅，加汝肩尻乎雕俎之上，则汝为之乎?"为豠谋，曰不如食以糠糟而错之牢筴之中;自为谋，则苟生有轩冕之尊，死得于腞楯⊖之上、聚偻⊜之中则为之。为豠谋则去之，自为谋则取之，所异豠者，何也⊕?

㈠玄端

1. 礼服。成玄英：元端，衣冠。

2. 礼冠。林希逸：玄端，冠也。

㈡腞楯

1. 陈尸之案。句意为只求生时荣华，而不惜死于非命。司马彪："腞"犹"篆"也，"楯"犹"案"也。宣颖：言被戮而尸诸画楯之上。

2. 画饰之柩车。句意为但求生时荣华，死亦显赫。陈昌寿："腞"通"篆"，画饰。"楯"通"辁"，丧车。载柩之车，画龙为饰，故曰"腞楯"。王念孙："腞"读为"辁"，谓载柩车也。许叔重说："有辐曰轮，无辐曰辁。""楯"读为"辁"，亦谓载柩车也，《丧大记》曰："君殡用辁。"

㈢聚偻

1. 葬具。就寿终正寝角度解。司马彪：聚偻，器名也。今冢圹中注为之。陆德明：聚偻，棺椁也。王念孙：聚偻，谓柩车饰也。众饰所聚，故曰"聚偻"。

2. 曲薄。就死于非命角度解。陆德明：一云，"聚"当作"蕺"，"偻"当作"蒌"，谓殡于蕺涂蒌翣之中。林希逸：偻，曲也，曲而可以聚物者，畚莒之属，竹器也。以刑戮而死，置其身于跃躅之上、畚薄之中。林云铭：聚偻，曲薄所以卷聚物者也。言被刑戮而置于此也。

（四）所异彘者，何也

1. 句谓不当有所异。郭象：欲赡则身亡，理常俱耳，不间①人、兽也。

2. 句谓为何有所异？吕惠卿：为彘谋则去之，自为谋则取之，岂爱身不若彘哉？刘凤苞：彼明此暗，冷诮世人。

3. 句谓无所异。阮毓崧：言其利令智昏，殆与彘同为蠢物也。

桓公田于泽，管仲御，见鬼焉。公抚管仲之手曰："仲父何见？"对曰："臣无所见。"公反，诶诒㊀为病，数日不出。齐士有皇子告敖者曰："公则自伤，鬼恶能伤公！夫忿滀之气，散而不反，则为不足；上而不下，则使人善怒；下而不上，则使人善忘；不上不下，中身当心，则为病。"桓公曰："然则有鬼乎？"曰："有。沈有履②㊁，灶有髻。户内之烦壤㊂，雷霆处之；东北方之下者，倍阿鲑蠪跃之；西北方之下者，则泆阳处之。水有罔象，丘有峷，山有夔，野有彷徨，泽有委蛇。"公曰："请问，委蛇之状何如？"皇子曰："委蛇，其大如毂，其长如辕，紫衣而朱冠③。其为物也恶闻雷车之声㊃，则捧其首而立。见之者殆乎霸。"桓公辴然而笑曰："此寡人之所见者也。"于是正衣冠与之坐，不终日而不知病之去也㊄。

（一）诶诒为病

1. 诶诒，谓懈怠貌。司马彪：懈倦貌。

2. 诶诒，痴疑貌。李颐：诶诒，失魂魄也。陈寿昌：神魂不安而谵语也。阮毓崧：《新方言》二引之谓"诶"亦为"騃"，《广雅》："騃，痴也。"《说文》有"佁"字，云："痴貌。读若騃。"今谓白痴为"诶"。诒，俗作"呆""獃"。据此则"诶诒"可读"騃獃"。

3. 诶诒，呕哕状。林希逸：诶诒，犹今呕哕之声，气逆之病也。

---

① 王孝鱼：赵谏议本"间"作"问"。
② 陆德明：沈有履，司马本作"沈有漏"。
③ 陆德明：朱冠，司马本作"俞冠"。云："俞国之冠也，其制似螺。"

〇沈有履

1. 如句。成玄英：沈者，水下污泥之中，有鬼曰"履"。

2. "履"或作"漏"。司马彪：沈，水污泥也。漏，神名。

3. "沈"当为"煁"。俞樾：司马云，"沈，水污泥也"，则当与"水有罔象"等句相次，不当与"灶有髻"相次也。"沈"当为"煁"，"煁"从"甚"声，"沈"从"冘"声，两音相近。《诗·白华篇》"卬烘于煁"，《毛传》曰："煁，灶也。"是"煁""灶"同类，故以"煁有履，灶有髻"并言之耳。

4. "沈"当读为"寝"，"履"当读为"厉"。高亨："沈"当读为"寝"，"沈""寝"古通用。《左传·宣公十二年》传"沈尹将中军"，杜注："沈或作寝。"即其证。"履"当读为"厉"，一声之转。《左传·成公十年》"晋侯梦大厉"，杜注："厉鬼也。"

〇户内之烦壤

1. 烦壤，谓秽粪也。成玄英：门户内粪壤之中。胡文英：烦壤，烦热之壤，粪除之所积也。

2. 烦壤，谓烦扰也。章炳麟："烦壤"即"烦㦗"。《说文》："㦗，烦扰也。"谓户内烦扰处也。

〇其为物也恶闻雷车之声

〔句读1〕其为物也，恶闻雷车之声。

陆德明："恶闻雷"，乌路反。

〔句读2〕其为物也恶，闻雷车之声。

吴汝纶：某案，"恶"字属上读。"物"犹"状"，言其状恶也。

〇不终日而不知病之去也

1. 从认识的角度解。郭象：此章言忧来而累生者，不明也；患去而性得者，达理也。

2. 从养生的角度解。吕惠卿：此言忧疑则鬼虽无能伤而自伤，疑释则病虽在己而自去。

纪渻子为王养斗鸡。十日而问："鸡已乎？"曰："未也，方虚憍而恃气[⊖]。"十日又问，曰："未也，犹应响景[⊜]。"十日又问，曰："未也，犹疾视而盛气[⊜]。"十日又问，曰："几矣。鸡虽有鸣者，已无变矣，望之似木鸡矣[⊜]，其德全矣，异鸡无敢应者，反走矣。"

㊀虚憍而恃气、犹应响景、犹疾视而盛气、望之似木鸡矣

1. 由斗鸡之情态喻守气之工夫。林希逸：闻响而应，见影而动，则心犹为物所移。疾视而盛气，言神气王而形不动。初言虚憍而恃气，则气犹在外。此言疾视而盛气，则气在内矣。望之似木鸡，则神气俱全矣。此言守气之学，借鸡以为喻。

2. 由守气之工夫喻斗鸡之情态。胡文英：虚憍恃气，未见敌而思斗。犹应响景，似见敌而犹斗。犹疾视而盛气，既见敌而敢斗。似木鸡，则虽见鸡而不斗。

孔子观于吕梁[⊖]，县水三十仞，流沫四十里，鼋鼍鱼鳖之所不能游也。见一丈夫游之，以为有苦而欲死也，使弟子并流而拯之。数百步而出，被发行歌而游于塘下。孔子从而问焉，曰："吾以子为鬼，察子则人也。请问，蹈水有道乎？"曰："亡，吾无道。吾始乎故，长乎性，成乎命。与齐俱入，与汩偕出，从水之道而不为私焉。此吾所以蹈之也。"孔子曰："何谓始乎故，长乎性，成乎命？"曰："吾生于陵而安于陵，故也；长于水而安于水，性也；不知吾所以然而然，命也[⊜]。"

㊀吕梁

1. 水名。成玄英：吕梁，水名。解者不同，或言是西河离石有黄河县绝之处，名"吕梁"也。或言蒲州二百里有龙门，河水所经，瀑布而下，亦名"吕梁"。或言宋国彭城县之"吕梁"。

2. 山名。马叙伦："吕梁"即《禹贡》之梁山。禹治水实自梁山始，梁山亦名"吕梁"。吕梁，犹今人言脊梁，以居河之高处。

㊁与齐俱入，与汩偕出

1. 齐，脐也。郭象：磨翁而旋入者，齐也；回伏而涌出者，汩也。罗勉道："齐"读与"脐"同。水旋入处如脐也；汩，水滚出处。

2. 齐，当作"济"。胡怀琛：诸说皆甚穿凿。"齐"当作"济"，与下文"汨"字一例，形容水貌，不必多所附会。

㈢吾生于陵而安于陵，故也；长于水而安于水，性也；不知吾所以然而然，命也

1. "故""性""命"三者无分别，皆顺自然之意。林希逸：生于陵则安于陵，长于水则安于水，皆随其自然而不知其所以然，"故""性""命"三字初无分别。王敔：安于水，亦犹安于陵。孟子曰："天下之言性者，则故而已矣。"

2. 故、性、命三者分别谓顺习惯、顺自然、顺天。褚伯秀：始乎"故"，则因习而成；长乎"性"，习久成自然也；成乎"命"，则与水相忘，不知所以然而然，是谓得全于天者也。宣颖：故，素习。性，生成。命，自然之理。

梓庆削木为镰⊖，镰成，见者惊犹鬼神。鲁侯见而问焉，曰："子何术以为焉？"对曰："臣，工人，何术之有！虽然，有一焉。臣将为镰，未尝敢以耗气也⊜，必齐以静心。齐三日，而不敢怀庆赏爵禄；齐五日，不敢怀非誉巧拙；齐七日，辄然忘吾有四枝形体也。当是时也，无公朝⊜，其巧专而外骨消。然后入山林观天性形躯至矣然后成见镰然后加手焉⊛，不然已则。则以天合天⊜，器之所以疑⊛神者，其是与！"

㈠镰

1. 谓乐器。司马彪：乐器也，似夹钟。

2. 谓止乐之器。林疑独：镰，止乐之器。一名敔，象伏虎形，背有二十七锄铻。

3. 谓钟鼓之柎。林希逸：镰，钟鼓之柎，乃笋簴之类，所以悬钟鼓。笋簴之形，为鸟为兽，刻木为之。刘凤苞：钟鼓之柎，盖金器，而梓庆削木为之，巧过金器也。

㈡未尝敢以耗气也

1. 以心之动静解：耗气为心之动。李颐：气耗则心动，心动则神不专也。林希逸：耗气者，气不定也。

2. 以神之全缺解：耗气则神缺。陈景元：役虑则耗气。褚伯秀：未尝耗气则神全矣。

㈢无公朝

1. 公朝，指功名。郭象：视公朝若无，则趋慕之心绝矣。

2. 公朝，指权势。宣颖：忘势，若不为公家削之也。

3. 公朝，指朝仪。曹础基：因为斋戒，故不上朝。

㈣然后入山林观天性形躯至矣然后成见镶然后加手焉

〔句读1〕然后入山林，观天性，形躯至矣，然后成见镶，然后加手焉。

1. 天性，指木之质。形躯至矣，木之形状至妙。成见镶，事成即可为镶。成玄英：于是入山林，观看天性好木，形容躯貌至精妙，而成事堪为镶者，然后就手加工焉。

2. 天性，指木之质。形躯至矣，木之形状恰可为镶。成见镶，成镶现于心目中。宣颖：察木之质，木质宛然恰可为镶，恍乎一成镶在目，乃取而削之。

〔句读2〕然后入山林，观天性，形躯至矣然后成，见镶然后加手焉。

王敔：木之天成，适如其形躯，确然见镶于胸中。然后加手以成之。

〔句读3〕然后入山林，观天性形躯，至矣，然后成见镶，然后加手焉。

曹础基：观察自然界鸟兽的神情形状。至，得到，指找到了需要的鸟兽情状。见，通现。成见镶，指把鸟兽的情状画在镶上。加手，指动手雕刻。

㈤则以天合天

1. 谓制出之镶合于自然。郭象：不离其自然也。成玄英：机变虽加人工，木性常因自然，故以合天也。

2. 谓镶之制作过程合于自然。林希逸：以我之自然合其物之自然，故曰以天合天。宣颖：纯任自然，以神遇也。

㈥器之所以疑神者

1. 疑，如字，怀疑也。郭象：尽因物之妙，故乃疑是鬼神所作也。

2. 疑，"拟"字之借，似也。章炳麟："疑"借为"拟"，上说"惊犹鬼神"是也。

东野稷以御见庄公，进退中绳，左右旋中规。庄公以为文[⊖]弗过也。使之钩百[⊖]而反。颜阖遇之，入见曰："稷之马将败。"公密而不应。少焉，果败而反。公曰："子何以知之？"曰："其马力竭矣，而犹求焉，故曰败。"

㈠庄公以为文弗过也

1. 文，如字，织画也。司马彪：文弗过，谓过织组之文也。罗勉道：所画规矩之文。褚伯秀：《诗》云"执辔如组，两骖如舞"，可以证"文弗过"之义。

2. 文，"父"字之误。吴汝纶：《吕览》作"以为造父不过也"，此"文"字当是"父"字之误，又脱"造"字。刘文典：钱大昕曰，"《吕氏春秋·适威篇》作'以为造父弗过也'，'文'盖'父'之误"，《御览》七百四十六引此文正作"造父弗过也"。

㈡使之钩百而反

1. 百，如字。成玄英：任马旋回，如钩之曲，百度反之，皆复其迹。林希逸：钩，御马而打围也。钩百而反，言百转也。

2. 百，"陌"字之借。王敔："百""陌"通，《左传》"曲踊三百"，钩陌者，使马钩旋于陌上也。

工倕旋而盖规①矩②指与物化而不以心稽⊖，故其灵台一而不桎⊜。忘足，屦之适也；忘要，带之适也；知忘是非，心之适也；不内变，不外从，事会⊜之适也。始⊗乎适而未尝不适者，忘适之适也。

㈠工倕旋而盖规矩指与物化而不以心稽

〔句读1〕工倕旋而盖规矩，指与物化而不以心稽。

1. 盖，谓相合也。吕惠卿：言任指之旋而盖乎规矩。盖则其画与之合而不露也。指、物之相得若化之自然，不待心之稽考而后合乎方圆也。奚侗：盖，假作"盍"，《尔雅》："盍，合也。"工倕以指旋转而能合乎规矩。

2. 盖，谓圆形也。林希逸：言工倕制器之时，旋转其手，其圆便如盖然，自中规矩。《考工记》云，"盖之圆以象天地"，盖乃至圆之物，故取以为喻。指，手指也。指与物化，犹山谷论书法曰"手不知笔，笔不知手"，手与物两忘而略不留心。罗勉道：以手旋转而自中盖之规矩。

3. 盖，谓超过也。林云铭：盖，犹过也。但以手旋而过于规矩，精之至也。

〔句读2〕工倕旋而盖矩指，与物化而不以心稽。

1. 盖，谓覆盖也。司马彪：旋，圆也。瞿，句也。倕工巧任规，以见为圆，覆盖其句指，不以施度也。是与物化之，不以心稽留也。

2. 盖，谓割也。章炳麟：据《释文》，无"规"字。"旋"借为"圆"，《说文》："圆，规也。""盖"借为"割"，《释言》："盖，割裂也。"圆而割矩者，规画圆形，割之成矩；又割矩以成觚，刘徽割圆之术，判为九十六觚是也。

㈡故其灵台一而不桎

1. 就心本身来解：既不分心，亦不有心。陆长庚：大抵学问最怕分心，又怕有心。分心则杂而不精，有心则物而不化，故一而不

---

① 《经典释文》本无"规"字
② 陆德明：司马本"矩"作"瞿"。

桎，乃能入妙。

2. 就心对物的关系来解：既专于物，又不囿于物。林云铭：心
寓于物而不为物所苦。

㈢不内变，不外从，事会之适也

1. 事会，谓境遇。郭象：所遇而安，故无所变从也。

林云铭：会，处境也。无所变从，故随所遇而皆安也。

2. 事会，谓造道。成玄英：外智凝寂，内心不移；物境虚空，
外不从事；乃契会真道，所在常适。林希逸：会，犹造也。造道而至
于适，则内境纯一而无所变，虽与物应接乎外，而亦不知其所从事
者矣。

㈣始乎适而未尝不适者，忘适之适也

1. 始，本也。句谓本性常适，故忘适之适。成玄英：始，本也。
本性常适，故无往不欢也。斯乃忘适之适，非有心适。王先谦：本性
适而无往不适者，是自适其适，不因物而后适，乃并其适而亦忘
之矣。

2. 始，开始也。句谓开始尚有适感，久则忘适之适。

林希逸：久则并与适亦忘之矣。譬如足初蹑履，见其恰好，则知
有履之适。着之既久，不复有初时见其恰好之意，是忘适也。陈寿
昌：凡人于适意之端，初意以为甚适。及相习日久，视为固然，遂并
当日意中所谓适者，亦与之淡忘矣。

有孙休者，踵①㊀门而诧①㊁子扁庆子曰："休居乡不见谓不修㊂，临难
不见谓不勇，然而田原不遇岁，事君不遇世，宾于乡里，逐于州郡，则胡
罪乎天哉？休恶遇此命也？"扁子曰："子独不闻夫至人之自行邪？忘其
肝胆，遗其耳目，芒然彷徨乎尘垢之外，逍遥乎无事之业，是谓为而不
恃，长而不宰。今汝饰知以惊愚，修身以明污，昭昭乎若揭日月而行也。

---

① 陆德明：诧，李本作"讬"。

汝得全而形躯，具而九窍，无中道夭于聋盲跛蹇而比于人数，亦幸矣，又何暇乎天之怨哉！子往矣！"孙子出。扁子入，坐有间，仰天而叹。弟子问曰："先生何叹乎？"扁子曰："向者休来，吾告之以至人之德，吾恐其惊而遂至于惑也。"弟子曰："不然。孙子之所言是邪，先生之所言非邪，非固不能惑是；孙子所言非邪，先生所言是邪，彼固惑而来矣，又奚罪焉！"扁子曰："不然。昔者有鸟止于鲁郊，鲁君说之，为具太牢以飨之，奏九韶以乐之，鸟乃始忧悲眩视，不敢饮食。此之谓以己养养鸟也。若夫以鸟养养鸟者，宜栖之深林，浮之江湖，食之以委蛇⑩，则①平陆⑪而已矣。今休，款⑫启寡闻之民也，吾告以至人之德，譬之若载鼷以车马，乐鴳以钟鼓也，彼又恶能无惊乎哉！"

○一踵门

1. 踵，至也。司马彪：至也。

2. 踵，频也。成玄英：踵，频也。

○二踵门而诧子扁庆子曰

1. 诧，如字。司马彪：告也。林云铭：诧，怪而问之也。

2. 诧，或作"讬"。李颐：讬，属也。

○三休居乡不见谓不修

1. 修，修饰也。成玄英：我居乡里，不见道我不修饰。

2. 修，善也。刘文典：修，善也。谓居乡不见道我不善也。

(《庄子琐记》)

○四食以委蛇

1. 如句。委蛇，指某物。司马彪：委蛇，泥鳅。李颐：大鸟吞蛇。

2. 如句。委蛇，指状态。林希逸：食以委蛇，使之自得而食也。委蛇，自得也。

---

① 陈景元：刘得一本"则"下有"安"字。

3. 句有脱漏。俞樾：案《至乐篇》云："夫以鸟养养鸟者，宜栖之深林，游之坛陆，浮之江湖，食之鳅鲦，随行列而止，委蛇而处。"然则此文宜当云"食之以鳅鲦，委蛇而处"，传写有缺文耳。且云"委蛇而处"，方与下句"则平陆而已矣"文气相属，若无"而处"二字，下句便不贯矣。

㈤则平陆而已矣

1. 陆，陆地也。陆树芝：言当置之平原旷野，不宜迎之朝庙也。

2. 陆，道也。陈寿昌：陆，道也。言平常之道，以鸟养养鸟不过是也。

㈥款启寡闻之民也

1. 款，小孔也。李颐：款，空也；启，开也。如空之开，所见小也。林希逸：款启，小孔窍也，言其所见之小。

2. 款，委缓也。成玄英：寡识少闻之人，应须款曲启发其事。

山木第二十

庄子行于山中，见大木，枝叶盛茂。伐木者止其旁而不取也。问其故，曰："无所可用。"庄子曰："此木以不材得终其天年。"夫子出于山○，舍于故人之家。故人喜，命竖子杀雁而烹○之。竖子请曰："其一能鸣，其一不能鸣，请奚杀？"主人曰："杀不能鸣者。"明日，弟子问于庄子曰："昨日山中之木，以不材得终其天年；今主人之雁，以不材死，先生将何处？"庄子笑曰："周将处乎材与不材之间。材与不材之间，似之而非也，故未免乎累○。若夫乘道德而浮游则不然，无誉无訾，一龙一蛇，与时俱化，而无肯专为；一上一下，以和为量，浮游乎万物之祖；物物而不物于物，则胡可得而累邪！此神农、黄帝之法则也。若夫万物之情，人伦之传○，则不然：合则离，成则毁，廉则挫①，尊则议○，有为则亏，贤则谋○，不肖则欺○，胡可得而必乎哉！悲夫，弟子志之，其唯道德之乡乎！"

㈠**夫子出于山**

1. 如句。夫子，指庄子。成玄英：门人呼庄子为夫子也。

2. 句误："子"字衍；"夫"为"矣"字坏，陆德明：夫者，夫子，谓庄子也。本或即作"夫子"。王叔岷：无"子"字者是也。惟"夫"乃"矣"之误，当属上绝句。《御览》九五二所引及《吕氏春秋·必己篇》并有"矣"字，是其明证。因"矣"误为"夫"，后人遂于"夫"下妄加"子"字，以之属下读矣。

---

① 《经典释文》本"挫"作"剉"。

㈡命竖子杀雁而烹之

1. 烹，如字，煮也。陆德明：烹之，煮也。

2. 烹，当读为"亨"。王念孙：此"亨"读为"享"。享之，谓享庄子。"亨"与"飨"通。《吕氏春秋·必己篇》作"令竖子为杀雁飨之"是其证。

㈢材与不材之间，似之而非也，故未免乎累

1. 佛家观点解：此未能遣中，故未免乎累。成玄英：言材者，有为也；不材者，无为也。之间，中道也。虽复离彼二偏，处兹中一，既未遣中，亦犹人不能理于人，雁不能同于雁，故似道而非真道，犹有斯患累也。

2. 道家观点解：此未能无心，故未免乎累。陆长庚：何谓材与不材之间？盖吾有材而不自见，则人既不得以无材弃我，而又不得以有材忌我，以此混世而求自免，是亦似矣。虽然，非道也，故不免于累。何者？谓其有心也。无心则无累矣。

㈣人伦之传

1. 传，习也。林希逸：传，习也。人伦之传，人类之传习也。

2. 传，变也。王敔：传，变也。

㈤尊则议，有为则亏

1. 议，如字，议疑也。成玄英：尊贵者又遭议疑。

2. 议，当读为"俄"，倾貌。俞樾："议"当读为"俄"。《诗·宾之初筵篇》"侧弁之俄"，郑笺云："俄，倾貌。"尊则俄，谓崇高必倾倒也。

3. "议""亏"二字互错。王叔岷："议""亏"二字疑当相错，《吕氏·必己》"尊则亏"，《淮南·说林》"有为则议"，是其证。

㈥贤则谋

1. 谋，谓为人所谋算。成玄英：贤以志高，为人所谋。陈寿昌：

忌其贤，故谋之。

2. 谋，谓能出计谋。林希逸：贤者于此，将为全身之计，则必有计度思虑，故曰"贤则谋"。陆长庚：贤者则多知，是故有从而谋之者。

⑦**不肖则欺**

1. 欺，谓小人为奸。林希逸：小人患失，无所不至，则为奸为欺而已矣，故曰"不肖则欺"。

2. 欺，谓愚人被辱。陆长庚：不肖则愚，是故有从而欺之者。

市南宜僚见鲁侯，鲁侯有忧色。市南子曰："君有忧色，何也？"鲁侯曰："吾学先王之道，修先君之业；吾敬鬼尊贤，亲而行之，无须臾离居然不免于患⊖，吾是以忧。"市南子曰："君之除患之术浅矣！夫丰狐文豹，栖于山林，伏于岩穴，静也；夜行昼居，戒也；虽饥渴隐约⊜，犹且①胥疏⊜于江湖之上而求食焉，定也。然且不免于罔罗机辟之患，是何罪之有哉？其皮为之灾也。今鲁国独非君之皮邪？吾愿君刳形去皮，洒②心去欲⊕，而游于无人之野⊕。南越有邑焉，名为建德之国。其民愚而朴，少私而寡欲；知作而不知藏，与而不求其报；不知义之所适，不知礼之所将。猖狂妄行，乃蹈乎大方⊛。其生可乐，其死可葬。吾愿君去国捐俗，与道相辅而行。"君曰："彼其道远而险，又有江山，我无舟车，奈何？"市南子曰："君无形倨，无留居⊕，以为君车。"君曰："彼其道幽远而无人，吾谁与为邻？吾无粮，我无食，安得而至焉？"市南子曰："少君之费，寡君之欲，虽无粮而乃足。君其涉于江而浮于海，望之而不见其崖，愈往而不知其所穷。送君者⊛皆自崖而反，君自此远矣！故有人者累，见有于人者忧⊛。故尧非有人，非见有于人也。吾愿去君之累，除君之忧，而独与道游于大莫之国⊕。方舟⊛而济于河，有虚船来触舟，虽有偏心之人不怒。有一人在其上，则呼张歙之。一呼而不闻，再呼而不闻，于是三

---

① 成玄英本、覆宋本，"且"作"旦"。

② 陆德明：洒，本亦作"洗"。

呼邪，则必以恶声随之。向也不怒而今也怒，向也虚而今也实。人能虚己以游世，其孰能害之！"

㈠无须臾离居然不免于患

〔句读1〕无须臾离居，然不免于患。

1. 如句。成玄英：离，散也；居，安居也。王敔：不忘道业。

2. 句误。"离"字衍。陆德明：崔本无"离"字，崔读以"居"连上句。俞樾：崔读当从之。《吕览·慎人篇》"胼胝不居"，高诱训"居"为"止"。"无须臾居"者，无须臾止也，正与上文"行"字相对成文。学者不达"居"字之旨，而习于《中庸》"不可须臾离"之文，遂妄加"离"字，而"居"字属下读，失之矣。

〔句读2〕无须臾离，居然不免于患。

林希逸：居然，安然也。意谓不应有忧患而不免于忧患。

林云铭：无须臾离，言亲切而行之不离也。

㈡虽饥渴隐约

1. 隐约，谓犹斟酌也。成玄英：隐约，犹斟酌也。

2. 隐约，谓隐蔽也。林希逸：隐约，僻处也，居于深僻之中。

3. 隐约，谓穷困也。胡文英：隐，伤也。约，穷也。饥渴至于隐约也。

㈢犹且胥疏于江湖之上而求食焉

1. 胥疏，相望蔬草也。司马彪：胥，须也。疏，菜也。李颐：胥，相也，谓相望疏草也。刘师培：敦煌唐写本"疏"下有"草"字，与李注合。

2. 胥疏，扶疏、蹒跚也。成玄英：旦，明也。胥，皆也。言虽饥渴，犹斟酌明旦无人之时，相命于江湖之上，扶疏草木而求食也。曹础基：胥疏，犹越趄，瞻顾而行的样子。

3. 胥疏，相疏远也。罗勉道：胥，相也。疏，远也。虽饥渴隐约，犹且相远于江湖之上而求食。言只在山林，不肯出江湖之上求食。胡文英：胥疏于江湖，相远而至于江湖也。

4. 胥疏，当作"疏踈"，远迹也。奚侗："胥"为"疏"之假字，"疏"则"踈"之误字。疏，远也；踈，迹也。《左传》宣十四年"车及于蒲胥之市"，《吕览·行论篇》作"蒲疏"，是"胥""疏"古本通用。"疏"字俗书多作"踈"，与"踈"相似。后人不知"胥"为"疏"之假字，又误"踈"为"踈"，而改为"疏"，遂不能通其说矣。

㈣吾愿君刳形去皮，洒心去欲

1. 解为四事。成玄英：刳形，忘身也。去皮，忘国也。洒心，忘智也。去欲，息贪也。

2. 解为二事。吕惠卿：盖形不遗则国得为之累，刳形所以去皮；心不白，则欲得为之染，洗心所以去欲。

㈤而游于无人之野

1. 无人之野，言境界。成玄英：无人之野，谓道德之乡也。褚伯秀：超然远俗，是游无人之野也。

2. 无人之野，言环境。林希逸：无人之野，即无物之始也。胡文英：无人之野，不见一物也。

㈥猖狂妄行，乃蹈乎大方

1. 方，指方向而言。郭象：各恣其本步，而人人自蹈其方，则万方得矣，不亦大乎。

2. 方，指道而言。成玄英：方，道也。猖狂恣任，混迹妄行，乃能蹈大方之道。

㈦君无形倨，无留居

1. 作心累解。成玄英：勿恃高尊，形容倨傲。随物任远，无滞荣观。陆树芝：形倨，窒碍不灵也；留居，依恋不舍也。

2. 作物累解。林希逸：无形倨，不有其身也；无留居，不有其国也。刘凤苞：无滞于形迹而自多，无拘于方隅而自囿。

⑧送君者皆自崖而反，君自此远矣

1. 送君者，指臣民。郭象：君欲绝，则民反守其分，超然独立于万物之上。成玄英：送君行迈，至于道德之乡，民反真自守素分。君从此清高，道德玄远也。

2. 送君者，指未入道者。吕惠卿：送君者自崖而反，则拘于虚而畏其深远者，莫不敢前，君自此独立无匹，而人莫之能从也。林疑独：至于道者，中人之所不及也。

3. 送君者，喻入道之具。林希逸：言学道之人，既悟之后，向之所资以自悟者，如人之饯送登舟，至于海崖皆巳反归矣。譬如见舞剑而善草书，始因剑而悟，既悟，则剑为送者矣。读书亦资送者也。胡文英：到达独造之地，则糟粕煨烬，皆无能为力矣。

⑨故有人者累，见有于人者忧

1. 累、忧皆就一人而言。林希逸：有人者，以我而役物也；见有于人者，我为物所役也。陆树芝：有人，有土而有人也。见有于人，人见其德而奉之为君也。有人则有为国之累，人奉以为君则有保民之忧。

2. 累、忧分别就二人而言。林疑独：贵者有人，宠者见有于人。

⑩而独与道游于大莫之国

1. 大莫之国，言境界。吕惠卿：即万物之祖、道德之乡。陈景元：大莫之国谓造化也。

2. 大莫之国，言环境。林希逸：大莫之国即无人之野。

⑪方舟而济于河

1. 方舟，并舟。司马彪：方，并也。成玄英：两舟相并曰"方舟"。

2. 方舟，横舟。吴世尚：横舟以渡也。

北官奢为卫灵公赋敛以为钟，为坛乎郭门之外，三月而成上下之县⊖。王子庆忌见而问焉，曰："子何术之设⊜?"奢曰："一⊜之间，无敢设也。奢闻之，'既雕既琢⊕，复归于朴'。侗乎其无识，傥乎其怠疑⊕。萃乎芒乎⊕，其送往而迎来。来者勿禁，往者勿止。从其强梁⊕，随其曲傅①⊕，因其自穷⊕。故朝夕赋敛而毫毛不挫⊕而况有大涂⊕者乎!"

⊖三月而成上下之县

1. 上下县，谓音之飘动。司马彪：八音备为县而声高下。成玄英：上下调，八音备，故曰"县"。

2. 上下县，谓两层之钟架。林希逸：钟有架，所以悬钟也。架有两层，故曰"上下县"。此言编钟也。褚伯秀：设架悬钟，上下各六，所谓编钟是也。

⊜子何术之设

1. 谓疑其速。陆德明：怪其简速，故问之。

2. 谓疑其巧。成玄英：言见神坛极妙，怪而问焉。

3. 谓疑其迟。陆长庚：敛民之财以铸钟，宜乎朝受命而夕趋事也，乃三月而成上下之县，一何之迟乎？故王子见疑，以为将设何术，盖恐藏仁以要人，如所谓厚施得众之意者。

4. 谓疑其朝夕赋敛而毫毛不挫。陈寿昌：言此三月之中，朝夕从事，劳亦甚矣，子果何术之设，而使神明之地，毫毛不损乎？想因见其从容藏事，略不动心，故发此问也。

⊜一之间，无敢设也

1. 一，道也。句谓守道而不敢他为。郭象：泊然抱一耳，非敢假设以益事也。罗勉道：道一而已，若有所为，使二矣。故曰无敢设也。

2. 一，专一也。句谓专心一钟而未敢他想。陆长庚：言吾自一乃心志之外，何敢更设他术。王先谦：心在一钟之间，非敢更设术也。

---

① 陆德明：傅，本或作"传"（繁体作"傳"）

㈣既雕既琢，复归于朴

1. 既，尽也、卒也。既雕既琢，谓尽去其雕琢。林希逸：言去圭角而归于自然也。林云铭：去华务尽也。

2. 既，已也。既雕既琢，谓在雕琢之后。陆长庚：吾将于既雕既琢之余，而求以复归之。陈寿昌：且所谓方术者，皆雕琢性灵之具也。吾方欲人于雕琢之后，复还其太朴之自然，更何术之敢用哉。

㈤倪乎其怠疑

1. 怠疑，谓退除狐疑也。成玄英：怠，退也。言狐疑思虑之事，并已去矣。

2. 怠疑，谓呆痴不前也。王念孙：怠疑，与"佁儗"义近。《说文》："佁，痴貌。"《汉书·司马相如传》注："佁儗，不前也。"

㈥萃乎芒乎

1. "萃""芒"二义。成玄英：物之萃聚，芒然不知。王先谦：萃，聚也。芒，不辨也。

2. "萃""芒"一义。林希逸：萃，块然之意；芒，无物之状。奚侗："萃"乃"芴"之借字，本书多以"芴""芒"并举。"芴芒"与"惚恍"相同。"勿""卒"音义俱近，故"芴"借"萃"为之。

㈦从其强梁

1. 强梁，众也。郭象：顺乎众也。

2. 强梁，力也。陆德明：强梁，多力也。

㈧随其曲傅

1. 曲傅，如字。司马彪：谓曲附己者随之也。

2. 曲傅，或作"曲传"。成玄英：人情曲传者，随而顺之。

⑨因其自穷

1. 自穷，谓不求自至也。林希逸：自穷者，自至也。言或顺或逆，要终皆不求而自至，故曰"因其自穷"。

2. 自穷，谓力之自尽也。陆长庚：因其力之所自尽，而不强其所不堪者。

⑩故朝夕赋敛而毫毛不挫

1. 不挫，谓不挫伤民众。成玄英：虽设赋敛，而未尝抑度，各率其性，是故略无挫损者也。陈景元：赋敛而毫毛不挫民悦。

2. 不挫，谓不挫损吾心。林云铭：以上皆赋敛之术，无容心其间，故不挫损于吾心，常应而常静也。胡文英：各因其自然，则我之神不损矣。

⑪而况有大涂者乎

1. 大涂，谓怀有大道之人。褚伯秀：吾能只此，而上下二愚犹足以不扰而办，况怀大道于身者乎！陆长庚：北宫奢未为知道，而其行事乃如此矣，而况道德之有于身者乎！

2. 大涂，谓更顺遂之事。罗勉道：赋敛之事且然，况以大道治天下乎？宣颖：赋敛且然，况处天下有大通之涂者乎！其顺应可知也。

孔子围于陈、蔡之间，七日不火食。大公⊖任往吊之，曰："子几死乎？"曰："然。""子恶死乎？"曰："然。"任曰："予尝言不死之道。东海有鸟焉，其名意怠。其为鸟也，翂翂翐翐⊜，而似无能；引援而飞，迫胁而栖⊗；进不敢为前，退不敢为后；食不敢先尝，必取其绪⊛。是故其行列不斥而外人卒不得害⊕，是以免于患。直木先伐，甘井先竭。子其意者饰知以惊愚，修身以明污，昭昭如揭日月而行，故不免也。昔吾闻之大成之人⊗曰：'自伐者无功，功成者坠，名成者亏。'孰能去功与名而还与众人！道流而不明居得行而不名处⊕；纯纯常常，乃比于狂；削迹捐势，不为功名。是故无责于人，人亦无责焉。至人不闻⊗，子何喜哉！"孔子曰："善哉！"辞其交游，去其弟子，逃于大泽；衣裘褐，食杼栗；入兽不乱群，入鸟不乱行。鸟兽不恶，而况人乎！

㈠大公

1. 爵位称。李颐：大公，大夫称。

2. 老者称。成玄英：大公，老者称。

3. 姓氏。俞樾：《世本》有大公颖叔，然则大公乃复姓，非大夫之称。

㈡扮扮跌跌

1. 言其貌。司马彪：舒迟貌。陆德明：一云，飞不高貌。

2. 言其声。李颐：羽翼声。

㈢迫胁而栖

1. 言其群居避害。李颐：不敢独栖，迫胁在众鸟中，才足容身而宿，避害之至也。陈寿昌：群栖乃栖。迫胁者，胁相接也。

2. 言其动止不自主。吕惠卿：迫胁而栖，则踌躇不得已于动止之间也。

㈣食不敢先尝，必取其绪

1. 绪，次序也。陆德明：绪，次绪也。成玄英：饮啄随行，必依次绪。

2. 绪，弃余也。林希逸：绪，弃余也。取虫而食，世所弃余也。王念孙：绪，余也。言食不敢先尝，而但取其余也。

㈤是故其行列不斥而外人卒不得害

〔句读1〕是故其行列不斥，而外人卒不得害。

1. 斥，排斥。郭象：与群俱也。苏舆：言为众鸟所容。

2. 斥，多也。林希逸：不斥，不多也。虽为行列，而不如鸟雁为群之多。宣颖：行列不斥，类虽不多。

3. 斥，斥候，戒备也。王敔：散飞若无斥堠。胡文英："斥"如

"斥候"之"斥"，谓戒备也。

〔句读2〕是故其行列不斥而外，人卒不得害。

马其昶：《书》疏：斥，谓检行之也。"而外"属上为句，谓其行列不检斥而外出，人亦不得害之也。钱穆："而外"属上为句，谓在行列，不见斥散而相远外也。

㈥大成之人

1. 谓指老子。成玄英：大成之人，即老子也。

2. 谓泛指有道之人。林希逸：大成之人，大道之士也。

㈦道流而不明居得行而不名处

〔句读1〕道流而不明，居得行而不名处。

得，得以也。句谓顺道昧然自处，其志虽得行，亦不以名声自高。林希逸：顺道而行，黯然自晦，故曰"道流而不明"。所居得行其志，不以声名自高，故曰"居得行而不名处"。

〔句读2〕道流而不明居，得行而不名处。

1. 得，德也。句谓有道而不见其迹，有德而不闻其名。

林疑独：道流于天下而不见其迹，德行于天下而不闻其名。

2. 得，得以。句谓道虽流行而不居其功，得以行其道而不显其迹。胡文英：道虽流行而不明居其功，得行其道而莫名其处所。

3. "明"当作"名"，"得"当作"德"。句谓道德流行于天下，而不以己名居处之。宣颖：不居有道之名，不处有德之名。"名"旧讹作"明"，"德"旧讹作"得"。

㈧至人不闻，子何喜哉

1. 至人不闻，谓至人不求闻达。成玄英：至德之人不显于世，子既圣哲，何为喜好声名者邪？

2. 至人不闻，谓不知至人之道。王敔：不闻至道，所喜好者，非所可好。

孔子问子桑雽曰："吾再逐于鲁，伐树于宋，削迹于卫，穷于商、周，围于陈、蔡之间。吾犯此数患，亲交益疏，徒友益散，何与？"子桑雽曰："子独不闻假Ⓔ人之亡与？林回弃千金之璧，负赤子而趋。或曰：'为其布与？赤子之布寡矣；为其累与？赤子之累多矣。弃千金之璧，负赤子而趋，何也？'林回曰：'彼以利合，此以天属也。'夫以利合者，迫Ⓔ穷祸患害相弃也；以天属者，迫穷祸患害相收也。夫相收之与相弃亦远矣。且君子之交淡若水，小人之交甘若醴；君子淡以亲，小人甘以绝。彼无故以合者，则无故以离。"孔子曰："敬闻命矣！"徐行翔佯而归，绝学捐书，弟子无挹于Ⓔ前，其爱①益加进。异日，桑雽又曰："舜之将死，真泠②Ⓔ禹曰：'汝戒之哉！形莫若缘，情莫若率。缘则不离，率则不劳。不离不劳，则不求文以待形。不求文以待形，固不待物Ⓔ。'"

㊀子独不闻假人之亡与

　　1. 假，如字。李颐：假，国名。成玄英：假，国名，晋下邑也。

　　2. 假，一作"殷"字。司马彪：林回，殷之逃民之姓名。陆长庚："假"，一作"殷"。马叙伦：《史记·酷吏传》"楚有殷仲"，徐广曰："殷，一作假。"

㊁夫以利合者，迫穷祸患害相弃也；以天属者，迫穷祸患害相收也

　　1. 迫，急迫也。成玄英：亲属，急迫犹相收；利合，穷祸则相弃。

　　2. 迫，近也。林云铭：迫，犹近也。

㊂弟子无挹于前，其爱益加进

　　1. 挹，通"揖"。谓揖让之礼。成玄英：不行华藻之教，故无揖礼之礼。徒有敬爱，日加进焉。

　　2. 挹，汲取也。宣颖：无可挹取于前。

　　3. 挹，损也。吴汝纶：挹，损也。

---

① 王孝鱼：敦煌本"爱"作"受"。

② 陆德明：真，司马本作"直"；泠，或为"命"，又作"令"。

（四）**舜之将死，真泠禹曰**

1. 真泠，如字。谓晓以真道也。司马彪：泠，晓也。谓以真道晓语禹也。

2. 真泠，如字，谓叮咛也。杨慎：真泠，即丁宁。

3. 真泠禹，谓是人名。罗勉道："真泠禹"是人名。

4. 真泠，谓当作"其命"。陆长庚："真泠"二字讹书也。吾意当作"其命"。

5. 真泠，谓乃"遗令"之误。方苞："真泠"当为"遗令"之讹。（钱穆《庄子纂笺》引）

6. 真泠，当作"迺令"。王引之：《释文》曰："真，司马本作直。"案"直"当为"卤"，籀文"乃"字，隶书作"迺"。"卤"形似"直"，故讹作"直"，又讹作"真"。"命"与"令"古字通。"卤令禹"者，"乃命禹"也。

（五）**不求文以待形，固不待物**

1. 谓两"待"字一为"接遇"之意，一为"资用"之意。林希逸：形，我也；文，身外之物也。不以身外之物而待我，故曰"不求文以待形"，今人宴客曰"待客"，此"待"字之意也。不以身外为文华，则无所资于物矣，故曰"固不待物"，此"待"又是"用"之意。两个"待"字自作两义。

2. 谓两"待"字，皆为"资用"之意。张四维："待"字无二义。《义海》① 云："形缘而不离，则己常存；情率而不劳，则性常逸，所谓我者得矣，又何待乎礼文，何资乎外物哉？"其说较胜。

庄子衣大布而补之，正緳系履☉而过魏王。魏王曰："何先生之惫邪？"庄子曰："贫也，非惫也。士有道德不能行，惫也；衣弊履穿，贫也，非惫也，此所谓非遭时也。王独不见夫腾猿乎？其得楠梓豫章也，揽

---

① 按：指褚伯秀《南华真经义海纂微》。

蔓其枝而王①长⑤其间，虽羿、蓬蒙不能眄睨也。及其得柘棘枳枸之间也，危行侧视，振动悼慄；此筋骨非有加急⑤而不柔也，处势不便，未足以逞其能也。今处昏上乱相之间，而欲无惫，奚可得邪？此比干之见剖心征也夫！"

㊀正蔾系履

1. 解作两个动作：整腰带、系鞋。成玄英：蔾，履带也，亦言腰带也。履穿故以绳系之。庄子着破履，正腰带见魏王。王敔：结带束衣，以索穿履。

2. 谓为一个动作：以带系鞋。林疑独："蔾"，履带，履坏故以带系之。郭嵩焘：《说文》："絮，麻一耑也。""絮"与"蔾"字通，言整齐麻之一端，以纳束其履而系之。

㊁揽蔓其枝而王长其间

1. 王长，如字，谓自得也。郭象：遭时得地，则申其长技。成玄英：王长，犹自得也。

2. 王长，如字，君长也。王敔：王长，犹言为王为伯。俞樾：谓猿得枏梓豫章，则率其属其上而自为君长也。

3. 王长，一作"往长"。司马彪：往长其间，两枝相去长远也。

㊂此筋骨非有加急而不柔也

1. 加急，谓病症也。林希逸：医书有头项强直之症，是加急而不柔也。

2. 加急，谓束缚也。宣颖：非有加以束急而不得柔动者。

孔子穷于陈、蔡之间，七日不火食，左据槁木，右击槁枝，而歌焱氏⑤之风，有其具而无其数，有其声而无宫角，木声与人声，犁然⑤有当于人之心。颜回端拱还目⑭而窥之。仲尼恐其广己而造大也，爱己⑯而造哀也，曰："回，无受天损易，无受人益难⑰。无始而非卒也，人与天一

---

① 陆德明：王，司马本作"往"。

也。夫今之歌者其谁乎?"回曰:"敢问无受天损易。"仲尼曰:"饥渴寒暑,穷桎不行,天地之行也,运物①ⓐ之泄也,言与之偕逝之谓也。为人臣者,不敢去之。执臣之道犹若是,而况乎所以待天乎!""何谓无受人益难?"仲尼曰:"始用四达,爵禄并至而不穷,物之所利,乃非己也,吾命其在外者也ⓑ。君子不为盗,贤人不为窃。吾若取之何哉?故曰,鸟莫知于鷾鸸,目之所不宜处,不给视,虽落其实,弃之而走。其畏人也,而袭诸人间,社稷存焉尔ⓒ。""何谓无始而非卒?"仲尼曰:"化其万物而不知其禅之者,焉知其所终?焉知其所始?正而待之而已耳ⓓ。""何谓人与天一邪?"仲尼曰"有人,天也;有天,亦天也ⓔ。人之不能有天,性也ⓕ。圣人晏然体逝而终矣!"

㈠猋氏

1. 诠为古之帝王　陆德明:猋氏,古之无为帝王。

2. 诠为人文始祖　成玄英:猋氏即焱氏,神农也。

㈡犁然有当于人之心

1. 犁然,动心貌。　司马彪:犁然,犹栗然。

2. 犁然,清晰貌。焦竑:如犁田者,其土释然也。奚侗:犁,比也。言木声与人声相比次。阮毓崧:"犁"借为"厘"。厘,理也。言自然有条有理,深入听者之心。

㈢颜回端拱还目而窥之

1. 还目,谓旋睛。陆长庚:端拱则头容直矣,不能瞠视,故转其睛而环视之。

2. 还目,谓凝眸。陆树芝:还目而窥,犹云凝眸而谛听之。

㈣仲尼恐其广己而造大也,爱己而造哀也

1. 己,指孔子言。胡文英:广己,谓恐其高视于我而不在规矩之中;爱己,谓恐其一切念于我而有动性情之际。

---

① 陈景元:江南古藏本"物"作"化"。

2. 己，指颜回言。王先谦：自广而至于自大，自爱而至于自伤，皆非所以处穷也。

㈤无受天损易，无受人益难

1. 就"天损""人益"的内容言。郭象：天损之来，唯安之，故易；物之傥来，不可禁御。陈景元：穷塞天命，故易安；爵禄人事，故难却。

2. 就"无受"的含义言。陈寿昌：天损，只安之，便是"不受"，故易；人益，须去之，方是"不受"，故难。

㈥天地之行也，运物之泄也

1. 运物，如字。句谓运动、造生万物，皆天地之所为。

林希逸：运物，运气也。泄，发也。运物之泄，气数之往来，皆天也。刘凤苞：天地运动万物，发泄而不能已，其机不可测，其理不可逃。

2. "运"借为"员"，员物，物品也。句谓天地之行，万物之动。章炳麟："运"借为"员"。《越语》"广运"，《西山经》作"广员"是其例。《说文》："员，物数也。"员物，犹言品物。"泄"与"动"义近。《韩非子·扬榷》"根榦不革则动泄不失矣"，"泄"亦"动"也。

㈦吾命其在外者也

1. 谓显达爵禄，皆吾命之在外者。郭象：人之生，必外有接物之命。宣颖：乃吾之气数偶有通于外者。

2. 谓显达爵禄，吾命在此之外。罗勉道：爵禄穹隆，非不可喜；鞠躬尽瘁，但所以利物而已，其于己何与？吾命有在于此之外者。胡文英：我非为利也。

㈧其畏人也，而袭诸人间，社稷存焉尔

1. 以燕之生活习性，喻和光同尘则能保身存国。成玄英：燕子

畏惧于人而依附人往，入人舍宅，寄作窠巢，是故人爱而狎之，故得免害。亦犹圣人和光在世，混迹人间，戒慎灾危，不溺尘境，苍生乐推而不厌，故得久视长生。圣德遐被，群品乐推，社稷之存，故其宜矣。

2. 以燕之生活习性，喻寄宿人间则无受人益难。林云铭：如上文所云，则燕子畏人之至，可谓有存身之知矣。乃不能不处于人间之堂上，何也？盖燕舍此别无可安身之地。犹人之社稷镇于此不能他移也。喻人虽知人益之不可受，但不能离此世间耳，故曰"难"。

⑨正而待之而已耳

1. 以道家观点解：顺化。郭象：正而待之，无所为怀也。陆长庚：正以待之，顺其自化而已耳。

2. 以儒家观点解：立命。胡远濬：此即孟子"夭寿不二，修身以俟，所以立命"之旨。

⑩有人，天也；有天，亦天也

1. 谓人、天皆自然。成玄英：人伦万物，莫不自然。

阮毓崧：凡属人事之变迁，若死生存亡、穷达贫富及智愚毁誉之类，皆天也，自然之运命也。凡属天道之流行，若开阖运旋、栽培倾覆及祯祥灾沴之类，亦天也，自然之变化也。

2. 谓人、天皆天所为。罗勉道：凡事非人所能为，有人做得底，皆天也。而有天所为者，亦天也。宣颖：人与天皆天为之。

⑪人之不能有天，性也

1. 谓人不能操纵天命。郭象：言自然则自然矣，人安能故有此自然哉？胡文英：人不能操造物之权，乃天命之本然也。

2. 谓人皆囿于禀赋。宣颖：人或不能全其天，以性分有所加损故也。钱穆：人所不能有之天，则为性分所限也。

庄周游于雕陵之樊⊖，睹一异鹊自南方来者，翼广七尺，目大运⊜寸，感[⊜]周之颡而集于栗林。庄周曰："此何鸟哉！翼殷不逝，目大不睹？"蹇①裳躩步，执弹而留之。睹一蝉，方得美荫而忘其身；螳螂执翳[⊛]而搏之，见得而忘其形；异鹊从而利之，见利而忘其真[⊕]。庄周怵然曰："噫！物固相累，二类相召也。"捐弹而反走，虞人逐而谇[⊕]之。庄周反入②，三月③不庭[⊕]。蔺且从而问之："夫子何为顷间甚不庭乎？"庄周曰："吾守形[⊕]而忘身，观于浊水而迷于清渊[⊕]。且吾闻诸夫子[⊕]曰：'入其俗，从其令。'今吾游于雕陵而忘吾身，异鹊感吾颡，游于栗林而忘真，栗林虞人以吾为戮，吾所以不庭也。"

〔一〕庄周游乎雕陵之樊

1. 樊，谓藩篱。司马彪：樊，藩也。谓游粟园藩篱之内也。

2. 樊，谓郊野。陆德明：樊，或作"埜"，古"野"字。

3. 樊，谓山林。褚伯秀："樊"旧说同"藩篱"之"藩"，音训俱远，兼气象隘陋，非所宜游。今依字以山樊释之。《则阳篇》"则休乎山樊"，谓山林茂密之地。

〔二〕目大运寸

1. 运，"方圆"之"圆"也。司马彪：运寸，可回一寸也。成玄英：眼圆一寸。

2. 运，"纵横"之"纵"也。王念孙："运寸"与"广七尺"相对成文，"广"为"横"，则"运"为"从"也。目大运寸，犹言目大径寸耳。《越语》"勾践之地广运百里"，韦注："东西为广，南北为运。"是"运"为"从"也。

〔三〕感周之颡而集于栗林

1. 感，触也。李颐：感，触也。

2. 感，经过也。林希逸：感周之颡，飞从额前过也。胡文英："感"字作"经过"意讲。

---

① 陈景元：张君房本"蹇"作"褰"。
② 陈景元：江南古藏本"入"下有"宫"字。
③ 陆德明：三月，一本作"三日"。

㈣螳蜋执翳而搏之

1. 执翳，谓执草、叶以蔽。司马彪：执草以自翳也。

成玄英：执木叶以自翳于蝉。

2. 执翳，谓举臂以自蔽。陈景元：翳，谓斧也。螳蜋执斧如盖，以自蔽也。宣颖：臂也。螳蜋臂大，举则自蔽，故曰"执翳"。曹础基：举臂。螳蜋臂前有锯齿，形状似跳舞时所执的翳（边上有锯齿形的旗），故称为"执翳"。

㈤见利而忘其真

1. 真，谓真性、本能。郭象：目能睹，翼能飞，此鸟之真性也。今见利，故忘之。

2. 真，谓生命。成玄英：异鹊从螳蜋之后，利其捕蝉之便，意在取利，不觉性命之危，所谓"忘真"矣。

㈥虞人逐而谇之

1. 谇，问也。郭象：谇，问之也。

2. 谇，骂也。林希逸：谇，骂之也。

㈦三月不庭

1. 庭，如字，门庭也。司马彪：不出坐庭中三月。成玄英：不出门庭。

2. 庭，当读为"逞"。不逞，不乐也。王念孙："庭"当读为"逞"。不逞，不快也。甚不逞，甚不快也。《方言》曰："逞，晓，快也。…'逞'字古读若'呈'，声与'庭'相近，故通作'庭'"。

3. 庭，读为"廷"，平也。吴汝纶："庭"读为"廷"，平也。

㈧吾守形而忘身

1. 守形，执着外物也。句谓执着于外物而忘己之身。成玄英：我见利徇物，爱守其形，而利害相召，忘身者也。

2. 守形，养生也。句谓谈养生而忘己身。林希逸：守形，养生者也。我为养生之学，忽因逐鹊而忘其身，是以欲而汩其理也。

㈨观于浊水而迷于清渊

1. 谓不知自反。郭象：见彼而不明，即因彼以自见，几忘反鉴之道。王先谦：知物类之逐利，而不悟己当避嫌。

2. 谓不知真性。林希逸：浊水喻人欲，清渊喻天理也。胡文英：浊水喻异鹊诸物，清渊喻己之真性。

㈩且吾闻诸夫子曰

1. 夫子，指老子。成玄英：庄周师老聃，故称老子为夫子也。

2. 夫子，指长桑公。陈景元：夫子指长桑公，庄子之师。

3. 夫子，指孔子。阮毓崧：夫子当即孔子。

阳子之宋，宿于逆旅。逆旅人有妾二人，其一人美，其一人恶。恶者贵而美者贱。阳子问其故，逆旅小子对曰："其美者自美，吾不知其美也；其恶者自恶，吾不知其恶也。"阳子曰："弟子记之：行贤而去自贤之行①⊖，安往而不爱哉！"

㈠行贤而去自贤之行

1. 自贤之行，指轻物之心理。成玄英：种德立行而去自贤轻物之心。

2. 自贤之行，指骄傲之表现。林希逸：有贤者之德而无自矜之行。

---

① 按：《韩非子·说林》"行"作"心"。

田子方第二十一

田子方侍坐于魏文侯，数称谿工。文侯曰："谿工，子之师邪？"子方曰："非也，无择之里人也。称道数当，故无择称之。"文侯曰："然则子无师邪？"子方曰："有。"曰："子之师谁邪？"子方曰："东郭顺子。"文侯曰："然则夫子何故未尝称之？"子方曰："其为人也真。人貌而天虚缘而葆真㊀，清而容物。物无道，正容以悟之，使人之意也消。无择何足以称之！"子方出，文侯傥然终日不言。召前立臣而语之曰："远矣，全德之君子！始吾以圣知之言、仁义之行为至矣；吾闻子方之师，吾形解而不欲动，口钳而不欲言，吾所学者直土梗㊁耳！夫魏真为我累耳！"

㊀人貌而天虚缘而葆真

〔句读1〕人貌而天，虚缘而葆真。

郭象：虽貌与人同，而独任自然；虚而顺物，故真不失。

〔句读2〕人貌而天虚，缘而葆真。

俞樾：此当以"人貌而天虚"为句。人貌、天虚相对成义。虚，孔窍也，亦训"心"。《淮南·俶真篇》"虚室生白"，注曰："虚，心也。"此云"人貌而天虚"，即人貌而天心，言其貌则人，其心则天也。

㊁吾所学者直土梗耳

1. 土梗，土人也，谓所学非真。司马彪：土梗，土人也，遭雨则坏。郭象：非真物也。

2. 土梗，土苴也，谓所学不精。林希逸：土梗者，得其粗，不得其精也。林云铭：土梗，犹土苴，言粗迹也。

温伯雪子适齐，舍于鲁。鲁人有请见之者，温伯雪子曰："不可。吾闻中国之君子，明乎礼义而陋于知人心，吾不欲见也。"至于齐，反舍于鲁，是人也又请见。温伯雪子曰："往也蕲见我，今也又蕲见我，是必有以振①我也。"出而见客，入而叹。明日见客，又入而叹。其仆曰："每见之客也，必入而叹，何耶？"曰"吾固告子矣：中国之民，明乎礼义而陋乎知人心。昔之见我者，进退一成规、一成矩，从容一若龙、一若虎，其谏我也似子，其道我也似父，是以叹也。"仲尼见之而不言。子路曰："吾子欲见温伯雪子久矣，见之而不言，何邪？"仲尼曰："若夫人者，目击而道存矣，亦不可以容②声矣②。"

㊀是必有以振我也

1. 振，动也，谓感动、启发。成玄英：振，动也。必当别有所以，故欲感动我来。宣颖：振我，犹起予。

2. 振，告也。高亨：振，告也。《尔雅·释言》："振，讯也。"《释诂》："讯，告也。"是"振"可以训"告"矣。"振"亦可读为"唇"，《尔雅·释诂》："唇，告也。"

㊁亦不可以容声矣

1. 容，容貌也。陈寿昌：不待以容声测，而容声亦不足以测也。

2. 容，借为"庸"，用也。高亨："容"借为"庸"，《说文》："庸，用也。"不可容声，谓不可用言语也。

㊂仲尼曰："若夫人者，目击而道存矣，亦不可以容声矣。"

1. 句谓孔子称温伯雪子能感人心。吕惠卿：东郭顺子正容以悟物，温伯雪子目击而道存，则古之圣贤所以相与者如是其微邪！林希逸：目击而道存，即"正容以悟，使人之意消"也。

2. 句谓孔子能知人心。宣颖：目触之而已知道在其身，何处复着言语。林云铭：目之所触，而道自存，无可容于言语，此夫子所以能知人心也。

颜渊问于仲尼曰："夫子步亦步，夫子趋亦趋，夫子驰亦驰；夫子奔逸绝尘[○]，而回瞠若乎后矣！"夫子曰："回，何谓邪?"曰："夫子步，亦步也；夫子言，亦言也；夫子趋，亦趋也；夫子辩，亦辩也；夫子驰，亦驰也；夫子言道，回亦言道也；及奔逸绝尘而回瞠若乎后者，夫子不言而信，不比而周，无器而民滔乎前[○]，而不知所以然而已矣。"仲尼曰："恶！不可察与！夫哀莫大于心死[○]，而人死亦次之。日出东方而入于西极，万物莫不比方[⊕]，有目有趾者，待是而后成功，是出则存，是入则亡。万物亦然，有待也而死，有待也而生。吾一受其成形，而不化以待尽[⊕]，效物而动，日夜无隙，而不知其所终；薰然[⊕]其成形，知命不能规乎其前，丘以是日徂①[⊕]。吾终身与汝交一臂[⊕]而失之，可不哀与！女殆著乎吾所以著也，彼已尽矣，而女求之以为有，是求马于唐肆也②[⊕]。吾服女也甚忘，女服吾也亦甚忘[⊕]。虽然，女奚患焉，虽忘乎故吾，吾有不忘者存[⊕]。"

一 夫子奔逸绝尘，而回瞠若乎后矣

1. 奔逸绝尘，谓急走也。成玄英：奔逸绝尘，急走也。灭尘迅速，不可追趁，故直视而在后也。

2. 奔逸绝尘，喻无迹也。宣颖：绝尘，则无迹可寻矣。

陈寿昌：瞬息千里，蹈尘无迹，此喻神运者。

二 无器而民滔乎前

1. 器，指爵位、法规之类。滔，蹈也。成玄英：实无人君之位，而民足蹈乎前而众聚也。王敔：谓无成法，人自顺之。

2. 器，器皿。滔，借为"舀"，挹也。章炳麟："滔"借为"舀"。舀者当就器。无器而民舀乎前，与上文"不言而信""不比而周"同意。《说文》："舀，抒臼也。"抒，挹也。《山木篇》云"弟子无挹于前"，"舀乎前"，即"挹于前"也。

三 夫哀莫大于心死

1. 心死，谓丧失寂然本性。成玄英：情之累者，莫过心之变易。

---

① 陆德明：徂，司马本作"疽"，云："病也。"
② 陆德明：唐肆，司马本作"广肆"。

变易生灭，深可哀伤，而以生死，哀之次也。章炳麟：心体常在，本无灭期；而心相波流，可得变坏，此所谓心死也。(《齐物论释》)

2. 心死，谓丧失知觉作用。林希逸：心死者，无所见也。生而无所见，犹甚于死也。褚伯秀：圣人之心，湛如止水，物来斯烛，潜应所感，是谓"与物为春，日夜无却"者也。若其心死，则枯槁绝物，滞于顽空，沉沦幽寂，莫使复阳，故哀莫大焉。

3. 心死，谓丧失思辨能力。陈深：心死，不闻道也。生不闻道，与无生同。宣颖：心死则滞于迹，不能与造化同体，其可哀甚于人死也。

4. 心死，谓丧失生理能力。林云铭：心死，即《齐物论》所谓"其形化，其心与之然，可不谓大哀乎"之说。陈寿昌：阳气尽则心死，所谓"近死之心，莫使之复阳"也。心死而身亦旋亡，故曰"次之"。

㈣日出东方而入于西极，万物莫不比方

1. 比方，谓可见、可数也。郭象：皆可见也。林希逸：比方，可数也。日既明时，物之长短大小，皆可尽见，故曰"莫不比方"。

2. 比方，谓取法、譬如也。成玄英：人之死生，譬天之昼夜，以斯寓比，亦何惜哉。马其昶：比，顺也；方，道也。谓万物之化生皆顺太阳之轨道也。

㈤吾一受其成形，而不化以待尽

1. 谓一受形，则化无尽期。郭象：夫有不得变为无，故一受成形，则化尽无期也。

2. 谓一受形，则不变而至终。成玄英：夫我之形性，禀之造化，明暗妍丑，崖分已成，一定已后，更无变化，唯常端然待尽，以此终年。

㈥薰然其成形

1. 薰然，言气生之自动貌。成玄英：薰然，自动之貌。薰然禀

气成形，无物使之然也。

2. 薰然，言物长之和顺貌。林希逸：浑然此身，无非和顺之理，故曰"薰然而成形"。薰，和也。

㈦知命不能规乎其前，丘以是日徂

1. 日徂，指过去。句谓命运不可预测，旧日已往而不返。郭象：不系于前，与变俱往，故日徂。林云铭：奈命不可留，觉有不能系，已往之陈迹，惟见其日日往而不返。

2. 日徂，指未来。句谓命运不可预测，将来但与日俱往。成玄英：达时命变，不能预作规模，体于日新，是故与化俱往也。陈深：知命之流行，非规划之所能预料，勉勉循循，与日俱往而已。

㈧吾终身与汝交一臂而失之，可不哀与

1. 交一臂，言时光短暂。句谓虽与颜渊终生相与，但亦犹交臂之顷即分离，是为可哀。成玄英：把臂之间，欻然已谢，新既行矣，故以失焉。若以失故而悲，此深可哀也。

陈寿昌：吾之于汝，虽复终身相与，直不啻甫交一臂而遂相失也。

2. 交一臂，言并立而行。句谓虽与颜渊终身周旋，而不相互理解，是为可哀。林希逸：交一臂者，并立也。终身与汝周旋，而汝未得此道，故曰"交一臂而失之"。陆长庚：交臂而失，犹言对面不相识也。陆树芝：终身与汝，即无行而不与二三子之意。交一臂而失之，犹人交臂同行而忽然相失。

㈨女殆著乎吾所以著也，彼已尽矣，而女求之以为有，是求马于唐肆也

1. 谓追求故昔，故昔已逝，故不可得。郭象：唐肆，非停马处也，言求向者之有，不可复得也。人之生若马之过肆耳，恒无驻须臾，新故之相续，不舍昼夜也。著，见也。言汝殆见吾所以见者耳。吾所以见者，日新也，故已尽矣，汝安得有之！

2. 谓以迹（有）求道（无），迹非道，故不可得。林希逸：著，可见者也，汝但见吾所可见者，而不知有所不可见者，故曰"汝殆著乎吾所以著也"。尽，无也。道必至于"无"而后尽。汝但以"有"求之，所以见不到尽处，故曰"彼已尽矣，而女求之以为有"。肆，货马之地。唐，无壁之屋。唐肆，今之过路亭也。货马者来去不常止，就其肆求之，刻舟求剑之意也。

⊕吾服女也甚忘，女服吾也亦甚忘

1. 服，思也。忘，忽也。句谓你我所相思，过去甚速。郭象：服者，思存之谓也。甚忘，谓过去之速也。言汝去忽然，思之恒欲不及。奚侗：《说文》："忽，忘也。""忽""忘"同义。故本书郭注以"甚忘"为过去之速。

2. 服，佩服也。甚忘，大忘也、浑忘也。句谓彼此所佩服处，皆无形迹，皆当大忘。罗勉道：服，佩服也。吾佩服汝之言，与汝佩服吾之言，皆当大忘。陆树芝：吾之所以服汝，使汝自以为不及，与汝之所以服我，谓我必不可及者，皆在于浑忘而不可见之处，非可以迹象求也。

3. 服，行也。甚忘，甚于忘，不可知、不可执也。句谓彼此所行，皆日徂不可执求。林希逸：极其不可知曰"甚忘"。服，行也。吾与汝之所行，必极其不可知；汝与吾之所行，亦必极其不可知。阮毓崧：服，犹行也。此言吾所行既与日俱新，汝感其过去之速而求之不得较甚于忘。吾于汝所行亦犹是。盖在日徂之中，吾与汝皆不可执而留者。

⊕虽忘乎故我，吾有不忘者存

1. 不忘者存，谓日新也。郭象：不忘者存，谓继之以日新也。虽忘故吾而新吾已至，未始非吾，吾何患焉！

2. 不忘者存，谓道也。陈景元：忘乎故吾，身非我有也；不忘者存，道无不在也。

孔子见老聃，老聃新沐，方将被发而干，慹然似非人，孔子便⊖而待①之，少焉见，曰："丘也眩与，其信然与⊜？向者先生形体掘若槁木，似遗物离人而立于独也。"老聃曰："吾游心于物之初。"孔子曰："何谓邪？"曰："心困焉而不能知，口辟⊜焉而不能言，尝为汝议乎其将⊜。至阴肃肃，至阳赫赫；肃肃出乎天，赫赫发乎地⊕；两者交通成和而物生焉，或为之纪而莫见其形。消息满虚，一晦一明，日改月化，日有所为，而莫见其功。生有所乎萌，死有所乎归，始终相反乎无端而莫知乎其所穷。非是⊛也，且孰为之宗！"孔子曰："请问游是。"老聃曰："夫得是，至美至乐也，得至美而游乎至乐，谓之至人。"孔子曰："愿闻其方。"曰："草食之兽不疾易薮，水生之虫不疾易水，行小变而不失其大常也，喜怒哀乐不入于胸次。夫天下也者，万物之所一⊕也。得⊛其所一而同焉，则四支百体将为尘垢，而死生终始将为昼夜而莫之能滑，而况得丧祸福之所介⊛乎！弃隶⊕者若弃泥涂，知身贵于隶也，贵在于我而不失于变⊕，且万化而未始有极⊕也，夫孰足以患心！已⊕为道者解乎此。"孔子曰："夫子德配天地，而犹假至言以修心，古之君子，孰能说⊛焉？"老聃曰："不然。夫水之于汋⊛也，无为而才自然矣。至人之于德也，不修而物不能离焉。若天之自高，地之自厚，日月之自明，夫何修焉！"孔子出，以告颜回曰："丘之于道也，其犹醯鸡与！微夫子之发吾覆也，吾不知天地之大全也。"

⊖孔子便而待之

1. 便，如字，随宜也。成玄英：既新沐发，曝之令干，凝神寂泊，慹然不动，掘若槁木，故似非人。孔子见之，不敢往触，遂便徙所，消息待之。

2. 便，"屏"字之借。章炳麟："便"借为"屏"。《汉书·张敞传》"自以便面拊马"，师古曰："便面所以障面，盖扇之类也。亦曰屏面。""便""屏"一声之转，故"屏"或作"便"。《说文》："屏，屏蔽也。"老聃方被发，不可直入相见，故屏隐于门下而待之。

---

① 陆德明："待"或作"侍"。

㈡丘也眩与，其信然与

1. 谓孔子所见之老聃令人眼为眩耀，诚然圣人。成玄英：丘见先生，眼为眩耀，忘遗形智，信是圣人。

2. 谓孔子疑已目眩，所见未真。阮毓崧：岂所见之未真邪？抑至人常如是耶？

㈢口辟焉而不能言

1. 辟，开也。成玄英：辟者，口开不合也。胡文英：辟，阐同。口虽阐而不能言，极言其故之难明也。

2. 辟，合也。司马彪：辟，卷不开也。王敔：辟，音"壁"，塞也。

㈣尝为汝议乎其将

1. 将，近似，大略也。林希逸：将，近也。谓其深妙者难言，且拟议其近似者也。章炳麟："将"与"犃"声义通。犃，粗略也。犹《知北游篇》云"将为女言其崖略耳"。

2. 将，即将，将然也。罗勉道：将，将然也。试为汝言其将然之初。王敔：谓将生未生之际。

3. 将，主也、大也。高骏烈：《吕览》注："将，主也。"言议其宗主也。（钱穆《庄子纂笺》引）奚侗：《诗·小雅》"亦孔之将"，郑笺："将，大也。"《方言》："将，大也。"议乎其将，言为孔子议其大者耳。

㈤肃肃出乎天，赫赫发乎地

1. 如句。成玄英：肃肃，阴气寒也；赫赫，阳气热也。近阴中之阳，阳中之阴，言其交泰也。

2. 句误。高亨：疑原作"肃肃出乎地，赫赫发乎天"，"天""地"二字转写误倒。阴出于地，阳发于天，理不可易。

㈥非是也，且孰为之宗

1. 是，谓道也。成玄英：若非是虚通生化之道，谁为万物之宗本乎？

2. 是，谓造物也。林希逸："是"即造物也。"宗"亦造物也。言不是这个，孰为之主宰？

㈦夫天下也者，万物之所一也

1. 一，指本体、真宰。句谓万物一体，一于真宰。成玄英：天地万物，其体不二。宣颖：万化不逾真宰。

2. 一，相同也。句谓万物皆同游于天下。林希逸：万物之生皆在乎天之下，故必听天之所为，岂得以自异，故曰"天下也者，万物之所一也"。陆树芝：夫万物之死生存亡，皆同游于此天下中耳，是天下者，固万物所一也。

㈧得其所一而同焉

1. 得，懂得、理解。句谓理解万物皆一之理。林希逸：知其一出于天而莫不同。

2. 得，获得。句谓获得本体之"一"。宣颖：与真一合德。

㈨而况得丧祸福之所介乎

1. 介，芥也。句谓得丧祸福之小事。林希逸：介，芥蒂也。

2. 介，界也。句谓得丧祸福之区分。宣颖：介，犹际。

㈩弃隶者若弃泥涂

1. 隶，仆隶也。成玄英：舍弃仆隶，事等泥涂。王敔：隶，贱役，人以得免为幸。

2. 隶，犹属，官爵也。陆长庚：隶，谓天下以势分相属者。宣颖：隶者，官爵。

⑩贵在于我而不失于变

1. 不失于变，谓与物俱变。郭象：所贵者我也，而我与变俱，故无失也。成玄英：知贵在我，不在外物，我将变俱，故无所丧也。

2. 不失于变，谓外于物变。林疑独：贵常在我，而死生不得与之变。胡文英：不以物之变而失其为我也。

⑪且万化而未始有极也

1. 极，尽也。林希逸：天地之间变化相寻，万古如此，何有尽时。

2. 极，常也。宣颖：万化，极言变化未始有极。极，言常也。

⑫已为道者解乎此

1. 已，如字。解，解脱也。郭象：所谓县解。

2. 已，如字，已经也。解，理解也。成玄英：唯当修道达人，方能解此。宣颖：惟既履道者知之。

3. 已，或作"己"，亲身也。解，理解也。林希逸：世俗之人不能解此，惟身与道一者方解晓乎此。己，身也。身与道一，故曰"己为道"。罗勉道：亲自得道者方能晓此也。

⑬夫子德配天地，而犹假至言以修心，古之君子，孰能说焉

1. 说，同"脱"，免也。句谓古之君子皆不能遗弃至言以修身。成玄英：老子德合二仪，今乃盛谈至言以修心术，然则古之君子，谁能遗于言说而免于修为者乎。林希逸：谓老子其德如此，犹且不能离言语以修其心，使人孰能免于此。"说"与"脱"同。宣颖："说"当作"脱"。言不能外也。

2. 说，如字，言语也。句谓古之君子谁能为此至言高论。

林云铭："说"仍作如字解，言古之君子皆不能为此语。

⑭夫水之于汋也，无为而才自然矣

1. 汋，言水之态，谓清也、流也、泽也。郭象：汋，水澄湛也。

言水之澄湛，其性自然。宣颖：汋，水激行也。水无所作为，惟顺其才之自然而已。陈寿昌：汋，泽也，无为而才，自然润物也。

2. 汋，言水之声。奚侗：《说文》："汋，激水声也。"激水碍袁疾波也。水碍则袁，袁则疾，疾则有波，波则有声，水之才质然也。

3. 汋，言取水也。李颐：汋，取也。林希逸：汋，取也，与"酌"同。江河之水，酌之不竭者，以其本质无为而自然也。

庄子见鲁哀公〇。哀公曰："鲁多儒士，少为先生方〇者。"庄子曰："鲁少儒。"哀公曰："举鲁国而儒服，何谓少乎？"庄子曰："周闻之，儒者冠圜冠者，知天时；履句屦者，知地形；缓①〇佩玦者，事至而断。君子有其道者，未必为其服也；为其服者，未必知其道也。公固以为不然，何不号于国中曰：'无此道而为此服者，其罪死！'"于是哀公号之五日，而鲁国无敢儒服者，独有一丈夫儒服而立乎公门。公即召而问以国事，千转万变而不穷。庄子曰："以鲁国而儒者一人耳，可谓多乎？"

〇庄子见鲁哀公

1. 寓言也。成玄英：庄子是六国时人，与魏惠王、齐威王同时，去鲁哀公一百二十年，如此言见鲁哀公者，盖寓言耳。

2. 晚出之证。钱穆：此等皆晚出之证。

〇鲁多儒士，少为先生方者

1. 方，术也。成玄英：方，术也。服膺儒服，长裾广袖，鲁地必多；无为之学，其人鲜矣。

2. 方，比也。罗勉道：方，比也。

〇缓佩玦者，事至而断

1. 缓，丝绳也。成玄英：缓者，五色絛绳，穿玉玦以饰佩也。本亦有作"绶"。

2. 缓，缓慢也、宽绰也。林希逸：缓佩玦者，言其行详缓而佩

---

① 陆德明：缓，司马本作"绶"。

玦玉也。"玦"取能断之义。郭嵩焘：缓者，宽绰之意。缓佩玦，言所佩者玦，而系之带间，宽绰有余也。

百里奚爵禄不入于心，故饭牛而牛肥⊖，使秦穆公忘其贱，与之政也。有虞氏死生不入于心，故足以动人。

⊖**百里奚爵禄不入于心，故饭牛而牛肥**

1. 如句。郭象：内自得者，外事全也。陆长庚：百里饭牛，自适其事而已，原无干爵禄之心，故饭牛而牛肥。所谓一之外，无敢设者，故牛皆得以自适其性而肥壮异常。

2. 句误，当作"饭牛而肥"。成玄英：安于饭牛，身甚肥悦；忘于富贵，故爵禄不入于心。褚伯秀："饭牛而牛肥"，只应作"饭牛而肥"，谓百里奚虽处贱躬耕而乐道忘贫，四体充悦，非谓牛肥也。

宋元君将画图，众史皆至，受揖⊖而立，舐笔和墨，在外者半⊜。有一史后至者，儃儃然不趋，受揖不立，因之舍。公使人视之，则解衣般礴⊜羸。君曰："可矣，是真画者也⊜。"

⊖**受揖而立**

1. 受揖，谓受命而拜揖宋元君。司马彪：受命揖而立。成玄英：受君令命，拜揖而立。

2. 受揖，谓受宋元君之拜揖。胡怀琛："受揖而立"与下文"受揖不立"，"揖"皆谓宋元君，"受揖"皆谓史，"立"谓众史，"不立"谓后至之史。

⊜**在外者半**

1. 言画师之众多。成玄英：在外者半，言其趋竞者多。

2. 言画师之迟缓矜持。陈寿昌：在外，谓犹有在舍外而不即入者，皆极言众史之迟缓矜持也。

3. 言不能画者。宣颖：此不能画者。

㈢则解衣般礴蠃

1. 般礴，谓箕坐也。司马彪：般礴，谓箕坐也。

2. 般礴，谓旋舞也。宣颖：般礴，旋舞自得。

㈣是真画者也

1. 言其内足者。郭象：内足者，神闲而意定。陆长庚：善画者，神闲气定，意在笔先。

2. 言其非求知者。林希逸：此言无心于求知，乃真画者。

文王观于臧，见一丈夫钓，而其钓莫钓。非持其钓有钓者也，常⊖钓也。文王欲举而授之政，而恐大臣父兄之弗安也；欲终而释之，而不忍百姓之无天也。于是旦而属之大夫曰："昔者寡人梦见良人，黑色而髯，乘驳马而偏⊜朱蹄，号曰：'寓而政于臧丈人，庶几乎民有瘳乎！'诸大夫蹵然曰："先君王也。"文王曰："然则卜之。"诸大夫曰："先君之命，王其无它，又何卜焉！"遂迎臧丈人而授之政。典法无更，偏①⊜令无出。三年，文王观于国，则列士坏植⑭散群，长官者不成德⑭，斔斛不敢入于四竟⑮。列士坏植散群，则尚同也；长官者不成德，则同务也；斔斛不敢入于四竟，则诸侯无二心也⑯。文王于是焉以为大师，北面而问曰："政可以及天下乎？"臧丈人昧然而不应，泛然而辞，朝令而夜遁，终身无闻。颜渊问于仲尼曰："文王其犹未邪？又何以梦为乎？"仲尼曰："默，汝无言！夫文王尽之也，而又何论刺焉！彼直以循斯须⑰也。"

㊀非持其钓有钓者也，常钓也

1. 常，经常也。句谓无意于钓，而钓常在手。林希逸：常钓者，钓常在手也。钓竿虽在手而无意钓，故曰非持其钓有钓者。

2. 常，恒也。句谓别有意图，不钓亦钓。宣颖：不是执钓鱼以为钓，而是别有钓意，即不执竿亦钓也。

3. 常，尚也、上也。句谓非以钓钓，此钓之上者。奚侗："有"借作"为"，"常"借作"尚"。尚者，上也。言彼丈夫固非持其钓以

---

① 王叔岷：唐写本"偏"作"篇"。

为钓者，是钓之上者也。《史记·卫绾传》"剑尚盛"，《汉书》"尚"作"常"；《贾子·宗首篇》"常惮以危为安"，《汉书·贾谊传》"常"作"尚"，是为"常""尚"互假之证。

㈡乘驳马而偏朱蹄

1. 偏朱蹄，一蹄偏赤。李颐：偏朱蹄，一蹄偏赤也。

2. 偏朱蹄，蹄偏赤。成玄英：驳马蹄偏赤。

㈢偏令无出

1. 偏令，不正之令。成玄英：偏曲敕令，无复出行也。林疑独：不正之令不出。

2. 偏令，一令也。林希逸：偏令无出，无一事肯出号令也。号令之间独言一事，故曰"偏令"。陆树芝：六典八法率由无改，未尝特出一令。

3. 偏令，"偏"借为"辩"，或读为"篇"。章炳麟："偏"借为"辩"。《说文》："辩，治也。"辩令者，治令也，亦辞令也。杨树达："偏"读为"篇"。篇令，犹云策令也，与"典法"为对文。

㈣则列士坏植散群

1. 植，行列也。司马彪：植，行列也。散群，言不养徒众也。

2. 植，谏垣也。陆德明：一云，植者，疆界头造屋以待谏者也。陈景元：国治则忠臣隐，谏垣废。

3. 植，疆界也。范应元：边疆植木以为界，如榆关柳塞之类。坏植散群，则撤戍罢兵，邻封混一，此尚同之俗也。

4. 植，主也。俞樾：宣二年《左传》"华元为植"，杜注曰："植，将主也。"列士必先有主而后得有徒众，所欲散其群，必先坏其植也。

㈤长官者不成德

1. 不成德，无事功之谓。成玄英：上下咸亨，长官不显其德。林疑独：天下无异务，故长官者不成德。

2. 不成德，不居功之谓。林希逸：不成德，不自有其成功。陆长庚：长官不成德，不居功也。

㈥魧斛不敢入于四竟

1. 谓天下同度量。成玄英：遐迩同轨，度量不入四境。

2. 谓其国有信、有威。陆长庚：魧斛不入四境，不怀疑也。宣颖：恐大小异式，不敢入境内。

3. 谓丰年。陈景元：魧斛不入境，时和岁丰也。

㈦列士坏植散群，则尚同也；长官者不成德，则同务也；魧斛不敢入于四竟，则诸侯无二心也

1. 如句。以尚同、同务、诸侯无二心为臧丈人的政绩来诠解之。郭象：所谓和其光，同其尘；絜然自成，则与众务异也；天下相信，故能同律度量衡也。

2. 句误。疑为注文窜入。孙月峰：三句疑是注语。（宣颖《南华经解》引）

㈧彼直以循斯须也

1. 斯须，谓百姓之情、万化之理也。郭象：斯须者，百姓之情。当悟未悟之顷，故文王循而发之，以合其大情。王夫之：斯须者，物方生之机。马其昶：斯须，化机也。循斯须，故无成心。

2. 斯须，谓顷刻之间。成玄英：斯须，犹须臾也。林希逸：循斯须者，言苟徇一时之计，欲众人易从也。

　　列御寇为伯昏无人射，引之盈贯㊀，措杯水其肘上，发之，适①矢复沓㊁，方矢复寓㊂。当是时，犹象人也。伯昏无人曰："是射之射，非不射之射也㊃。尝与汝登高山，履危石，临百仞之渊，若能射乎?"于是无人

---

① 王叔岷：《御览》七四五引"适"（繁体作"適"）作"镝"。《列子·黄帝篇》同。"适"即"镝"之借。

遂登高山，履危石，临百仞之渊，背逡巡⑯，足二分垂在外，揖御寇而进之。御寇伏地，汗流至踵。伯昏无人曰："夫至人者，上阕青天，下潜黄泉，挥斥八极，神气不变。今汝怵然有恂目之志⑰，尔于中⑱也殆矣夫！"

㈠引之盈贯

1. 贯，镝也。郭象：盈贯，谓溢镝也。阮毓崧：引者，引弓入弦而开之。贯，司马云："镝也。"盈贯，《列子·黄帝篇》张注："尽弦穷镝也。"

2. 贯，借为"弯"。朱骏声：贯，借为"弯"。《史记·伍子胥传》"贯弓执矢向使者。"（钱穆《庄子纂笺》引）

㈡适矢复沓

1. 沓，重也。成玄英：适，往也。沓，重也。弦发矢往，复重沓前箭。郭嵩焘：适矢复沓，状矢之发。《说文》："多言沓沓，如水之流。"言一矢适发，一矢复涌出也。

2. 沓，护指之具。宣颖：一矢方去，第二矢已复在沓将放也。沓，以朱韦为之，所以韬右手食、中、无名三指，利于放弦者也。马叙伦：沓，借为"韘"。《说文》曰："韘，射决也，所以拘弦。"

㈢方矢复寓

1. 方矢。方，方今也。谓今矢也。林希逸：弦上者才去，而方来之矢又寓于弦上矣。奚侗：《诗·秦风》"方何为期"，郑笺："方今以何时为还期乎。"是"方"有"今"义。方矢，犹今矢，是引而未发之矢。

2. 方矢。方，并也。谓并矢也。范应元："方矢"犹"方舟"之义，并也。谓并执之矢已寓于弦。

3. 复寓，谓复寄杯肘上。郭象：箭方去未至的也，复寄杯于肘上，言其敏捷之妙也。

4. 复寓，谓又寄箭弦上。宣颖：第二矢方去，第三矢又寄在弦上。郭嵩焘：方矢复寓，状矢之毂。寓，寄也。言一矢方释，一矢复在毂也。

5. 复寓，谓重中目标。曹础基：复，重。寓，居、在。句谓第二箭射击，双箭并连，重射在目标上。

㈣是射之射，非不射之射也

1. 就境界解，谓有心而非无心。成玄英：言汝虽巧，仍是有心之射，非忘怀无心，不射之射也。吕惠卿：用知不分，此射之射；不射之射，则所谓纯气之守，非知巧果敢之列。

2. 就方法解，谓用技巧而非出自本能。江遹：射之射，所要者在彼；不射之射，所守者在我。射之射方可方不可；不射之射，无可无不可。（焦竑《庄子翼》引）陆长庚：言能以巧用，而不能以神用也。

㈤背逡巡，足垂二分在外

1. 背逡巡，谓背向退步而行。成玄英：逡巡，犹却行也。背渊而却行，足垂二分在外空里。

2. 背逡巡，谓背已无可容。胡文英：逡巡，局束无可容也。背无可容，足垂在外，极言其险之至也。

㈥今汝怵然有恂目之志

1. 句谓因心惧而目眩。成玄英：恂，惧也。观汝有怵惕之心，眼目眩惑，怀恂惧之志。宣颖：内恂慄，则目眩。

2. 句谓有炫人耳目之心。陆德明：恂，谓眩也，欲以眩悦人之目，故怵也。

㈦尔于中也殆矣夫

1. 中，指精神。郭象：不能明至分，故有惧；有惧而所丧多矣，岂唯射乎！陆德明：中，精神也。

2. 中，谓中的。成玄英：怀恂惧之志，汝于射中①危殆矣夫。林希逸：怵然而恂其目，则是未知至人之学也。以为射而欲求中的之精

---

① 《庄子注疏》原作"之"，《庄子集释》校本依正文改。

义，亦难矣！

肩吾问于孙叔敖曰："子三为令尹而不荣华，三去之而无忧色。吾始也疑子，今视子之鼻间栩栩然⊖，子之用心独奈何？"孙叔敖曰："吾何以过人哉！吾以其来不可却也，其去不可止也，吾以为得失之非我也，而无忧色而已矣。我何以过人哉！且不知其在彼乎，其在我乎？其在彼邪？亡乎我；其在我邪？亡乎彼。方将踌躇，方将四顾⊜，何暇至乎人贵人贱哉！"仲尼闻之曰："古之真人，知者不得说，美人不得滥，盗人不得劫，伏戏、黄帝不得友。死生亦大矣，而无变乎己，况爵禄乎！若然者，其神经乎大山而无介，入乎渊泉而不濡，处卑细而不惫，充满天地，既以与⊜人己愈有。"

⊖今视子之鼻间栩栩然

1. 栩栩然，谓表情欢畅貌。成玄英：栩栩，欢畅之貌。陈景元：鼻间栩栩，色泽欢畅貌。

2. 栩栩然，谓表情平静貌。吕惠卿：鼻间栩栩然，则其息以踵而深深之意。林云铭：鼻间栩栩，心平而气静也。

⊜方将踌躇，方将四顾

1. 谓任物也。郭象：踌躇四顾，谓无可无不可也。

2. 谓自得也。成玄英：踌躇，是逸豫自得，四顾，是高视八方。林希逸：踌躇四顾者，高视遐想于天地之间。

3. 谓自省也。吕惠卿：踌躇四顾，则自省之不给。王夫之：踌躇四顾，审其斯须而循之。

⊜充满天地，既以与人己愈有

1. 与，许允也。句谓真人之神明充满天地；任人人自得，则不损己也。郭象：割肌肤以为天下者，彼我俱失也；使人人自得而已者，与人而不损于己也。其神明充满天地，故所在皆可；所在皆可，故不损己为物，而放于自得之地也。

2. 与，给予也。句谓道充满天地；真人以道化人，则己愈有。

林希逸：充满天地者，道也。道在己既塞天地，推以化人，用之无尽，故曰"既以与人己愈有"。

楚王与凡君坐，少焉，楚王左右曰凡亡者三⊖。凡君曰："凡之亡也，不足以丧吾存。夫凡之亡不足以丧吾存，则楚之存不足以存存⊜。由是观之，则凡未始亡而楚未始存也。"

⊖楚王左右曰凡亡者三

1. 三，谓三亡征也。郭象：言有三亡征也。成玄英：三者，谓不敬鬼、尊贤、养民也。陈景元：凡有三亡征，谓不敬老、不尊贤、不养民。

2. 三，谓三次，再三。胡文英：三次也。陈寿昌：俄顷之间，三传国灭。丁展成：犹曰再三言也。

3. 三，谓三人、俞樾、楚王左右言凡亡者三人也。

⊜凡之亡不足以丧吾存，则楚之存不足以存存

1. 就"心"之角度解：意谓无心于得丧，亡亦存；有心于得丧，存亦亡。成玄英：存亡者，有心之得丧也；既冥于得丧，故亡者未必亡而亡者更存，存者不独存而存者更亡也。

2. 就"道"之角度解：有道为存，无道为亡。林希逸：此意即刖者丧足而有尊足者存。谓道之在己，不问有国与无国也。

3. 就"身"之角度解：有身为存，无身为亡。褚伯秀：凡君不以国亡系念而能存己之存，知身之重于国也。楚王以国存自矜而己之所存者已亡，以国为重于己也。己重于国则国虽亡而无伤，国重于己则国虽存而己无济矣。

知北游第二十二

　　知北游于玄水之上，登隐弅之丘，而适遭无为谓焉。知谓无为谓曰："予欲有问乎若：何思何虑则知道？何处何服则安道？何从何道则得道？"三问而无为谓不答也。非不答，不知答也。知不得问，反于白水之南，登狐阕之上，而睹狂屈焉。知以之言也问乎狂屈。狂屈曰："唉！予知之，将语若，中欲言而忘其所欲言。"知不得问，反于帝宫，见黄帝而问焉。黄帝曰："无思无虑始知道，无处无服始安道，无从无道始得道。"知问黄帝曰："我与若知之，彼与彼不知也，其孰是邪？"黄帝曰："彼无为谓真是也，狂屈似之，我与汝终不近也。夫知者不言，言者不知，故圣人行不言之教。道不可致，德不可至[⊖]。仁可为也，义可亏也，礼相伪也[⊜]。故曰：'失道而后德，失德而后仁，失仁而后义，失义而后礼。'礼者，道之华[⊜]而乱之首也。故曰：'为道者日损，损之又损之，以至于无为，无为而无不为也。'今已为物[⊛]也，欲复归根，不亦难乎！其易也，其唯大人乎！生也死之徒[⊛]，死也生之始，孰知其纪[⊛]！人之生，气之聚也；聚则为生，散则为死。若死生为徒，吾又何患！故万物一也。是其所美者为神奇，其所恶者为臭腐；臭腐复化为神奇，神奇复化为臭腐。故曰：'通天下①一气耳。'圣人故贵一[⊕]。"知谓黄帝曰："吾问无为谓，无为谓不应我，非不我应，不知应我也。吾问狂屈，狂屈中欲告我而不我告，非不我告，中欲告而忘之也。今予问乎若，若知之，奚故不近？"黄帝曰："彼其真是也，以其不知也；此其似之也，以其忘之也；予与若终不近也，以其知之也[⊛]。"狂屈闻之，以黄帝为知言。

---

　　① 陈景元：刘得一本"天下"作"天地"。

㈠道不可致，德不可至

1. 谓道、德本性自然，故"致之""至之"皆属造作。郭象：道在自然，非可言致者也。不失德故称德，称德而不至也。陈寿昌：道德纯任自然，致之、至之皆近勉强，故曰不可。

2. 谓道、德无方无形，故无可致、无可至。吕惠卿：道无方故不可致，德在我故不可至。林希逸：道不可致，不可以言致也；道不可至，不可以迹求也。

㈡仁可为也，义可亏也，礼相伪也

1. 谓仁、义、礼产生的不同弊端。陈景元：仁者兼爱，弊则偏私而有可为，义主裁断，弊则倾夺而事可亏，礼尚威仪，弊则矫饰为浮伪生矣。

2. 谓仁、义、礼具有不同的作用。陆树芝：仁务博爱，则有待于作为矣；义主裁判，则必有所亏损矣；礼有防检，则不免于矫伪矣。

3. 谓对仁、义、礼应有不同的态度。宣颖：仁犹近乎道，故可为；义则有分别，减去之可也；礼则浮交，是助伪也，

㈢礼者，道之华而乱之首

1. 华，外饰无实之谓。林希逸：华，外饰而无其实也。

2. 华，末之谓。阮毓崧：华即木之末者也。

㈣今已为物也，欲复归根，不亦难乎

1. 为物，谓有知也。吕惠卿：今已为物则已有知，欲归其根而不知，不亦难乎！

2. 为物，谓有迹也。林希逸：物，迹也。求道而又有迹，则是犹与物同，而欲见自本自根之地，宜其难矣。陈寿昌：已落形质之中，欲反于未生之前，不亦难乎！

㈤生也死之徒

1. 徒，门徒。成玄英：气聚而生，犹是死之徒类。

2. 徒，从也。阮毓崧："徒"即"从"也，即随从其后之意。

㈥孰知其纪

1. 纪，纲纪。成玄英：生死终始，谁知纪纲乎！

2. 纪，极致。刘凤苞："纪"犹"极"也。言其循环无穷。

㈦圣人故贵一

1. 一，指本源。成玄英：夫体道圣人，智周万化，故贵此真一，而冥同万境。陈寿昌：惟圣人宝贵此气，故能薪尽火传，归根独易也。

2. 一，谓无分别。林希逸：圣人贵一，一者，无分别也。

㈧彼其真是也，以其不知也；此其似之也，以其忘之也；予与若终不近也，以其知之也

1. 谓为三种境界。成玄英：彼无为谓妙体无知，故真是道也。此狂屈反照遗言，中忘其告，似道非真也。知与黄帝二人，运智以诠理，故不近真道也。

2. 谓为三种方法。陈景元：无为谓之不答，示至理幽微；次以狂屈欲告而忘，明语默冥会；终以黄帝之知，所以假言诠道。惑于知则为粗，超于言则为妙也。

天地有大美而不言，四时有明法而不议，万物有成理而不说。圣人者，原天地之美而达万物之理，是故至人无为，大圣不作，观于天地之谓也。今①彼神明至精，与彼百化㊀。物已死生方圆，莫知其根也，扁然㊁而万物自古以固存。六合为巨，未离其㊂内；秋毫为小，待之㊃成体。天下莫不沉浮，终身不故㊄；阴阳四时运行，各得其序。惛然若亡而存，油然不形而神，万物畜而不知：此之谓本根，可以观于天矣。

---

① 陈景元：刘得一本"今"作"合"。王先谦：姚（鼐）本"今"作"舍"。

㈠今彼神明至精，与彼百化

1. 神明，指天地之精。与，许也。句意谓天地之神明随任万物自化。郭象：百化自化而神明不夺。

2. 神明，指天地之精。与，为也。句意谓天地之精生化万物。宣颖：言天地以神明至精生百物。

3. 神明，指人之心智。与，及也。句意谓人之心智至精，但探及百化，亦不明其根。林云铭：人之神明至精，似宜洞悉物类矣。乃与百化之物，实不知其所以然之本根。

㈡扁然而万物自古以固存

1. 扁然，遍生貌。成玄英：扁然，遍生之貌也。言万物翩然，随时生育，从古以来，必固自有，岂由措意而后有之！

2. 扁然，逝去貌。林希逸："扁然"即"翩然"也，有去而不已之意，便是"逝者如斯"。万物之化相寻而去，无所穷已，而其造化常存。

3. 扁然，变易貌。陈寿昌：但见日变月异，万物纷呈，常常如此而更无尽时。"扁"音"幡"，幡然变易之象。

4. 扁然，各就其位之意。王敔："扁"音"匾"，门户封署也。扁然，各位其位之意。

㈢六合为巨，未离其内；秋毫为小，待之成体

1. 其、之，指"道"言。成玄英：六合虽大，犹居至道之中；毫毛虽小，资道以成体质也。

2. 其、之，指"无"言。胡远濬："离其""其"字，"待之""之"字，承上"莫知其根"言，所谓"无"也。故郭象注云："计六合在无极之中则陋矣；秋毫虽小，非无亦无以容其质。"

㈣终身不故

1. 谓变化日新，故不旧。郭象：日新也。

2. 谓未尝有新，故不旧。严复：不生不灭，不增不减，不垢不净。其未尝故，以其未尝新。

啮缺问道乎被衣，被衣曰："若正汝形，一汝视，天和⊖将至；摄汝知，一汝度，神将来舍⊜。德将为汝美，道将为汝居，汝瞳焉如新生之犊而无求其故⊜。"言未卒，啮缺睡寐⊛。被衣大说，行歌而去之，曰："形若槁骸，心若死灰，真其实知⊛，不以故⊛自持。媒媒晦晦，无心而不可与谋。彼何人哉！"

⊖天和将至

1. 天和，理也。成玄英：天和将至，自然和理归至汝身。

2. 天和，气也。林希逸：天和者，元气也。

⊜若正汝形，一汝视，天和将至；摄汝知，一汝度，神将来舍

1. 度，意也。两句一言忘其感觉，一言去其知虑。林希逸：正汝形、一汝视，是忘其形体耳目也；摄汝知、一汝度，是去其思虑意识也。度，意也。

2. 度，犹形也。两句一义，专一其知虑也。俞樾："一汝度"当作"正汝度"。盖此四句变文以成辞，其实一义也。摄汝知，即"一汝视"之意。所视者专一，故所知者收摄矣。正汝度，即"正汝形"之意。度，犹"形"也。《淮南子·道应篇》《文子·道原篇》并作"正汝度"，可据以订正。

⊜汝瞳焉如新生之犊而无求其故

1. 故，事也。成玄英：故，事也。如新生之犊于事无求也。

2. 故，原因也。林希逸：犊之初生，未尝不视而何尝有所视，赤子亦然。无求其故，谓人不知其所以视者如何也。胡文英：无求其故，不知其所自来也。

3. 故，旧也。方扬：故对新而言。与物俱化，日新又新，今昔相推，便为陈迹，安可求之。（焦竑《庄子翼》引）宣颖：勿容心推测往迹。

⊛言未卒，啮缺睡寐

1. 谓已悟道，无容多言。林希逸：语意相契，不容于言，故收

视返听，而假寐也。

2. 谓已得道，进入境界。胡文英：点出得道境界，惝恍入神。

五真其实知

1. 如句。林希逸：言其实见此理之真也。

2. 如句，"真"借作"窴"，塞也。奚侗："真"借作"窴"。《说文》："窴，塞也。"塞其实知，犹上言"摄知"也。

3. 句疑当作"真实不知"。刘文典："真其实知"义不可通。《淮南子·道应篇》作"真实不知"，当从之。

六不以故自持

1. 故，旧也。郭象：与俱变也。胡文英：不以陈迹自持。

2. 故，事也。成玄英：不自矜持于事故也。林希逸：事物不入其心，故曰"不以故自持"。故，事也。

舜问乎丞㊀曰："道可得而有乎?"曰："汝身非汝有也，汝何得有夫道?"舜曰："吾身非吾有也，孰有之哉?"曰："是天地之委㊁形也；生非汝有，是天地之委和也；性命非汝有，是天地之委顺也；孙子①非汝有，是天地之委蜕也。故行不知所住，处不知所持，食不知所味，天地之强阳气㊂也，又胡可得而有邪!"

㊀舜问乎丞曰

1. 丞，人名。李颐：丞，舜师也。

2. 丞，官名。陆德明：一云，古有四辅，前疑后丞，盖官名。

㊁是天地之委形也

1. 委，积聚也。司马彪：委，积也。成玄英：委，结聚也。夫天地阴阳，结聚刚柔和顺之气，成汝身形性命者也。

2. 委，寄付也。宣颖：委，任也。暂以相付，终非我有也。俞

---

① 陈景元：张君房本"孙子"作"子孙"。

樴：《国策·齐策》"愿委之于子"，高注曰："委，付也。"成二年《左传》"王使委于三吏"，杜注曰："委，属也。"天地之委形，谓天地所付属之形也。

〔三〕天地强阳气也

1. 言此身皆运动之气。成玄英：强阳，运动也。夫形、性、子孙者，并是天地阴阳运动之气聚结而成者。

2. 言此身犹天地间之一影。陆树芝：人负阴为血，抱阳为气。形者，阴阳之所运也，若由形而生影，谓之强阳，以其无血气而能运动也。天地之强阳气，言此身犹天地间一影子也。

孔子问于老聃曰："今日晏闲，敢问至道。"老聃曰："汝齐戒，疏𤄃而心，澡雪而精神，掊击而知。夫道，窅然难言哉！将为汝言其略：夫昭昭生于冥冥，有伦生于无形，精神生于道，形本生于精，而万物以形相生。故九窍者胎生，八窍者卵生。其来无迹，其往无崖，无门无房，四达之皇皇也〔一〕。邀〔二〕于此者①，四肢强②，思虑恂达，耳目聪明。其用心不劳，其应物无方。天不得不高，地不得不广，日月不得不行，万物不得不昌，此其道与！且夫博之不必知，辩之不必慧，圣人以断〔三〕之矣。若夫益之而不加益，损之而不加损者，圣人之所保也〔四〕。渊渊乎其若海，魏魏乎其终则复始也。运量万物而不匮③〔五〕，则君子之道，彼其处与！万物皆往资焉而不匮，此其道与〔六〕！

〔一〕其来无迹，其往无崖，无门无房，四达之皇皇也

1. 此形容得道人之与化偕行。郭象：夫率自然之性，游无迹之涂者，放形骸于天地之间，寄精神于八方之表；是以无门无房，四达皇皇，逍遥六合，与化偕行。

2. 此形容道之物物。林云铭：是道之物物有如此者。

---

① 武延绪：据《文子·原道篇》，"者"上疑有"五藏宁"三字。
② 奚侗：《墨子·公孟篇》："身体强良，思虑徇通。"此文"强"下疑夺"良"字。
③ 陈景元：文如海、刘得一本"匮"字俱作"遗"字。

㈡邀于此者

1. 邀，遇也。郭象：人生而遇此道。

2. 邀，顺也。俞樾：《说文》无"邀"字，彳部"徼，循也"。即今"邀"字。又曰"循，行顺也"，然则"邀"亦"顺"也。邀于此者，犹言顺于此者。

㈢且夫博之不必知，辩之不必慧，圣人以断之矣

1. 断，绝弃也。郭象：断弃知慧而付之自然也。

王敔：断，绝弃之也。

2. 断，论定也。罗勉道：言人不必博之、辩之，圣人已有一定之说矣。陈寿昌：常人之博辩，无与道中之知慧，早有定论。

㈣若夫益之而不加益，损之而不加损，圣人之所保也

1. 此言圣人所持之处世原则：守本分。郭象：使各保其正分而已，故无用智慧为也。林希逸：不以益为益，不以损为损，所保者在我而外物不得而加焉，此圣人之事也。

2. 此言圣人所依附之道体：无损益。陆长庚：出而生万有也，举世益之而不能为之益；入而归于无也，举世损之而不能为之损，此则圣人之所保也。胡文英：至道可依。

㈤运量万物而不匮

1. 如句。运量万物，谓役用万物。郭象：用物而不役己，故不匮也。陆长庚：运量者，裁成辅相以成物曲之利者也。

2. 如句。运量万物，谓蕴藏万物。成玄英：夫运载万物，器量群生，潜被无穷而不匮乏者。宣颖：深大莫测，故为无穷之藏如此。

3. 如句。运量万物，谓任万物自动。陆德明：谓任物自动运，物物各足量也。

4. 句误。"不匮"疑当作"不遗"。褚伯秀："运量万物而不匮"，碧虚照散人刘得一本作"不遗"，义长。于省吾：此言周度万物而无所遗逸也。义谓万物皆在其范围权衡之中。《易系传》"曲成

万物而不遗"，语例同。

5. 句误。"运量"疑为"资粮①"之误。丁展成：此言助万物而己不匮。"运"为"资"之误字。古"运"字或作"员"，以"资""员"形近讹作"员"，因转书作"运"。"量"，"糧"之借字。"资糧万物而不匮，万物皆往资而不匮"，与"益之而不加益，损之而不加损"，语正相同。

㈥运量万物而不匮，则君子之道，彼其外与！万物皆往资焉而不匮，此其道与

1. 谓"运量万物"与"万物往资"分别言"君子之道"与"圣人之道"。林希逸：以我而应物，则为"运量万物"。此未免于有心，只为"君子之道"，盖言其有迹也。物至而我应之，则为"万物皆往资焉"，便是感而后之，迫而后动。为此而不匮，则谓之"道"。道者，无心无迹也。胡文英：运量，是有为；往资，是无为。君子、圣人之道，于此处见界限。

2. 谓"运量万物"与"万物往资"皆言万物根源之道。宣颖：运量万物而不匮，言道深大莫测，故为无穷之藏如此。万物皆往资而不匮，此乃天地根源自然之道也。

"中国有人焉，非阴非阳㊀，处于天地之间，直且为人，将反于宗。自本观之，生者，喑醷物也㊁。虽有寿夭，相去几何，须臾之说也，奚足以为尧桀之是非！果蓏有理，人伦虽难㊂，所以相齿。圣人遭之而不违，过之而不守。调而应之，德也；偶而应之，道也㊃。帝之所兴，王之所起也。

㈠中国有人焉，非阴非阳

1. 中国，谓遍国之中；人，指作为万物之一的人；非阴非阳，谓无偏执也。成玄英：中国，九州也。言人所禀之道，非阴非阳而无偏执。宣颖：不可偏指为那一边人，故曰"中国人"也。非阴非阳，

---

① "粮"字繁体作"糧"

浑乎阴阳之际。阮毓崧：中国者，遍国中也。号物之数谓之万，人处一焉。非者，无偏毗之谓，所谓万物负阴而抱阳，冲气以为和。

2. 中国，谓中和境界；人，指至人、圣人。非阴非阳，谓超然物外。林疑独：中国有人，谓圣人。非阴非阳，言莫测。

陆长庚：中国有人焉，谓至人也。非阴非阳，言其出乎二五陶铸之外。林云铭：中国有人焉，谓圣人也。非阴非阳，言有无、死生不足以系之。

（二）自本观之，生者，喑醷物也

1. 句谓人身为气之聚。李颐：喑醷，聚气貌。林希逸：喑醷，气之不顺者也。人身之气有所不顺则为疣、为赘。造物之气生而为人，则亦其不顺者也。

2. 句喻人生短暂。罗勉道：人之生者如喑醷之物耳。《礼记》注："醷，梅浆也。"喑，久酝之也。浆虽久喑，能得几时。胡文英：喑醷，梅浆中所发之泡。泡之起灭有先后，犹人之生死有寿夭也。

3. 句喻人生已非其本。于鬯：喑，盖本作"渹"，形近写误，肉汁也。醷，梅浆也。渹为肉汁，而已非肉，醷为梅浆，而已非梅。是非其本矣。故曰"自本观之，生者，渹醷物也"，言生之于本，亦若是也。

4. 句谓人是有声息之物。奚侗：醷，当作"噫"。《一切经音义》十五："喑噫，大呼也。"《说文》："饱出息也。"喑噫物，言有声息之物。

（三）人伦虽难，所以相齿

1. 如句。难，厄难也。句谓人伦中虽多难处，齿列固当有之。成玄英：人之处世，险阻艰难，而贵贱尊卑，更相齿次，但当任之。林希逸：人伦之中，虽有许多厄难，如上下之相制，强弱之相凌，寿夭之为悲喜，此皆厄难也。然而同处宇宙之间，相为齿列，君臣父子、中国夷狄，亦皆造物中之一物也。

2. 如句。难，不易也。句谓人伦难齐，但亦可以相齿。

陆长庚：人道之大，虽难与果蓏比伦，然其所以相齿之序，则固未尝有异。王引之："所"犹"可"也。言可以相齿也。

3. "虽"假作"唯"；难，盛也。句谓人伦复杂，但亦能相齿。奚侗："虽"假作"唯"。《礼·少仪》"虽有君赐"，《杂记》"虽三年之丧可也"，郑注并曰："虽或为唯。"《诗·小雅》"其叶有难"，毛传："难，盛貌。"《广雅》："盛，多也。"唯人之伦理多，所以能相齿次也。

㘁调而应之，德也；偶而应之，道也

1. 调、偶，作无区别之同一行为解：顺乎自然。郭象：调、偶，和合之谓也。林希逸：调，和也；偶，合也。随感随应，相与和合道德之自然者也。

2. 调、偶，作有区别之两种行为解：一有为，一无为。陆长庚：调和善处，为之而有以为也；偶而应之，无心为之者也。陈寿昌：调和其间，因物以为应，"德"之及于人也；偶然相值，虚己以为应，"道"之纯乎天也。

3. 调、偶，作有区别之两种行为解：一处自然，一处人伦。陆树芝：调，适也，即顺其自然之意。顺其自然而应之，而达德自立，故云"德"也。偶者，处人伦之内，如偶然相值，即偶然应之。初非设以成心，而达道自行，故曰"道"也。

4. 调、偶，作有区别之两种行为解：一处和谐，一处对立。胡文英：调，是与我和浃者，便应之以"德"；偶，是与我对峙者，便应之以"道"。"德"是同得，"道"是各行。

"人生天地之间，若白驹㊀之过郤①，忽然而已。注然勃然，莫不出焉；油然漻然，莫不入焉。已化而生，又化而死，生物哀之，人类悲之。解其天弢，堕其天袠㊁，纷乎宛乎，魂魄将往，乃身从之，乃大归乎！不形之形，形之不形㊂，是人之所同知也，非将至㊃之所务也，此众人之所

———————

① 陆德明：郤，本亦作"隙"。

同论也。彼至则不论，论则不至；明见无值⑥，辩不若默；道不可闻，闻不若塞：此之谓大得。"

㈠**若白驹之过郤**

1. 白驹，谓骏马。成玄英：骏马也。

2. 白驹，谓日。陆德明：白驹，或云：日也。成玄英：白驹，亦言日也。

3. 白驹，谓日影。陆长庚：白驹，隙中之光影也。阮毓崧：白驹，《史记·魏豹传》注谓"日影也"。

㈡**解其天弢，堕其天裘**

1. 谓去其蒙蔽，言理烛也。成玄英：言人执是竞非，欣生恶死，故为生死束缚也。今既一于是非，忘于生死，故堕解天然之弢裘也。褚伯秀：世人不免乎悲哀，未离乎自然之弢裘也。若以理烛破，则弢裘自解。

2. 谓去其形骸，言死也。陆长庚：人之有躯壳，如物之有弢裘者。然一受其成形，即为躯壳所累，解而堕之，彼方适然自以为快。宣颖：哀之悲之，却不知人有躯壳，如天以弢裘拘之。今死则如解弢堕裘矣也。

㈢**不形之形，形之不形**

1. 之，动词，往也。此言生死、有无之变化。成玄英：夫人之未生也，本不有其形，故从无形；气聚而有其形，气散而归于无形也。林疑独：不形之形，生而来也；形之不形，死而去也。

2. 之，介词。此言现象与本质。陆长庚：形者，色身也、幻相也，假合者也、不形者，法身也、实相也、无假者也。宣颖：不形者，形所自出；形者，不形所为。

3. 之，连词，而也。此言养性。胡文英：不养其形而形全，欲养其形而形不全。

㈣**是人之所同知也，非将至之所务也**

1. 将至，谓求至道者也。成玄英：夫从无形生形，从有形复无形质，是人之所同知也。斯乃人间近事，非诣理至人之达务也。宣颖：非将至于道者所务也。胡文英：将至，近道也。马其昶：将至，犹言造极。《仪礼》"将命"注："将犹致也。"

2. 将至，谓尚未到之事也。褚伯秀：出而生也，入而死也，是人之所知，非将至而难明之事。陆树芝：自无之有，自有而之无，此乃物之必然，人之所共知者，非如将至未至之事，徒为人之所务容有不然也。

㈤**明见无值**

1. 就道而言，道无迹。林希逸：见而有所遇曰值，此有迹之见也。道不可以形迹见，则无值矣。故曰"明见无值"。

2. 就求道者而言，不能以耳目求道。林云铭：在耳目上讨分晓，犹非道妙。故欲明见乎道，则不能庶几一遇。

东郭子问于庄子曰："所谓道，恶乎在？"庄子曰："无所不在。"东郭子曰："期㊀而后可。"庄子曰："在蝼蚁。"曰："何其下邪？"曰："在稊稗。"曰："何其愈下邪？"曰："在瓦甓。"曰："何其愈甚邪？"曰："在屎溺。"东郭子不应。庄子曰："夫子之问也固不及质正获之问于监市履狶也㊁，每下愈况㊂。汝唯莫必无乎逃物㊃。至道若是，大言㊄亦然。周遍咸三者，异名同实，其指一也。尝相与游㊅乎无何有之宫，同合而论，无所终穷乎！尝相与无为乎！澹而静乎！漠而清乎！调而闲乎！寥已吾志，吾往焉而不知其所至，去而来而不知其所止。吾已往来焉而不知其所终，彷徨乎冯闳，大知入焉而不知其所穷。物物者与物无际㊆，而物有际者，所谓物际者也。不际之际，际之不际者也㊇。谓盈虚衰杀，彼为盈虚非盈虚，彼为衰杀非衰杀，彼为本末非本末，彼为积散非积散也㊈。"

一 期而后可

1. 期，必也、限也。罗勉道：期，指定言之。王敔：必有所指正①。阮毓崧：期，限也。郭云："欲令庄子指名所在。"

2. 期，大约也。吴世尚：求其略指大概。

二 夫子之问也固不及质正获之问于监市履狶也

〔句读1〕夫子之问也，固不及质，正获之问于监市履狶也。

1. 质，实也、本也。成玄英：质，实也。言道无不在，岂唯稀稗！固答子之问犹未逮真也。林希逸：质，本也。汝问不及其本。

2. 质，正也。宣颖：庄子自谦东郭问己固不足取正也。"质"乃"质正"之"质"。

3. 质，粗迹也。刘凤苞：标质也，道之粗迹也。东郭子意在问道之精微，不知极粗之处皆道也。

4. 质，所期之地也。严复：质者，所期之地。《汉书》："至质而还。"

5. 正获，一卒名。李颐：正，亭卒也；获，其名也。

6. 正获，一官名。成玄英：正，官号也，则今之市令也；获，名也。

7. 正获，二官名称。罗勉道：正获者，《仪礼》饮射之礼有"司正""司获"。

8. 监市，市魁也。李颐：监市，市魁也。罗勉道：市监买卖者。

9. 监市，屠卒也。成玄英：今屠卒也。陈深：监市，主屠宰，驵侩之流。

10. 履狶，以脚踏猪而估其肥瘦。李颐：狶，大豕也。履，践也。夫市魁履豕，履其股脚，狶难肥处，故知豕肥耳。

11. 履狶，卖猪之牙保。陆树芝：豕之肥瘠何必履之而始见乎？疑"履狶"即市中之卖猪牙保也。盖言道无不在，犹国家礼法所垂，不特朝廷之饮射有之，使正获而下问之监市，更下而问之牙保，亦莫

---

① 正，疑为"定"字之误。

不有经法存焉。

〔句读2〕夫子之问也固不及质正获之问于监市履狶也。

吴世尚：质正，即《周官》"质人"。获，其名也。言子之问也固不及质正获之问也。高亨：此十九字为一句。质正，官名，即《周礼》之"质人"。获，女奴也。此处"履狶"殆指鞋与猪之价格也。质正之女奴问监市官以鞋与猪之价格，必指明其物，不能漫无所指。今东郭子之问道，漫无所指，故庄子曰："夫子之问也固不及质正获之问于监市履狶也。"

㈢每下愈况

1. 如句。下，泛言下贱者。郭象：今问道之所在，而每况之于下贱，则明道之不逃于物也必矣。林疑独：贵而上者去道愈远，贱而下者去道愈近。

2. 如句。下，指猪体之下者。成玄英：履践豕之股脚之间，难肥之处，愈知豕之肥瘦之意况也。近下难肥之处有肉，足知易肥之处足脂。

3. 如句。下，指监市之贱者。林希逸：况，比也。下，监市之贱者也。正获之官欲知狶之肥瘠，若问其卑贱者，则其比况说得愈明，故曰"每下愈况"。

4. 句当作"每况愈下"。吴汝纶：李颐云："市魁履豕，履其股脚，狶难肥处，故知豕肥耳。问道亦况下贱则知道也。"郭象云："每况之于下贱，则明道之不逃于物也必矣。"据李、郭注，则正文当作"每况愈下"。

㈣汝唯莫必无乎逃物

〔句读1〕汝唯莫必无乎逃物。

句谓不要认为"无"（至道）在物之外。郭象：若必谓"无"之逃物，则道不周矣；道而不周，则未足以为道。成玄英：无者，无为道也。夫大道旷荡，无不制围。汝唯莫言至道逃弃于物也。必其逃物，何为周遍乎！

〔句读2〕汝唯莫必，无乎逃物。

1. 句谓不固执，则至理无所逃。林希逸：莫必者，无固、必之意。汝若无固、必之心，则物之至理皆无所逃。

2. 句谓不必指定道在何处，天下凡物皆道。陆长庚：汝唯莫必，谓不必指定道在何处，天下岂有逃乎物而得谓之道者。

㈤至道若是，大言亦然

1. 大言，至言也。陆长庚：道与器两不相离，故至道若是，至言亦然。

2. 大言，言大也。宣颖：汝以我前四言为琐小，不知虽大言之，亦与四者同耳。

㈥尝相与游乎无何有之宫

1. 尝相与，指周、遍、咸三者。成玄英：周、遍、咸三者，相与遨游乎至道之乡。

2. 尝相与，指庄子与东郭子。陆长庚：我以其言言道，子以其问问道，言与问皆非道也，将更与子进上一步，游乎无何有之宫。

㈦物物者与物无际

1. 物物者，谓物自物也。郭象：明物物者，无物而物自物耳。物自物耳，故冥也。

2. 物物者，谓圣人也。成玄英：际，崖畔也。能物于物者，圣人也。圣人冥同万境，故与物无彼我之际畔。

3. 物物者，谓道也。陆长庚：物物者，道也。道无在而无不在，故与物无际。

㈧不际之际，际之不际者也

1. 之，介词。句言两种不同之物观。成玄英：际之不际者，圣人之达观也；不际之际者，凡鄙之滞情也。

2. 之，动词，往也。句言道、物间两种不同之变化关系。褚伯秀：不际之际，道散而为物也；际之不际，物全而归道也。

3. 之，连词，而也。句言道、物间之不可分关系。宣颖：不际之际，若道则本无际，而见于所际；际之不际，虽见于所际，而究则不际者也。

㈨谓盈虚衰①杀，彼为盈虚非盈虚，彼为衰杀非衰杀，彼为本末非本末，彼为积散非积散也

1. 句言物皆自尔。郭象：既明物物者无物，又明物之不能自②物，则为之者谁乎哉？皆忽然而自尔也。

2. 句言道不可期。陈寿昌：盈虚衰杀，此皆际也。"彼"谓道也。四者皆道为之，而道实不与也。由是以观，可见道虽主乎物之中，仍出乎物之外，非沦于无，亦非着于有，无不在而实无在，胡可得而期耶？

　　阿荷甘与神农同学于老龙吉。神农隐几阖户昼瞑，阿荷甘日中𨂰户而入曰："老龙死矣！"神农隐几拥杖而起，嚗然放杖而笑㊀，曰："天㊁知予僻陋慢诋，故弃予而死。已矣夫子，无所发予之狂言㊂而死矣夫！"弇堈吊闻之，曰："夫体道者，天下之君子所系焉。今于道，秋毫之端万分未得处一焉，而犹知藏其狂言而死，又况夫体道者乎㊃！视之无形，听之无声，于人之论者，谓之冥冥，所以论道而非道也。"

㈠嚗然放杖而笑

1. 如句。成玄英：嚗然，放杖然也。神农闻老龙吉死，是以拥杖而惊；覆思死不足衰，故还放杖而笑。

2. 句误，"笑"疑为"哭"字讹。马叙伦："笑"为"哭"讹。"笑"亦作"咲"，与"哭"形近，故讹为"笑"。详味下文，意挟悲惜，故弇堈闻而云云，则不得为笑明矣。

---

① 胡远濬：衰，疑"衰"字之讹。衰，聚也。衰杀，犹言益损。
② 此"自"乃"生""来自"之意，非上文郭注"物自物"之"自己"之"自"。

㈡天知予僻陋慢诞

　　1. 天,指老龙吉。成玄英:言老龙吉有自然之德,故呼之曰天也。

　　2. 天,呼天也。徐廷槐:"天",非呼老龙。犹今人忽闻异事,讶之而呼天也。

㈢已矣夫子,无所发予之狂言而死矣夫

　　1. 狂言,神农称老龙吉所发之至言。成玄英:夫子,老龙吉也。狂言,犹至言也。非世人之所解,故名至言为狂言。哲人云亡,至言斯绝,无复谈玄垂训,开发我心。

　　2. 狂言,神农称己之狂妄无知之言。罗勉道:言我所发言,多是狂妄无知,老龙吉在,则我发问可以质正,今老龙吉死,则我无所发我之狂言,而亦终于泯没以死矣。

㈣今于道,秋毫之端万分未得处一焉,而犹知藏其狂言而死,又况夫体道者乎

　　1. 句谓老龙吉未得道之万分之一,而尚知藏狂言。成玄英:今老龙吉之于玄道,犹毫端万分之未一,尚知藏其狂简,处顺而亡,况乎妙悟之人,曾肯露其言说?

　　2. 句谓神农未得道之万分之一,而尚能理解老龙吉之藏狂言。林希逸:今神农于道未有所见,而亦知老龙之死为藏其狂言,况其体道与老龙同者乎!其意盖谓道不在言,藏其言而死。所以为道,神农未造此境,而亦为此言,况高神农者乎!

　　于是泰清问乎无穷,曰:"子知道乎?"无穷曰:"吾不知。"又问乎无为,无为曰:"吾知道。"曰:"子之知道,亦有数乎?"曰:"有。"曰:"其数若何?"无为曰:"吾知道之可以贵,可以贱,可以约,可以散,此吾所以知道之数也。"泰清以之言也问乎无始,曰:"若是,则无穷之弗知与无为之知,孰是而孰非乎?"无始曰:"不知深矣,知之浅矣;弗知

内矣，知之外矣。"于是泰清中①㊀而叹曰："弗知乃知乎！知乃不知乎！孰知不知之知？"无始曰："道不可闻，闻而非也；道不可见，见而非也；道不可言，言而非也。知形形之不形乎！道不当㊁名。"无始曰："有问道而应之者，不知道也。虽问道者，亦未闻道。道无问，问无应。无问问之，是问穷㊂也；无应应之，是无内㊃也。以无内待问穷，若是者，外不观乎宇宙，内不知乎大初，是以不过乎昆仑，不游乎太虚㊄。"

㊀于是泰清中而叹曰

1. 中，如字，谓中道也。成玄英：泰清得中道而嗟叹。

2. 中，如字，谓中间也。林云铭：闻言未竟而遽叹也。

3. 中，"印"字之讹，"仰"也。褚伯秀："中而叹"，说之不通，义当是印。《诗》"瞻印昊天"，与"仰"同，传写之误。

㊁道不当名

1. 当，相当，相对也。句谓道无与之相当之名。郭象：有道名而竟无物，故名之不能当也。林希逸：当，对也。有道之名，则名与道对立，即离其本然之真矣，故曰"道不当名"。

2. 当，应该。句谓道不该有名。成玄英：名无得道之功，道无当名之实，所以名道而非。

㊂无问问之，是问穷也

1. 问穷，空问也。郭象：所谓责空。成玄英：穷，空也。理无可问而强问之，是责空也。

2. 问穷，最终之问也。林希逸：问穷者，言其所见，至于问而穷。盖谓泥言语求知见之非也。宣颖：问穷，终无可答。

㊃无应应之，是无内也

1. 无内，答无内容也。郭象：实无而假有以应者，外矣。胡文英：应之以此，是饰说也。

———————

① 陆德明：中，崔本作"印"。

2. 无内，心中无主也。林希逸：无内者，中心未得此道，得此道，则不应答之矣。宣颖：无内，中未有得。

㈤是以不过乎昆仑，不游乎太虚

1. 过昆仑、游太虚，皆是得道的表现。成玄英：昆仑是高远之山，太虚是深玄之理。苟其滞着名言，犹存问应者，是知未能经过高远，游涉深玄者矣。

2. 过昆仑、游太虚，是修道的不同程度。林希逸：昆仑在宇宙之外，太虚又在昆仑之外，昆仑且未过，安得至太虚乎？

光曜问乎无有曰："夫子有乎？其无有乎？"光曜不得问，而孰视其状貌，窅然空然，终日视之而不见，听之而不闻，搏之而不得也。光曜曰："至矣，其孰能至此乎！予能有无矣，而未能无无也⊖。及为无有⊜矣，何从至此哉！"

㈠予能有无矣，而未能无无也

1. 此喻智：无质（无）而存在（有）。成玄英：光曜者，是能视之智也。唯能得无丧有，未能双遣有无。

2. 此谓光线：无形（无）而可见（有）。宣颖：光曜无质，是能有而无矣，未能若竟无之为无也。

㈡及为无有矣，何从至此哉

1. 如句。句谓"为无"尚是有，如何至于"无无"？宣颖：及"为无"，而犹未免于有矣，何从至乎此"无无"之境哉？

2. 句误。"无有"应作"无无"。句谓既着手"为无无"矣，如何达到此境界？刘文典："无有"当作"无无"。《淮南·俶真篇》"予能有无而未能无无也，及其为无无，至妙何从及此哉"即袭此文。

大马之捶钩者㊀，年八十矣，而不失豪芒①。大马曰："子巧与！有道与？"曰："臣有守㊁也。臣之年二十而好捶钩，于物无视也，非钩无察也。"是用之者，假不用者也以长得其用㊂，而况乎无不用者乎！物孰不资焉㊃！

㊀大马之捶钩者

1. 之，介词。成玄英：大司马家有工人。陆长庚：大司马之属有善捶钩者。

2. 之，动词，往也。宣颖：之，往也。大司马往捶钩者之处也。

3. 捶，称量也。郭象：玷捶钩之轻重，而无豪芒之差也。成玄英：谓能玷捶钩权，知斤两之轻重，无豪芒之差失也。

4. 捶，锻也。陆德明：或说云，江东三魏之间人皆谓"锻"为"捶"。孙诒让：《淮南·道应训》亦有此文，许注云："捶"，"锻"击也。正与成说同，则训"捶"为"锻"者，自是汉儒古训。

5. 钩，腰带也。成玄英：钩，腰带也。沈一贯：钩，马腰带也。

6. 钩，秤钩、带钩、钓钩。成玄英：钩，称钩权也。

罗勉道：捶钩者，煅带钩之工。孙诒让：钩，钓钩。

7. 钩，剑也。陆长庚：钩，剑名。马叙伦：钩者，即《考工记》"句兵欲无弹"之"句"，注谓戈戟属，故属于大司马。

㊁臣有守也

1. 守，如字，谓专一也。林疑独：内守固，则外物不能乱也。陈寿昌：有守者，不妄用其神也。

2. 守，即"道"字。王念孙："守"即"道"字。《达生篇》"仲尼曰：'子巧乎有道邪？'曰：'我有道也。'"是其证。"道"字古读若"守"，故与"守"通。

㊂是用之者，假不用者也以长得其用

1. 谓用得之于不用。陈景元：凡有用于此，必无用于彼，是用

---

① 王叔岷：唐写本"豪芒"作"钩芒"。《淮南·道应篇》同。今本作"豪芒"，疑涉注"而无豪芒之差也"而误。

之者假夫不用者也；假不用为用，故长得其用。

2. 谓用心（技巧）得之于不用心（自然）。林疑独：盖用心于此，则不用心于彼，故此愈精，是用之者假不用所以长得其用。林希逸：用者，巧也；不用者，道之自然也。陆长庚：用者，技也；不用者，神也。

四而况乎无不用者乎，物孰不资焉

1. 无不用者，指体道圣人言。成玄英：况乎体道圣人，无用无不用，故能成大用，万物资禀，不亦宜乎！陈景元：善治万物者，无有不用，故用得资焉。

2. 无不用者，指"道"或"神"言。林希逸：无不用者，道之无为而无不为者也。言我以不用自然之妙，而用之于巧，且长得其用而至于老，况道之无为无不为者，天下之物孰不资赖之。陈寿昌：况此以不用为用之神，固无往而不用者乎！

冉求问于仲尼曰："未有天地可知邪？"仲尼曰："可。古犹今也⊖。"冉求失问⊜而退。明日复见，曰："昔者吾问'未有天地可知乎？'夫子曰：'可。古犹今也。'昔日吾昭然，今日吾昧然。敢问何谓也？"仲尼曰："昔之昭然也，神者先受之；今之昧然也，且又为不神者求邪⊜。无古无今，无始无终。未有子孙而有子孙，可乎⊕？"冉求未对。仲尼曰："已矣，未应矣⊗！不以生生死，不以死死生。死生有待邪？皆有所一体⊕。有先天地生者物邪？物物者非物。物出不得先物也，犹其有物也⊗。犹其有物也无已⊗。圣人之爱人也终无已者，亦乃取于是者也⊕。"

⊖古犹今也

1. 谓无有古今，古即今也。郭象：言天地常存，乃无未有之时。成玄英：变化日新，则无今无古，古犹今也。

2. 谓以今推古，古犹今也。林疑独：未有天地之前果可知乎？以有天地之后推之，则可知矣。荀子云："百王之道，后王是也；千载之前，今日是也。"故孔子对曰"古犹今也"。

㈡**冉求失问而退**

1. 失问，问而未收谐答。成玄英：失其问意。林希逸：答未有问意。

2. 失问，不再问。宣颖：意解也。陈寿昌：虽少有领会，却说不出，故失问也。

3. 失问，错问。曹础基：失问，感到问错了。

㈢**昔之昭然也，神者先受之；今之昧然也，且又为不神者求邪**

1. 神者、不神者，谓用心、不用心之别也。成玄英：先来未悟，锐彼精神，用心求受，故昭然明白也。后时领解，不复运用精神，直置任真，无所求请，故昧然暗塞也。

2. 神者、不神者，谓心虚、心不虚之别也。林疑独：始则虚心以问，虚则神王，故昭然；终则闻言未悟，中心有物以碍之，而不神者来舍，故昧然。

㈣**未有子孙而有子孙，可乎**

1. 喻无始无终，故古犹今。郭象：言世世无极。成玄英：言子孙相生，世世无极，天地人物，悉皆无原无有之时也。

2. 喻不能从无生有，即不能无古而有今。陆德明：言其要有由，不得无故而有。传世故有子孙，不得无子而有孙也。如是，天地不得先无而今有也。

㈤**冉求未对，仲尼曰：已矣，未应矣**

1. 句意为孔子谓冉求不必回答。林希逸：已矣未应矣，言汝到此不必更形于言矣。

2. 句意为孔子自谓比喻不贴切。陆树芝：夫子继即诏之曰：已矣，毋烦深思矣，以子孙喻天地，实未相应矣！

㈥**不以生生死，不以死死生**

1. 谓生死各自独立。郭象：死者独化而死耳，非夫生者生此死也。生者亦独化而生耳。成玄英：夫聚散死生，皆独化日新，未尝假赖，岂因相待！故不用生生此死，不用死死此生。

2. 谓生死相因。林疑独：本无死也，因"生"生死；本无生也，因"死"生生。林希逸：不以生生死者，才有"生"字，则有"死"字，是因"生"而后生一"死"字也。惟知道者忘生，不更求所以生者以生其死。不以死死生者，才言"死"字则有"生"字，是因"死"之名而后死其生者。惟知道者忘死，不灭生事以死其生。何也？死也，适去；生也，适来。吾人当顺以待之，勘得破，则其死其生本同一体。

㈦死生有待邪？皆有所一体

1. 一体，谓死生各自成体也。郭象：独化而足，死与生各自成体。褚伯秀：谓其独化，非有所待，犹向息非今息，前焰非后焰之义。

2. 一体，谓死生同体也。林希逸：死生之有待一体而已，一体犹一本也，即一理也，即造化之自然也。宣颖：皆道之自然，一气屈伸耳。

㈧物出不得先物也，犹其有物也

1. 句谓无先于物者，物皆自然自尔。郭象：谁得先物者乎哉？吾以阴阳为先物，而阴阳者即所谓物耳。谁又先阴阳者乎？吾以自然为先之，而自然即物之自尔耳。吾以至道为先之矣，而至道乃至无也。既以无矣，又奚为先？然则先物者谁乎哉？而犹有物，无已，明物之自然，非有使然也。

2. 句谓先于物者为道，不得谓之"物"。林希逸：物物者非物，则有非物者必生于天地之先，岂可以"物"名之。既名为"物"，则不得为在天地之先者矣，如此便是有物也。故曰："物出不得先物也，犹其有物也。"此是一句。褚伯秀：物物者非物，道生天地万物，不可以"物"名之。一有物出，涉乎形器，便不得为先物，由其有物故也。

㈨犹其有物也无已

1. 物也无已，言万物自古固存。成玄英：然则先物者谁乎哉？明物之自然耳，自然则无穷已之时也。是知天地万物，自古以固存，无未有之时也。

2. 物也无已，言物与物相生无穷。林希逸：既曰有物，则物物相物，无穷已矣。陈寿昌：言由此有物而推之，则自一至万，生生不已，所谓以形相禅，盈天地间皆物也。

㈩圣人之爱人也终无已者，亦乃取于是者也

1. 取于是，谓圣人顺于自然之道：任物自尔，不先于物。

郭象：取于自尔，故恩流百代而不废也。王敔：非先立一爱之心，物至而爱之耳。

2. 取于是，谓圣人顺于自然之道：万物一体，生生不已。

林云铭：圣人之爱人终无已者，亦顺造化自然之运，取其生生不已而已。胡远濬：物生生不穷，则物物者亦与之无穷。此万物一体之理，圣人之爱人取此耳。

3. 取于是，谓圣人落于形迹之中：心中有物。林希逸：圣人之爱人亦以形迹相求，至于无时而已。盖其所取在于有物，而不知物物之非物也。陈寿昌：犹之圣人之爱人，亦其性空之中添了爱缘，故念念辗转，相续不绝，与物之生生不已者同，非其虚灵之体本如是也。

颜渊问乎仲尼曰："回尝闻诸夫子曰：'无有所将，无有所迎。'回敢问其游㊀。"仲尼曰："古之人外化而内不化，今之人内化而外不化㊁。与物化者，一不化者也㊂。安化安不化，安与之相靡㊃，必与之莫多㊄。狶韦氏之囿，黄帝之圃，有虞氏之宫，汤武之室㊅。君子之人，若儒墨者师，故以是非相䪠㊆也，而况今之人乎！圣人外物不伤。不伤物者，物亦不能伤也。唯无所伤者，为能与人①相将迎。山林与，皋壤与，使②我欣欣

---

① 王叔岷：唐写本"人"作"之"，指物而言。

② 陈景元：江南古藏本"使"上有"与我无亲"四字。

然而乐与! 乐未毕也, 哀而继之。哀乐之来, 吾不能御, 其去弗能止。悲夫, 世人直为物⑯逆旅耳! 夫知遇而不知所不遇, 知①能能而不能所不能。无知无能者, 固人之所不免也。夫务免乎人之所不免者, 岂不亦悲哉! 至言去言, 至为去为。齐⑱知之所知, 则浅矣。”

㈠回敢问其游

1. 游, 借为“由”, 原由也。成玄英: 颜回未晓其理, 故询诸尼父, 问其所由。奚侗: “游”借为“由”。《左传》“养由基”,《后汉书·班彪传》作“游基”, 是其例也。

2. 游, 如字, 谓游心也。陆长庚: 回问无将无迎, 何以得游此无心之天乎? 陆树芝: 无所将迎, 则此心寂然, 复游心于何所乎?

㈡古之人外化而内不化, 今之人内化而外不化

1. 解为四种行为表现。陈景元: 殉物曰外化, 全真曰内不化, 荡性曰内化, 持胜曰外不化。林希逸: 应物而不累于外为外化, 应物而不动其心为内不化, 与接为构为内化, 与物靡刃为外不化。

2. 解为二种行为表现。罗勉道: 外化而内不化者, 应物而心不与之俱; 内化而外不化者, 心无定而为物所撑触也。宣颖: 外化内不化, 与物偕逝, 天君不动; 内化外不化, 心神播徙, 凝滞于物。

㈢与物化者, 一不化者也

1. 一, 本也、主也。句谓能与物化者, 内主贞定者也。此为有道之表现。郭象: 常无心, 故一不化; 一不化, 乃能与物化耳。陈景元: 与物化者, 迹同物化; 一不化者, 本未尝化。

2. 一, 亦是也。句谓随物而迁, 为物所宰, 亦是不能化物者也。此为有累之表现。胡文英: 逐物而化, 则将迎之甚, 而不能外化者也。

---

① 王孝鱼: 敦煌本无“知”字。

㈣**安化安不化，安与之相靡**

1. 安，任也；靡，顺也。句谓听任变化，非有心与之相顺。

郭象：化与不化，皆任彼耳，斯无心也。直无心而姿其自化，非将迎而靡顺之。陈寿昌：化与不化，纯任自然，岂复有心将迎而靡顺之乎？

2. 安，何也；靡，磨也。句谓何分化与不化，何能与之相磨？罗勉道：安者，何也。何所谓化，何所谓不化，何能与之相磨？宣颖：何有化、不化之分哉，何可以内与外相磨哉？

㈤**必与之莫多**

1. 如句。莫多，止于性分之内也。句谓与人、物相处，不将不迎，止足于性分之内。郭象：不将不迎，则足而止。

2. 如句。莫多，不多也。句谓不要常与化相刃。罗勉道：何能与之（化）相磨？必为其所销铄而所存无几矣。

3. 句误。刘咸炘："安"如《荀子》书之"案"，于是也。"必"亦"安"之误。奚侗："多"借为"迻"（今作"移"），莫多，言不与物转移也。丁展成："莫多"当为"莫各"，即"莫略"也。因传写夺讹，遂为"多"字。当属下读，至"汤武之室"为一句。言必与之规模豨韦氏之囿、黄帝之圃、有虞氏之宫、汤武之室乃可也。《淮南·要略篇》"卢牟六合"，高注云："卢牟犹规模也。""卢牟"与"莫略"为语转。

㈥**豨韦氏之囿，黄帝之圃，有虞氏之宫，汤武之室**

1. 喻无心任化可达到之境界。郭象：言夫无心而任化，乃群圣之所游处。陈寿昌：历举群圣人游息之区，盖为无心任化者显示处所。

2. 喻世之精神境界日趋低狭。吕惠卿：曰囿、曰圃、曰宫、曰室，言世益衰而游者益少，其居益狭矣。陆树芝：囿大于圃，圃大于宫，宫大于室。言世递降，而所游亦递狭也。

3. 喻数圣之学各成一家。陆长庚：古之人若豨韦、黄帝、有虞、汤武数圣之学，皆自成一家，故曰圈、圃、宫、室。

㈦君子之人，若儒墨者师，故以是非相鳖也，而况今之人乎

1. 鳖，和也。句谓儒墨祖师之是非，君子亦能调和之，何况今人之是非。郭象：鳖，和也。夫儒墨之师，天下之难和者，而无心者犹故和之，而况其凡乎！成玄英：鳖，和也。夫儒墨之师，更相是非，天下之难和者也。而圣人君子，犹能顺而和之。况乎今世之人，非儒墨之师者也，随而化之，不亦宜乎1

2. 鳖，伤也。句谓古之君子如儒墨之师亦有是非之争，何况今人能无相争。林希逸：狶韦、黄帝、有虞氏、汤武、儒墨之师，皆未能尽内不化之道，故至于以是非相鳖。言其犹有是非之争也。五味相争而后可以为鳖，故曰相鳖。褚伯秀：儒墨之师犹不免是非纷竞，以相鳖伤，况今之人其能处物无伤而与人相将迎乎！

㈧世人直为物逆旅耳

1. 物，指哀乐之情。郭象：不能坐忘自得，而为哀乐所寄也。林希逸：因物而乐，因物而哀，去来于我皆不自由，则我之此心是哀乐之旅舍也。

2. 物，指万物。陆长庚：生哀生乐之由，良以吾身直万物之逆旅。王先谦：为外物客舍也。

㈨齐知之所知，则浅矣

1. 齐，等限也，句谓局限于知之所知，则浅矣。郭象：知之所知，夫由知而后得者，假学者耳，故浅也。陆长庚：必欲齐其知之所知，而不能养其所不知，则其知亦浅矣。陆树芝：若仅齐等于知之所知，则其为知也亦浅矣。

2. 齐，以……为齐、为最也。句谓以知之所知为知之最，则浅矣。林希逸：不知其所不可知，而皆以其所可知为知，其所见浅矣。齐，同也，犹"皆"字也。王敔：有所知，因欲以概天下。胡文英：谓事事求工也。

杂
篇

【杂篇与外篇之差异】

一、谓杂篇是内、外篇之余，《老子》之注疏。陆长庚：杂篇，庄子杂著也。章句有长有短，总之则推道德，为《老子》一经之注疏。此篇中有苦心极力之语。疑庄子平生绪言缀拾于内、外二篇之后者。

二、谓杂篇内容深于外篇，能发内篇未发之旨。王夫之：杂云者，博引而泛记之谓。故自《庚桑楚》《寓言》《天下》而外，每段自为一义而不相属，非若内篇之首尾一致，虽重词广喻，而脉络相因也。外篇文义虽相属，而多浮蔓卑隘之说；杂篇言虽不纯，而微至之语，较能发内篇未发之旨。

三、谓外篇义单一，杂篇义难解。林云铭：或曰外，或曰杂，何也？当日订《庄》之意，以文义易晓，一意单行者列之于前而名"外"；以词意难解，众意兼发者置之于后而名"杂"，故其错综无次如此。

庚桑楚^①第二十三

老聃之役有庚桑楚者，偏得[⊖]老聃之道，以北居畏垒[⊜]之山，其臣之画然知者去之，其妾之挈然仁者远之[⊜]。拥肿之与居，鞅掌之为使^⑳。居三年，畏垒大壤^②。畏垒之民相与言曰："庚桑子之始来，吾洒然异之。今吾日计之而不足，岁计之而有余。庶几其圣人乎！子胡不相与尸而祝之，社而稷之乎？"庚桑子闻之，南面而不释然。弟子异之。庚桑子曰："弟子何异于予？夫春气发而百草生，正得^⑧秋而万宝^③成。夫春与秋，岂无得而然哉？天道已行矣。吾闻至人，尸居环堵之室，而百姓猖狂不知所如往^⑧。今以畏垒之细民，而窃窃焉欲俎豆予于贤人之间，我其杓[⊕]之人邪？吾是以不释于老聃之言。"弟子曰："不然。夫寻常之沟，巨鱼无所还其体，而鲵鳅为之制^⑳；步仞之陵，巨兽无所隐其躯，而蘖狐为之祥^⑱。且夫尊贤授能，先善与利[⊕]，自古尧舜以然，而况畏垒之民乎！夫子亦听矣！"庚桑子曰："小子来！夫函车^⑳之兽，介^{④⑳}而离山，则不免于罔罟之患；吞舟之鱼，砀而失水，则蚁能苦之。故鸟兽不厌高，鱼鳖不厌深。夫全其形生之人，藏其身也，不厌深眇而已矣。且夫二子者，又何足以称扬哉！是其于辩^⑱也，将妄凿垣墙而殖蓬蒿也。简发而栉，数米而炊，窃窃乎又何足以济世哉！举贤则民相轧，任知则民相盗。之数物者，不足以厚民。民之于利甚勤，子有杀父，臣有杀君，正昼为盗，日中穴阫^⑳。吾语

---

① 《经典释文》本题作《庚桑》。
② 陆德明：壤，本亦作"穰"。
③ 陆德明：万宝，元嘉本作"万实"。
④ 陆德明：介，一本作"分"。

女，大乱之本，必生于舜、尧之间，其末存乎千世之后。千世之后，其必有人与人相食者也!"

㈠偏得老聃之道

1. 偏得，谓独得也。成玄英：门人之中，庚桑楚最胜，故称"偏得"。林疑独：聃非有私于楚，而楚独得聃之道者，能充其性分之实故也。

2. 偏得，谓得其一偏也。胡文英：偏得，得其一偏也。诸解作独得，便与"今吾才小"句矛盾。阮毓崧：偏得者，尚未全得，亦具体而微之意。

㈡畏垒之山

1. 畏垒，谓山之名。李颐：畏垒，山名也。或云在鲁，又云在梁州。林疑独：畏垒，《禹贡》之羽山，见《洞灵经》。

王叔岷：《史记正义》引作"畏累"，并引郭注云："畏累，今东莱也。"

2. 畏垒，谓山之形。褚伯秀：《庄子》言畏垒，指其形之拙朴。王念孙：《后汉书·文苑·刘梁传》注引作"碨磥"，《御览》五三二引作"碨礧"，《说文》作"碨礧"，云："不平也。"

㈢其臣之画然知者去之，其妾之挈然仁者远之

1. 画然、挈然，作贬义解。郭象：画然，饰知；挈然，矜仁。

2. 画然、挈然，作褒义解。林希逸：画然，分明之意；挈然，慈柔之意。

㈣拥肿之与居，鞅掌之为使

1. 拥肿、鞅掌，作一种意思解。向秀：二句，朴累之谓。司马彪：皆丑貌也。陆长庚：拥肿、鞅掌皆朴而无能之貌。

2. 拥肿、鞅掌，分别解。崔譔：拥肿，无知貌；鞅掌，不仁意。郭象：拥肿，朴也；鞅掌，自得也。胡文英：拥肿，呆笨之意；鞅掌，委顿失容也。二者与画然、挈然相反。

㈤正得秋而万宝成

1. 如句。正得秋，谓恰逢秋季也。成玄英：故逢秋而成就也。

2. 句误。俞樾："得"字疑衍。原文盖作"正秋而万宝成"。《易·说卦》"兑，正秋也，万物之所说也"，疏："正秋而万物皆说成也。"即本此文，是其证。武延绪："正得秋"疑当作"秋正得"。"正"读"七政"之"正"。《史记·律书》"律历，天所以通五行八正之气"。"八正"谓八节之气，应八方之风者也。

㈥而百姓猖狂不知所如往

1. 不知所如往，谓循性也。郭象：直自往，非由知也。陆长庚：不知所往者，率其性之自然而无方无隅。

2. 不知所如往，谓相忘也。林希逸：如亦往也，言与世相忘也。宣颖：如相忘于天地。

3. 不知所如往，谓莫知所向。罗勉道：言至人隐处而人不知其姓名，故猖狂莫知所归。

㈦我其杓之人邪

1. 杓，标的也。句谓不欲为众人之榜样。郭象：不欲为物标杓。王叔之：斯由己为人准的也。刘辰翁：杓犹斗杓，揭揭为人所仰。老子必尝有此言：勿为杓。

2. 杓，浅小之器也。句谓不欲为浅薄之人。林疑独：杓，小器。便于众用而已。林希逸：杓，小器也。必我浅而易见，故人得以知之。于鬯：杓者，"杯杓"之"杓"，取物之具也。盖若谓沽名钓誉者然。

㈧夫寻常之沟，巨鱼无所还其体，而鲵鰌为之制

1. 制，擅也。王叔之：制，谓擅之也。鲵鰌专制于小沟也。王敔：制犹据霸之意。

2. 制，折也。陆德明：《广雅》云："制，折也。"谓小鱼得曲折也。郭庆藩："折"与"制"，本古通用字。《书·吕刑》"制以刑"，《墨子》引作"折则刑"；《论语·颜渊篇》"片言可以折狱者"，《鲁

论语》作"制狱"；即其证也。

3. 制，"利"字之误。胡怀琛："制"为"利"之误，应云"而鲵鳝为之利"，则与下文"蘷狐为之祥"同一例。

㈨步仞之丘陵，巨兽无所隐其躯，而蘷狐为之祥

1. 祥，福也。崔譔：蛊狐以小丘为善也。祥，善也。奚侗：《说文》："祥，福也。"言步仞之丘陵，为蘷狐之福也。

2. 祥，妖也。李颐：祥，怪也。狐狸意为妖蘷。王叔之：野狐依之作妖祥也。

㈩先善与利

1. 言择人也。陈寿昌：必先取以善化民、以利泽民之人。

2. 言与利也。王先谦：利禄先与善人。

3. 言择人、与利两事。成玄英：有善先用，与其利禄。

㈠夫函车之兽

1. 函，容涵也。陆德明：大容车。

2. 函，含吞也。成玄英：其兽极大，口能含车。

㈡介而离山

1. 介，如字，孤单。成玄英：孤介离山，则不免网罗为其患害。俞樾：《方言》："兽无偶曰介。"

2. 介，作"分"字，离也。郭庆藩：介，《释文》作"分"。"分"与"离"相属为义，则作"分"者是。

3. 介，作"分"，借为"贲"，奔也。高亨："介"作"分"者是也。"分"读为"贲"。《大戴礼·夏小正》"玄驹贲"，其传曰："贲者，何也？走于地中也。"是"贲"有"走"义，实借为"奔"。"分""贲"古通用。《诗·鱼藻》"有颁其首"，《书·盘庚下》孔疏引"颁"作"贲"。昭公五年《经》"败莒师于蚡泉"，《穀梁经》"蚡泉"作"贲泉"。皆其佐证。

㉛且夫二子者，又何足以称扬哉！是其于辩也，将妄凿垣墙而殖蓬蒿也

1. 辩，言论也。句谓尧舜之言论不能顺性命之理。林疑独：尧舜二子之言辩，不能顺性命之理，犹凿垣而植蒿也。

2. 辩，例证也、论辩也。句谓以尧舜为例证来进行论辩，是不适宜的。林希逸：二子指尧舜也。以尧舜为辩，犹垣墙之上将欲种草，无此理也。谓引证失其宜也。

3. 辩，分辨也。句谓尧舜凡事分辨，是妄行穿凿。宣颖：尧舜凡事分辨，如"尊贤授能""先善与利"之类，将令后世妄行穿凿而生丛杂也。

㉜日中穴阫

1. 阫，墙也。向秀：阫，墙也。言无所畏忌。郭庆藩："阫"与"培"同。《淮南子·齐俗篇》"凿培而遁之"，高诱注曰："培，屋后墙也。"

2. 阫，器皿。林云铭：穴阫，取名器而分裂之也。

南荣趎蹵然正坐曰："若趎之年者已长矣，将恶乎托业以及此言邪？"庚桑子曰："全汝形，抱⊖汝生，无使汝思虑营营。若此三年，则可以及此言矣。"南荣趎曰："目之与形，吾不知其异也，而盲者不能自见；耳之与形，吾不知其异也，而聋者不能自闻；心之与形，吾不知其异也，而狂者不能自得。形之与形亦辟⊖矣，而物或间之邪，欲相求而不能相得？今谓趎曰：'全汝形，抱汝生，勿使汝思虑营营。'趎勉①⊜闻道达耳矣！"庚桑子曰："辞尽矣。曰②奔蜂不能化藿蠋，越鸡不能伏鹄卵，鲁鸡固能矣。鸡之与鸡，其德非不同也，有能与不能者，其才固有巨小也。今吾才小，不足以化子。子胡不南见老子！"南荣趎赢粮，七日七夜至老子之所。老子曰："子自楚之所来乎？"南荣趎曰："唯。"老子曰："子何与人偕来

---

① 陆德明：勉，本或作"晚"。

② 王叔岷："曰"字疑涉上"曰"字而衍。

之众也⑱？"南荣趎惧然顾其后。老子曰："子不知吾所谓乎？"南荣趎俯而惭，仰而叹曰："今者吾忘吾答，因失吾问①⑱。"老子曰："何谓也？"南荣趎曰："不知乎？人谓我朱⑧愚，知乎？反愁我躯；不仁则害人，仁则反愁我身；不义则伤彼，义则反愁我己。我安逃此而可？此三言者，趎之所患也，愿因楚而问之。"老子曰："向吾见若眉睫之间，吾因以得汝矣，今汝又言而信之。若规规然若丧父母，揭竿而求诸海也⑭。女亡⑧人哉，惘惘乎！汝欲反汝情性而无由入，可怜哉！"

㈠全汝形，抱汝生

1. 抱，如字。郭象：无揽乎其生之外也。

2. 抱，借为"保"字。俞樾：《释名·释姿容》曰："抱，保也，相亲保也。"是"抱"与"保"义通。抱汝生，即保汝生。

㈡形之与形亦辟矣，而物或间之邪，欲相求而不能相得

1. 辟，开也。句谓我之形与他之形本亦相通，因物所间而不得通。林希逸：辟，开也。我之形与人之形亦皆开明而无所蔽，而我乃为物欲所间，我欲以心求心，愈不得。

2. 辟，近也。句谓我之形与他之形本亦相近，因物所间而不得通？陆长庚：今吾之形与人之形可谓相近矣，宜其无盲聋与狂之病，乃为物欲所间邪，欲相求而不能相得。

3. 辟，譬喻也。句谓人与人因物欲相间而不能相得，正譬如盲、聋、狂之不能自见、自闻、自得也。胡文英：言形亦譬如耳、目、心，而非有聋、盲、狂之害也，岂有物间之而不能相得。

㈢趎勉闻道达耳矣

1. 勉，如字，勉强也。句谓闻道勉强入耳。崔譔、向秀：勉，强也。仅达于耳，未彻入于心也。

2. 勉，或作"晚"字。句谓闻道晚也。郭象：早闻形隔，故难化也。王叔岷：《释文》："勉，本或作晚。"当从之。《渔父篇》"惜

---

① 陆德明：元嘉本"问"作"闻"。

哉，子之早湛于人伪，而晚闻大道也"，可为旁证。

四子何与人偕来之众也

1. 偕来之众，指其心中疑问多或杂念多。郭象：挟三言而来故。王安石：正释氏所谓汝胸中正闹也。（归有光《南华真经评注》引）

2. 偕来之众，指其心中既有己意，又有他人之见。陆树芝：按"三言"尚在下文，此所谓与人偕来者，以既有己意，又有人之见者存也。

3. 偕来之众，指其乃陆续而来者。陆长庚：非谓南荣率众而来也，盖庚桑楚推师，凡有疑而未化之人，皆令南见老子。故老圣因南荣之续来而发是语。

五今者吾忘吾答，因失吾问

1. 谓不解老子之言，茫然不知所对所问。林云铭：言闻老子之说，不得其解，茫然不知置对之间，并欲问之语而失之也。

2. 谓悟彻老子之言，知应坐忘无心。曹础基：南荣趎领悟了老子所说的话之后，认识到应该一切无心，故说"忘吾答""失吾问"，不忘就说还是有心。

六人谓我朱愚

1. 朱愚，如字。成玄英：朱愚，犹"专愚"，无知之貌。郭嵩焘：《左传·襄公四年》"朱儒"，杜预注："短小曰朱儒。"朱愚者，智术短小之谓。

2. 朱愚，"朱"借为"铢""颛""娄"。章炳麟：王念孙说："《淮南·齐俗训》'其兵戈铢而刃'，注：楚人谓刃顿为铢。此朱愚即铢愚。"案"铢""朱"并假借字，《说文》本作"锔"，云："钝也。"于鬯："朱愚"犹言"颛愚"。"颛""朱"一声之转。此双声假借例也。高亨："朱"读为"娄"。《说文》："娄，空也，一曰娄务，愚也。""娄务"连言为"愚"义，单言"娄"亦"愚"义。此文以"朱"为"娄"是也。"朱""娄"古通用。《孟子·离娄篇》

"离娄"本书《骈拇篇》作"离朱"即其证。

⑦揭竿而求诸海也

1. 谓以短测深。向秀：言以短小之物，欲测深大之域也。

2. 谓立标以求本。宣颖：失其根本，却于表着处求之，是揭竿而求也。终无所得，是揭竿而求诸海也。

⑧女亡人哉

1. 亡，如字。句谓亡失本根之人。崔譔：丧亡性情之人。成玄英：亡真失道之人。

2. 亡，借为妄。句谓狂妄之人。高亨："亡"借为"妄"，古通用。《诗·假乐》"不愆不忘"，《说苑·建本》引"忘"作"亡"。《左传·哀公二十七年》"公之言多忘"，《释文》："忘，本又作妄。"此"亡""忘""妄"三字相通之证。

南荣趎请入就舍，召其所好，去其所恶，十日自①㊀愁，复见老子。老子曰："汝自洒濯孰哉郁郁乎然而其中津津乎犹有恶也㊁。夫外韄者不可繁而捉将内揵捷内韄者不可缪而捉将外揵㊂。内外韄者，道德不能持，而况放道而行者乎㊃！"南荣趎曰："里人有病，里人问之，病者能言其病，然其病②病者犹未病也。若趎之闻大道，譬犹饮药以加③病也㊄，趎愿闻卫生之经而已矣㊅。"老子曰："卫生之经，能抱一乎？能勿失乎㊆？能无卜筮而知吉凶乎㊇？能止乎？能已乎㊈？能舍诸人而求诸己乎㊉？能翛④然乎？能侗然乎㊊？能儿子乎㊋？儿子终日嗥而嗌不嗄⑤，和之至也；终日

---

① 陈景元：江南古藏本、李氏本、文如海本、刘得一本、张君房本，"自愁"并作"息愁"。

② 王叔岷：古钞卷子本无"然其病"三字，文意较长。《御览》七三八引亦无"然其病"三字。

③ 陆德明：元嘉本作"知病"。崔本作"驾"，云："加也。"

④ 陆德明：翛，崔本作"随"，云："顺也。"

⑤ 陆德明：嗄，崔本作"喝"，云："哑也。"

握而手不掜④，共④其德也；终日视而目不瞚①④，偏不在外也。行不知所之，居不知所为，与物委蛇，而同其波。是卫生之经已。”南荣趎曰："然则是至人之德已乎？"曰："非也。是乃所谓冰解冻释者，能乎④？夫至人者，相与交④食乎地而交乐乎天，不以人物利害相撄，不相与为怪，不相与为谋，不相与为事，翛然而往，侗然而来，是谓卫生之经已。"曰："然则是至乎？"曰："未也。吾固告汝曰：'能儿子乎？'儿子动不知所为，身若槁木之枝而心若死灰。若是者，祸亦不至，福亦不来。祸福无有，恶有人灾也！"

□十日自愁

1. 自愁，如字。成玄英：未能契道，是以悲愁。褚伯秀："自愁"，一本作"息愁"，又作"愁息"，说俱未通。审详经意，犹《书》云"自怨自艾"之义，退处旬日，怨艾日前为学不力，见道不明。

2. 自愁，"息愁"之误。奚侗："自"乃"息"之坏字。息，止也。《阙误》云，江南李氏本、文如海本、刘得一本、张君房本"自"并作"息"。

3. 自愁，读为"自擎"。武延绪："愁"读若"擎"，敛也。《礼记》"秋之为言愁也"，"愁"读"擎"。

□汝自洒濯孰哉郁郁乎然而其中津津乎犹有恶也

〔句读1〕汝自洒濯孰哉郁郁乎，然而其中津津乎犹有恶也。

孰，成熟。郁郁，<u>盛貌</u>。句谓汝虽修养得很好，但仍有恶的表现流露。罗勉道："孰"同"熟"。郁郁，犹陆离。汝自修治洒濯得熟郁郁然可观，然此特其外耳，其中津津然流动者犹有可恶也。

〔句读2〕汝自洒濯孰哉？郁郁乎然而其中津津乎犹有恶也。

孰，精熟。郁郁，愁貌。句谓汝修养得纯熟否。面有愁貌表明心中仍有不纯。陆长庚：汝自洒濯孰哉？是老子问词，言子洒濯身心功夫还熟也未？但见郁乎其愁，其中津津乎犹有恶也。郁而有恶，则是

---

① 陆德明：瞚，本或作"瞑"。

胸中尚未洒然，直至愁无可愁，召无可召，求无可求，而后始为纯孰。

〔句读3〕汝自洒濯，孰哉郁郁乎？然而其中津津乎犹有恶也？

孰，何也。郁郁，愁貌。句谓汝自修治，为何有愁？是心中犹有恶念活动？严灵峰：诸解并未得。按：孰，何也。"孰哉郁郁乎"乃倒装句，犹云何郁郁乎哉也。为何而郁郁乎？是其中犹有恶邪？

三夫外韄者不可繁①而捉将内揵内韄者不可缪而捉将外揵

〔句读1〕夫外韄者不可繁而捉，将内揵；内揵者不可缪而捉，将外揵。

1. 句言求道者当内外俱忘。成玄英：韄者，系缚之名；揵者，并闭之目。繁者，急也；缪者，殷勤也。言人外用耳目而为声色所韄者，则心神闭塞于内也；若内用心智而为欲恶所牵者，则耳目闭塞于外也。此内外相感，必然之符。假令用心禁制，急手捉持，殷勤绸缪，亦无由得也。夫唯精神定于内，耳目静于外者，方合全生之道。陆长庚：夫人之学也，其要则内外两忘尽之矣。凡人内有所桎则谓之"内韄"，外有所桎则谓之"外韄"。

2. 句言内外不定则求道不得其要。林希逸：韄，以皮束物也；揵，闭门之牡也。二者皆执捉敛束之喻。应物于外，欲自检柅则繁多而不可执捉，外既不定，则将反而求之于内，故曰"将内揵"。心中之扰扰，欲自检柅，则绸缪缠绕而不可执捉，内既不定，则又将求之于外，故曰"将外揵"。此言学道而不得其要，或欲制之于外，或欲制之于内，皆无下手处。

3. 句言专一耳目和内心之方法。胡文英：韄，缚也；揵，闭也。外缚于物，而欲件件捉之，则捉不了。内缚于欲，而思凭虚捉之，则捉不着。内揵、外揵，不见可欲，使心不乱也。

郭嵩焘：外韄者，制其耳目；耳目之司纷纭繁变，不可捉搊，则内揵其心，以息耳目之机。内韄者，制其心；而心缪绕百出，亦不足

---

① 繁，宣颖《南华经解》作"系"（繁体作"繫"），俞樾谓疑为"繁"字之误，武延绪谓疑当作"縶"字。皆缚束、缠绕之义。

捉搋也，则外捷其耳目以绝心之缘。

〔句读2〕夫外韄者不可繁，而捉将内捷；内韄者不可缪，而捉将外捷。

句言规范耳目和心意之方法。林疑独："韄"犹羁缚，"捷"谓关闭。耳目之于声色，外韄也，不可使至于繁，捉而纳诸内以捷闭之。身意之于触法，内韄也，不可使至于缪，捉而置诸外以捷闭之。

㈣外内韄者，道德不能持，而况放道而行者乎

1. 道德，指有道之人。放道，指学道之人。句谓一旦内外有累，有道德之人且不能自持，何况刚刚学道之人。罗勉道：内外韄者，其病若此，虽有道德者将不能自持，而况学者方依仿而行者乎！

2. 道德，谓道行。放道，谓循道。句谓内外有累者，其原有德行且不能持守，哪能循道而行。林希逸：学道而不得其要，或欲制之于外，或欲制之于内，皆无下手处。若此者，其在身之道德且不能自持守，况欲行道乎！放道而行，言循自然之理而行之也。此至人之事也。

㈤若趎之闻大道，譬犹饮药以加病也

1. 谓不知病根，闻道而增惑，故曰"加病"。宣颖：既不能自知病之所在，复闻道而增交战之疾，是病不可治也。

2. 谓不知有病，闻道而知病，故曰"加病"。陆树芝：趎闻大道而始知病，是犹饮药以加病也。

㈥趎愿闻卫生之经而已矣

1. 对求大道而言，此为求其次。陈景元：知大方之难窥，愿闻小乘而已。

2. 对去病而言，此为求根本。宣颖：病未易去，且求全生自养而已。不治之而养之，真端本之见也。在医家为王道高手，在儒家为大学要方矣。

㈦能抱一乎？能勿失乎

1. 言守其天赋之性。郭象：不离其性，还自得也。林希逸：抱一者，全其纯一也；勿失者，得于天者无所丧失也。

2. 言专心。陈景元：抱一勿失，专而藏照也。褚伯秀：抱一则心不二。

㈧能无卜筮而知吉凶乎

1. 言履道。郭象：当则吉，过则凶，无所卜也。成玄英：履道则吉，徇物则凶，斯理必然，岂用卜筮。

2. 言诚。陈景元：知吉凶者，诚明。林希逸：无卜筮而知吉凶者，至诚之道，可以前知也。

3. 言智。陆长庚：无卜筮而知吉凶，此个吉凶即《道德经》所谓"福兮祸所伏，祸兮福所倚，正复为奇，善复为妖"者，本不待于卜筮而后知。焦竑：无卜筮而后知吉凶，即不出知天下，不窥牖知天道也。

㈨能止乎？能已乎

1. 以儒家、道家观点解：守分。郭象：止于分也，无追故迹。陆长庚：知止也，知足也。

2. 引佛家观点解：寂定。林希逸：能止，能定也；能已，即释氏所谓"大休歇"也。

㈩能舍诸人而求诸己乎

1. 就人我而言：自治而不及人。郭象：全我而不效彼。陆长庚：急于自治而不暇于及人。

2. 就内外而言：务内而不务外。林希逸：不务外而务内也。褚伯秀：内足而不假乎物也。

⑪能翛然乎？能侗然乎

1. 言其举止自如。郭象：无停迹也，无节碍也。

2. 言其内心无累。林希逸：无所累之貌，无所知之貌。

⑪能儿子乎

　　1. 言其本然无知。林希逸：能儿子乎，不失赤子之心也。

　　2. 言其自然元气。宣颖：能儿子乎，元气自然也。

⑫终日握而手不掜

　　1. 掜，寄也。崔譔：掜，寄也。

　　2. 掜，捉也。陆德明：掜，《广雅》云：“捉也。”王先谦：赤子终日握拳而不必捉物。

　　3. 掜，曲也。林希逸：掜，屈不可伸也。人之手久握而不伸，则伸时必有窒碍。小儿则不然。俞樾：《说文》无“掜”字。《角部》：“觬，角觬曲也。”疑即此“掜”字。终日握而手不掜，谓手不拳曲也。

　　4. 掜，拟也。郭嵩焘：扬雄《太玄·玄掜》云：“掜，捉也。”《说文》：“拟，度也。”言无有准拟揣度。授之物握之，夺之物亦握之，不待准量以为握也。

⑬共其德也

　　1. 共，如字。崔譔，共，一也。郭象：共其德也，非独得也。

　　2. 共，通“拱”。宣颖：共，同“拱”。共其德，言儿子拱握其手，乃其惟自如此。

⑭终日视而目不瞚

　　1. 谓无所见。林希逸：目视而不瞚，虽视而无所视，未知未物也。

　　2. 谓精之专。陆长庚：终日视而目不瞚，精之专也。

⑮是乃所谓冰解冻释者，能乎

　　1. 比喻因学而致悟，尚非本能。成玄英：南荣拘束仁义，其日固久，今闻圣教，方解卫生。譬彼冬冰，逢兹春日，执滞之心，于斯释散。此因学致悟，非率自然。能乎，明非真也。

2. 此喻初返本性，尚未到至人。陆长庚：冰已解矣，冻已释矣，中间渣滓尚未浑化，安得竟到湛然地位。

⊞相与交食乎地而交乐乎天

1. 交，共也、俱也。郭象：自无其心，皆与物共。

林希逸：交食于地，与人同也；交乐于天，自同乎天也。交，俱也、同也。

2. 交，邀也、循也。俞樾：《徐无鬼篇》曰："吾与之邀乐于天，吾与之邀食于地。"与此文异义同。"交"即"邀"也。古字只作"徼"。文二年《左传》"寡君愿徼福于周公、鲁公"，此云"邀食乎地，邀乐乎天"，语意正相似。作"邀"者后出字，作"交"者假借字。阮毓崧："邀"同"徼"，循顺也。此"交"字作"循顺"解亦通。

宇⊖泰定者，发乎天光。发乎天光者，人见其人①⊖，人有修者，乃今有恒；有恒者，人舍⊜之，天助之。人之所舍，谓之天民；天之所助，谓之天子。

⊖宇泰定者，发乎天光

1. 宇，谓道貌也。王叔之：宇，器宇也。谓器宇闲泰则静定也。阮毓崧：宇，器宇也。借称人之道貌德性者。

2. 宇，谓人身也。吕惠卿：身者，人之宇。不否不乱，则发天光。天光者，不识不知，明白洞达。褚伯秀：身者，神之宇。神安宇泰定，犹主镇静而家和平，君无为而国宁谧也。

3. 宇，谓心胸也。陈景元：灵宇大宇者，慧光内发，天廷外莹。林希逸：宇，胸中也。泰然而定，则天光发见，即诚而明也。

4. 宇，谓天地也。林疑独：宇者，气之宅，阴阳交为泰。宇泰定则冲气生于中，自然之光发于外。王夫之：宇固无不泰也，无不定也。尧舜治之，而上下四方犹是也；杀盗乱之，而上下四旁犹是也。

---

① 陈景元：张君房本"人见其人"下有"物见其物"四字。

㈡人见其人

1. 如句。人，指一般人。句谓虽发天光，但看来仍如同一般人。
宣颖：自人视之犹人耳。

2. 如句，人，指真我。句谓既发天光，则见真我。胡文英：心
胸泰定，则发天然之光跃，而照见真吾。

3. 句疑脱"物见其物"四字。句谓天光发，则人见人，物见物。
郭象：天光自发，则人见其人，物见其物。物各自见而不见彼，所以
泰然而定也。奚侗：《阙误》引张君房本，"人见其人"下有"物见
其物"四字。

4. 句疑脱"而莫知其天"五字。吕惠卿："人见其人而莫知其
天"，是人貌而天者也。林疑独：人见之者，人道；人不见者，天道。
世人莫见至人合天之道，但见其同人之迹。

㈢人舍之，天助之

1. 人，指苍人。舍，止归也。成玄英：为苍生所舍止。吕惠卿：
人舍，谓群于人。林希逸：人亦归之。舍，止也、归也。

2. 人，指众人。舍，舍弃也。林疑独，人虽舍之，天则助之。
罗勉道：人之所舍，则无位而为天民；天之所助，则有位而为天子。

3. 人，指人欲。舍，舍弃也。宣颖：人欲去，天理来。

学者，学其所不能学也；行者，行其所不能行也；辩者，辩其所不能
辩也。知止乎其所不能知，至矣；若有不即是者，天钧败①之㊀。备物以
将形，藏不虞以生心㊁，敬中以达彼。若是而万恶至者，皆天也，而非人
也，不足以滑成㊃，不可内于灵台。灵台者有持而不知其所持而不可持者
也㊄。不见其诚己而发，每发而不当业入而不舍㊅，每②更为失。为不善乎
显明之中者，人得而诛之；为不善乎幽闲之中者，鬼得而诛之。明乎人，
明乎鬼者，然后能独行。券内者，行乎无名；券外者，志乎期费㊆。行乎

---

① 陆德明：败，或作"则"。元嘉本作"则"。
② 陈景元：刘得一本"每"下有"妄"字。

无名者，唯庸⑧有光；志乎期费者，唯贾人也，人见其跂，犹之魁然⑲。与物穷者，物入焉⑳；与物且者，其身之不能容，焉能容人㉑！不能容人者无亲，无亲者尽人㉒。兵莫憯㉓于志，镆铘为下；寇莫大于阴阳㉔，无所逃于天地之间。非阴阳贼之，心则使之也。

㈠学者，学其所不能学也；行者，行其所不能行也；辩者，辩其所不能辩也

1. 谓此为修至道。吕惠卿：天下之物，可以知知，则学之所能学，行之所能行，辩之所能辩。唯道不可以知知，故学所不能学，经云"学不学"是也；行所不能行，"不道之道"是也；辩所不能辩，"不言之辩"是也。

2. 谓此为尽人事。陆长庚：夫人皆有能、有不能，于其所不能者而勉之则人事尽矣。故学其所不能学，则其学也；进行其所不能行，则其行也，卓辩其所不能辩，则其辩也。

3. 谓此为不守分。宣颖：三者皆不知止。

㈡若有不即是者，天钧败之

1. 谓败坏天钧。成玄英：若有心分外，即不以分内为是者，斯败自然之性者也。林希逸：反是则失造化自然之理矣。

2. 谓为天钧所败。陆长庚：止其所不能知，至矣。不即是者，是逆天也，必为天钧败之。败，犹弃也。高亨：《释文》："败或作则，元嘉本作则。"作"则"者，古字也。"则"即"贼"之古文，从"刀"，从"贝"，谓以刀毁贝也。此文"天钧则之"，"则之"即"贼之"也。

㈢备物以将形，藏不虞以生心

1. 将，顺也。句谓顺理成形，不预谋度。林希逸：备物者，备万物之理；将形者，顺其生之自然也。不虞，不计度、不思虑也。退藏于不思虑之地，而其心之应物随时而生。宣颖：具众理以成形，却退藏于不思度之地，以活其心。

2. 将，养也。句谓外则备物养身，内则生预防之心。

罗勉道：将，养也。藏，存也。生犹立也。外则备物以养形，内则常存不虞之防以立心。奚侗：《诗·小雅》"不遑将父"，郑笺："将，养也。"《周礼·天官》"五曰生以驭其福"，郑注："生，养也。"备具万物所以养形，藏其不虞所以养心。

㈣不足以滑成

1. 成，如字，完成也。宣颖：不足以损我之成德。

2. 成，借为"诚"，心情也。高亨："成"借为"诚"，诚，犹情也。"成""诚"古通用。《诗·我行其野》"成不以富"，《论语·颜渊篇》"成"作"诚"。

㈤灵台者有持而不知其所持而不可持者也

〔句读1〕灵台者有持，而不知其所持，而不可持者也。

1. 有持，有主也。句谓心有所主，但不能形见，不可固执。郭象：有持者，谓不动于物耳，其实非持；若知其所持则持之，持则失也。陈景元：有持则真性存；不知其所持则无主也；而不可持者，随其成心而师之。林希逸：有持者，言有所主也；不知其所持者，虽有所主而不知其主，大而化也；不可持者，言有所持守则未化矣。

2. 有持，有持守之道也。句谓养心有道，但不知其方法，则亦不可养。洪迈：尝记洪庆善云，此一章谓持心有道，苟不知其所以持之，则不复可持矣。郭子玄、陈碧虚二解，俱为两"而"字所惑，故从"而"为之辞，于本旨殆不然也。（《容斋续笔》卷第七）

〔句读2〕灵台者有持而不知其所，持而不可持者也。

1. 有持，有主也。句谓心有所主，但无定所，故可持而又不可持。陈寿昌：灵台者有持而不知其所，言心有定主，主无定在。持而不可持者也，言有意于持，反害吾心，以不持持之斯得矣。

2. 有持，有持守之道也。句谓心可持养，但心无定所，故养心不可执着。阮毓崧：心也者本有可保持之理，故孔子曰"操则存"。但欲征心在何处，究竟莫得其定所，即所谓"莫知其乡"。是固可静养，不可执着，"持而不可持者也"。

㈥每发而不当业入而不舍

〔句读1〕每发而不当，业入而不舍。

1. 业，事也。舍，舍止也。句谓行为乖理既久，则事来不能正当处置。郭象：事不居其分内。成玄英：业，事也。世事搂扰，每入心中，不达违从，故不能舍止。

2. 业，业已。舍，舍弃。句谓行为乖理既久，业已成习而不能改之。林希逸：妄发则每事皆不当，业已入于其间，虽知之而不能自舍。胡文英：妄发之久，虽入于其中而不舍。

3. 业，事也。舍，舍弃。句谓行为乖当，事扰于心而不离去。宣颖：每每发则乖当，外事扰入于心而不去。

〔句读2〕每发而不当业，入而不舍。

武延绪："业"字断句，不属下读。

㈦券内者，行乎无名；券外者，志乎期费

1. 券，分也。成玄英：券，分也。无名，道也。履道而为于分内者，虽行而无名迹也。期，卒也。游心于分外，终无成益，卒有费损也。

2. 券，契合也。刘辰翁：券者，合也。合于内者无名，合于外者常有所期望及耗费也。宣颖：券，契也。契合乎内者尚实敛华，契合乎外者贪多务博。

3. 券，主持也。陆树芝：券，犹言操券，谓主持之也。内者，心也，外者，物也。操券于心者，虚灵泛应，无可指名。操券于物者，纷纭驰逐，务在期费。

4. 券，劳也。郭嵩焘：《说文》："券，劳也。"人劳则倦。券内者反观，券外者徇外。

5. 期，卒也。费，耗也。陆德明：《广雅》云："期，卒也。""费，耗也。"言卒有所费耗也。

6. 期，极也。费，财用也。俞樾：《荀子》书每用"綦"字为穷

极之义。《王霸篇》"目欲綦色，耳欲綦声"，杨注曰："綦，极也。"抑或作"期"。《议兵篇》曰："已綦三年，然后民可信也。"是"期"与"綦"通。期费者，极费也。费，谓财用也。《吕览·安死篇》"非爱其费也"，高曰："费，财也。""期费"之义，与"綦色""綦声"相近，彼谓穷极其声色，此谓穷极其财用也。

7. 期，求也。费，"实"① 字之误。武延绪："费"疑"实"字之误。期实，求实也。《养生主》"其求实无已"，可证。"期"读若"蕲"。

㈧行乎无名者，唯庸有光

1. 庸，用也。成玄英：庸，用也。游心无名之道者，其所用智，日有光明也。陆树芝：唯庸有光者，神明所照，用则有光，不用则葆其光。

2. 庸，平常也。林希逸：充实而有辉光也。庸，常也。光常在也。林云铭：虽平庸之中，自有光耀丕著。

㈨人见其跂，犹之魁然

1. 跂，同企，危也。魁，安也。句谓期费之人，人皆见其危险，而己却以为安然。成玄英：企，危也。魁，安也。锐情贪取，分外企求，他人见其危乎，犹自以为安稳，愚之至也。

2. 跂，跂立也。魁，伟岸也。句谓期费之人，似有宏大之势，实是跂立而高。罗勉道：如跂立者，人见其魁然长大，而实不然。

3. 跂，通"企"，想也。魁，市魁也。句谓期费者，人见其妄分，比之市魁。王先谦：人见其跂想分外，比之于市魁然。

㈩与物穷者，物入焉

1. 穷，约也。物入物来归依也。句谓券内者能俭约虚怀，则物来归依。陆长庚：君子之与物也，深自俭约，不为侈大，如寒士然，

---

① "实"字繁体作"實"

是之谓"与物穷者"。然虚则能容，谦乃受益，故物莫不入焉。陈寿昌：穷，约也。言券内者与物约于取求，则物亦乐为亲附而归其运量中矣。

2. 穷，尽也。物入，没入物欲中也。句谓券外者与物相追逐，则没于物欲。林希逸：与物欲相为终始，至于穷尽而后已，是其一身皆没入于物欲之内矣。罗勉道：券外者与物驰逐，穷极而物反入据其位。

⑪与物且者，其身之不能容，焉能容人

1. 且，苟且也，龃龉也。句谓券外者与物隔阂，不能自容，不能容人。成玄英：聊与人涉，苟且于浮华，贪利求名，身尚矜企，心灵躁竞，不能自容，何能容物耶！褚伯秀：与物龃龉，则彼我角立，身不能容，安能容人。

2. 且，苟且也，随顺也。句谓券内者与物随顺，忘己忘境。罗勉道：券内者与物苟且相应，而不为所累。且不知有其身，岂知有人无人者。

⑫无亲者尽人

1. 尽，皆也。成玄英：既无亲爱，则尽是他人。

2. 尽，绝也。林希逸：人而无亲则人道绝矣，故曰"无亲者尽人"。尽，绝也。

3. 尽，空也。于鬯："尽"有"空"义。《说文》："尽，器中空也。"无亲者尽人，犹言无亲者空人，谓无亲者无人耳。

⑬兵莫憯于志，镆铘为下

1. 憯，如字，痛也，惨也。陆德明：憯，《广雅》云："痛也。"郭庆藩："憯"与"惨"同。《说文》："惨，毒也。"

2. 憯，"毚"字之借，利也。钱穆：朱骏声云："憯借为毚，《说文》曰：'毚，锐意也。'《淮南·主术》注：'憯，利也。'"

⑮寇莫大于阴阳，无所逃于天地之间

1. 阴阳，指心中之喜怒。成玄英：寇，敌也。域心得丧，喜怒成于胸中，其寒凝冰，其热燋火，此阴阳之寇也。夫勍敌巨寇，犹可逃之，而兵起内心，如何避邪！

2. 阴阳，指阴阳之二气。林希逸：阴阳之气皆能伤人，犹寇也。

道通其分也①其成也毁也⊖。所恶乎分者，其分也以备；所以恶乎备者，其有以备⊜。故出而不反，见其鬼⊜。出而得是谓得死⊛。灭而有实⊛，鬼之一也。以有形者象⊛无形者而定矣。出无本，入无窍⊕。有实而无乎处，有长而无乎本剽②，有所出而无窍者有实⊛。有实而无乎处者，宇也；有长而无本剽者，宙也⊛。有乎生，有乎死；有乎出，有乎入；入出而无见其形，是谓天门⊕。天门者，无有也。万物出乎无有。有不能以有为有，必出于无有，而无有一无有。圣人藏乎是。

⊖道通其分也其成也毁也

〔句读1〕道道，其分也；其成也，毁也。

1. 如句。林希逸：成、毁二事分而为二，以道观之，一而已矣。

2. 句有脱漏，当为"道通，其分也成也，其成也毁也"。王叔岷：高山寺古钞卷子本，"其分也"下有"成也"二字，当从之。《齐物论篇》"其分也成也，其成也毁也"，文与此同。今本脱"成③也"二字，则文意不完矣。

〔句读2〕道，通其分也，其成也毁也。

宣颖：分别则有畛域，道无畛域，故通乎其所分也。成处即是毁处，言道无成毁之分。

⊜所恶乎分者，其分也以备；所以恶乎备者，其有以备

1. 恶，厌恶也。句言常人之心，恶分而求备，已备而求备不已。郭象：不守其分而求备焉，所以恶分也；本分不备而有以求备，所以

---

① 高山寺本"也"下有"成也"二字。
② 陆德明：剽，本亦作"摽"。卢文弨："摽"当作"標"。
③ 王叔岷《庄子校释》误为"分"字。

恶备也。王先谦：其备有者，仍求备不已，故恶备。

2. 恶，厌恶也。句言圣人之心惧道分则朴散，物备则道疏。褚伯秀：所以恶乎分者，以万物分禀道气，无不备足，圣人虑物繁而道愈分，朴散而难复也。所以恶乎备者，为人不能忘物以契道，资生之物愈备而卫生之道愈疏，物有余而形不养者有之矣。

3. 恶，何也。句言成毁之理：分，以其有全；全，以其有道。

曹础基：万物何以有区别？这种区别是对全体相对来说的。何以万物构成全体？因为有使它们统一成全体的条件——大道。

㊂故出而不反，见其鬼

1. 言将死。郭象：不反守其分内，则其死不久。

2. 言所见。王敔：券外而出，不反其真，所见无非鬼者。

㊃出而得是谓得死

〔句读1〕出而得，是谓得死。

陆德明：若情识外驰以为得，是曰得死耳。

〔句读2〕出而得是，谓得死。

林希逸：出而得是，言役于外而得自是之见者也。《齐物论》曰"近死之心，不可复阳"，即此意也。

㊄灭而有实，鬼之一也

1. 实，有也。指形骸。句谓性灭形存，与死不殊。成玄英：迷灭本性，谓身实有，生死不殊，故与鬼为一也。

2. 实，塞也。句谓失道者，与鬼不殊。陆德明：灭，殄也，尽也。实，塞也。既殄塞纯朴之道，而外驰浇薄之境，虽复行尸于世，与鬼何别，故云鬼一也。

㊅以有形者象无形者而定矣

1. 定，指心静。句谓能有形似无形，则心定。成玄英：象，似也。虽有斯形，似如无者，即形非有故也。旷然忘我，故心灵和光而止定也。宣颖：敛迹同虚，纷扰绝矣。

2. 定，指认定事物之理。句谓以有形取象于无形，则见道。林希逸：人能于有形之中而视之似无形，则见理定矣。胡文英：因器以明道。

3. 定，谓一定也。句言出而不反，以人而象鬼是一定的。罗勉道：以有形者象无形者，以人而象鬼也。而定矣者，不能反之为人也。

㈦出无本，入无窍

1. 此言物。林希逸：出，生也。万物之所由始也，未尝无本而不可知，故曰"无本"；入，死也。万物之所由终也，虽知其所终而不见其所入之处，故曰"无窍"。

2. 此言道。陆长庚：所谓道者，出而不见其有本，入而不见其有窍。

㈧有所出而无窍者有实①

〔句读1〕有所出而无窍者有实。

句谓有所出，但无所出之窍。郭象：言出者自有实耳，其所出无根窍以出之。

〔句读2〕有所出而无，窍者有实。

句谓有窍，但无所出。陆德明：有所出，夫生必有所出也。而无，此明所出者是无也。既是无矣，何能有所出耶！窍者有实，既言有窍，窍必有实。

㈨有实而无乎处者，宇也；有长而无本剽者，宙也

1. 宇、宙谓空间、时间。宣颖：上下四方不可指其一处；古往今来不可得其始终。

---

① 吕惠卿：经文宜曰"有所出而无本者有长，有所入而无窍者有实"，文义方全。宣颖：此九字衍文也。

2. 宇、宙谓道。胡文英：无物不有此道，故为"宇"；无时不有此道，故为"宙"。

⊕**入出而无见其形，是谓天门**

1. 天门，万物之总名。郭象：天门者，万物之都名。谓之天门，犹云众妙之门也。

2. 天门，自然之义。成玄英：天者，自然之谓也；自然者，以无所由为义。言万有皆无所从，莫测所以，自然为造物之门户也。

3. 天门，造化生物之义。林希逸：天门即造化也，自然也，因言出入，故下"门"字。陆长庚：此言造化之妙，出入生死由是焉，是之谓天门。胡文英：天门，阳阴摩盪而生物之门也。

古之人，其知有所至矣。恶乎至? 有以为未始有物者，至矣，尽矣，弗可以加矣。其次以为有物矣，将以生为丧也，以死为反也，是以分已。其次曰始无有，既而有生，生俄而死。以无有为首，以生为体，以死为尻。孰知有无死生之一守①⊖者，吾与之为友。是三者⊜虽异，公族也。昭景也，著戴②⊜也；甲⊕氏也，著封也：非一也。

⊖**孰知有无死生之一守者**

1. 守，操守也。句谓以有无死生不二为操守。成玄英：谁能知有无生死不二而以此修守者。

2. 守，道也。句谓有无生死为一体。俞樾：一守者，一道也。"道"字古读为"守"，故与"守"通。

⊜**是三者虽异，公族也**

1. 三者，指道或知发展的三阶段：无、有、分。郭象：或有而无之，或有而一之，或分而齐之，故谓之三也。此三者虽有尽与不尽，然俱无是非于胸中，故谓之公族。林希逸：上焉者无物，太极之

---

① 王叔岷：陈碧虚《阙误》引文如海本，"一守"作"一宗"。"宗"疑"守"之形误，或浅人所改。

② 陆德明：戴，本亦作"载"。

初也；次焉者有物，阴阳既分也；又其次者曰有生，有生则有我，虽知有我，犹以死生、有无为一，是知其不分者也。三者虽有次第，而皆未离于道，譬如公族分而为三，姓则同也。

2. 三者，指生命发展的三阶段：无、生、死。成玄英：三者，谓以无为首，以生为体，以死为尻是也。于一体之中而起此三异，犹如楚家于一姓之上分为三族。

㊂昭景也，著戴也

1. 戴，显赫也，崔譔：昭景二姓，楚之所显戴。成玄英：昭、屈、景，楚之公族三姓。王孙公子长大加冠，故著衣而戴冠也。

2. 戴，任职也。林希逸：戴，任也，任职也。昭氏、景氏，以有职任而著也。

3. 戴，始也。王敔：戴，谓所从出之宗。孙诒让："戴"当为"载"，《尔雅·释诂》云："载，始也。"王逸《楚辞·离骚序》云："三闾之职，掌王族三姓，曰昭、屈、景。"盖以所出君之谥为氏。著载，谓著其所始。

㊃甲氏也，著封也

1. 甲氏，门第为甲等。崔譔：昭景二姓，皆甲姓显封。成玄英：甲第氏族也。

2. 甲氏，以封邑而得之姓氏。陆德明：著封者，谓世世处封邑而光著久也。林希逸：甲氏，以有封邑而著也。

3. 甲氏，即屈氏。王应麟：王逸注《楚辞》自序云："三闾之职，掌王族三姓，曰昭、景、屈。"而此《释文》云："昭、景、甲三者，皆楚之同宗也。"甲氏，其即屈氏与？马叙伦："甲"借为"屈"，音同"见"组。

4. 甲氏，疑为"申氏""芈氏"。于鬯：楚有昭氏、景氏，而从不闻有甲氏，不得谓昭、景、甲皆楚同宗。"甲"必"申"字之误也。申氏则远见于春秋，如申舟、申犀、申骊、申无宇、申亥、申包胥皆是，则亦为楚之公族。楚文王灭申国而县之，故楚有申邑，则公族之封此固宜。申氏必以封邑为氏，故曰"申"氏。武延绪："甲"疑"芈"字之讹。《史记·楚世家》，封熊绎于楚蛮，封以子男之田，姓芈氏。

有生黬也，披然曰移是⊖。尝言移是，非所言也。虽然，不可知者也。腊者之有膍胲，可散而不可散也；观室者周于寝庙，又适其偃①焉⊜，为是举移是。请尝言移是：是以生为本，以知为师，因以乘⊜是非；果有名实，因以己为质；使人以为己节，因以死偿节。若然者，以用为知，以不用为愚，以彻为名，以穷为辱。移是，今②之人也，是蜩与学鸠同于同也⊛。

㈠有生黬也，披然曰移是

1. 移是，除去也。句谓有生黑痣者，欲将其移除。司马彪：黬，有疵也，有疵者，欲披除之。林疑独：黬者，黑黡，以黬为有生之赘而披散之，曰"移是"。

2. 移是，是无常在也。句谓人之生若一黑点，然而却纷然生是生非。郭象：直聚气也。既披然而有分，则各是其所是矣。是无常在，故曰"移"。奚侗："黬"即"黵"字之省，借作"点"③。《说文》："黵，虽皙而黑也。"古人名黵字皙。《论语》曾晳名点，即借"点"为"黵"。"有生点也"，今物理学家所云质点是已，与《寓言篇》"万物皆种也"同义。披，析也。移，易也。是，犹此也。言有生之物起于质点，固相同也。乃析然而曰移易乎是，是以同者为不同矣。既有移是之心，遂生彼我之见。

3. 移是，变幻也。句谓人之生若气之聚，俄而变幻为他。褚伯秀：黬者，釜底结墨，似形非形而生于形者也。人寄形而有生，亦犹黬耳。俄而披散，则所谓我者又移而之他。王夫之：生于天均之运，埏埴为瓬为缶之委形者，于太虚纯白之中而成乎形象，亦白练之点缁

---

① 陈景元：江南古藏本及张君房本，"偃"下有"溲"字。
② 王叔岷：陈碧虚《阙误》引江南李氏本、张君房本，"今"上并有"非"字，当从之。注："玄古之人，无是无非，何移之有"。是郭本有"非"字。
③ "点"字繁体作"點"。

而已。其飄也，渐久而渝，则离披而解散。天敠解，天袭坠，非灭也。灭者必有所归，移此而之彼，彼又据为此矣。

㈡腊者之有膍胲，可散而不可散也；观室周于寝庙，又适其偃焉，为是举移是

1. 举，皆也。句意为是非不定，此皆是"移是"之实例。成玄英：腊者，大祭也。膍，牛百叶也。胲，牛蹄也。腊祭之时，牲牢甚备，至于四肢五脏，并皆陈设。祭事既讫，方复散之，则以散为是；若其祭未了，则不合散，则以散为不是。是知是与不是，移是无常。偃，屏厕也。祭事既竟，斋宫与饮，施设余胙于屋室之中，观看周旋于寝庙之内。饮食既久，应须便僻，故往圊圂而便尿也。饮食则以寝庙为是，便尿则以圊圂为是，是非无常，竟何定乎？腊者明聚散无恒，观室显处所不定，俱无是非也。

2. 举，提出。句喻不足言者亦可言，为此提出"移是"请论之。陈寿昌：腊，冬至后三戌大祭名。膍，牛肚也。胲，足大指毛肉也。散，弃也。膍胲乃牛身之微物，而腊祭时毕陈之，可散而不可散，盖言微末之不弃也。偃，屏厕也，非室之正者，而观室者必适焉。不必适而亦适，盖言周览之无遗也。欲言"移是"，先设此喻。盖以物虽微而不弃，室非正而不遗，可见理之不足言者或可言矣。

㈢因以乘是非

1. 乘，超越也。乘是非，无是非也。郭象：乘是非者，无是非也。

2. 乘，相乘也。乘是非，生是非也。吕惠卿：以知为师，因以相乘而是非滋多。

㈣移是，今之人也，是蜩与学鸠同于同也

1. 同于同，谓蜩与学鸠同。成玄英：蜩同于鸠，鸠同于蜩，故曰"同于同也"。

2. 同于同，谓人与蜩和学鸠同。林希逸：移是之人其见与蜩、鸩同。蝍与鸩同，人又与蝍、鸩同，故曰"同于同也"。

蹍市人之足，则辞以放骜，兄则以妪，大亲则已矣⊖。故曰：至礼有不人，至义不物，至知不谋，至仁无亲，至信辟⊖金。

㈠蹍市人之足，则辞以放骜，兄则以妪，大亲则已矣

1. 谓一人蹍市人之足则辞谢自责，兄蹍弟之足则妪之，父母蹍子之足则已矣。林希逸：与市人行而蹍踏其足，则必以放傲自责而辞谢之，恐其怒也。若兄蹍弟之足，则妪诩之而已。若父母而踏其子之足，则并与妪诩亦无之矣。情亲之至，自相孚也。

2. 谓蹍路人之足则辞谢，蹍兄之足则妪之，蹍父母之足则已矣。宣颖：蹍市人足，辞谢以放肆自引罪。蹍兄足则不必辞谢引罪，但煦妪之而已。若是父母，则知其恕已，并不必煦妪。可见道以相忘为至也。

㈡至信辟金

1. 辟，除去也。郭象：金玉者，小信之质耳。至信则除矣。

2. 辟，开启也。杨树达："辟"当读为"闢"，开也。至信闢金，即精诚所至，金石为开之意。

彻⊖志之勃①，解心之谬，去德之累，达道之塞。贵富显严名利六者，勃志也。容动色理气意六者，谬心也。恶欲喜怒哀乐六者，累德也。去就取与知能六者，塞道也。此四六者不盪胸中则正，正则静，静则明，明则虚，虚则无为而无不为也。道者，德之钦⊖也；生者，德之光②⊖也；性者，生之质也。性之动，谓之为；为之伪，谓之失。知者，接也；知者，谟也；知者之所不知，犹睨⊛也。动以不得已之谓德，动无非我⊛之谓治，名相反而实相顺也⊛。

---

① 陆德明："勃"，本又作"悖"。
② 王叔岷：《释文》："一本光作先。"古钞卷子本"光"旁亦注"先"字。但作"先"不词，盖"光"之形误也。

一 彻志之勃

1. 彻，毁也。成玄英：彻，毁也。林希逸：彻与撤同。

2. 彻，通也。奚侗：《吕览·有度篇》作"通志之悖"，"彻志之勃"言通其痴惑者也。

二 道者，德之钦也

1. 钦，敬仰也。罗勉道：钦者，敬也。有收敛之义，道而后德，故云"道者，德之钦"。

2. 钦，借为"庣"，陈列也。俞樾：《说文·广部》："庣，陈舆服于庭也。"《小尔雅·广诂》："庣，陈也。"此"钦"字即"庣"之假字。盖所以生者为德而陈列之即为道，故曰"德之庣也"。

3. 钦，借为"堪"，载也。章炳麟："钦"借为"堪"，《大宗师篇》"堪坏"，《淮南》作"钦负"，是其相通之证。《说文》："堪，地突也。"引申训"载"，"道"本由"道路"引伸，故喻之以"地突"。

三 生者，德之光也

1. 谓生是天地有德之表现。成玄英：天地之大德曰生，故生化万物者，盛德之光华也。

2. 谓人生以有德为光。罗勉道：有德则润身，故云"生者德之光"。

四 知者之所不知，犹睨也

1. 睨，视而无所见也。此谓智者或圣者有不知之知。林希逸：婴儿之视而无所视曰睨，知者以其所不知而为知，亦犹婴儿之睨也。此即智者行其所无事之意。陈寿昌：如睨者不必瞠视于物已无不见，此德性之知。

2. 睨，斜目而视也。此谓智者亦有不知。王敔：知不止于所不知，犹然邪目而欲见之。王先谦：虽智者有所不知，如目斜视一方，故不能遍。

㈤动以不得已之谓德，动无非我之谓治

1. 无非我，真我也，本性也。句谓感应而动谓之德，动皆合于性谓之治。陈寿昌：此率性之动，虽动亦静，物来顺应，罔非真我之自然。

2. 无非我，皆我也，人为也。句谓循天而动谓之德，依人而动谓之治。胡远濬：德者，得也。适得之谓。动以不得已，适得而已。所谓天也，无为也。动无非我，人也，有为也。

3. 无非我，"无"字疑为"而"字。马叙伦："无"字疑"而"字之误。

㈥名相反而实相顺也

1. 谓内与外相反而相顺。陈寿昌：德在内而治在外，名虽不同，实则相合也。

2. 谓无为与有为相反而相顺。胡远濬：万化之生，莫非性之动，其为出于无为。故曰"名相反而实相顺"。

羿工乎中微而拙乎使人无己誉。圣人工乎天而拙乎人㊀。夫工乎天而俍乎人者，唯全人能之。唯①虫能虫，唯虫能天㊁。全人恶天，恶人之天，而况吾天乎人乎㊂？一雀适羿，羿必得之，威②㊃也。以天下为之笼，则雀无所逃。是故汤以胞人笼伊尹，秦穆公以五羊之皮笼百里奚。是故非以其所好笼之而可得者，无有也。介者拸③画㊄，外非誉也；胥靡登高而不惧，遗死生也。夫复诏不馈④而忘人㊅，忘人，因以为天人矣。故敬之而不喜，侮之而不怒者，唯同乎天和者为然。出怒不怒，则怒出于不怒矣；出为无为，则为出于无为矣。欲静则平气，欲神则顺心。有为也欲当，则缘于不得已。不得已之类，圣人之道。

---

① 陆德明：一本"唯"作"虽"，下句亦尔。（"虽"字繁体作"雖"。）

② 陆德明：崔本"威"作"或"。

③ 陆德明：拸，本亦作"移"。

④ 馈，繁体原作"餽"。陆德明：馈，元嘉本作"愧"。

㈠圣人工乎天而拙乎人。夫工乎天而俍乎人者，唯全人能之

1. 拙乎人，拙于有为也。句谓圣人拙乎有为，任其自然，故圣人即全人。郭象：任其自然，天也；有心为之，人也，工于天，即俍于人矣，谓之全人，全人则圣人也。林云铭：圣人任自然而不以有心为之，是故拙于人，所以俍于人也，圣人所以为全人也。

2. 拙乎人，未能晦迹也。句谓圣人未能自晦，不显其迹，故圣人尚非全人。成玄英：圣人妙契自然，功侔造化，使群品日用不知，不显其迹，此诚难也。全人，神人也。夫巧合天然，善能晦迹，泽及万世而日用不知者，其神人之谓乎！宣颖：拙乎人，未能自晦。

㈡唯虫能虫，唯虫能天

1. 虫，指物类最劣者；能虫能天，谓还守最简单之本能。郭象：能还守虫，即是能天。章炳麟：物类最劣者，唯动不得已，金石悉然，虫亦近之。委心任化，此谓唯虫能虫；心无胜解，此谓唯虫能天。

2. 虫，指百物；能虫能天，谓顺遂物类各自之本性。

成玄英：鸟飞兽走，能虫也；蛛网蜣丸，能天也。皆禀之造物，岂仿效之所致哉！林希逸：虫，鸟兽百物之总名也。物物虽微，皆有得诸天者。如能飞能走能啼能啮，皆能遂其天性，故曰"能虫""能天"。

㈢全人恶天，恶人之天，而况吾天乎人乎

1. 恶，嫌恶也。句谓全人嫌恶人之工天，更何况人之胜天？方沇：全人恶天，非恶天也，恶人之天也。人之天开而贼生矣。人之天犹恶之，而况吾之天乎人乎有相胜而不定者乎！（焦竑《庄子翼》引）阮毓崧：恶，去声，语云全人恶天，非恶天之天，特恶人之天耳，谓己不顺性而师心也。若直以人为天而使天下无不从己，则更非矣。

2. 恶，何也。句谓全人唯天，何有天与人之天之分，更何有天与人之分？王敔：二"恶"字俱平声。在全人则恶有所谓天者，恶有所谓人之天者，而况有所谓吾于天人之间乎？陈寿昌：恶，何也。恶在为天，恶在为由人之天，谓皆不知而任也。况于天人之间，自致其区别乎？

㈣一雀适羿，羿必得之，威也

1.威，如字。成玄英：假有一雀，羿善射，射必得之。此以威猛，非由德慧，故所获者少，所逃者多。陈寿昌：人力也，非天也。

2.威，"或"字之误。孙诒让：《韩非子·难三篇》云："故宋人语曰：一雀过，羿必得之，则羿诬矣。以天下为罗，则雀不失矣。"旧注云："羿虽善射，见雀未必一一得之，故曰诬也。"此"适"当依韩子作"过"，"威"当依崔譔本作"或"。"或"与"惑"通。此云"或"，犹韩子云"诬"，皆不必得之意也。杨树达：作"或"者是。或者，不必然之辞。文言一雀飞过羿所，羿射而得之，仍偶然之事，非能常然也。曹础基："或"即"域"字，范围。说明羿得雀是由于雀飞进他的射程之内。

㈤介者拸画，外非誉也

1.拸画，谓不事装饰。郭象：画，所以饰容貌也，刖者之貌既以亏残，则不复以好丑在怀，故拸而弃之。刘凤苞：拸，以手挥斥之也。介者不顾外饰，故拸画而弃之也。

2.拸画，谓不拘法度。崔譔：移画，不拘法度。俞樾：《汉书·司马相如传》"疻以陆离"，师古注曰："疻，自放纵也。"即此"拸"字之义，桓六年《穀梁传》"以其画我"《公羊传》作"化我"，何休注曰："行过无礼谓之化。"即此"画"字之义。盖人既刖足，不自顾惜，非誉皆所不计，故不拘法度也。

3.拸画，谓披拂画衣（刑人之衣）。王敔：介，刖者。画，画衣也。刑人衣画衣。"拸"音"耻"，《字书》："拍也、拽也。"衣画衣而披拂之，安为刑人，不知毁誉也。

(六)夫复谇不馈而忘人

1. 复谇，服习也。馈，赠也。句谓服习如常，或业有所成，而不投人所好，或不知馈报师友，是忘人也。林疑独：不倦服习，至于有成，而不馈其师，是忘人道也。陆树芝：复谇，犹服习也。不馈，不以贻人也。服习其常，而不欲投人之所好。不投人之所好，则忘乎人之情。

2. 复谇，屡謷也。谇，答报也。句谓屡遭要挟恐吓，而不报复，是忘人也。胡文英：复，反复也。谇，"謷"通。馈，遗也。人虽反复謷我，而我不答，正侮之而不怒之实也。郭嵩焘：《说文》："謷，失气言。"谇，言谇謷也。复谇，谓人语言慴伏以下我而我报之。以物与人曰馈，以言语饷人亦曰馈。复谇不馈，忘贵贱也。

3. 谇，惧也。馈，作愧。句谓不惧不愧，是忘人也。褚伯秀：至于复谇之久，中心无所愧惧，能忘人之所不忘，因而入于自然。经文"不馈"难释，一本作"不愧"，今从之。曹础基：复，免除。谇，通懾，惧怕。"馈"通"愧"，负疚。忘人，即忘自己是人。这句是说：象胥靡之类那样，由于解除了惧怕的心理，精神上毫无负担，而且根本上不把自己当人来看待。

徐无鬼第二十四

徐无鬼因女商见魏武侯，武侯劳之曰："先生病矣！苦于山林之劳，故乃肯见于寡人。"徐无鬼曰："我则劳于君，君有何劳于我！君将盈耆欲，长好恶，则性命之情病矣；君将黜耆欲，挈好恶，则耳目病矣。我将劳君，君有何劳于我！"武侯超然⊖不对。少焉，徐无鬼曰："尝语君吾相狗也：下之质执饱而止是狸德也⊜；中之质，若视日⊜；上之质，若亡其一㊧。吾相狗又不若吾相马也。吾相马：直者中绳，曲者中钩，方者中矩，圆者中规㊨。是国马也，而未若天下马也。天下马有成材，若䘏若失①㊩，若丧其一㊫。若是者，超轶绝尘，不知其所。"武侯大悦而笑㊣。徐无鬼出，女商曰："先生独何以说吾君乎？吾所以说吾君者，横说之则以《诗》《书》《礼》《乐》，从说之则以《金板》《六弢》㊬，奉事而大有功者不可为数，而吾君未尝启齿。今先生何以说吾君，使吾君说若此乎？"徐无鬼曰："吾直告之吾相狗马耳。"女商曰："若是乎？"曰："子不闻夫越之流人乎？去国数日，见其所知而喜；去国旬月，见所尝见于国中者喜；及期年也，见似人者而喜矣；不亦去人滋久，思人滋深乎？夫逃②虚空者㊭，藜藿柱乎③鼪鼬之迳，踉④位其空㊱，闻人足音跫然而喜矣，又况乎昆弟亲戚之謦欬其侧者乎！久矣夫，莫以真人之言謦欬吾君之侧乎！"

---

① 陆德明：失，司马本作"佚"。
② 陆德明：逃，司马本作"巡"。
③ 陈景元：文如海、张君房本作"藜藿柱宇"。
④ 踉，《释文》据司马本作"良"。

㈠武侯超然不对

1. 超然，犹怅然。成玄英：超，怅也。既不称情，故怅然不答。

2. 超然，犹傲然。陆树芝：不悦其言，故不对。超然，不屑之意。

3. 超然，遐想貌。陈寿昌：超然，遐想之貌。不对，则必自思所以免此者矣。

㈡下之质执饱而止是狸德也

〔句读1〕下之质执，饱而止，是狸德也。

陆德明：司马以执字绝句，云："放下之能执禽也。"

〔句读2〕下之质，执饱而止，是狸德也。

1. 狸，谓狐狸也。成玄英：执守情志，唯贪饱食，此之形质，德比狐狸，下品之狗。

2. 狸，谓猫也。俞樾：《广雅·释兽》："狸，猫也。"猫之捕鼠，饱而止矣，故曰"是狸德"也。《秋水篇》"骐骥骅骝，一日而驰千里，捕鼠不如狸狌"，此本书以"狸"为"猫"之证。

㈢中之质，若视日

1. 若视日，谓意存高远。司马彪：视日，瞻远也。

胡文英：视日犹未免高望远志，而有好大喜功之心。

2. 若视日，谓神专于内。陆长庚：视日者，蒿其目，其心若有思乎然，神已专于内矣。

㈣上之质，若亡其一

1. 一，指己也。若亡其一，谓凝神忘己。陆德明：一，身也。谓精神不动，若无其身也。宣颖：一者，己也。若亡其一，神凝之至，不知有己也。

2. 一，专一也。若亡其一，谓超越本能。罗勉道：上等之质，并以捕猎之事为不足道。狗之所专者，猎也。上等者，失其所专一，则有超乎常狗之外者矣。

㊄吾相马：直者中绳，曲者中钩，方者中矩，圆者中规

1. 此言观马之体态。司马彪：直谓马齿，曲谓背上，方谓头，圆谓目。林希逸：马之中规矩绳墨，言其身件件合法，故借方圆曲直以言之，不必就马身上泥而求之。

2. 此言测马之性能。罗勉道：谓御之而中绳钩矩规也。

㊅若邮若失

1. 谓惊悚貌。李颐：邮、失，皆惊悚若飞也。

2. 谓闷然貌。陆长庚："邮"与"失"者，惛惛闷闷，全无发扬厉蹈之意。

㊆若丧其一

1. 一，指己也。句谓忘己。成玄英：若亡己身。

2. 一，专一也。句谓忘其所专。罗勉道：马之专一者，驰走也，忘其专所事，则出于自然，非常马矣。

㊇武侯大悦而笑

1. 谓悟其高论而笑。林希逸：此皆借喻之言，武侯悟其无心自然之意，故大悦而笑。

2. 谓悦其善谑而笑。陆树芝：武侯悟其为方外人，而又不嫌以狗马自况，故大悦而笑。

㊈横说之则以《诗》《书》《礼》《乐》，从说之则以《金板》《六弢》

1. 横说、纵说，谓因其所好之意。成玄英：横，远也；从，近也。武侯好武而恶文，故以兵法为从，六经为横也。

2. 横说、纵说，谓反复铺陈之意。林希逸：从横，反复铺说之意也，不可泥《诗》《书》为横，《六弢》为从也。

㊉夫逃虚空者

1. 虚空，谓败冢也。司马彪：故坏冢处为空虚也。

2. 虚空，谓空谷、空居也。陆长庚：虚空，即空谷也。钱穆：古人穴居，即名为"空"。《淮南·道应》"空穴之中，足以适情"，注："空穴，岩穴也。"《洪范》注："司空，掌居民之官。"则虚空即虚室、虚穴，不必指坏冢。

⊕跟位其空

1. 跟位，如字。林希逸：跟，《类篇》云："欲行貌也。"位，居也、止也。言其困倦，欲行而又止伏于谷中也。罗勉道：跟，跟跄也。位，处也。疾趋处乎空谷也。

2. 跟位，"跟"或作"良"。司马彪：良，良人，谓巡虚者也。位其空，谓处虚空之间也。奚侗：《广雅》："良，长也。"谓久位于虚空之间。

3. 跟位，"位"读为"立"。高亨："位"读为"立"，"跟""立"双声连语，多貌。"跟立"疑即"狼戾"。"跟""狼"音同，"立""戾"音近，"空""穴"同义。跟位其空，言鼪鼬之穴，狼戾甚多。

4. 跟位，"跟"借为"壤"。丁展成："跟"当从《释文》本作"良"，为"壤"之借。《列御寇》"阖胡尝视其良"，《释文》："良或作壤，冢也。"是其证。良位其空，言空旷处有冢也。

徐无鬼见武侯，武侯曰："先生居山林，食茅栗，厌⊖葱韭，以宾①⊖寡人，久矣夫！今老邪？其欲干酒肉之味邪？其寡人亦有社稷之福邪？"徐无鬼曰："无鬼生于贫贱，未尝敢饮食君之酒肉，将来劳君也。"君曰："何哉，奚劳寡人？"曰："劳君之神与形。"武侯曰："何谓邪？"徐无鬼曰："天地之养也一⊜，登高不可以为长，居下不可以为短。君独为万乘之主，以苦一国之民，以养耳目鼻口，夫神者®不自许也。夫神者®，好和而恶奸。夫奸，病也，故劳之。唯君所病之何也？"武侯曰："欲见先生久矣。吾欲爱民而为义偃兵，其可乎？"徐无鬼曰："不可。爱民，害

---

① 陆德明：宾，本或作"摈"。

民之始也；为义偃兵，造兵之本也⑩。君自此为之，则殆不成。凡成美恶器也⑪。君虽为仁义，几且伪哉！形固造形⑫，成固有伐⑬，变固外战⑭。君亦必无盛鹤列⑮于丽谯⑯之间，无徒骥⑰于锱坛⑱之宫，无藏逆⑲于得①，无以巧胜人，无以谋胜人，无以战胜人。夫杀人之士民，兼人之土地，以养吾私与吾神者，其战不知孰善？胜之恶乎在⑳？君若勿已㉑矣，修胸中之诚，以应天地之情而勿撄。夫民死已脱矣，君将恶乎用夫偃兵哉！"

㊀厌葱韭

1. 厌，厌倦。成玄英：久处山林，飧食蔬果，年事衰老，劳苦厌倦。

2. 厌，饱也。阮毓崧："厌"通"餍"，饱也。

㊁以宾寡人

1. 宾，弃也。司马彪：摈，弃也。

2. 宾，客也。李颐：宾客也。

㊂天地之养也一

1. 一，元也。句谓天地皆资一所生。林疑独：天地，有形之至大，而所养者一，一者，元也。《易》称"乾元""坤元"。天地犹宗之，况人乎？

2. 一，同一。句谓天地生人皆相同。林希逸：养者，生也。生于天地之间皆此人也。故曰天地之养也一。一者，同也。

㊃以苦一国之民，以养耳目鼻口，夫神者不自许也

1. 神者，指与世人不同之得道之人。不自许，不与也。句谓苦民众而养己身，有道之人是不赞与的。成玄英：许，与也。夫圣主神人，物我平等，必不多贪滋味而自与焉。

2. 神者，指与形对立之心。句谓形虽得养，心并不自得。林希逸：外物之养者形，而于心中不自得，故曰"神者不自许也"。

---

① 陆德明：司马本"藏"作"臧"，"得"作"德"。

㈤**夫神者，好和而恶奸**

1. 神者，指得道之人。成玄英：夫神圣之人，好与物和同而恶奸私者。

2. 神者，指人之本性。林希逸：我之神得于天，本与万物为一，情欲自私所以害之，则是其所恶也。

㈥**爱民，害民之始也；为义偃兵，造兵之本也**

1. 谓仁义必产生相反的结果：爱则生伪而不均，义则丧真而兴争。郭象：爱民之迹，为民所尚，尚之为爱，爱已伪也。为义则名彰，名彰则竞兴，竞兴则丧其真矣。陈景元：爱尚则不均而害多，义立则必亏而争兴。

2. 谓行仁义必采取致害的措施：爱则姑息，偃兵则防弛。陆长庚：有心爱民，则姑息之政行焉，是虽曰爱之，而其实害之也。有心偃兵，则警备之防弛焉，是虽曰偃之，而适以造之。

㈦**凡成美恶器也**

〔句读1〕凡成美，恶器也。

1. 恶，丑恶也。谓美生恶。郭象：美成于前，则伪生于后，故成美者乃恶器也。

2. 恶，凶暴也。谓恶器方能成美。王敔：成美者，成事之美，犹工之成物，必资利器，刀斧椎凿，皆恶器也。

3. 恶，厌恶也。谓成美者必恶器。王先谦：凡欲成美名者，恶其滞于器也。

〔句读2〕凡成美恶，器也。

林希逸：美恶之成，皆为有迹，故曰"器也"。

㈧**形固造形**

1. 形，指仁义之迹。句谓仁义生伪。郭象：仁义有形，固伪形必作。

2. 形，指凡事之迹。句谓事生事。罗勉道：一有形迹，则又造添形迹矣。

㈨成固有伐

1. 伐，征伐。谓成功者必招征伐。成玄英：夫功名成者，必招争竞，故有征伐。

2. 伐，克伐。谓必克伐者方有成功。王敔：必克伐方成。

3. 伐，自美，谓成功者必自美。郭嵩焘：《小尔雅》："伐，美也。"谓自多其功美。

4. 伐，败也。谓有成者必有败。章炳麟："伐"与"败"同。《说文》："伐，一曰败也。"成固有败，言有成者必有败也。

㈩变固外战

1. 外战，谓己与他人或外物相争。成玄英：造作刑法而变更易常者，物必害之，故致外敌，事多争战。王敔：物不受变，外必争拒。

2. 外战，谓心与物相斗。林希逸：变，为外物所变乱也。心与物斗，故曰外战。陆长庚：变固有外战者，心平则争息矣。

㈩鹤列

1. 谓设乐。司马彪：鹤列，钟鼓也。

2. 谓陈兵。李颐：谓兵如鹤之列行。林希逸："鹤列"犹"鱼丽"之类，兵阵之名也。

㈩丽谯

1. 谓高楼。郭象：丽谯，高楼也。

2. 谓楼名。马其昶：《初学记》引《释名》云"魏有丽谯"，注："楼名。"

3. 谓舟车。杨树达："丽"当读为"艛"，《说文》："艛，江中大船名。""谯"当读为"轈"，《说文》："轈，兵车高如巢，以望敌也。"丽谯之间，犹言舟车之间耳。

⑬徒骥

1. 谓走马也，行兵也。成玄英：走骥马宫苑之间。郭嵩焘：徒骥，犹徒御也，行兵也。

2. 谓步兵与骑卒。林希逸：徒，步兵也。骥，骑卒也。

⑭锱坛

1. 谓祭坛。林希逸：锱坛，祭祀之地。古人祭祀必于路寝，此言宫之内也。

2. 谓将坛。林疑独：锱坛，习兵之所。

⑮无藏逆于得

1. 逆，非理也。句谓不非理而得。李颐：凡非理而贪，贪得而居之，此藏逆于德内者也。吕惠卿：凡得而不顺天理，则是藏逆于其间。

2. 逆，逆境也，失也。句谓无得无失。林希逸：有得则有失。得，顺境也；失，逆境也。无得则无失，故曰"无藏逆于得"。

3. 逆，逆料也。句谓不逆料所得。宣颖：无藏肥逆之心于贪得。

⑯夫杀人之士民，兼人之土地，以养吾私与吾神者，其战不知孰善？胜之恶乎在

1. 儒家观点解：谓丧失人心。成玄英：夫应天顺人，而或灭凶殄逆者，虽亡国戮人而不失百姓之欢心也。若使诛杀人民，兼并土地，而意在贪取，私养其身及悦其心者，虽复战克前敌，善胜于人，不知其胜于何处在，善在谁边也。

2. 道家观点解：谓劳损己神。林希逸：虽杀其人民，兼并其土地，以快吾耳目之私，是若胜矣；而不知吾之胸次为物所挠，是形与神战，外虽胜而神者劳矣。胜于人而自劳其神，孰为得失？故曰"不知孰善？胜之恶乎在？"

①君若勿已矣，修胸中之诚

1. 如句。若勿已，若未能已也。郭象：若未能已，则莫若修已之诚。

2. 若勿已，当作"勿若已"，不如已也。宣颖："若勿"，当作"勿若"。

黄帝将见大隗②乎具茨③之山，方明为御，昌寓骖乘，张若、谐朋前马，昆阍、滑稽后车。至于襄城④之野，七圣皆迷，无所问涂。适遇牧马童子，问涂焉，曰："若知具茨之山乎？"曰："然。""若知大隗之所存乎？"曰："然。"黄帝曰："异哉小童！非徒知具茨之山，又知大隗之所存，请问为天下。"小童曰："夫为天下者，亦若此而已矣。又奚事焉！予少而自游于六合之内，予适有瞀病⑤，有长者教予曰：'若乘日之车①⑥而于游襄城之野。'今予病少痊，予又且复游于六合之外。夫为天下亦若此而已。予又奚事焉！"黄帝曰："夫为天下者，则诚非吾子之事。虽然，请问为天下。"小童辞。黄帝又问。小童曰："夫为天下者，亦奚以异乎牧马哉！亦去其害马者而已矣⑦！"黄帝再拜稽首，称天师而退。

㈠**大隗**

1. 寓名。成玄英：大隗，大道广大而隗然空寂也。

2. 人名。成玄英：亦言，大隗，古之至人也。

㈡**具茨**

1. 山名。成玄英：具茨，山名，在荥阳、密县界，亦名泰隗山。

2. 寓名。陈寿昌：具，备也。茨，聚也。特举此山，亦隐喻道妙备聚于是也。

㈢**襄城**

1. 地名。成玄英：今汝州有襄城县，在泰隗山南，即黄帝访道之所也。

---

① 陆德明：元嘉本"车"作"居"。

2. 寓名。宣颖：襄城，寓名也。盖襄，除也。《诗》"狎狁于襄"是也。除去城府之野，即谓广漠之野也。

㈣予少而自游于六合之内，予适有瞀病

1. 瞀病，喻游至道之境而未能有悟。成玄英：言我少游至道之境，栖心尘垢之外，而有眩病，未能体真。

2. 瞀病，喻游于方内而目昏。林希逸：言六合之内未离于物，则有目昏之病。宣颖：喻人生自赤子而稍长便涉于方内也。游于方内斯有瞀病矣。

㈤乘日之车

1. 如句，谓以日为车。司马彪：以日为车也。

2. 如句，喻日新。林希逸：乘日车，与日俱往，即日新也。

3. 如句，喻智慧。王敔：照之以天光。林云铭：乘性中之慧日。

4. "车"作"居"，喻安居。成玄英：乘日遨游，以此安居而逍遥处世。

㈥亦去其害马者而已矣

1. 谓顺其本性。郭象：马以过分为害。陈深：去其害马者，如羁灼、皂栈之类。言当顺其自然也。

2. 谓鞭其后者。林希逸：亦牧羊而鞭其后者之意。

林云铭：牧马去其害，与治身去其病身，其指一也。

知士无思虑之变则不乐，辩士无谈说之序则不乐，察士无凌谇⊖之事①则不乐，皆囿于物者也。招世⊜之士兴朝，中民⊝之士荣官，筋力之士矜⊛难，勇敢之士奋患，兵革之士乐战，枯槁之士宿名⊝，法律之士广治，礼教之士敬容，仁义之士贵际。农夫无草莱之事则不比，商贾无市井之事则不比⊕。庶人有旦暮之业则劝，百工有器械之巧则壮⊕。钱财不积则贪

者忧，权势不尤则夸者悲。势物之徒乐变，遭时有所用，不能无为也。此皆顺比于岁，不物于易者也⊕。驰其形性，潜之万物，终身不反，悲夫！

㈠察士无凌谇之事则不乐

1. 凌谇，互相诟责也。林希逸：凌，陵轹也。谇，讯也。好察之士，则与人争分争毫。陆树芝：凌，凌轹也。谇，诟谇也。凌谇之事，争辩求胜，以气谇人，互相诟谇也。

2. 凌谇，零碎也。陈深：凌，犯；谇，讯也。字义于"察士"不甚切，或是"零碎"之义不可知也。严复：《史记》"陵杂米盐"，"凌谇"犹凌杂也。

㈡招世之士兴朝

1. 招世之士，谓招致人才、招揽事务之人。成玄英：推荐忠良，招致人物之士，可以兴于朝廷。罗勉道：招世，以天下为己事，如招揽之也。

2. 招世之士，谓招摇自见之人。林希逸：招世者，立招子而为名于世，即好名者。陆长庚：招世者，招摇于世以自见者。

3. 招世之士，谓高世之才。洪颐煊："招"通作"高"。《墨子》"招木近伐"，亦谓高木。于省吾："招"应读作"昭"。昭明于世之士，足以兴朝也。

㈢中民之士荣官

1. 中民之士，谓善治民者。李颐：中民，善治民也。成玄英：治理四民，甚能折中，斯人精干局分，可以荣官。

2. 中民之士，谓平庸之人。林希逸：中民者，庸人也。荣官，但以爵禄为荣也。刘凤苞：中才注意轩冕以为荣。

3. 中民之士，谓得民心者。陆长庚：中民之士，务求得民之心者也。王敔：中民，谓合于民誉。孙诒让：《三苍》："中，得也。"《周礼》"师氏掌国中失之事"，郑注云："故书中为得。""得""中"义同，故古书多互用。

（四）**筋力之士矜难**

1. 矜，自贤也。矜难，谓以御难自夸。林希逸：有财力者，以济患难为矜夸也。

2. 矜，能也。矜难，谓能胜任人所不能。陆长庚：矜难，谓胜人之所难胜，胜举人之所难举。

（五）**枯槁之士宿名**

1. 宿名，谓留名、守名。林希逸：枯槁，隐士也。宿名，留意于声名也。阮毓崧：宿，守也。《周礼·宫正》注："诸吏职宿，谓职王宫之守卫者。"此言隐士安于枯寂，无非守其高名也。

2. 宿名，读为"缩名"，谓取名也。俞樾："宿"读为"缩"。《国语·楚语》"缩于财用则匮"，《战国策·秦策》"缩剑将自诛"，韦昭、高诱注并曰："缩，取也。"枯槁之士缩名，犹言取名也。

（六）**农夫无草莱之事①则不比，商贾无市井之事则不比**

1. 比，合也、乐也。罗勉道：比，合也。不比，失业流散也。宣颖：非其业之所在，意气有所不注焉，则不来亲比。

2. 比，通"庀"，治也。俞樾：比，通作"庀"。《周官·遂师》疏云："《周礼》之内云比者，先郑皆为庀。"是也。《国语·鲁语》"子将庀季氏之政焉"，又曰"夜庀其家事"，韦注并曰："庀，治也。"农夫惟治草莱之事，故无草莱之事则不庀；商贾惟治市井之事，故无市井之事则不庀。

（七）**百工有器械之巧则壮**

1. 壮，振奋也。郭象：事非其巧则惰。宣颖：得所藉则精神鼓舞。

2. 壮，自夸也。林希逸：工艺之人以其能自壮，即自夸。

---

① 草莱之事、市井之事，陆长庚《南华真经副墨》作"草莱之士""市井之士"。

㈧不物于易者也

1. 如句。句意为不能役使、驾驭变易者也。林希逸：不物于易，犹言非物自为变易也。陆树芝：不物于易，言其用心直如一物，且不得为物之灵秀而知变易者。

2. 如句。句意为不屈从、役于变易者也。罗勉道：能知此理者，如顺合四时，不与事物亦易者也。

3. 读为"不易于物者也"。句谓囿于一物，不能相通者也。宣颖：各囿于一物，不能相易者也。是倒装句法，与上文"皆囿于物者也"句是一样意思。阮毓崧：宜读为"不易于物"是已。"物""易"古通作字。《书》"平在朔易"，《史记·五帝纪》作"辩在伏物"，是其例。此文"易"作"物"、"物"作"易"，故"不物于易"犹言"不易于物"也。

4. "不"为"而"字之误，"而物于易者也"，谓汩没于万物之中者也。马其昶："不"疑"而"字之讹，下三语即"物于易"之释义。

庄子曰："射者非前期而中，谓之善射，天下皆羿也，可乎？"惠子曰："可。"庄子曰："天下非有公是也，而各是其所是，天下皆尧也，可乎？"惠子曰："可。"庄子曰："然则儒墨杨秉○四，与夫子为五，果孰是邪？或者若鲁遽者邪？其弟子曰：'我得夫子之道矣，吾能冬爨鼎而夏造冰矣。'鲁遽曰：'是直以阳召阳，以阴召阴，非吾所谓道也。吾示子乎吾道。'于是为之调瑟，废⊜一于堂，废一于室，鼓宫宫动，鼓角角动，音律同矣。夫或改调一弦，于五音无当也，鼓之，二十五弦皆动，未始异于声，而音之君已⊜。且若是者邪⊛？"惠子曰："今夫儒墨杨秉，且方与我以辩，相拂①以辞，相镇以声，而未始吾非也⊛，则奚若矣？"庄子曰："齐人蹢子于宋者，其命阍也不以完⊛，其求鈃钟也以缚⊕，其求唐子也未始出域⊖：有遗类矣⊕！夫楚人寄而蹢阍者⊕；夜半于无人之时而与舟人斗，未始离⊕于岑而足以造于怨也。"

———————

① 王孝鱼：世德堂本"拂"作"排"。

1. 秉，谓公孙龙。成玄英：秉者，公孙龙字也。

2. 秉，谓宋钘。洪颐煊："秉"疑"宋"讹，宋钘也。

3. 秉，谓田骈，谓彭蒙。王敔：秉，法家。高亨：今之释者，秉为田骈。"秉""骈"音近，骈法家也，固近之矣。但于古有征，方可定案。愚谓"秉"借为"彭"，即彭蒙。（见《古史辨》第四册《杨朱学派》）

㊁废一于堂，废一于室

1. 废，置也。成玄英：废，置也。置一瑟于堂中，置一瑟于室中。

2. 废，毁也。陆长庚：废者，废其两瑟之柱，而使之调不成声。

㊂夫或改调一弦，于五音无当也，鼓之，二十五弦皆动，未始异于声，而音之君已

1. 当，合也。君，君主，指众音之主者。句谓改调一弦，虽与五音不合，鼓之仍有响动者，此乃众音毕竟以五音为其君主之故也。成玄英：堂中改调一弦，则室内音无复应动，当为律不同故也。虽复应动不同，总以五音为其君主而已。

2. 当，主也。君，君主，指五音之主者。句谓改调一弦，使不主于何音，鼓之仍有响应者，乃此弦之音为五音之主之故也。罗勉道：当，主也。《学记》"鼓无当于五声"之"当"。又或别记调一弦，于五音无所主，而鼓之二十五弦皆动。此一弦者初无或异，而能然者，乃为众音之主故耳。宫为众音之君。

㊃且若是者邪

1. 谓惠子或五子若鲁遽之自夸自是。郭象：五子各私所见而是其所是，然亦无异于鲁遽之夸其弟子，未能相出也。陆树芝：言惠子所自是者亦若鲁遽邪？

2. 谓惠子若鲁遽所说之"音之君"吗？曹础基：这句话是庄子

问惠施，问他的学说是否和鲁遽的"音之君"一样，能得到各家的响应。

㈤而未始吾非也

1. 谓五家各自为是。郭象：未始吾非者，各自是也。惠子便欲以此为至。阮毓崧：言五家皆未尝自以为非。

2. 谓四家以吾（惠子）为是。林希逸：未始吾非，言要终以我为是。罗勉道：四子之辩，终不能折我，则我是而四子非。

㈥齐人蹢子于宋者，其命阍也不以完

1. 完，全形也。蹢，借为"擿"，掷也。句谓齐人憎其子而投之外国。司马彪：齐人憎其子，蹢之于宋，使门者守之，令形不全，自以为是。

2. 完，全形也。蹢，同"踯"，行不进貌。句谓齐人以其子残足踯躅而弃之国外。林希逸：蹢而不能行之子曰"蹢子"。齐人以其蹢子而寄之宋，谓其可以守阍也。守阍不用完全之人。以此处其子，自以为是矣。

3. 完，全形也。蹢，刖之也。句谓齐人刖其子之足，使之为他国守门人。陆长庚：古者以刖守门，故子欲为阍，则必蹢之而不欲其完。

4. 完，全形也。蹢，同"适"，卖也。句谓齐人卖子于宋，残其形使之为守门人。孙诒让：此言齐人鬻其子者。各以职事自名，其欲为阍者则必刖之。后文说子綦使子梱于燕，盗得之，全而鬻之则难，不若刖之则易，即此所谓不以完也。

5. 完。院也。于鬯：此"完"当读为"院"，周垣也。齐人蹢子于宋者，是所以命阍者，恐此子逃而命之守也。命之守而不以周垣，可得守乎？

6. 完，管钥也。高亨："完"疑读为"管"。《左传·僖公三十二年》"郑人使我掌其北门之管"，杜注："管，籥也。""完""管"古通用。《诗·执竞》"磬筦将将"，《荀子·富国》引"筦"作

"管"，即其佐证。命阍守门，当以管钥授之。今齐人命阍不以管，是其愚也。

㈦其求钘钟也以束缚

1. 束缚，谓恐其损伤。林希逸：求致钘钟乃知束缚而爱护之，何爱物而不爱子乎？

2. 束缚，谓不鸣。王敔：欲钘钟之鸣，必悬之于虚。加以束缚，则无声矣。

3. 束缚，疑借为"漱哺"。高亨："束"疑借为"漱"，"缚"疑借为"哺"。漱哺者，漱其口中之食也。钘钟本以饮酒，今齐人求钘钟则以漱哺，是亦其愚也。

㈧其求唐子也而未始出域

1. 唐子，谓逃亡之子。域，谓疆域。成玄英：唐，亡失也。求觅亡子，不出境域。

2. 唐子，谓逃亡之子。域，谓门阈。钱穆："域"字或当作"阈"。子已亡失，而求之不出门阈之外，则何可得也。

3. 唐子，谓堂子，听差之人。罗勉道：唐，堂涂也，乃庭中之路，《诗》云"中唐有甓"。唐子者，堂涂给使令之人，犹《周礼》云"门子"，今俗云厅子耳。

㈨有遗类矣

1. 遗类，谓遗亡其族类。郭象：失亡其子而不能远索，遗其气类。成玄英：贱子贵器为不慈，遗其气类。

2. 遗类，谓同类。林希逸：遗，余也、略也。类，似也。言此三事皆与惠子杨墨之徒略相似也。宣颖：惠子与四子自以为是而不知其非，其与齐人之用心等耳。

3. 遗类，谓不知伦类。罗勉道：试推其类：其求钘钟也束缚维系之，唯恐损坏，比之弃其子者为何如？其求唐子也但使之给堂涂使令，未始出疆域之外，比之弃其子于外国为何如？是于推类之道有遗矣！胡文英：遗类，犹言不知类。

⊕夫楚人寄而蹢阍者

1. 蹢阍者，如字。谓刖足之守门人。成玄英：楚郢之人，因子客寄，近于江滨之侧，投蹢守门之家。林希逸：楚有蹢阍之人，寄于外国。

2. 蹢阍者，"蹢"读为"谪"，谓怒责守门人。俞樾"蹢"当读"谪"。扬雄《方言》："谪，怒也。"张楫《广雅·释诂》："谪，责也。"楚人寄而谪阍者，谓寄居人家，而怒责其阍者也。

⊕夜半无人之时而与舟人斗，未始离于岑而足以造于怨也

1. 离，离开。成玄英：船未离岑，已共舟人斗打，不怀恩德，更造怨辞。

2. 离，同雁，至也。罗勉道：离、"雁"同，至也。岑，山岸也。不思未到岸时，何可与人斗，徒足以造怨而已。

庄子送葬，过惠子之墓，顾谓从者曰："郢人垩慢①其鼻端若蝇翼，使匠石斲之。匠石运斤成风，听⊖而斲之②，尽垩而鼻不伤，郢人立不失容。宋元君闻之，召匠石曰：'尝试为寡人为之。'匠石曰：'臣则尝能斲之。虽然，臣之质⊖死久矣。'自夫子之死也，吾无以为质矣，吾无与言之矣。"

⊖听而斲之

1. 听，闻也。成玄英：听声而斲。

2. 听，任之。宣颖：听，任手也。

⊖臣之质死久矣

1. 质，对手也。成玄英：质，对也。王敔：质，对也，犹"质

---

① 陆德明：慢，本亦作"漫"。

② 陈景元：江南李氏本"之"下有"瞑目恣手"四字，一云是郭象注。

成”之“质”。

2. 质，质地也。林希逸：质是用巧之地也。陆长庚：质如绘工
“以素为质”之“质”。

管仲有病，桓公问之曰：“仲父之病病矣，可不谓①云至于大病〇，则
寡人恶乎属国而可？”管仲曰：“公谁欲与？”公曰：“鲍叔牙。”曰：“不
可。其为人洁廉，善士也。其于不己若者不比之；又一闻人之过，终身不
忘。使之治国，上且钩〇乎君，下且逆乎民。其得罪于君也将弗久矣！”
公曰：“然则孰可？”对曰：“勿已，则隰朋可。其为人也，上忘而下畔〇，
愧不若黄帝，而哀不己若者。以德分人谓之圣，以财分人谓之贤。以贤临
人，未有得人者也；以贤下人，未有不得人者也。其于国有不闻也，其于
家有不见也。勿已，则隰朋可。”

㊀可不谓云至于大病

〔句读1〕可不谓云，至于大病。

陆长庚：可不谓云，至于大病，犹云设有不讳，至于大故。

〔句读2〕可不讳，云至于大病。

王引之：家大人曰：“云，犹如也。”《列子·力命篇》曰：“管
夷吾有病，小白问之曰：‘仲父之病疾矣，不可讳，云至于大病，则
寡人恶乎属国而可？’”言如至于大病也。今本“不可”误作
“可不”。

㊁上且钩乎君

1. 钩，束也。成玄英：上以忠直钩束于君。林希逸：钩，要束
之意也。

2. 钩，引也。王敔：钩，谓引其权。胡文英：钩，引君之怒。

3. 钩，逆也。宣颖：钩，亦逆意。章炳麟：钩，亦逆也。《说
文》亅下云：“鉤，逆者，谓之亅。”凡言钩、距者，亦有“逆”义。

_____

① 陈景元：江南李氏本“谓”作“讳”。

〔三〕上忘而下畔

1. 如句，畔，谓望也、离也、界也、伴也。成玄英：畔，犹望也。己为卿辅，能遗富贵之尊；下抚黎元，须忘皂隶之贱。

林希逸：上忘者，忘其势也；下畔者，离远而无求于下也。畔，离也。陈寿昌：上忘者，善事上而若与之相忘也。下畔者，不扰下而使之自为界畔也。章炳麟：畔即今"伴"字。《说文》作"扶"，云："并行也。""下扶"则不逆乎民。

2. 句当作"上忘而下不畔"。畔，叛也。褚伯秀：《列子》作"下不叛"，张湛注："居上而自忘，不忧下之离散也。"足以证《庄》文误逸。古文"畔"通作"叛"。

3. 句当作"上志而下判"。奚侗："忘"系"志"误。"畔"当作"判"，与"辨"通。《管子·戒篇》作"好上识而下问"，《吕览·贵公篇》作"上志而下求"，皆其证。

吴王浮于江，登乎狙之山。众狙见之，恂然弃而走，逃于深蓁。有一狙焉，委蛇攫搔，见巧乎王。王射之敏给搏捷矢[○]。王命相者趋射之，狙执[○]死。王顾其友颜不疑曰："之狙也，伐其巧、恃其便以敖^①予，以至此殛也。戒之哉！嗟乎！无以汝色骄人哉！"颜不疑归而师董梧以助^②其色，去乐辞显，三年而国人称之。

〔一〕王射之敏给搏捷矢

〔句读1〕王射之敏给，搏捷矢。

句谓王射箭疾速，而狙能接之。郭象：敏，疾也。给，续括也。捷，速也。矢往虽速，而狙犹能搏之。

〔句读2〕王射之，敏给搏捷矢。

句谓王射之，而狙反应敏捷，能接疾矢。宣颖：狙才敏捷足以应给，能接捷矢。

---

① 陆德明：敖，司马本作"悴"，云："很也。"

② 陆德明：助，本亦作"锄"。

（二）狙执死

1. 谓被执而死。司马彪：见执而死。

2. 谓抱树而死。成玄英：狙抱树而死。王叔岷：疑所据本"执"下有"树"字。

3. 谓执箭而死。罗勉道：执矢而死。

4. "执"字或为"既"字之误，"即"字之讹。王叔岷：《御览》七四五"执"作"既"，疑"执"形误。马叙伦：《御览》引"执"作"既"，"既"或"即"之讹也。

南伯子綦隐几而坐，仰天而嘘。颜成子入见曰："夫子，物之尤也。形固可使若槁骸，心固可使若死灰乎（一）？"曰："吾尝居山穴之中矣。当是时也，田禾一睹我，而齐国之众三贺之。我必先之，彼故知之；我必卖之，彼故鬻之。若我而不有之，彼恶得而知之？若我而不卖之，彼恶得而鬻之？嗟乎！我悲人之自丧者，吾又悲夫悲人者，吾又悲夫悲人之悲者，其后而日远矣（二）。"

（一）夫子，物之尤也。形固可使若槁骸，心固可使若死灰乎

1. 句谓人若如此何以表现其为人。林云铭：物之尤，言于人物之中称最者。若槁骸死灰，如此其将何以自见？

2. 句谓人如何达到此境地。胡文英：物之尤，为物之最而无可比者。此句虚说。槁骸死灰，此际所言，问其何以能此也。

（二）其后而日远矣

1. 谓相悲愈远。罗勉道：自此而后，相悲于无穷。

2. 谓去累日远。林云铭：而后日远乎累，槁形灰心盖由此矣。

仲尼之楚，楚王觞之，孙叔敖执爵而立，市南宜僚受酒而祭曰："古之人乎！于此言已。"曰："丘也闻不言之言矣，未之尝言，于此乎言之：市南宜僚弄丸而两家之难解（一），孙叔敖甘寝秉羽而郢人投兵（二）。丘愿有喙三尺（三）。"彼之谓不道之道，此之谓不言之辩（四）。故德总乎道之所一，而言

休乎知之所不知，至矣。道之所一者，德⑥不能同①也；知之所不能知者，辩不能举也。名若儒墨而凶矣。故海不辞东流，大之至也；圣人并包天地，泽及天地，而不知其谁氏。是故生无爵，死无谥，实不聚，名不立，此之谓大人。狗不以善吠为良，人不以善言为贤，而况为大⑥乎！夫为大不足以为大，而况为德乎⑥！夫大备矣，莫若天地。然奚求焉，而大备矣。知大备者，无求，无失，无弃，不以物易己也。反己而不穷Ⓐ，循古而不摩②⑥，大人之诚。

㈠市南宜僚弄丸而两家之难解

1. 谓宜僚弄丸而戏，不助白公，使反事不成。成玄英：姓熊，字宜僚，楚之贤人，亦是勇士沉默者也。居于市南，因号曰市南子。楚白公胜欲因作乱，将杀令尹子西。司马子綦言熊宜勇士也，若得，敌五百人。遂遣使屈之。宜僚上下弄丸而戏，不与使者言。使因以剑乘之，宜僚曾不惊惧。既不从命，亦不言佗。白公不得宜僚，反事不成，故曰"两家难解"。

2. 谓宜僚以弄丸喻理，使两家争斗之事息。文如海：白公胜及大夫子西，两家举兵相伐。两家大夫曰，宜僚陆沉之士，一人当五百。并遣使往召之。宜僚高枕安卧，以见二大夫之使者，以两手弄丸不止，眠复不起，承之以剑，不动。二大夫使者，各还具论宜僚之意。二大夫曰，高枕而卧者，示我无为也；承之以剑不动者，兵不足恃也；两手者喻两家也，丸者形圆无为之物也；两手弄不止者，俱至于困也。明两家构兵必至灭亡。二大夫解兵而归，不复用兵也。（陈景元《南华真经章句音义》引）

3. 谓宜僚阵前戏丸，使两军停战。罗勉道：宜僚弄丸，丸八常在空，一在手。楚与宋战，宜僚弄丸军前，两军停战观之。

㈡孙叔敖甘寝秉羽而郢人投兵

1. 甘寝，谓安睡。秉羽，谓执扇也。成玄英：叔敖蕴藉实知，

---

① 成玄英认为"同"作"周"。
② 陆德明：摩，一本作"磨"。

高枕而逍遥，会理忘言，执羽扇而自得，遂使敌国不侵，折冲千里之外，楚人无事，修文德，息其武略。

2. 甘寝，谓安于寝地之封。秉羽，谓文舞也。阮毓崧：章炳麟解云："叔敖封寝丘事见《吕览·异宝篇》。《吕览》云'寝之地不利而名甚恶'，又云，孙叔敖'知以人之所恶为己之所喜'，是以云'甘寝'尔。甘犹喜也。"据此，则甘寝之封，淡泊以明志也；秉羽之舞，祈祷以利民也。既以此养德于庙堂之上，折冲于千里之外，敌国不敢犯，是以楚人无所攻伐，皆投其兵而不用也。

〇丘愿有喙三尺

1. 喙，口也。句谓喙长者善言，我无此长喙故无言。林希逸：汝二人皆能为无为之为，又何待我说。喙三尺，言无如此之长喙也。

2. 喙，口也。句谓喙长者无言，我愿有此长喙。徐廷槐：二人皆以无为而解难息兵，则言实无用，故丘亦愿无言。凡鸟喙长者则不能鸣。夫子之言正此。

3. 喙，息也。句谓吾赞叹的是三尺剑。司马彪：喙，息也。宜僚弄丸而弭难，叔敖除备以折冲，丘亦愿有。叹息其三尺。三尺，匕首剑。

〇彼之谓不道之道，此之谓不言之辩

1. 彼、此，指人物或事件而言。司马彪：彼，谓甘寝，此，谓弄丸。郭象：彼，谓二子；此，谓仲尼。

2. 彼、此，指道与论道。成玄英：彼，谓所诠之理；此，谓能诠之理。此一章，盛谈玄极，观其文势，不关孙、熊明矣。

〇道之所一者，德不能同也

1. 如句。德，得也。句谓道自然浑一，人物各得己之一。林希逸：道之所一，自然者也。德者，得之在己者也。在造物之一者，与人为者不同，故曰"德不能同"。

2. 如句。德，德性也。句谓道浑全，德则分四端。林云铭：道

者，先天之朴，一而不分，故先道而后德。德有四端，自不能同乎道之浑全也。

3. "同"作"周"。德，德性也。句谓道浑一，德则不能周备。成玄英：一道虚玄，曾无涯量；而德有上下，不能周备也。

㈥人不以善言为贤，而况为大乎

1. 大，谓大人。林希逸：贤者且不以多言为能，况大人乎！

2. 大，谓广博。陆长庚：善言即今之所谓能辩者，人尚不以为贤而况许之为大乎哉！盖大无名相，迥出言语思议之表。

㈦为大不足以为大，而况为德乎

1. 句谓"德"比"大"境界更高。成玄英：爱心弘博谓之"大"，冥符玄道谓之"德"。夫有心求大于理尚乖，况有情为德，固不可也。

2. 句谓"大"比"德"境界更高。陆长庚："德"则指仁义圣知而言，"大"则"道"也，"德"则"道"之降焉者也。为德则所谓下德，执德而德非其德矣，其可谓大乎哉！

㈧反己而不穷

1. 不穷，谓己之本性自足。陆长庚：性分之中，万物皆备，何假于外，反之于身而各足也。

2. 不穷，谓时时自反不止。胡文英：不穷，时为反己也。

㈨循古而不摩

1. 摩，谓揣摩也。郭象：顺常性而自至耳，非摩试。宣颖：不费心于揣摩。

2. 摩，谓磨灭也。王叔之：摩，消灭也。虽常通物而不失及己；虽理于今，常循于古之道焉。自古及今，其名不摩灭也。陈景元：循古而不泯。

子綦有八子，陈诸前，召九方歅曰：“为我相吾子，孰为祥？”九方歅曰：“梱也为祥。”子綦瞿然喜曰：“奚若？”曰：“梱也，将与国君同食以终其身。”子綦索然出涕曰：“吾子何以至于是极也？”九方歅曰：“夫与国君同食，泽及三族，而况父母乎！今夫子闻之而泣，是御福也。子则祥矣，父则不祥。”子綦曰：“歅，汝何足以识之。而梱祥邪？尽于酒肉，入于鼻口矣，而何足以知其所自来！吾未尝为牧而牂生于奥，未尝好田而鹑生于宎⊖，若勿怪，何邪？吾所与吾子游者，游于天地①。吾与之邀乐于天，吾与之邀食于地。吾不与之为事，不与之为谋，不与之为怪。吾与之乘天地之诚而不以物与之相撄，吾与之一委蛇而不与之为事所宜。今也然有世俗之偿焉！凡有怪征者必有怪行。殆乎！非我与吾子之罪，几天之与之也？吾是以泣也。”无几何而使梱之于燕，盗得之于道，全而鬻之则难，不若刖之则易。于是乎刖而鬻之于齐，适当渠公之街，然身食肉而终⊖。

⊖ **吾未尝为牧而牂生于奥，未尝好田而鹑生于宎**

1. 奥、宎，指方位。司马彪：宎，东北隅也。成玄英：奥，西南隅未地，羊位也。宎，东南隅辰地也，辰为鹑位。

2. 奥、宎，谓牢窟。陆德明：奥，一曰：豕牢也。宎，一云：窟也。

⊖ **适当渠公之街，然身食肉而终**

1. 渠公，谓人名也。陆德明：渠公，齐之富室，为街正，买梱自代，终身食肉至死。一云：渠公，屠者，与梱君臣同食肉也。宣颖：渠公当是齐君，或齐所封国，如楚叶公之类。适当君门之街为阍者，故曰“与国君同食”也。孙诒让：“当”当为“掌”，“渠”当为“康”。齐康公名贷，见《史记·齐世家》。“康”与“渠”形近而误。《列子·汤问篇》“秦之西有义渠之国”，张注引别本“渠”又作“康”，与此可互证。“街”当为“闱”。盖梱卖于齐，适为康公守闱，即刖鬻之齐君为阍人也。

---

① 陆德明：司马本“地”作“汩”，云：“乱也。”崔本同。

2. 渠公，谓街名也。胡文英：渠公，齐宫中街名。应"与国君同食"收。或似渠公为富室，或以为屠者，总于"与国君同食"之"与"字欠理会。

齧缺遇许由曰："子将奚之？"曰："将逃尧。"曰："奚谓邪？"曰："夫尧畜畜然仁，吾恐其为天下笑。后世其人与人相食与！夫民不难聚也。爱之则亲，利之则至，誉之则劝，致其所恶则散。爱利出乎仁义，捐仁义者寡，利仁义者众。夫仁义之行，唯且无诚，且假乎禽⊖贪者器。是以一人之断制利①天下，譬之犹一覕⊜也。夫尧知贤人之利天下也，而不知其贼天下也，夫唯外乎贤者知之矣。"

㈠且假乎禽贪者器

1. 禽，禽兽。句谓仁义乃贪如禽兽者之工具。林希逸：贪如禽兽者或假此仁义之名以为用。

2. 禽，擒猎。句谓仁义犹如擒猎者的网罟之具。林云铭：夫为仁义之行，未必由中而出，不过为民归往之资耳。后有欲民归往之者，亦不免借此以动人，如豆区釜钟之类，是犹好猎者以网罟矰弋之具，以肆其掠取之术。

3. 禽，借为"厰"，贪也。句谓仁义乃贪者之工具。章炳麟："禽"借为"厰"，同得声于"今"也。《周礼》故书，以"淫"为"厰"。《说文》"厰读若歆"，《乐记》"声淫及商"，注："淫，贪也。"《楚语》韦解："歆犹贪也。"是"禽""贪"二字一义。

㈡是以一人之断制利天下，譬之犹一覕也

1. 覕，瞥也。司马彪：覕，暂见貌。宣颖：一人之断制，所见有限，犹目之一瞥，岂能尽万物之情乎？

2. 覕，割也。郭象：覕，割也。万物万形，而以一剂割之，则有伤也。章炳麟："覕"为"䫂"之借。《说文》："䫂，宰之也。""宰""割"同义。

---

① 王叔岷："断制"下有"利"字，不词。疑涉"制"字而误衍。唐写本正无"利"字。

有暖姝者，有濡需者，有卷娄者⊖。所谓暖姝者，学一先生之言，则暖暖姝姝而私自说也，自以为足矣，而未知未始有物也。是以谓暖姝者也。濡需者，豕虱是也，择疏鬣长毛，自以为广宫大囿。奎蹏曲隈，乳间股脚，自以为安室利处。不知屠者之一旦鼓臂布草操烟火，而己与豕俱焦也。此以域进，此以域退，此其所谓濡需者也。卷娄者，舜也。羊肉不慕蚁，蚁慕羊肉，羊肉膻也。舜有膻行，百姓悦之，故三徙成都⊜，至邓之虚而十有万家。尧闻舜之贤，举之童土之地，曰："冀得其来⊜之泽。"舜举乎童土之地，年齿长矣，聪明衰矣，而不得休归，所谓卷娄者也。是以神人恶众至，众至则不比，不比则不利也。故无所甚亲，无所甚疏，抱德炀和，以顺天下，此谓真人。于蚁弃知，于鱼得计，于羊弃意⊜。以目视目，以耳听耳，以心复心⊜。若然者，其平也绳，其变也循①。古之真人，以天待人，不以人入天。古之真人，得之也生，失之也死；得之也死，失之也生⊜。药也。其实堇也，桔梗也，鸡癕也，豕零也，是时⊜为帝者也，何可胜言！

㊀有暖姝者，有濡需者，有卷娄者

1. 言其外貌或行为。成玄英：暖姝，自许之貌。濡需，矜夸之貌。卷娄者，谓背项偈曲，向前挛卷而伛偻也。陈寿昌：暖姝，温柔妖媚。濡需，因循偷安。卷娄，拘挛劬瘁。

2. 言其品性或心理。林希逸：暖姝，浅见自喜之意。濡需，濡滞而有所需待，贪着势利之人也。卷娄，伛偻而自苦之貌。郭嵩焘：暖姝者，囿于知识者也。濡需者，滞于形迹者也。卷娄者，罢于因应者也。

㊁三徙成都

1. 谓三次移迁。成玄英：舜避丹朱，又不愿众聚，故三度逃走，移徙避之。百姓慕德，从者十万，所居之处，自成都邑。

2. 谓三年成都。陈景元：一年所居成聚，二年成邑，三年成都也。

---

① 宣颖《南华经解》作"若然者，其平也水，其直也绳，其变也循"。并注称："王元泽本如此，从之。"

㈢冀得其来之泽

1. 其来，谓舜来。陆长庚：尧之举舜也，曰：冀其方来之泽，可以保我子孙黎民而已。

2. 其来，谓民众来。宣颖：冀人来归舜，则废土成沃。

㈣于蚁弃知，于鱼得计，于羊弃意

1. 此喻治天下当上下各安其分。褚伯秀：蚁、鱼、羊三语为"舜有羶行"而发，立意甚奇，当先蚁、次羊、后结以鱼。不为羶之所化，蚁弃知也。不着羶行以动人，羊弃意也。如是则上下各安其分，无慕圣尚贤之迹，犹鱼不厌深而相忘于江湖，岂非得计哉？

2. 此喻真人之修养当弃知弃意。林云铭：蚁至微，羊至柔，而未能无知无意。真人取其微且柔者以自居，而弃其知与意，如鱼之忘水而已。

㈤以目视目，以耳听耳，以心复心

1. 句谓止其分内。成玄英：夫视目之所见，听耳之所闻，复心之所知，不逐于分外而知止其分内者，其真人之道也。

2. 句谓废心而用形。焦竑：以目视目，不以我视也；以耳听耳，不以我听也；以心复心，不以我复也。耳、目、心皆任之而一无所与，《列子》所谓"废心而用形"者也。

3. 句谓无知无识。宣颖：无所视、无所听、无用心。

㈥得之也生，失之也死；得之也死，失之也生

1. 孤立诠解为一种生死观。郭象：生死得失，各随其所居耳，于生为得，于死或复为失，未始有常也。郭嵩焘：形气之相须也，得之生失之死，有比而合之者也；自然之待化也，得之死，失之生，有委而听之者也。得之生，故有为而无为；得之死，故无为而无不为。王先谦：得自然则生，失自然则死；得外荣则死，失外荣则生。

2. 承上句，诠解为"真人"的境界或智慧。成玄英：夫处生而言，即以生为得；若据死而语，便以生为丧。死生既其无定，得失的

在谁边，未可知也！是以混死生，一得丧，故谓之真人矣。吕惠卿：真人不知有死生，故有时曰得之也生，失之也死，此为轻生者而言。有时曰得之也死，失之也死，以生为丧，以死为反是也，此为恶死者而言。胡文英：之字，指物言。或得于物而生，或失于物而死，真人不离物而独生也。或得于物而死，或失于物而生，真人不为丧己而徇物也。

3. 启下句，诠解为一种生活经验。陈寿昌："得之也生，失之也死"，此言对症之药。"得之也死，失之也生"，此言不对症之药。

㈦是时为帝者也

1. 时，如字。司马彪：药草有时，迭相为帝，谓其王相休废，各得所用也。

2. 时，借为"蒔"字。郭庆藩：时者，更也。帝者，主也。言堇、桔梗、鸡癕、豕零，更相为主也。《方言》曰："蒔，更也。"古无"蒔"字，借"时"字为之。

句践也以甲楯三千栖于会稽。唯种也能知亡之所以存①，唯种也不知其身之所以愁。故曰：鸱目有所适，鹤胫有所节，解之也悲。故曰：风之过，河也有损焉；日之过，河也有损焉。请只⊖风与日相与守河，而河以为未始其撄也，恃源而往者也。故水之守土也审，影之守人也审，物之守物也审⊖。故目之于明也殆，耳之于聪也殆，心之于殉⊜也殆。凡能其于府也殆⊕，殆之成也不给改，祸之长也兹萃。其反也缘功，其果也待久⊕。而人以为己宝，不亦悲乎！故有亡国戮民无已，不知问是也。故足之于地也践⊗，虽践，恃其所不蹍而后善博也；人之于知也少，虽少，恃其所不知⊕而后知天之所谓也。知大一，知大阴，知大目，知大均，知大方，知大信，知大定⊗，至矣。大一通之，大阴解之，大目视之，大均缘之，大方体之，大信稽之，大定持之⊗。尽有天循有照冥有枢始有彼则其解之也似不解之者⊕，其知之也似不知之也，不知而后知之也⊕。其问之也，不

────────────

① 陆德明："所以存"，本又作"可以存"。

可以有崖，而不可以无崖①。颉滑有实②，古今不代，而不可以亏则可不谓有大扬榷乎③！阖不亦问是已，奚惑然为！以不惑解惑，复于不惑，是尚④大不惑。

㈠请只风与日相与守河

1. 只，但也。林希逸：只，但也，请，使也。使风与日但相与守河。

2. 只，任之也。王敔：只，任之也。

3. 只，是也。陈寿昌：只，是也。请，使也。若使此风与日相与守河而不去。阮毓崧：据《释词》，"只"字在句中者语助也。但《诗·小雅》"乐只君子"，郑笺则曰："只之言是也。"此言试请风与日常守河上。

㈡故水之守土也审，影之守人也审，物之守物也审

1. 审，定也。林希逸：审，定也、信也。谓决定如此也。

2. 审，密也。王敔：审谓密而无间。

㈢心之于殉也殆

1. 殉，如字，逐随也。成玄英：殉，逐也。心逐无涯之知，欲不危殆，其可得乎！

2. 殉，借为"徇"字，智慧也。章炳麟：《说文》无"殉"字，但作"徇"字，今字作"徇"，此假借为"徇"。《史记·五帝本纪》《素问·上古天真论》皆云"幼而徇齐"，《大戴礼》作"睿齐"，亦作"慧齐"。"心之于徇也"，即"心之于徇也"，亦即"心之于慧也"。

㈣凡能其于府也殆

1. 句谓智能出自胸腑故有害。林希逸：府，脏腑也。智出于胸腑，自以为能，凡如此者皆危。

2. 句谓智能有害胸腑。陆长庚：凡一有所能，皆足以殆吾之府。吾之府虚静淡漠，不容一有伎俩。

⑤其反也缘功，其果也待久

1. 反，复性也。果，结果也。句谓欲返自然，速则不果。郭象：反守其性，则其功不作而成，欲速则不果。

2. 反，覆败也。果，固执也。句谓居恃必败，深谋必固。林希逸：反，覆也。缘，因也。因谋功之心，则必至于自覆败。果，必也。有待久之谋，则其心固必而不化。

⑥足之于地也践，虽践，恃其所不蹍而后善博也

1. 践，如字，履地也。博，远也。成玄英：践、蹍，俱履蹈也。夫足之能行，必履于地，仍赖不践之土而后得行。若无余地，则无由安善而致博远也。

2. 践，当作"浅"字。博，疑借为"步"字。俞樾：两"践"字并当作"浅"字，或字之误，或古通用也。足之于地，止取容足而已，故曰"足之于地也浅"。然容足之外，虽皆无用之地而不可废也，故曰"虽浅恃其所不蹍而后善博也"。高亨：博，疑借为"步"。"博""步"古音同，通用。《周礼·族师》"春秋祭酺亦如之"，郑注："故书酺为步。"又《校人》"冬祭焉步"，贾疏："步与酺字异而音义同。"皆其佐证。

⑦人之于知也少，虽少，恃其所不知而后知天之所谓也

1. 不知，指无心无识之态度。郭象：夫忘天地、遗万物，然后蜩翼可得而知也，况欲知天之所谓，而可以不无其心哉！成玄英：地藉不践而得行，心赖不知而能照。

2. 不知，指万事万物之根源。林希逸：人之所知能几何，其所不知者皆天也。不恃吾之所知，而恃吾之所不知，则知天矣。胡文英：所不知，即所谓源也。故下文遂历序道之所由生。

⑧知大一，知大阴，知大目，知大均，知大方，知大信，知大定

1. 大一、大阴、大目、大均、大方、大信、大定，谓此是天之不同名目。林云铭：天之所谓者不一名，而人之知之者不一端。如浑

沦未判谓之大一，至静无感谓之大阴，分而有名谓之大目，同之不殊谓之大均，广而不御谓之大方，期而不越谓之大信，真而不挠谓之大定：此皆天之所谓也。

2. 大一、大阴、大目、大均、大方、大信、大定，谓此皆是道之本然。胡文英：大一，一气之初；大阴，混沌之象；大目，阴阳五行；大均，物一太极；大方，遍满充塞；大信，真实无妄；大定，不出其位。此言道之本然。

⑨大一通之，大阴解之，大目视之，大均缘之，大方体之，大信稽之，大定持之

1. 句谓"知天"之方法。陆长庚：于大一则通之，通之也者，未始有物之先，可以潜孚而不可以思虑求，故曰"通"。于大阴则解之，解之也者，至静无感之时，可以心融而不可以名相得，故曰"解"。大目则可以容吾视矣，大均则可缘而求矣，大方则可兼而体矣，大信则可稽其方动之期，大定则可执其有常之柄。"知天之所谓"者盖如此。

2. 句谓"知天"之妙用。陈景元：大一妙有，知之者廓然通达。大阴玄寂，知之者怳然蜕解。大目天光，昭然彻视。大均平一，靡然缘顺。大方浑然，无不体用。大信诚然，无不稽考。大定至静，默而持之。所以成上诸妙用也。

⊕尽有天循有照冥有枢始有彼则其解之也似不解之者

〔句读1〕尽有天，循有照，冥有枢，始有彼，则其解之也似不解之者。

林希逸：凡事到尽处，便见天命，故曰"尽有天"，即人事尽而天理见也。循乎自然，则吉凶祸福荣辱得丧其理皆见，故曰"循有照"。冥冥之中，自有执其枢要者，即所谓主张纲维是者也，故曰"冥有枢"。无物之始，必有物以始之，故曰"始有彼"。彼，造物自然之理也。

〔句读2〕尽有天循，有照冥，有枢始，有彼则，其解之也似不

解之者。

姚鼐：天循者，常无以知其妙也。照冥者，常有以知其徼也。天循为体，故有枢始，照冥为用，故有彼则。言因彼为则，无常则也。

〔句读3〕尽，有天循，有照冥，有枢始有彼，则其解之也似不解之者。

丁展成："尽"字独为一句，言能以大定持之，则无不尽者矣。上文言"知大定，至矣"，"至"犹"尽"也，是其证。"有天循"句，言以天为循也。"有冥照"句，照谓开目而视，冥谓闭目而不睹也，言但见其所见，而亦有所不见也。"有枢始有彼"句，枢，本也，彼，谓大定，言如是则有本而得大定以为持。

⊕其解之也似不解之者，其知之也似不知之也，不知而后知之

1. 此言真知之认知态度。林希逸：曰天、曰照、曰枢、曰彼，虽可解之、知之，亦似不解不知者，谓不敢以为可知可解也。惟其以不知为知，乃真知也。陆长庚：我虽知之、解之矣，而以闻见思虑为大非也，故其解之也似不解之也，其知之也似不知之也。斯得谓知之至者。

2. 此言至人之思维特色。吕惠卿：本无系，故不解而后解；本无知，故不知而后知。此至人所以游乎世俗之间，若愚若拙也。宣颖：解之似不解之者：自然之悟。知之似不知者，无心之知。

⊕其问之也，不可以有崖，而不可以无崖

1. 此言提问之范围。林疑独：问而有崖，切问也。问而无崖，泛问也。切问可穷理未可以尽性，泛问可博知未可以反约，故皆不可。

2. 此言道之范围。林希逸：问者，问造物之理也。言我欲问造物之理，以为有崖际不可也，以为无崖际亦不可也。

⊕颉滑有实

1. 实，谓物之实体也。句谓万物纷纭，皆各有实质。郭象：万物虽颉滑不同，而物物各自有实也。

2. 实，谓物之理也。句谓万物纷纭，皆由此理。陆长庚：颉，谓升降上下，滑，谓流动旋转，所谓化育流行，上下昭著，莫非此理之实。

㊳而不可以亏则可不谓有大扬搉①乎

〔句读1〕而不可以亏，则可不谓有大扬搉乎！

1. 扬搉，大略也。句谓如上所论，可谓概略之理。陆德明：许慎云："扬搉，粗略法度。"王念孙：《广雅》："扬搉，都凡也。"扬搉、辜搉，皆大数之名，犹言约略。

2. 扬搉，确实也。句谓如上所论，可谓确实之论。成玄英：如上所问，其道广大，岂不谓显扬妙理而搉实论之乎？

3. 扬搉，称引、陈述也。句谓以上所论，可谓大阐其趣。罗勉道：扬者，举扬也。搉者，反覆手也。当众举扬对答，以手反覆指陈之也。褚伯秀：《汉书》："扬搉古今。"扬，举也；搉，引也。举而引之，陈其趣也。

〔句读2〕而不可以亏则，可不谓有大扬搉乎！

于省吾："则""败"字通。《庚桑楚》"天钧败之"，《释文》："败，元嘉本作则。"高山寺卷子本"败"亦作"则"。是"亏则"即"亏败"。上言"颉滑有实，古今不代"，故云"而不可以亏败"也。

㊴以不惑解惑，复于不惑，是尚大不惑

1. 尚，嵩尚也。句意否定解惑，主张任之。郭象：夫惑不可解，故尚大不惑，愚之至也。是以圣人从而任之，所以皇王殊迹，随世为名也。成玄英：不惑，圣智；惑，凡情。以圣智之言辨于凡惑，不能得意忘言而执乎圣迹，此乃钦尚不惑，岂能除惑哉！

2. 尚，庶几也。句意肯定解惑，主张明道。林希逸：以此不疑之理而解天下之疑，则庶几至于大不疑。阮毓崧：《说文》："尚，庶几也。"此三句谓以不惑之理，解瞑眩之惑，以复其本性之不惑，然后进而至于大不惑，则契于道矣。

---

① 王叔岷：道藏罗勉道《循本》本"搉"作"攉"。"攉"即"搉"之借。

则阳第二十五

　　则阳游于楚，夷节言之于王，王未之见，夷节归。彭阳见王果曰："夫子何不谭我于王？"王果曰："我不若公阅休。"彭阳曰："公阅休奚为者邪？"曰："冬则擉鳖于江，夏则休乎山樊。有过而问者，曰：'此予宅也。'夫夷节已不能，而况我乎！吾又不若夷节。夫夷节之为人也，无德而有知不自许以之神其交固颠冥乎富贵之地⊖。非相助以德，相助消也。夫冻者假衣于春，暍者反冬乎冷风⊜。夫楚王之为人也，形尊而严；其于罪也，无赦如虎；非夫佞人正德，其孰能桡焉⊜。故圣人，其穷也，使家人忘其贫；其达也，使王公忘爵禄而化卑①。其于物也，与之为娱矣；其于人也，乐物之通而保己焉。故或不言而饮人以和，与人并立而使人化父子之宜彼其乎归居而一闲其所施⑩。其于人心者若是其远也。故曰待公阅休⑬。"

　　　⊖**无德而有知不自许以之神其交固颠冥乎富贵之地**

　　〔句读1〕无德而有知，不自许以之神，其交固颠冥乎富贵之地。

　　句谓不能复本性自然之神，惟好富贵之游。成玄英：不能虚淡以从神，而好任知以干上。林希逸：神，在我之自然者也。颠迷富贵之交，坚固不解，而失其本心，不复知本身有自然之神，故曰"不自许以之神"。

　　〔句读2〕无德而有知，不自许，以之神其交，固颠冥乎富贵之地。

---

　　①　陆德明：而化卑，本或作"而化卑于人也"。

句谓不能以气节自重，惟神其交结之术。陆长庚：苟不以气节自许，而与之滑和以神其交，则其气味之所薰，必将颠倒昏昧于富贵之地。宣颖：自无期许之骨，而委婉以妙乎交人之术。

㉒夫冻者假衣于春，暍者反冬乎冷风

1. 此喻于事有所补助。林希逸：冻者得衣则暖和如春，暍者得风则其冷如冬，言人之相与，必以有余济其不足也。彭阳之好进，是其不足者也。我告汝以隐退，如执热之以濯，御寒之授衣，将于汝有补也。罗勉道：冻者遇春即为衣，暍者遇冷风即反而为冬，喻楚王虽沉酣于利欲之中，得人诱掖之，亦易从也。

2. 此喻于事无有救助。吕惠卿：冻在冬而假衣于春，暍在夏而反风乎冬，言求之无得也。褚伯秀：则阳以荣进为心，故求荐于夷节。夷节弱于德，强于知，非以德相助，徒取消烁耳。犹假衣于春，何足以救冻；反风乎冬，何足以救暍。

3. 此喻行事昧于理。宣颖：病在冻者不知热之可畏，病在暍者不知寒之可畏，病在贪富贵者不知楚王暴厉之可畏也。胡文英：春本非假衣之时，而病寒者不知其不可。冬本非反冷风之时，而病热者不知其不可，盖病昏失心，寒暑皆昧。犹颠冥于富贵，而不知其时之不可也。

㉓非夫佞人正德，其孰能桡焉

1. 佞人正德，指可屈服暴王的两种人。王叔之：唯正德以至道服之，佞人以才辩夺之，故能泥桡之也。吕惠卿：佞人夷节，正德公阅休也。

2. 佞人正德，指屈服于暴王的人。林希逸：桡，自屈也。非真小人孰能屈桡其身以事楚王。佞人正德，谓真小人也。

㉔与人并立而使人化父子之宜彼其乎归居而一闲其所施

〔句读1〕与人并立而使人化，父子之宜彼其乎归居，而一闲其所施。

闲，闲暇也。句谓使人德化，使父子人伦之序各有其位，此乃圣人闲暇之所为。林希逸：目击而道存，正容使人意消也。故曰"与人并立而使人化"。尊卑长幼各得其宜，故曰"父子之宜彼其乎归居"。而其所施，一本于闲暇，殊不容力焉，故曰"而一闲其所施"。

〔句读2〕与人并立而使人化父子之宜，彼其乎归居而一闲其所施。

闲，闲置也。句谓使人与己如父子，圣人有此化人之德却隐居而不用。宣颖：使人于己不啻父子之相亲。有此化人之德而归居江山，乃闲其所施而不用。

⑤故曰待公阅休

1. 谓待公阅休化则阳。郭象：欲其释楚王而从公阅休，将以静泰之风镇其动心也。

2. 谓待公阅休化楚王。陈寿昌：谓必若公阅休始可化楚王之暴，而荐人于王前也。

圣人达绸缪[⊖]，周尽一体矣，而不知其然，性也。复命摇作而以天为师[⊜]，人则从而命之也。忧乎知而所行恒无几时其有止也若之何[⊜]！生而美者，人与^⑩之鉴，不告则不知其美于人也。若知之，若不知之，若闻之，若不闻之，其可喜也终无已^⑥，人之好之亦无已，性也。圣人之爱人也，人与之名，不告则不知其爱人也。若知之，若不知之，若闻之，若不闻之，其爱人也终无已，人之安之亦无已，性也。旧国旧都，望之畅然；虽使丘陵草木之缗，入之者十九^⑤，犹之畅然，况见见闻闻者也，以十仞之台县众閒[⊕]者也！

一圣人达绸缪

1. 绸缪，束缚也。句谓圣人超脱束缚。成玄英：绸缪，结缚也。夫达道圣人，超然县解，体知物境空幻，岂为尘网所羁。

2. 绸缪，玄理也。句谓圣人通达玄理。林希逸：绸缪者，阴阳造化，往来相因而不已之意，圣人达乎造化之理。

㈡复命摇作而以天为师

1. 谓动则以天为师。林希逸：摇作即动用，动用作为皆复归于天命而以自然为主。

2. 谓动静皆以天为师。林疑独："复命"者静，"摇作"者动，皆以天为师。

㈢忧乎知而所行恒无几时其有止也若之何

〔句读1〕忧乎知，而所行恒无几时其有止也，若之何？

句谓用智则忧患无止尽之时。王叔之：忧乎智，谓有为者以形智不至为忧也。不知用智必丧，丧而更以不智为忧，及其智之所行有弊无济，故其忧患相接无须臾停息，故曰"恒无几时其有止也"。不能遗智去忧，非可忧如何！

〔句读2〕忧乎知，而所行恒无几时，其有止也若之何？

1. 句谓用知则有忧，止而不用如何？陈景元：以有涯之生，而忧无涯之知，故曰"常无几时"。且欲止而不行，复未知如之何也？

2. 句谓知贵能行，行不可停止。王先谦：知贵能行，专以知为忧而所行无几时，甫行又止，吾将若之何哉？言行不可有止。

〔句读3〕忧乎知，而所行恒无几，时其有止也，若之何？

1. 忧，如字。句谓用智而得逞者恒少，时命有穷限也。林疑独：忧乎知之不明，则是好用知。知有时而穷，故所行无几而止矣，若之何至于道也。

2. 忧，借为"优"。句谓恃智者，所行无几则自困焉。姚鼐：忧，"优长"之"优"。庄子言人恃优乎知，而知之用无几，待其止竭，未有不自困耳。

㈣生而美者，人与之鉴

1. 与，许也。谓赞许生而美者为镜。郭象：鉴，镜也。鉴物无私，故人美之，生而可鉴，则人谓之鉴耳。成玄英：天生明照，照物无私，人爱慕之，故名为"镜"。

2. 与，为也。谓人之品评如镜。宣颖：美不自见，待人告之，故曰"人与之鉴"。丁展成："与"读如"为"。言生而美者不知其美，人告之而后知，犹临鉴而知形状，人为美者之鉴矣。

㈤其可喜也终无已

1. 此指镜而言。郭象：夫鉴之可喜，由其无情，不问知与不知，闻与不闻，来即鉴之，故终无已。若鉴由闻知，则有时而废也。

2. 此指生而美者之人而言。宣颖：惟其浑忘，故其美常在。

㈥虽使丘陵草木之缗，入之者十九，犹之畅然

1. 入之者十九，谓相访故人，十见九识。成玄英：缗，合也。旧国旧都，荒废日久，丘陵险阻，草木丛生，入中相访，十人识九，怀生之情，畅然欢乐。

2. 入之者十九，谓旧都没入草莽十分之九。林希逸：丘陵之上，草木皆荒秽缗合，比之昔日，十失其九，但有一分相似处，犹且畅然有感。

3. 入之者十九，喻物累入心十分之九。宣颖：缗，吻合也。虽丘陵草木之合蔽旧乡者十分有九，望之犹自畅然。喻物累之入心者虽多，偶见本性犹自欣快也。

4. 缗，钱也。王敔：缗，钱也。虽税重犹乐归其故国。

5. 缗，盛也。俞樾：缗字，《释文》引司马云"盛也"，郭注云"合也"，于义俱通。入者，谓入于丘陵草木所掩蔽之中也。入之者十九，则其出于外而可望见者止十之一耳，而犹觉畅然喜悦，故继之曰"况见见闻闻者也"。

㈦以十仞之台县众闲者也

1. 闲，读为"闲"，宽闲也。句谓登十仞高台，习惯者犹自宽闲。成玄英：七尺曰仞，台高七丈，可谓危县。人众数登，遂不怖惧，习以性成，尚自宽闲，而况得真，何往不安者也。

2. 闲，作"间"字，乐器也，或作乐也。句谓以十仞高台张乐。林希逸：十仞之台，最高处也。县，张乐也。众，多也。间，犹言笙

镛间作也。处甚高之地而听交奏迭作之乐，可以耸动世俗之耳目。王敔：间，簨簴也。其乐如登高台奏大乐。

3. 閒，作"间"字，中间也。句谓以十仞台悬于众人中间。陆树芝：如以高台悬于众人中间，空阔之地，历历明白也。俞樾：此承"见见闻闻"而言。以十仞之台而县于众人耳目之间，此人所共见共闻者，非犹夫丘陵草木之缗入之者十九也。

冉相氏得其环中⊖以随成，与物无终无始，无几⊜无时。日与物化者，一不化者也，阖尝舍之⊜！夫师天而不得师天与物皆殉其以为事也若之何⊗！夫圣人未始有天，未始有人，未始有始，未始有物⊞，与世偕行而不替，所行之备而不洫⊕，其合之也若之何！汤得其司御门尹登恒为之傅之⊕。从师而不囿⊕，得其随成。为之司其名⊕，之名赢法，得其两见⊕。仲尼之尽虑⊕，为之傅之。容成氏曰："除日无岁，无内无外⊕。"

㈠冉相氏得其环中以随成

1. 环中，谓应物之方法。成玄英：环，中之空也。言古之圣王，得真空之道，体环中之妙，故道顺群生，混成庶品。宣颖：环中之义，若直言之，便是时中二字。

2. 环中，喻虚也。林希逸：环中，空中之物，虚之喻也。陆长庚：环中，虚净无物之处，真空之本体也。

㈡无几无时

1. 几，时期也。林希逸：无几无时，无古今也。几者，时节之变也。章炳麟：《小雅》"如几如式"，传："几，期也。"无几无时，无期无时也。

2. 几，计数也。吕惠卿：几谓计数。陆树芝：无几，不可以数计。

3. 几，征兆也。陈寿昌：几，先几也。无几，即所谓"不得其朕"也。

㈢日与物化者，一不化者也，阖尝舍之

1. 舍，舍弃。句谓有道之人何曾舍弃此环中。成玄英：言体空之人，冥于造物，千变万化而与化俱往，曷尝暂相舍离也。

2. 舍，居止也。句谓众人何尝居止此环中。陈寿昌：舍，止也。谓人胡不体此真空，而止于是也。

㈣夫师天而不得师天与物皆殉其以为事也若之何

〔句读1〕夫师天而不得师天，与物皆殉，其以为事也若之何！

句谓有心师天，则为逐物，何足成其修道之事也。成玄英：殉者，逐也、求也。夫有心仿效造化而与物俱往者，此不率其本性也，奚足以为修其事业乎！

〔句读2〕夫师天而不得，师天与物皆殉，其以为事也若之何！

句谓有心仿自然，则与殉物者同。姚鼐：师天而不得，言以意解所至为师天者也，此与殉物者同为殉耳，曷足贵乎！

㈤未始有始，未始有物

1. 如句。成玄英：物我两忘。

2. “物”当作“殉”，终也。章炳麟：“始”“物”相对为文，犹上“天”“人”相对为文也。“物”即“物故”之“物”，正当作“殉”。《说文》：“殉，终也。”始、终，语相对。

㈥与世偕行而不替，所行之备而不洫

1. 此言以“环中”应世。林希逸：行乎斯世未尝不与人同，于人世初无废事也，故曰“与世偕行而不替”。不替，不废也。万行俱备而着于其一，故曰“所行之备而不洫”。洫者，泥着而陷溺之意。

2. 此言以“环中”养性。陈寿昌：居处犹人而潜修不辍，从容肆应而精气不消。从事于环中之道者如此。

㈦汤得其司御门尹登恒为之傅之

〔句读1〕汤得其司御门尹登恒为之傅之。

1. 司御门尹登恒，一人也。林希逸：汤之于伊尹，学焉而后臣之。庄子把这一句却改名换字，以其官为司御，又曰门尹登恒，皆是

做此诡怪说话。阮毓崧：言其司御即曾官门尹名登恒者。

2. 司御门尹登恒，二人也。成玄英：姓门名尹，姓登名恒。

3. 司御门名登恒，三寓名也。吕惠卿：汤得司御主调御，门尹正所入，登恒成有恒之修。主调御者心，正所入者道，恒则道之久，此皆以天为师也。

〔句读2〕汤得其司御、门尹，登恒为之傅之。

宣颖：司御、门尹，官名。登恒或是有道人耶？似是说汤任名职，须登恒为师以化之。

㈧从师而不囿

1. 谓汤不限制师傅之所为。成玄英：从，任也。囿，聚也。虚淡无为，委任师傅，终不积聚而为己功。

2. 谓汤不局限于师傅之所教。林希逸：汤虽以尹为师，而不为其所笼也。

㈨为之司其名

1. 谓司御为汤承担有为之名。林希逸：汤无为而尹有为，汤无名而尹有名也。司，主也。言门尹担当了许多有为之名也。

2. 谓司御使汤得到随成之名。罗勉道：所成者不过为汤司其名，使汤得见称于天下。

㈩之名嬴法，得其两见

1. 谓有名，则失去浑一。林希逸：此名之在世间，是剩法也。两见，身与名为二也。有心于名，则不得其混然之一者。

2. 谓名不实，应是君臣皆显。褚伯秀：其治天下之功成于三人，而名归于汤，此名皆剩法耳，非汤之真也。得其两见，谓君臣相资而成治道，其迹著见于世也。

3. 谓名与法，皆为已过之迹。宣颖：先滞于名，继滞于法，是得两见也。

⊕仲尼之尽虑，为之傅之

1. 尽虑，用尽心思。句谓孔子之用尽心思亦欲宰辅当世也。林希逸：伊尹之所担当已自未为奇特，而孔子又慕之，尽其思虑，将以为辅相于斯世。言夫又欲为伊尹之事也，此是讥诲圣人之意。

2. 尽虑，无思虑。句谓孔子无思无虑之教亦可为天下师。宣颖：本欲求中，反滋纷扰，将何以化之？仲尼赞《易》曰："天下何思何虑，虑已尽矣！"须以此为师而化之。

⊕除日无岁，无内无外

1. 作境界解。郭象：若无死无生，则岁日之计除；无彼我，则无内外也。吕惠卿：除日无岁，则不知有宙；无内无外，则不知有宇。唯尽虑者足以与此。

2. 作辩题解。林希逸：合三百六十日而后为一岁，逐日而除去之，则但可谓之"日"，不可谓之"岁"，故曰"除日无岁"。"外"之名因"内"而生，无"内"则无"外"矣。

3. 作方法解。陆长庚：除日则无岁矣，无内则无外矣，无思虑则无名相矣，是谓得其环中。姚鼐：除日无岁，积少以为多也；无内无外，积微以成著也。

魏莹与田侯牟约，田侯牟背之，魏莹怒，将使人刺之。⊖犀首①公孙衍闻而耻之曰："君为万乘之君也，而以匹夫从仇。衍请受甲二十万，为君攻之，虏其人民，系其牛马，使其君内热发于背，然后拔其国。忌②⊖也出走，然后抶其背，折其脊。"季子闻而耻之曰："筑十仞之城，城者既十③仞矣，则又坏之，此胥靡之所苦也。今兵不起七年矣，此王之基也。衍乱人，不可听也。"华子闻而丑之曰："善言伐齐者，乱人也；善言勿

---

① 陆德明：元嘉本作"齿首"。
② 陆明德：元嘉本"忌"作"亡"。
③ 俞樾：此"十"字疑"七"字之误。城者既七仞，则虽未十仞而去十仞不远矣，故坏之为可惜。下文"今兵不起七年矣，此王之基也"，明是以七仞喻七年，其为字误无疑。

伐者，亦乱人也；谓伐之与不伐乱人也者，又乱人也。"君曰："然则若何？"曰："君求其道而已矣！"惠子闻之而见戴晋人。戴晋人曰："有所谓蜗者，君知之乎？"曰："然。""有国于蜗之左角者曰触氏，有国于蜗之右角者曰蛮氏。时相与争地而战，伏尸数万，逐北旬有五日而后反。"君曰："噫！其虚言与？"曰："臣请为君实之。君以意在四方上下有穷乎？"君曰："无穷。"曰："知游心于无穷，而反在通达之国，若存若亡乎？"君曰："然。"曰："通达之中有魏，于魏中有梁，于梁中有王。王与蛮氏有辩乎？"君曰："无辩。"客出而君惝然若有亡也。客出，惠子见。君曰："客，大人也，圣人不足以当之。"惠子曰："夫吹筦也，犹有嗃也；吹剑首者，吷而已矣^三。尧舜，人之所誉也；道尧舜于戴晋人之前，譬犹一吷也。"

㈠魏莹与田侯牟约，田侯牟背之，魏莹怒，将使人刺之

1. 史实解。成玄英：莹，魏惠王名也。田侯，即齐威王也，名牟，桓公之子，田恒之后，故名田侯。齐魏二国，约誓立盟，不相征伐。盟后未几，威王背之，故魏侯嗔怒，将使人刺而杀之。其盟在齐威二十六年、魏惠八年。

2. 寓言解。俞樾：《史记》威王名田齐，田齐诸君无名牟者，惟桓公名午，与牟字相似。牟或为午之讹。然齐桓公午与梁惠王又不相值也①。

㈡忌也出走

1. 忌，人名，田忌也。成玄英：姓田，名忌，齐将也。

2. 忌，畏惧也。陆德明：忌畏而走。或言围之也。

㈢夫吹筦也，犹有嗃也；吹剑首者，吷而已矣

1. 吷，小声也。成玄英：嗃，大声；吷，小声也。夫吹竹管，声犹高大；吹剑环，声则微小。

---

① 按：魏惠王在位时间较长，且有两个纪元，前元期间与田齐桓公相值，后元期间与田齐威王相值。

2. 唊，无声。林希逸：管犹有窍，比之箫笛，虽无音节，其吹之者犹有嘀然之声。若以剑首而吹，则一唊而已。言其全无声也。

孔子之楚，舍于蚁丘之浆^㊀。其邻有夫妻臣妾登极^㊁者，子路曰："是稯稯①何为者邪？"仲尼曰："是圣人仆②也^㊂。是自埋于民，自藏于畔^㊃。其声销，其志无穷，其口虽言，其心未尝言，方且与世违而心不屑与之俱。是陆沉^㊄者也，是其市南宜僚邪？"子路请往召之。孔子曰："已矣！彼知丘之著于己也，知丘之适楚也，以丘为必使楚王之召己也。彼且以丘为佞人也。夫若然者，其于佞人也羞闻其言，而况亲见其身乎！而何以为存？"子路往视之，其室虚矣。

㊀舍于蚁丘之浆

1. 浆，谓买浆水之家。李颐：浆，买浆家。成玄英：浆，买浆水之家也。

2. 浆，借为"蒋"，草舍也。司马彪：谓逆旅舍，以菰蒋草覆之也。刘文典：司马本作"蒋"是也。《淮南子·原道篇》："上漏下湿，润浸北房，雪霜滚瀙，浸潭苽蒋。"亦正以"蒋"为草舍。《艺文类聚》八十二、《御览》九百九十九引并作"蒋"。

㊁其邻有夫妻臣妾登极者

1. 登极，谓登屋而观之。司马彪：极，屋栋也。升之以观也。

2. 登极，谓迁徙也。吕惠卿：见孔子来而登极者，示不与之接，将徙而之高也。

3. 登极，谓盖屋也。宣颖：升屋之极，盖覆屋也。

㊂是圣人仆也

1. 如句。谓登极者是圣人市南宜僚的仆隶。成玄英：言臣妾登极聚众多者，是市南宜僚之仆隶也。

---

① 陆德明：稯，音"总"，字亦作"总"。一本作"稯"。
② 陆德明：司马本"仆"作"朴"。

2. 如句。谓市南宜僚是以圣人而隐为仆隶。陆德明：谓怀圣德而隐仆隶也。

3. 如句。谓市南宜僚是圣人之徒。林希逸：圣人仆者，言圣人之徒也。

4. "仆"作"朴"，谓此是圣人之纯朴也。陆德明：司马本"仆"作"朴"，谓圣人坏朴也。

㈣自藏于畔

1. 畔，田垅也。王叔之：修田农之业。是隐藏于垅畔。（陆德明《经典释文·庄子音义》引）

2. 畔，中界也、比邻也。成玄英：进不荣华，退不枯槁，隐显出处之际，故自藏于畔也。林希逸：畔，邻也。藏居于比邻。

㈤是陆沉者也

1. 谓不避世之隐者。宣颖：不消避人避世而已成隐遁，如无水而自沉也。

2. 谓人伦中之隐者。胡文英：不水而沉，犹大隐之不用分别夫妻臣妾，而自成其为隐。或解作不用避世避人，于下文"其室虚矣"句讲不去。

长梧封人问子牢曰："君为政焉勿卤莽，治民焉勿灭裂。昔予为禾，耕而卤莽之，则其实亦卤莽而报予；芸而灭裂之，其实亦灭裂而报予。予来年变齐㊀，深其耕而熟耰之，其禾繁以滋，予终年厌飧。"庄子闻之曰："今之人治其形，理其心，多有似封人之所谓：遁其天，离其性，灭其情，亡其神，以众为①故卤莽其性者㊁，欲恶之孽为性萑苇蒹葭始萌以扶吾形寻擢吾性㊂。并溃漏发，不择所出，漂疽疥痈，内热溲膏是也。"

㈠予来年变齐

1. 变齐，谓变更方法。司马彪：谓变更所法也。王敔：齐，去

---

① 陆德明：司马本"为"作"伪"。

声，与"剂"同。变齐，谓改其旧方。

2. 变齐，谓变整齐也。宣颖：变而齐整。胡文英：变而为整齐，则我与物各足其事，各偿其愿矣。

（二）以众为故卤莽其性者

〔句读1〕以众为故，卤莽其性者。

1. 众为，众多之事也。句谓遁天、离性、灭情、亡神之类，皆是驰骛众事之所致。郭象：夫遁、离、灭、亡，以众为之所致也。

2. 众为，众人之所为也。句谓失却本性，皆是溺于众人所为之故也。褚伯季：唯其逃自然，所以离真性，以至灭情亡神而不悟，皆溺于众人所为故也。

〔句读2〕以众为，故卤莽其性者。

1. 众为，卤莽之为也。句谓离性之神，皆由卤莽之为。王叔之：遁离灭亡，皆由众为。众为，所谓卤莽也。

2. 众为，众人皆如此也。句谓离性亡神，众人多如此。

林希逸：以众为，言世间此等人多也。

（三）欲恶之孽为性萑苇蒹葭始萌以扶吾形寻擢吾性

〔句读1〕欲恶之孽，为性萑苇，蒹葭始萌，以扶吾形，寻擢吾性。

寻，引也。成玄英：萑苇，芦也。萑苇害黎稷，欲恶伤真性。蒹葭，亦芦也。夫秽草初萌，尚易除翦，及扶疏盛茂，必害黎稷。寻，引也；擢，拔也。以欲恶之事诱引其心，遂使拔擢真性，不止于当也。

〔句读2〕欲恶之孽，为性萑苇蒹葭，始萌以扶吾形，寻擢吾性。

寻，渐也。陆长庚：萑苇蒹葭，皆芦属。"扶"之言助也。言其性地荒秽，众欲丛生。始萌以扶吾形，则耳目口鼻充满色尘。寻擢吾性，离其本位，于是百病交攻。俞樾："为性萑苇蒹葭"六字为句。"寻"与"始"相对为义，言其始若足以扶助吾形也，既久则拔擢吾性也。

崔大华全集（第二卷）

柏矩学于老聃，曰："请之天下游。"老聃曰："已矣！天下犹是也。"又请之，老聃曰："汝将何始？"曰："始于齐。"至齐，见辜①人焉，推而强之㊀，解朝服而幕之，号天而哭之，曰："子乎！子乎！天下有大菑，子独先离之。曰莫为盗，莫为杀人㊁。荣辱立，然后睹所病；贷财聚，然后睹所争。今立人之所病，聚人之所争，穷困人之身使无休时，欲无至此，得乎？古之君人者，以得为在民，以失为在己；以正为在民，以枉为在己。故一形②有失其形者，退而自责。今则不然，匿为物而愚③㊂不识，大为难而罪不敢，重为任而罚不胜，远其途而诛不至。民知力竭，则以伪继之。日出多伪，士民安取不伪㊃！夫力不足则伪，知不足则欺。财不足则盗。盗窃之行，于谁责而可乎？"

㊀**至齐，见辜人焉，推而强之**

1. 辜人，刑戮而死之人也。句谓见刑死之人推而使其正卧。成玄英：忽见罪人，刑戮而死，于是推而强之，令其正卧。俞樾：辜，谓辜磔也。《汉书·景帝纪》"改磔曰弃市"，颜注："磔，谓张其尸也。"是古之辜磔人者，必张其尸于市。章炳麟：张尸故得推而彊之，"彊"借为"僵"。

2. 辜人，罪囚之人也。句谓见囚人而推问之。胡文英：齐有罪人，叩其人而强问之。

㊁**曰莫为盗，莫为杀人**

1. 此为柏矩之语。林希逸：言汝之所以被罪而囚者：或为盗乎，或为杀人乎？

2. 此为执法人之语。马其昶："莫为盗"二句推执法者罪之之词。

㊂**匿为物而愚不识**

1. 愚，如字。陈景元：藏典法而愚黔首。宣颖：故隐其事，而

---

① 陆德明：辜人，元嘉本作"幸人"。卢文弨："幸"或是"辜"之误。
② 王叔岷："一形"疑原作"一物"。注"夫物之形性，何为而失哉"，疏"若有一物失所"，是郭、成本并作"一物"，今本作"一形"，即涉下"形"字而误。
③ 陆德明：愚，一本作"遇"。

以不识者为愚。

2. 愚，一本作"遇"，"过"字之误。俞樾：《释文》曰："愚，一本作遇。""遇"疑"过"字之误。《广雅·释诂》曰："过，责也。"因其不识而责之，是谓"过不识"。

㉔日出多伪，士民安取不伪

1. 如句。郭象：主日兴伪，士民何以得其真乎！

2. 句为衍文。吴汝纶：某疑"日出多伪"二句，为注文误入正文。

蘧伯玉行年六十而六十化，未尝不始于是之，而卒诎之以非也，未知今之所谓是之非五十九非也。万物有乎生而莫见其根，有乎出而莫见其门。人皆尊其知之所知，而莫知恃其知之所不知而后知，可不谓大疑乎！已乎！已乎！且无所逃㊀。此所谓然与然乎㊁。

㊀已乎已乎，且无所逃

1. 谓无逃乎造化。林疑独：不如止其取舍之心，万物于造化无可逃之理。

2. 谓无逃乎不知。宣颖：此不知之理，古今孰能外之。

3. 谓无逃乎惑。胡文英：无逃乎所不知以为知。陈寿昌：世人自谓聪明，终归于大惑，是无所逃也。

㊁此所谓然与然乎

〔句读1〕此所谓然与，然乎？

句意为有疑问。郭象：自谓然者，天下未之然也。林希逸：然与然乎者，疑词也。谓之然与，而其所然果然乎！

〔句读2〕此所谓然与然乎！

句意为必然无疑。宣颖：自赞"无所逃"之言必然无疑也。胡文英："然与然"，然而又然也，为上"且无所逃"句作结。

仲尼问于大史大弢、伯常骞、狶韦曰："夫卫灵公饮酒湛乐，不听国

崔大华全集（第二卷）

家之政；田猎毕弋，不应诸侯之际；其所以为灵公者，何邪？"大弢曰：
"是因是也⊖。"伯常骞曰："夫灵公有妻三人，同滥①而浴。史鳅奉御而
进所，搏币而扶翼⊜。其慢若彼之甚也，见贤人若此其肃也，是其所以为
灵公也。"狶韦曰："夫灵公也死，卜葬于故墓不吉，卜葬于沙丘而吉。
掘之数仞，得石椁焉，洗而视之，有铭焉，曰：'不冯其子灵公夺而里②
之⊜。'夫灵公之为灵也久矣，之二人何足以识之⑩。"

⊖**是因是也**

　1. 如句。成玄英：此是因其无道，故曰"是因是也"。

　2. 句误，当作"是固灵也"。高亨：《太平御览》三九五引作
"是因灵也"。按此句疑原作"是固灵也"，"因""固"形近而误，
今本"灵"字又误为"是"，当据《御览》改正。

⊜**夫灵公有妻三人，同滥而浴。史鳅奉御而进所，搏币而扶翼**

　1. 此述一事：灵公与三妻同浴时，史鳅进奉。司马彪：币音蔽，
引衣裳自蔽。扶翼，谓公及浴女相扶翼自隐也。

　2. 此述二事：灵公与妻妾同浴，灵公接史鳅有礼。郭象：男女
同浴，此无礼也。以鳅为贤，而奉御之劳，故搏币而扶翼之，使其不
得终礼，此其所以为肃贤也。币者，奉御之物。章炳麟：此为两事。
上事自谓无礼，下事自谓敬贤，非二事同时也。灵公妻妾同浴，史鳅
岂得阑入所？"搏"借为"簿"，"币"即"蔽"也。此谓簿奕时，
适值史鳅进御，乃急止簿而下扶之，是所以为肃贤人也。

⊜**不冯其子灵公夺而里之**

　〔句读1〕不冯其子，灵公夺而里之。

　1. 其子，指沙丘地主之子孙。司马彪：言子孙不足可凭，故使
公得此地为冢也。陆长庚：谓此地子孙不足凭藉，将有灵公夺葬。

　2. 其子，指灵公之子。郭象：子谓蒯聩。言不冯其子，灵公将

---

① 王叔岷：奚侗云："滥者作鉴。《说文》：'鉴，大盆也。'"其说是也。陈碧虚《阙
误》引张君房本作"槛"，"槛"亦"鉴"之借。

② 陆德明：一本作"夺而埋之"。

夺女处也。李勉：盖父之死，必凭其子安葬。今石椁已天为预置，故不须依凭其子为之置也。夺，取也。里，居也。谓天已预为置石椁，灵公可取而居之。

〔句读2〕不冯，其子灵公夺而里之。

林疑独：言天理不可凭，此地本属灵公之父，反为其子得之。

㈣之二人何足以识之

1. 谓不识自然。郭象：徒识已然之见事耳，未知已然之出于自然也。王夫之：引此以喻自然者非意知之所可及也。亦寓言耳，非如邵康节所言前定之说也。

2. 谓不识定数。陈景元：若以俗情料方外幽冥之理，何足以识之哉。林云铭：此言灵公之谥为前定也。

少知问于大公调曰："何谓丘里之言⊖?"大公调曰："丘里者，合十姓百名而以为风俗也，合异以为同，散同以为异。今指马之百体而不得马，而马系于前者，立其百体而谓之马也。是故丘山积卑而为高，江河合水①而为大，大人合并而为公。是以自外入者，有主而不执；由中出者，有正而不距⊜。四时殊气，天不赐⊜，故岁成；五官殊职，君不私，故国治；文武，大人不赐⊜，故德备；万物殊理，道不私，故无名。无名故无为，无为而无不为。时有终始，世有变化。祸福淳淳，至有所拂者而有所宜；自殉殊面⊜，有所正者有所差。比于大泽②⊜，百材皆度；观于大山，木石同坛。此之谓丘里之言。"少知曰："然则谓之道，足乎?"大公调曰："不然。今计物之数，不止于万，而期曰万物者，以数之多者号而读之也。是故天地者，形之大者也；阴阳者，气之大者也；道者为之公。因其大以号而读之则可也，已有之矣，乃将得比哉⊜！则若以斯辩，譬犹狗马，其不及远矣⊜！"少知曰："四方之内，六合之里，万物之所生恶起?"大公调曰："阴阳相照相盖⊜相治，四时相代相生相杀，欲恶去就于是桥

① 陆德明：合水，一本作"合流"。俞樾："水"乃"小"字之误
② 陆德明：泽，本亦作"宅"

起^⑦，雌雄片合于是庸有。安危相易，祸福相生，缓急相摩，聚散以成。此名实之可纪，精微之可志也。随序之相理，桥运^⑧之相使，穷则反，终则始，此物之所有。言之所尽，知之所至，极物而已。睹道之人，不随其所废，不原其所起，此议之所止。"少知曰："季真之莫为，接子之或使^⑨，二家之议，孰正于其情，孰编于其理？"大公调曰："鸡鸣狗吠，是人之所知。虽有大知，不能以言读其所自化，又不能以意其所将为。斯而析之，精至于无伦，大至于不可围，或之使，莫之为，未免于物而终以为过^⑩。或使则实，莫为则虚^⑪，有名有实，是物之居，无名无实，在物之虚^⑫。可言可意，言而愈疏。未生不可忌，已死不可徂^①。死生非远也，理不可睹。或之使，莫之为，疑之所假^⑬。吾观之本，其往无穷；吾求之末，其来无止。无穷无止，言之无也，与物同理^⑭。或使莫为，言之本也，与物终始^⑮。道不可有，有不可无。道之为名，所假而行。或使莫为，在物一曲，夫胡为于大方？言而足，则终日言而尽道；言而不足，则终日言而尽物^⑯。道物之极，言默不足以载^⑰，非言非默，议有所^②极^⑱。"

㈠丘里之言

1. 谓邻里不同风俗之言。李颐：四井为邑，四邑为丘，五家为邻，五邻为里。古者邻里井邑，士风不同，犹今乡曲各自有方俗，而物不齐同。成玄英：古者十家为丘，二十家为里。乡间丘里，风俗不同，故假问答以辩之也。

2. 谓公同之舆论。林希逸：丘里之言者，公一里之言也。胡文英：不适主于何人，而谓之丘里之言。所谓舆论公评也。

㈡是以自外入者，有主而不执；由中出者，有正而不距

1. 外入、中出，谓教化与本性。郭象：自外入者，大人之化也；由中出者，民物之性也。性各得正，故民无违心；化必至公，故主无所执，所以能合丘里而并天下，一万物而夷群异也。

2. 外入、中出，谓学与思。褚伯秀：自外入者，学也。君子之

---

① 陆德明：徂，一本作"阻"。
② 王孝鱼：世德堂本"有所"作"其有"。

学主乎道；主乎道则物无不通。由中出者，思也。君子之思正乎理，正乎理则物无所距。

3. 外入、中出，谓听言与立言。胡文英：人以言而入我，我虽有主而不执己见；我以言而入世，人有正我之失者则不拒。此所以“合并而为公”也。

㈢四时殊气，天不赐，故岁成

1. 赐，如字。赐与也。句谓四时季节，非天之赐予，乃自然也。成玄英：赐与也。夫春暄夏暑，秋凉冬寒，禀之自然，故岁叙成立。若由天与之，则有时而废矣。林希逸：天不赐，不以为功也，犹言非相为赐也。

2. 赐，读如“易”，或借为“私”字。于省吾：“赐”读如“易”，《诗·文正》：“骏命不易。”马叙伦：“赐”疑借为“私”。音同“心”纽。下文“五官殊职，君不私，故国治”，辞例相同。

㈣文武，大人不赐

1. 如句。林希逸：大人于文武之德，时乎而文，时乎而武，可用则用，亦非相与赐也。

2. 句有脱漏。宣颖：文武殊材，一本缺“殊材”字。王叔岷：审注“文者自文，武者自武，非大人所赐也。若由赐而能，则有时而阙矣”，疑“文武”下原有“殊能”二字。“文武殊能”与上文“五官殊职”，下文“万物殊理”句法一律。

㈤自殉殊面

1. 面，方向也。句谓各有所向。成玄英：殉，逐也。面，向也。夫彼此是非，纷然固执，故各逐己见而所向不同也。

2. 面，面貌也。句谓各具其面。林希逸：人有自殉之心，则如其面然，皆不同矣。

㈥**比于大泽，百材皆度**

1. 泽，如字。成玄英：夫广大皋泽，林籁极多，随材量用，必无弃掷。

2. 泽，当作"宅"，阮毓崧：陆云："泽，一本作宅。"是也。言若作大宅，其大匠随材量用，皆可支配也。

㈦**已有之矣，乃将得比哉**

1. 谓道无名，有名则与道不可比。成玄英：已有道名，不得将此有名比于无名之理。吕惠卿：道本无名，而以名称之，则已有矣。乃将得与无名者比哉！

2. 谓丘里之言亦万物之一，故与道不可比。胡文英：道无所不统摄，故借丘里以明之。若已有天地阴阳，则丘里之言亦将处万物之类，岂得以此而相比。严复："有"通"囿"。既为丘里之言，是已囿之矣，恶足以拟也。

㈧**则若以斯辩，譬犹狗马，其不及远矣**

1. 谓有名与道不相及，正如狗与马之不相及。成玄英：以狗马二兽语而相比者，非直大小有殊，亦乃贵贱斯别也。今以有名之道，比无名之理者，非直粗妙不同，亦深浅斯异，故不及远也。

2. 谓丘里之言不及道，正如狗马之名不及道。阮毓崧：据《释词》，"则若"犹"而乃"也。言子不知道之大，而乃以丘里之言当之，则是道犹狗之名狗，马之名马，同于一物，其不及道远矣。

㈨**阴阳相照相盖相治**

1. 盖，如字，合也、藏也。林希逸：相盖，相合也。陆长庚：阴阳之精互藏其宅，是故有相盖者，盖之为言藏也。

2. 盖，当读为"害"。俞樾："盖"当读为"害"。《尔雅·释言》："盖，割裂也。"《释文》曰："盖，舍人本作害。"是"盖""害"古字通。阴阳或相害，或相治。

⊕欲恶去就于是桥起

1. 桥起，谓劲疾而起。王叔之：高劲，言所起之劲疾也。马其昶：《荀子》注："桥，与矫同。"桥起，犹言蠚起。

2. 桥起，谓凭空而起。褚伯秀：桥起，凭虚而起。王敔：桥起，谓凭虚接引。

⊕桥运之相使

1. 桥运，谓五行运转，气之升降。陆长庚：桥者有升有降，故谓气运为"桥运"。屈伸相感，若或使之，故曰"相使"。

宣颖：桥，所以续道路者，五行之运相续，故曰"桥运"。

2. 桥运，同"矫运"，谓正运。马其昶：矫运，即正运。《汉书》"矫"多训"正"。

⊕季真之莫为，接子之或使

1. 莫为、或使，谓无为与有为。成玄英：莫，无也；使，为也；季真以无为为道，接子谓道有使物之功。

2. 莫为、或使，谓偶然与必然。林希逸：莫为者，言冥冥之中初无主宰，皆偶然耳。或使者，有主宰，无非使然，所谓"行或使之，止或尼之"是也。

⊕鸡鸣狗吠，是人之所知。虽有大知，不能以言读其所自化，又不能以意其所将为。斯而析之，精至于无伦，大至于不可围，或之使，莫之为，未免于物而终以为过

1. 此论万物自尔，故"莫为"为是。万物皆在莫为中过去。郭象：物有自然，非为之所能也。由斯而观，季真之言当也。至精至大皆不为而自尔，物有相使，亦皆自尔也。故莫之为者，未为非物也。凡物云云，皆由莫为而过去。

2. 此论万物所自所为，皆不得而知，"莫为""或使"皆偏滞，皆有物累之过。林疑独：鸡鸣狗吠，人所共知，其所以鸡吠与所将为，虽大知不能以言意求矣。由是而推至于极大极细，皆非人力所能

为也。莫为则知天不知人，或使则知人不知天，滞物一偏，终以为过。

3. 此谓莫为、或使皆有所得。陈景元：鸡鸣狗吠是人所知而莫知其所以鸣吠。谓其莫为耶，何缘而忽鸣吠？谓其或使耶，他物何为？寂然自化之理孰知，将为之情孰识？唯置其莫为可以察或使之情，任其或使则可以审莫为之理。推此而论，虽至大至细，皆不免于物，莫逃乎累。

⑳或使则实，莫为则虚

1. 实、虚，指二说之内容。郭象：或使则实，实自使之。莫为则虚，无使之也。林希逸：或使则实者，谓冥冥之中有物以司之，是实也。莫为则虚者，谓冥冥之中无所主，是虚也。

2. 实、虚，指二说之弊病。成玄英：或使，滞有为也；莫为，溺无故也。胡文英：明说有个主宰，是人可无容致力矣，则太实；竟说无物主张，则人可恣力为之矣，则太虚：此所以为过也。

㉑有名有实，是物之居，无名无实，在物之虚

1. 此谓有、无二相皆生自心。成玄英：夫情苟滞于有，则所在皆物也；情苟尚无，则所在皆虚也。是知有无在心，不在乎境。

2. 此谓或使、莫为二说皆有不是。胡文英：可见者是物之所处，而非处于物者也，或使之说未是也。不可见者在物所不到之处，所谓"道者为之公"，而非竟无其物也，莫为之说未是也。

㉒死生非远也，理不可睹，或之使，莫之为，疑之所假

1. 假，真假也。句谓死生之理不可见，故或使、莫为二说疑其为假。林疑独：生死顺乎性命，孰能禁阻，此理非远，在吾身中，如四时循环而不可睹。则或使、莫为之说，疑其为假而非性命之至。

2. 假，假藉也。句谓死生之理不可见，或使、莫为二说正为疑者所假藉。林希逸：死生之理，本在目前，初非甚远，但欲见而不可见。若以为或之使，若以为莫之为，则世之疑情，方假此而起，又安得为无累乎!

3. 假, 假说也。句谓死生之理不可见, 或使、莫为皆疑者之假说。胡文英: 死生之理在目前而不可睹, 或使、莫为, 不过借以惑人, 而非实见其然也。

㊀吾观之本, 其往无穷; 吾求之末, 其来无止。无穷无止, 言之无也, 与物同理

1. 本、末, 指开始与终结。宣颖: 欲究其始, 则往者已无穷, 不知何始也。欲究其终, 则来者方无止, 不知何终也。唯泯于无言, 斯合于物理耳。

2. 本、末, 指道与物。胡文英: 本, 道也。末, 物也。惟道往无穷, 故物来无止。然道在物中, 岂可见而可言哉。言而有无, 如道费而隐, 故与物同理也。

㊁或使莫为, 言之本也, 与物终始

1. 与物终始, 谓任物也。句谓二说当同以任物为其本旨。郭象: 恒不为而自使然也。成玄英: 本, 犹始。各执一边以为根本者, 犹未免于本末也。故与有物同于始, 斯离于物也。

2. 与物终始, 谓物累也。句谓二说之出发点, 皆未离乎物。林希逸: 二者之言, 推求其本, 谓之或使, 谓之莫为, 皆未能远离于物, 但见与物终始而已。陆长庚: 言莫为或使者, 其立言之本旨, 始终要在物上见道。

㊂言而足, 则终日言而尽道; 言而不足, 则终日言而尽物

1. 足、不足, 指言者之境界而论。郭象: 求道于言意之表则足, 不能忘言而存意则不足。宣颖: 言而足, 悟者。言而不足, 迷者。胡文英: 盖得道者言物亦道, 执物者言道亦物也。

2. 足、不足, 指言之内容而论。林希逸: 但我果有所见, 虽谓之言亦可尽道, 终日言之, 亦自不妨。若我无所见, 则言不足以尽道, 言之纵多, 亦不离于形似而已。林云铭: 足, 即上文"正于其情，遍于其理者"。尽，皆也。为道为物，不论有言无言，在于言之足不足耳。

㈥道物之极，言默不足以载

1. 如句。句谓道与物之极处，言默皆不足以表。林希逸：道精也，物粗也。以精粗之极而求之，言亦不足尽，默亦不足尽。载，在也。谓不在此也。陈寿昌：道之不可名称、物之超乎色相者，差堪拟议也。

2. 如句。句谓道为物之极，言默皆不足以表。刘凤苞：道者，物之极处。

3. 句误，"物"字衍。李勉："物"字误衍，此仅指道而言。物固可以言默而载，上文已言，又焉能谓之不足以载。

㈦非言非默，议有所极

1. 极，谓道也。句谓道非言默所能议。郭象：极于自尔，非言默而议也。胡文英：道在非言非默之际，议之宁有定极乎！

2. 极，谓至言。句谓非言非默中方有至论。林希逸：非言非默之中，自有至极之议。极议，至言也。宣颖：离乎言默以求道，此至论也。

外物第二十六

外物不可必①⊖，故龙逢诛，比干戮，箕子狂，恶来死，桀、纣亡。人主莫不欲其臣之忠，而忠未必信，故伍员流于江，苌弘死于蜀，藏其血三年而化为碧。人亲莫不欲其子之孝，而孝未必爱，故孝己忧而曾参悲。木与木相摩则然，金与火相守则流。阴阳错行，则天地大绞，于是乎有雷有霆，水中有火⊜，乃焚大槐。有甚忧两陷⊜而无所逃，蹍蹗⊜不得成，心若县于天地之间，慰暋沉屯⊜，利害相摩，生火甚多，众人焚和，月固不胜火⊗，于是乎有僓然而道尽⊕。

⊖ **外物不可必**

1. 谓凡身外事物，皆不可期必。林希逸：外物，身外之事也。是求在我者也。阮毓崧：凡非我性分内者，皆外物也，其事理莫能期必。

2. 谓外来祸患，不可避免。陆长庚：大意谓外来之祸，不惟恶者不能免，而善者亦未必能免；不惟不忠不孝者不能免，而忠者孝者亦未必能免。故均谓之曰"外物不可必"。

王先谦：凡物之自外至者，其利害皆不可必。

⊜ **水中有火，乃焚大槐**

1. 如句。司马彪：水中有火，谓电也。焚，谓霹雳时烧大树也。

2. "水"作"木"字。王敔：槐者，东方之木，老而生火，谓自生而自贼也。

---

① 卢文弨：宋本"必"作"心"。

（三）有甚忧两陷而无所逃

1. 两陷，谓心与胆。司马彪：两，谓心与胆也。陷，破也。畏雷霆甚忧，心胆破陷也。

2. 两陷，谓忧与乐，郭象：苟不能忘形，则随形所遭而陷于忧乐，左右无宜也。

3. 两陷，谓社会与自然。林希逸：甚忧者，极忧也。两陷，非有人道之患，则有阴阳之患也。《人间世》云"是两也"，即此意。

4. 两陷，谓利与害。陆长庚：两陷于利害之中无所逃。

（四）蟄蟬不得成

1. 蟄蟬，以音读解：畏惧也。司马彪：蟄蟬，读曰"忡融"，言畏怖之气，忡融两溢，不安定也。阮毓崧：蟄蟬，犹言征伀。"征伀"音"征钟"。《方言》："皇遽也。"《玉篇》作"怔忪"，云："惧貌。"

2. 蟄蟬，以形旁解：虫动貌。罗勉道：蟄蟬，虫起蛰而未苏之貌。事不得成如此也。王敔：蟄蟬，音"陈惇"，虫行不安定貌。

（五）慰暋沉屯

1. 解作四义：欣喜、烦闷、沉溺、困阻。成玄英：遂心则慰喜，乖意则昏闷，遇境则沉溺，触物则屯邅。

2. 解作二义：郁闷、陷溺。林希逸：慰暋，郁闷也。沉屯，陷溺险难也。

（六）月固不胜火

1. 月、火，谓大与小、明与暗。成玄英：月虽大而光暗也，火虽小而明照。喻志大而多贪，不如小心守分。苏轼：月固不胜烛，言明于大者必晦于小。月能烛天地而不能烛毫厘，此其所以不胜火也。（洪迈《容斋续笔》卷第七）

2. 月、火，喻性与欲。林希逸：月，性也。众人之生其得于天者，全此至和之理，犹如月然。但为物欲所昏，其炎如火，故其为月者不能胜之。洪迈：庄子之旨，谓人心如月，湛然虚静，而为利害所

薄，生火炽然，以焚其和，则月不能胜之矣，非论其明暗也。（《容斋续笔》卷第七引）

3. 月、火，谓水与火、肉与火。陆长庚：月者，水也。水不胜火，即医家所谓一水不能胜五火之意。又解：月，古篆文肉字。言血肉之躯，不胜熬烁。

㈦于是乎有儃然而道尽

1. 道尽，谓道之实现。成玄英：儃然，放任不矜之貌。忘情利害，淡尔不矜，虚玄道理，乃尽于此也。

2. 道尽，谓天理之丧失。林希逸：儃然者，弛然而自放也。道尽者，言其天理灭尽也。盖谓众人汩于利欲，终身不悟，至于灭尽天理而后已也。

3. 道尽，谓生气耗尽。王敔："儃"音"颓"，"颓"通。道尽，谓所受以生之道于是乎亡。

庄周家贫，故往贷粟于监河侯㊀。监河侯曰："诺。我将得邑金，将贷子三百金，可乎？"庄周忿然作色曰："周昨来，有中道而呼者，周顾视，车辙中有鲋鱼焉。周问之曰：'鲋鱼来！子何为者邪？'对曰：'我，东海之波臣也。君岂有斗升之水而活我哉？'周曰：'诺。我且南游①吴越之王㊁，激西江之水而迎子，可乎？'鲋鱼忿然作色曰：'吾失我常与，我无所处。吾得斗升之水然活耳。君乃言此，曾不如早索我于枯鱼之肆。'"

㊀监河侯

1. 谓魏文侯。成玄英：监河侯，魏文侯也。陆德明：《说苑》作魏文侯。

2. 谓或是监河之官。林希逸：监河侯，《说苑》曰魏文侯也。亦未必然，或是监河之官，以"侯"称之。

---

① 陈景元：张君房本"游"下有"说"字。

㈢我且南游吴越之王

1. 王，如字，意指百谷之王。陈景元：吴越，水聚之地，王犹江海为百谷之王。

2. 王，当作"土"字。褚伯秀："吴越之王"颇难释。考文粗得其意，"王"字应是"土"字，误加首画耳。

任公子为大钩巨缁，五十犗为饵，蹲乎会稽，投竿东海，旦旦而钓，期年不得鱼。已而大鱼食之，牵巨钩䤵没而下骛①扬而奋鬐㊀，白波若山，海水震荡，声侔鬼神，惮赫千里。任公子得若鱼，离而腊之，自制河②以东，苍梧以北，莫不厌若鱼者。已而后世辁③才㊁讽说之徒，皆惊而相告也。夫揭竿累，趣灌渎，守鲵鲋，其于得大鱼难矣！饰小说以干县令㊂，其于大达亦远矣。是以未尝闻任氏之风俗，其不可与经于世亦远矣！

㊀牵巨钩䤵没而下骛扬而奋鬐

〔句读1〕牵巨钩，䤵没而下骛，扬而奋鬐。

1. 下"而"字同"尔"字，其也。成玄英：大鱼吞钩，于是牵钩䤵没驰骛而下，扬其头尾，奋其鳞鬐。

2. 下"而"字，取本义，鱼之颊毛也。高亨：而，鱼颊毛也。《说文》："而，颊毛也，象毛之形。《周礼》曰'作其鳞之而'。"考许所引，见《考工记·梓人》。"而"字通用为语词，其本义久废。用其本义者，唯《考工记》与本篇。

〔句读2〕牵巨钩，䤵没而下，骛扬而奋鬐。

陈寿昌：鬐，鱼口边出水处也。惊恐而展开其鬐。

㊁辁才

1. 谓品量人材。李颐：辁，量人也。胡文英：辁同铨，品量人材也。

2. 谓小才也。林希逸：辁才，揣量浅见之士。林云铭：辁才，小才也。

---

① 陆德明：骛，徐音"务"，一本作"惊"（繁体作"驚"）。

② 制河，司马本作"浙江"。

③ 陆德明：辁，本或作"𨋖"。𨋖，小也。本又或作"轻"。

（三）饰小说以干县令

1. 县令，即悬令，谓高美之名也。成玄英：干，求也。县，高也。夫修饰小行，矜持言说，以求高名令闻。字作"县"者，古"悬"字多不着心。

2. 县令，即悬令，谓赏格也。林希逸：县令犹今揭示也。"县"与"悬"同。县揭之号令，犹今赏格之类。

3. 县令，谓小官也。林疑独：鲵鲋，鱼之小；县令，官之卑。胡文英：徐常吉以县令为秦以后事。然沈诸梁为楚叶县尹，穆公召县子而问，当时亦有县令，特未通天下称之耳。况竿累灌渎，皆小之意，与悬赏意无与。

儒以《诗》《礼》发冢。大儒胪传曰："东方作矣，事之何若？"小儒曰未解裙襦口中有珠《诗》固有之曰青青之麦生于陵陂生不布施死何含珠为接其鬓压其顪儒以金椎控其颐徐别其颊无伤口中珠⊖。

（一）小儒曰未解裙襦口中有珠《诗》固有之曰青青之麦生于陵陂生不布施死何含珠为接其鬓压其顪儒以金椎控其颐徐别颊无伤口中珠

〔句读1〕小儒曰："未解裙襦，口中有珠。《诗》固有之曰：'青青之麦，生于陵陂，生不布施，死何含珠为！'""接其鬓，压其顪，儒以金椎控其颐，徐别其颊，无伤口中珠！"

林希逸："接其鬓"以下，大儒教小儒之语。

〔句读2〕小儒曰："未解裙襦，口中有珠。《诗》固有之曰：'青青之麦，生于陵陂，生不布施，死何含珠为！'接其鬓，压其顪，而①以金椎控其颐，徐别其颊，无伤口中珠！"

王念孙：自"未解裙襦"以下，皆小儒答大儒之词。言汝以金椎控其颐，徐别其颊，无伤其口中之珠也。"而""儒"声相近，上文又多"儒"字，故"而"误作"儒"。

---

① 王念孙：《艺文类聚·宝玉部》引此"儒"作"而"。"而"，"儒"声相近，上文又多"儒"字，故"而"误为"儒"。王叔岷：王说是也，惟谓"而，汝也"则非。"而"乃承上之词，意甚明白。以"而"为"汝"，当在上文"接其鬓"上，不当在此句矣。

〔句读3〕小儒曰："未解裙襦，口中有珠。""《诗》固有之曰：
'青青之麦，生于陵陂。'生不布施，死何含珠为！接其鬓，压其顪，
而以金椎控其颐，徐别其颊，无伤口中珠！"

马叙伦：自"《诗》固有之"以下，皆大儒答小儒之辞。"儒"
字王谓当作"而"，是也。但不必作"汝"解。

老莱子之弟子出①薪，遇仲尼，反以告，曰："有人于彼，修上而趋
下，末◯偻而后耳，视若营◯四海，不知其谁氏之子。"老莱子曰："是丘
也。召而来。"仲尼至。曰："丘，去汝躬矜与汝容知◯，斯为君子矣。"
仲尼揖而退，蹙然改容而问曰："业可得进乎◯？"老莱子曰："夫不忍一
世之伤，而骜万世之患◯，抑固窭邪？亡其略弗及邪◯？惠以欢为骜②终身
之丑◯，中民之行进③焉耳◯。相引以名，相结以隐◯，与其誉尧而非桀，
不如两忘而闭其所誉。反◯无非伤也，动无非邪也。圣人踌躇◯以兴事，
以每◯成功。奈何哉！其载焉终矜尔◯。"

㊀末偻而后耳

1. 末，谓头也。李颐：末上，谓头前也。宣颖：末，头也。偻，
短貌，头短也。孙诒让：《逸周书·武顺篇》云"元首曰末上"，即
首也。

2. 末，谓背也。李颐：末偻，又谓背膂也。孙诒让：《淮南子·
墬形训》云"其人面末偻修颈"，高注云："末犹脊也。"《说文》：
"偻，尪也。周公韤偻，或言背偻。"《白虎通·圣人篇》亦云"周公
背偻"，是汉旧诂皆以"末偻"为"背脊"。

3. 末，谓微也。林希逸：末，微也。言其背微有偻曲之状。

㊁视若营四海

1. 营，谓经营也、谋也。郭象：视之儦然，似营他人事者。林

---

① 王叔岷：古钞卷子本"出"下有"取"字，文意较完。陈碧虚《阙误》引张君房
本"出"下有"拾"字。
② 陆明德：骜，或作"骜"。
③ 王叔岷：陈碧虚《阙误》引张君房本、成玄英本"进"上并有"易"字，当从之。
注："言其易进，则不可妄惠之。"是郭本原有"易"字。

希逸：蒿目以忧当世之患。

2. 营，谓绕也、周遍也。刘师培："营"即"营周"之"营"，谓币遍也。

三 去汝躬矜与汝容知

1. 容知，谓容貌与心知。成玄英：宜遣汝身之躬饰，忘尔容貌心知。

2. 容知，谓智慧之貌。陆德明：躬矜，谓身矜修善行。容智，谓饰智为容好。宣颖：躬矜，矜持之行。容知，智慧之貌。

四 业可得进乎

1. 进乎，谓为世所用。陆德明：问可行仁义于世乎？

2. 进乎，谓进于道。林疑独：业可得进，进于道也。

五 夫不忍一世之伤，而骜万世之患

1. 骜，如字，放傲也、轻视也。宣颖：傲然轻于贻祸。言仲尼知忧一世，不知流害万世也。陈寿昌：骜然不顾，以犯万世之患。患，犹忌也。

2. 骜，或作"鹜"，从事也、奔忙也。成玄英：骜，亦有作"鹜"者，云使万代驱鹜不息，亦是奔驰之义也。奚侗：《释文》："骜或作鹜。"当从之。"鹜"借为"务"。"务万世之患"，犹言以万世之患为事也。

六 抑固窶邪？亡其略弗及邪

1. 固，固执也。亡，丧失也。略，忽略也。句谓不忍一世之伤而轻万世之患者，固执圣迹，亡失本性，故穷而不及道。成玄英：固执圣迹，抑扬从己，失于本性，故穷窶。亡失本性，忽略生崖，故不及于真道。

2. 固，宜也。亡，忘也。略，智略也。句谓不忍一世之伤而轻万世之患者，其穷是自然的，此乃不知天下之事有智谋所不能及者。

林希逸：汝既如此，道之穷宜也。窭，穷也。固，宜也。汝之道其穷如此，是不知天下之事有非智略所能及者，故曰"亡其略弗及邪"。"亡"与"忘"同。

3. 固，本来。亡其，转折语。略，谋略。句谓不忍一世之伤而轻万世之患者，是其道本来就穷，抑或是其智谋不足？陆长庚：汝之穷其固然耶？抑其经略有所不及耶？张四维：抑汝固贫窭而为此耶？毋乃失其智略而不及虑此耶？

㈦惠以欢为骜终身之丑

〔句读1〕惠以欢为骜，终身之丑。

1. 骜，如字，傲也。惠，施惠于人也。句谓以施惠于人而得其欢心为傲，此乃终身之耻行。林希逸：以施惠于人而得人之欢心为骜，以此自骜于世不可，此乃终身可丑之行也。

2. 骜，或作"鹜"，从事也。惠，智慧也。句谓智不大，亦知以欢为务，乃终身之丑。吕惠卿：惠非大知，然以欢乐为骜，终身之丑，犹且有所不为。

〔句读2〕惠以欢为骜终身之丑。

惠，发语词。骜，轻视也。句谓唯求欢欣而轻终身之耻。马其昶：襄二十六年《左传》注："惠，发声也。""惠以欢为骜终身之丑"九字为句，言惟以悦世，自轻其耻。

㈧中民之行进焉耳

1. 中民，平庸之人。进，进行也。句谓平庸之人务为此等之事。林希逸：庸人之所为则务于此而已。罗勉道：此不过寻常人之行进于耳。

2. 中民，得民也。进，尽也。句谓得民之行为尽于此。

奚侗："中"借作"得"。《周礼·师氏》"掌国中失之事"，郑注："故书中为得。""进"借作"尽"。《列子·天论》"终进乎不知也"，张湛注："进当为尽。"此言得民之行亦已尽矣。

3. 中民，治民也。进，超过也。句谓治民必须超乎此。

阮毓崧："中民"见《徐无鬼篇》，盖以治民为能者也。夫惟以治民为能，则必假恩泽以相笼络，如下文相引、相结者，藉以博众庶之称扬，而长一己之声价，故曰"行进焉耳"。进焉者，超过于此之谓也。

㈨相引以名，相结以隐

1. 隐，谓进也。郭象：隐，括，进之谓也。

2. 隐，谓匿也。郭象：隐，恬退之谓也①。成玄英：闻尧之美，相引慕以利名，闻桀之恶，则结之以隐匿。

3. 隐，谓病也。李颐：隐，病患也。虽相引以名声，是相结以病患。

4. 隐，谓私也。陆长庚：相结以隐，谓以心腹相结。

俞樾："隐"当训"私"。《吕氏春秋·圜道篇》"分定则下不相隐"，高注："隐，私也。""相结以隐"，谓相结以恩私。

㈩反无非伤也，动无非邪也

1. 反，谓背逆首然。林希逸：反，背也。反背自然之理，则无非伤道之事也。不好静而好动，则无非邪僻之行也。

2. 反，谓与前所言相反。褚伯秀，反谓反前所言，不能两忘者，则爱恶存怀，与物皆伤也。动谓内无定见，喜誉恶毁者，则随物趣舍，于行为邪也。

3. 反，返也。陆长庚：今之世人皆曰吾将反斯世于唐虞之盛，而不知反之无非伤也。皆曰吾将鼓舞振作乎一世之民，而不知动之无非邪也。

㈠圣人踌躇以兴事

1. 踌躇，谓从容也。成玄英：踌躇，从容。圣人无心，应机而

---

① 《释文》本作："隐，括也。"赵谏议本作："隐，恬退之谓也。"《集释》本作："隐，括进之谓也。"

动，兴起事业，恒自从容。

2. 踌躇，谓不得已也。林希逸：踌躇者，欲进不进之意。以踌躇兴事，即不得已而后应也。

3. 踌躇，谓谨慎也。王夫之：踌躇兴事，则《养生主》之所谓"戒"，《人间世》之所谓"慎"也。

4. 踌躇，谓得意也。陶鸿庆：踌躇者，矜情任智之意。

⊕以每成功

1. 每，如字，往往也。成玄英：不逆物情，故其功每成。林希逸：惟其无心，所以每每成功。

2. 每，如字，求也。章炳麟：《小雅》"每怀靡及"，《汉书·贾谊传》"品庶每生"，然则"每成功"者，犹求成功耳。"每"与"谋"声义亦相近。古文"谋"作"𢘓"。

3. 每，如字，贪也。陶鸿庆：《汉书·贾谊传》"品庶每生"，注："每，贪也。""以每成功"者，犹言以贪成功也。

4. 每，当为"毋"字。吴汝纶：每，当为"毋"，与"无"同。

⊕奈何哉，其载焉终矜尔

1. 载，运载。终，终身、始终。句谓为何始终身带矜持之色。成玄英：运载矜庄，终身不替。宣颖：何故终身载此矜知以行耶？

2. 载，运载。终，终止。句谓为何坚持己见，而不终止其矜持。王敔：载己意以行，止以自矜尔。

3. 载，自负、负累。终，始终。句谓为何始终自负其能。褚伯秀：奈何自负其能，终不免于矜也。吴汝纶：《淮南·诠言》云："反性之本在于去载，去载则虚。"与此文"载"字同。

4. 载，年也。终，终于。林云铭：圣人举事踌躇，若不得已而后应，是以每有成功。余何载而有之？徒终于矜持费力而无益于事也。

5. 载，再也。终，终于。胡文英：踌躇兴事，物来顺应，而非预为蒿目以忧也。知此则成功极易，奈何重问于我，而终以学业相矜也。

宋元君夜半而梦人被发阚阿门⊖，曰："予自宰路之渊，予为清江使河伯之所，渔者余且得予。"元君觉，使人占之，曰："此神龟也。"君曰："渔者有余且乎？"左右曰："有。"君曰："令余且会朝。"明日，余且朝。君曰："渔何得？"对曰："且之网得白龟焉，其园五尺。"君曰："献若之龟。"龟至，君再欲杀之，再欲活之。心疑，卜之，曰："杀龟以卜吉。"乃刳龟，七十二钻而无遗筴。仲尼曰："神龟能见梦于元君，而不能避余且之网；知能七十二钻而无遗筴，不能避刳肠之患。如是，则知有所困①，神有所不及也。虽有至知，万人谋之⊜。鱼不畏网而畏鹈鹕⊜。去小知而大知明⑤，去善而自善矣⑥。婴儿生无石师②⑥而能言，与能言者处也。"

⊖ 阿门

1. 谓曲帘。司马彪：屋曲帘也。

2. 谓旁门。成玄英：阿，曲也。谓阿旁曲室之门。

⊜ 虽有至知，万人谋之

1. 意谓不用至知，而用众谋。郭象：不用其知，而用众谋。

2. 意谓以众谋补己知。陆长庚：虽有至知，亦须毕举群策而后为谋允臧。

3. 意谓至知之人，为万人所谋。苏舆：言一物之智，不敌万人之谋。《山木篇》"贤则谋，不肖则欺"，言贤则为人所谋，与此"谋"义同。

⊜ 鱼不畏网而畏鹈鹕

1. 就网、鹈鹕而言，喻无情者得物。成玄英：网无情而得鱼，喻圣人无心，故天下归之。林疑独：凡无情于物，然后能得物。

2. 就鱼而言，喻明于小而暗于大。王敔：畏小害而不畏大害。宣颖：暗于大，明于小。

---

① 陆德明：一本作"知有所不同"。

② 陆德明：石师，一本作"所师"，又作"硕师"。

(四)**去小知而大知明**

1. 小知、大知，谓自私、任物。郭象：小知自私，大知任物。

2. 小知、大知，谓取于心、无分别。成玄英：小知取于心，大知无分别。

(五)**去善而自善矣**

1. 去善，谓无所美。郭象：去善则善无所慕，善无所慕，则善者不矫而自善也。

2. 去善，谓谴矜尚。成玄英：遣矜尚之小心，合自然之大善。

(六)**婴儿生无石师而能言**

1. 石师，如字，谓匠师也。陆德明：石者，匠师名。谓无人为师匠教之者也。成玄英：婴儿之性，其不假师匠，年渐长大而自然能言者。

2. 石师，或作"硕师"，谓大师也。林希逸："石"与"硕"同。石师，硕大之师能教人者。

3. 石师，或作"所师"。陆长庚：石，疑作"所"，言熏习之移人有如此者。

惠子谓庄子曰："子言无用。"庄子曰："知无用而始可与言用矣。夫①地非不广且大也，人之所用容足耳。然则厕足而垫②㊀之致黄泉，人尚有用乎？"惠子曰："无用。"庄子曰："然则无用之为用也亦明矣。"

(一)**然则厕足而垫之致黄泉**

1. 厕，同侧，旁也。垫，掘也。林希逸：垫，掘也。若使侧足之外，掘至黄泉。

2. 厕，置也。垫，陷也。罗勉道：厕足，置足。垫，陷也。

---

① 王叔岷：覆宋本"夫"作"天"，形之误。

② 陆德明：垫，本又作"埊"，掘也。

庄子曰："人有能游[⊖]，且得不游乎？人而不能游，且得游乎？夫流遁之志，决绝之行，噫，其非至知厚德之任与[⊜]？覆坠而不反，火驰而不顾[⊜]，虽相与为君臣，时也，易世而无以相贱[⊕]，故曰至人不留行焉[⊕]。夫尊古而卑今，学者之流也。且以狶韦氏之流观今之世，夫孰能不波[⊗]！唯至人乃能游于世而不僻，顺人而不失己。彼教不学，承意不彼[⊕]。

㈠人有能游

1. 游，谓游学。陈景元：人能游学于道，性自然也，安得使不游乎？不能游学于道，亦性自然，安得使之游乎？

2. 游，谓放达。林希逸：此言世有达者，有不达者也。游，自乐之意也。

㈡夫流遁之志，决绝之行，噫，其非至知厚德之任与

1. 谓流遁、决绝皆非有道者之所为。吕惠卿：流遁之志，因俗而为卑；决绝之行，离世而为高，皆非至知厚德之任。林疑独：流者，逐物而不反；遁者，防患而不进。决者，果于动；绝者，灭其迹。皆滞于一偏，以之为知，则有所不知；以之为德，则有所不载。

2. 谓流遁、决绝皆有道者之表现。陆长庚：大抵世缘难断，私欲易牵，流遁之志，决绝之行，乃至知厚德之所任，常人不能也。

㈢覆坠而不反，火驰而不顾

1. 谓此为不能自返本性之表现。林希逸：覆坠，陷溺于世故也；火驰，逐于世如火之急也。此皆为世俗所累而不能反身自顾也。阮毓崧：覆坠，谓危乱将亡之国。"火驰"即"北驰"之误。《天地篇》谓："昏暴之主，无道之行，与忠谏相背驰也。"

2. 谓此为入道志坚之状。陆长庚：坠物者谁不反顾，火逸者希不顾家。若也，覆坠而不反，火驰而不顾，则是真有流遁之志、决绝之行者。是人也而后可与游。

㈣虽相与为君臣，时也，易世而无以相贱

1. 句谓流遁决绝、不反不顾之徒，不识易世贵贱则变。成玄英：

时所贤者为君，才不应世者为臣，如舜禹应时相代为君臣也。故世遭革易，不可以为臣为君而相贱轻。流遁之徒不知此事。

2. 句谓唯流遁决绝、不反不顾者，识易世则贵贱亦变之理。陆长庚：真有流遁之志、决绝之行者而后可以与游。今之不能者，只为于世缘上看得不透，遇富贵则贪富贵，遇功名则贪功名，不知虽有南面之尊、北面之荣，一时相与为君臣，极其际遇，而易世之后，无以相贱也，直等耳。

3. 句谓流遁、决绝之时尚，易世则变。陈景元：覆坠谓不游学而废业，火驰谓苦游学而进益，各务所趋，而不反顾，在时所尚，递为君臣而已，何分贵贱哉。宣颖：盛世则贵决绝、果于弃世不反者，而贱流遁、甘于逐物不顾者；衰世则反是。是相与君臣，各因其时也。

⑤至人不留行焉

1. 不留行，谓俱化、无迹也。郭象：唯所遇而因之，故能与化俱。吕惠卿：至人不留行，无辙迹也。

2. 不留行，谓不为此行也。陆长庚：贵己而贱人，先己而后人，何为者哉？以故至人之行不留于此，直将等为浮云，视为傥来，有天下而不与焉。宣颖：不留意行此非至知厚德之任也。

⑥且以狶韦氏之流观今之世，夫孰能不波

1. 波，谓波荡失性。陈景元：以上古圣贤观今之世，无不波荡失性者。林疑独：以三皇已前观今之世，孰不为风波之民。

2. 波，谓心如波之不平静。吕惠卿：以狶韦氏之流，观今世浇薄，其心孰能平而不波乎？

3. 波，谓随波逐流。宣颖：尊古卑今，则意有畸向，皆小儒之见耳。且古人今人同逐波流，又何偏尚乎！

4. 波，借作"颇"，谓偏颇。刘师培："波"借作"颇"，与下文"僻"字并文，皆谓偏侧。

(七)彼教不学，承意不彼

1. 教，教人。句谓因其性而教，顺其意而导。褚伯秀：人来学者，因彼性而教之，不学其所不能。承彼意而顺之，不以彼为异也。

2. 教，世教。句谓不学世教，亦不违世俗。陆长庚：彼，所谓世教者，虽不屑屑焉学之，然亦承其意而不彼。彼者，外词。不彼，言不外之也。

"目彻为明，耳彻为聪，鼻彻为颤，口彻为甘，心彻为知，知彻为德。凡道不欲壅，壅则哽，哽而不止则跈①㊀，跈则众害生。物之有知者恃息㊁，其不殷，非天之罪㊂。天之穿之，日夜无降㊃，人则顾塞其窦。胞㊄有重阆，心有天游㊅。室无空虚，则妇姑勃豀；心无天游，则六凿㊆相攘。大林丘山之善于人也，亦神者不胜㊇。

(一)哽而不止则跈，跈则众害生

1. 跈，读为"踡"，相践也。句谓道不通则踬于世。郭象：当通而塞，则理为不泄而相腾践也。陆德明：跈，《广雅》云："履也、止也。"五敬：跈，音"踡"，止也。谓外踬于世。

2. 跈，读为"捗"，乖戾也。句谓道不通则乖戾于世。

王念孙：践履与壅塞，二义不相比附。今案"跈"读为"捗"。捗，戾也。言哽塞而不止则相乖戾，相乖戾则众害生。

(二)物之有知者恃息

1. 息，指呼吸，气也。林疑独：息者，冲气之往来。

2. 息，指生，性也。林希逸：息，生也。生之谓性，人皆有之，有此受生之性，而后有所知觉。所谓知觉者恃此息也。

(三)其不殷，非天之罪

1. 其，指知而言。殷，当也、中正也。句谓知之当否，由人非由天。郭象：殷，当也。知欲之用，制之由人，非不得已之符也。林

---

① 陆德明：跈，本或作"踡"。

疑独：人之好恶不中者，盖有物塞，非天之罪。

2. 其，指息而言。殷，盛也、中和也。句谓气之盛否，由人非由天。罗勉道：殷，盛也。其息之不盛者，非天使之然。陈寿昌：不殷，不当也。谓气之行不得中和也。

㈣天之穿之，日夜无降

1. 降，如字，停止也。句谓天理或元气贯通万物，日夜不停。成玄英：降，止也。自然之理，穿通万物，自昼及夜，未尝止息。陈景元：元气贯通万物、人之窍穴，昼夜升降，与之无穷。

2. 降，当作"瘴"，即"癃"字，闭也。俞樾：降，当作"瘴"，即"癃"之籀文。《素问·宣明五气篇》："膀胱不利为癃。"又《五常政大论篇》："其病癃闷。"日夜无瘴，谓不癃闷也。

3. 降，同"𩏑"，灭也。马其昶：《广雅》"降"与"𩏑"同，云："灭也。"天人气息日夜相通，未尝有灭。其不能殷盛者，人特以声色自戕耳。

4. 降，通假为"函"，孔也。章炳麟：降者以类通假为函，如"函谷"亦作"降谷"是其例。函者，孔也。《食货志》曰：钱圆函方。此言天穿不可得其朕，人则反自塞之。（《国故论衡·明解故上》）

5. 降，疑为"隙"字。武延绪：降，疑当为"隙"。《德充符篇》"使日夜无郤"，"郤"即"隙"字。《田子方篇》"效物而动，日夜无隙"。"隙""降"形近故误。

㈤胞有重阆

1. 胞，谓胸腔。成玄英：阆，空也。言人腹内空虚，故容藏胃，藏胃空虚，故通气液。高亨："胞"疑原作"胸"，形近而误。

2. 胞，谓庖厨。吴汝纶：胞，读"庖"，厨室也。于鬯："胞"当读"庖"，《说文》："阆，厨也。"今俗称厨房。"阆"之言廊也。重阆者，重廊也。古无"廊"字，故借"阆"，或但作"郎"。《周书·作雒》"重郎"，孔、晁解云："累屋也。"盖今屋重帘之制也。屋有重帘，室自多空虚处。

㈥心有天游

1. 句谓心之虚空。林疑独：天游，喻心虚无系，道生其中。

2. 句谓心之自适。林希逸：以天理自乐，谓之"天游"。

㈦心无天游，则六凿相攘

1. 凿，孔窍也。六凿谓六孔、六情。司马彪：六情攘夺。成玄英：凿，孔也。攘、逆也。自然之道，不游其心，则六根逆，不顺于理。

2. 凿，穿凿也。六凿谓六种官能凿损本性。王敔：六凿，五官与心交相穿凿。宣颖：六凿，六根之凿性者也。心无闲适，则六根用事夺性。

㈧大林丘山之善于人也，亦神者不胜

1. 神者不胜，心智有所不及、有所困扰也。句谓大林丘山显自然本性，心智因之通而喜。郭象：自然之理，有寄物而通也。陆长庚：吾所谓元神不胜其扰，欲求幽静之地以自安，故大林丘山，一见即以为喜。

2. 神者不胜，万物发生，不可胜穷也。句谓大林丘山，茂生万物，见者心悦而喜。郭嵩焘：大林丘山之善于人，言所以乐乎大林丘山，为广大容万物之生也。《说文》："神，天神引出万物者也。"徐锴曰："申即引也。"神者不胜，言发生万物，不可胜穷也。

"德溢乎名⊖，名溢乎暴⊜，谋稽乎誽①⊜，知出乎争，柴生乎守官事果乎众宜⊝。春雨日时，草木怒生，铫鎒于是乎始修，草木之到植者过半而不知其然㊀。静然可以补病㊁，眦搣②㊂可以休③老，宁可以止遽。虽然若是劳者之务也非佚者之所未尝过而问焉㊃。圣人之所以骇㊄天下，神人未尝过而问焉；贤人所以骇世，圣人未尝过而问焉；君子所以骇国，贤人

---

① 陆德明：誽，向本作"弦"。

② 陆德明：眦，亦作"揃"；搣，亦作"搣"

③ 陈景元：张君房本"休"作"沐"。

未尝过而问焉；小人所以合时，君子未尝过而问焉。演门^①有亲死者，以善毁爵为官师，其党人毁而死者半。尧与许由天下，许由逃之；汤与务光，务光怒之；纪他闻之，帅弟子而踆于窾水，诸侯吊之，三年，申徒狄因以踣河。

一 德溢乎名

1. 溢，溢失。句谓德因求名而溢失。林希逸：求名于外，则德性自荡溢矣。

2. 溢，洋溢。句谓德因名声而洋溢。罗勉道：德本在内，因名声而溢。

二 名溢乎暴

1. 暴，谓暴急。句谓名因暴急而荡失。林希逸：暴急而不自安，则名亦荡溢矣。

2. 暴，谓表露。句谓名因表暴而益彰。罗勉道：名本不彰，因表暴而溢。

三 谋稽乎誸

1. 誸，急也。郭象：誸，急也。急而后考其谋。

2. 弦，坚正也。向秀：弦，坚正也。

四 柴生乎守官事果乎众宜

〔句读1〕柴生乎守，官事果乎众宜。

1. 柴，塞也；果，结果、成就。句谓阻塞生于固执，官事成于皆宜。郭象：柴，塞也。众之所宜不一，故官事立也。俞樾：《论语·子路篇》"行必果"，皇侃《义疏》曰："果，成也。"众有所宜而后官事以成，故曰"官事果乎众宜"。

2. 果，阻塞也。句谓心之柴塞生于固执，事求皆宜则有滞塞。林希逸：果，实也、塞也。《齐物论》曰"腹犹果然"之果也。求众事之皆宜而后分职以任事者，有固、必不通之弊。

宣颖：果，犹滞意。官事果乎众宜，管事多也，职任滞于出位也。

3. 柴，独立；果，果行。句谓有守而后独立，官事宜而后果行。王先谦：柴犹独也，有守而后独立不惧，《达生篇》云"柴立其中央"。官之设事必众，皆宜之而后果行。

〔句读2〕柴生乎守官，事果乎众宜。

1. 官，谓官吏。罗勉道：柴即《天地篇》"柴栅"之义。官司屯守之处，竖柴栅以为卫。柴栅木之立，生于"官"司之所守。事本无固必，因众人之所宜遂果决行之。皆失其自然者。

2. 官，谓官能。马其昶：官，即"官知止"之"官"。

⑤**春雨日时，草木怒生，铫镈于是乎始修，草木之到植者过半而不知其然**

1. 此喻顺自然。成玄英：青春时节，时雨之日，凡百草木，萌动而生，于是农具方始修理。此明顺时而动，不逆物情也。陈寿昌："到"通"倒"，草木首地而生，故曰"倒植"。此喻修道而能准乎自然者。

2. 此喻逆本性。陈景元：春泽则草木生而铫镈起，众人逆道以求生，犹草木反根而欲秀也。罗勉道：春雨之时，草木自然怒生，而铫镈之器始修之，反伤其生而逆其性矣。

3. 此喻治心当于未乱之时。吕惠卿：夫为道者之治心，治之于未乱，无若草木怒生而铫镈始修也。

⑥**静然可以补病**

1. 然，如字，助词。林希逸：静然者，安然也；补病者，去故即新、舍末归本也。此心安然，则向之失者可以补而全之矣。

2. 然，如字，通"燃"字。藏云山房主人：静然者，静其心火之然也，故可以补病。

3. 然，"默"字之误。王敔：旧说"然"当作"默"。奚侗："然"字，"默"字之误。《文选》江文通杂体诗注引"然"作"默"。

4. 然，"儺"字之借。章炳麟："然"或体作"蘸"，是古"然"音同"难"，此"然"字当借为"儺"。《诗·卫风》传："儺，行有节度也。"

㈦眥搣可以休老

1. 眥搣，谓剪发也。林疑独：眥搣，谓剪齐须发，以灭老颜。

2. 眥搣，谓按摩也。陈景元：老形之兆发于目眥，披搣皱纹，可以沐浴老容。

3. 眥搣，谓剪除物欲。林希逸：眥搣者，屏除物欲而全其天理，则可以优游而至老。

4. 眥搣，谓闭目养神。刘辰翁：病目无所见，虽病也而可以休老。胡文英：眥，目眥也。搣，灭也。闭目养神，则可以不速老也。

㈧虽然若是劳者之务也非佚者之所未尝过而问焉

〔句读1〕虽然，若是劳者之务也，非佚者之所，未尝过而问焉。

句谓休老、止遽，皆劳者之事，而非逸者之事。林希逸：非佚者之所，犹曰非佚者之事也。

〔句读2〕虽然，若是劳者之务也，非佚者之所未尝过而问焉。

1. 如句。句谓休老、止遽，皆是逸者之事，未能逸者不为之。宣颖：眥搣休老，宁定止遽，姑教劳者以自息之方耳。未能佚者不事此，故不问。

2. "非"字衍。句谓休老、止遽，真正逸者未尝行之。王先谦：此"非"字当衍。刘文典：此言劳者之务，逸者未尝过问。有"非"字则非其指，且与下四句不一律矣。

㈨圣人之所以骇天下

1. 骇，音"骇"，惊扰也。王叔之：骇，谓改百姓之视听也。成玄英：骇，惊也。

2. 骇，音"戒"。陆德明：徐音"戒"，谓上不问下也。

⊕演门

　　1. 谓宋城门。陆德明：宋城门名。

　　2. 谓城之东门。成玄英：演门，东门也。亦有作"寅"者。

　　3. 谓楚邑名。陈景元：一云，楚邑名。

　　4. 谓党名。罗勉道：演门，党名。

"荃①⊖者所以在鱼，得鱼而忘荃；蹄者所以在兔，得兔而忘蹄；言者所以在意，得意而忘言。吾安得夫忘言之人而与之言哉！"

　　⊖荃者所以在鱼

　　1. 荃，谓香草。陆德明：荃，香草也，可以饵鱼。或云，积柴水中，使鱼依而食焉。一云，鱼笱也。

　　2. 荃，谓鱼笱。成玄英：荃，鱼笱也，以竹为之，故字从"竹"。亦有从"草"者，荪荃也、香草也，可以饵鱼，置香草于柴木芦苇之中以取鱼也。

---

　　① 王叔岷：道藏各本、赵谏议本、覆宋本，"荃"并作"筌"。

寓言第二十七

寓言十九㊀，重言十七㊁，卮言㊂日出，和以天倪。寓言十九，藉外论之。亲父不为其子媒，亲父誉之，不若非其父者也。非吾罪也，人之罪也。与己同则应，不与己同则反；同于己为是之，异于己为非之。重言十七，所以已㊃言也。是为耆艾，年先矣，而无经纬本末以期㊄年耆①者，是非先也。人而无以先人，无人道也；人而无人道，是之谓陈人㊅。卮言日出，和以天倪，因以曼衍，所以穷年㊆。不言则齐㊇，齐与言不齐，言与齐不齐也，故曰②无言。言无言：终身言，未尝不③言；终身不言，未尝不言㊈。有自也而可，有自也而不可；有自也而然，有自也而不然。恶乎然？然于然。恶乎不然？不然于不然。恶乎可？可于可。恶乎不可？不可于不可。物固有所然，物固有所可，无物不然，无物不可。非卮言日出，和以天倪，孰得其久！万物皆种㊉也，以不同形相禅，始卒若环，莫得其伦㊋，是谓天均。天均者，天倪也。

㊀寓言十九

1. 十九，谓借寄他人之言，十言有九见信。成玄英：寓，寄也。世人愚迷，妄为猜忌，闻道己说，则起嫌疑，寄之他人，则十言而信九矣。

2. 十九，谓寓言占十分之九。林希逸：十九者，言此书之中，十居其九。谓寓言多也。

---

① 王孝鱼：高山寺本"年耆"二字作"来"。
② 王孝鱼：高山寺本"曰"下有"言"字。
③ 王叔岷：古钞卷子本、道藏成玄英《疏》、林希逸《口义》、褚伯秀《义海纂微》、罗勉道《循本》诸本皆无"不"字。

㈡重言十七

1. 句谓为世所重者之言，十言有七见信。成玄英：重言，长老乡闾尊重者也。老人之言，犹十信其七也。

2. 句谓借重古人之言，占十分之七。林希逸：重言者，借古人之名以自重，如黄帝、神农、孔子是也。十七者，言此书之中，此类十居其七也。

3. 句谓重复之言占十分之七。郭嵩焘：重，当为直容切。《广韵》：“重，复也。”庄生之文，“注焉而不穷，引焉而不竭”是也。

4. 句谓庄重之语占十分之一。曹础基：重言，庄重之言，亦即是庄语，是直接论述作者的基本观点的话。七疑是“弌”之坏字，十一与十九对合。九成是借他人之口说的，一成是作者直接论说的。

㈢卮言日出，和以天倪

1. 卮，酒器也。卮言谓非执一守故之言，中正之言。郭象：夫卮，满则倾，空则仰，非持故也。况之于言，因物随变，唯彼之从，故曰日出。日出谓日新也，日新则尽其自然之分，自然之分尽则和也。陈景元：卮器满则倾，空则仰，中则正，以喻中正之言也。日出未中则斜，过中则昃，及中则明，故卮言日出者，取其中正而明也。

2. 卮，酒器也。卮言谓相欢之言、清淡之言。罗勉道：卮言，如卮酒相欢之言。王闿运：“卮”“觯”同字。觯言，饮燕礼成，举觯后可以语之时之言也，多汎而不切，后世清谈矣。

3. 卮，圆酒器。卮言谓圆满之言。章炳麟：《释文》引《字略》云，卮，圆酒器也。是取圆义，犹言圆言尔。（《齐物论释》）

4. 卮，支也。卮言谓支离之言。司马彪：谓支离无首尾言也。

㈣重言十七，所以已言也，是为耆艾

1. 已言，如字。谓古人已说之言也。成玄英：已自言之，不藉于外，为是长老，故重而信之。郭嵩焘：已言者，已前言之而复言也。

2. 已言，如字。谓止人之争辩也。林希逸：已，止也。已言可以止其争辩也。借重于耆艾之人，则闻者不敢以为非，可以止塞其议论也。

3. 已言，当作"己言"，谓纪古人之言也。高亨：重言者，古人所言，而我再言之。"已"当作"己"，古"纪"字。古人之言我再言之，乃所以记古人之言也。

4. 已言，当作"己言"，谓自己之言。曹础基："己"原作"已"，依《续古逸丛书》本改。己言，自己的话，与"藉外论之"相对。

⑤年先矣，而无经纬本末以期年耆者，是非先也

1. 期，如字，期年耆，谓待以耆宿之礼。成玄英：期，待也。言此人直以年老居先，亦无本末之智，故待以耆宿之礼，非关道德可先也。

2. 期，如字，期年，谓期颐之年。林希逸：期年，期颐之年也。年虽先矣，而学无所见，但以期颐之年而称为耆宿，则其年虽先，不足为先。

3. 期，读为"斯"。期年耆者，谓此年耆者。高亨：期，读为"斯"，《尔雅·释诂》："斯，此也。"《诗·颊弁》"实维何期"，《诗考》文曰："古本期作斯。"《荀子·礼论篇》"故情貌之足以别吉凶，明贵贱亲疏之节，期止矣"，杨注："期当为斯。"并其证。

⑥是之谓陈人

1. 陈人，如字。郭象：直是陈久之人耳。宣颖："陈人"字奇，犹老朽也。

2. 陈人，疑作"陈尸"。高亨："陈人"疑原作"陈尸"。"人""尸"篆形相近而误。

⑦卮言日出，和以天倪，因以曼衍，所以穷年

1. 句谓无心任物而穷尽生涯之限。成玄英：曼衍，无心也。随日新之变转，合天然之倪分，故能因循万有，接物无心，所以穷造化之天年，极生涯之遐寿也。

2. 句谓因理推衍而以为消遣。宣颖：随事理曼衍所在而写之于言，日出之以消遣岁月也。

㈧不言则齐

1. 谓无言则归于一理。林希逸：不言则齐，以无言之言，则归于一理。齐，一也。

2. 谓无言则物自齐一。罗勉道：不言则物自齐一，有言则是非纷起而不齐矣。

㈨言无言：终身言，未尝言；终身不言，未尝不言

1. 句谓无心之言如此。林希逸：无言，无心之言也。终身言，未尝言，无心于言也。终身不言，未尝不言，不言之中亦可悟理，则非不言也。

2. 句谓能化人与不能化人各是如此。罗勉道：终身言而不足以化人，则其言如无有，是未尝言也。终身不言而人自化之，则虽不言而若有以教之，是未尝不言也。

㈩万物皆种

1. 种，谓气也。郭象：虽变化相代，原其气则一。

罗勉道：万物在天地间，本同一种，皆太极、二气、五行之所生，但其赋形不同耳。

2. 种，谓机制也。褚伯秀：世间万物同出于机，而禀形有异。

3. 种，谓种类。宣颖：皆有种类。

⑪莫得其伦

1. 伦，谓理也。成玄英：伦，理也。寻索变化之道，竟无理之可致也。

2. 伦，谓类也。陆树芝：无庸区其伦类。

3. 伦，谓次序也。阮毓崧：伦，等也、次也。言物无始终，如环无端，莫得其先后之次序。

庄子谓惠子曰："孔子行年六十而六十化，始时所是，卒而非之，未知今之所谓是之非五十九非也。"惠子曰："孔子勤志服知也。"庄子曰："孔子谢之[○]矣，而其未之尝言。孔子云：'夫受才乎大本，复灵[○]以生。鸣而当律，言而当法，利义陈乎前而好恶是非直服人之口而已矣^⑤。使人乃以心服而不敢蘁立定天下之定^⑥。'已乎，已乎！吾且不得及彼乎！"

㈠孔子谢之矣，而其未之尝言

1. 谢之，谓服膺自然。郭象：谢变化之自尔，非知力之所为，故随时任物而不造言也。

2. 谢之，谓弃绝用智。宣颖：言孔子已谢去勤劳之迹而进于道，但口未之言耳。

㈡夫受才乎大本，复灵以生

1. 复灵，复其本性也。句谓人受材于大本，返复本性是其生。成玄英：夫人禀受才智于大道妙本，复于灵命以尽生涯，岂得勤志用心，乖于造物！

2. 复灵，即"腹灵"，含灵也。句谓人受材于大本，含灵而生。孙诒让："复"疑与"腹"通。腹灵，犹言含灵也。

3. 复灵，即"伏灵"，千岁松根也。句谓人受材于大本，犹草生于千岁松根。章炳麟："复"从"畐"声，《说文》"畐读若伏"，是"复"可借为"伏"。褚先生补《龟策列传》曰："下有伏灵，上有兔丝。所谓伏灵者在兔丝之下，掘取之入四尺至七尺得矣。"伏灵者，千岁松根也。是此草所以名"伏灵"者，以其受才乎大本。凡受才大本者，皆伏藏灵气于内。草所受才之大本则松根也，人所受才之大本，则天地根也。

㈢利义陈乎前而好恶是非直服人之口而已矣

〔句读1〕利义陈乎前，而好恶是非，直服人之口而已矣。

1. 服，用也。句谓利义、好恶、是非皆用他人之口陈述之。

郭象：服，用也。我无言也，我之所言，直用人之口耳，好恶、是非、利义之陈，未始出吾口也。

2. 服，信服也。句谓在利义面前，能好恶是非之而未能忘之，则只能服人口而不能服人心。林希逸：义利陈乎前而有所是非好恶，则人与我对立，可以服其口，而未能服其心。

〔句读2〕利义陈乎前而好恶，是非直服人之口而已矣。

句谓在义利面前好恶态度明确者，非只能服人之口，亦能服人之心。丁展成：今当读"恶"字句。言利义并立于前，动非失利即失义，此二者人所难决也。惟德人能加之以好恶，抱义无失，舍利不顾，行足使人心服，非仅以言间执人之口也。

(四)使人乃以心服而不敢蘁立定天下之定

〔句读1〕使人乃以心服，而不敢蘁立，定天下之定。

1. 服，用也。句谓因任众人之心，则天下定。郭象：口所以宣心，既用众人之口，则众人之心用矣。我顺众心，则众心信矣，谁敢逆立哉！吾因天下之自定而定之，又何为乎？

2. 服，信服也。句谓使人心服，可定天下。林希逸：是必舍去利义而忘其是非好恶，乃可以使人心服，而无敢与我对立而为忤者，而后可以定天下之定理矣。

〔句读2〕使人乃以心服而不敢蘁，立定天下之定。

句谓使人心服，天下立定。奚侗：此当断"使人乃以心服而不敢蘁"为句，"立"字属下句读。"蘁"借作"愕"，《周礼·占梦》"二曰噩梦"，杜子春云："噩当为惊愕之愕。""立定天下之定"，言其速也，与《家语·六本》"可立而待"之"立"字同义。

曾子再仕而心再化，曰："吾及亲仕，三釜而心乐；后仕，三千钟而不洎[1]，吾心悲。"弟子问于仲尼曰："若参者，可谓无所县其罪乎[⊖]？"曰："既已县[⊖]矣。夫无所县者，可以有哀乎？彼视三釜三千钟，如观雀

---

[1] 王叔岷：《御览》七五七引"洎"下有"亲"字。

蚊虻①⊜相过乎前也。"

㈠若参者，可谓无所县其罪乎

1. 罪，罪过也。句谓曾参虽仕，无愚系干禄之罪？郭象：县，系也。谓参仕以为亲，无系禄之罪也。

2. 罪，网罟也。句谓曾参虽仕，无触利禄之网？章炳麟：此"罪"乃"罪罟"之"罪"，非"辠"之借字也。《说文》："罪，捕鱼竹网也。""无所县其罪"犹云无所结其网耳。以利禄比网罗，或比于羁绊、缨绋皆恒语也。于鬯：疑此本云"可谓无所县其网非乎？"盖凡富贵利禄，莫非网也。系禄如在网矣，非乎者，疑词也。"网非"二字并合成"罪"字。

㈡既已县矣

1. 县，系累也。林希逸：县，系累也。既已县矣者，谓止此悲喜之心便是有所系累也。

2. 县，揭示也。罗勉道：县，犹揭也。既已县矣，其罪已揭矣。

㈢如观雀蚊虻相过乎前也

1. 谓"雀"字衍：俞樾："雀"字衍文也。其文盖曰："彼视三釜三千钟，如观蚊虻相过乎前也。"《淮南子·俶真篇》"毁誉之于己，犹蚊虻之一过也"，义与此同。因"观（繁体作"觀"）"误作"鹳"，则"鹳蚊虻"三字不伦，乃有删一"虻"字，使"蚊"与"鹳"两文相称者，元嘉本是也；又有增一"雀"字，使"鹳雀"与"蚊虻"两文相称者，今本是也。皆非《庄子》之旧矣。

2. 谓脱"鸟"字。王叔岷：陈碧虚《阙误》引张君房本作"如观鸟雀蚊虻"，据注："视荣禄若蚊虻鸟雀之在前而过去耳。"疏："鸟雀大以喻千钟，蚊虻少以比三釜。"是正文原以"鸟雀蚊虻"连文，张君房本是也，今本捝"鸟"字。

---

① 王叔岷：《释文》所出本作"如鹳蚊虻"，云："鹳，本亦作观（繁体作"觀"）。元嘉本作'如鹳蚊'，无虻字。"赵谏议本作"如鹳雀蚊虻"，陈碧虚《阙误》引张君房本作"如观鸟雀蚊虻"。

颜成子游谓东郭子綦曰："自吾闻子之言，一年而野，二年而从，三年而通，四年而物，五年而①来，六年而鬼入，七年而天成，八年而不知死、不知生，九年而大妙⊖。生有为死也劝公以其②死也有自也而生阳也无自也⊖。而果然乎？恶乎其所适？恶乎其所不适？天有历数，地有人据⊜，吾恶乎求之？莫知其所终，若之何其无命也⊝？莫知其所始，若之何其有命也⊛？有以相应也，若之何其无鬼邪⊗？无以相应也，若之何其有鬼邪⊕？"

⊖一年而野，二年而从，三年而通，四年而物，五年而来，六年而鬼入，七年而天成，八年而不知死、不知生，九年而大妙

1. 此谓学者入道之序：修道境界渐高。林疑独："野"谓不文，"从"谓不逆，"通"则不碍，"物"忘我也，"来"则不去，"鬼入"复灵，"天成"与天合德，"不知死生"圣也，"大妙"神也。至于神而极矣！此学者入道之序。

2. 此谓真人守神致功之序：养生工夫渐深。胡远濬：此真人守神致功之序。野，谓息未驯，初致功时所历之象。从，则心息相从。通，则升降无壅，息以踵矣。物，则息已大定，凝情流形。来，谓神发见，是为出定。鬼入，谓神复归舍。天成，则神已还虚。如是跻面壁地位，是为不死不生。至虚极而死生自在，形神大妙矣。

⊖生有为死也劝公以其死也有自也而生阳也无自也

〔句读1〕生有为，死也。劝公，以其私。死也有自也，而生阳也无自也。

公，公正也。句谓死由私，有所自也；生由公，无所自也。郭象：自，由也。由有为，故死。由私其生，故有为。今所以劝公者，以其死之由私耳。夫生之阳，遂以其绝迹无为而忽然独尔，非有由也。

〔句读2〕生有为死也劝，公以其死也有自也，而生阳也无自也。

---

① 武延绪："而"下挽"神"字。
② 陈景元：张君房本"其"下有"私"字。

寓言第二十七

635

公，称谓也。句谓公当知死必有由，生则自然。罗勉道：劝，勉也。公，称死者也。自，由也。生者有为死者劝勉云，公以为死必有所由，如疾病、刑戮，皆由人致而生者，阳气自然发生，非由人为。

〔句读3〕生有为，死也劝公，以其死也有自也，而生阳也无自也。

公，浑同也。句谓生时各有作为，死后同归无为。陆长庚：人生不能无为，如言富贵则有富贵之为，贫贱则有贫贱之为。死则同归无为而已。故曰"生有为，死也劝公"。"公"之为言"同"也。下一"劝"字，劝人灰心灭意以还造化。人皆以其死也有自也，而不知其生阳也无自也。死也有自，谓自有形而返于无形，始见其有，倏见其无，故含情之类不能无悲，而不知遡其生阳之始，实无所自。如是则其始也亦返其无所自者而已。

〔句读4〕生有为，死亡劝，皆以其死阴也有自也，而生阳也无自也。

武延绪："死也劝"本作"死亡劝"，"亡""无"同。"公"疑当为"皆"，草书形近之讹。"其死"下疑脱"阴"字。

㈢天有历数，地有人据

1. 人据，如字，谓方域版图。成玄英：九州四极，人物依据。林希逸：人据，人迹之所至，有可考据者，犹言图经也。陆长庚：人据，谓据人耳目闻见之所及者，《禹贡》图经地理之类是也。

2. 人据，借为"夷剧"，犹言险夷也。章炳麟："人"借为"夷"。《海内西经》"夷羿"作"仁羿"。"夷"可借"仁"为之，亦可借"人"为之。"据"借为"剧"。"剧"有急促义，与平夷相对。地有夷剧，犹言地有夷险、地有难易耳。

3. 人据，谓疑为"文据""八极"之误。武延绪：人，疑当为"文"，谓文字图画也。高亨："人据"疑原作"八极"，并形近而误。

㈣莫知其所终，若之何其无命也

1. 谓结局、根由非智所能知，故有命：某种必然性。郭象：理必自终，不由于知，非命如何？成玄英：天地昼夜，人物死生，寻其根由，莫知终始，时来运去，非命如何？

2. 谓终局非智所能知，故有命：某种主宰者。林希逸：天地之间，日迁月化，谁能知其所终，其运而往也，必有造物主之，安得谓之无命？刘凤苞：不意其终而终，分明有制之者。

㈤莫知其所始，若之何其有命也

1. 谓没有开始，只是自尔，只是无，故不可说有命。郭象：不知其所以然而然，谓之命，似若有意也，故又遣"命"之名以明其自尔，而后命理全也。林希逸：茫茫之初，本来无物，安得谓之有命。

2. 谓一切皆是过程，如自然运行，故不可说有命。成玄英：死去生来，犹春秋冬夏，既无终始，岂其命乎？

㈥有以相应也，若之何其无鬼邪

1. 相应，谓物之作用与反作用。郭象：理必有应，若有神灵以致之也。

2. 相应，谓人之认知功能。成玄英：鬼，神识也。夫耳眼应于声色，心智应于物境，义同影响，岂无灵乎？

3. 相应，谓自然秩序。林希逸：朝必有暮，寒必有暑，时至气应，毫发不差，如此相应，安得谓之无鬼。

㈦无以相应也，若之何其有鬼邪

1. 不相应，谓万物相应是其物理性而非神灵性。郭象：理自相应，相应不由于故也，则虽相应而无灵也。

2. 不相应，谓人在睡眠中神识不能应境。成玄英：夫人睡中，则不知外物，虽有眼耳，则不应声色。

3. 不相应，谓因果秩序亦有不应。林希逸：谦者未必福，仁者未必寿，幽明之间，有时而不相应，安得谓之有鬼神？

众[⊖]罔两问于景曰："若向也俯而今也仰，向也括^①而今也被发，向也坐而今也起，向也行而今止，何也？"景曰："搜搜^{②⊜}也，奚稍问也！予有而不知其所以。予，蜩甲也，蛇蜕也，似之而非也。火与日，吾屯也；阴与夜，吾代也。彼吾所以有待邪，而况乎以^③有待者乎[⊜]！彼来则我与之来，彼往则我与之往，彼强阳则我与之强阳[⊕]。强阳者又何以有问乎！"

⊖众罔两问于景曰

1. 众，众多也。王先谦：影外微阴甚多，故曰"众罔两"。

2. 众^④，"象"字之讹。武延绪："众"疑"象"字讹，"象罔"犹言无象。后人据《齐物论》加"两"字。

3. "众"字衍。陶鸿庆：此作"众罔两"，于义难通。"众"疑"罔"字之误而衍者。隶书"罔"与"众"形近致误。

⊜搜搜也

1. 搜搜，运动貌。向秀：搜搜，动貌。

2. 叟叟，称谓众罔两。吕惠卿：罔两生于影，影外微阴非一，故叟叟。

3. 搜搜，犹区区。刘师培："搜"读《礼·学记》"谇闻"之"谇"，犹区区也。

⊜彼吾所以有待也，而况乎以有待者乎

1. 如句。句谓形为影之所待，而形又有所待。林希逸：彼，指形也。吾，影也。言吾之所待者彼乎，故曰"彼吾所以有待邪？"然形之动也，又有所待，故曰"而况以有待者乎？"

2. 如句。句谓影以形为所待，而罔两又以影为所待。宣颖：彼，指形也。况乎以有待者乎，况罔两又待影乎？

————

① 王叔岷：陈碧虚《阙误》引张君房本，"括"下有"撮"字。疏："撮，束发也。"是成本亦有"撮"字。

② 王孝鱼：赵谏议本"搜"作"叟"。

③ 陈景元：张君房本"以"下有"无"字。

④ "众"字繁体作"衆"。

3. 句疑原作"彼吾所以有待也，而况乎无待者乎?"王叔岷:
"而况乎以有待者乎"，疑原作"而况乎无待者乎"。"无待"与"有
待"对言，故注云:"推而极之，则今之所谓有待者，率至于无待，
而独化之理彰矣。"陈碧虚《阙误》引张君房本作"而况乎以无有待
者乎"，"无"字不误，惟"无"上"以"字，"无"下"有"字，
仍涉上句而衍。

㈣彼强阳则我与之强阳

1. 强阳，谓运动貌。成玄英:强阳，运动之貌。陆长庚:彼健
动则我与之俱健动。陆树芝:血气之运，静为阴，动为阳，无血气而
亦能运动，谓之强阳。影随形之往来而与俱往来，原非血气之运，是
彼强阳则我亦与之强阳也。

2. 强阳，谓气之动。林希逸:形待强阳之气而动，我亦从之。
陈寿昌:气之偏于动者曰强阳。

阳子居⊖南之沛，老聃西游于秦。邀于郊，至于梁而遇老子。老子中
道仰天而叹曰:"始以汝为可教，今不可也。"阳子居不答。至舍，进盥
漱巾栉，脱屦户外，膝行而前曰:"向者弟子欲请夫子，夫子行不闲，是
以不敢。今闲矣，请问其过。"老子曰:"而睢睢盱盱，而谁与居⊜? 大白
若辱，盛德若不足。"阳子居蹵然变容曰:"敬闻命矣!"其往也，舍者迎
将其家公执席⊜，妻执巾栉，舍者避席，炀者避灶。其反也，舍者与之争
席矣。

㈠阳子居

1. 谓杨朱。陆德明、成玄英:姓杨，名朱，字子居。

2. 谓阳戎:宣颖:姓阳，名戎，字子居。徐廷槐:名戎，字子
朱。误"居"。

㈡而睢睢盱盱，而谁与居

1. 睢睢盱盱，谓跋扈之貌。郭象:睢睢盱盱，跋扈之貌。人将
畏难而疏远。宣颖:睢睢，仰目;盱盱，张目。皆傲视貌。

2. 睢睢盱盱，谓厚朴之貌。陆德明：《广雅》云："睢睢盱盱，元气也。"而，汝也。言汝与元气合德，去其矜骄，谁复能同此心？

㈢舍者迎将其家公执席

〔句读1〕舍者迎将，其家公执席。

李颐：家公，主人公也。陈景元：家公，旅邸之主也。

〔句读2〕舍者迎将其家，公执席。

陆德明：一读"舍者迎将其家"为句。褚伯秀：其往也，逆旅主人迎将其于家，公执席，妻执巾栉。言室家通敬之。

让王第二十八

尧以天下让许由，许由不受。又让于子州支父，子州支父曰："以为我天子，犹之可也。虽然，我适有幽忧之病^㊀，方且治之，未暇治天下也。"夫天下至重也，而不以害其生，又况他物乎！唯无以天下为者，可以托天下也^㊁。舜让天下于子州支伯，子州支伯曰："予适有幽忧之病，方且治之，未暇治天下也。"故天下大器也，而不以易生，此有道者之所以异乎俗者也。舜以天下让善卷，善卷曰："余立于宇宙之中，冬日衣皮毛，夏日衣葛绤；春耕种，形足以劳动；秋收敛，身足以休食；日出而作，日入而息，逍遥于天地之间而心意自得。吾何以天下为哉！悲夫，子之不知余也！"遂不受。于是去而入深山，莫知其处。舜以天下让其友石户^①之农，石户之农曰："捲捲^㊂乎后之为人，葆力之士也！"以舜之德为未至也。于是夫负妻戴，携子以入于海，终身不反也。

㊀**幽忧之病**

1. 幽，深也。谓深固之病。王叔之：谓其病深固也。

2. 幽，隐也。谓有暗疾。林希逸：幽忧者，犹今言暗疾也。

3. 幽，清幽也。谓忧不得清闲也。胡文英：忧其不得清幽也。

㊁**唯无以天下为者，可以托天下也**

1. 无以天下为者，谓忘天下者。成玄英：夫忘天下者，无以天下为也，唯此之人，可以委托于天下也。

---

① 陆德明：户，本亦作"后"。

2. 无以天下为者，谓不欲为天下者。林希逸：无以天下为者，言不欲为天下者，方可托之以天下。

〔三〕捲捲乎后之为人

1. 捲捲，用力貌。陆德明：捲捲，用力貌。林希逸：捲捲，自劳也。

2. 捲捲，至诚貌。胡文英："捲"同"卷"，如贾捐之"昧死竭卷"之"卷"。卷卷，诚悃之意。

大王亶父居邠，狄人攻之。事之以皮帛而不受，事之以犬马而不受，事之以珠玉而不受。狄人之所求者，土地也。大王亶父曰："与人之兄居而杀其弟，与人之父居而杀其子，吾不忍也。子皆勉居矣！为吾臣与为狄人臣奚以异！且吾闻之，不以所用养害所养。"因杖筴而去之，民相连⊖而从之，遂成国于歧山之下。夫大王亶父可谓能尊生矣。能尊生者，虽富贵不以养伤身，虽贫贱不以利累形。今世之人居高官尊爵者，皆重失之，见利轻亡其身，岂不惑哉！

〔一〕民相连而从之

1. 连，读为"辇"。句谓百姓载车相从。司马彪：连，读曰"辇"。

2. 连，如字。句谓百姓接连不断相随。成玄英：民相连续。

越人三世弑其君，王子搜⊖患之，逃乎丹穴。而越国无君，求王子搜不得，从之丹穴。王子搜不肯出，越人薰之以艾。乘以王①舆。王子搜援绥登车，仰天而呼曰："君乎，君乎！独不可以舍我乎！"王子搜非恶为君也，恶为君之患也。若王子搜者，可谓不以国伤生矣，此固越人之所欲得为君也。

〔一〕王子搜

1. 谓越国君王翳。李颐：王子名，《淮南子》作翳。

2. 谓越国君王无颛。俞樾：《释文》云："搜，《淮南子》作

---

① 陆德明：王舆，一本作"玉舆"。

翳。"然翳之前无三世弑君之事。《史记·越世家》《索引》以搜为翳之子无颛。据《竹书纪年》，翳为其子所弑，越人杀其子立无余，又见弑而立无颛。是无颛以前三君皆不善终，则王子搜是无颛之异名无疑矣。

韩魏相与争侵地。子华子见昭僖侯，昭僖侯有忧色。子华子曰："今使天下书铭于君之前，书之言曰：'左手攫之则右手废⊖，右手攫之则左手废，然而攫之者必有天下。'君能攫之乎？"昭僖侯曰："寡人不攫也。"子华子曰："甚善！自是观之，两臂重于天下也，身亦重于两臂。韩之轻于天下亦远矣，今之所争，其轻于韩又远。君固愁身伤生以忧戚不得也。"僖侯曰："善哉！教寡人者众矣，未尝得闻此言也。"子华子可谓知轻重矣。

⊖**左手攫之则右手废**

    1. 废，病也。司马彪：废，病也。

    2. 废，弃也。李颐：废，弃也。成玄英：废，斩去之也。

鲁君闻颜阖得道之人也，使人以币先⊖焉。颜阖守陋闾，苴布之衣而自饭牛。鲁君之使者至，颜阖自对之。使者曰："此颜阖之家与？"颜阖对曰："此阖之家也。"使者致币，颜阖对曰："恐听者⊖谬而遗使者罪，不若审之。"使者还，反审之，复来求之，则不得已。故若颜阖者，真恶富贵也。故曰：道之真以治身，其绪余以为国家，其土苴⊖以治天下。由此观之，帝王之功，圣人之余事也，非所以完身养生也。今世俗之君子，多危身弃生以殉物，岂不悲哉！凡圣人之动作也，必察其所以之与其所以为。今且有人于此，以随侯之珠弹千仞之雀，世必笑之。是何也？则其所用者重而所要者轻。夫生者，岂特随侯①之重哉！

⊖**使人以币先焉**

    1. 先，谓先通其意也。成玄英：遣使人赍持币帛，先通其意。

    2. 先，谓宣告其意也。陆德明：先，谓宣其言也。

---

① 俞樾："随侯"下当有"珠"字。若无"珠"字，文义不足。

(二)恐听者谬而遗使者罪

1. 谓上"者"字衍。俞樾：上"者"字衍文。恐听谬而遗使者罪，恐其以误听得罪也。

2. 谓上"者"字是表停顿之语辞。于鬯："者"字有止作语辞而无义者。听者谬，即听谬也，与"使者"之"者"实不同。

(三)其卧茸以治天下

1. 卧茸，谓粪草也。司马彪：卧茸，如粪草也。李颐：卧茸，糟粕也，皆不真物也。

2. 卧茸，谓无心之貌。陆德明：一云，卧茸，无心之貌。

子列子穷，容貌有饥色。客有言之于郑子阳春，曰："列御寇，盖有道之士也，居君之国而穷，君无乃为不好士乎？"郑子阳即令官遗之粟。子列子见使者，再拜而辞。使者去，子列子入，其妻望之而拊心曰："妾闻为有道者之妻子，皆得佚乐。今有饥色，君过①而遗先生食，先生不受，岂不命⊖邪！"子列子笑谓之曰："君非自知我也。以人之言而遗我粟，至其罪我也，又且以人之言，此吾所以不受也。"其卒，民果作难而杀子阳。

(一)岂不命邪

1. 命，如字。成玄英：与粟不受，天命贫穷。

2. 命，读为"慢"。丁展成："命"读如"慢"，言岂不为慢。《大学》"见贤而不能举，举而不能先，命也"，郑注云："命，读为慢，声之误也。"此亦同。

楚昭王失国，屠羊⊖说走而从于昭王。昭王反国，将赏从者，及屠羊说。屠羊说曰："大王失国，说失屠羊；大王反国，说亦反屠羊。臣之爵禄已复矣，又何赏之有！"王曰："强之！"屠羊说曰："大王失国，非臣之罪，故不敢伏其诛；大王反国，非臣之功，故不敢当其赏。"王曰：

---

① 陆德明：过，本亦作"遇"。

"见之!"屠羊说曰:"楚国之法,必有重赏大功而后得见。今臣之知不足以存国,而勇不足以死寇。吴军入郢,说畏难而避寇,非故随大王也。今大王欲废法毁约而见说,此非臣之所以闻于天下也。"王谓司马子綦曰:"屠羊说居处卑贱而陈义甚高,子綦[☐]为我延之以三旌^①[☐]之位。"屠羊说曰:"夫三旌之位,吾知其贵于屠羊之肆也;万钟之禄,吾知其富于屠羊之利也。然岂可以贪爵禄而使吾君有妄施之名乎?说不敢当,愿复反吾屠羊之肆。"遂不受也。

㈠屠羊说

1. 屠羊,谓职业。成玄英:有屠羊贱人名说。

2. 屠羊,谓官名。潘基庆:屠羊,小官;说,名。

㈡子綦为我延之

1. 谓"綦"字衍。俞樾:此昭王自与司马子綦言,当称子,不当称子綦,"綦"字衍。刘文典:《御览》八百二十八引无"綦"字,可证俞说。

2. 谓此"綦"字当作"其"字。王叔岷:"子其为我延之以三旌之位",古钞卷子本、道藏王元泽新传本、赵谏议本、元纂图互注本、世德堂本,"其"并作"綦",盖涉上文"司马子綦"而误。

㈢三旌

1. 如字。林希逸:三旌,三公也。三公之车服各有旌别,故曰"三旌"。

2. 或作三珪。司马彪:谓诸侯之三卿皆执珪也。

3. 疑当作三柱。于鬯:"旌"字或"柱"字之误,楚官有三柱国。司马本作"三珪",案执珪是楚爵,非楚官。

原宪居鲁,环堵之室,茨以生草[☐],蓬户不完,桑以为枢而瓮牖二室褐以为塞[☐],上漏下湿,匡坐而弦。子贡乘大马,中绀而表素[☐],轩车不

---

① 陆德明:三旌,司马本作"三珪"。

容巷，往见原宪。原宪华冠®继履®，杖藜而应门。子贡曰："嘻！先生何病？"原宪应之曰："宪闻之，无财谓之贫，学而不能行谓之病。今宪，贫也，非病也。"子贡逡巡而有愧色。原宪笑曰："夫希世®而行，比周⊕而友，学以为人，教以为己®，仁义之慝，舆马之饰，宪不忍为也。"

㊀茨以生草

1. 茨，谓盖屋。李颐：茨，盖屋也。成玄英：以草盖屋谓之"茨"。

2. 茨，谓盖屋之草。陆长庚：茨，苫屋之草。生草，乱而不芟之草。郭庆藩：生草，谓新生未干之草，即牵萝补屋之意。

3. 茨，积也。故文英：茨，积也。室不治，故所积皆生草。

㊁桑以为枢而瓮牖二室褐以为塞

〔句读1〕桑以为枢，而瓮牖二室，褐以为塞。

司马彪：破瓮为牖，夫妻各一室，以褐衣塞牖。武延绪："二"疑"土"字讹。

〔句读2〕桑以为枢而瓮牖，二室褐以为塞。

陶鸿庆：此文当以"二室褐以为塞"六字相属。塞，隔也，谓以褐衣间隔为内外也，与牖无涉。

㊂子贡乘大马，中绀而表素

1. 中绀而表素，指子贡之衣着。李颐：绀为中衣，加素为表。林希逸：绀，深青赤色也。表素者，以白色为外衣。

2. 中绀而表素，指子贡所乘车之篷盖。成玄英：其轩盖是白素，里为绀色。

㊃华冠

1. 谓以华木皮为冠。陆德明：以华木皮为冠。马叙伦：《韩诗外传》作"楮冠"，《新序》作"桑叶冠"。"楮""华"声同"鱼"类，"桑"则篆形近"华"而讹，"华"借得"樗"。

2. 谓破冠。陆长庚：华冠，裂如开花也。陶鸿庆：《礼记·曲礼》"为国君者华之"，郑注："华，中裂之。"《周礼·夏官·形方氏》"无有华离之地"，阮氏《校勘记》云"今俗语分析谓之花"，即此经"华"字。然则"华冠"谓冠敝而分裂也。

3. 谓草冠。刘文典：《御览》九百九十八引作"草冠屝履"，"华"疑"草"字之误。

⑤维履

1. 谓无后跟之履。李颐：维履，谓履无跟也。

2. 谓拖着鞋。王叔之：体之能蹑举而曳之也。

3. 谓黑色之履。宣颖：维，本韬发作髻者，以黑缯为之。今曰维履，盖黑履也。古人重朱履，以黑履为贱也。

⑥希世而行

1. 希，望也。司马彪：希，望也。所行常顾世誉而动。马叙伦："希"为"睎"省。《说文》曰："睎，望也。"

2. 希，希望。陆长庚：希世，谓希望世人之闻誉。

⑦比周而友

1. 比周，谓周旋交结。成玄英：周旋亲比，以结朋党。

2. 比周，谓比州也。马叙伦：叶大壮曰："周、州古通。"《广雅·释诂》曰："州，国也。"比州，犹言比国，喻子贡交游之广。

⑧学以为人，教以为己

1. 谓所学与所教皆悖道。陆德明：学当为己，教当为人，今反不然也。林希逸：学不为己而为人，教人非为道而为利。

2. 谓所学与所教矛盾。陆长庚：学以为人而教人则曰为己，此便是学问不真实处。

曾子居卫，缊袍无表⊖，颜色肿①哙⊜，手足胼胝。三日不举火，十年不制衣，正冠而缨绝，捉衿而肘见，纳履而踵决。曳纵而歌《商颂》，声满天地，若出金石。天子不得臣，诸侯不得友。故养志者忘形，养形者忘利，致道者忘心矣。

㊀缊袍无表

1. 无表，谓袍外破。林希逸：缊袍，今之絮衣也。无表者，外破而露其絮也。

2. 无表，谓袍无罩衫。曹础基：无表，犹今说没有罩衫。

㊁颜色肿哙

1. 肿哙，谓肿貌。王叔之：盈虚不常之貌。林希逸：肿哙，虚浮也。

2. 肿哙，谓瘠貌。司马彪：肿哙，剥错也。郭庆藩：哙，疑字当为"瘤"，病甚也。通作"瘭"，肿决曰"瘭"。

孔子谓颜回曰："回，来！家贫居卑，胡不仕乎？"颜回对曰："不愿仕。回有郭外之田五十亩，足以给飦⊖粥；郭内之田十亩，足以为丝麻；鼓琴足以自误，所学夫子之道者足以自乐也。回不愿仕。"孔子愀然变容曰："善哉回之意！丘闻之：'知足者，不以利②自累也；审自得者，失之而不惧；行修于内者，无位而不怍。'丘诵之久矣，今于回而后见之，是丘之得也。"

㊀足以给飦粥

1. 飦，音"粘"，烂粥也。陆德明：飦，之然反。字或作"饘"。《广雅》云："糜也。"

2. 飦，音"坚"，稠粥也。陆德明：飦，纪言反。《家语》云："厚粥。"

3. 飦，音"干"，干饭也。陆德明：飦，一音"干"，谓干饼。阮毓崧：《集韵》"飦"亦音"干"，谓燥饭也。

---

① 《释文》本"肿"作"种"。
② 陈景元：江南李氏本"利"作"羡"。

中山公子牟谓瞻子曰:"身在江海之上,心居乎魏①阙⊖之下,奈何?"瞻子曰:"重生。重生则利轻。"中山公子牟曰:"虽知之,未能自胜也。"瞻子曰:"不能自胜则从神无恶乎⊜?不能自胜而强不从者,此之谓重⊜伤。重伤之人,无寿类矣。"魏牟,万乘之公子也,其隐岩穴也,难为于布衣之士⑭;虽未至乎道,可谓有其意矣。

㊀魏阙

1. 魏阙,谓国君之门。司马彪:魏,读曰"巍",象魏观阙,人君门也。言心存荣贵。陆德明:魏阙,《淮南》作"巍"②。许慎云:"天子两观也。"

2. 如字,谓巨阙。吴汝纶:"魏"当训"大",与"巨"同义。

㊁不能自胜则从神无恶乎

〔句读1〕不能自胜则从神,无恶乎!

句谓抑制不住则顺之,勿嫌恶之。成玄英:若不胜于情欲,则宜顺从心神,亦不劳妄生嫌恶也。宣颖:从神,谓不如且顺之;无恶乎,勿伤之。

〔句读2〕不能自胜则从,神无恶乎!

句谓抑制不住则顺之,神不可伤。陆德明:"不能自胜则从"绝句。林希逸:未能自胜者,理未能胜欲也。不能自胜则从者,谓此心未能自已,则且听而顺之;顺之则于神无伤,故曰"神无恶乎"。

㊂此之谓重伤

1. 重伤,谓伤之甚也。陆德明:重伤,重,直用反。

2. 重伤,谓再次受伤。林希逸:不能自胜,一伤也,此念动时也。若于念起之时,强抑遏而不顺之,则苦于自制,是二伤也。

㊃魏牟,万乘之公子也,其隐岩穴也,难为于布衣之士

1. 句谓以万乘公子而隐居学道,难能可贵。成玄英:夫大国王

---

① 陆德明:魏,司马本作"巍"。
② 卢文弨:今《淮南》亦作"魏"。

孙，生而荣贵，遂能岩栖谷隐，身履艰辛，虽未阶乎玄道，而有清高之志，足以激贪勉俗也。

2. 句谓以万乘公子而隐居学道，较难于穷士。陆长庚：魏牟以公子学道，比之韦布之士，熏习尤深，故其胜之也愈难。

孔子穷于陈蔡之间，七日不火①食，藜羹不糁，颜色甚惫，而弦歌于室。颜回择菜，子路、子贡相与言曰："夫子再逐于鲁，削迹于卫，伐树于宋，穷于商周，围于陈蔡，杀夫子者无罪，藉㊀夫子者无禁。弦歌鼓琴，未尝绝音，君子之无耻也若此乎？"颜回无以应，入告孔子。孔子推琴喟然而叹曰："由与赐，细人也。召而来，吾语之。"子路、子贡入。子路曰："如此者，可谓穷矣！"孔子曰："是何言也！君子通于道之谓通，穷于道之谓穷。今丘抱仁义之道以遭乱世之患，其何穷之为㊁！故内省而不穷于道，临难而不失其德，天㊂寒既至，霜雪既降，吾是以知松柏之茂也②。陈蔡之隘，于丘其幸乎！"孔子削③然㊃反琴而弦歌，子路扢然㊄执干而舞。子贡曰："吾不知天之高也，地之下也。"古之得道者，穷亦乐，通亦乐，所乐非穷通也，道德④于此，则穷通为寒暑风雨之序矣。故许由娱于颍阳，而共伯得乎共首⑤。

㊀**藉夫子者无禁**

1. 藉，如字。陆德明：藉，毁也。又云：凌藉。一云，凿也。或云：系也。

2. 藉，借为"藉"。王叔岷：藉，借为"藉"，与《应帝王篇》"执藜之狗来藉"之"藉"同。《说文》："藉，刺也。"

㊁**其何穷之为**

1. 为，犹"谓"也。郭庆藩：为，犹"谓"也。古"谓""为"

---

① 陆德明：元嘉本无"火"字。
② 陈景元：江南古藏本"茂也"下有"桓公得之莒，文公得之曹，越王得之会稽"十六字。
③ 陆德明：削，亦作"梢"。
④ 王孝鱼：高山寺本"德"作"得"。
⑤ 陆德明：共首，本或作"丘首"。

二字义通。《吕氏春秋·慎人篇》作"何穷之谓"。《吕氏春秋·精谕篇》"胡为不可",《淮南·原道篇》《淮南·道应篇》作"胡谓不可"。《汉书·高帝纪》"郦食其为里监门",《史记》"为"作"谓"。皆其证。

2. 为,犹"有"。王叔岷:《意林》引"为"作"有","为"犹"有"也。《大宗师篇》"莫然有间",《释文》:"有间,本亦作为间",即其比。

㈢天寒既至

1. 天寒,如字。成玄英:夫岁寒别木,处穷知士。

2. 天寒,当作"大寒"。俞樾:"天"乃"大"字之误。《国语·鲁语》"大寒降",韦昭注:"谓冬季建丑之月,大寒之后。"若作"天寒既至",失其义矣。《吕氏春秋·慎人篇》亦载此事,正作"大寒"。

㈣孔子削然反琴而弦歌

1. 削然,谓取琴之声。李颐:削然,反琴声。成玄英:削然,取琴声也。

2. 削然,谓取琴之态。林希逸:削然,潇洒之意。陆长庚:削然,孤高之貌。

㈤子路扢然执干而舞

1. 扢然,谓喜貌。司马彪:扢然,喜貌。林希逸:扢然,跃然也。子路闻此言而喜也。

2. 扢然,谓勇貌。李颐:扢然,奋舞貌。王念孙:"扢"与"仡"通,《说文》:"仡,勇壮也。"

舜以天下让其友北人⊖无择,北人无择曰:"异哉后之为人也,居于田亩之中而游尧之门! 不若是而已,又欲以其辱行漫我。吾羞见之。"因自投清冷之渊。

㊀北人无择

1. 北人，谓北方之人。成玄英：北方之人，名曰无择。

2. 北人，谓复姓。俞樾：《广韵·二十五德》北字注："古有北人无择。"则"北人"是复姓。

汤将伐桀，因卞随而谋，卞随曰："非吾事也。"汤曰："孰可?"曰："吾不知也。"汤又因瞀光而谋，瞀光曰："非吾事也。"汤曰："孰可?"曰："吾不知也。"汤曰："伊尹何如?"曰："强力忍垢，吾不知其他也。"汤遂与伊尹谋伐桀，尅之。以让卞随，卞随辞曰："后之伐桀也谋乎我，必以我为贼也；胜桀而让我，必以我为贪也。吾生乎乱世，而无道之人再来漫我以其辱行，吾不忍数闻也。"乃自投椆①㊀水而死。汤又让瞀光曰："知者谋之，武者遂之，仁者居之，古之道也。吾子胡不立乎?"瞀光辞曰："废上，非义也；杀民，非仁也；人犯其难，我享其利，非廉也。吾闻之曰：非其义者，不受其禄；无道之世，不践其土。况尊我乎! 吾不忍久见也。"乃负石而自沉于庐水。

㊁椆水

1. 椆，或作"洞""稠""桐"。司马彪：洞水在颍川。成玄英：稠水，在颍川郡界。字又作"桐"。陆德明：一云，在范阳郡界。

2. 椆，当作"洞"。王叔岷：椆水，《吕氏春秋·离俗篇》作"颍水"。《水经·颍水》注引张显《逸民传》、嵇叔夜《高士传》并作"洞水"。"洞"与"颍"通，《礼记·中庸》"衣锦尚绚"，《释文》"绚，本又作颍"，即其比。据此，则司马本之作"洞"，必"洞"之形误。"洞"误为"洞"，因更误为"桐""椆""稠"诸字矣。

昔周之兴，有士二人处于孤竹，曰伯夷、叔齐。二人相谓曰："吾闻西方有人，似有道者，试往观焉。"至于歧阳，武王闻之，使叔旦往见之，与盟曰："加富二等，就官一列。"血牲而埋之。二人相视而笑曰："嘻，

---

① 陆德明：椆，本又作"桐"，又作"稠"。司马本作"洞"。

异哉！此非吾所谓道也。昔者神农之有天下也，时祀尽敬而不祈喜；其于人也，忠信尽治而无求焉。乐与政为政，乐与治为治㊀，不以人之坏自成也，不以人之卑自高也，不以遭时自利也。今周见殷之乱而遽为政，上谋而下①行赁㊁，阻㊂兵而保威，割牲而盟以为信，扬㊃行以说众，杀伐以要利，是推乱以易暴也。吾闻古之士，遭治世不避其任，遇乱世不为苟存。今天下阚，周②德衰㊄，其并乎周以涂吾身也，不如避之以絜吾行。"二子北至于首阳之山，遂饿而死焉。若伯夷叔齐者其于富贵也苟可得已则必赖高节戾行独乐其志不事于世此二士之节也㊅。

一 乐与政为政，乐与治为治

1. 句谓顺人之欲。陈景元：与政为政，与治为治，从人欲也。胡文英：人乐此政，则行此政；人乐此治，则行此治。阮毓崧：乐与从政者议政事，乐与图治者商治理。凡以顺物情也。

2. 句谓有为而无心。林希逸：与政为政，与治为治，虽有为而无容心也。

3. 句谓循旧而无变。陆长庚：乐与治为治，乐与政为政，言政治一循其旧章，而无心于变更其行事也。

二 上谋而下行赁

1. 如句。林希逸：下行赁者，言以爵禄而招诱天下之士也。陆长庚：上谋而下行赁，谓上则用谋而下则用贿。

2. 句误，"下"字衍。王念孙："上谋而下行赁"，"下"字后人所加也。"上"与"尚"同。"上谋而行赁""阻兵而保威"，句法正相对。后人误读"上"为"上下"之"上"，故加"下"字耳。《吕氏春秋·诚廉篇》正作"上谋而行赁，阻兵而保威"。

三 阻兵而保威

1. 阻，险阻也。陆长庚：险阻其甲兵，以保固自己之威严。

---

① 王孝鱼：高山寺本无"下"字。
② 陈景元：江南古藏本"周"作"殷"。

2. 阻，依恃也。马叙伦：《吕氏春秋·诚廉篇》高诱注曰："阻，依也。"则字当作"宜"，《说文》："宜，人相依宜也。"

㈣扬行以说众

1. 扬，显扬也。陆长庚：自陈其功德，以说众人之心。

2. 扬，读为"阳"，伪也。高亨："扬"读为"阳"，伪也。

㈤今天下闇，周德衰

1. 谓"周德衰"当作"殷德衰"。褚伯秀："今天下闇，周德衰"，陈碧虚照江南古藏本作"殷德衰"。殷德衰，故周灭之也。

2. 谓"周德衰"不误。王叔岷：陈碧虚《阙误》引江南古藏本周作殷，疑浅人所改："周德衰"对上文"昔周之兴"而言，文理甚明。周之兴，殷德已衰，此何待言"殷德衰"乎？

㈥若伯夷叔齐者其于富贵也苟可得已则不必赖高节戾行独乐其志不事于世此二士之节也

〔句读1〕若伯夷、叔齐者，其于富贵也，苟可得已，则必不赖；高节戾行，独乐其志，不事于世，此二士之节也。

苟可得，苟且可得也。句谓伯夷、叔齐对于苟且可得之富贵，决不取焉，而高节危行。陈景元：夷齐辞孤竹而就有道，岂苟爵禄者哉！采薇西山，养志幽林，其禀性高洁也欤！

〔句读2〕若伯夷、叔齐者，其于富贵也，苟可得已，则必不赖高节戾行，独乐其志，不事于世，此二士之节也。

苟可得，如果可得也。句谓如果富贵义在可受，则伯夷、叔齐必不取此孤高之行。林希逸：不赖者，不取以为资也。戾行，刻意为亢也。言伯夷、叔齐非欲为高节戾行，使于富贵稍有可受之义，则必受之矣，亦不至为此高亢之举；惟其于义无可受之理，所以如此。

盗跖第二十九

孔子与柳下季㊀为友，柳下季之弟名曰盗跖㊁。盗跖从卒九千人，横行天下，侵暴诸侯，穴室枢①㊂户，驱人牛马，取人妇女，贪得忘亲，不顾父母兄弟，不祭先祖。所过之邑，大国守城，小国入保，万民苦之。孔子谓柳下季曰："夫为人父者，必能诏其子；为人兄者，必能教其弟。若父不能诏其子，兄不能教其弟，则无贵父子兄弟之亲矣。今先生，世之才士也，弟为盗跖，为天下害，而弗能教也，丘窃为先生羞之。丘请为先生往说之。"柳下季曰："先生言为人父者必能诏其子，为人兄者必能教其弟，若子不听父之诏，弟不听兄之教，虽今先生之辩，将奈之何哉！且跖之为人也，心如涌泉，意如飘风，强足以拒敌，辩足以饰非，顺其心则喜，逆其心则怒，易辱人以言。先生必无往。"孔子不听，颜回为驭，子贡为右，往见盗跖。

㊀柳下季

1.谓展获，鲁僖公时人。陆德明：柳下惠姓展，名获，字季禽。一云：字子禽，居柳下而施德惠。一云：惠，谥也。一云：柳下，邑名。案《左传》云，展禽是鲁僖公时人，至孔子生八十余年，不得为友，是寄言也。

2.谓展禽，鲁庄公时人。成玄英：姓展，名禽，字季。食采柳下，故谓之柳下季。亦言居柳树之下，故以为号。展禽是鲁庄公时，孔子相去百余岁，而言友者，盖寓言也。

---

① 陈景元：刘得一本"枢"作"抠"。

㈡盗跖

1. 谓秦之大盗。陆德明：李奇注《汉书》云："跖，秦之大盗也。"

2. 谓黄帝时之大盗。俞樾：《史记·伯夷传正义》又云："蹠者，黄帝时大盗之名。"是跖之为何时人，竟无定说。

3. 谓鲁僖文间人。章炳麟：盗跖与孔子不相及，庄生所录诚寓言，然实为展禽之弟，在鲁僖文间。（《检论·儒侠》）

㈢穴室枢户

1. 枢，如字。枢户，门户也。司马彪：破人户枢而取物。

2. 枢，如字。枢户，枢其门户。于鬯："枢户"与"穴室"对文。穴室者，穴其室壁；枢户者，枢其户关。穴字、枢字并实字虚用之也。

3. 枢，"抠"之误。孙诒让：枢，当为"抠"。殷敬顺《列子释文》云："抠，探也。"

盗跖乃方休卒徒大①山之阳，脍人肝而铺之。孔子下车而前，见谒者曰："鲁人孔丘，闻将军高义，敬再拜谒者。"谒者入通，盗跖闻之大怒，目如明星，发上指冠，曰："此夫鲁国之巧伪人孔丘非邪？为我告之：尔作言造语，妄称文武，冠枝木之冠⊖，带死牛之胁，多辞谬说，不耕而食，不织而衣，摇唇鼓舌，擅生是非，以迷天下之主，使天下学士不反其本，妄作孝弟，而傲倖于封侯富贵者也。子之罪大极重，疾走归！不然，我将以子肝益昼铺之膳！"

㈠冠枝木之冠

1. 枝木之冠，谓冠多华饰。司马彪：冠多华饰，如木之枝繁。

2. 枝木之冠，谓削木之皮为冠。林希逸：削木枝之皮以为冠。

3. 枝木之冠，疑为"枯木之冠"。马叙伦："枝"疑为"枯"字之讹。枯木、死牛对文。

---

① 王孝鱼：赵谏议本"大"作"太"。

孔子复通曰："丘得幸于季，愿望履幕①⊖下。"谒者复通，盗跖曰："使来前！"孔子趋而进，避席反走，再拜盗跖。盗跖大怒，两展其足，案剑瞋目，声如乳虎，曰："丘来前！若所言，顺吾意则生，逆吾心则死。"

⊖愿望履幕下

1. 如句。句谓愿一登帐下。成玄英：不敢正视仪容，愿履帐幕下。阮毓崧：此来如得履将军帐幕之下，则愿望足矣。

2. 幕或作蓦。句谓愿一睹足下。陆德明：司马本"幕"作"蓦"，云："言视不敢望跖面，望履结而还也。"成玄英："幕"亦有作"蓦"字者。蓦，履迹也。愿履蓦迹，犹看足下。

孔子曰："丘闻之，凡天下②有三德：生而长大，美好无双，少长贵贱见而皆说之，此上德也；知维天地，能辨诸物，此中德也；勇悍果敢，聚众率兵，此下德也。凡人有此一德者，足以南面称孤矣。今将军兼此三者，身长八尺二寸，面目有光，唇如激丹，齿如齐③贝，音中黄钟，而名曰盗跖，丘窃为将军耻不取焉。将军有意听臣，臣请南使吴越，北使齐鲁，东使宋卫，西使晋楚，使为将军造大城数百里，立数十万户之邑，尊将军为诸侯，与天下更始，罢兵休卒，收养昆弟，共祭先祖。此圣人才士之行，而天下之愿也。"盗跖大怒曰："丘来前！夫可规以利而可谏以言者，皆愚陋恒民④之谓耳。今长大美好，人见而悦之者，此吾父母之遗德也。丘虽不吾誉，吾独不自知邪？且吾闻之，好面誉人者，亦好背而毁之。今丘告我以大城众民，是欲规我以利而恒民畜我也，安可久长也！城之大者，莫大乎天下矣。尧、舜有天下，子孙无置锥之地；汤、武立为天子，而后世绝灭。非以其利大故邪？且吾闻之，古者禽兽多而人少，于是民皆巢居以避。昼拾橡栗，暮栖木上，故命之曰有巢氏之民。古者民不知衣服，夏多积薪，冬则炀之，故命之曰知生之民。神农之世，卧则居

---

① 陆德明：司马本"幕"作"蓦"。
② 陈景元：凡天下，张君房本作"天下人"。
③ 陆德明：齐贝，一本作"含贝"。
④ 陆德明：恒民，一本作"顺民"。后亦尔。

居，起则于于，民知其母，不知其父，与麋鹿共处，耕而食，织而衣，无有相害之心，此至德之隆也。然而黄帝不能致德，与蚩尤战于涿鹿之野，流血百里。尧、舜作，立群臣，汤放其主，武王杀纣。自是以后，以强陵弱，以众暴寡。汤、武以来，皆乱人之徒也。今子修文武之道，掌天下之辩，以教后世。缝①衣浅带㊀，矫言伪行，以迷惑天下之主，而欲求富贵焉。盗莫大于子，天下何故不谓子为盗丘，而乃谓我为盗跖？子以甘辞说子路而使从之，使子路去其危冠，解其长剑，而受教于子，天下皆曰孔丘能止暴禁非。其卒之也，子路欲杀卫君而事不成，身菹于卫东门之上，是子教之不至也。子自谓才士圣人邪，则再逐于鲁，削迹于卫，穷于齐，围于陈、蔡，不容身于天下。子教子路菹此患上无以为身下无以为人㊁，子之道岂足贵邪？世之所高，莫若黄帝，黄帝尚不能全德，而战涿鹿之野，流血百里。尧不慈、舜不孝，禹偏枯，汤放其主，武王伐纣，文王拘羑里。此六子者，世之所高也。孰论之，皆以利惑其真而强反其情性，其行乃甚可羞也。世之所谓贤士，伯夷、叔齐。伯夷、叔齐辞孤竹之君，而饿死于首阳之山，骨肉不葬。鲍焦饰行非世，抱木而死。申徒狄谏而不听，负石自投于河，为鱼鳖所食。介子推至忠也，自割其股以食文公，文公后背之，子推怒而去，抱木而燔死。尾生与女子期于梁下，女子不来，水至不去，抱梁柱而死。此六子者，无异于磔犬流豕㊂、操瓢而乞者，皆离②㊃名轻死，不念本养寿命者也。世之所谓忠臣者，莫若王子比干、伍子胥。子胥沉江，比干剖心。此二子者，世谓忠臣也，然卒为天下笑。自上观之，至于子胥、比干，皆不足贵也。丘之所以说我者，若告我以鬼事，则我不能知也；若告我以人事者，不过此矣，皆吾所闻知也。今吾告子以人之情：目欲视色，耳欲听声，口欲察味，志气欲盈。人上寿百岁，中寿八十，下寿六十，除病瘦③死丧忧患，其中开口而笑者，一月之中不过四五日而已矣。天与地无穷，人死者有时，操有时之具而托于无穷之间，忽然无异骐骥之驰过隙也。不能说其志意、养其寿命者，皆非通道者也。丘之

---

① 《释文》所出本"缝"作"撻"。郭庆藩谓，缝衣，大衣也。或作"逢"。《礼·儒行》"逢掖之衣"，郑注："逢，犹大也。"
② 陈景元：张君房本"离"作"利"。
③ 王念孙："瘦"当为"瘦"字之误也。瘦，亦病也。病瘦为一类，忧患为一类。

所言，皆吾之所弃也。亟去走归，无复言之！子之道狂狂汲汲，诈巧虚伪事也，非可以全真也，奚足论哉！"

①缝衣浅带

1. 浅带，谓衣带浅狭。陆德明：缝带使浅狭。

2. 浅带，谓衣带宽大。曹础基：浅带，《荀子·儒效》杨倞注："浅带，博带也。《韩诗外传》作逢衣博带，言带博则约束衣服者浅，故曰浅带。"

②子教子路菹此患上无以为身下无以为人

〔句读1〕子教子路菹此患，上无以为身，下无以为人，

患，如字，害也。马叙伦：菹，借为"雁"。"歌""鱼"声近。

〔句读2〕子教子路菹，此患，上无以为身，下无以为人，

患，读为"贯"，事也。章炳麟：患，读为"贯"。"串""患"通，"串"即今"贯"。《释诂》："贯，事也。""此贯"者，此事也。即提前所说"修文武之道，掌天下之辩"等，下言"子之道"，即此贯也。

③磔犬流豕

1. 如句。李颐：言上四人不得其死，犹猪狗乞儿流转沟中者也。

2. 句误。"流豕"当为"沉豕"。孙诒让："流豕"无义，疑当为"沉豕"。《周礼·大宗伯》云："以貍沉祭山林川泽，以疈辜祭四方百物。"此"磔犬"即所谓"疈辜"，"沉豕"即所谓"貍沉"。言犬豕见磔沉，弃于沟壑。

④离名轻死

1. 离，丽、雁也。林希逸：离，丽也，泥着于名也。宣颖：离，同雁。

2. 离，通"利"。褚伯秀："离名"当是"利名"。王叔岷："离"与利通。《荀子·非十二子》"蓦豯利趿"注："利与离同。"即其证。

孔子再拜趋走，出门上车，执辔三失，目芒然无见，色若死灰，据轼低头，不能出气。归到鲁东门外，适遇柳下季。柳下季曰："今者阙然，数日不见，车马有行色，得微往见跖邪？"孔子仰天而叹曰："然！"柳下季曰："跖得逆汝意若前乎？"孔子曰："然。丘所谓无病而自灸也，疾走料⊖虎头，编虎须，几不免虎口哉！"⊜

⊖料虎头

1. 料，触也，撩也。成玄英：料触虎头。胡怀琛："料"即今"撩"字。

2. 料，称量也。于鬯：料，量也。料虎头，谓料量虎头之轻重大小也。

⊜孔子与柳下季为友……几不免虎口哉

1. 此章寓意当因众而不用己。郭象：此篇寄明因众之所欲亡而亡之，虽纣王可去也；不因众而独用己，虽盗跖不可御也。

2. 此章寓意排除圣迹名利。成玄英：此章大意，排摈圣迹，嗤鄙名利。是以排圣迹则诃责尧舜，鄙名利则轻忽夷齐，故寄孔、跖以摸之意也。

3. 此章意在讥嘲孔子。苏轼：尝疑《盗跖》《渔父》则真若诋孔子者。（《庄子祠堂记》）

子张问于满苟得曰："盍不为行？无行则不信，不信则不任，不任则不利。故观之名，计之利，而义真是也。若弃名利，反之于心，则夫士之为行，不可一日不为乎⊖！"满苟得曰："无耻者富，多信⊜者显。夫名利之大者，几在无耻而信。故观之名，计之利，而信真是也。若弃名利，反之于心，则夫士之为行，抱其天乎⊜！"子张曰："昔者桀、纣贵为天子，富有天下，今谓臧聚⊗曰：'汝行如桀、纣。'则有怍①色，有不服之心者，小人所贱也。仲尼、墨翟，穷为匹夫，今谓宰相曰：'子行如仲尼、墨翟。'则变容易色称不足者，士诚贵也。故势为天子，未必贵也；穷为匹

---

① 陈景元：张君房本"则"下无"有"字，"怍"作"作"

夫，未必贱也。贵贱之分，在行之美恶。"满苟得曰："小盗者拘，大盗者为诸侯，诸侯之门，义士存焉。昔者桓公小白杀兄入嫂，而管仲为臣；田成子常杀君窃国，而孔子受币。论则贱之，行则下之，则是言行之情悖战于胸中也，不亦拂乎？故《书》曰：'孰恶孰美，成者为首，不成者为尾。'"子张曰："子不为行，即将疏戚无伦，贵贱无义，长幼无序。五纪六位①，将何以为别乎？"满苟得曰："尧杀长子，舜流母弟，疏戚有伦乎？汤放桀，武王杀纣，贵贱有义乎？王季为适，周公杀兄，长幼有序乎？儒者伪辞，墨者兼爱，五纪六位将有别乎？且子正为名，我正为利。名利之实，不顺于理，不监于道。吾日①与子讼于无约⑥，曰：'小人殉财，君子殉名，其所以变其情、易其性则异矣，乃至于弃其所为而殉其所不为则一也。'故曰：无为小人，反殉而天；无为君子，从天之理。若枉若直，相而天极；面观四方，与时消息。若是若非，执而圆机；独成而意，与道徘徊。无转⊕而行，无成Ⓐ而义，将失而所为。无赴而富，无殉而成，将弃而天。比干剖心，子胥抉眼，忠之祸也；直躬证父，尾生溺死，信之患也；鲍子立乾⑱，申②子不自理③⑱，廉之害也；孔子⑫不见母，匡子不见父，义之失也。此上世之所传、下世之所语以为士者，正其言，必其行，故服其殃，离其患也。"

㈠若弃名利，反之于心，则夫士之为行，不可一日不为乎

1. 反，乖逆也。句谓行仁义而得名利，故弃名利而不行仁义，则乖逆我心。成玄英：反，乖逆也。若弃名利，则乖逆我心，故士之立身，不可一日不行仁义。

2. 反，反省也。句谓抛开名利，反省于心，则仁义真是一日不可不行吗？陆长庚：不任事修行则名从何来，利从何来？故观之名、计之利，而人事之宜真在是也。若弃名与利，而反之于心以自审，则夫士之为行也，岂真有见于义理之当然而不可一日不为者乎？

3. 反，返归也。句谓即使抛开名利，返归本心，则仁义亦是一

① 陈景元：张君房本"日"作"昔"。
② 王叔岷：《释文》所出本、道藏王元泽《新传》本、元纂图互注本、世德堂本，"申"并作"胜"。
③ 陆德明：本又作"申子自埋"。

日不可不行。王先谦：若弃名利而反之我心，士之为行亦不可一日不为义也。

㈡多信者显

1. 多信，谓多言也、多允诺也。成玄英：多信犹多言也。多言夸伐则显。陆长庚：多信谓以然诺取信于人。

2. 多信，谓多方求伸也。陈景元："信"音"伸"。言俗士处世，忍垢自伸，且取名利之丰厚，要在恶衣恶食，强聒而不舍也。阮毓崧："信"通"伸"。多方求伸则显。

㈢若弃名利，反之于心，则夫士之为行，抱其天乎

1. 反，乖逆也。句谓抛弃名利而背于俗心，士之行则可抱守天真。成玄英：抱，守也，天，自然也。夫修道之士，立身为行，弃掷名利，乃乖俗心，抱守天真，翻合虚玄之道也。

2. 反，反省也。句谓抛开名利而自省，士之行果能一无人伪而抱守其真？陆长庚：若弃名与利而反之于心以自审，则夫士之为行也，岂真一无所为而抱其天乎？

3. 反，返归也。句谓抛开名利而返归本心，士之行则可葆其天真。王先谦：若弃名利而反之吾心，则士之行为惟抱其自然之道而可乎！

㈣今谓臧聚曰

1. 聚，谓盗窃者。成玄英：臧，谓臧获也。聚，谓擎窃，即盗贼、小人也。

2. 聚，谓养马人。孙诒让："聚"当为"驺"。《说文》："驺，厩御也。"《周礼》"趣马"，郑注云："趣，养马者也。"《国语·楚语》"齐有驺马繻"，《月令》"命七驺咸驾"，郑注亦谓即"趣马"。"趣""聚"同从"取"得声，古字通用。聚与臧皆仆隶贱役，故并举之。

㈤五纪六位

1. 五纪，五种自然现象。六位，六种人伦关系。司马彪：五纪，岁、日、月、星辰、历数。六位，君臣父子夫妇。

2. 五纪六位，皆指人伦关系。林希逸：五纪，五常也；六位，三纲也，君臣父子夫妇也。

㈥吾日与子讼于无约

1. 无约，谓莫逆之契也。成玄英：约，谓契誓也。子张、苟得皆共谈玄言于无为之理，敦于莫逆之契也。

2. 无约，谓寓名也。林希逸：无约，无拘束而听其自然也。此又寓意于其名者，如前篇知无为之类。

㈦无转而行

1. 转，背也、改也。林希逸：转，背也，背道而行。陆长庚：无转而行，不改其操也。

2. 转，专也。王念孙：无转而行，"转"读为"专"。《山木篇》"一龙一蛇，与时俱化，而无肯专为"，即此所谓"无专而行"。"专"与"转"古字通用。

㈧无成而义

1. 成，成见也。成玄英：无成尔心，学仁义之道。陆树芝：矫其行而求合于义。

2. 成，止限也。陆长庚：无成而义，不以一节立行也。王念孙：言当随时顺道而不可专行仁义，若专而行，成而义，则将失其所为矣。

㈨鲍子立乾

1. 如句。成玄英：鲍焦廉贞，遭子贡讥之，抱树立干而死。

2. 句误，当作"鲍子不立朝"。于鬯："乾"字盖"朝"字之误，"立"字上脱"不"字。"不立朝"，即不仕也。"鲍子不立朝"

与下句"申子不自理"，文相为偶。

⊕申子不自理

1. 如句。成玄英：申子，晋献公太子申生也，遭丽姬之难，枉被谗谤，不自申理，自缢而死矣。

2. 句或作"申子自埋"。陆德明：本又作"申子自埋"。或云：谓申徒狄抱瓮之河也。王叔岷：审文意，当作"申子自埋"为长。"申子自埋"与上句"鲍子立乾"文既相耦，事亦相类。

⊕孔子不见母

1. 如句。成玄英：孔子滞耽圣迹，历国应聘，其母临终，孔子不见。

2. 句疑。李颐：未闻。俞樾："孔子"疑"仲子"之误，即所谓避兄离母之陈仲子。

无足①问于知和曰："人卒未有不兴名就利者。彼富则人归之，归则下之，下则贵之。夫见下贵者，所以长生安体乐意之道也。今子独无意焉，知不足邪，意⊖知而力不能行邪，故推正不忘邪？"知和曰："今天此人以为与己同时而生，同乡而处者，以为夫绝俗过世之士焉，是专无主正，所以览古今之时、是非之分⊜。与俗化世去至重弃至尊⊜，以为其所为也。此其所以论长生安体乐意之道，不亦远乎！惨怛之疾，恬愉之安，不监于体，怵惕之恐，欣欢之喜，不监于心⊛。知为为而不知所以为，是以贵为天子，富有天下，而不免于患也。"无足曰："夫富之于人，无所不利，穷美究势②，至人之所不得逮，贤人之所不能及。侠⊛人之勇力而以为威强，秉人之知谋以为明察，因人之德以为贤良，非享国而严若君父。且夫声色滋味权势之于人，心不待学而乐之，体不待象而安之。夫欲恶避就，固不待师，此人之性也。天下虽非我孰能辞之⊛？"知和曰："知者之为，故动以百姓，不违其度⊕，是以足而不争，无以为故不求。

---

① 陆德明：一本作"无知"。
② 陆德明：埶，一本作"势"。

不足故求之，争四处而不自以为贪；有余故辞之，弃天下而不自以为廉^㉒。廉贪之实，非以迫外也，反监之度^㉓。势为天子而不以贵骄人，富有天下而不以财戏人。计其患，虑其反，以为害于性，故辞而不受也，非以要名誉也。尧、舜为帝而雍^㉔，非仁天下也，不以美害生也；善卷、许由得帝而不受，非虚辞让也，不以事害己。此皆就其利、辞其害，而天下称贤焉，则可以有之，彼非以兴名誉也。"无足曰："必持其名，苦体绝甘，约养以持生，则亦久病长阨而不死者也。"知和曰："平为福，有余为害者，物莫不然，而财其甚者也。今富人，耳营钟鼓筦籥之声，口嗛^㉕于刍豢醪醴之味，以感其意，遗忘其业，可谓乱矣；侅溺^㉖于冯气^㉗，若负重行而上陂，可谓苦矣；贪财而取慰①^㉘，贪权而取竭^㉙，静居则溺，体泽则冯^㉚，可谓疾矣；为欲富就利，故满若堵耳^㉛而不知避，且冯而不舍，可谓辱矣；财积而无用，服膺而不舍，满心戚醮，求益而不止，可谓忧矣；内则疑劫请之贼，外则畏寇盗之害，内周楼疏，外不敢独行，可谓畏矣。此六者，天下之至害也，皆遗忘而不知察。及其患至求尽性竭财单②以反一日之无故而不可得也^㉜。故观之名则不见，求之利则不得，缭意绝③体^㉝而争此，不亦惑乎！"

㈠今子独无意焉，知不足邪，意知而力不能行邪，故推正不忘邪

1. 下"意"字，谓心意也。成玄英：子独无贪富贵之意乎？为运知不足不求邪？为心意能知，力不能行，故推于正理，志念不忘，以遣贪求之心而不取邪？

2. 下"意"字，谓猜度也。林希逸：言汝之无意于富贵，岂其智不足邪？意，度也。度汝亦知此，而力有不及邪，故推正理以遏求富贵之心而不能忘邪。

3. 下"意"字，语气词，抑或也。陆长庚：奈何子独无意其？亦知有不足耶？意者知虽足以乃之，而力有不能行耶？或故推求正理，为理束缚而不忘耶？郭庆藩：意，语词也，读若"抑"。"抑""意"古字通。

---

① 陆德明：慰，亦作"畏"。陈景元：张君房本"慰"作"辱"。
② 陆德明：单，本或作"殚"，音"祁"。
③ 王叔岷：道藏成玄英疏本、覆宋本并无"绝"字。

㊁今夫此人以为与己同时而生，同乡而处者，以为夫绝俗过世之士焉，是专无主正，所以览古今之时、是非之分也

1. 句谓兴名就利者以己与富贵之人同时同乡为超世绝俗，是乃专愚之见。成玄英：俗人贪利情切，与贵人同时而生，共富人同乡而住者，犹将己为超绝流俗，过越世人，况己之自享于富贵乎！斯乃专愚之人，内心无主，不履正道，不觉古今之时代，不察是非之涯分。

2. 句谓富贵之人，与我同时同乡，岂是超俗之士，但知趋时而已。林希逸：此等富贵之人，皆与我同生斯世，同处此乡，岂是绝俗过世之士，言其非有甚高而不可及也。其意盖谓此亦眼前人耳，我岂不知之。此人其心全无所主，全失性命之正；但知趋时以求己分之益；以他人为非，以己为是，自求其身之益也。

3. 句谓兴名就利者自以为超绝同时同乡之人，其实其人胸中并无主见，但观成败而已。陆长庚：此等名利之人，自以为与我同时而生、同乡而处者，皆不我若，我必绝俗过世之士矣。而察其胸中无主意，不过能览古今之成败，知是非之分别而已。

㊂与俗化世去至重弃至尊

〔句读1〕与俗化，世去至重，弃至尊。

成玄英：与尘俗纷竞，随末而迁化者也。林希逸：为流俗所化，言其所为皆俗人也。

〔句读2〕与俗化世，去至重，弃至尊。

陆长庚：随俗治化，同流合污，以媚于世。王先谦：混同于俗，化合于世。

㊃惨怛之疾，恬愉之安，不监于体，怵惕之恐，欣欢之喜，不监于心

1. 句谓人之身心并非固有悲乐喜惧。成玄英：惨怛，悲也。恬愉，乐也。夫悲乐喜惧者，并身外之事也，故不能监明于圣质，照入于心灵，而愚者妄为之也。林疑独：夫人之情，感物而动，非体之所有，非心之所存。

2. 句谓求富贵名利之人迷而不察悲乐喜惧。林希逸：求富贵之

人，其身其心或安或否，或悲或喜，迷而不觉，不能自见，故曰"不监于体""不监于心"。陆长庚：此等兴名就利之人，好亦不知，苦亦不知，但知为其所为。

㈤侠人之勇力以为威强

1. 侠，当作"挟"。陆德明：侠，音协。宣颖：侠，当作"挟"。

2. 侠，读为"使"。林希逸："使人""因人""秉人"，皆言其富可以使人也。

㈥天下虽非我孰能辞之

〔句读1〕天下虽非我，孰能辞之！

1. 辞，言词，辩白也。成玄英：故天下虽非无足，谁独辩辞于此事者也！

2. 辞，推辞也。陆长庚：天下之人虽不似我之贪着，然亦未见其有超然而独辞者。

〔句读2〕天下虽非，我孰能辞之！

林希逸：天下之人虽皆以为非，而我安能辞避之。

㈦知者之为，故动以百姓，不违其度

1. 句谓知者动以百姓为心，故百姓顺之而不违其法度。

成玄英：夫知慧之人，虚怀应物，故能施为举动，以百姓心为心，百姓顺之，亦不违其法度也。

2. 句谓知者动如百姓，不自违法度。陆长庚：知者之所为，动则如以百姓自处，不敢自放于礼度之外。

㈧不足故求之，争四处而不自以为贪；有余故辞之，弃天下而不自以为廉

1. 此谓凡人与圣人对名利的不同态度。成玄英：夫凡圣区分，贪廉斯隔，是以争贪四方、驰骋八极，不自觉其贪婪；弃舍万乘，辞于九五，而不自觉其廉俭。

2. 此谓有道者对内德与外物的不同态度。林希逸：使其在我有所不足，则穷极四方而争求之，亦不以为贪，此求德也，求在内者也。德足而有余，则身外之物皆辞之，虽辞天下亦不为廉。

㈨廉贪之实，非以迫外也，反监之度

1. 反监之度，谓廉贪皆禀自内心。成玄英：监，照也。夫廉贪实性，非过迫于外物也，而反照于内心，各禀度量不同也。

2. 反监之度，谓廉贪当准之天理。林希逸：贪廉二者之实，非以为人也，非务外也，而皆反求诸天理之法度而监之。

㈩尧、舜为帝而雍

1. 雍，如字，和也。成玄英：雍，和也。夫唐虞之化，宇内和平者。

2. 雍，"推"字之误。孙诒让：疑"雍"当为"推"，形近而误。谓推位于善卷、许由。《汉书·田千秋传赞》"刘子推"，《盐铁·杂论篇》"推"作"雍"，是其证。

㈩口嗛于刍豢醪醴之味

1. 嗛，快适也。成玄英：嗛，称适也。郭庆藩：嗛，快也。《赵策》"膳啗之嗛于魏""齐桓公夜半不嗛易牙"，高注并曰："嗛，快也。"

2. 嗛，满口也。林希逸：嗛，塞其口也。

㈩佗溺

1. 佗溺，谓咽于上，泄于下。陆长庚：气失其平，或咽于上而为佗，或泄于下而为溺。

2. 佗溺，谓沉溺也。陆树芝：佗，非常也。佗溺，当是陷溺，之甚，特异寻常也。

⊕冯气

1. 冯，愤也。陆德明："冯"者，"愤"，愤懑也。言愤畜不通之气。

2. 冯，凭也。陆树芝："冯"当如"冯河"之"冯"。冯气，凭恃气焰。

3. 冯，盛也。王念孙：冯气，盛气也。昭五年《左传》"冯怒"，杜注曰："冯，盛也。"《离骚》"冯不厌乎求索"，王注曰："冯，满也。"楚人名"满"曰"冯"。是"冯"为"盛满"之义。

⊕贪财而取慰

1. 慰，如字，满足也。成玄英：贪取财宝以慰其心。林希逸：取慰，取足也。

2. 慰，通"蔚"，病也。郭庆藩："慰"与"蔚"通。《淮南·俶真篇》"五藏无蔚气"，高注曰："蔚，病也。"《缪称篇》"侏儒瞽师，人之困慰者也"，高注曰："慰，病也。"是"蔚""慰"二字，古训通用。

3. 慰，如字，或借为"愠"，怨也。章炳麟：《诗·小雅》传："慰，怨也。"贪财而取慰，犹言放于利而行多怨。马叙伦："慰"借为"愠"，音同"影"纽。《诗·车辖》"以慰我心"，韩《诗》"慰"作"愠"，是其例证。《说文》曰："愠，怨也。"

⊕贪权而取竭

1. 取竭，谓耗尽己之精力。成玄英：诱诏威权以竭情虑。

2. 取竭，谓攫尽天下之权势。陆长庚：贪权以竭天下之势。

⊕体泽则冯

1. 冯，依凭也。胡文英：体既肥泽，则须冯靠也。

2. 冯，胀满也。阮毓崧：体肥则气闷。

⊕为欲富就利，故满若堵耳而不知避

1. 耳，语尾词。满若堵耳，喻欲望充盈。成玄英：堵，墙也。

夫欲富就利，情同塑壁，譬彼堵墙，版筑满盈。

2. 耳，语尾词。满若堵耳，喻积财甚多。林希逸：满若堵者，言积财而高于堵。

3. 耳，名词。满若堵耳，谓谏言充耳。陆树芝：虽或言提其耳，亦若塞耳无闻，不知避忌。

㊅及其患至求尽性竭财单以反一日之无故而不可得也

〔句读1〕及其患至，求尽性竭财，单以反一日之无故而不可得也。

1. 单，或作"觐"，祈求也。陆德明：单，本或作"觐"，音"祁"。

2. 单，但也。林希逸：单，独也、但也。及其病患已成，虽欲求全其生，去其财，但求一日复如贫居无事之初而不可得也。

〔句读2〕及其患至求尽，性竭财单，以反一日无故而不可得也。

陆树芝：患一日不至，则求之一息不止；及其患至，则求尽矣。贪酷灭性，性固竭矣，而财亦尽。斯时也，欲放鹰犬于蔡上，闻鹤唳于华亭，讵可复得耶！

㊆缭意绝体而争此

1. 将意、体合并解，谓以全部身心去追求。成玄英：缭，缠绕也。情缠绕于名利，心决绝于争求。林希逸：缭意绝体，缠绕其身心也。

2. 将意、体分别解：谓竭思忘生去追求。褚伯秀：缭绕其意，谓深思；决绝其体，谓忘生。胡文英：缭意，意中委曲缭绕也；绝体，宁为死亡也。

说剑第三十

　　昔赵文王⊖喜剑，剑士夹门而客三千余人，日夜相击于前，死伤者岁百余人，好之不厌。如是三年，国衰，诸侯谋之。太子悝患之，募左右曰："孰能说王之意止剑士者，赐之千金。"左右曰："庄子当能。"太子乃使人以千金奉庄子。庄子弗受，与使者俱往见太子，曰："太子何以教周，赐周千金？"太子曰，"闻夫子明圣，谨奉千金以币从者①。夫子弗受，悝尚何敢言。"庄子曰："闻太子所欲用周者，欲绝王之喜好也。使臣上说大王而逆王意，下不当太子，则身刑而死，周尚安所事金乎？使臣上说大王，下当太子，赵国何求而不得也！"太子曰："然。吾王所见，唯剑士也。"庄子曰："诺，周善为剑。"太子曰："然吾王所见剑士，皆蓬头突鬓⊖，垂冠⊜，曼胡⊕之缨，短后之衣，瞋目而语难⊗，王乃说之。今夫子必儒服而见王，事必大逆。"庄子曰："请治剑服。"治剑服三日，乃见太子。太子乃与见王，王脱白刃待之。庄子入殿门不趋，见王不拜。王曰："子欲何以教寡人，使太子先。"曰："臣闻大王喜剑，故以剑见王。"王曰："子之剑何能禁制？"曰："臣之剑，十步一人，千里不留行⊕。"王大悦之，曰："天下无敌矣。"庄子曰："夫为剑者，示之以虚，开之以利，后之以发，先之以至，愿得试之。"王曰："夫子休，就舍待命，令设戏⊕请夫子。"王乃校②剑士七日，死伤者六十余人，得五六人，

---

① 陆德明：一本作"以币从军。"卢文弨：旧"者"讹"军"，今改正。今书有"者"字。王叔岷："以币从者"，古钞卷子本作"以弊从车"。"弊"、"币"（繁体作"幣"）古通。"军"盖"车"之误也。

② 陆德明：校，本或作"教"。

使奉剑于殿下，乃召庄子。王曰："今日试使士敦剑[○]。"庄子曰："望之久矣！"王曰："夫子所御杖，长短何如？"曰："臣之所奉皆可。然臣有三剑，唯王所用，请先言而后试。"王曰："愿闻三剑。"曰："有天子剑，有诸侯剑，有庶人剑。"王曰："天子之剑何如？"曰："天子之剑，以燕谿、石城为锋，齐岱为锷，晋、魏①为脊，周、宋为镡[○]，韩、魏为夹；包以四夷，裹以四时，绕以渤海，带以常山，制以五行，论以刑德，开以阴阳，持以春夏，行以秋冬。此剑，直之无前，举之无上，案之无下，运之无旁。上决浮云，下绝地纪。此剑一用，匡诸侯，天下服矣。此天子之剑也。"文王芒然自失，曰："诸侯之剑何如？"曰："诸侯之剑，以知勇士为锋，以清廉士为锷，以贤良士为脊，以忠圣士为镡，以豪杰士为夹。此剑，直之亦无前，举之亦无上，案之亦无下，运之亦无旁；上法圆天以顺三光，下法方地以顺四时，中和民意以安四乡。此剑一用，如雷霆之震也，四封之内，无不宾服而听从君命者矣。此诸侯之剑也。"王曰："庶人之剑何如？"曰："庶人之剑，蓬头突鬓垂冠，曼胡之缨，短后之衣，瞋目而语难。相击于前，上斩颈领，下决肝肺。此庶人之剑，无异于斗鸡，一旦命已绝矣，无所用于国事。今大王有天子之位而好庶人之剑，臣窃为大王薄之。"王乃牵而上殿。宰人上食，王三环之[○]。庄子曰："大王安坐定气，剑事已毕奏矣。"于是文王不出宫三月，剑士皆服毙其处也。

（一）赵文王

1. 谓后于庄子。司马彪：惠文王也，名何，武灵王子，后庄子三百五十年。

2. 谓与庄子同时。陆德明：《洞纪》云：周赧王十七年，赵惠文王之元年。案《长历》推惠文王与庄子相值，恐彪之言误。

（二）蓬头突鬓

1. 谓着盔貌。陆德明：蓬头，谓着兜鍪也。有毛，故如蓬。

---

① 王叔岷：古钞卷子本"魏"作"卫"。《书钞》一二二、《艺文类聚》六十、《御览》三四四引并同，当从之。今本作"魏"，盖涉下文"韩魏为铗"而误。

2. 谓发乱貌。成玄英：发乱如蓬，鬓毛突出。林希逸：露其发与鬓也。

（三）垂冠

1. 言动作。陆德明：将欲斗，故冠低倾。

2. 言冠。成玄英：铁为冠，垂下露面。林希逸：垂冠，不高其冠，如今包巾也。

（四）曼胡之缨

1. 曼胡，谓无文理也。司马彪：曼胡之缨，谓粗缨无文理也。

2. 曼胡，谓坚固也。吴汝纶：曼胡，坚固之意。《吕览·孟冬纪》"其虫介"，高注："象冬闭固，皮曼胡也。"

（五）瞋目而语难

1. 语难，谓语言不流利。陆德明：勇士愤气积于心胸，言不流利也。

2. 语难，谓以语言相诘难。林希逸：欲斗之时，以语相诘难也。

（六）臣之剑，十步一人，千里不留行

1. 千里不留行，此言剑士，谓所向无敌者。司马彪：十步与一人相击，辄杀之，故千里不留于行也。

2. 千里不留行，此言剑，谓剑锋利。俞樾：十步之内，辄杀一人，则历千里之远，所杀多矣，而剑锋不缺，所当无挠者，是谓十步一人，千里不留行，极言其剑之利也。"行"以剑言，非以人言。

（七）令设戏请夫子

1. 设戏，指剑戏。成玄英：待设剑戏，然后邀延也。胡怀琛：比赛武术之会。

2. 设戏，谓建旗。阮毓崧：戏，《说文》："兵也。"又旗属。《史记·淮阴侯传》"信仗剑从之居戏下"，徐注："戏，一作麾。"马

叙伦："戏"借为"麾"，音同"晓"纽。《汉书·项羽高帝纪》"诸侯罢戏下"，师古曰："戏，军中旌旗也。"

㈧今日试使士敦剑

1. 敦剑，如字，谓断剑也。司马剑：敦，断也。试使用剑相击断截也。

2. 敦剑，如字，谓治剑也。陆长庚：敦剑，治剑也。如"使虞敦匠士"之"敦"。

3. 敦剑，"敦"借为"对"，谓对剑也。马叙伦："敦"借为"对"，音同"端"纽。《说文》曰："对，䈐无方也。"或借为"当"，亦同"端"纽。《说文》曰："当，田相值也。"胡怀琛：窃以为敦，斗也。声相近，通借。

4. 敦剑，"敦"当作"校"，谓校剑也。奚侗："敦"当作"校"，谓比较也。上文"王乃校剑士"，《释文》云："校，本或作教。""校""教"相通，"校"或作"教"。"教""敦"相似，因误为"敦"。

㈨镡

1. 谓剑环。司马彪：镡，剑珥也。成玄英：镡，环也。

2. 谓剑口。陆德明：镡，《三苍》云："剑口也。"

㈩宰人上食，王三环之

1. 三环之，谓三绕所食之地，表愧。林希逸：三环者，不坐而行，环所食之地三币也。此自愧之意也。

2. 三环之，谓三绕所上之食，表敬。陆长庚：环食者，三环其所上之食，以示敬也。

3. 三环之，谓三顾上食之宰人，表不安。于鬯："环"之言还也，承上"宰人上食"而言。当是王三还顾宰人耳，已足状其不安之象。

渔父第三十一

孔子游乎缁帷之林，休坐乎杏坛[○]之上。弟子读书，孔子弦歌鼓琴。奏曲未半，有渔父者，下船而来，须眉交^①[○]白，被发揄袂[○]，行原以上，距陆而止，左手据膝，右手持颐以听。曲终而招子贡、子路二人俱对。客指孔子曰："彼何为者也?"子路对曰："鲁之君子也。"客问其族，子路对曰："族孔氏。"客曰："孔氏者，何治也?"子路未应，子贡对曰："孔氏者，性服忠信，身行仁义，饰礼乐，选[○]人伦，上以忠于世主，下以化于齐民，将以利天下。此孔氏之所治也。"又问曰："有土之君与?"子贡曰："非也。""侯王之佐与?"子贡曰："非也。"客乃笑而还行言曰[○]："仁则仁矣，恐不免其身，苦心劳形以危其真。呜呼! 远哉其分^②[○]于道也!"

○杏坛

1. 谓高坛。司马彪：泽中高处也。李颐：坛名。

2. 谓多杏之坛。成玄英：坛，泽中之高处也；其处多杏，谓之杏坛也。

○须眉交白

1. 谓须眉皆白。李颐：交，俱也。

2. 谓须眉皎白。王叔岷：《释文》："交，一本作皎。"陈碧虚《阙误》引张君房本亦作"皎"。

---

① 陆德明：交，一本作"皎"。

② 陆德明：分，本又作"介"。音"界"。

㈢被发揄袂

1. 揄袂，扬袖也。成玄英：揄，挥也。袂，袖也。散发无冠，野人之貌。遥望平原，以手挥袂。

2. 揄袂，谓垂手袖内。陆德明：谓垂手衣内而行也。

㈣选人伦

1. 选，鉴别。阮毓崧：选，鉴定也。人伦，五伦之仪则也。

2. 选，序列也。李勉，选，谓序列。

㈤客乃笑而还行言曰

〔句读1〕客乃笑而还，行言曰。

林希逸：行言者，行且言也。

〔句读2〕客乃笑而还行，言曰。

曹础基：还行，回头走。

㈥远哉其分于道也

1. 分，如字，离也。司马彪：分，离也。

2. 分，如字，异也。章炳麟：《说文》："异，分也。"则"分"亦"异"也。

3. 分，或作"介"，或读"纷"。郭庆藩："分""介"二形相似，往往溷乱。《汉书·杜周传》"执进退之分"，师古注："分或作介。"是其证。又"界"与"介"古字通。《汉书·扬雄传》"界泾阳抵穰侯而代之"，《文选》"界"作"介"。于鬯："分"盖读为"纷"，"其分于道"者，其纷于道也。谓孔子之道为纷纭繁多也。

子贡还，报孔子。孔子推琴而起，曰："其圣人与！"乃下求之，至于泽畔，方将杖挐而引其船，顾见孔子，还乡而立。孔子反走。再拜而进。客曰："子将何求？"孔子曰："曩者先生有绪言⊖而去，丘不肖，未知所谓，窃待于下风，幸闻咳唾之音，以卒相丘也。"客曰："嘻！甚矣，子之好学也！"孔子再拜而起曰："丘少而修学，以至于今，六十九岁矣，无所得闻至教，敢不虚心！"客曰："同类相从，同声相应，固天之理也。吾请释吾之所有而经子之所以[□]。子之所以者，人事也。天子、诸侯、大夫、庶人，此四者自正，治之美也；四者离位而乱莫大焉。官治其职，人忧^{①□}其事，乃无所陵。故田荒室露，衣食不足，征赋不属，妻妾不和，长少无序，庶人之忧也；能不胜任，官事不治，行不清白，群下荒怠，功美不有，爵禄不持，大夫之忧也；廷无忠臣，国家昏乱，工技不巧，贡职不美，春秋后伦[□]，不顺天子，诸侯之忧也；阴阳不和，寒暑不时，以伤庶物，诸侯暴乱，擅相攘伐，以残民人，礼乐不节，财用穷匮，人伦不饬，百姓淫乱，天子有司之忧也。今子既上无君侯有司之势，而下无大臣职事之官，而擅饰礼乐，选人伦，以化齐民，不泰多事乎！且人有八疵，事有四患，不可不察也。非其事而事之，谓之摠[□]；莫之顾而进之，谓之佞；希意道言，谓之谄；不择是非而言，谓之谀；好言人之恶，谓之谗；析交离亲，谓之贼；称誉诈伪以败恶^②人，谓之慝；不择善否，两容颊^{③□}适，偷[□]拔其所欲，谓之险。此八疵者，外以乱人，内以伤身，君子不友，明君不臣。所谓四患者：好经大事，变更易常，以挂[□]功名，谓之叨；专知擅事，侵人自用，谓之贪；见过不更，闻谏愈甚，谓之很；人同于己则可，不同于己，虽善不善，谓之矜。此四患也。能去八疵，无行四患，而始可教已。"

㈠曩者先生有绪言而去

1. 绪言，谓先言也。陆德明：绪言，犹先言也。宣颖：绪言，发端之言。

2. 绪言，谓余论也。成玄英：绪言，余论也。林希逸：绪言，微言也，谓其略言而未尽也。

㈡吾请释吾之所有而经子之所以

1. 释，解释也。经，经营也。成玄英：渔父大贤，宣尼至圣，

---

① 王叔岷：古钞卷子本，"忧"作"处"。疑草书形近之误（"忧""处"繁体分别作"懮""處"）。

② 王叔岷：陈碧虚《阙误》引张君房本"恶"作"德"，义颇难通，疑即"恶"之误。"德"之本字作"悳"，"恶"误为"悳"，因易为"德"耳。

③ 陆德明：颊，或作"颜"。

贤圣相感，斯同声相应也。故释吾之所有方外之道，经营子之所以方内之业也。阮毓崧：言请就我之所得解释之，以经营子之所为也。

2. 释，舍去也。经，陈述也。林希逸：释吾之所有者，言释去吾所有之道，经子之所以者，条陈世人之所宜知也。释，放下不说也。经，条陈也。

三人忧其事

1. 忧，如字，思也。林希逸：人人各忧其所事。忧，思也。《诗》曰"职思其忧"是也。

2. 忧，当作"处"，安也。于省吾：高山寺卷子本"忧"作"处"，是也。今本作"忧"者，涉下"庶人之忧也"而误。《礼记·檀弓》"何以处我"，注："处，犹安也。"上言"官治其能"，与"人处其事"相对为文。

四春秋后伦

1. 谓朝盟不及等。成玄英：春秋盟会，落朋伦之后。陆德明：朝觐不及等比也。

2. 谓四时不顺。陆长庚：春秋四时，谓四时失序。

五非其事而事之，谓之揔

1. 揔，揽也。林希逸：非己事而强为之，自兜揽也。

2. 揔，儳也。章炳麟："总"借为"儳"。《地官·廛人》"掌敛市总布""肆长敛其总布"，杜子春皆云"总"当为"儳"，古音"东""谈"相转也。《曲礼》"长者不及，毋儳言"，是者，不应豫而豫之也。

六不择善否，两容颊适

1. 颊，面颜也。陆德明：两容颊适，善恶皆容，颜貌调适也。

2. 颊，兼也。章炳麟："颊"从"夹"声，"夹"之平声为"兼"，器有并夹，犹并兼也。此"颊"则借为"兼"。

㈦偷拔其所欲

1. 偷，如字，潜也、暗也。林希逸：揣人意之所欲而潜引拔之，长其恶也。

2. 偷，借为"揄"，引也。马叙伦：偷，借为"揄"，《说文》曰："揄，引也。"

㈧变更易常，以挂功名

1. 挂，高悬也。林希逸：纷更变异，以易常法，自欲高立功名。挂，高也。

2. 挂，谋画也。章炳麟："挂"从"圭"声，与"卦""画"本同字，《说文》："挂，画也。"画，引申为谋画。挂功名者，图功名也，规画功名也。

孔子愀然而叹，再拜而起曰："丘再逐于鲁，削迹于卫，伐树于宋，围于陈、蔡。丘不知所失，而离此四谤者，何也？"客悽然变容曰："甚矣，子之难悟也！人有畏影恶迹而去之走者，举足愈数而迹愈多，走愈疾而影不离身，自以为尚迟，疾走不休，绝力而死。不知处阴以休影，处静以息迹，愚亦甚矣！子审仁义之间，察同异之际，观动静之变，适受与之度，理好恶之情，和喜怒之节，而几于不免矣㊀。谨修而身，慎守其真，还以物与人，则无所累矣。今不修之身而求之人，不亦外乎！"

㊀子审仁义之间，察同异之际，观动静之变，适受与之度，理好恶之情，和喜怒之节，而几于不免矣

1. 此谓孔子但知求达而不知修身，故不能免谤。林希逸：渔父之意，谓夫子之为此，皆为人而非为己，所以不免于四谤。

2. 此谓孔子审处甚精，仍不能免祸。阮毓崧：所审处者如此甚精，尚几乎不能免祸。甚矣，接物之难也。

孔子愀然曰："请问何谓真？"客曰："真者，精诚之至也。不精不诚，不能动人。故强哭者虽悲不哀，强怒者虽严不威，强亲者虽笑不和。

真悲无声而哀，真怒未发①而威，真亲未笑而和。真在内者，神动于外，是所以贵真也。其用于人理也，事亲则慈孝，事君则忠贞，饮酒则欢乐，处丧则悲哀。忠贞以功为主，饮酒之乐为主，处丧以哀为主，事亲以适为主，功成之美，无一其迹矣㊀。事亲以适，不论所以矣；饮酒以乐，不选其具矣；处丧以哀，无问其礼矣。礼者，世俗之所为也；真者，所以受于天也，自然不可易也。故圣人法天贵真，不拘于俗。愚者反此。不能法天而恤于人，不知贵真，禄禄㊁而受变于俗，故不足。惜哉，子之蚤湛于人伪而晚闻大道也！"

㊀功成之美，无一其迹矣

1. 谓成功之美处，表现不一。成玄英：贞者，事之干也，故以功绩为主；饮酒陶荡性情，故以乐为主。是以功在其美，故不可一其事迹也。

2. 谓完美的成功，无一事有迹。林希逸：功成之美，无一事有迹者，功成而不有，无一事而有其迹也。

㊁禄禄而受变于俗

1. 禄禄，贵貌。成玄英：禄禄，贵貌也。

2. 禄禄，平凡貌。陆长庚："禄禄"与"碌碌"同。《老子》云："碌碌如石。"王先谦：禄禄，犹"录录"也。《汉书·萧曹传赞》作"录录"，颜注："录录犹鹿鹿，言在凡庶之中。"奚侗：禄借为娽。《说文》曰："娽，随从也。"

3. 禄禄，拘谨貌。刘师培：禄禄，当为"拘"谊，显示拘象之词。

孔子又再拜而起曰："今者丘得遇②㊀也，若天幸然。先生不羞而比之㊁服役，而身教之。敢问舍所在，请因受业而卒学大道。"客曰："吾闻之，可与往者，与之至于妙道；不可与往者，不识其道。慎勿与之，身乃无咎。子勉之，吾去子矣，吾去子矣！"乃刺船而去，延缘苇间。

---

① 王孝鱼：高山寺本"未发"作"不严"。
② 王叔岷：《释文》所出本、古钞卷子本、元纂图互注本，"遇"并误作"过"。

㈠今者丘得遇也

　　1. 遇，如字。成玄英：尼父喜欢，自嗟庆幸，得逢渔父。

　　2. 遇，作"过"。陆德明：丘得过也，谓得过失也。

㈡先生不羞而比之服役

　　1. 比之，谓当作。成玄英：寻当服勤驱役。

　　2. 比之，谓比数。林希逸：比之服役，言比之弟子也。

　　颜渊还车，子路授绥，孔子不顾，待水波定，不闻拏音而后敢乘。子路旁车而问曰："由得为役久矣，未尝见夫子遇人如此其威也㈠。万乘之主，千乘之君，见夫子未尝不分庭抗礼，夫子犹有倨敖之容。今渔父杖拏逆立，而夫子曲要磬折，言拜而应，得无太甚乎？门人皆怪夫子矣，渔人何以得此乎？"孔子伏轼而叹曰："甚矣，由之难化也！湛于礼义有间矣，而朴鄙之心至今未去。进，吾语汝！夫遇长不敬，失礼也；见贤①不尊，不仁也，彼非至人，不能下人，下人不精，不得其真，故长伤身。惜哉！不仁之于人也，祸莫大焉，而由独擅之。且道者，万物之所由也，庶物失之者死，得之者生。为事逆之则败，顺之则成。故道之所在，圣人尊之。今渔父之于道，可谓有矣，吾敢不敬乎！㈡"

㈠未尝见夫子遇人如此其威也

　　1. 威，威严也。如此其威也，指渔父而言。成玄英：渔父威严，遂至于此。

　　2. 威，敬畏也。如此其威也，指孔子而言。林希逸：如此其威者，言如此其敬畏之也。

㈡孔子游乎缁帷之林……吾敢不敬乎

　　1. 此篇诋孔子。苏轼：尝疑《盗跖》《渔父》则真若诋孔子者，至于《让王》《说剑》皆浅陋不入于道。

---

① 王叔岷：古钞卷子本"贤"作"贵"。《疏》："见可贵而不尊"，是成本亦作"贵"。作"贤"意较长。

2. 此篇述孔子之迹。吕惠卿：孔子体性抱神以游世俗，则岂有渔父之讥哉！所以言此者，盖世之学孔子者，不过其迹，故寓言于渔父以明孔子之所贵者，非世俗所知。子贡之告渔父，乃世俗所知孔子者也。

列御寇第三十二

　　列御寇之齐，中道而反，遇伯昏瞀人。伯昏瞀人曰："奚方⊖而反?"曰："吾惊焉。"曰："恶乎惊?"曰："吾尝食于十浆，而五浆先馈⊜。"伯昏瞀人曰："若是，则若何为惊已?"曰："夫内诚不解⊜形谍⊜成光，以外镇人心，使人轻乎贵老而𩐈⊜其所患。夫浆人特为食羹之货，多①余之赢，其为利也薄，其为权也轻，而犹若是，而况于万乘之主乎！身劳于国而知尽于事，彼将任我以事而效我以功，吾是以惊。"伯昏瞀人曰："善哉观乎！女处已②⊗，人将保⊕女矣!"无几何而往，则户外之屦满矣。伯昏瞀人北面而立，敦杖蹙之乎颐，立有间，不言而出。宾者以告列子，列子提屦，跣而走，暨乎门，曰："先生既来，曾不发③⊗药乎?"曰："已矣，吾固告汝曰人将保汝，果保汝矣。非汝能使人保汝，而汝不能使无保汝也而焉用之感豫出异也⊗。必且有感，摇而本才④，又无谓也⊕。与汝游者又莫汝告也，彼所小言，尽人毒也。莫觉莫悟，何相孰⊕也！巧者劳而知者忧，无能者无所求，饱食而敖游，汎若不系之舟，虚而敖游者也。"

　　㊀奚方而反

　　1. 奚方，何故也。成玄英：方，道也。奚，何也。问其所由中途返意也。

　　2. 奚方，何处也。林希逸：奚方而反，言在何所而回也。

---

①　陈景元：江南李氏本、张君房本，"多"上并有"无"字。
②　陈景元：江南李氏本，"已"作"己"，音"纪"。
③　陆德明：发，司马本作"废"。
④　陆德明：一本"才"作"性"。

㈡吾尝食于十饗，而五饗先馈

1. 五饗先馈，言售给浆之次第。王叔之：皆先馈进于己。姚范：卖浆者以人至之先后为馈浆之次第。列子应食于十浆，而先于五浆而馈，以其形神足以动其畏敬故也。（钱穆《庄子纂笺》引）

2. 五饗先馈，言赠给浆之家数。陆德明：馈，遗也。谓十家中五家先见遗。王敔：卖浆之家十，而五家不待买而先馈之：敬之也。

3. 五饗先馈，言赠给浆之数目。陆长庚：食十浆而五浆先馈，谓取一半之值，而以其半作馈。爱之、敬之故食之，食之故让之也。潘基庆：卖浆之家以其半馈之。

㈢内诚不解

1. 解，谓化释也。成玄英：自觉内心实智，未能悬解。

林希逸：诚积于中而未化也。陆树芝：内有实德固结，于中，如冰冻不解，则中不能虚也。

2. 解，谓见解也。王敔：内实无所见。

㈣形谍成光

1. 谍，动也。林希逸：谍，动也。形谍，形容举动也。成光，有光仪也。即积中发外之意。

2. 谍，伺也。陆树芝：外可间谍，而成光采。为人所窥，则外不能泯于无迹也。

3. 谍，借为"渫"，泄也。孙诒让："谍"当为"渫"之假字。形渫成光，谓形宣渫于外，有光仪也。

㈤使人轻乎贵老而盭其所患

〔句读1〕使人轻乎贵老，而盭其所患。

1. 盭，乱也。成玄英：盭，乱也。未能混俗同尘而为物标杓，使人敬贵于己而轻老人，良恐祸患方乱生矣。

2. 盭，同"赘"，贻也。吕惠卿：使人轻乎贵老而重己，则盭其患而自贻也。"盭"同"赘"。

3. 蝥，聚也。林希逸：蝥，聚也、积也。此等事积而久之，必成患害。言名迹愈露则不能逃当世之患也。

4. 蝥，酿也。罗勉道：蝥，犹酝酿也。所患，谓舍其自然而从事外敬，故以为患也。

〔句读2〕使人轻乎贵，老而蝥其所患。

于鬯：此当读"贵"字句。"老而蝥其所患"者，犹终必酿成患之意。

㈥女处已

1. 已，或作"己"，谓自己、己身。成玄英：汝安处己身，不能忘我。

2. 已，助词。林希逸：处，止也。已，助字也。汝止矣，谓不必出游矣。

㈦人将保女矣

1. 保，作动词，归附也。司马彪：保，附也。

2. 保，作名词，师保也。陆长庚：人将以汝为保，保谓师保。

㈧先生既来，曾不发药乎

1. 发，如字，启发也。成玄英：高人既来，庶蒙针艾，不尝开发药石，遗弃而还。林希逸：发药者，言教诲开发而药石之一。

2. 发，通"废"，置也。司马彪：废，置也。郭庆藩：发、废，古同声通用字。《尔雅》："废，税，舍也。"《方言》："发，税，舍车也。"是"发"与"废"同。

㈨而汝不能使人无保汝也而焉用之感豫出异也

〔句读1〕而汝不能使人无保汝也，而焉用之感豫出异也。

1. 而焉用之感豫也，豫，预先也。句谓汝何须用此预先感人之术。郭象：先物施惠，惠不因彼，豫出则异也。

成玄英：而，汝也。焉，何也。夫物我两忘，亦何须物来感己！

必有机来，感而后应，不劳预出异端，先物施惠。

2. 而焉用之感豫出异也，豫，欢悦也。句谓汝何须用此悦人之术。褚伯秀：汝焉用此感悦之道，出异以动人耶！宣颖：何用此感人欢心、自为表异乎！

〔句读2〕而汝不能使人无保汝也，而焉用之。感豫出异也。

1. 而焉用之，之，指人归附之事。句谓汝何须人保附。陆长庚：使人保汝易，使人不保汝难，汝焉用保为哉！

2. 而焉用之，之，指归附之人。句谓汝何需此保附之人。胡文英：焉用，何用此保之之人也。

⊕必且有感，摇而本才，又无谓也

1. 如句。有感，谓感应于物也。句谓为外物触动，则损性而无益。林希逸：既如此，非惟形见于形者，不能自隐；必且感触摇动汝之本性，其于身尤无益也。胡文英：若有所感而摇汝本来之真性，此种丧己徇物，甚无谓也。

2. 如句。有感，谓给人以感。句谓若必欲感人，则损性而无益。宣颖：若必表异感人，止有损无益也。

3. "必"作"心"。句谓心有外感，则损性而无益。陆长庚：且有心之感，摇尔本生，甚无谓也。本才犹云本性。性本无生，生而有感，感而出豫，何谓乎道哉！

⊕莫觉莫悟，何相孰也

1. 孰，谁也。句谓既不觉悟，如何能谁何之相告。成玄英：孰，谁也。彼此迷途，无能觉，无能悟，何能独晓以相告乎！罗勉道：孰，谁何也，相问之辞。言莫有能觉悟者，何取为相问。

2. 孰，同"熟"。句谓既不觉悟，何可至于成熟。吕惠卿：莫觉莫悟者，不可谓之相孰也。孰言其熏蒸而至于成。胡文英：《史记·张骞传》"使者率多进孰于天子"，注："美言如成熟也。"

3. 孰，犹知也、审也。林疑独：不能觉汝之迷，曷为相孰？孰犹知也，相知则熟矣。郭嵩焘：《说文》："孰，食余也。"孰食曰

"孰"，假借为详审之义。《汉书·本纪》"其孰计之"，《贾谊传》"日夜念此至孰也"，《邹阳传》"愿大王孰察之"，颜师古注："孰，审也。"言莫之觉悟而终不自审也。

郑人缓也呻吟裘氏㊀之地。只三年而缓为儒。河润九里，泽及三族，使其弟墨。儒墨相与辩，其父助翟。十年而缓自杀。其父梦之曰："使而子为墨者，予也。阖胡尝视其良①㊁？既为秋柏之实矣！"夫造物者之报人也，不报其人，而报其人之天㊂。彼故使彼㊃。夫人以己为有以异于人以贱其亲，齐人㊄之井饮者相捽也。故曰今之世皆缓也自是有德者以不知也而况有道者乎㊅！古者谓之遁天之刑㊆。圣人安其所安，不安其所不安；众人安其所不安，不安其所安㊇。庄子曰："知道易，勿言难。知而不言，所以之天也；知而言之，所以之人也㊈。古之人②，天而不人。"

㊀裘氏

1. 地名。陆德明、成玄英：裘氏，地名也。

2. 寓名。司马彪：裘，儒服也。

㊁其父梦之曰："使而子为墨者，予也。阖胡尝视其良？既为秋柏之实矣"

1. 良，谓良师也，善行也。郭象：缓怨其父之助弟，故感激自杀，死而见梦，谓己既能自化为儒，又化弟令墨。弟由己化而不能顺己，己以良师而便怨死，精诚之至，故为秋柏之实。朱得之：句谓父何不见我成弟之善，如时之秋，如柏之实，成其材，开其生意，而乃党弟以致我死乎！

2. 良，或作"壤"，冢也。陆德明：良或作"壤"，冢也。林希逸：阖胡尝视其良，言何不视吾冢也。

3. 良，谓良心也、真性也。林疑独：托梦于父谓，教汝子为墨者，予也。翟不能顺己，又父又助之，予所以怨死，其真性已化为秋柏之实矣。"良"如"良心""良能"之"良"。秋柏坚固后凋，言

① 陆德明：良，或作"壤"。

② 陈景元：张君房本"人"上有"至"字。

为儒之性不可变。

㈢夫造物者之报人也，不报其人，而报其人之天

1. 报，谓报应也、成就也。句谓造物之成就人，不在于成就其人谋，而在成就其天性。林希逸：造物之于人，自有报应之理，不以人之能者为应，而以其人所得于天者为应。彼之学墨而能墨，是造物以其天应之，非汝以人力资给之而能也。宣颖：报犹成也。不报其人，不依人；而报其人之天，但依天性。

2. 报，犹复也。句谓缓已化为秋柏之实，造物不能复其形，但能复其性。褚伯秀：报犹复，天言性也。缓之化为异物，不复其形矣，而能见梦以自陈，其性未尝灭也。

㈣彼故使彼

1. 谓一"彼"指本性，一"彼"指翟。成玄英：彼翟者，先有墨性，故成墨；若率性素无，学终不成也。

2. 谓一"彼"指造物，一"彼"指翟。林希逸："彼故使彼"，上"彼"字造物也，下"彼"字指其弟翟也。

3. 谓一"彼"指缓，一"彼"指翟。王敔：缓之所以使弟者有故。

4. 谓"彼"指儒墨。郭嵩焘：彼者，儒墨也。有儒墨矣，因而有儒墨之辩立。

㈤齐人之井饮者相捽也

1. 齐人，如字，谓齐国之人也。成玄英：齐人穿凿得井，行人汲而饮之，井主护水，捽头而休，庄子闻之，故引为喻。

宣颖：譬如齐人穿井据为己功，而捽去饮者，亦不知泉之出于天也。

2. 齐人，如字，谓众人也。陆长庚：齐人即齐民，犹云众人也。此井岂一人物耶？

3. 齐，读为"挤"，或借为"欵"。于鬯："齐"当读为"挤"，

《说文》："挤，排也。"人方井饮，已往挤排而夺饮，故至于相掉也。高亨："齐"借为"欪"。《说文》："欪，欧也。从欠，此声，欧吐也。""齐""欪"古音近，通用。《诗·墙有茨》"墙有茨"，《说文》引"茨"作"荠"。此言欧吐人之井中，则饮井水者持其头发而辱之也。

㈥故曰今世皆缓也自是有德者以不知也而况有道者乎

〔句读1〕故曰：今世皆缓也。自是，有德者以不知也，而况有道者乎！

自是，从此以后。句谓由缓事可见，有德之人尚不当矜知，何况有道之人。成玄英：观缓之迷，以为己诚有德之人，从是之后，忘知任物，不复自矜，况体道之人，岂视其功耶！

〔句读2〕故曰：今世皆缓也。自是有德者以不知也，而况有道者乎！

1. 自是有德者，自以为是有德者。句谓自以为有德者，已是不智，何况自以为有道者！阮毓崧："以"读为"已"。如缓之以己为有，即自是其有德也。凡若此者，人已笑其不智，何况以有道自是者乎！

2. 自是有德者，就彼有德者而言。句谓就彼有德者而言，犹尚忘知，况有道者乎！钱穆：是，犹彼也。

〔句读3〕故曰，今之世皆缓也自是。有德者以不知，而况有道者乎！

句谓今世之人皆如缓之自矜，有德之人不如此，何况有道之人。俞樾："自是"二字绝句。"以"读为"已"。若缓之自美其儒，是自是也。有德者已不知有此，有道者更无论矣。

㈦古者谓之遁天之刑

1. 天之刑，谓天之罚也。郭象：仍自然之能以为己功者，逃天者也，故刑戮及之。宣颖：以不知而邀为己功，是遁天自贼者，如缓之忿忿，即其刑也。王先谦：上文云"巧者劳而知者忧"，是为天所刑也。

2. 天之刑，谓天刑，即天命也。林疑独：天刑，谓命之自然而不可逃。陆长庚：刑者，成也。天刑谓天之成理。

(八)圣人安其所安，不安其所不安；众人安其所不安，不安其所安

1. 句谓圣人与众人境界的不同：能否混一安与不安。

郭象：圣人无安无不安，顺百姓之心；所安相与异，故所以为众人也。

2. 句谓圣人与众人处事的差异：对自然与人为有不同的选择。成玄英：安，任也。任群生之性，不引物从己，性之无者，不强安之，故所以为圣人也；学己所不能，安其所不安也，不安其素分，不安其所安也，所以为众人也。吕惠卿：圣人安其所安，众人安其所不安。所安者，天也；所不安者，人也。

(九)知道易，勿言难。知而不言，所以之天也；知而言之，所以之人也

1. 谓言则背离本然。郭象：知虽落天地，未尝开言以引物也，应其至分而已。成玄英：运知则易，忘言实难。妙悟玄道，无法可言，故诣于自然之境；虽知至极而犹存言辩，斯未离于人伦矣。陆长庚：道者，无心自然而已。知之亦易而勿言为难，盖言则涉于有心，非默然而成之者矣。

2. 谓言则悖于为己。宣颖：不言，即是为己工夫。之天，适其天也；之人，徇乎人也。刘凤苞：知而勿言，道在于己。知而不言，步步向上，与天为徒；知而言之，步步向外，与人为徒。

朱泙漫⊖学屠龙于支离益，单千金之家①三年②技成而无所用其巧⊜。

㈠朱泙漫

1. 谓姓朱，名泙漫。成玄英：姓朱，名泙漫。

---

① 陆德明：家，本亦作"贾"，又作"价"。陈景元：家，一本作"产"。

② 崔譔本无"年"字。

2. 谓复姓朱泙，名漫。俞樾：朱泙，亦复姓。《广韵·十虞》“朱”字注：“《庄子》有朱泙漫，郭注：朱泙，姓也。”今象注无此文。

(二)单千金之家三年技成而无所用其巧

〔句读1〕单千金之家，三年技成而无所用其巧。

成玄英：殚，尽也。罄千金之产，学杀龙之术，伏膺三年，其道方成，技虽巧妙，卒为无用。

〔句读2〕单千金之家三，技成而无所用其巧。

陆德明："三"绝句。崔云："用千金者，三也。"一本作"三年"，则上句至"家"绝。

圣人以必不必，故无兵；众人以不必必之，故多兵[□]。顺^①于兵故行有求兵恃之则亡[□]。

(一)圣人以必不必，故无兵；众人以不必必之，故多兵

1. 兵，指世人交战之干戈。郭象：理虽必然，犹不必之，斯至顺矣，兵其安有！理虽未必，抑而必之，各必其所见，则乖逆生也。陆长庚：圣人相忘于无事而无兵，众人反是。

2. 兵，指胸中交战之嗜欲。林疑独：兵非在外，喜怒交战于胸中者是也。褚伯秀：兵谓嗜欲交战于中者。

(二)顺于兵故行有求兵恃之则亡

〔句读1〕顺于兵，故行有求。兵，恃之则亡。

1. 如句。求，如字，贪求也。林希逸：人若顺其争竞之心，则其行于世者，常有求敌之意。言物我不能忘也。宣颖：狥于兵事，故动则求济所欲。

2. 句误。"顺"当作"慎"。求，借为"仇"，偶谐也。丁展成：《释文》"顺"作"慎"，"顺""慎"古字通义，则当从"慎"为训。

---

① 《释文》所出本"顺"作"慎"。

言慎乎用兵，则民乐为君死，故每行士皆有偶也。"求"即"仇"之假借。《诗》云"与子偕行"，即此所谓"行有仇"也。

〔句读2〕顺于兵故行，有求兵恃之则亡。

陶鸿庆：此当于"故行"绝句。"有求"二字属下句。顺于兵者，圣人之兵也，不得已而用兵，故曰"顺于兵故行"。有所求而唯兵是恃，则必亡矣。

小夫之知，不离苞苴○竿牍，敝精神乎蹇浅，而欲兼济道①物，太一○形虚。若是者，迷惑于宇宙，形累○不知太初。彼至人者，归精神乎无始，而甘冥②乎无何有之乡。水流乎无形○，发泄○乎太清。悲哉乎！汝为知在毫毛而不知大宁。

○小夫之知，不离苞苴竿牍

1. 苞苴，谓礼品之包裹也。司马彪：苞苴，有包裹也。

宣颖：裹曰苞，藉曰苴，如以果实相遗，必苞苴之。竿牍者，以竹简为书相问遗也。

2. 苞苴，谓香草也。成玄英：苞苴，香草也。竿牍，竹简也。夫赍芳草以相赠，折简牍以相问者，斯盖俗中细务，固非丈夫之所忍为。

○而欲兼济道物，太一形虚

1. 道，同"导"。太一。作名词解，初始也。句谓智浅而欲兼济万物，与太一合一者。成玄英：以蹇浅之知，而欲兼济群物，导达群生，望得虚空其形，合太一之玄道者，终不可也。林疑独：太一，数之始；太初，气之始。

2. 道，如字。太一，作动词解，化均也。句谓智浅而欲兼济万物，化均虚实者。罗勉道："太一形虚"与寻常言"太一""太初"者不同，其句法是"兼济"对"太一"，"道物"对"形虚"。兼济

---

① 王孝鱼：赵谏议本"道"作"导"。
② 陆德明：冥，本亦作"瞑"。又音"眠"。

乎道与物，太一乎形与虚，犹言极均平之耳。

胡文英："太一"，提摄调和之意，与"兼济"一例讲。"形虚"，实与虚也，与"道物"一例讲。

㈢形累不知太初

1. 如句。林希逸：为形迹所累而不知有太初自然之理。

2. 句误，"形累"二字羡。马叙伦："形累"涉郭象注文①而羡。《知北游》"外不观乎宇宙，内不知乎太初"可证。

㈣水流乎无形

1. 无形，谓无固定形状。成玄英：如水流行，随时适变，不守形迹。

2. 无形，谓出于无。林希逸：水之流也，人皆见其有形，而不知其实出于无形。言自无而有也。

㈤发泄乎太清

1. 发泄，谓发源。成玄英：迹不离本，故虽应动，恒发泄于太清之极也。

2. 发泄，谓流归。林希逸：发泄而去，归于太清也。太清即太虚也。

宋人有曹商者，为宋王使秦。其往也，得车数乘。王说之，益车百乘。反于宋，见庄子，曰："夫处穷闾阨巷，困窘织屦，槁项黄馘⊖者，商之所短也；一悟万乘之主而从车百乘者，商之所长也。"庄子曰："秦王有病召医，破痈溃痤者得车一乘，舐痔者得车五乘，所治愈下，得车愈多。子岂治其痔邪，何得车之多也？子行矣！"

㈠黄馘

1. 如字。谓面黄也、发黄也、耳黄也。司马彪：黄馘，谓面黄

---

① 郭象注"若是者，迷惑于宇宙"句曰："志大神散，形为之累，则迷惑而失致也。"

熟也。林希逸：黄馘，发黄而被耳也。罗勉道：黄馘者，耳黄悴消削如被馘然。

2. 馘，疑为"瘶"字之借。俞樾：馘者，停馘也，非所施于此。"馘"疑"瘶"之假字。《说文·疒部》："瘶，头痛也。"黄瘶，谓头痛而色黄。

3. 馘，疑为"颒"字之误。奚侗："馘"疑"颒"之误字。《说文》曰："颒，食不饱，面黄起行也。"

鲁哀公问乎颜阖曰："吾以仲尼为贞干㊀，国其有瘳乎？"曰："殆哉圾乎！仲尼方且饰羽而画，从事华辞，以支㊁为旨，忍性以视民而不知不信受乎心宰乎神夫何足以上民㊂！彼⑧宜女与？予⑨颐与？误⑩而可矣。今使民离实学伪，非所以视民也，为后世虑，不若休之㊃。难治也！"

㊀吾以仲尼为贞干

1. 贞干，如字，谓忠贞干练。成玄英：言仲尼有忠贞干济之德。

2. 贞干，借为"桢干"，谓栋梁也。阮毓崧：宣颖云："贞同桢。"案干①与榦通。《书·费誓》"峙乃桢榦"，孔传曰："桢旁曰榦。桢当墙两端者也，榦在墙两边者也。"

㊁以支为旨

1. 支，如字，支离也。郭象：意趣横出也。成玄英：析派分流为意旨也。

2. 支，"文"字之误。武延绪：按"支"或疑当为"文"。

㊂忍性以视民而不知不信受乎心宰乎神夫何足以上民

〔句读1〕忍性以视民，而不知不信，受乎心、宰乎神，夫何足以上民！

而，代词，指民。句分别言治者与受治者：治者忍性临民，则民应之以不信，如此何可治民。成玄英：后代人君，将慕仲尼之遗轨，

---

① "干"字繁体作"榦"。

安忍性情，用之临人，上下相习，矫伪黔黎，而不知已无信实也。后代百姓，非直外形从之，乃以心神受而用之，不能复自得之性，以此居民上，何足可足哉！胡远濬：上以伪施，下以伪应。

〔句读2〕忍性以视民而不知不信受乎心、宰乎神，夫何足以上民！

而，连词。句唯言治者：治者忍性临民，心神不洽，则不足以治民。林希逸：忍性，矫激也。视民，临民之上也。不知不信者，自不知其不真实也。受乎心者，其心著乎此也。宰乎神者，其神识以此为主宰也。何足以上民，言不足以长民也。马其昶：言忍性视民，心神不能洽也。

㈣彼宜女与

1. 彼，指百姓。成玄英：彼，百姓也。女，哀公也。百姓与汝各有所宜。

2. 彼，指孔子。林希逸：彼指夫子，汝指哀公也。言谓彼有益于汝乎？

㈤予颐与

1. 予，我也。成玄英：予，我也。颐，养也。我与百姓怡养不同。

2. 予，给予也。林希逸：颐，养也。言汝若以彼为贤而养之？

㈥误而可矣

1. 误，如字。成玄英：以贞干之迹错误行之，正不可也。林希逸：若以彼为贤而养之，无益于汝，必误于汝。误而可者，犹言误则有之。

2. 误，当作"悟"。褚伯秀："误"应是"悟"，汝当于此省悟可也。

3. 误，当作"诶"。姚鼐："误"当作"诶"。言民但宜彼此相顺，娱诶而已矣。

㈦今使民离实学伪，非所以视民也，为后世虑，不若休之

1. 不若休之，谓不可教民。成玄英：离实性，学伪法，不可教示黎民，虑后世荒乱，不如休止也。

2. 不若休之，谓勿用孔子。罗勉道：若以仲尼为桢干，乃为后世虑，不如且休。

施于人而不忘，非天布也，商贾不齿，虽以事①齿之，神者弗齿⊖。为外刑者，金与木也，为内刑者，动与过也。宵人⊜之离外刑者，金木讯之；离内刑者，阴阳食之⊜。夫免乎外内之刑者，唯真人能之。

㈠施于人而不忘，非天布也，商贾不齿，虽以事齿之，神者弗齿

1. 如句。句谓施而求报者，商贾亦所不齿。成玄英：二仪布生万物，岂责恩也？能施求报，商客尚不齿理，况君子士人乎！能施恩惠，于物事不得不齿，为责求报，心神亦轻忽不录，百姓之情也。

2. "事"作"士"。句谓施而求报者，如同商贾，为士所不齿。宣颖：古商贾不与士齿，今施而不忘则有相市之意，与商贾正同。虽以名为士而齿之，然人之神情终不欲齿。

㈡宵人之离外刑者

1. 宵人，夜行暗昧之人。郭象：不由明坦之涂者，谓之宵人。褚伯秀：宵人谓冥行而无知见，虽处白日犹长夜也。

2. 宵人，犹小人。罗勉道：宵人，小人也。俞樾：宵人，犹小人。《礼记·学记》"宵雅肄三"，郑注曰："宵之言小也，习《小雅》之三，谓《鹿鸣》《四牡》《皇皇者华》也。"然则"宵人"为小人，犹"宵雅"为《小雅》矣。

㈢离内刑者，阴阳食之

1. 阴阳食之，指生理受伤。成玄英：若不止分，则内结寒暑，阴阳残食之。

---

① 王叔岷：元纂图互注本、世德堂本，"事"并作"士"。

2. 阴阳食之，指心理受伤。胡文英：食之，以忧患而剥蚀之也。

孔子曰："凡人心险于山川，难于知天。天犹有春秋冬夏旦暮之期，人者厚貌深情。故有貌愿而益^一，有长若不肖^二，有顺①懁而达^三，有坚而缦^四，有缓而钎^五。故其就义若渴者，其去义若热。故君子远使之而观其忠，近使之而观其敬，烦使之而观其能，卒然问焉而观其知，急与之期而观其信，委之以财而观其仁，告之以危而观其节，醉之以酒而观其侧②^六，杂之以处而观其色。九征至，不肖人得矣。"

㈠有貌愿而益

1. 愿，朴厚；益，骄溢。成玄英：人有形如愨真，而心益虚浮也。俞樾：益，当作"溢"，"溢"之言骄溢也。

2. 愿，朴厚；益，利益。林希逸：貌虽朴厚，而情实求益利者。

3. 愿，乡愿；益，有益。胡文英：貌虽如乡愿，而有益于人者。

㈡有长若不肖

1. 长，指品德。陆德明：外如长者，内不似也。

2. 长，指才能。罗勉道：有才能而藏若不肖。

㈢有顺懁而达

1. 如句。胡文英：柔顺懁急，俱非中道。然亦有貌如此而内自通达者。

2. 句当作"有慎而懁"。马叙伦："顺"当依王本作"慎"。此句疑当作"有慎而懁"。"达"字盖本作"还"，读音旁注以释"懁"音，传写误入正文，复误为"达"。后人以为难通，则乙"懁"字于上矣。

㈣有坚而缦

1. 缦，如字。宣颖：貌坚刚而内绵弱。

---

① 陆德明：顺，王（叔之）作"慎"。
② 陆德明：侧，或作"则"。

2. 缦，"慢"之借字。俞樾：缦者，"慢"之假字。坚强而又惰慢。

㈤有缦而钎

1. 钎，如字。宣颖：貌宽缦而内固急。钎，固金药也。

2. 钎，"悍"之借字。俞樾：钎者，"悍"之假字。纾缓而又桀悍。

㈥醉之以酒而观其侧

1. 侧，如字。陆德明：侧，不正也。一云，谓醉者喜倾侧冠也。

2. 侧，当作"则"。成玄英：至人酒不能昏法则。

俞樾：《释文》云"侧或作则"，当从之。则者，法则也。《周书·官人篇》作"醉之酒以观其恭"，与此文语意相近。

正考父一命而伛，再命而偻，三命而俯，循墙而走，孰敢不轨㊀！如而夫者，一命而吕钜㊁，再命而车上儛，三命而名诸父，孰协唐、许㊂！

㈠孰敢不轨

1. 此指他人而言。郭象：言人不敢以不轨之事侮之。林希逸：世有此贤者，则人孰敢不以为法。

2. 此指正考父而言。丁展成：此乃谓正考父不敢不依规矩也。下文"孰协唐许"，亦谓骄汰者也可证。

㈡一命而吕钜

1. 吕钜，如字，骄矜貌。陆德明：吕钜，矫貌。俞樾：言其脊吕背梁强钜也。"吕钜"即"强梁"，俱叠韵。郭嵩焘：《方言》："殊、吕，长也。东齐曰殊，宋、鲁曰吕。"《说文》："钜，大刚也。"亦通作"巨"，大也。吕钜，谓自高大，当为矜张之意。

2. 吕钜，疑作"自钜"。宣颖：吕钜，骄貌。窃疑"吕"字或"自"字之讹，自巨，自大也。

（三）孰协唐、许

1. 句谓而夫与正考父谁同乎唐、许? 郭象：言而夫与考父者，谁同于唐、许之事也?

2. 句谓若而夫者岂知比同于唐、许! 胡文英：言唐尧、许由俱不在他眼里，不去较量也。郭嵩焘：言如而夫者，谁知比同于唐、许哉!

贼莫大乎德有心而心有睫①⊖，及其有睫也而内视，内视而败矣! 凶德有五，中德为首。何谓中德? 中德也者，有以自好也而吡其所不为者也。穷有八极，达有三必，形有六府⊜。美、髯、长、大、壮、丽、勇、敢，八者俱过人也，因以是穷⊜。缘循、偃佒、困畏不若人，三者俱通达㊃。知慧外通，勇动多怨，仁义多责②，达生之情者傀，达于知者肖③㊄；达大命者随，达小命者遭㊅。

（一）贼莫大乎德有心而心有睫

1. 心有睫，谓心役于眉睫之间，心逐于外也。郭象：役心于眉睫之间，则伪已甚矣。陈景元：德有心则险，心有眼则眩。有心谓憎爱是非，有眼谓驰逐景物。

2. 心有睫，谓心有眼，多思虑也。林希逸：为德而知其为德，则是有心矣，此最为学道者之害，故曰"贼莫大德有心"。于其有心之中而又有思前算后之意，喻如心又开一眼也。

3. 心有睫，谓心有遮蔽，心有累也。陆长庚：睫者，眼睫，虽眼之所不能无，而亦足以害眼。喻如真常应物，虽为六用之必然，而为其所累者多。王敔：恃德为心，蔽心者也。

（二）形有六府

1. 谓人身中有六腑。喻上文所言八极、三必等。成玄英：八极、

---

① 吕惠卿《庄子义》、林希逸《南华真经口义》、罗勉道《南华真经循本》"睫"作"眼"。

② 陈景元：刘得一本"责"下有"六者所以相刑也"七字。

③ 郭庆藩：肖，司马作"胥"，多智也。

三必、穷达，犹人身有六府也。林疑独：人有八极、三必，如形有六府，自然之理也。

2. 谓人身中有六个蕴蓄，喻下文所言知慧等。林希逸：形有六府，言人身之中有此六个蕴蓄也。府，藏蓄之地也。知慧、勇动、仁义、达生、达知、达命是也。方扬：形有六府，形者，表暴于外之名，府者，蓄藏于中之义。言有六者蓄藏于中，不免表暴于外也。知、慧、勇、动、仁、义，所谓六府也。

3. 谓危害潜蓄于六处。曹础基：形通刑，危害。府，集中处。聚集了六种危害的地方，故称"六府"。

㈢美、髯、长、大、壮、丽、勇、敢，八者俱过人也，因以是穷

1. 因以是穷，谓穷于受役。成玄英：此八事超过常人，受役既多，因以穷困也。

2. 因以是穷，谓穷于自持。林希逸：谓八者皆过人，必以此自持而终也至于穷。

3. 因以是穷，谓穷于遭忌。陆长庚：大抵过人者，人恒忌之，取之造物者多，则造物亦必忌之，此穷之所不免也。

㈣缘循、偃佚、困畏不若人，三者俱通达

1. 谓此三种人皆不以事见任，故必达。郭象：此三者既不以事见任，乃将接佐之，故必达也。

2. 谓此三种人皆与世无争，故必达。林希逸：此三者比之他人，皆不如人而必至于通达。言其与世无竞，人必喜之也。

㈤达生之情者傀，达于知者肖

1. 肖，如字，消也。谓"达生""达知"两境界相同。郭象：傀然，大恬解之貌也。肖，释散也。

2. 肖，如字，似也。谓"达生""达知"两境界相似。罗勉道：达有生自然之情者能傀伟自任。达于知，其虽不及此，亦克肖似。

3. 肖，如字，小也。谓"达生""达知"两境界对立。王念孙：《方

言》："肖，小也。""肖"与"傀"正相反，言任天则大，任智则小。

4. 肖，"胥"字之误，智也。马叙伦：肖，当依司马本作"胥"。"胥"为"谞"省，《说文》曰："谞，知也。"

㈥达大命者随，达小命者遭

1. 大命、小命，指时间之长者与短者。成玄英：大命，大年。假如彭祖寿考，随而顺之，亦不厌其长久，以为劳苦也。小命，小年也。如殇子促龄，所遇斯适，曾不介怀耳。

2. 大命、小命，指在天者与在己者。林希逸：在天者为大，在己者为小。达在天者，则随顺之，听自然也。达在己者，则随时所遭皆归之命。"遭"者犹有得失委命之心，"随"者则无容心矣。

人有见宋王者，锡车十乘，以其十车骄稺㊀庄子。庄子曰："河上有家贫恃纬萧而食者，其子没于渊，得千金之珠。其父谓其子曰：'取石来锻之！夫千金之珠，必在九重之渊而骊龙颔下。子能得珠者，必遭其睡也。使骊龙而寤，子尚奚微之有哉！'今宋国之深，非直九重之渊也；宋王之猛，非直骊龙也。子能得车者，必遭其睡也；使宋王而寤，子为齑粉夫！"或聘于庄子，庄子应其使曰："子见夫牺牛乎？衣以文绣，食以刍叔，及其牵而入于大庙，虽欲为孤犊，其可得乎！"㊁庄子将死，弟子欲厚葬之。庄子曰："吾以天地为棺椁，以日月为连璧，星辰为珠玑，万物为赍送。吾葬具岂不备邪？何以加此！"弟子曰："吾恐乌鸢之食夫子也。"庄子曰："在上为乌鸢食，在下为蝼蚁食，夺彼与此，何其偏也！"

㈠以其十车骄稺庄子

1. 稺，后也。李颐：自骄而稺庄子也。成玄英：稺，后也。宋襄王时，有庸琐之人游宋，妄说宋王，锡车十乘，用此骄炫，排庄周于己后，自矜物先也。

2. 稺，亦骄也。郭庆藩：稺亦骄也。《集韵》："稺，陈尼切，自骄矜貌。"《管子·耳令篇》①"工以雕文刻镂相稺"，尹知章注：

① 按：当为《重令篇》。

"穰，骄也。"王引之《经义述闻》云，《诗·载驰篇》"众穰且狂"，谓既骄且狂也。

㈡或聘于庄子……其可得乎

1. 解为乐生。郭象：乐生者畏牺而辞聘，髑髅闻生而矉瞼①，此死生之情异而各自当也。

2. 解为鄙弃名利。成玄英：牺养丰赡，临祭日求为孤犊而不可得也。况禄食之人，例多夭折，嘉遁之士，方足全生。庄子清高，笑彼名利。

以不平平，其平也不平；以不征征，其征也不征㊀。明者唯为之使，神者征之㊁。夫明之不胜神也久矣㊂，而愚者恃其所见入于人㊃，其功外也，不亦悲乎！

㊀以不平平，其平也不平；以不征征，其征也不征

1. 此论观物之则：任物、因理。郭象：以一家之平平万物，未若因万物之自平也。不因万物之自应而欲以其所见应之，则必有不合矣。胡文英：不因乎不平，我先恐其不平，而以不平平之，则本平者亦不平矣。物本自易测，我先防其不测，而以不测测之，则易测者亦不测矣。此盖即上文予夺之偏，推广言之，以示逆忯者之失其常心也。

2. 此论立言之则：不平之言不能齐物，无稽之言不能取信。陆长庚：夫君子之立教也，易其心而后语，不平之言不言也。若以不平平人，则其平也终于不平而已。文献足而后言，无征之言不言也。若以不征征人，则其征也终于不征而已。以是知不平之鸣不可以齐物，无稽之言不足以取信。

㊁明者唯为之使，神者征之

1. 明者、神者，谓两种人：小智者与任理者。成玄英：自炫其

明，情应于务，为物驱使，何能役人也。神者无心，寂然不动，能无不应也。宣颖：用小智者唯为物役而已，任神理者则无所往而不应。

2. 明者、神者，谓两种智：逐物之知与观照之应。王雱：明者神之散，神者明之藏。褚伯秀：体神用明。陆树芝：有知之明，不免逐物而为所使；不若如神之气，可以坐照而征之。

㊂夫明之不胜神也久矣

1. 解为形迹与幽深之差距。郭象：明之所及，不过于形迹也；神应至顺则无远近幽深，皆各自得。

2. 解为有心与无心之不同。成玄英：明则有心应务，为物驱役；神乃无心，应感无方。有心不及无心，存应不及忘应，格量可知也。

㊃而愚者恃其所见入于人

1. 入于人，谓探取他人之所有。成玄英：愚惑之徒，自执其用，叨人功绩，归入己身。陈景元：愚者恃己所见，探彼隐情，夺为我有。

2. 入于人，谓沉溺于人为。林希逸：愚者恃其私见而入于人为。宣颖：专用己智，溺于人事。

天下第三十三

天下之治方术[⊖]者多矣，皆以其有为[⊖]不可加矣！古之所谓道术[⊜]者，果恶乎在？曰："无乎不在。"曰："神何由降？明何由出[⊕]？""圣有所生，王有所成，皆原于一^⑤。"

一 方术、道术

1. 无区别，皆言治道之方法。成玄英：方，道也。自轩、顼已下，迄于尧、舜，治道艺术，方法甚多。上古三皇所行道术，随物任化，淳朴无为，此之方法，定在何处？

2. 有区别，谓方术为道术之一曲。林疑独：道术无乎不在，方术则有在矣。言道之体无不在，道之用未尝无在。

陆长庚：方术，道术之局于一方者也。

二 皆以其有为不可加矣

〔句读1〕皆以其有为，不可加矣！

句谓皆以己之作为为最上。吕惠卿：天下百家之学，莫不自以所治方术，施之有为为不可加。褚伯秀：当时学者各殉己能，以有所施用为不可加，而不知无为自然之妙理。"有为不可加"，"为"下当叠"为"字。

〔句读2〕皆以其有，为不可加矣！

句谓皆以己之学术为最佳。林希逸：人人皆以其学为不可加。言人人皆自是也。罗勉道：各挟其所有，以为人莫能加之。

🗀神何由降，明何由出

1. 句谓人之智能何由生。成玄英：神者，妙物之名；明者，智周为义。陆长庚：神谓人之本性，降衷于天者；其有灵觉谓之明。

2. 句谓物之主宰何由生。胡文英：神，如"维岳降神"之神；明，如"吴天曰明"之明。

🗀皆原于一

1. 一，谓道。成玄英：原，本也。一，道。
2. 一，谓造化。林希逸：一者，造化也。

不离于宗，谓之天人㊀。不离于精，谓之神人㊁。不离于真，谓之至人㊂。以天为宗，以德为本，以道为门，兆①㊃于变化，谓之圣人㊄。以仁为恩，以义为理，以礼为行，以乐为和，薰然慈仁，谓之君子。以法为分，以名为表，以参②为验，以稽为决，其数一二三四是也㊅，百官以此相齿。以事为常㊆，以衣食为主，蕃息畜藏，老弱孤寡为意③㊇，皆有以养，民之理也。古之人㊈其备乎！配神明，醇㊉天地，育万物，和天下，泽及百姓，明于本数，系于末度㊊，六通四辟④㊋，小大精粗，其运无乎不在。其明而在数度者，旧法世传之史尚多有之。其在于《诗》《书》《礼》《乐》者，邹㊌、鲁之士、搢绅先生多能明之。《诗》以道志，《书》以道事，《礼》以道行，《乐》以道和，《易》以道阴阳，《春秋》以道名分㊍。其数散于天下而设于中国者，百家之学时或称而道之。天下大乱，贤圣不明，道德不一，天下多得一察焉以自好㊎，譬如耳目鼻口，皆有所明，不能相通。犹百家众技⑤也，皆有所长，时有所用。虽然，不该不遍，一曲之士也。判天地之美，析万物之理，察古人之全㊏，寡能备于天地之美，称神明之容。是故内圣外王之道㊐，闇而不明，郁而不发，天下之人各为

---

① 陆德明：兆，本或作"逃"。
② 陆德明：参，本又作"操"。王叔岷："参"（又作"叁"）、"枲"隶并作"枲"，"参"误为"枲"，因易为"操"耳。
③ 王孝鱼：高山寺本无"为意"二字。
④ 王孝鱼：赵谏议本"辟"作"闢"。
⑤ 王叔岷：古钞卷子本"百家"作"百官"。"技"作"伎"。"伎"即"技"之借。

其所欲焉以自为方。悲夫！百家往而不反，必不合矣！后世之学者，不幸不见天地之纯，古人之大体，道术将为天下裂。

㈠天人、神人、至人、圣人

1. 谓异名同实，一人也。成玄英：已上四人，只是一耳，随其功用，故有四名也。

2. 谓四等人也。宣颖：天人，第一等人；神人，第二等人；至人，第三等人；圣人，第四等人。此四等人，皆原于一者也，但推极其至，有此等杀耳。

㈡兆于变化

1. 兆，端倪也。宣颖：兆，见端也。王先谦：变化不测，随物见端。

2. 兆，超逃也。钱穆：朱骏声曰："《广雅》：兆避也。"顾实：谓超离乎穷通死生之变化也。（《庄子·天下篇讲疏》）

㈢其数一二三四是也

1. 总上言之。一二三四，指法、名、参、稽四事。成玄英：一二三四，即名法等是也。

2. 总上言之。一二三四，谓验实事物，历历不爽。林希逸：言其所验所决，各有所据也。其数一二三四，言纤悉历历明备也。胡文英：法以分之，名以表之，参以验之，稽之决之，故事物之来，皆如数一二三四者然，毫无所难矣。

3. 领下言之。一二三四，谓百官理事，以此为序。陈景元：百官以事相齿，亦不出乎一二三四之序法。

㈣以事为常

1. 事，总上言百官之职事。成玄英：自尧、舜已下，置立百官，用此四法更相齿次，君臣物务，遂以为常，所谓彝伦也。罗勉道：各治其职事也。

2. 事，领下言民众之日用。宣颖：事，耕作。王先谦：事谓日用。

㈤老弱孤寡为意

1. 如句。林希逸：老弱孤寡为意者，发政施仁必先斯四者是也。

2. 句误。陶鸿庆：自"蕃息"以下，文有错乱，当云"以蕃息畜藏为意，老弱孤寡皆有养，民之理也"。"为意"二字及"以"字皆脱误在下。梁启超：疑"为意"二字当在"养"字下。（《庄子·天下篇释义》）

㈥古之人其备乎

1. 古之人，谓指上文所言天人、神人、至人、圣人。郭象：古之人即向之四名也。

2. 古之人，谓古之时。陈景元：太古之时，无法而自备，非设法以备之也。

㈦醇天地

1. 醇，和也。林希逸：可以和天地。醇，和也。

2. 醇，同"淳"，耦也。马其昶：醇，同"淳"，《左传》注："淳，耦也。"

3. 醇，借为"准"。章炳麟：醇，借为"准"。《地官·质人》"一其淳制"，《释文》"淳音准"，是其例。《易》曰"易与天地准""配神明，准天地"二句同意。

㈧明于本数，系于末度

1. 儒家观点解。成玄英：本数，仁义也。末度，名法也。

2. 道家观点解。褚伯秀：本数即所谓一，自一以往皆末也。

㈨六通四辟

1. 辟，法也。成玄英：辟，法也。通六合以遨游，法四时而变化。

2. 辟，通"闢"，开阔也。林希逸：六通四闢，言东西南北上下用无不可也。

⑩邹、鲁之士

1. 邹，如字，孟子生邑。钱穆：邹，孟子生邑。孟、庄同时，未见相称。此篇以邹鲁言儒业，可见其晚出。

2. 邹，借为"郰"，孔子之乡。马叙伦：《说文》曰："郰，鲁下邑，孔子之乡。""邹"借为"郰"，音同纽照。《吕氏春秋·尊师篇》"颜涿聚"，《史记·弟子传》"聚"作"邹"，是其例证。孟庄同时，今孟书不称庄，庄亦不及孟，不得于此忽斥言其乡矣。

⑪《诗》以道志，《书》以道事，《礼》以道行，《乐》以道和，《易》以道阴阳，《春秋》以道名分

1. 如句，此证《天下》晚出。钱穆：以《诗》《书》《礼》《乐》《易》《春秋》为六经，此汉代始有，亦非庄子所知也。

2. 疑句为注文羼入。马叙伦："诗以道志"以下六句，疑古注文，传写误为正文。

⑫天下多得一察焉以自好

〔句读1〕天下多得一，察焉以自好。

陆德明：得一，偏得一术。林希逸：天下多得一，谓天下之人多得其一端。而察焉以自好，谓只察见其一端便自好而自夸也。

〔句读2〕天下多得一察焉以自好。

1. 察，如字。罗勉道：一察者，只见得一偏。天下之人多是得一偏之见以自喜。宣颖：一察，一窍之见。

2. 察，"宣"字之误。朱得之：察，"宣"之误。

3. 察，读为"际"。俞樾：察，当读为"际"，一际，犹一边也。《广雅·释诂》"际""边"并训"方"，是"际"与"边"同义。"察""际"并从"祭"声①，古音相同，故得通用耳。

---

① "际"字繁体作"際"。

⊕察古人之全，寡能备于天地之美，称神明之容

1. 如句。察，观察也。句谓察看古全德之人，亦少有能具备天地之美者。成玄英：观察古昔全德之人，犹鲜能备两仪之亭毒，称神明之容貌，况一曲之人乎！

2. 如句。察，衡量也。句谓以古全德之人衡之，一曲之士少有能具备天地之美者。林希逸：若以古人学问之全而察之，则知百家之一曲者，少能备天地之美，称神明之容。

3. 如句。察，借为"𪗾"，散也。马叙伦："察"借为"𪗾"，与"殺"借为"㬠"同例。《说文》曰："糳𪗾，散之也。"钱穆：此"察"字与上文"判""析"同义。

4. 句误，"古人"疑当作"古今"。武延绪：按"古人"疑当作"古今"。

⊕内圣外王之道

1. 解为秉政之圣人之学：德与位也。成玄英：玄圣素王，内也；飞龙九五，外也。

2. 解为有德之道者之学：神与明也。宣颖：内圣即神，外王即明也。

不侈于后世⊖，不靡于万物，不晖①⊖于数度，以绳墨自矫而备世之急。古之道术有在于是者，墨翟、禽滑厘闻其风而说之。为之大过，已⊖之大循②。作为《非乐》，命之曰《节用》。生不歌，死无服。墨子泛爱兼利而非斗，其道不怒。又好学而博不异⊖，不与先王同，毁古之礼乐。黄帝有《咸池》，尧有《大章》，舜有《大韶》，禹有《大夏》，汤有《大濩》，文王有辟雍之乐，武王、周公作《武》。古之丧礼，贵贱有仪，上下有等，天子棺椁七重，诸侯五重，大夫三重，士再重。今墨子独生不歌，死不服，桐棺三寸而无椁，以为法式。以此教人，恐不爱人；以此自

---

① 陆德明：晖，崔本作"浑"。
② 王叔岷：《释文》所出本、元纂图互注本、世德堂本、道藏罗勉道《循本》本，"循"并作"顺"。

行，固不爱己。未①败墨子道②；虽然，歌而非歌，哭而非哭，乐而非乐，是果类乎？其生也勤，其死也薄，其道大觳③。使人忧，使人悲，其行难为也，恐其不可以为圣人之道，反天下之心，天下不堪。墨子虽独能任，奈天下何！离于天下，其去王也远矣。墨子称道曰："昔禹之湮洪水，决江河而通四夷九州也。名山②三百，支川三千，小者无数。禹亲自操橐耜而九杂③天下之川。腓无胈，胫无毛，沐甚雨，栉疾风④，置万国。禹大圣也，而形劳天下也如此。"使后世之墨者，多以裘褐为衣，以跂蹻为服⑤，日夜不休，以自苦为极，曰："不能如此，非禹之道也，不足谓墨。"相里勤之弟子五侯之徒南方之墨者苦获已齿邓陵子之属⑥，俱诵《墨经》，而倍谲不同⑦，相谓⑧别墨。以坚白同异之辩相訾，以觭偶不忤⑨之辞相应，以巨⑤子⑩为圣人，皆愿为之尸，冀得为其后世，至今不决⑪。墨翟、禽滑厘之意则是，其行则非也。将使后世之墨者，必自苦以腓无胈、胫无毛相进而已矣。乱之上也，治之下也。虽然，墨子真天下之好也⑫，将求之不得也，虽枯槁不舍也。才士也夫！

㊀不侈于后世

1. 句谓不以奢侈影响后世。林希逸：不侈后世，不教后世以侈也。

2. 句谓生于浮华之后世而不奢侈。马其昶：风俗古朴后侈。今不侈也。

㊁不晖于数度

1. 晖，如字，光耀也。句谓不务光华。林希逸：晖，华也。不以礼乐度数为晖华也。

2. 晖，或作"浑"，縈乱也。句谓不昧数理。马其昶：浑，乱

---

① 王孝鱼：赵谏议本"未"作"末"。
② 王孝鱼：赵谏议本"山"作"川"。
③ 陆德明："九"本亦作"鸠"。"杂"，本或作"杂"。陈景元："九杂"，江南李氏本作"九涤"。
④ 陆德明：崔本"甚"作"湛"。王叔岷：元纂图互注本、世德堂本，"雨""风"二字互易。罗勉道《循本》本"甚雨"作"苦雨"。
⑤ 陆德明："巨"，向、崔本作"钜"。

也。墨子洞究象数之微。绌公输般之巧以存宋，斯其不浑之效矣。

㈢为之大过，已之大循

1. 如句。句谓为之亦太过，遏之亦太甚。林希逸：为之太过，言过甚也。循，顺也。大循，其说抑遏过甚，故曰"已之大循"。已者，抑遏之意。高亨：进于前曰"过"，退于后曰"顺"。"为之大过，已之大顺"，犹言为之太进，已之太退耳。《小尔雅·广言》："顺，退也。"

2. "已"或作"己"。句谓为之虽甚苦，但己却觉顺适。成玄英：务为此道，勤苦过甚，适周己身自顺，未堪教被于人矣。阮毓崧：谓所为虽过于刻苦，但在己觉甚顺于道也。

3. "已"读为"以"，用也。句谓为之太过，用之太甚。俞樾："已"读为"以"，用也。章炳麟：顺借为蹲，蹲者，舛之或字。顺从川声，川声、春声通，故顺得借为蹲。上说"为之大过"，谓沐雨栉风，日夜不休也；此说"已之大蹲"，谓节葬非乐，反天下之心也。

㈣又好学而博不异

〔句读1〕又好学而博，不异。

1. 不异，谓不立异，尚同也。成玄英：墨子又好学，博通坟典，己既勤俭，欲物同之也。

2. 不异，谓不知别择也。顾实：异，分也、别也。谓其为学博杂，不知别择也。

〔句读2〕又好学而博不异。

1. 博，广博也。林希逸：博不异者，尚同也。推广其说，以为博而主于尚同也。

2. 博，博取也。胡文英：博不异，博取不为立异之名也。

㈤未败墨子道

1. 如句。句总上言之，谓墨道虽有缺陷，然而仍盛行未败。陆德明：墨子是一家之正，故不可以为败也。罗勉道：教人以薄，恐非所以爱人，然他却自行以薄，固未尝爱己，是以人无非之者，不至败墨道。

2. 如句。句领下言之，谓吾非诋毁墨道，其学确有不伦不类处。陆长庚：墨子之道如此，故虽不必毁败其道之非。然歌而非歌，哭而非哭，乐而非乐，已非人情不可近矣。章炳麟："未"借为"非"，"败"即"伐"字，言己非攻伐墨子之道也。

3. 句或作"末败墨子道"。谓墨子之道终将衰败。林疑独：末败，言其终于败也。褚伯秀：毁古之礼乐，则非独悖乎圣典，亦拂天下哀乐之情，强民以难从，人已俱不爱矣。由是知墨子之道终于败不可行于天下后世也。

㈥其道大觳

1. 觳，粗糙也。郭象：觳，无润也。王敔：觳，犹粗也。

2. 觳，惊恐也。胡文英："觳"如"觳觫"之"觳"。诸解于下文"使人忧，使人悲"句欠联络。

3. 觳，浅薄也。郭嵩焘：觳者，薄也。《史记·始皇本纪》"虽临门之养，不觳于此矣"，言不薄于此也。

㈦名山三百

1. "名山"当作"名川"。俞樾："名山"当作"名川"，字之误也。名川、支川，犹言大水、小水。下文曰"禹亲自操橐耜而九杂天下之川"，可见此文专以"川"言，不当言"山"也。

2. "名山"可读如字。阮毓崧：两山之间必有川，言山即川在其中，故《禹贡》序曰"禹别九州，随山浚川"也。此"名山"似可读如字。

㈧禹亲自操橐耜而九杂天下之川

1. 九杂，如字，谓九州杂易也。成玄英：禹捉耜掘地，操橐负土，躬自辛苦以导川原，于是舟楫往来，九州杂易。

2. 九杂，读为"纠杂"。罗勉道："九"字当如桓公"九合诸侯"之"九"，读作"纠"。纠杂者，纠合杂错天下之川，使之脉络贯穿而注于海也。

3. 九杂，或作"九涤"。成玄英：又解：古者字少，以"涤"为"盪"，"川"为"原"，凡经九度，言"九杂"也。陈景元：九涤天下之川，谓九州之川，涤除无壅。王叔岷：《释文》："杂，本或作籴。"陈碧虚：《阙误》引江南李氏本作"九涤"，义较长。"籴"乃"糴"之俗，"杂"盖"糴"之形误①，"糴"又"涤"之音误也。《御览》八二引杂亦作涤。

4. 九杂，或作"鸠杂"。成玄英：又本"九"作"鸠"者，言鸠杂川谷以导江河也。林希逸："九"音"鸠"，鸠其功而杂治天下之川。

5. 九杂，当作"匋币"。奚侗：《释文》："九，本亦作鸠，聚也。"训"鸠"为"聚"，字当作"勼"。《说文》："勼，聚也。"然本文则字当作"匋"，"匋"讹为"勼"，斯讹为"九"矣。《说文》："匋，币遍也。""杂"借作"币"。《吕览·圜道篇》"圜周复杂，无所稽留"，高注："杂犹币也。"此言禹亲操橐耜而匋遍于天下之川也。

㈨以跂跻为服

1. 跂，木履；跻，草履。服，行也。句谓行则以跂跻。李颐：麻曰屩，木曰履。履与跂同，屩与跻同。阮毓崧：服，行也。谓行则用跂跻也。

2. 跂跻，趋急也。服，事也。句谓以救急为务。王敔：跂，一作"跂"。跂跻，犹蹴趋也。服犹事也。

⊕相里勤之弟子五侯之徒南方之墨者苦获已齿邓陵子之属

〔句读1〕相里勤之弟子五侯之徒，南方之墨者；苦获、已齿、邓陵子之属。

---

① "杂"字繁体作"雜"。

五侯，弟子之名也。成玄英：姓相里，名勤，南方之墨师也。苦获、五侯之属，并是学墨人也。孙诒让：五侯，盖姓五。古书伍子胥，姓多作五。

〔句读2〕相里勤之弟子五侯之徒，南方之墨者苦获、已齿、邓陵子之属。

五侯，五国诸侯也。林希逸：相里，姓也。勤，名也。亦学墨而为师于世者，其弟子皆五国诸侯之徒，言从学者众也。苦获、已齿、邓陵子，三人名也。此三人皆居南方。罗勉道：五侯，五等诸侯，《左传》"五侯九伯"。

⊕俱诵《墨经》，而倍谲不同

1. 倍谲，谓加倍诡怪。林希逸：亦读墨书，而其谲怪尤倍于墨子，又且其说皆不同。宣颖：尤加倍诡谲，立说不同。

2. 倍谲，谓背异也。林疑独：俱诵《墨经》而倍谲分别，同学而异趣也。王念孙：《吕览》注："在两旁反出为倍，在上反出为谲。"倍谲不同，谓分离乖异也。

⊕相谓别墨

1. 相谓，相互称为。成玄英：相呼为别墨。蒋锡昌：相谓者，乃各人互相谓各人之意。别墨犹言背墨，言与真墨分别相背之墨也。相谓别墨，言相里勤等互相斥他人为背墨也。

2. 相谓，自称为。林希逸：自名以别墨，言墨之别派也。宣颖：自谓墨之别派。

⊕以觭偶不仵之辞相应

1. 不仵，无伦次也。成玄英：独唱曰"觭"，对辩曰"偶"。仵，伦次也。言邓陵之徒，虽蹈墨术，坚执坚白，各炫已能，合异为同，析同为异；或独唱而寡和，或宾主而往来，以有无是非之辩相毁，用无伦次之辞相应。马叙伦："仵"借为"伍"，"不伍"犹不伦也。

2. 不仵，不同也。陆德明：仵，同也。王敔：觭偶，即奇偶。

不仵，所答非所问也。

3. 不仵，不异也。林希逸：不仵，不异也。奇偶本异，而曰不相仵，此强辩之事也。

㊵以巨子为圣人

1. 巨子，谓墨家之得道者。向秀：墨家号其道理成者为"钜子"，若儒家之硕儒。

2. 巨子，谓墨家首领之继承人。林希逸：巨子，犹言上足弟子也，禅家谓法嗣是也。

3. 巨子，谓高大之人。罗勉道：巨子，犹言大人，择其党之巨者为圣人尸主也。

㊶至今不决

1. 谓巨子之争至今胜负未决。成玄英：咸愿为师主，庶传业将来，对争胜负不能决定也。

2. 谓其道脉流传至今不断。林希逸：不决，不断也。言其传流至今犹在也。

㊷墨子真天下之好也，将求之不得也，虽枯槁不舍也

1. 好，崇好。谓墨学确为天下人所崇好。陆长庚：墨子之道，虽然矫拂人性，而天下却好之，往往宗其学术，求之惟恐弗得，极其枯槁而不能舍。

2. 好，完善。谓墨子真乃天下之好人。宣颖：好犹美也。天下之美士，世少此人，人不以枯槁而背之。

3. 好，友好。谓墨子真对天下人友好。俞樾：真天下之好，谓其真好天下也，即所谓墨子兼爱也。求之不得，虽枯槁不舍，即所谓摩顶放踵，利天下为之也。丁展成："求"即"救"之借，言虽爱天下，然不能救之。

不累于俗，不饰于物，不苟㊀于人，不忮㊁于众，愿天下之安宁以活

民命，人我之养毕足而止，以此白心^⑤。古之道术有在于是者，宋钘、尹文闻其风而悦之。作为华山之冠以自表^⑥，接万物以别宥^⑦为始。语心之容，命之曰心之行^⑧，以聏①^⑨合驩，以调海内，请欲置之以为主^⑩。见侮不辱，救民之斗，禁攻寝兵，救世之战，以此周行天下，上说下教，虽天下不取，强聒而不舍者也，故曰上下见厌而强见也。虽然，其为人太多，其自为太少，曰："请欲固置五升之饭足矣^⑪。"先生恐不得饱，弟子虽饥^⑫，不忘天下，日夜不休。曰我必得活哉图傲乎救世之士哉^⑬！曰："君子不为苛②察，不以身假物^⑭。"以为无益于天下者，明之不如已^⑮也。以禁攻寝兵为外，以情欲寡浅为内，其小大精粗，其行适至是而止。

㈠不苟于人

1. 苟，如字，苟且也。成玄英：于人无苟且。陈景元：直道，故不苟。

2. 苟，苛字之误，苛刻也。林疑独：于人安而不苛。章炳麟：苟者，苛之误。《说文》言"苛"之字止"句"，是汉时俗书"苛""苟"相乱。下文"苛察"之"苛"，《释文》言一本作"苟"，亦其例也。

㈡不忮于众

1. 忮，逆也。林希逸：不拂人情也。

2. 忮，忌也。陆树芝：不忌嫉以处众。

㈢以此白心

1. 白，表白也。句谓以此为教，表白其心于天下。成玄英：以此教迹，清白其心。林希逸：以此为心而暴白于天下。

2. 白，洗涤也。句谓以此为准，过则洗涤其心。吕惠卿：愿人安养而不求余，其心有不然，则以为垢而洗之，是以此白心也。

㈣作为华山之冠以自表

1. 自表，谓标表德行。成玄英：华山，其形如削，上下均平，

---

① 聏，崔譔本作"聏"。杨慎《庄子阙误》引作"胹"。

② 陆德明：苛，一本作"苟"。

而宋尹立志清高，故为冠以表德之异。

2. 自表，谓标表宗旨。蒋锡昌：宋钘以华山之冠以自表，似有提倡人类生活平等之意。

㈤接万物以别宥为始

1. 别宥，谓息纷争也。吕惠卿：物之纷争，由于交侵而苛急，别而宥之，乃所以息纷争。林希逸：别宥，即"在宥"也。随分而自处为"别"，宽闲而自安为"宥"。始，本也。

2. 别宥，谓去心蔽也。奚侗：《说文》："别，分解也。"宥，当作"囿"。《说文》："囿，苑有垣也。"垣为界限，故心有所限者亦曰囿。别囿，谓分解其心之所囿，犹言破除之也。马叙伦："宥"借为"囿"。《尸子·广泽篇》"料子贵别囿"是其证也。料子无考，疑即宋子。囿为有所蔽，别囿谓解蔽也。

㈥语心之容，命之曰心之行

1. 容，容受。句谓心能容受万物，是心之行为。成玄英：命，名也。发语吐辞，每令心容万物，即名此容受而为心行。钱穆：心之行，犹云心之德，谓以能容受为心之本德也。

2. 容，形貌。句谓心之容貌，即是其所行为。褚伯秀：心之容，犹云手容、足容，言其动止气象。心之行，言其注措设施。大概以本心之善，见诸行事。宣颖：语心之容，言心体；心之行，犹用。

3. 容，借为"欲"。句谓心有意欲，是心之行为。章炳麟："容"借为"欲"。《乐记》"感于物而动，性之欲也"，《乐书》作"性之颂也"，"颂"，"容"古今字。"颂"借为"欲"，故"容"亦借为"欲"。阮毓崧：心之容即意计之容于心者，犹言心之所欲也。宋尹于心之所欲以"行"名之，盖藉明内外如一，所行绝无矫饰耳。

㈦以聏合欢，以调海内

1. 聏，和厚也。司马彪：色厚貌。成玄英：聏，和也。

2. 膈，或作"胹"，煮熟也。罗勉道：胹，煮熟也。言心之用如以烹饪与人合驩，使之饮乐，以此调和海内。胡文英：胹，煮也。人虽不欢，而强欲与之相热，如物不能熟，而强合以煮之也。

3. 膈，借为"而"，亲暱也。章炳麟："膈"借为"而"。《释名》："铒，而也，相粘而也。"是古语训"而"为"黏"，其本字则当作"暱"，或作"昵"。《左传》"不暱"，《说文》引作"不翱"。翱，黏也。相暱者，本有黏合之意，故此言"以而合驩"，亦即以暱合欢也。

㈧请欲置之以为主

1. 如句。句谓宋尹二子请置立此合驩调和之人为物主。郭象：二子请得若此者立以为物主。陆长庚：直使天下一家，中国一人，有能然者，请必置之以为主君。

2. 如句。句谓宋尹二子欲人以此心为之主。罗勉道：请欲斯人立此心以为之主。宣颖：欲人皆以此心为止。

3. 如句。句谓宋尹二子愿人奉其说教。林希逸：欲尊置宋钘、尹文二人以为其教主。褚伯秀：欲置之以为主，愿遵承其教也。

4. 句误。"请"当为"情"。句谓以情欲寡浅或弃置情欲为其宗旨。梁启超："请欲置"当系"情欲寡"之误。丁展成："请"借为"情"。下文"以禁攻寝兵为外，以情欲寡浅为内"，此元"情欲置之以为主"云云，正是一意。

㈨请欲固置五升之饭足矣

1. 如句。郭象：请置五升之饭，明自为太少也。林疑独：置五升之饭而足，见其自为太少。

2. 句误。梁启超：此亦"情欲固寡"之误。丁展成：言不诱于情欲，但能得饱即足。"请"亦即"情"字。"置"字断句。旧以十字通为一句，非是。

㈩先生恐不得饱，弟子虽饥

1. 先生，宋、尹对天下百姓之爱称。成玄英：宋、尹称黔首，自谓为弟子，先物后己故也。坦然之迹，意在勤俭，置五升之饭，为一日之食，唯恐百姓之饥，不虑己身之饿。

2. 先生，本篇作者对宋、尹之尊称。林希逸：五升之饭，师与弟共之。先生以此五升犹且不能饱，弟子安得不饥。言其师弟皆忍饥以立教。

⑩曰我必得活哉图傲乎救世之士哉

〔句读1〕曰："我必得活哉！"图傲乎救世之士哉！

图傲，高大貌、莽豪貌。成玄英：图傲，高大之貌也。言其强力忍垢，接济黎元，虽未合道，可谓极世之人也。褚伯秀："图傲"一句乃南华叹息之辞。图傲，犹谋疎也，言其莽广不切事情。二子欲以一己之力，济天下之众，而不度其难行也。

〔句读2〕曰："我必得活哉，图傲乎救世之士哉！"

图傲，用以傲愧也、鄙夷也。林希逸：我之自苦如此，岂为久活之道哉？但以此矫夫托名救世而自利之人。图，谋也。傲，矫之也。亦犹豫让曰"吾之为此极难，所以愧天下之为人臣而怀二心者"，便是此意。章炳麟："图"当为"啚"之误。"啚"即"鄙陋""鄙夷"之本字。图傲，犹今言鄙夷耳。

⑪不以身假物

1. 谓不为己而利用他人或外物。成玄英：立身求己，不必假物以成名也。林希逸：事事皆自为而不假借于人以自助。

2. 谓不以身役于外物或他人。梁启超：不以身假物者，谓不肯将此身假借外物，犹言不为物役也。

⑫以为无益于天下者，明之不如已也

1. 已，如字，停止也。林希逸：若于天下有损而无益，虽明知其可为，亦不如已之。胡文英：明之，明无益于天下之学也；不如已，不如不明也。

2. 已，或读为"己"，自己也。陆树芝：设有以此为无益于人

者，二子则谓其所见之明，不己若也。阮毓崧：谓当时救世之士，所为恒无益于世者，皆由见理不明，未若我之真切也。

公而不党①，易而无私，决然无主，趣物而不两㊀，不顾于虑，不谋于知，于物无择，与之俱往。古之道术有在于是者，彭蒙、田骈、慎到闻其风而悦之。齐万物以为首㊁，曰："天能覆之而不能载之，地能载之而不能覆之，大道能包之而不能辩㊂之。"知万物皆有所可，有所不可，故曰："选则不遍，教则不至②㊃，道则无遗者矣。"是故慎到弃知去己，而缘不得已；泠汰㊄于物，以为道理。曰："知不知，将薄知而后邻伤之者也㊅。"諛髁㊆无任，而笑天下之尚贤也；纵脱无行，而非天下之大圣。椎拍辁断㊇，与物宛转，舍是与非，苟可以免。不师知虑，不知前后，魏然而已矣。推而后行，曳而后往，若飘风之还，若羽之旋，若磨石之隧，全而无非，动静无过，未尝有罪。是何故？夫无知之物，无建己之患，无用知之累，动静不离于理，是以终身无誉。故曰："至于若无知之物而已，无用贤圣，夫块不失道。"豪杰相与笑之曰："慎到之道，非生人之行，而至㊈死人之理，适得怪焉！"田骈亦然，学于彭蒙，得不教焉㊉。彭蒙之师曰："古之道人，至于莫之是、莫之非而已矣。其风窢然㊋，恶可而言？"常反人不见③观而不免于魭断㊌。其所谓道非道，而所言之韪不免于非。彭蒙、田骈、慎到不知道。虽然，概乎皆尝有闻者也。

㊀趣物而不两

1. 趣，如字，意趣也、趋也。两，二也。句谓与物宛转。罗勉道：随事而趋，不生两意。陆长庚：与物同趣，不立人我。马其昶：不两，与物宛转也。

2. 趣，读为"取"。两，读为"絗"，系也。句谓取物而不为物所系累。于鬯：趣，当读为"取"，两，当读为"絗"。絗，一曰

---

① 王叔岷：《释文》所出本、道藏王元泽《新传》本、元纂图互注本、世德堂本，"党"并作"当"。当（繁体作當）与党（繁体作黨）通。

② 陆德明：不至，一本作"不王"。

③ 陆德明：一本作"不聚观"。王叔岷：古钞卷子本"聚"作"取"。"取"与"聚"通。

"绞"，即系也。此言其取物而不系于物。

㈡齐万物以为首

1. 首，如字，首要也。宣颖：以齐万物为第一事。

2. 首，借为"道"。奚侗：首，借作"道"。《史记·秦始皇纪》"追首高明"，《索隐》曰："今碑文首作道。"《逸周书·芮良夫篇》"稽道谋告"，《群书治要》"道"作"首"。是其证。

㈢大道能包之而不能辩之

1. 大道，指自然之理。辩，辩说也。成玄英：大道包容，未尝辩说。

2. 大道，指道家之学说。辩，分别也。林希逸：大道，道家之学者也，但知包容为一，而无所分辩也。

㈣教则不至

1. 谓教则不可达本性。郭象：性其性乃至。成玄英：万物不同，禀性各异，以此教彼，良非至极。

2. 谓受教者不可尽。胡文英：有可教者，则必有不可教者，故不至。王先谦：必有未受教。

㈤泠汰于物，以为道理。

1. 泠汰，谓听任、洒脱之意。郭象：泠汰，犹听放也。林希逸：泠汰，脱洒也。泠然而疎汰于物，无拘碍也。以为道理者，以物物无碍为至理也。

2. 泠汰，谓拣练、沙汰之意。成玄英：泠汰，犹拣练也。息虑弃知，忘身去己，机不得已，感而后应，拣练是非，据法断决，慎到守此，用为道理。陈景元：泠汰犹拣练。以法拣练物之精粗，以扶天下之道理。

㈥知不知，将薄知而后邻伤之者也

1. 薄，少也。邻，近也。句谓虽稍有知亦近于有伤。成玄英：邻，近也。夫知则有所不知，故薄浅其知。虽复薄知而未能都忘，故犹近伤于理。

2. 薄，迫也。邻，近也。句谓近于智即近于自伤。林希逸：若以知与不知为分，则将迫于知而于自伤矣。薄，迫。邻，近也。

3. 薄，略也。邻，略也。句谓略有智即略有伤。罗勉道：知不知，虽知只作不知，薄与邻皆略也。若略知则必有略伤。

4. 薄，鄙薄，邻，读为"磷"。句谓既鄙薄智，且复弃损之。孙诒让：此"后"当为"复"，形近而误①。"邻"当读为"磷"。磷伤犹言毁伤。盖言慎到不惟菲薄知者，而复务损其知以自居于愚。

㈦谋髁无任，而笑天下之尚贤也

1. 任，事也。谋髁，不定貌。句谓圆转无事而笑尚贤。成玄英：谋髁，不定貌也。随物顺情，无的任用，物各自得，不尚贤能，故笑之也。宣颖：谋髁，不正貌。盖圆转不任职事也。

2. 任，事也。谋髁，确坚貌。句谓孤高无任而笑尚贤。罗勉道：谋，忍耻也。髁，独行也。无任，无所事任也。阮毓崧：《说文》："谋，诒耻也。"《韵会》云："髁，今作骻。"《集韵》《正韵》并云"骻"同"踝"。则是髁与踝通。《释名》："踝，坚确貌也。"谋髁无任，盖言其坚确忍诟，未尝专任一事也。

㈧椎拍辐断，与物宛转

1. 椎拍辐断，指行刑之器具。句谓随物之材质而割制之。王叔之：椎拍辐断，皆刑截者所用。陆长庚：椎拍辐断，注云刑截者所用之物。与物宛转者，言随其材质而割断之，使各适于用也，

2. 椎拍辐断，指轻缓之动作。句意为处事接物皆无圭角。郭嵩

---

① "后""复"字繁体分别作"後""復"。

桼：輐断，即下文"鈗断"，郭象云："鈗断，无圭角也。"《说文》："椎，击也。""拍，拊也。"言击拊之而已，不用攻剌；鈗断之而已，不用锋棱。所以处制事物而与为宛转也。王先谦：椎拍，意谓如椎之拍。凡物稍未合，以椎重拍之，无不合矣。是椎拍之义言强不合者使合也。輐断，谓断绝而甚圆，不见决裂之迹。皆与物宛转之意也。

㈨而至死人之理

1. 至，如字，至于也。阮毓崧：而犹乃也，犹言乃至是死人之理也。

2. 至，"主"字之误。陶鸿庆："至"字义不可通，当为"主"字之误。主者，言其主此理也。上文论墨道云"皆愿为之尸"，注："尸者，主也。"论宋钘、尹文云"请欲置之以为主"。下文论关尹、老聃云"主之以太一"，明此文亦当作"主"。

㈩田骈亦然，学于彭蒙，得不教焉

1. 得不教焉，指学到之内容。郭象：得自任之道。罗勉道：田骈学于彭蒙，而得不言之教。

2. 得不教焉，指从学之方法。成玄英：田骈、慎到，禀业彭蒙，纵任放诞，无所教也。林希逸：得不教者，言其初学之时，自相契合，不待教之而后能也。

㈩其风窢然，恶可而言

1. 窢然，逆风声，喻言无迹。郭象：窢然，逆风所动之声。陈寿昌：窢然，逆风动物之声，以喻其过而无迹也。

2. 窢然，风声，喻言者无心。林希逸：窢然，风之声也。谓其发言如飘风之窢然，无所容心，虽言而何所容言。褚伯秀：言出如风过窢然，无心于是非之辨，岂可复论其所以哉！

3. 窢然，迅速貌。成玄英：窢然，迅速貌也。古者道人，风教窢然，随时过去，何可留其圣迹，执而言之也。

㈩常反人不见观而不免于魭断

〔句读1〕常反人，不见观，而不免于魭断。

1. 如句。郭象：不顺民望，虽立法而魭断无圭角也。陆长庚：是以常与人反，故人不见观而不免于魭断。不见观犹言不取则也。人不见取则，未免宛转迁就。阮毓崧："常反人，不见观"，谓道贵圆通，若常拂人之意议，即不孚众望，不为之所瞻仰也。而不免于魭断，谓既尚圆通，故即不得已而有决绝之事，亦惟宛转魭断，毋令有决裂之迹。

2. "不见观"当作"不取懂"。于省吾：《释文》："见一本作聚。"高山寺卷子本作"取"。"观"应读作"懂"。"不聚观"即"不取懂"也。

〔句读2〕常反，人不见观，而不免于魭断。

1. 谓田骈返。罗勉道：田骈常自彭蒙之家而反，久后人不复聚观，而犹不免三两人如鱼队之断续而来。

2. 谓彭蒙返。宣颖：彭蒙常自师处反归，人固无复指目之者。然蒙犹不免有意于魭断未合自然也。刘凤苞：彭蒙常自其师所旋归，盖不见有可是可非之迹，人无有指而目之者。有意泯去圭角，便非道之自然。

以本为精，以物为粗⊖，以有积⊜为不足，澹然独与神明居。古之道术有在于是者，关尹、老聃闻其风而悦之。建之以常无有，主之以太一⊜。以濡弱谦下为表，以空虚不毁万物为实⊛。关尹曰："在己无居⊛，形物自著。"其动若水，其静若镜，其应若响。芴乎若亡，寂乎若清。同焉者和，得焉者失。未尝先人而常随人。老聃曰："知其雄，守其雌，为天下溪；知其白，守其辱，为天下谷⊛。"人皆取先，己独取后，曰"受天下之垢"；人皆取实，己独取虚，无藏也故有余，岿然而有余。其行身也，徐而不费⊕，无为也而笑巧。人皆求福，己独曲全，曰"苟免于咎"。以深为根，以约为纪，曰"坚则毁矣，锐则挫矣"。常宽容于物，不削于人，可谓①至极⊛。关尹、老聃乎，古之博大真人哉！

───────

① 陈景元：江南李氏本、文如海本并作"虽未至极"。

㈠以本为精，以物为粗

1. 本、物，谓无、有。成玄英：本，无也。物，有也。林疑独：常无欲以观其妙，以本为精也。常有欲以观其微，以物为粗也。

2. 本、物，谓道、器。林希逸：本，道也。物，事物也。陆长庚：本谓道，末谓器。

㈡以有积为不足，澹然独与神明居

1. 有积，指财富而言。郭象：寄之天下，乃有余也。林希逸：以有积为不足者，藏富天下也。与神明居，是守自然者。

2. 有积，指意念而言。陆长庚：有积者，不足之心累之也。所以圣人不积，常使胸次洒洒，一尘不挂。宣颖：致虚极则必至于无积而后止。

㈢建之以常无有，主之以太一

1. 常无有、太一，指空间，谓道之虚无而广大。成玄英：太者，广大之名；一以不二为称。言大道旷荡，无不制围，括囊万有，通而为一，故谓之太一也。建立言教，每以凝常无物为宗，悟其指归，以虚通太一为主。

2. 常无有、太一，指时间，谓道之无始而有始。陆长庚：建之以常无有，常无有即本也，未始有始也。主之以太乙，太乙即有始也。

㈣以濡弱谦下为表，以空虚不毁万物为实

1. 解作智之外与内。成玄英：以柔弱谦和为权智外行，以空惠圆明为实智内德。

2. 解作道之用与体。陈寿昌；表谓应事接物，见之于外者，道之用也。空虚无碍，则物物皆全，实者真境，盖谓道之体也。

㈤在己无居，形物自著

1. 无居，不居功。句谓己不自是，物自彰著。郭象：不自是而

委万物，故物形各自彰者。

2. 无居，不住心。句谓己心不滞，物自显观。陆长庚：言己之心一无所住，而形形物物莫非己心之显发。

㈥知其雄，守其雌，为天下溪；知其白，守其辱，为天下谷

1. 谓守分。郭象：物各自守其分，则静默而已，无雄白也。夫雄白者，非尚胜自显者耶？尚胜自显，岂非逐知过分以殆其生耶？故古人不随无崖之知，守其分内而已，故其性全。其性全，然后能及天下；能及天下，然后归之如溪谷也。

2. 谓抱术。林希逸：知其雄，守其雌，以能而隐于不能也。知其白，守其辱，言自高而不为高也。溪谷在下而能容物。为溪为谷，有容乃大之意也。

㈦其行身也，徐而不费

1. 谓理财俭啬。成玄英：费，损也。夫达道之人，无近恩惠，食苟简之田，立不贷之圃，从容闲雅，终不损己为物耳。以此为行而养其身也。章炳麟：徐，读为"餘"。餘而不费者，《老子》云："治人事天莫若啬。"讥之者乃云"积敛无崖"矣。

2. 谓与世不争。王敔：徐，所谓后其身也。不费，所谓善利物而不争也。王闿运：费，拂也。

㈧可谓至极

1. 如句。林希逸：可谓至极者，言此天下至极之道也。阮毓崧：赞其于道术登峰造极也。

2. 句作"虽未至极"。王夫之：谓之"博大"者，以其为溪谷而受天下之归也。"真人"者，谓得其真也。空虚则自不毁物，而于天均之运，有未逮也。故赞之曰"真人"，意其未至于天。王叔岷：古钞卷子本作"虽未至于极"。审文意当从之。下文庄子自述道术，乃以为至于极也。

寂①漠无形，变化无常，死与生与，天地并与，神明往与，芒乎何之，忽乎何适，万物毕罗，莫足以归⊖。古之道术有在于是者，庄周闻其风而悦之。以谬悠之说，荒唐之言，无端崖之辞，时恣纵而不傥，不以觭见之也。以天下为沉浊，不可与庄②语⊜。以卮言为曼衍，以重言为真，以寓言为广⊜。独与天地精神往来，而不敖倪于万物；不谴是非，以与世俗处。其书虽瑰玮，而连犿无伤也⑩；其辞虽参差，而俶诡可观㊋。彼其⑭充实，不可以已。上与造物者游，而下与外死生、无终始者为友。其于本也，弘大而辟，深闳而肆；其于宗也，可谓调③适而上遂矣㊌。虽然，其应于化而解于物也㊍，其理不竭，其来不蜕㊎，芒乎昧乎，未之尽者㊏。

㊀寂漠无形，变化无常，死与生与，天地并与，神明往与，芒乎何之，忽乎何适，万物毕罗，莫足以归

1. 句言此派学术宗旨为随物任化。郭象：变化无常，随物也。死与生与，任化也。何之何适，无意趣也。物莫足归，故都任置。

2. 句言此派学术宗旨为无物入化。林希逸：寂漠无形，无物也。变化无常，以不一为一也。死与生与，不知生死也。天地并与，与天地同体也。神明往与，与造化同运也。何之何适，动而无迹也。万物毕罗，各尽万物之理也。莫足以归，莫知其所归宿也。宣颖：此逍遥神化之教也。

㊁以天下为沉浊，不可与庄语

1. 庄语，大言也。成玄英：庄语，犹大言也。宇内黔黎，沉滞闻浊，咸溺于小辩，未可与说大言也。郭庆藩："庄""壮"古音义通。《逸周书·谥法篇》："庄之言壮也。"《礼·檀弓》"卫有太史曰柳庄"，《汉书·古今人表》作"柳壮"。

2. 庄语，诚实语，正论也。林希逸：天下之人，愚而沉浊，不

---

① 王叔岷：《释文》所出本、道藏王元泽《新传》本、元纂图互注本、世德堂本"寂"并作"芴"。"芴"借为"昒"，《说文》："昒，尚冥也。"与"寂"义近。

② 陆德明：庄，一本作"壮"。

③ 王叔岷：《释文》所出本、元纂图互注本、世德堂本"调"并作"稠"，即"调"之借。

可以诚实之言喻之。庄语，端庄而语诚实之事也。陆树芝：以诸家庞杂，不可以正论晓之。

㊂以卮言为曼衍，以重言为真，以寓言为广

1. 曼衍、真、广，指其言之内容：无心之言、真实之言、深广之言。成玄英：曼衍，无心也。重，尊老也。寓，寄也。夫卮满则倾，卮空则仰，故以卮器以况至言。而耆艾之谈，体多真实。寄之他人，其理深广。

2. 曼衍、真、广，谓其言之目标：得以推衍、得以取信、得以广证。阮毓崧：曼衍，因其事理而推衍之，所谓"卮言日出，因以曼衍"也。重言述尊老之言，使人听之而以为真，故曰："所以已言也。"寓言以广人之意，所谓"藉外论之"也。

㊃其书虽瑰伟，而连犿无伤也

1. 连犿，言其书内容和顺。成玄英：瑰玮，弘壮也。连犿，和混也。庄子之书，其旨高远，言犹涉俗，故合物而无伤。

2. 连犿，言其书文笔宛转。宣颖：连犿，宛转貌。连犿无伤，言连缀宛转，不害文理也。

㊄其辞虽参差，而諔诡可观

1. 参差，言其辞旨多变。成玄英：参差者，或虚或实，不一其言也。

2. 参差，言其文笔神奇。陆树芝：参差不齐而变化神奇。

㊅彼其充实，不可以已

1. 谓其书道理无穷。成玄英：已，止也。彼所著书，辞清理远，括囊无实，富瞻无穷，故不止极也。

2. 谓其人积中发外。陆长庚：如云胸中若有物积，必欲吐尽乃已。

(七)其于本也，弘大而辟，深闳而肆；其于宗也，可谓调适而上遂矣

1. 本、宗，皆指道而言。林希逸：本即宗也。言其书之本宗，无非弘大、深闳、调适之道也。辟，开广也；肆，纵放也。上遂者，可以上达天理也。

2. 本，谓立言之本；宗，谓大道之宗。陆树芝：其所以为立言之本者无极也。无极之理，宏大而开辟，深闳而恣肆。其于大道之宗，由形下推归形上，能发挥尽致，大畅其说，可谓调适而上遂矣。遂，犹达也。

3. "宗"字为"末"字之误。陶鸿庆：疑"宗"为"末"之误。上文云"其于本也，弘大而辟，深闳而肆"，此对"本"而言"末"，故云"稠适而上遂"也。本篇云"明于本数，系于末度"，皆以"本""末"对言，可以为证。"末"与"宗"形相近致误。

(八)其应于化而解于物也

1. 化，教化。解，解答。句谓庄子之学能响应教化，解释物理。林希逸：其言虽皆为自然，而用之于世，则应于教化而解释物理。

2. 化，变化。解，解脱。句谓庄子之学能因应变化，解脱物累。陆长庚：谓顺天地自然之化，以解万物之悬结也。

(九)其理不竭，其来不蜕

1. 承上句，此句足言庄子之学应化解物之用。吕惠卿：应化也，其理不竭；解物也，其来不蜕，谓形不待蜕而后解。林疑独：其应化解物也，乘理而不竭，因时而不蜕。

2. 另起意，此句总评庄子之学不竭不蜕之实。林希逸：其理不竭者，言用之不尽也。不蜕者，谓其言自道而来，不蜕离于道也。陆长庚：不竭，谓其出无穷。不蜕，谓其不离本宗。"来"字或是"本"字。宣颖：不竭，用无穷；不蜕，来无端。阮毓崧：按之理论，则无穷尽；施之来世，亦无遗失也。

⊕**芒乎昧乎，未之尽者**

1. 句谓庄子之道，其书其言皆未能尽达。成玄英：芒昧，犹窈冥也。言庄子之书，窈窕深远，芒昧恍惚，视听无辨，若以言象征求，未穷其趣也。林希逸：芒乎昧乎，言其书之深远也。未之尽者，言其胸中所得，非言语所可尽也。

2. 句谓庄子之道，人皆未能尽知其妙。吕惠卿：芒昧无尽，此神之不可知者也。宣颖：芒乎昧乎，神不可知。未之尽者，人未有能尽其妙者。

惠施多方，其书五车⊖，其道舛驳，其言也不中。历物之意⊜，曰："至大无外，谓之大一；至小无内，谓之小一⊜。无厚，不可积也，其大千里⊛。天与地卑，山与泽平⊛。日方中方睨，物方生方死⊛。大同而与小同异，此之谓小同异；万物毕同毕异，此之谓大同异⊕。南方无穷而有穷⊛。今日适越而昔来⊛。连环可解也⊕。我知天下之中央，燕之北、越之南是也⊕。氾爱万物，天地一体也⊕。"

⊖**其书五车**

1. 五，数词。林希逸：其书五车，言其所著书以五车载之而不足也。

2. 五，满也。蒋锡昌：《说文》："五，五行也。从二，阴阳在天地间交午也。"此"五"即交午之意，像其满至交横皆是。此言惠施多方，其书满车也。

⊜**历物之意**

1. 意，含义也。林希逸：历历考其所谈事物之意。

2. 意，揣度也。罗勉道：逐一忖度事物。

3. 意，大概也。章炳麟："历"即"巧历"之"历"，数也。"意"者，《礼运》云"非意之也"，注："意，心所无虑也。"《广雅·释训》："无虑，都凡也。"在心计其都凡曰"意"，在物之都凡亦曰"意"。"历物之意"者，陈数万物之大凡也。

㈢至大无外，谓之大一；至小无内，谓之小一

1. 此论题谓大小皆归于一。成玄英：囊括无外，谓之大也；入于无间，谓之小也。虽复大小异名，理归无二，故曰一也。宣颖：皆不外一。

2. 此论题乃言最大与最小。林希逸：至大无外，太虚也；至小无内，秋毫之类也。冯友兰：真正大的东西（"大一"）应该"无外"，即无限大；真正小的东西（"小一"）应该"无内"，即无限小。（《天下篇所述惠施学说十事》）

㈣无厚，不可积也，其大千里

1. 此言理虽精微，可大至千里。成玄英：理既精微，搏之不得，妙绝形色，何厚之有，故不可积而累之也。非但不有，亦乃不无，有无相生，故大千里也。

2. 此言面积虽无厚，可大至千里。冯友兰：无厚不可有体积，然可有面积，故其大千里也。

㈤天与地卑，山与泽平

1. 以相对言之。李颐：以地比天，则地卑于天；若宇宙之高，则天地皆卑。天地皆卑，则山与泽平矣。孙诒让："卑"与"比"通。《荀子·不苟篇》："山渊平，天地比。"《广雅·释诂》："比，近也。"天与地相距本绝远，而云相接近，犹山与泽本不平而谓之平，皆名家合同异之论也。

2. 以绝对言之。成玄英：夫物情见者，则天高而地卑，山崇而泽下。今以道观之，则山泽均平，天地一致矣。

㈥日方中方睨，物方生方死

1. 谓事物相与为前后。李颐：睨，侧视也。谓日方中而景已复昃，谓景方昃而光已复没，谓光方没而明已复升。凡中昃之与升没，若转枢循环，自相与为前后，始终无别，则存亡死生与之何殊也。宣颖：昃由中来，是方中方昃也。昃则可睨，故曰方睨也。死由生兆，

是方生方死也。

2. 谓事物各自有立场。成玄英：睨，侧视也。居西者呼为中，处东者呼为侧，则无中侧也。犹生死也，生者以死为死，死者以生为死。日既中侧不殊，物亦死生无异也。

㈦大同而与小同异，此之谓小同异；万物毕同毕异，此之谓大同异

1. 就其同异之内容而言，日常所见，物有同异，为小同异；据理思之，万物形异理同，为大同异。成玄英：物情各别，见有同异，此小同异。死生交谢，寒暑递迁，形性不同，体理无异，此大同异也。

2. 就其同异之程度而言，同中有异，异中有同为小同异，皆同皆异为大同异。宣颖：谓之大同而与小同有异，是同异杂也，谓之小同异。同则尽同，异则尽异，乃谓之大同异。

㈧南方无穷而有穷

1. 以词义析之。林希逸：南方海也，本无穷，而谓之"方"，则义有穷。宣颖：谓"南"，已有分际。

2. 以事实解之。胡适：因为地圆，所以南方可以说有穷，可以说无穷。南方无穷，是地的真形；南方有穷，是实际上的假定。高亨：南北相毗连，自某一定点而分界。定点立而南北定，定点移而南北变。定点移而南，则往时之南方有变为北方者矣。

㈨今日适越而昔来

1. 就时间流动言，言今必有昔。成玄英：夫以今望昔，所以有今；以昔望今，所以有昔。而今自非今，何能有昔；昔自非昔，岂有今哉；既其无昔无今，故曰"今日适越而昔来"可也。冯友兰：今昔是联系在一起的，没有昔，也就没有今；昔日不出发，今日也无从适越。

2. 就运用神智言，今之行，昔之知。林希逸：今日适越而昔来，言足虽未至乎越，而知有越之名而后来，则今日方往而亦可以为昔来

矣。宣颖：知有越时，心已先到。

3. 就计算时差言，东方早于西方。胡适：今日适越而昔来，即是《周髀算经》所说"东方日中，西方夜半；西方日中，东方夜半"的道理。我今天晚上到越，四川西部的人便要说我"昨天"到越了。

⊕连环可解也

1. 强词义辩之：已解。司马彪：连环所贯，贯于无环，非贯于环。若两环不相贯，则虽连环，故可解也。陆长庚：连环者，两环相连，本不可解。然但能相连，而不能相合。不相合，则谓之解可也。

2. 就实际言之：将解。蒋锡昌：连环成后，终有毁日。假定自连环初成之时，至一旦毁坏之时，总名此整个之过程为"解"，是连环自成之后，即无时不在"解"之过程之中，故曰"可解"。冯友兰：连环是不可解的，但当它毁坏的时候，自然就解了。

⊕我知天下之中央，燕之北、越之南是也

1. 天下无方，故所在皆为中。司马彪：天下无方，故所在为中；循环无端，故所在为始也。胡适：因为地是圆的，所以无论那一点，无论是北国之北，南国之南，都可以说是中央。

2. 天无定体，中无定在，不知其中，故皆可设为中。陆长庚：天无定体，中无定在，如中庭月魄，宁分比邻？燕越虽居南北之端，而越不见燕，燕不见越，各以所在而定之方中。宣颖：无人知天之尽处，则中央乌知不在于人之所谓极北与极南也。

3. 人情固执，故各以己见为中心。成玄英：夫燕越二邦，相去迢递，人情封执，各是其方。故燕北越南，可为天中者也。林希逸：燕北越南，国非天下之中；而燕人但知有燕，越人但知有越，天地之初，彼此皆不相知，则亦以其国之中为天地之中也。

⊕氾爱万物，天地一体也

1. 谓一体矣，故氾爱之。成玄英：万物与我为一，故氾爱之。

2. 谓氾爱之，故一体矣。罗勉道：氾爱万物，则天地与吾为一

体矣。

惠施以此为大观于天下而晓辩者⊖，天下之辩者相与乐之。卵有毛⊜。鸡三足⊜。郢有天下⊗。犬可以为羊⊕。马有卵⊗。丁子有尾⊕。火不热⊗。山出口⊕。轮不蹍地⊕。目不见⊕。指不至，至不绝⊕。龟长于蛇⊕。矩不方，规不可以为圆⊕。凿不围枘⊕。飞鸟之景未尝动也⊕。镞矢之疾而有不行不止之时⊕。狗非犬⊕。黄马骊牛三⊕。白狗黑⊕。孤驹未尝有母①⊕。一②尺之捶，日取其半，万世不竭⊕。辩者以此与惠施相应，终身无穷。

㊀惠施以此为大观于天下而晓辩者

〔句读1〕惠施以此为大，观于天下而晓辩者。

成玄英：惠施用斯道理，自以为最，观照天下，晓示辩人也。

〔句读2〕惠施以此为大观于天下，而晓辩者。

林希逸：大观者，言以此为独高于天下也，故以其说教学之人。

㊁卵有毛

1. 从实性角度解：卵有毛羽之性。司马彪：胎卵之生，必有毛羽，毛气成毛，羽气成羽，虽胎卵未生，而毛羽之性已著矣。

2. 从名谓角度解："有毛"同无毛。成玄英：有无二名，咸归虚寂，俗情执见，谓卵无毛，名谓既空，有毛可也。

㊂鸡三足

1. 从实性角度解：鸡足有外形者二，主宰者一。司马彪：鸡两足，所以行而非动也，故行由足发，动由神御。今鸡虽两足，须神而行，故曰"三足"。

2. 从名谓角度解："二""三"皆为虚名，皆无实体，故二足可名为三足。成玄英：数之所起，自虚从无，从无适有，三名斯立。是知二、三，竟无实体，故鸡之二足可名为三。

---

① 陆德明：一本无此句。

② 陆德明：一本无"一"字。

3. 从实性和名谓相结合角度解：鸡足之实为二，鸡足之名为一。

汪奠基：本题惠施怎样解释，不知道。但在公孙龙子《通变》中却另有所论证。他说："谓鸡足，一；数足，二。二而一，故三。"这完全是概念意象上的诡辞。（《中国逻辑思想史料分析》）

㈣郢有天下

1. 从自然角度解：郢是天下之一地，故亦具"天下"属性。

李颐：九州之内，于宇宙之中未万中之一分也。故举天下者，以喻尽而名大夫非大；若各指其所有而言其未足，虽郢方千里，亦可有天下也。

2. 从社会角度解：郢是楚王之都，自可谓有天下。林希逸：言楚都于郢而自为王，亦与得天下同矣。

㈤犬可以为羊

1. 以名谓解：犬羊之名皆由人定。司马彪：名以名物，而非物也，"犬羊"之名，非犬羊也。非羊可以名为"羊"，则犬可以名"羊"。郑人谓玉未理者曰"璞"，周人谓鼠未腊者曰"璞"。故形在于物，名在于人。

2. 以种属解：犬羊同属四足动物。陈鼓应：犬可以为羊，犬羊同属四足动物，这命题是从共相立场来立论的。

㈥马有卵

1. 以道观之，胎卵无区别。成玄英：夫胎、卵、湿、化，人情分别，以道观者，未始不同。鸟卵既有毛，兽胎何妨名卵也。

2. 以名谓论之，胎、卵无定名。林希逸：胎生虽异于卵生，而胎卵之名，实人为之。若谓"胎"为"卵"，亦可。

㈦丁子有尾

1. 丁子，指"丁""子"二字。李颐：世人谓右行曲波为尾，今"丁""子"二字，虽左行曲波，亦是尾也。

2. 丁子，指虾蟆。成玄英：楚人呼"虾蟆"为"丁子"也。夫虾蟆无尾，天下共知，此盖物情，非关至理。以道观之者，无体非无，非无尚得称无，何妨非有可以名尾也。林希逸：丁子，虾蟆也、蛙也。丁子虽无尾，而其始也实科斗化成。科斗既有尾，则谓丁子为有尾亦可。

3. 丁子，子孑之讹。洪颐煊："丁子"当是"孑孓"二字之讹。《说文》："孑，无右臂也。孓，无左臂也。"无左右臂而有尾，此事之必无也，故以为辨。

4. 丁子，"顶趾"之借。章炳麟："丁子"盖"顶趾"之借。顶趾与尾本殊体，而云"顶趾有尾"，犹云"白狗黑""犬可以为羊"耳。

5. 丁子，"钉子"之借。阮毓崧："丁"通"钉"。《山海经》有钉灵之国，注云，即今丁灵国。是其例。楚人多呼"钉"为"钉子"，至今犹然。子者，物名助词。此"丁子有尾"，犹言"钉有尾"也。与《荀子·不苟篇》"钩有须"句相类。丁子头大身长而末锐，锐末即其尾也。

㈧火不热

1. 就现象言之，火固有不热者。陆德明：如处火之鸟、火生之虫，则火不热也。罗勉道：火热也，至冬则不热也。

2. 就本体言之，人热非火热。成玄英：譬杖加于体而痛发于人，人痛杖不痛，亦犹火加体而热发于人，人热火不热也。冯友兰："火不热"可以认识论及本体论两方面说。

从本体论方面说，火之共相只是火，热之共相只是热，二者绝对非一，具体的火虽有热之性质，而火非即是热。若从认识论方面说，则可以说火之热乃由于人的感觉，热是主观的，在我而不在火。

㈨山出口

1. 谓空谷传音，犹山有口。司马彪：呼于一山，一山皆应，是山犹有口也。

2. 谓"山"名出自人口。成玄英：山本无名，山名出自人口。

3. 谓山有要隘，是即山口。汪奠基：从"口"的共相或名字来说，山有要隘处，称山口或关口。

⊕轮不蹍地

1. 就时间的角度言，轮无着地之时。成玄英：夫车之运动，轮转不停，前迹已过，后涂未至，除却前后，更无蹍时。是以轮虽运行，竟不蹍于地也。

2. 就空间的角度言，轮着地则不转不行。林希逸：行于地则为轮，才着地则不可转，则谓轮不蹍地亦可。

3. 就名谓的角度言，蹍地者为轮之一点，故非轮；所蹍者为地之一点，故非地。冯友兰：轮不蹍地，可以说，轮之所蹍者，地之一小部分而已。蹍地的只是车轮与地相接触的那一小部分。地的一部分非地，轮的一部分非轮，犹白马非马。

⊕目不见

1. 谓目之见物，必待假借，必待神智。阮毓崧：目不夜见，非暗；其能昼见，非明。有所假也。目不假光，虽明犹暗，故曰"不见"也。冯友兰：人之能有见，须有目及光及精神作用。有此三者，人才能有见。若只目则不能见。

2. 谓目不能自见。陆长庚：目能视物而不能自视。故曰"目不见"。宣颖：见则何以不自照？

⊕指不至，至不绝

1. 如句。句谓以手指取物，必假于物而指不至。然手指之取物可自主不断也。司马彪：夫指之取物，不能自至，要假物故至也，然假物由指不绝也。

2. 如句。句谓有所指则必有所遗，再数亦有不尽。罗勉道：指有所遗则不至；虽至有所不能尽。胡适："指"字作物的表德解。我们知物，只须知物的形色等等表德，并不到物的本体，也并不用到物的本体。即使想知物的本体，也是枉然，至多不过从这一层物指，进到那一层物指罢了。

3."至不绝"疑当作"耳不绝""物不绝"。王先谦：有所指则有所遗，故曰"指不至"。下"至"字疑"耳"之误，数语皆就人身言。耳虽有绝响之时，然天下古今究无不传之事物，是"不绝"也。"至"字缘上而误，遂不可通矣。冯友兰："至不绝"当为"物不绝"。共相（"指"）虽不可感觉，而共相所与现于时空之物，则继续常有。

⑭龟长于蛇

1.解为据实之论：龟实有长于蛇处。司马彪：蛇形虽长而命不久，龟形虽短而命甚长。罗勉道：龟能知吉凶，则长于蛇矣。

2.解为破执之论：无长无短。成玄英：夫长短相形，则无长无短。谓蛇长龟短，乃是物之滞情；今欲遣此昏迷，故云龟长于蛇也。俞樾：此即"莫大于秋毫之末而太山为小"之意。司马所云，真为龟长蛇短矣，殊非其旨。

⑮矩不方，规不可以为圆

1.从事实角度解：矩、规本身并不方、圆。司马彪：矩虽为方而非方，规虽为圆而非圆，譬绳为直而非直也。

2.从名谓角度解：方、圆皆不定之名，且"矩""规"之名并非"方""圆"之名。成玄英：夫规圆矩方，其来久矣，而名谓不定，方圆无实，故不可也。林希逸：矩即方也，规即圆也，既谓之"矩"，则不可又谓之"方"；既谓之"规"，则不可又谓之"圆"。

⑯凿不围枘

1.谓凿枘有陈，故不围。成玄英：凿者，孔也，枘者，内孔中之木也。然枘入凿中，木穿空处不关涉，故不能围。

林希逸：圆枘虽在凿之中，而枘之旋转，非凿可止，则谓之不围亦可。言围之不任也。

2. 谓凿不围，枘自入。罗勉道：凿本非围枘，而枘自入之。宣颖：枘自入之耳，凿未尝围之。

㊵飞鸟之影未尝动也

1. 就影与光的关系角度解，谓影乃蔽光而生，只有光亡，未有影动。司马彪：鸟之蔽光，犹鱼之蔽水。鱼动蔽水而水不动，鸟动影生，影生光亡。亡非往，生非来，墨子曰：影不徙也。

2. 就影与形的关系角度解，谓影附形，形虽动，影仍附于形而未动。罗勉道：飞鸟之影虽动，然影只附于形，与形不相离，是未尝动也。

3. 就运动与时空的关系角度解，谓影乃飞鸟运动时空中一个个孤立不动之点。冯友兰：若果把一个运动所经过的时间及空间加以分割，分成许多点，把空间的点与时间的点一一相当地配合起来，就可见飞鸟之影在某一时间还是停留在某一空间的点上，所以是未尝动也。

㊶镞矢之疾而有不行不止之时

1. 就运动着的一般物体而言，其个体之形，是止（不行）；运动之势，是行（不止）。司马彪：形分止，势分行。形分明者行迟，势分明者行疾。冯友兰：运动就是一个物体于同一时间在一个地方，又不在一个地方。就其在一个地方说，它是"不行"；就其不在一个地方说，它是"不止"。

2. 就运动着的射的之矢而言，其已离弦而尚未贯的，则是不行不止。林希逸：矢镞之去虽疾，其在弦也则谓之"止"，其射侯也则谓之"行"，离弦而未至，射侯而未中，则是"不行"不止之时。陆长庚：矢安于弦则行，中于鹄则止，无有不行不止者。然使不至其地，则不得谓之"行"；不贯于的，则不得谓之"止"。是镞矢虽疾，而有"不行不止"之时矣。

⑰狗非犬

1. 谓名有区别。司马彪：狗犬同实异名，名实合，则彼所谓狗，此所谓犬也；名实离，则彼所谓狗，异于犬也。

2. 谓实有所别。章炳麟：《说文》："狗有悬蹄曰犬。"《尔雅·释畜》："犬未成豪曰狗。"通言则同，析言则异。（《检论》五）

⑱黄马骊牛三

1. 谓形三，色三，形色三。司马彪：牛马以二为三：曰牛、曰马、曰牛马，形之三也；曰黄、曰骊、曰黄骊，色之三也；曰黄马、曰骊牛、曰黄马骊牛，形与色为三也。

2. 谓二体与色三，二色与体三。林希逸：马牛，二体也，黄骊，色也，以二体与色并言，则谓之三。黄骊二色也，马牛皆体也，二色附于体而见，则为三矣。

⑲白狗黑

1. 以事实解之：可以是黑目之白狗。司马彪：狗之目眇，谓之"眇狗"；然则白狗黑目，亦可为"黑狗"。

2. 以名谓解之：黑、白乃人所命名。林希逸：黑白之名非出于有，物之始则谓白为黑亦可。

⑳孤驹未尝有母

1. 谓"孤"名立，则"母"名去。李颐：驹生有母，言孤则无母。"孤"称立，则"母"名去也。母尝为驹之母，故孤驹未尝有母也。

2. 谓"孤"名立，则"驹"意失。陆长庚：马之有母者曰"驹"，无母者曰"孤"。言"驹"则不得称"孤"矣，言"孤"则不复为"驹"矣。今曰"孤驹"，是驹未尝有母矣。

㉑一尺之捶，日取其半，万世不竭

1. 日取其半，谓日日折取下剩之半。司马彪：捶，杖也。若其可折，则常有两；若其不可折，其一常存，故曰"万世不竭"。洪迈：《庄子》载惠子之言，曰"一尺之捶，日取其半，万世之竭"，虽为寓言，然此理固具。盖但取其半，正碎为微尘，余半犹存，虽至无穷可也。（《容斋随笔》卷九）

2. 日取其半，谓日日取一尺捶折半。成玄英：捶，杖也。取，折也。问曰：一尺之杖，今朝折半，逮乎后夕，五寸存焉，两日之间，捶当穷尽。此事显著，岂"不竭"之义乎？答曰：夫名以应体，体以应名，故以名求物，物不能隐也。是以执名责实，名曰"尺捶"，每于尺取，何有穷时？若于五寸折之，便亏名理，乃曰半尺，岂是"一尺"之义耶？

3. 日取其半，谓日日换用一尺之半。林希逸：一尺之捶，折而为二，今日用此五寸，明日用彼五寸，虽施转万世，不尽可也。王夫之：持一尺之捶，旦取此半而用之，夕取彼半而用之，止此然不然、可不可、有与无之两端，互相换而可以不穷。

桓团、公孙龙辩者之徒，饰人之心，易人之意⊖，能胜人之口，不能服人之心，辩者之囿也⊖。惠施日以其知与人之①辩⊜，特②与天下之辩者为怪⊕，此其柢也⊕。然惠施之口谈，自以为最贤，曰："天地其壮乎!"⊕施存雄而无术⊕。南方有倚③人焉曰黄缭，问天地所以不坠不陷，风雨雷霆之故。惠施不辞而应，不虑而对，遍为万物说，说而不休，多而无已，犹以为寡，益之以怪。以反人为实⊕，而欲以胜人为名，是以与众不适也。弱于德，强于物，其涂⊕隙矣。由天地之道观惠施之能，其犹一蚊一虻之劳者也。其于物也何庸! 夫充一尚可曰愈贵道几矣⊕! 惠施不能以此自宁，散于万物而不厌，卒以善辩为名。惜乎! 惠施之才，骀荡而不得，逐万物而不反，是穷响以声，形与影竞走也，悲夫!

⊖饰人之心，易人之意

1. 饰，雕饰也。易，改易也。成玄英：纵兹玄辩，雕饰人心，

---

① 王孝鱼：支伟成本无"之"字。王叔岷：古钞卷子本无"人"字。
② 成玄英："特"字亦有作"将"者。
③ 陆德明：倚，本或作"畸"。

用此雅辞，改易人意。

2. 饰，犹蔽也。易，犹乱也。林希逸：饰人之心者，蔽人之心也；易人之意者，变乱人之意也。

(二)辩者之囿也

1. 谓辩者之徒迷于其中。成玄英：辩者之徒，用为苑囿。林希逸：辩者迷于其中而不自知也，故曰"囿"。

2. 谓辩者之理仅限于此。成玄英：又解：囿，域也。惠施之言，未冥于理，所诠限域，莫出于斯也。陆长庚：辩囿，言丛天下之辩而不能解也。

(三)惠施日以其知与人之辩

1. 如句。句谓惠施运用己之智及他人之辩题。王先谦：知，智。与人之辩，及其同游之人所辩论。马其昶：与，读为"举"。《徐无鬼篇》："知之所不能知者，辩不能举。"

2. 句误。"人"字衍，或"之"字衍。句谓惠施运用己之智与他人辩论。俞樾："与人之辩"，义不可通。盖涉下句"天下之辩者"而衍"之"字。王叔岷："与人之辩"不词，古钞卷子本无"人"字，当从之。上文多"人"字，故传写误衍"人"字。

(四)特与天下之辩者为怪

1. 如句。谓与天下之辩者共为怪异。林希逸：特，独也。独与其徒为人所怪讶。阮毓崧：当时天下辩者不外儒墨杨秉四家。惠施特与之为谲异，即所谓相拂以辞、相镇以声也。

2. "特"疑作"持"。谓与天下之辩者竟为怪异。陆长庚："特"恐作"持"，谓相持而不下。不下则竟为谀诡怪异之说以相胜。

(五)此其柢也

1. 柢，根也、本也。成玄英：柢，体也。虽复奸狡万端，而本体莫过于此。林希逸：其本领不过如此。柢，本也。

2. 柢，大抵、大概。陆长庚：历举其说，大抵如此。俞樾：
"柢"与"氐"通。《史记·秦始皇纪》"大氐尽畔秦吏"，《正义》
曰："氐，犹略也。"此其柢也，犹云此其略也。

⑥曰：天地其壮乎

1. 句谓惠施以天地为壮于己。司马彪：惠施唯以天地为壮于
己也。

2. 句谓惠施疑天地之壮。成玄英：言天地与我并生，不足称大。

3. 句谓惠施以天地为己增壮。陆长庚：施言：我之辩，天地为
我增气，造物者为我去节，其自负如此。

⑦施存雄而无术

1. 谓此是本篇作者对惠施之评语。罗勉道：惠施虽存雄胜之心，
而无胜人之术。陆长庚：夫守雌者道也，存雄非道也，故曰"无
术"。无术则去道远矣。

2. 谓此亦是惠施之自语。钱穆：此亦施之自语，谓惟欲雄于天
地而无术。其他则无多让也。

⑧以反人为实

1. 实，真实。谓以违反人之常情为真实。成玄英：以反人情曰
为实道。

2. 实，能耐。谓以异于人为能。林希逸：以反异于人为其能。

⑨弱于德，强于物，其涂隩矣

1. 涂，道也。谓其道理深奥。成玄英：涂，道也。德术甚弱，
化物极强，自言道德异常深隩也。

2. 涂，路也。谓其辩术不正。林希逸：在内本无所得，故曰
"弱于德"。徒然强辩于外，故曰"强于物"。隩者，幽暗也。言其所
行之涂不明白正大而幽僻也。

⊕夫充一尚可曰愈贵道几矣

〔句读1〕夫充一尚可，曰愈贵道，几矣！

1. 一，一物也。几，殆也。贵道，贵于大道也。句谓惠施之言，一物一论而已，若说贵于道，则不可。成玄英：夫惠施之辩，诠理不弘，于万物之中，尚可充一数而已。而欲锐情贵道，饰意近真，权而论之，良未可也。

2. 一，一己也。几，殆也。贵道，尊道之人也。句谓惠施之言，一己之论而已，若说胜于尊道之人，则不可。林希逸：若但以一人之私见而自足，犹可；若以此为胜于贵道者则殆矣。愈，胜也。几，殆也。

〔句读2〕夫充一尚可曰愈，贵道几矣！

1. 一，道也。几，近也。句谓惠施若能守一，可谓甚好，亦近于贵道矣。吕惠卿：一与多，皆道也。一为本，多为末，则一虽不足为本末之备，然比之忘本逐末者，尚可曰愈；贵于道，亦几矣。

2. 一，一端也。几，殆也。句谓就惠施能守其一端而言，尚可谓较好；若论贵道，则差矣！王敔：充其一端，尚可较胜。以语于道，则殆矣！

〔句读3〕夫充一尚可，曰愈贵，道几矣。

一，道也。几，近也。曰，言词也。句谓惠施当知守一则可，何须多辩！言少则愈贵愈近道。王先谦：内圣外王皆原于一，充之而可，何须逐物邪？曰，词也。言愈自贵重，不须多言，于道亦庶几矣。阮毓崧：内圣外王皆原于一，充之岂不可乎？何须逐物！曰，《说文》："文词也。"《广雅》："言也。"言词以少为贵者也。道在忘言，愈自寡其言词，则于道愈相近矣。

主要征引书目

郭　象　庄子注（1961 年中华书局郭庆藩《庄子集释》点校排印本）

陆德明　庄子音义（《经典释文》内）（同上）

成玄英　庄子注疏（同上）

王　雱　南华真经新传（明正统道藏本）

吕惠卿　庄子义（1934 年陈任中辑校排印本）

陈景元　南华真经章句音义、庄子阙误（明正统道藏本）

洪　迈　容斋随笔（1978 年上海古籍出版社排印本）

林希逸　南华真经口义（明正统道藏本）

褚伯秀　南华真经义海纂微（明正统道藏本）

刘辰翁　庄子点校（明刊刘须溪点校《三子》本）

王应麟　困学纪闻（《四部备要》本）

罗勉道　南华真经循本（明正统道藏本）

杨　慎　庄子解（《升庵外集》内）（明万历四十五年校刊本）

朱得之　庄子通义（明嘉靖四十三年浩然斋刊本）

张四维　庄子口义补注（明万历五年校刊本）

陆长庚　南华真经副墨（明万历六年刊本）

陈继儒　庄子隽（明《五子隽》刊本）

沈一贯　庄子通（明万历间刊本）

焦　竑　庄子翼（明万历十六年长庚馆刊本）

陈　深　庄子品节（《诸子品节》内）（明万历十九年刊本）

杨起元　南华经品节（《诸经品节》内）（明万历二十二年刊本）

李　贽　庄子解（明万历四十三年刊本）

归有光、文震孟　南华真经评注（明末刊本）

徐　晓　南华日抄（明崇祯十年刊本）

陶望龄　解庄（明天启元年刊本）

潘基庆　南华经集注（《老庄会解》内）（明刊本）

释德清　庄子内篇注（清光绪十四年金陵刻经处刊本）

郭良翰　南华经荟解（明天启六年刊本）

周拱辰　南华真经影史（《周孟侯先生全书》内）（清道光二十七年刊本）

陈治安　南华真经本义（清道光十五年刊本）

方以智　药地炮庄（1932年据此藏轩刊本排印本）

王夫之　庄子解（1964年中华书局点校本）

林云铭　庄子因（清乾隆间重刊本）

傅　山　庄子解（《霜红龛集》内）（清宣统三年刊本）

高秋月　庄子释意（清康熙间刊本）

钱澄之　庄子诂（《庄屈合诂》内）（清同治三年刊本）

吴世尚　庄子解（《贵池先哲遗书》内）（1920年刊本）

宣　颖　南华经解（清同治六年半亩园刊本）

徐廷槐　南华简钞（清乾隆六年霍清阁刊本）

浦起龙　庄子钞（清乾隆九年三吴书院刊本）

王懋竑　庄子存校（《白田草堂续集》内）（清同治十一年刊本）

胡文英　庄子独见（清乾隆十六年三多斋刊本）

藏云山房主人　南华经大意解悬参注（1972年台湾艺文印书馆《庄子集
　　　　成初编》影印手稿本）

孙嘉淦　南华通（清乾隆三十六年孙氏家刊本）

高　塘　庄子集评（清乾隆五十三年培元堂刊本）

卢文弨　庄子音义考（《经典释文补编》内）（清乾隆五十六年刊本）

陆树芝　庄子雪（清嘉庆四年儒雅堂刊本）

姚　鼐　庄子章义（《惜抱轩遗书三种》内）（清光绪五年刊本）

张道绪　庄子选（《文选十三种》内）（清嘉庆十六年入境轩刊本）

洪颐煊　庄子丛录（《读书丛录》内）（清道光二年富文斋刊本）

王念孙　庄子杂志（《读书杂志余编》内）（清道光十二年刊本）

王引之　经传释词（1939 年上海商务印书馆《丛书集成》初编）

方　潜　南华经解（清光绪二十二年刊本）

刘鸿典　庄子约解（清同治五年刊本）

王闿运　庄子内篇注（《王湘绮全集》内）（清同治八年刊本）

俞　樾　庄子平议（《诸子平议》内）（清光绪二十五年刊《春在堂全书》本）

　　　　庄子人名考（《俞楼杂纂》内）（同上）

钱大昕　十驾斋养新录（光绪二年浙江书局刊本）

刘凤苞　南华雪心编（清光绪二十三年晚香堂刊本）

陈寿昌　南华真经正义（清光绪十九年怡颜斋刊本）

马其昶　庄子故（清光绪三十一年集虚草堂刊本）

孙诒让　庄子札迻（《札迻》内）（清光绪二十年刊本）

郭庆藩　庄子集释（1961 年中华书局点校本）

杨文会　南华经发隐（《杨仁山居士遗书》内）（清光绪三十年金陵刻经处刊本）

吴汝纶　庄子点勘（《点勘诸子读本》内）（清宣统二年衍星社排印本）

王先谦　庄子集解（清宣统元年湖南思贤书局刊本）

章炳麟　庄子解故（1917 年浙江图书馆刊《章氏丛书》本）

于　鬯　庄子校书（《香草续校书》内）（1963 年中华书局排印本）

陶鸿庆　读庄子札记（《读诸子札记》内）（1959 年中华书局排印本）

刘师培　庄子斠补（《刘申叔遗书》内）（1936 年宁武南氏排印本）

严　复　庄子评点（《中国哲学史研究》1983.4－1984.1）

武延绪　庄子札记（《所好斋札记》内）（1932 年武氏所好斋刊本）

奚　侗　庄子补注（1917 年江苏省立官纸印刷厂排印本）

胡远濬　庄子诠诂（1931 年上海商务印书馆排印本）

胡　适　中国哲学史大纲（1919 年上海商务印书馆排印本）

梁启超　庄子天下篇释义（《清华周刊》第二十四卷第十八期，1926 年）

顾　实　庄子天下篇疏讲（1928 年上海商务印书馆排印本）

阮毓崧　庄子集注（1930 年上海中华书局排印本）

崔大华全集（第二卷）

朱桂曜　庄子内篇证补（1935 年上海商务印书馆排印本）

刘文典　庄子琐记（《三余札记》内）（1928 年上海商务印书馆排印本）

　　　　庄子补正（1947 年上海商务印书馆排印本）

马叙伦　庄子义证（1930 年上海商务印书馆排印本）

冯友兰　中国哲学史（1930 年神州国光社排印本）

丁展成　庄子音义绎（1931 年排印本）

胡怀琛　庄子集解补正（《学艺杂志》第十三卷第一号）

刘咸炘　庄子释滞（《推十书》内）（1932 年成都尚友书塾刊本）

高　亨　庄子新笺（《诸子新笺》内）（1961 年山东人民出版社排印本）

蒋锡昌　庄子哲学（1937 年上海商务印书馆排印本）

于省吾　庄子新证（《双剑誃诸子新证》内）（1962 年中华书局排印本）

杨树达　庄子拾遗（《积微居读书记》内）（1961 年中华书局排印本）

曹受坤　庄子内篇解说（附《庄子哲学》后）（1948 年石印本）

闻一多　庄子内篇校释（《古典新义》内）（1982 年三联书店《闻一多全
　　　　集》排印本）

王叔岷　庄子校释（1947 年上海商务影印手稿本）

张默生　庄子新释（1948 年上海济东印书社排印本）

刘　武　庄子集解内篇补正（1958 年北京古籍出版社排印本）

钱　穆　庄子纂笺（1951 年香港东南印务公司排印本）

汪奠基　中国逻辑思想史料分析（第一辑）（1961 年中华书局排印本）

严灵峰　庄子章句新编（《道家四子新编》内）（1968 年台湾商务印书馆
　　　　排印本）

陈启天　庄子浅说（1971 年台湾商务印书馆排印本）

李　勉　庄子总论及分篇评注（1973 年台湾商务印书馆排印本）

陈鼓应　庄子今注今译（1975 年台湾商务印书馆排印本）

曹础基　庄子浅注（1982 年中华书局排印本）

再版后记

　　《庄子歧解》初版于 1988 年，由中州古籍出版社出版，至今已二十多年。中华书局决定再版，是对《歧解》学术价值的肯定，我感到十分欣慰，并衷心感谢为本书再版付出辛勤劳动的中华书局的朋友！

　　初版的《庄子歧解》，尚有一些当时未能校出的错误、遗漏。此次再版，我又仔细审阅了全部书稿，校正讹误字词、删修欠准确的称引凡百余处，增补新的歧解内容五十余则。

　　《庄子歧解》是部资料性的书，罕有深义，只是将魏晋以来历代《庄子》注疏中的分歧之处，从不同诠释角度上加以显化而已。但在此显化中，却潜存有这样的功用：涌现出问题，为深入解读、阐释《庄子》提示切入口和理路；显现着庄学历史发展的脉络；储蓄有现代诠释学理论观点的充分例证。我以为，这些或都可以视为《歧解》的学术价值。

　　《庄子》思想艰深，文词晦涩。让我们对一代代学者先贤为破解、理解艰涩的《庄子》所做出的努力，表示敬意！

崔大华

2010 年 10 月于郑州

《崔大华全集》出版后记

2019 年 3 月，河南省社会科学院哲学与宗教研究所计划以《崔大华全集》（以下简称《全集》）的形式，出版崔大华先生已发表的论著和未发表但具有较高学术价值的作品。这项计划得到河南省社会科学院院长谷建全研究员和院领导班子的高度重视与大力支持。其后，哲学与宗教研究所原所长王景全研究员组织科研人员投入资料搜集整理工作中。我们除了向出版社提供崔先生已出版的专著（《南宋陆学》《庄子歧解》《庄学研究——中国哲学一个观念渊源的历史考察》《儒学引论》《儒学的现代命运——儒家传统的现代阐释》）、合著（《道家与中国文化精神》）和论文集（《中国传统社会思想的理路及当代价值》）外，还通过各种方式，将崔先生发表在正式期刊、辑刊、内部刊物、海外刊物上但未收入论文集的 18 篇论文以及《宋明理学史》与《中国历史大辞典·思想史卷》中由他撰写的部分整理出来。在崔先生夫人李正平老师的协助下，我们还整理了崔先生写于 20 世纪 70 年代的随笔《佳羽集》和短文《雕朽集》，并从他的书信底稿中整理出 165 封书信，选 105 封收入《全集》。李正平老师还提供了崔先生不同时期的照片 100 多幅，我们选 40 多幅作为《全集》正文前的插图。

《全集》由社会科学文献出版社出版。经过紧张的编辑、排版和校对工作，《全集》的样书于 2019 年 11 月印出，并作为河南省社会科学院建院 40 周年庆典书目展览。进入 2020 年，由于新型冠状病毒肺炎疫情等不可抗因素，出版进度受到影响，但是《全集》的校对、修改工作仍继续进行。2021 年 5 月中旬，我们收到出版社发来的校样稿，哲学与宗教研究所负责人潘世杰副研究员组织七名科研人员分工校对，其中：赵胤校对第一卷，高丽杨校对第二卷，徐幼萍校对第三卷，赵志浩校对第四卷，宋艳琴校对第五卷，王思远校对第六卷，代云校对第七卷。最后再由代云对所有校对结果进行汇总、整理与完善。校对结果于 2021 年 7 月中旬向出版社反馈。

　　《全集》的编纂与出版得到各界人士的大力支持和无私帮助。湖南大学姜广辉先生提供了崔大华先生早年多幅照片的有关信息；西南大学高秀昌教授将崔先生发表在海外的论文拍照传给我们，并就《全集》整理、编纂中存在的问题提出了具体的指导意见；河南大学张枫林博士提供了崔先生在河南大学主持研究生答辩时的照片；河南省社会科学院杨海中研究员、丁巍研究馆员就崔先生早年的两张照片提供了详细的信息；河南省儒学文化促进会副会长周桂祥先生和常务理事李若夫教授提供了崔先生参加河南省儒学文化促进会相关活动的照片与文章；人民出版社方国根编审、大象出版社卢海山副编审、西南民族大学杨翰卿教授、上海师范大学张永超教授、遵义医科大学袁永飞博士、河南省哲学学会会长梁周敏教授、郑州航空工业管理学院鲁庆中教授、河南省社会科学院刘勇研究员与周全德研究员对于《全集》的编纂工作也提出了有益的意见。此外，在两年多的时间里，河南省社会科学院领导一直关心并多次过问《全集》的进展情况，院办公室、科研处、文献信息中心积极给予支持；社会科学文献出版社诸位领导和编辑也付出了辛勤的劳动。在此，我们对大家的积极帮助和支持，表示诚挚的谢意！

编者

2021 年 7 月